International

Organizational

B e h a v i o r   t h e o r y

국제
조직
행동론

박주승
저

박영사

서 문

국제조직행동(International Organizational Behavior)은 비교적 최신 학문이다. 새로운 21세기 글로벌 기업의 성공적인 관리를 위해서는 국제환경이 특별히 복잡하고 그리고 운영에 대한 불확실성을 만날 때 어떻게 적응할 것인가? 에 대한 해답을 주기 위해서 국제조직행동의 이론과 실천을 안내한다.

중요한 것은 지금까지는 기업들은 국내환경에서 기업운영은 일찍이 알려진 기업 관리인 생산관리, 재무관리, 마케팅 등과 같은 것으로 기업운영을 하였다. 그러나 기업 글로벌화로 인하여 우리가 알고 있었던 기업과업(Business Tasks)은 정반대로 확대되었다. 특히 제2차 세계대전 이후 국제기업은 증가되어 몇몇 기업들은 글로벌 이전에는 상상도 못할 정도로 성공하였다. 그리고 자본주의와 글로벌화는 동의어가 되었다.

세계여행을 하면서 코카콜라 광고를 보지 못한 사람이 누가 있으며, 맥도날드 광고를 보지 못한 사람이 누가 있는가? 그리고 세계경영자들 중에는 Alvin Toffler의 The Third Wave을 읽고 저자의 의견에 동의하지 않은 사람은 어디에 있는가?

그러므로 이 책인 국제조직행동론은 글로벌 기업의 효과적인 관리의 지침서로서 손색이 없도록 노력하였다. 그리고 지금은 적은 중소기업조차도 어느 곳에 위치하거나 글로벌이 시작되었고, 글로벌 속에서 경쟁하고 있다. 이와 같은 현상은 INTERNET으로 지리적인 거리와 장벽은 없어지고, 다른 문화와 접촉하는 시간은 증가되었다. 문화차이에 대한 이해는 모든 기업 관리자에게는 중대한 문제가 되었다.

이와 같이 모든 기업들은 환경변화에 적응하기 위한 조직변화 관리상황에 대처하기 위해 빨리 학습해야 한다. 특히 근래 기업문화에 대한 저술들이

쏟아져 나오기 전에는 이종문화 간의 관리(management of intercultural) 오해는 국내운영에 한정할 수밖에 없었다. 이종문화 간의 커뮤니케이션이 불충분 한 것은 모든 기업에는 아주 중요한 문제가 되었다.

다국적기업에서는 기업운영을 국제적으로 확장하는 과업으로 인사부서에는 구성원을 선발하고, 외국파견 관리자 훈련을 하고, 국제마케팅 부서에서는 외국마케팅 지식을 수집하고, 기술관리를 능숙하게 하고 그리고 회계, 재무, 제조, 전술과 같은 것은 계량화 할 수 있는 과업과 인적자원관리와 마케팅과 같은 관리는 문화적으로 민감한 과업들(culturally sensitive tasks)이다. 그런데 이들 중에 모든 기업들이 이들 기능 중에서 이종문화 간에 대한 관리는 아주 무시할 정도로 되었다.

Adler는 조직에 위치한 사람들의 문화차이와 세계 속의 사람들 행동연구는 이종문화 간 관리 분야라고 정의하였다(Adler, N., 1983).[1]

이종문화 간에 대한 이해가 부족한 가운데에 시장조사나, 시장기회를 잡는 것은 다국적기업에서는 대다수가 실수이다. 시장계획을 생각하는 과정에서 생기는 대부분의 오류는 과거시장의 오류를 강하게 암시하는 것일 것이다. 다르게 표현하면, 개인 간의 커뮤니케이션, 교섭 그리고 대량커뮤니케이션을 말로서 시장계획을 실행하였으나, 거기에는 대부분이 오류가 발생하였다.

명확한 암시는 이종문화를 외국시장에 기업하는 방법을 확장하고, 맞출수 있게 결정해야 한다. 그러기 위해서는 기업운영이 필요한 국제조직행동을 이해하고 이종문화 관리를 인식해야 할 것이다. 특히 요즘 한국의 작은 기업조차도 글로벌화 되고 있어, 중소기업 관리자들은 국제기업관계로 세계여행을 자주한다. 특히 중국에 많은 기업들이 진출하고 있다.

기업들이 외국에 진출하기 위해서는 빨리 외국시장에 접근하기 위해서는 어떤 커뮤니케이션을 해야 하고, 교섭을 어떻게 하고, 신뢰관계를 어떻게 충분히 가질 것인가? 만약 신뢰성이 떨어지면 관계는 대립으로 떨어져 새로운 상대를 구할지도 모른다. 그러므로 다음과 같은 생각을 할지 모른다.

---

1) Adler, N. (1983). "Cross-Cultural Management Research; The Ostrich and the Trend," Academy of Management Review, Vol. 8, No. 2, April.

* 외국기업과 어떤 커뮤니케이션을 할 것인가?
* 교섭전략은 있는가? 그것은 무엇인가?
* 계약서는 상대방도 같은 방법으로 이해하는가?
* 신용은 어떻게 구축할 것인가?
* 장기적으로 관계를 어떻게 구축할 것인가?

이 책은 관리자들이 글로벌경제에 들어설 때 질문에 대한 해답을 제공할 것이다. 그리고 이의 목표는 첫째, 학생들과 관리자들에게 경영에 대한 최신의 이론을 소개할 것이다.

둘째, 목표는 국제조직행동의 이론을 북미나 미국사람들은 시각보다 글로벌의 특징을 나타내는데 있다.

셋째, 목표는 하나의 사례로서 고유의 문헌과, 연구자들이 저술한 경우 미국사람들에 의해 광범위하게 연구한 문화와 다양한 문화차이를 소개하는데 있다.

넷째는 글로벌에 대한 중요성을 소개하는데 있다.

다섯째, 글로벌기업에 영향을 주는 역사적인 기업윤리에 대한 소개를 하는 것이다.

국가나 국제조직 운영 내에는 문화가 있다. 문화 창조에 따라서 행동차이가 나타내고, 문화는 조직행동의 근본적인 차이를 생산한다.

본문에서는 다음과 같은 경로로서 접근하였다. 글로벌 조직행동(Global Organizational Behavior), 국제조직행동(International Organizational Behavior), 조직행동(Organizational Behavior), 관리, 글로벌관리, 국제관리 그리고 일반관리를 설명한다.

그리고 본문에서는 동기와 리더십, 몇 장의 국제조직행동 범위를 상술하였다. 이들 제목들은 문화에 영향을 받기 때문에 국제조직행동을 이해하는데 매우 중요하다. 그러므로 본 저서는 경영대학에서 경영학을 연구하는 사람들이나, 기업하는 관리자나 혹은 CEO들에게도 현대 기업운영을 이해하기에 필요하다고 생각한다. 그리고 이 책 사례들은 문화가 실질적으로 조직설정을 하는데 어떻게 영향을 주는지를 나타내었다.

그러나 국제조직행동은 아주 광범위하고 복잡하여 우리나라에서는 아직 저서와 논문들이 적어서 우리나라 사례를 많이 들지 못한데 대해서는 아쉬움이 크다고 생각한다.

끝으로 이 책을 집필하는데 끝까지 도와주신 저의 부친이신 박기동 박사(창원대학 교수님)께 감사를 드립니다.

2012년 7월 30일

박 주 승

차 례

● 제 2부　인간행동에 영향을 주는 윤리행동과 사회적 책임 ●

● 제3부 국제조직행동에 있어서 커뮤니케이션 ●

제 5 장　국제조직행동에 있어서 집단과 팀

제6장　집중과 다양화

● 제4부　국제조직행동에 있어 이문화 작업 동기들의 국가 간 비교 ●

제1장　국제조직에 있어서 동기이론

제2장　동기 내용이론들

● 제 6 부 국제조직에 있어 이문화가 리더십에 미치는 국가 간 비교 ●

● 제 7 부 조직변화 ●

제 1 장 동적인 환경, 리더십 성격, 직무관련 문화가치

제 2 장 누가 의도적으로 조직변화를 시킬 것인가?

제1부 국제조직행동 개관

생각해 볼 문제

지금 자신이 경영하는 회사 내 고용자들 중에서도 다른 문화에 속한 고용자가 있을지 모르기 때문에 이들의 행동을 이해하기 위해서는 문화에 대한 연구가 필요하다. 특히 글로벌 경제에 있어서 국제경영성과는 문화차이에 따라서 다르게 나타나므로 문화가 조직행동에 영향을 주는 정확한 정보가 가장 중요한 요소가 된다. 그러나 아직까지 문화에 대해서는 믿을 만한 이론 발전이 충분하지 않다.

Guillén과 Sassen은 관리활동 결과는 그들이 소유하고 있는 것과는 다른 넓은 교차문화 연구와 같은 지식이 관리자에게 요구된다고 하였다. 보기로서, 영국의 국제 관리자는 스페인의 관리자 스타일을 받아 들여야 할지도 모른다. 이것은 모든 산업사회 관리자가 이데올로기에 대한 의미 있는 변화라는 이유 때문이라고 하였다.

Sassen은 글로벌화로 인하여 보다 큰 특별한 형태의 조건이 확실하게 표준화압력이 생기므로 한 국가문화에 국한된 것에는 별 의미가 없게 되었다고 하였다. 관리자들은 특별한 조건아래서 확실히 조직행동을 국제문화 영향아래 벗어나는 것을 이해할 수 있다. 모든 노동자들에게 알맞은 높은 기술환경에 대한 관리지식을 노동자들은 요구한다. 결론은 조직문화는 계속 변한다.

이와 같은 가운데서 국제조직행동의 설명과 국가문화 속에 조직행동설명의 위치를 찾을 것이다. 앞의 설명과 같이 국가문화에 조직행동이 첨가되었기 때문에 조직 내에서 발달된 행동과 전통적인 문화행동에 차이가 있다. 특히 국제행동을 연구하는 데 세가지 이유가 있다.

조직에 있어서 행동의 이해를 개선하고, 현대사회와 다른 문화를 평가하는 데 필요하다. 조직과 국가 문화들은 조직행동에 영향을 주기 때문이다. 다문화(multiple cultures)와 윤리

정체성(ethic identity), 종교 그리고 사회계급등도 조직행동에 기초적인 영향을 준다. 그럼에도 불구하고 조직행동을 설명하는 데 문화사용에 한계가 있다. 조직환경, 전략 그리고 조직구조, 규모 역시 행동에 영향을 준다.

국제행동에 대한 연구목적은 행동이론의 개발과 규범이론을 조직운영 발전에 기할 수 있고, 어떻게 사람들이 행동을 해야 할지 방법에 초점을 둘 수 있다.

자기민족주의(ethnocentrism)와 문화 충격(culture shock)은 다른 문화에 부정적인 관점으로 영향을 줄 수 있다. 이는 다른 문화 분석과정의 기초적인 창조를 감소시킨다. Guillén은 산업국가에서는 다른 관리 철학과 실천, 과학적인 이유(scientific reasons)에 대한 기초는 필요하지 않았다고 말하였다. 그것은 종교와 같은 문화적인 요소 때문이라는 연구의 결론이다. 글로벌과정에서 다른 문화들에 대한 인식(awareness of other cultures)이 특히 증가하고 있다.

제 1 장   경영에 대한 충격

조직도 다른 생명체와 같이 성장하고 병들고 하면서 발전하기도 하고 쇠퇴되기도 한다. 조직은 항상 같은 상태로 존재할 수 없다. 그러므로 조직을 연구하는 학자나 관리자들은 마치 의사가 환자 병을 처방하는 것과 같이 여러 가지로 패러다임에 따라서 관리를 한다. 그러므로 경영관리자라면 누구나 조직의 상태를 지켜보고 걱정할 것이다.

조직변화를 느끼지 못한 관리자는 아무도 없다. 만약 모르고 있는 관리자라면 조직에 남아 있을 수 없는 자라고 이구동성으로 이야기 할 것이다. 경영자나 관리자들은 하루에 몇 번이고 외국 사람들을 만나야만 된다. 기업뿐만 아니고 가정이라는 집단에 있어서도 변화의 물결에 밀려 전통문화가 붕괴되고 있다. 지금은 많은 가정이 외국인 식구를 맞이하게 되었다. 이미 가정에도 국가라는 벽이 무너지고 있다. 이것은 인터넷 발달이 국가간의 거리가 없도록 만들었기 때문이다. 외국인 배우자를 선택하는 데도 벽은 엷어지고 있다.

우리나라 가정에서도 다문화가 공존하게 되어 때로는 한 가정 내에서도 이문화간(Intercultural)의 충격을 하루에도 몇 번이고 겪고 있다. 어떤 가정은 문화충돌로 부부가 헤어지는 경우도 생기고 있다. 이처럼 가정에서도 전통적인 우리 문화가치로 가정을 관리하는 데서 가족들의 가치를 서로 인정하고 이해하는 가정관리 변화가 필요하다. 특히 기업조직에서도 다국적을 가진 구성원들로부터 하루종일 외국 문화를 접해야 한다.

지금 우리 주변에 있는 슈퍼에 가면 외국 물건이 섞여 국적을 분간하기 힘들 정도이다. 이는 소비자의 선택에 힘이 들 뿐만 아니라 기업 생산자도 같은 시장 속에서 다문화를 만난다. 각국의 국민들에는 그들이 좋아하는 숫자, 색깔, 감정, 형태 등 각양각색이다. 그러므로 경영자라면 누구나 국제기업 준비에 도전해야 하고, 모든 나라 관리자는 기업의 세계화(globally)를 생각해야 한다. 미국과 같은 큰 시장조차도 가정에서 생산하는 제품이 외국과 경쟁하는 수가 증가하고 있으며 새로운 현실로 모든 생산을 위한 글로벌경쟁이 확장되어 모든 시장 속에서는 서비스가 증가되고 확장됨으로써 주주, 고객, 경쟁자, 공급자와 고용자들은 모르는 곳에서 다른 문화 속에서 있었던 적이 있었는지도 모르기 때문에 이들의 행동을 이해하기 위해서 문화연구를 하는 이유이다. 세계적으로 모든 조직 속에 외국인 구성원 수가 증가하고 있으며, 그들 직업에 있어서도 외국에서 온 일군들이 증가하고 있다. 그러므로 그들의 노력을 한곳으로 집중시켜야 하는 것이 관리의 본질이며, 표면적으로는 유사한 행동이지만 문화 차이에 따라 다른 의미가 될 수 있다. 문화이해는 결과적으로 주주들을 이해시키는 데 중요하고 그리고 관리의 성공을 위해 필요하다. 이처럼 기업은 세계화 되고 있다. 이는 대기업뿐만 아니라 작은 기업도 국제화 되고 있다는 것이다.

관리자들은 문화적인 차이의 중요성을 인식하여 국제적인 동반자를 돕고 경쟁자와 관리기술을 개선하는 것을 돕는다. 결론적으로 문화 분석에 대한 기초적인 구성은 관리자들에게 이해를 돕고, 국제조직에 대한 행동과 문화 속의 변화를 평가하는 것이다.

보기로서 세계기업들은 계약서 내용에 대한 번역한 약속들 가운데 약간 다른 신뢰 수준을 요구할 수 있다. 즉 신뢰는 문화적인 가치로 다르게 나타난다. 이를 이해하는 것은 중요가치처럼 조직 내의 관리행동 중의 하나이다. 이처럼 조직환경이 급변하므로 모든 관리자는 변화의 물결 속에서 살아야 하며, 또한 변화의 패러다임(paradigm)을 인정해야 한다.

1. 조직변화와 패러다임

조직은 살아가는 동안 환경변화 적응과 패러다임을 피할 수 없다. 조직은 변화와 변혁(evolution and revolution)을 겪으면서 성장하고 발전한다. 조직성장에 대한 시간의 장·단에 관계를 보면 <그림 1 - 1>와 같이 5단계를 거치며 대기업으로 성장하게 된다. 그리고 변화와 변혁의 차이를 보면 <그림 1 - 1>과 같다. 조직의 변화수준을 단계적인 변화와 변혁이 <그림 1 - 1>과 같이 조직발전 모델(evolutionary and revolutionary)은 두 종류로 설명할 수 있다(Miller, A. & Dess, G. G., 1996). 그리고 변화와 변혁 두 가지 형태의 수준에 대한 조직변화를 설명하면 <그림 1 - 2>와 같이 설명할 수 있다.

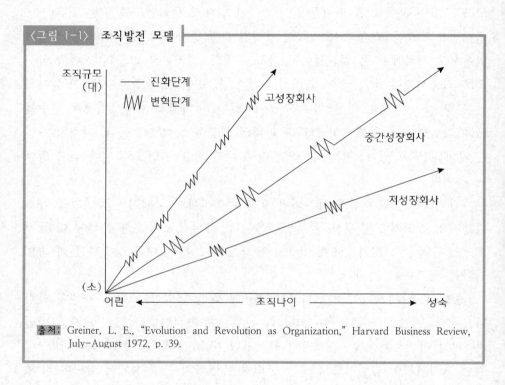

<그림 1-1> 조직발전 모델

출처: Greiner, L. E., "Evolution and Revolution as Organization," Harvard Business Review, July-August 1972, p. 39.

우리는 지금 급변하는 상황 속에서 많은 종류들의 패러다임(paradigm)을 경험했다. 농업사회에서 지역시장을 중심으로 상업을 하였고, 후에는 제조공업을 중심으로 한 산업사회에서는 대량생산으로, 국내시장 중심으로 상업을 하였다. <그림 1 - 2> 진화와 변혁은 두 가지 형태로 독립적으로 진보하고 있다.

20세기에서는 서비스를 중심으로 시장은 세계화로 확대되었다. 이와 같이 여러 가지 패러다임 종류들을 경험하였고, 경영전략도 탄생하였다. 경영전략실행에 있어서도 점진적인 변화(evolutionary changes)에서 변혁(revolutionary changes)으로 실행된다. 그것은 에디슨(Edison)이 전기를 발명하여 전기 있는 세상으로 옮겨 갔다.

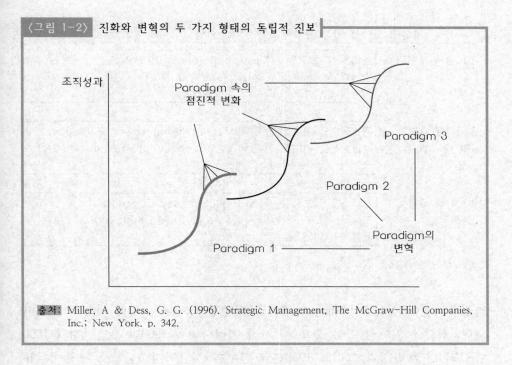

〈그림 1-2〉 진화와 변혁의 두 가지 형태의 독립적 진보

조직성과

Paradigm 속의
점진적 변화

Paradigm 3

Paradigm 2

Paradigm의
변혁

Paradigm 1

출처: Miller, A & Dess, G. G. (1996). Strategic Management, The McGraw-Hill Companies, Inc.; New York. p. 342.

그전에는 석유나 가스로 불을 밝혀서나, 에디슨 이후 전기를 사용하여 불을 밝히게 되었다. 가스를 사용하여 어두움을 밝히는 환경에서 전기를 사용하여 불을 밝히는 것은 에디슨에 의한 변혁(revolutionary changes)이고, 그 후 전기를 사용하는 환경 속에서 불을 밝히는 데 사용하는 전구가 백열등에서 형광등이나 수원등으로 사용하는 그 전구의 변화는 점진적 변화(evolutionary changes)라고 할 수 있다.

전기라는 환경 속에서 백열등, 형광등, 수원등, 할로건등으로 변하는 것은 점진적 변화라고 한다. 이와 같이 점진적인 변화는 패러다임에서 나타나고 변화 패러다임(paradigm shifting)은 세계를 보는 새로운 방식을 설명하는 것이다. 바꾸어 말하면 새로운 생각체계가 변화 프로그램(shifting program)을 만든다. 이를 보면 <그림 1-2>와 같다.

경영에 있어서 패러다임(paradigm)이라는 단어를 많이 사용하고 있다. 쿤은 패러다임을 "일정기간 전문가집단이 공유하는 신념·가치관·방법 및 기

표 1-1 경영에 있어서 가장 중요한 3가지 패러다임

1800년대 후반까지	농업을 기초로 한 경제(Agrarian-based Economy) 수공업 중심의 산업(Craft-based Industry) 지역적 상업 (Localized Commerce)
1850년대 후반 – 1900년 후반	제조공업을 기초로 한 경제(Manufacturing-based Economy) 대량생산을 기초로 한 산업(Mass-production-based Industry) 국가적 상업(National Commerce)
1900년대 후반 – 지금까지	서비스를 기초로 한 경제(Service-based Economy) 지식을 기초로 한 산업(Knowledge-based Industry) 세계화 상업(Global Commerce)

출처: Miller, A & Dess, G. G. (1996), Ibid., p. 342.

법전체적인 구성을 나타내는 연구들의 기본형을 이루는 모델"이라고 정의하였다. 경영에 있어서 가장 중요한 3가지 패러다임을 1800년 후반까지와 1850년~1900년 후반까지 그리고 1900년 후반부터~지금까지 3단계로 구분해 <표1 - 1>같이 설명하였다.

2. 국제조직행동

기업들의 운영은 이전에 알려진 기업관리 과업들(managing the business tasks)을 가지고 운영하였다(예를 들면, 생산, 재무, 마케팅 등). 근래 기업문화에 대한 저술들이 나오기 전에 기업과업들은 이종문화(Intercultural)를 오해하는 기업과업을 운영한다고 규정할 수는 없으나, 이중문화 커뮤니케이션이 불충분했다는데 대한 경고는 정확했다는 것에 대해서는 부정할 수 없다. 시장조사와 시장전망에도 국제기업들의 큰 실수가 많았다.[1]

과거 마케팅성과는 기초적인 생각보다는 오히려 마케팅 계획을 이행하는 과정에서 오류가 생기는 것은 과거 마케팅 오류를 강하게 암시하였기 때문이다. 다른 말로 하면, 마케팅 계획실행에 개인 간의 커뮤니케이션과 교섭과 대량 커뮤니케이션 때문에 대부분이 오류가 발생하였다는 계시는 명확했다. 이 문화(Cross-Cultural)는 마켓 관리자들이 외국시장에서 여태하든 방법으로 지속할 것인가? 혹은 변화에 순응할 것인가 하는 상항이 생기게 된다.[2] 국제조직행동(International Organizational Behavior)은 21세기 기업의 글로벌로 인하여 기업의 성공적인 경영을 위해 필요한 이론(theories)과 실행(practice)에 대해 안내를 하려고 한다. 그리고 이 책 제목들은 인간행동(human behavior)에 영향을 주는 문화의 국가 간의 비교와 특히 글로벌 되고 있는 국제기업들의 이 문화(across culture)에 대한 작업동기들을 국가간 비교하고, 전망하고 그리고 리더십에 대한 연구와 관리문화(managing culturally) 등 많은 제목을 포함하고 있다. 이는 아직까지 국제적인 운영에 광범위한 기업들 중에서도 이종문화 관리를 위한 부서도 없는 기업도 허다하다.

확실한 과업들은 여러 가지 기능직 부서로 분리되어야 하고 인사부서에서는 외국 사람을 담당하기 위한 선발과 관리자 훈련에 대해 염려하여야 한다. 국제마케팅 부서에서는 외국 마케팅 지식을 모아, 다국적기업이 더 많은 이익을 내기 위해서는 회계, 재무, 제조 그리고 전략 같은 것에 대한 더 많은 기술과 계량화 과업(technical and quantifiable tasks)에서 보다 인사관리와 마케팅이 문화적으로 더 민감한 과업(culturally sensitive tasks)들이 더 많은 이익을 낸다.[3]

생산 부서에서는 구성원들은 외국 초빙 근로자들과 이중문화 충돌을 막기 위한 문화관리와 종업원 작업 몰입과 공정성, 동기부여 등 문화에 영향을 받는다는 것이 여러 학자들의 선행연구에서 입정되었다.

오늘날 기업이 글로벌(global)되고, 기업 관리자들은 글로벌 관리자가 되기 위해서는 광범위한 지식이 필요하게 되었다. 이로 인해 특히 조직문화에 대한 지식을 준비하는 것이 필요하다는 것이 입증되었다. 조직문화는 다국적기업(multinational corporations) 운영에 대해 국가문화 차이는 국제조직행동(international organizational behavior)의 복잡성에 대한 이해를 도와 경영을 성공시키는 필요한 지식이다.

21세기가 시작되자 모든 기업은 글로벌이 시작되었다. 중소기업들도 지금 어느 곳에 있어나, 경쟁은 인터넷 증가로 지리적 거리는 없어졌을 뿐만 아니라 지리적인 장벽도 없어져 글로벌화가 가능하게 되었다. 그러므로 기업에는 다른 문화와 서서히 접촉되어 문화적인 차이가 생기게 되어 문제를 이해하는 데 대한 모든 경영자들은 위기에 처하게 되었다. 미국뿐만 아니라 우리나라 마켓에 있는 크고 작은 물건의 대부분이 외국산 제품들이다.

한 예로서 뉴저지에 있는 작은 회사인 Handy라는 제조회사는 글로벌 경제에 대한 내부적으로 연결되어 지역에 있는 작은 조직이 갑작이 다른 문화에 대한 이해를 요구하게 되었다. 더욱이 e-mail 제품들을 중국에 제품생산을 의뢰했더니 뉴저지에서 자기가 생산한 가격보다 1/3 정도가 적었다고 한다.

그 뒤 이 회사는 제품생산의 87%를 중국에 주문하였다. 그로 인하여 2001년에는 300명의 종업원을 2003년에는 100명으로 다음해는 50명으로 줄였다. 이 회사의 조직관리는 성공적이였다. 그러나 이 회사 관리자들은 중국에 대한 의사전달과 협상과 시간에 관한 이해 등을 신속히 배워야만 했고, 중국에 대한 관계에서 다음과 같은 것을 고려해야 했다.

- 어떤 말을 계약에 포함시켜야 하는지?
- 미국과 같은 방법으로 하는 계약서 의미는 중국에도 이해할 수 있는지?
- 중국 공장에서 고객들이 생산한 제품 수송은 적시에 해야 하는 나의 고객과 약속한 것을 이해하는지?
- 나는 중국 회사와 어떻게 신용을 키울 것인지?
- 어떻게 신용을 쌓고 오랫동안 지속할 것인지?

20세기 미국과 서유럽 국가들의 조직기능에 대한 연구였다면 21세기에서는 국가들의 광범위한 다양성(a wade variety of culture)에 대한 조직기능을 어떻게 이해할 것인가 하는 것이 중요하다. 결론적으로 미국에 대한 현대 조직개념이 구체화되고 다른 나라에 대한 강한 영향력을 발휘 했으나, 일시적이였고 초기적인 변화를 동시에 체험하게 되었다. 보기를 들면 2003년 들어 기업의 주기적인 변화로 지난 수십 년 동안 성장 이후 미국기업들은 구조조정과 합병(merger)으로 살아남으려고 몸부림치고 있다. 미국기업 역시 시간에 대한 변화에 견디기 위해 계속적으로 기술혁신으로 생산하고, 글로벌 속에 살아가야 했다.

3. 글로벌 조직과 문화

조직은 글로벌 되어 다국적기업(multinational corporations)으로 새로운 시장 속에서 살아 남기위해 글로벌 전략으로 처방을 하게 되었다. 값비싼 노동력 감소와 조직을 가상조직(virtual organizational)으로 재구성하고 국제금융도 재구성 하였다.

M. Wters(1995)[4]은 21세기가 시작되자 조직구성원들은 증가되고, 조직은 지리적으로 초월한 조직형태나 경제정책과 문화적인 범위를 초월하는 가상조직이 증가되고, 다음에는 무역에 대한 글로벌이 시작되었다. 그리고 그다음 이와 같은 시기에 기업은 글로벌을 거절할 수 없게 되고, 글로벌은 사회적으로 지리에 대한 강제적인 사회과정과 문화정돈(culture arrangements)에 대한 사람들의 인식이 증가하고 있다. 보기를 들면 과거 20여 년 동안 Internet이 빠르게 증가하여 이문화 커뮤니케이션(cross culture communication)이 이미 크게 촉진되고 서로 아는 것이 많아 국가간에서는 상호 의존하게 되었다.[5] 그러나 글로벌은 새로운 현상은 아니다.

1975년 무역 글로벌과 세계 시스템 통합은 이문화 질문은 더 이상 할 필요가 없어졌다. 기업 접촉(cross culture business contact)에 대한 3가지 물결이 증가하게 되었다.[6] 이들 물결은 기업 형태에 대한 주기(cyclical business patterns)는 아니나, 과거보다 세계 무역 설명은 증가되고 있다. 무역의 첫 번째 물결은 글로벌 힘으로 영국이 지배하였고, 두 번째 물결은 나라들 가운데서 경쟁하였고, 세 번째 물결은 미국이 지배하였다. 20세기 마지막 10년과 21세기에는 이문화 무역이 추가되어 의식의 깊은 곳에서 움직임이 시작되어 세상 사람들이 매일 살아가는 방법에 영향을 준 것은 글로벌 때문이었다. 이를 보면 다음과 같다.

- 기업 본사는 세계를 통해 다국적 고용훈련에 영향을 주었다.
- CNN 방송국과 같은 새로운 조직은 실시간 국제사건들을 방송하기 시작하였다.

- 회사 입사는 세계적으로 경쟁하게 되었다.
- 불란서나, 영국과 미국 같은 나라 근로자들은 실직하게 되었다. 이는 Mexico, Sri Lanka, Morocco 그리고 China 등의 노동자들에게 빼앗겼다.
- 2001년 10월 11일 이전보다 특별히 미국과 유럽시민들은 세계 사건들을 이해하는데 다른 문화를 더 많이 배운 것이 많은 힘이 되었다.

글로벌 기업철학과 전략은 충분한 기업의 힘이 된다. 보기를 들면 Levi Strauss & Co. 마케팅을 글로벌이라는 저항을 포용하였다. 1990년 이후 Levi는 미국 내에 있는 봉제공장을 정책적으로 포기할 것을 결정하고, 그는 말하기를 우리 산업사회에서 경쟁은 남아있으나, 미국에 공장들이 운영하고 소유하는 공장은 옮겨야 하는데 대한 질문은 없다고 하였다. 그 이유는 글로벌 노동시장은 값싼 쪽으로 이동하기 때문에 Levi의 연간소득이 급속도로 떨어졌다. 그러므로 장기적으로는 글로벌 생산에 대한 기업정책이 필요하게 되었다. 그리고 관리자들은 global에 인간행동을 이해하는 지식도 필수적이 되었다. 특히 다국적기업에서 교차문화에 대한 인간행동을 이해할 수 있는 기술이 필요하였다. 그리고 또한 인간행동은 문화에 영향을 받기 때문에 조직문화에 대한 이해가 필요하다. 문화에 대한 기술비결(knowing how culture)은 조직행동에 주는 영향이 크기 때문이다. 특히 글로벌 학자들과 관리자에게 바라는 요구들을 보면 다음과 같다.

- 모든 문화는 윤리에 대한 이해를 해야 하는가?
- 다른 국민들은 문화 차이에 따라 동기 부여가 되는가?
- 모든 문화 속에서 리더십 스타일은 같은가?
- 다른 문화에 다양한 관리를 어떻게 할 것인가?
- 모든 문화를 같은 방법으로 기업교섭을 할 것인가?

결론적으로 조직이 글로벌을 심도 있게 지각하게 하는 것은 사람들 간의 접촉과 문화차이 지식을 통해서 사람들은 지각할 수 있게 된다. 세계문화 관계가 닮아가고 있다. 보기를 들면 McDonald 회사는 글로벌의 관점에서 세계적인 관리 원리를 같이 사용하고 있다. 관리자들은 다른 문화에 대해 인식과 우리 내부가 다른 문화와 서로 연결되어 있는 것을 인식하고 그리고 사회적으로 의존하고 있으므로 문화, 정책 그리고 경제학들이 사회적으로 서로 상호 의존되어 있다는 사실을 인식해야 한다.

4. 무엇 때문에 조직문화를 이해해야 하는가?

국제조직행동에 영향을 주는 것이 조직문화다. 국제조직행동에 조직문화 관계를 이해하기 위해, 먼저 국가문화가 조직행동에 미치는 영향을 이해하는 것이 중요하다. 특히 이는 세계경제가 세계화 되고 그리고, 기업은 다국적기 업이라고 부르게 되어 계속 조직적으로 배치되었다. 만약 글로벌이 다국적 기업구조에 언제까지라도 국가문화의 원인이 된다면, 구별할 수 없는 가치는 관리기술과 조직행동으로 교차문화(across culture)에 나타날 것이다. 국민특유의 가치와 태도, 전통, 습관과 그리고 이데올로기는 조직구조와 문화를 구별한다. 그러므로 글로벌 경제에서 관리자가 성공하기 위해서는 조직행동에서 나타나는 문화의 영향을 이해해야 한다.

조직행동과 더불어 미국의 조직문화이론이 발달하게 된 특징을 보면 세계적인 사회과학연구에서 제시한 세 가지 이유부터 조직이론차이가 있다. 첫째, 미국 내 문화이론연구는 국가문화의 다양성에 대한 감각이 없다. 최근까지 연구자들은 미국문화 내에 조직들이 있다고 가정하거나, 혹은 미국과 유사성이 있다고 가정하였다. 보기를 들면 서유럽과도 유사하다고 보았다. 모든 사회는 결코 그렇지 않는데도 불구하고 자본가에 대한 경제원리에 대한 집착이나, 혹은 개인주의 강조나, 혹은 이데올로기 성취와 공정성에 집착하였다.

그러나 사실은 모든 자본가 사회는 미국조직과 다르고, 경영자들은 문화의 결과가 다르다고 인식하였다. 첨가해서 많은 미국이론들은 미국에서 수집된 자료로서 최소나 혹은 최대로 받아들이는 이론이다. 이것을 다른 나라에 적용하는 것은 다르게 나타난다. 미국에서 지배적인 조직문화이론의 우위를 점하는 하나의 방법으로는 국제적인 자료를 가지고 미국 이론으로 연구하는 것은 다른 문화이론들을 개발하는 것이다.

둘째, 미국에서 주도하는 연구의 초점은 개인적인 역할과 집단기능 등이 포함되었는데 이것은 역시 사회과학자들이 제목들을 붙이는 것과 같이 특수한 조직문화에 대한 연구였지 조직전체에 대한 연구는 거의 없다. 결론적으로 미국의 조직행동연구는 아주 좁은 연구에 강조되었고, 가설을 조사하고 설문지로 계량화할 수 있는 자연과학에서 다루는 연구를 한다. 결국 문화는 계량적으로 분석하는 것은 어렵다. 민족문화를 연구하는 방법 중에 하나를 택하는 연구접근방법은 질적인 면을 강조하는 기술학을 사용한다.

이 방법은 내부조직으로부터 삶을 이해하는 것을 목적으로 case study에 재료(data)로 나타난다. 그러나 종종 데이터로 나타나는 데에는 한계가 있다. 이는 조사자들의 선입견과 대표성의 한계 때문이다.[7] 이와 같은 한계 때문에 국제 경영접근과 조직행동은 조직배경 설명과 같은 국가문화 사용에 있어서는 미국 모델이 들어있기 때문이다. 최근에는 미국 연구모델로는 주요 변수로 국가문화를 가지고 비교접근하여 사용하는 것이 증가되고 있다.[8] 보기를 들면 GLOBE(Javidan and House, 2002)[9] 계획은 61개국 리더십에 관해 연구하였다.

그리고 최근연구 중에는 사회과학적 시각으로부터 교차문화(across cultures)의 비교연구를 체계적으로 발전시켰다. 또한 작업장에 대한 설명과 이해를 복잡하게 설명하였다. 그리고 근로자의 조직행동을 이해하는 데 문화의 역할은 더욱 중요한 변수가 많았다. 첨가해서 그것은 교차문화에 대한 심리학적 서술이었다. 결국 학자들의 견해는 광범위하게 global 관점에서 연구하였고, 이는 특별한 의사전달과 장소 내에 사회관계를 불안정하게 포함한 분석단위와 확장으로 global에 관점을 두었다.

5. 국제조직행동에 있어서 문화연구 발전

(1) 경쟁에 대한 이익

글로벌 결과로 조직이 직면하는 내부적인 환경은 더욱 복잡하고, 동적으로 되고, 경쟁적이 되었다. 그러므로 새로운 경제환경에서 성공하기 위해서는 조직에 대한 다른 문화와 조직행동에 대한 지식을 가져야 한다. 조직문화 연구의 특별한 국면은 글로벌 시장에서 경쟁하는 것을 알아야 한다. 시장은 경쟁이 여전하므로 기술을 배워야 하고 그리고 관리 수행과, 전략과 국내 경쟁기업과도 마찬가지로 글로벌 주위에 기업들이 있다는 것도 알아야 한다.

글로벌 속에 기업들은 국제적인 생산품질에 대한 강조가 증가될 뿐만 아니라 글로벌 금융이나 회사주위 어느 곳에서나 생산구매에 대한 능력을 가지고 있어야 하고, 세계를 통한 기업활동에 대한 지식도 다른 회사와 같이 조사하고 평가해야 한다. 글로벌 사회의 전략적인 협조는 일반적인 경쟁자들 사이에서도 일어난다.

보기를 들면, 미국 회사는 새로운 자동차 생산을 창조하기 위해 Mitsubichi은 일본 회사인데 Chrysler사와 협력하였고, 독일 Luxury 자동차회사인 Daimler Benz사는 Chrysler사와 같이 합병하였다. 같은 경우에 영국의 요구에 American Ford Motor사는 Jaguar을 기초로 같은 기업에 다른 구매회사는 하나가 되었다. 그러나 효과적인 기업운영을 하기 위해서는 문화전통(culture tradition)에 대해 구별을 지속할 것이 요구되었다. 글로벌 조직에서 조직행동에 관한 학습은 조직성과 향상을 위해 다른 문화로부터 광범위한 생각을 모방해야 한다.

1970년대 후반부터 영국과 미국은 일본의 경영기술인 총체적 품질관리(TQC)와 동시관리(Just-in-Time) 등을 모방하였다(Oliver and Wilkinson, 1992).[10] 그리고 규모가 큰 동유럽연합과 중국은 그들의 사업과 회사를 개선하기 위해서 자본주의 경제 적응을 열망한 나머지, 같은 나라 속에서 이민자(immigration)처럼 다른 국가 근로자들을 일시적인 손님으로 행사하는 노동력에 대한 다문화주의(multi-culturalism)가 증가되었다. 이와 같은 문화가 국제기업 경영에 중요한 영향을 주었다. 그러므로 상항 따라서 관리자들은 문화적인 뜻에 대한 조직이론들이 설명되고 문화적인 배경이 이해될 때 국제경영관리가 될 것이다.

(2) 국제조직행동에 있어서 조직분석

국제조직행동에 문화연구를 하는 이유는 공식적인 조직은 매일매일 생활에 대한 영향은 넓혀가고 그리고 리더는 의미심장한 힘을 가진다. 조직의 체계분석은 사회통제에 대한 것이 필수적이고 경제생산 구조를 증가시켜 사회를 발전시키는 것이다. 조직에 대한 학문적인 연구만으로 문제를 이야기하는 것은 관리에 대한 이론과 실행을 개선하기 위한 암시가 될 수 있다.

그럼으로 여기에는 학문적으로 Global에 대한 연구의 중요성을 더 많이 언급하려고 한다.

organizational behavior

제 2 장   국제조직행동에 대한 문화 분석

글로벌경제(global economy)에 있어서 성공적인 성과를 달성하기 위해서는 어떻게 문화차이가 경영에 영향을 주는지 정확한 정보를 얻는 것이 중요하다. 국제조직행동에 있어서, 조직문화 연구의 중요성을 보면 자기들 소유하고 있은 문화보다도 다른 문화에 더 호기심을 가진다. 교차사회(across societies)에 대한 관리기술은 사람들의 상호작용에 대한 이해를 돕고 그리고 권력관계를 공평과 불공평의 원인을 이해하는 방법을 제시한다.

또한 사람들이 소유하는 문화와 행동에서 다른 문화를 고찰하는 지식을 가진다. 즉 체계적인 비교 없이 사람들의 행동을 어떻게 문화가 평가되는가에 대한 것이다. 자기문화가 더 좋은 것으로 대부분이 믿고 있기 때문에 다른 문화는 이상하고 윤리적으로나 혹은 더 큰 영향을 받아 드린다고 할 때 자기 문화를 인정하는 데 대한 조직문화에 대한 역사를 이해하기 위해서는 관리와 조직행동 역사를 이해해야 할 것이다. 관리와 조직행동의 역사는 사회생활에 대한 정확한 설명과 인간행동에 대한 모델에 대한 것들이 발달되었다.

1. 국제조직 행동설명

고전적인 학자들은 보편적인 것을 찾는 데 초점을 두었다. 어떤 리더십이나 조직구조가 종업원동기 부여에 효과적인가에 대한 연구였다. 전형적으로 이런 연구는 개인적인 조직행동에 대한 기계적 모델(mechanical models)을 사용하여, 조직 내의 행동에 대한 외부 힘의 영향을 무시하였다. 그러나 1960년대 시작으로 인간의 개인적인 설명과 조직행동은 단순히 이론 모델로부터 다변량(multiple variable)을 기초한 상호작용을 분석하였다. 그리고 외부환경은 더욱 복잡해졌고, 환경은 원인변수로 문화가 포함되었다. 그리고 현대 연구조사에서 찾고 강조하는 것은 단일이 아니라 모든 관리대상을 다양하게 보는 것이 좋다고 하였다.

(1) 산업화(Industrialization)

산업화 시대 논의는 인간은 제조산업의 에너지 스팀, 전기, 석유 등이 제조공업의 에너지로 전환되었으나 문화가 경제력에 영향을 주지는 못했다 (Harvinson and Myers, 1959).[11] 결론적인 관점에서 보면 조직구조와 국가문화에 대한 주위를 가지지 못하였다.

(2) 문화에 대한 설명(Culture Explanations)

근래 와서는 문화는 조직행동을 설명하기 위해 필요한 요소가 되었다. 그이유는 1980년대의 국가경쟁을 조사한 연구자들과 관리자는 "일본 자동차의 품질이 좋은 것은 일본의 작업장 조직문화가 공헌하였다는 연구결과가 있었기 때문이다. 그리고 두 번째로 기업 임원들은 다른 나라 사람들과 접촉할 때나 혹은 다른 문화와 마주칠 때 다른 문화의 구성원들이 어떻게 이해할 것인가? 하는 것을 생각했기 때문이다.

그리고 그들에 대한 전달을 어떻게 할 것인가? 그들이 생각하는 리더십은 무엇이 효과적인가? 여성 임원들에 대한 대우는 어떻게 하는가? 이들 질문에 대한 회답은 조직내부에 영향을 주는 것과 외부에서 여러 가지 영향을 주는 것을 이해하고 그들이 상호작용하는 것을 답하는 것이 요구된다.

(3) 복합문화(Multiple Culture)

국가와 조직은 복합문화(multiple cultures)를 가진다. 국가문화는 윤리, 정체성(identity), 종교 사회계급(social class) 혹은 그들과 결합된 것에 뿌리를 둔다. 국가 내에는 이들 외에 다른 다양한 것들을 기초로 하여 하위문화(sub cultures)와 태도모양(shape attitudes)과 가치(values)는 사람들의 관계와 권위에 순종하고(obedience to authority) 그리고 동기와 같은 조직 내 행동에 영향을 준다. 조직 내 하위문화는 전문화, 부분화, 우정 등과 같은 다른 요소들로부터 발달된다.

(4) 외부문화(External Culture)

근래까지 조직이론들은 그 연구범위가 조직 간이었고, 상당히 유연하지 못해, 외부문화 조직모델은 다국가와 지역문화(local culture)에 대한 것도 내부 조직문화에 포함시켰다. 보기로서 사회등급은 하나의 문화구별에 대한 기초는 미국 경영학연구자들에 위해 조직행동연구에 건의했다.

(5) 내부조직문화(Internal Organizational Culture)

모든 조직은 복잡한 구성원의 행동에 영향을 미치는 문화를 창조한다. 조직 내부문화는 가치와 조직내부 구성원들의 의미창조(create meaning)와 개인이나 혹은 집단과 외부 다른 조직으로부터 나타나는 기초적인 수락으로 가공품이 구성된(composed of artifacts) 것이다. 조직문화에 대한 흥미는 글로벌 경쟁으로부터 증가되고 문화에 대한 관리인식은 성공적인 조직변화의 중심이 되고, 경쟁 우위를 만든다고 인식된다(Deal and Kennedy, 1999).[12]

(6) 문화설명에 대한 한계(Limitations of Cultural Explanations)

조직 내의 인간의 행동을 설명하기 위한 문화사용에는 한계가 있다.

첫째, 문화에 대한 정의가 많기 때문에 국가나 혹은 조직문화가 혼돈되어 명확한 정의를 내리기 힘들다. 문화의 많은 개념들의 연구는 문화인류학으로부터 시작되었다. 그러므로 몇 몇 경우에는 오래가지 못했고 탈공업사회(post-industrial)와 복잡한 사회에서는 적용되지 않았다.

둘째, 문화는 정의에 대한 동의를 해야 하므로 다면적인 개념으로 계산에 차이가 생긴다. 특히 혼합문제들은 서구의 질문서는 양자택일설문서(forcedchoice questionnaires)를 개발하여 조사자들은 사용하고 있다. 가능한 이미 결정한 문화 범위에서 나타나는 조직의 단순한 Data를 사용하는 경향이 있다.

ㄹ. 국제조직행동이론

Kurt Lewin(1945)[13]은 "연습만큼 좋은 이론이 없다(Nothing is as practical as good theory)고 말하였다. 사람들은 종종 학습에 대한 이론에 목적을 둔다. 이론들은 응답이 정확하다고 보는 것이기 때문이다. 그러나 진짜 세상에서 일어나는 것은 반드시 그렇지 않다. 그것은 모든 상황이 다르기 때문이다. 보편타당한 것을 찾는 것은 힘든다"라고 하였다.

(1) 현실 세계론(Real World theory)

사회과학에서 행동에 대한 일치 모형과 현실에 있는 이론들을 서술한 것을 보면, 73개 조직행동론이 유사한 연구로 진술되었다. 대부분의 이론들은 미국에서 발전되었고 다른 나라에서는 극히 적었다.

(2) 표준과 기술이론(Normative and Descriptive Theory)

두 가지 이론 중에는 표준과 기술이론이다. 조직행동과 관리동기이론 등 조직기능에 대한 방법만을 기초로 한 것이다. 보기로서 표준적인 이론은 적당이 설계되고 그리고 조직관리는 내부경험 없이 관리되는 관점이다. 이와 같은 가정은 대립이 조직효과에 대한 부정적인 경향을 가진다고 가정하였다. 그러나 몇몇 조직은 자유였다. 사실 조직이 대립 없이 조화를 이룰 수 있다.

(3) 서술이론(Descriptive Theories)

조직을 현실적으로 묘사하는 것을 기도하는 이론이다. 이들 예로서 마약 조직 내에 대립이 존재한다면 조직목표는 뒤나 앞이나 경험적인 조사에 의한 주제들이다. 만약 대립형이 다른 조직형태에 나타난다면 이것은 하나의 설명이 요구될 것이다. 물론 조직개선에 대한 정책과 현실에 대한 연구에 공헌하는 것을 발견할 수 있다.

　서술과 표준이론 사이에 있어서 차이는 관리자에게 의미심장하게 중요한 것이다. 보기를 들면 표준이론 관리에 대한 효과가 없는 것과 같이 대립으로 보는 관점이다. 그의 목적을 몰아내는 것이다. 이것이 더구나, 만약 경험적인 연구라면 모든 조직의 경험이 대립이 지지된 경험적인 연구라면 이것이 이슈라는 것으로 효과적인 관리 방법이 될 수 있다.

(4) 가치(Values)

　문제에 대한 관계되는 조사에 대한 가치의 역할이다. 가치판단(value judgment)은 문화적인 행동평가 기준이 된다. 이는 비교에 대한 기초로 사람들이 소유하는 문화사용은 자유이다. 문화를 외면할 목적으로 사회과학조차 사람을 속이는 것은 의미 없는 것이다. 그럼에도 조사자들은 가치인식과 조사에 대한 그들의 역량을 감소하고 그들의 문화개념이 엇갈린다. 그리고 가치판단의 두 가지 일반적인 형태는 중심주의와 문화충격이 이슈(issue)로 나타난다.

(5) 자기민족주의(Ethnocentrism)

　자기민족주의(ethnocentrism)는 사람들의 소유 집단을 모든 것의 중심으로 삼는 것이다. 그리고 다른 모든 것은 내버린다.

(6) 문화충격(Culture Shock)

　문화충격(culture shock)은 우리에게는 종종 이국적(exotic) 그러나 해가 된다거나 혹은 의미 없다는 것으로 우리들은 다른 문화에 대해 행동으로 나타내는 것을 말한다. 문화충격은 우리 자신과 다른 사람 사이에 이해되지 않고 그리고 다른 문화행동에 대한 반대나, 반작용에 대한 혼돈이나 혹은 반대하는 것이다. 무엇이 행동에 문제가 많은가에 대한 표준이다.

　보기로서, 서구사람들의 조직에 대한 문화충격은 어린이 노동력과 그리고 교도소 노동들이다. 교도소 노동은 미국에서도 마주 칠 수 있다. 또한 미국사람들은 일본사람들보다 근로자들과 임원들 간에 차이가 적은데 일본사람들은 차이가 많다고 미국사람들은 생각한다. 임원은 근로자의 10배나 많은 봉급을 받아간다고 생각한다. 이것은 미국인으로서는 충격이다.

다른 보기로서 미국에 여행하는 외국 사람들은 미국식 화장실을 보고 충격적일 것이다. 보통 처음 충격은 외국 사람들이 경제적 행복과 그리고 위생시설 결핍에 대한 특별한 경험 뒤에 충격이 커진다.

1) 두 가지 비교시각

최근에 문화와 국제행동분석에 대한 비교방법이 연구되었다. 첫째 연구는 세 가지 문화 속에서 유사조직형태로 창조된 국제금융 속의 변화이다. 이들의 변화결과는 특별히 지식이 강한 조직 속에 현실의 차이를 발견한 것이다. 이들 연구들은 한편 현대사회와 조직모양의 규모가 큰 글로벌 경향이 있었다. 그리고 두 번째 연구는 관리의 궤변과 4개 산업사회 속에 현실적인 차이의 발견이다. 이들 발견들은 많은 연구자들의 이론적 관점과 달랐다. 산업국 가속관리가 산업화에 대한 유사하다고 하는 것이 많은 조사자들의 관점이다. 실제로 두 연구는 세부자료가 광범위하고 논의하는 데 복잡한 이론이다.

2) Global 과정

글로벌을 창조한 것도 문화이고 변화에 영향을 미친 것도 문화이다. Saskia Sassen의 *The Global City* (1991)[14] 저서에서 Global 경제활동에 의해 교차문화가 생기게 된 유사점을 발견했다고 하였다. Sassen의 연구는 1980년대 뉴욕, 런던, 동경 등은 대량생산을 경험했고 그들 경제기반이 공간적 조직(spatial organization)과 사회구조(social structure)가 유사하게 변한다는 것을 지적했다.[15] 그리고 통제와 힘은 세계 주위에 있는 기업에 분산되어 가고 있으나 분권은 아직까지 되어 있지 않았다.

대신 New York, London 그리고 Tokyo은 세계적인 시(city)로 합병되고 그리고 새 글로벌 경제(New Global Economy)는 집중되었다. 또한 세계기업을 통해 작은 기업들은 하청이 증가되었고, 신흥 산업국가들의 기업들은 빠른 성장을 하였다. 그러나 작은 기업들도 글로벌 활동에서 벗어나지 못한다. 이들 성장 형태는 체인(Chain)의 한 부분처럼 되고 원격 지방들은 산업과정에서 쇠사슬의 부품처럼 되었다. 글로벌 시(city)내에서는 과거 이 市의 지식산업생산 분야에 집중된 것을 알 수 있다.

그리고 금융에 대한 지식산업과 시장 서비스 대리점 망이 공간적으로 흩어지는 복잡한 조직이 필요하였다. 한 예로서 높은 봉급을 받는 일과 낮은 임금을 받는 서비스노동은 분리되어, 금융지식과 서비스 초점은 새로운 조직문화에서 발생하였고 최종적으로 도시에 있는 전체 고용인은 큰 부분이 감소되었다. 이와 같은 과정에서 유사한 교차문화(across culture)는 경쟁방법을 통해 관찰되었다.

3) 관리 단원론(Management Pluralism)

관리원론(Mauro Guillén, 1994)[16]은 20세기 동안 미국, 영국, 독일의 역사를 비교했는데 산업사회가 시간이 다르게 관리 철학과 실제의 paradigm 차이를 인정하는 것을 말한다. 과학적 관리, 인간관계 학파, 구조분석 등이 다르다. 그리고 과학적 관리는 Frederick Taylor와 다른 사람들에 의해 세기 초에 받아들인 나라는 미국과 독일이다. 그리고 영국과 스페인은 이념과 실행을 받아들이지 않았다. 그리고 인간관계운동은 과학적 관리운동의 반작용으로 미국과 독일은 친절히 받아들였다. 그러나 스페인에서는 사회와 정치적 가치로 일관했다. 또한 독일사회 가치는 실천으로 받아들이지 않았다.

마지막 Paradigm은 구조적 분석이다. 이는 최고의 방법은 하나 밖에 없다는(the one best way) 것이다. 이것은 인간관계 학파나, 과학적 관리 뒤에 평가되었다. 다국적조직을 공식적으로 받아들인 나라는 1960년대 영국, 미국, 독일에서 광범위하게 분산되었고 스페인은 이념과 실천으로 받아들이지 않았다. Mauro Guillén은 관리유형(management models)의 선택에 영향을 주는 것은 문화요소(cultural factors)라고 결론내렸다. 그리고 과학이나 경제기술은 관리유형 선택에 신빙성이 없다고 하였다.

Guillén은 "관리자들은 20세기 동안 선택 방법에 대한 세 가지 Paradigm을 나라차이에 따라 다르게 받아들였다고 하였으며. 문제는 정신력과 훈련,

직업적인 집단활동, 국가역할과 노동자들의 태도 등의 문제들에 달려있다고 (Guillén, 1994)[17] 지적하였다. 첨가해서 정책과 사회적 요소는 관리 이데올로기와 실천에 영향을 주는 요소에 달려 있다고 하였다. Guillén은 종교는 문화의 중요한 요소이고, 역시 관리 모델을 받아들이는 데 중요한 요소가 된다고 하였다.

Guillén의 연구는 두 가지 중요한 문제가 있다. 첫째, 관례에 대한 제도뿐만 아니라 경제 types과 기술이나 혹은 산업효과에 대한 특별한 이데올로기 창조, 사람들의 관리조직방법에 대한 지침서이다. 둘째, 비교분석은 관리 이해와 단순 문화연구보다 조직행동을 이해하는 것이다. 나라의 수준에서 체계적인 비교 없이 경영모델을 적용하고 변수를 결정하는 것은 어렵다. 특히 주기적인 변화 경우 그들 원인요소를 찾는 것은 어렵다.

4) 21세기 국제조직행동(International Organizational Behavior in the 21st Century)

국제행동조직에 있어서 21세기의 문화가치(culture values)는 조직형태 (types of organizations)에 충격을 주었으며, 그들이 장소를 택하는 방법 그리고 그들의 변화의 지시에 충격을 주어 가치의 중요성이 나타나게 되었다. 세계 가치조사에서 글로벌 인구에 대한 Sample로부터 제3의 물결에서 주위를 끌었다. 세계가 글로벌이 진행되는 동안 주장해 왔던 전통가치(traditional values)에 대한 문화변화(culture change)와 그리고 현대와 지나간 가치를 주목하였다. 역시 가치는 과거 20년 동안 의미심장한 가치변화를 가졌다. 결론적으로 문화는 조직 모형과 조직행동의 모양을 운전하고 변화의 유형에 대한 충격은 문화가치 속에서 일어난다.

3. 국제조직 문화에 대한 집중과 다양화

만약 문화가 집중(convergence)이라면 아주 문화가 같게 되는 것이다. 기업관리 조직형태에 대한 효과방법을 연구하는 연구자들은 미국에 있는 관리 이론들의 논리를 모방하였다. 같은 시기 조직 Paradigms이 나타나는 것처럼 산업화에서 이론가들 관점이라고 본다면 조직이 글로벌을 통해서 유사한 관리기술이 적용된 것이다. 그럼에도 불구하고 만약 문화가 남아 있었다면은 구별이 되고 기초가치(basic values) 주장이나 실제는 그렇게 닮지 않는 것이다.

거기에는 다양화(divergence)되었기 때문이다. 이러한 관점의 암시는 관리조직에 대한 문화적인 감정 발달과 나타나는 문화에 공통점이 있다는 것을 암시 할 수 있다.

(1) 집중에 대한 힘

집중에 대한 힘(forces for convergence)은 Sassen(1991)[18]의 글로벌 연구에서 경제와 도시의 문화(culture of cities)의 효과는 집중에 대한 힘이라고 하였다. 중요한 도시는 글로벌 경제 힘과 통제가 중심이 된다. 도시주변의 변화부분은 일에 대한 변화이다. 일차적으로 부정적인 결과는 힘의 집중과 그리고 두 가지 사회적 계급, 즉 지식이 풍부한 근로자의 힘과 부가 마지막으로 집중되었다. 이와 같이 글로벌을 일으킨 경제활동 역시 도시문화와 조직에 영향을 미쳤다.

(2) 다양화에 대한 힘

다양화에 대한 힘(forces for divergence)은 M. F. Guillén(1994)[19]의 연구는 조직에 대한 문화의 요소들을 구별하는 결론을 내렸다. 글로벌 되지 않으면 획일적 종교(uniform religion)가 생기거나 혹은 다른 가치체계가 생긴다. 그러나 거기에는 관리 철학과 실천에 대한 차이가 계속 생길 것이므로 분산관점을 지지하고 발전시키게 되었다. 이는 세계가치조사(World Values Survey)에서 발견된 것과 유사하다. 이것은 문화의 고집에 대한 가치변화(values change)를 가르친 것이다.

첫 번째로 중요한 논의는 같은 중요 문화가 남아있는 데도 불구하고 다른 논쟁은 글로벌의 힘인데도 불구하고 문화구별을 고집한다면 조직행동과 관리효과는 문화의 집중과 분산의 뜻으로 생각하게 된다.

제 3 장 글로벌 조직행동과 문화

이 세상 기업들은 글로벌로부터 자유로울 수 없다. 이것은 문화 때문이다. 문화에 대한 이해는 사람들은 가정을 떠나서 살 수 없는 것과 마찬가지로 국제기업을 경영하는 데 있어서 문화로부터 도망갈 수 없다. 세계는 서로에 대한 의존성이 증가되고 모든 나라 관리자들은 글로벌을 생각해야만 한다. 새로운 현실은 모든 생산에서 글로벌 경쟁에 노출되어 있다. 그리고 모든 시장의 서비스도 증가하고 있다.

문화연구에 대한 다른 이유는 어떤 나라든 이해관계를 가진 사람들이 있다. 이들 주주, 고객, 경쟁자 공급자 그리고 고용자들은 다른 문화를 가질 수 있기 때문이다. 세계적으로 이민자수와 작업에 그들의 자신의 문화를 가진 손님 노동자들이 증가하므로 실제 노동력으로서 통합하는데 본질이다. 결과적으로 이것은 그들보다 나은 서비스와 경영성공을 위하여 주주들을 이해하는 게 중요하다. 이미 단일 민족이라고 생각한 한국도 외국인 수가 일백만을 넘었다. 이들이 외면적으로 유사한 행동조차도 문화차이에 대한 다른 의미를 가진다. 경영자들은 그들의 국제동업자, 경쟁자 그리고 그들 관리기술을 최종적으로 개선하는 데 문화차이의 중요성을 이해하는 것을 돕는다.

결국 문화분석을 위해 기초적인 윤곽은 관리자에게 이해를 가능하게 하고, 문화에 대한 변화 평가는 국제조직행동에 밀접한 관계를 가지고 있다. 보기로서 글로벌 기업은 성문된 계약이 존재할 때 변화에 대한 이들의 약속 가운데 진실의 수준을 요구한다. 진실은 바꾼 문화가치(transcultural value)를 신속하게 나타내고(Johnson and Cullen, 2002),[20] 이해와 조직 내 행동관리를 위해 중요 가치와 마찬가지다(Kramer, 1999).[21]

국제경영자들은 이 문화충돌이 지속되는 것이 의미 있는 수준일지라도 이것은 창조를 위해 중요하고 그리고 관리의 지속적인 신뢰관계를 구축하는데도 중요하다. 이것은 어떻게 다른 문화를 아는 것이 유용한 것인지는 다른 문화로부터 사람들과 같이 관계를 하는데 신뢰를 생각한다. 문화에 대한 많은 정의가 있으나, 문화는 유익하고 그리고 광범위하게 하나의 사람들이 집단적으로 생활하는 방법이다(Francesco and Gold, 2005).[22] 명확하게 문화범위의 수준이 기초가정(基礎假定)에 대한 가치들로 나타난다.

　　문화에 대한 깊은 이해는 명백하게 나타나지는 않는다. 문화는 일차적으로 교육을 통해서 학습되고, 2차적으로 사회화를 통해서 학습된다. 문화윤곽은 국가적으로 분류된다. Kluckhohn과 Strodtbeck, Hofstede의 중국사람 가치조사, Schwartz, Trompenaars은 행동설명에 대한 중요 변수들을 확인함으로써 다른 문화에 대한 최초로 이해를 제공하였다.

　　Ronen과 Shenkar의 국가 클러스터(Countries Clusters)와 지리적, 언어, 종교, 경제개발을 기초로 한, 국가들 가운데 유사하게 보이는 세계가치조사의 글로벌 지도로 나타내었다. Gannon은 문화차이에 대한 더욱 상세히 비교하였다.

　　결론적으로 Brown의 모든 인간 사회에서 보편적인 행동을 다른 교차사회에 어떻게 가치를 대신하는가를 확인하였다. 조직행동이론은 미국에서 개발되었는데 그 밖에서는 나타나지 않은 것은 문화적인 차이 때문이다. 직접적으로 양쪽 경향집중과 분산이 동시에 나타난다. 세계는 더욱 상호의존이 증가되고 있고 그리고 커뮤니케이션 기술개선을 통하여 잘 연결되었고, 더욱 사람들과 조직에 대한 경영자들의 접근을 허락했다. 그리고 경영자들에 대한 시사점은 조직행동이 중요한 경영기술에 영향을 준다는 것으로 다양한 문화를 이해하는 것이다.

1. 조직행동에 있어서 문화가 무엇인가?

　　문화의 개념은 역사적으로 오랫동안 조사되었다. 궤변론자들에 의하면 이는 사람들에 의해 사용되었다. 우리가 말할 때, 어떤 사람은 문화가 발달되었다고 말한다. 이것은 풍습에 대해 인류문화학자들에 의해 사용된 말이었다. 그리고 그들 역사의 진료에 따라서 사회가 개발되는 의식(ritual)이 수십 년 동안이나 혹은 몇몇 조직 연구자들과 풍토(climate)를 지적하는 관리자에 의해 사용되었고, 조직개발 주변에 그들은 사람들에 대한 처리 혹은 가치신봉(the espoused values)을 위탁하고 조직신조(credo of an organization)를 실행에 사용된다. 관리자들이 "옳은 종류문화"(right kind of culture) 혹은 "품질의 문화"(culture of quality)를 개발하는 말의 배경 속에는 확실히 관리자들이 그들 조직에 설득(inculcate)하는 확실한 가치를 가진 것에 관계된다.

어법에 대한 함축성으로 보아 거기에는 좋고 나쁜 문화(better or wrong cultures) 그리고 강하고 약한 문화가 있는 것을 가정하고, 옳은 종류의 문화는 조직에 효과적인 영향을 준다는 것을 가정하였다(Schein, 1992).[23] 그러나 문화는 추상적이고 이해가 잘 안 되는 부분이 놓여 있고, 또한 많은 부분이 이해가 되기도 한다. 우리는 많은 조직에서 그들의 부하의 행동을 변화시키려고 노력하는 관리자들을 보면, 우리는 생각하는 수준의 변화저항에 부딪치게 되는 것을 볼 수 있다. 작업을 하는 것은 얻는 것보다 각각 다른 것과 싸움에 더 많은 흥미를 가는 것을 우리는 조직부서에서 관찰할 수 있다.

Schein(1992, p. 4)은 "종종 조직 속에서 개인이나, 혹은 집단이 명백히 비능률적으로 계속행동을 하는 것을 보고 놀랐다고 한다. 그리고 다른 집단에 포함되어 일을 얻으려고 노력하고 서로서로 간에 커뮤니케이션도 하지 않고 투쟁수준이 놀랄 만큼 점점 높여가는 것을 종종 발견하였다"고 한다. 우리가 만약 선생이라면, 물리적이라도 서로 다른 행동을 분류하여 신비스러운 현상에 부딪치고 있는 현상을 가르칠 것이다. 이와 같은 현실은 회사마다 또는 같은 산업에서조차도 크게 다른 현실이다.

지리적인 면에서도 다르게 느끼는 것처럼 이들과 다른 식당, 은행, 병원조직이나, 상점에서도 다르게 느껴진다. 이들 모든 현상은 문화적인 개념으로 설명할 수 있다. 그러나 조직 속에 구성원들이 불합리한 행동을 하고, 사람들의 여러 집단을 깊이 이해해야 할 뿐만 아니라 조직들의 변화도 어렵다는 것도 이해한다. 집단과 조직 속에 문화적인 문제의 깊은 이해는 그들의 행동에 대한 이해가 필요하다. 그리고 문화는 리더에 의해 일부분이 창조된다. 그리고 리더십의 결정적인 기능의 대부분은 창조되고 때로는 문화 파괴도 하는 것이다.

리더가 하는 창조와 문화 관리는 리더의 유일한 재능이다. 그리고 또한 문화를 이해하는 것이 재능이다. 관리나 혹은 경영으로부터 리더십을 구별한다면, 리더는 문화를 창조하고 변화시키는 것이라고 할 수 있다. 그리고 문화는 리더의 행동에 영향을 받는, 복잡한 집단학습과정의 결과이다. 그러나 만약 집단이 살아남으려면, 문화는 부적당하게 적용되기 위한 협박하는 원인의 요소가 된다.

2. 문화의 공식 정의

문화가 무엇인가? 이에 대한 회답은 한마디로 어렵다. 문화 정의는 학회와 기업 개념으로 연결된다. 문화(Culture)는 학습되고, 공유되고, 강제적이고, 사회구성들을 위해 지향(orientations)하는 의미를 준비하고, 상징에 대한 관계를 둔다. 이들 지향은 함께 동반하고, 그들 가능성이 남아 있다면, 모든 사회는 풀어야 하는 문제들에 대한 해결을 준비하는 것이다.[24] 이들 정의는 관리자에게 생소한 몇몇 요소들 역시 다른 요소들 문제해결 방식과 같은 것과 실행 가능한 기업에 대한 사회의 유추(진행중인사업), 기업 관리자들의 세계적인 관점에 대한 정의를 가져 올 수 있다.

(1) 문화는 학습되는 것이다(Culture is learned)

사람들의 행동이 얼마나 많이 본능적이고, 인간적인가? 이는 생물학적인 것보다 문화학습(cultural learning)에 의한 프로그램에 의해 더 많이 좌우되는 것이다.

(2) 문화는 공유한다(Culture is shared)

인간 사이에 조정되는 활동은 단 이해가 공유될 때 가능하다. 그것은 다른 개인들과 실제 일부분이 일치될 때와 다른 사람과 커뮤니케이션을 할 수 있을 때이다. 반대 경우를 취할 때나 혹은 실재로 개인의 이해가 분리될 때는 사람들은 정신적인 문제로 장미정원에서 양귀비를 찾을 수 없는 경우와 같다.

(3) 문화는 강제적이다(Culture is compelling)

인간 사회활동은 누구나 함께 활동하기 전에 일치하는 동기를 가지는 것을 요구하지 않는다. 인간의 사회활동은 몰입(commitment)에 대한 측정을 요구한다. 즉 사람들은 그들이 해야 할 것은 하기를 원할(people should want to do what they have to do) 것이다. 일반적인 동기는 일반적인 활동을 촉진하는데 충분하다. 만약 행동에 대한 사회규약을 알고, 그리고 공유하는 대부분의 시간 동안 사회는 조정하는 문제를 가진다.

(4) 문화 상징과 의미는 서로 관계된다(culture symbols and meanings are interrelated)

인간은 서로의 관계가 기계부품처럼 기계적 관계가 아닌 정반대되는 관계이다. 사회에서 사람에 대한 차이는 다르다. 영어를 말하는 사람들은 /pat/ phat/ 두 가지 소리를 듣는데 차이에 대한 저항은 없다. 만약 뒤에는 성향이 부족하게(breathy) /h/ 소리는 들린다. 듣는 사람들은 말하는 사람에 대해 완전하게 지각한다. 그러나 말하는 사람은 의미의 차이는 거의 없다.

북인도에서 말하는 사람은 두 가지 소리 곰(bear)에 다른 의미가 있다. 인간은 대조적인 식별을 배운다. 어린이들은 확실한 의미의 이해 없이, 어려운 의미를 이해할 수 없다. 상징(symbols)에 대한 서로 관계와 그들의 의미는 당연하다. 한 요소의 변화는 다른 요소들에 변화에 관계될 것이다.

방글라데시의 농부는 풍부하게 정의를 내린다. 하나의 지주들의 크기관계에 의한 하나의 토지에 8번 측정한다. OZZIE 그리고 Harriet 텔레비전 시리즈 재방송을 본 후에 1950년대의 미국 중류 가정 어머니들이 소유를 과시하였다. 그들은 부유함과 가난함이 용어의 문화적 의미를 재정의하였다. 기업과 같이 사회기업을 외부 대리점에서 문화변화를 자극할 때 고의적이지 않은 결과가 일어난다.

문화라는 말은 의미와 뜻이 있다. 우리는 집단에 문화를 적용했을 때 집단과 조직은 역시 명백한 정의가 어렵기 때문에 개념과 의미가 혼돈된다. 대부분 사람들은 문화에 대한 의식(sens)을 가지고 있다. 그러나 이는 추상적인 의미를 가진다. 동료들과 조직구성원과 같이 조직문화에 대한 이야기 속에 이것 존재에 대한 동의하는 것을 종종 발견한다. 이것의 영향에 대한 것이 중요하다. 그러나 우리는 이것이 무엇인지 완전히 차이를 가진다.

특히 국제조직행동에 영향을 미치는 것은 각국의 문화이다. 문화의 개념을 접근을 위해 여러 학술적인 문화연구에 관한 제목들을 보면(보기로서, Barley, Meyer, and Gash, 1988[25]); Martin, 1991[26]); Ott, 1989[27]); Smircich and Calas, 1987[28]). 학자들의 개념연구가 있었음에도 불구하고 같은 때 개념에 대한 정의가 명백하지 않아 사용에 모순이 있다는 것 때문에 학자와 연구 참여자들 양쪽에 어려움이 있었다. 집단에는 확실한 생각을 공유나 혹은 공동소유(shared or held in common)한다. 이들의 다음과 같은 의식(sense)들 속에는 문화는 연합되어 있는 범주라는 것이 명백한 형상이다.

❶ 사람들은 상호작용할 때 행동규칙을 지키는 것(observed behavioral regularities when people interaction)

그들은 사용하는 말, 고객 그리고 진화된 전통 그리고 광범위한 상황변화에 대한 그들이 의식할 때 규칙을 지킨다(보기로서, Goffman, 1959, 1967[29]); Jones, Moore, and Snyder, 1988[30]); Trice and Beyer, 1984, 1985[31]); Van Maanen, 1979b[32]).

❷ 집단규범(Group norms)

암시적인 표준, 작업집단 개발가치, 공정한 직급을 대한 공평한 작업, Hawthorne 연구의 Bank Wiring Room의 개발된 근로자들 중에서 고안된 것(보기로서, Homans, 1950[33]); Kilmann and Saxton, 1983[34]).

❸ 지지된 가치(Espoused values)

생산품질 혹은 리더십 가치처럼 집단 성취노력을 요구하는 것을 원리나 가치를 공공연히, 명확히 알린다(보기로서, Deal and Kennedy, 1982[35]).

❹ 공식 철학(Formal philosophy)

광범위한 정책, 주주, 고용자, 고객 그리고 다른 채권자 속으로 집단활동을 안내하는 광범위한 정책과 이데올로기 원리를 높이 공고하는 것, 즉

Hewlett-Packard의 HP Way(보기로서, Ouchi, 1981[36]; Pascale and Athos, 1981[37]).

❺ 게임규칙(Rules of the game)

조직을 따르게 하기 위한 암시적인 규칙, 새로 온 사람들에 대해 한 구성원이 되기 위한 배움, 우리 주위에서 우리가 하는 방법(보기로서, Schein, 1968, 1978[38]; Van Maanen, 1976, 1979b[39]; Ritti and Funkhouser, 1982[40]).

❻ 풍토(Climate)

신체적인 배치 그리고 조직구성원, 고객, 다른 외부인들 서로가 상호작용하는 구성원 방법과 신체적인 배치에 전하게 되는 감정이다(보기로서, Schneider, 1990[41]; Tagiuri and Litwin, 1968).

❼ 깊이 새겨둔 기술(Embedded skill)

확실한 과업성취에 나타나는 집단구성원이 보이기를 요구하는 특별한 자격으로서, 이는 서류 속에 확실히 말할 필요 없는 세대에서부터 세대로 내려오는 확실히 만드는 능력(보기로서, Argyris and Schön, 1978[42]; Cook and Yanow, 1990[43]; Henderson and Clark, 1990[44]; Peters and Waterman, 1982[45]).

❽ 생각하는 습관, 정신모델 그리고 언어상의 패러다임(Habits of thinking, mental models, and/or linguistic paradigm)

개념(perceptions), 생각 그리고 집단에 사용되는 구성원의 언어 안내하는 인식구조를 공유하고, 일찍이 사회과정 속에 새로운 구성원에게 가르치는 것(보기로서, Douglas, 1986[46]; Hofstede, 1980[47]; Van Maanen, 1979b[48]).

❾ 공유의 의미(Shared meanings)

서로가 상호작용하는 것처럼 집단구성원에 의해서 만들어 내는 확실한 이해(보기로서, Geertz, 1973[49]; Smircich, 1983[50]; Van Maanen and Barley, 1984[51]).

❿ 은유의 뿌리 혹은 상징통합(Root metaphols or integrating symbols)

아이디어, 느낌 그리고 상상집단이 그들 자신의 성격으로 개발하고, 사회적으로 인정되거나 안 되거나 구축물 속에서 구체화되고, 사무의 공동으로 늘어놓은 것(office layout) 그리고 집단의 다른 인공물이다.

이들 문화수준(level of the culture)은 그들의 인식이나 혹은 응답의 평가를 대조하는 것처럼 집단구성원들의 감정 그리고 그들의 인식이나 혹은 응답의 평가에 영향을 준다(보기로서, Gagliardi, 1990[52]; Hatch, 1991[53]; Pondy, Morgan, and Dandridge, 1983[54]; Schultz, 1991[55]).

이상과 같은 개념들은 문화에 관계되거나 혹은 집단구성원들의 공유나 혹은 공동으로 가진 것이 국제기업조직이나 혹은 집단문화다. 사람들은 규범, 가치, 행동유형, 의례의식 그리고 전통과 같은 말들을 많이 가졌을 때도 역시 문화라는 말이 왜 사람들이 필요한지에 대해 묻는다면 문화의 개념을 공유하기 위해 두 가지 다른 요소를 더하는 것을 인식해야 할 것이다.

이는 사람들이 사용하는 문화라는 말은 집단 속에 구조적인 안정(structural stability)의 의미를 가진다. 즉 문화적이라고 이야기 할 때는 공유하는 것 뿐만 아니라, 속이 깊어 안정된 것이라고 한다. 속이 깊다는 것은 지각이 적고(less conscious) 그리고 형태가 없고(less tangible) 보이지 않는(less visible) 것을 의미한다. 안정을 준다는 다른 요소는 보다 큰 Paradigm으로나, 혹은 여러 가지 요소를 함께 묶은 형태(gestalt) 요소들의 형태(patterning)나 혹은 통합(integration)이다. 그리고 이것은 깊은 수준에 있다. 그러므로 문화의 본질을 공식화 하는 것은 어렵다.

문화는 여하든 의식(rituals), 풍토(climate), 가치(values) 그리고 완전히 밀착으로(coherent whole) 함께 숨은 행동으로 함축한다. 이와 같은 유형이나, 혹은 통합은 우리들이 의미하는 것에 대한 본질(essence)이다. 우리는 이와 같은 본질과 공식적인 규정을 짓는 것에 관해 우리가 어떻게 생각하는가? 문화에 관해 유용하게 생각하는 방법 대부분은 주어진 집단의 학습공유, 행동을 덮어 씌우는, 감정 그리고 집단인 심리적 기능의 인식요소를 축적하는 것 같은 관점이다.

일어나는 공유학습을 위해 거기에는 공유하는 경험에 의한 역사적이어야 하고 집단 속의 구성원들이 조금 함축성이 들어가야 한다. 주어진 안정과 역사공유, 인색한 인간욕구, 일관성(consistency) 그리고 문화의 의미는, 결국 문화라고 부르는 그런 것의 형태로 모형에 대한 여러 가지 공유된 경우이다. 모든 집단은 이들 생각 속에서 통합문화 개발이다. 우리가 아는 모든 집단, 사회 어디서나 다른 요소들과 같이 교차적으로 문화 요소를 연구하고, 투쟁과 애매모호한 상황으로 지도하는 것이다(Martin, 1991; Martin and Meyerson, 1988).[56]

3. 국제기업 행동에 문화가 주는 영향

집단의 문화는 외부적응(external adaptation)과 내부통합(internal integration)의 문제들을 해결위한 집단학습의 기초가정(basic assumptions)을 공유하기 위한 형태로서 그것은 확실하게 충분히 지각하고 생각하여 이들 문제들의 느낌에 대한 방법이 바르게 하도록, 새로운 구성원들에게 가르치는 것이다. 이들 문화에 대한 정의를 여러 가지 논의하여 3가지 요소들을 기록하였다.

(1) 사회에 대한 문제(The problem of socialization)

우리가 문화로 생각하는 것은 근본적으로 집단구성원의 새 세대(new Generation)로 넘겨주는 것이다(Louis, 1980, 1990[57]; Gchein, 1968[58]; Van Maanen, 1976[59]; Van Maanen, 1979[60]). 집단의 새 구성원에 대한 연구는 문화요소를 발견하는 데 좋은 방법이 확실하다.

그러나 이들 문화 의미에서 나타나는 것은 학습하는 것이다. 이것은 특별히 문화를 새로 오는 구성원들에게 행동을 가르치는 규칙 속에서 잘 나타나지는 않은 것이 이들 마음 속에 있기 때문이다. 문화는 연구적인 상태와 같이 구성원에게 단순히 나타나고 집단 범위 속에 가입하는 것이 허가되고 그리고 이들 집단은 공유한다. 다른 말로 표현하면, 사람들은 어떻게 배우고 그리고 사람들의 사회적 과정(social process)은 참으로 깊은 가정(deeper assumptions)에 구속된다. 사람들은 이들 깊은 수준은 인지를 이해하는 노력을 해야 한다.

그리고 위기사항이 일어나는 느낌과 관찰, 구성원에 대한 대면 조사를 즉시하거나, 깊은 수준의 가정을 공유하는 일이 일어날 수 있다. 사회적 기대를 나타내거나, 혹은 자신의 사회화를 통해서 문화가 학습되는가? 새로운 구성원들은 가정의 기초가 무엇인가를 그들 자신에 의해 발견될 수 있는가? 사람들은 그가 새로운 집단에 가입할 때 어떤 새 구성원이 중요한 활동을 하는 사람인가를 확실히 아는 것은 운영하는 가정(assumption), 규범(norm)과 해석이다.

만약 집단이 가정을 공유하지 못하는 경우가 때때로 있을 수 있다. 새로운 구성원이 오래된 구성원들에게 문화구축과정을 창조하는 더 많은 상호작용을 한다. 한번 가정공유(shared assumptions)가 존재하는 것은 새로 온 구성원에 대한 그들의 가르침을 통해서 문화가 생존된다. 이들이 문화를 중요시하는 이유는 사회통제 기구(mechanism) 그리고 지각, 생각과 확실한 느낌을 촉진하는 명백한 기초가 될 수 있기 때문이다(Van Maanen and Kunda, 1989[61]; Kunda, 1992[62]).

(2) 행동문제(the problem of behavior)

행동문제는 명확한 행동유형, 약간의 행동처럼, 특별한 공식의식 그리고 문화가치에 영향을 줄 수 있는 것은 문화정의에 기록되지 않았다. 대신 문화가정(culture assumptions)은 인식, 생각에 관한 것으로 비평적인 가정을 어떻게 처리할 것인가 정의하는 데 강조하였다. 명확히 행동은 문화적 경향(보기, 개념, 생각 그리고 유형화된 느낌)과 그리고 직접적으로 외부환경부터 일어나는 상황적합(situational contingencies)의해 결정된다(Schein, 1997).[63]

행동은 규칙적으로 일어나는 유사한 개인적인 경험에서 일어나는 것이거나 혹은 보통 환경으로부터 일어나는 상황자극(situational stimuli)은 달라진다. 보기로서 우리는 크고 요란스러운 리더(loud leader)가 나타나는 속에서 집단위축(group cower)되는 모든 구성원들을 볼 수 있다. 이와 같은 위축은 소리와 규모에 대한 생물학적 반사작용에 대한 위축이나 개인적인 학습 혹은 학습공유에 대한 기초라고 할 수 있다.

이와 같은 규제행동이나 문화정의에서 기초로부터가 아니고 주어진 집단경험 속에서 일어난다. 위축(cowering)은 공유학습 결과 대신이 그럴지라도 발견은 늦지만, 깊은 공유가정(deeper shared assumptions)의 명시(manifestation)이었다. 문화의 개념은 조직과 집단에 대한 보기에는 더욱 이해가 안 되고, 그리고 비이성적인 면을 설명을 도울 수 있으면 유용하다. 문화분석은 개념에서 보는 방법이 넓고 다양하다. 이들을 함께 다양한 것을 가져와 정의하고, 공유를 강조했고, 집단이나 조직구성원이 의심을 가질 수 없는 기초가정(taken-for-granted basic assumptions)을 가졌다. 이 감정 속에는 안정된 회원자격과 학습공유 역사가 문화의 수준을 조금 발달할 것이다. 그러나 회원 전환과 그리고 리더나 혹은 공유된 가정의 결핍사건 도전 없이 집단은 크게 반전된다.

사람들이 수집한 모든 것이 문화를 발달시키는 것은 아니다. 즉 실제 우리는 군중(crowd)이나 혹은 사람들의 모집(collection of people)보다 차라리 문화구조에 대한 정도가 장소를 취하는 역사공유를 충분히 가졌을 때 집단(group)이라는 말을 사용하는 경향이 있다. 문화와 리더십은 그들이 집단과 조직을 창조할 때 리더는 첫째로 문화창조를 한다. 이것은 동전의 양면과 같다.

한번 문화 현존은 그들의 리더십 특징을 결정하고 그리고 잘하고 못하는 리더를 결정한다. 그러나 만약 문화들은 역기능하면 이것은 기능적인 인식에 대한 리더십의 유일한 기능이다. 그리고 문화의 존재의 역기능 요소와 그리고 문화 발전에 대한 관리와 집단 환경변화에 살아남을 수 있는 집단 방법으로 변화시킨다. 리더의 결정적인 과정은 그들이 깊이 새겨두는 것 속에 문화가 의식되지 않는다면 이들 문화는 그들을 관리할 것이다. 문화의 이해는 우리 모두를 위해 바람직하다. 그러나 이것은 만약 그들이 리더라면, 리더의 본질이다.

4. 문화의 기능

문화는 무엇을 하는 것인가? 문화의 기능은 광범위하다. 다음의 목록은 우리들의 목적에 충분할 것이다. 만약 모든 인간의 문화는 사회가 구성원들에게 분명히 명령하는 사회생활을 지속적으로 하는 사회라면, 다음과 같은 것을 다루어만 한다.

- 의·식·주에 대한 습득.
- 인간의 적들과 자연 재해로부터 예방에 대한 준비.
- 어린이를 양육하고 사회적으로 공인된 것을 가르치고 그리고 유용한 행동을 가르친다.
- 인간의 일들에 대한 생산을 바꾸고 분배한다.
- 벗어난 행동에 대해서는 저항하는 사회 통제를 준비한다.
- 그들이 해야 할 것을 원하는 것을 하는데 인간 동기에 대한 자극을 준비한다.

- 분배의 힘과 사회목표를 얻기 위해 우선권, 의사결정 그리고 활동조정의 허락해 두는 사회의 목표를 얻기 위해 정당하게 사용한다.
- 우선권(가치)에 대한 감각과 사회생활(social life), 가치(종교)에 대한 감각을 준비한다.

5. 국제기업의 커뮤니케이션 문제(문화, 기업문화와 회사문화)

오늘날 이종문화 간의 커뮤니케이션 기술부족은 많은 국가들의 기업에 중요한 문제가 되고 있다. 이에 대해 Korzenny는 미국에 있는 큰 다국적기업들을 조사했는데 이들 기업조차도 이종기업 커뮤니케이션을 조직 속에 그들의 기업과업(Business Tasks)들 중에 이에 대해 손대지 않은 기업은 체계적인 조직은 찾아볼 수 없다고 하였다.

오히려, 인사부에서는 일반적인 정보를(경제, 정책, 역사) 지방 행정기관에 보낸다. 더욱이 문화훈련은 사람들의 일상생활에 따라서 살아가기 위한 암시하는 것으로 이루어져 있다(Korzenny, 1979).[64] 몇몇 기업들은 정보체계들은 수집하였고, 그리고 이종문화의 정보를 쉽게 사용하고 있으며, 최신의 미래프로그램을 만들었다. 그리고 문화차이로부터 기업간의 관계가 문제로 나타났다. 문화적으로 오해된 커뮤니케이션은 어떤 기업에서는 사람들간에 실제로 3중 교제(triply socialized)가 생긴다. 즉 그들의 문화, 기업문화, 회사문화 등과 같은 순서대로 정의한다.

1) 문화의미(Culture)

일차적인 사회화는 상징(symbols)과 의미(meanings)의 학습(learning)이다(그것은 분류, 암호, 우선권 그리고 사회실현 정의). 문화는 속성을 충분히 공유(sufficient shared understanding)를 이해하는 사람들 가운데 준비하고, 사회활동(social activity)을 조정한다.

문화사회화(cultural socialization)는 동종화(homogeneous)하는 것은 아니다. 즉 이해는 성(gender), 민족성(ethnicity), 지방, 사회계급, 종교 등에 의해 사회적으로 구별되는 것이다. 문화훈련에 대한 영향은 시간이 지나도 없어지지 않는다.

2) 기업문화(Business Culture)

2차 사회화(secondary socialization)는 광범위한 세계의 사회경제에 대한 사람들이 참여에 문화지식에 관련된 추가 학습이다(Pye, 1962).[65] 보기를 들면, 2차 사회화는 기업문화에 대한 학습이다. 즉 문화규칙, 문화진단이다. 하나의 논의로서 전문학교는 기술이나 혹은 지식을 가르치는 것보다 전문적인 문화를 알리는 데에 많은 시간을 보내야 할 것이다.

기업문화는 게임에 대한 효과적인 법칙과 비윤리행동, 경쟁의 한계, 기업에서 관계하는 기업지도 규약을 내포하고 있어서 기업문화는 변한다(Terpstra and David).[66] 기업문화 우선권(business culture priorities)에 대한 보기로서, 프랑스 재무관리자는 지급능력(solvency)에 더 많은 관심을 갖는데, 미국의 관리자들은 투자회수(return on investment)에 관심을 갖는다(David and Arthur, 1982).[67]

독자들은, 사람들은 그들은 실현하는 것보다 기업문화에 대한 생각에 가깝다. 보기로서 일본의 관리에 대해 많이 말한다. 그리고 일본과 미국의 경영을 비교하는 말들을 많이 한다. 기업문화 분류, 규칙(codes) 그리고 우선권(priorities) 차이를 보기로 든다. 일본 관리자들은 집단관리자로 분류된다. 즉 지휘를 위한 효과적인 규칙으로는 작업집단의 화합과 협력을 든다. 거기에는 집단과업 성취에 대한 우선권이다.

이와는 달리 미국의 관리자들은 개인주의 관리자로 분류한다. 즉 지위를 위한 효과적인 규칙은 힘(power)과 직위(position)를 위한 과업관계에 대한 협력은 필요하지 않다. 거기에는 각개인의 성취에 대한 우선권이 있을 뿐이다. 이런 모습들은 일반적 그리고 하나의 단위로 이룬 것으로 우리들이 보는 관점이다. 일본 기업과 미국기업은 정확히 차이가 있어 다른 문화이다. 기업문화는 두 가지 생각으로 넓은 문화에 구속된다.

첫째, 허용할 수 있는 행동의 규칙(codes allowable behavior)은 보다 넓은 문화에 허용되는 행동은 하지 않는다. 그러나 넓은 문화에서 선택된다. 보기로서 Kakar은 인도사회에 대한 온정주의 리더십(paternalistic leadership)을 친절한 리더십(benevolent leadership)과 독재적 리더십(autocratic leadership) 등 두 가지로 분류하여 논의하였다. 식민지를 경험한 후, 인도의 기업문화는 경영 스타일은 독재적으로 선택되었다(Karar, 1971).68)

둘째, 다른 사회에서는 기업문화 습득(acquisition of business culture)에 대한 다른 관문을 가졌다. 고위 학위를 가진 관리자 적성은 시험 점수는 미국의 관문을 넘을 수 있었다. 가족연결에 대한 많이 발달된 나라의 특별한 기업 경험으로 진로를 정한다. 기업문화는 충돌(collide)한다. Kenneth David는 미국의 기업가는 인도기업 부패(corruption)의 정도에 대해 슬퍼한다는 것을 들었다고 한다. 그들은 그들의 합작투자회사 당사자와 지식계급 성직자 대전통적인 변화에 대한 선물을 주는 이들 형태에 대해서 설명을 한다고 말하였다(Terpstra and David).69)

미국 사람들은 감정을 주지 않은 것으로 남아 있는데, 인도 사람들은 더하여, 부패법률 이전에 선물을 준다. 너의 나라에서는 법률제정 전에 선물을 주면 통과되고 그리고 당신은 로비라고 부른다.

3) 회사문화(Corporate Culture)

보다 넓은 문화의 한계에서 기업문화는 정지된 것 같이, 역시 회사문화는 기업문화에 의해 강요된다. 각 단계에 있어서 허용할 수 있는 행동에 대한 규칙이 충분히 발달되어 있다. 사회에서 가족기업이 널리 퍼지고, 회사문화는 기업문화와 같이 동시에 요구된다. 공식적인 기업훈련으로 사회는 이것에 따른다. 어떻게 회사문화를 정의할 것인가?에 대해 경영학자들은 기업문화 운영을 세 가지를 이래와 같이 분류할 수 있는 다양한 기업문화 요소와 과정이 연구되었다(Terpstra and David, 1985). 이는 아래와 같다.

(1) 문화분류 즉, 특별한 언어나 혹은 회사에서 뜻을 알 수 없는 말에 대한 연구이다(Pettgrew, 1977).70)

(2) 실용주의 문화 규칙(pragmatic cultural codes)은 사회의 다양한 매체의 선택으로 회사자신이 지원자로서 무작위로 뽑지않고 의미대로 회사의 영웅,

성공, 실패 이야기들을 뽑아서 해석이다(Clark, 1970).[71] 그리고 행동에 적당한 모델 역할, 관리자들 상호작용에 성공적인 관리자들에 행동을 본받는 것이다(Martin and Siehl, 1981).[72]

(3) 지도에 대한 규범적 규칙(ideal codes)과 가치 우선권은 감독자들의 성과에서 일어나는 것들은 이사 회의와 회사 의식(corporate rituals)에서 전달된다(Terrence and Kennedy, 1982).[73] 그리고 실질적으로 회사목적에서 시작된다. 보기로 IBM은 서비스를 뜻한다. 목적은 실질인 것과는 정반대이다. 보기로서 시장 점유율 4% 증가 하는 것이다. 회사문화 개념은 독립가능한 것인가? 회사 신규 모집은 무자기로 뽑는 것이 아니므로 높은 회사문화를 저지하는 가능성을 가졌다. 특별히 회사에서 그들이 고용을 찾기 전에 작업을 틀림없이 희망하는 영역을 계획한다.

완성은 훈련, 회사 사회화 매력에 초점을 둔다. IBM과 Tandem은 지시에 대한 회사규칙을 가지고 편하게 생활하려고 하는 사람들을 회사 마음을 끌기 위하여 조심스럽게 작업 후보자를 선발한다. 그리고 밖에서 보기를 성과가 보통인데 대해서는 통상의 보수를 주는 종류로 평가될 것이다.

Ford는 고용을 광범위하게 하려는 경향이 있고 그리고 인종제거(ethic weed)는 문화적으로 상반된 관리자들 일에서 경쟁시킨다. 앞의 경우에서 매력과 훈련의 경우에도 불구하고 전자의 경우 혹은 매력, 후자의 경우 회사의 구성원들이 남는 것은 회사문화와 공유하는 것이다. 회사문화는 그럼에도 불구하고 동종은 아니다. 직업적으로 하위문화는 문헌에서는 넓게 주목된다.

Lawrence와 Lorch은 시간과 목표에 대한 차이를 판매, 생산자 가운데서 개인관계 가치지향 차이를 논의하였다. 그리고 회사 내의 조사부와 개발 부서 사람들 가운데서 개인 가치지향을 논의하였다. Pettigrew은 회사의 하위문화에 대한 직업의 특별한 어휘를 썼다(Pettigrew, 1975).[74] Deal과 Kennedy는 직업 하위문화와 그들은 다른 지향조정에 대한 상징적인 관리자에 대한 요구로 서술하였다.

개략적으로 우리들의 직위는 기업의 문헌들 속에 문화 개념화와 다르다. 어떤 경영학자들은 조직풍토는 조직 내에 있는데 조직 외부처럼 개념화한다

(Negandhi, 1974).[75] 문화를 외부와 내부 구별을 멋대로 대조를 이룬다. Weik는 거기에는 보다 넓은 문화와 회사문화 간에 차이보다 연속성을 논의하였다 (Weick, 1979).[76]

우리들의 위치 관계는 기업 내에 어떤 사람들이 성공적인 사회화 관념에 대해 상술할 수 있는 것과는 반대의 것이다. 초청관리자와 국제 합작투자 상대방과 다른 문화가 만나는 조직관리다. 거기 사람들은 여러 가지 배운 문화를 방치하지 않거나 혹은 기업 문화를 현관에 방치하지 않는다. 공급자, 고객 혹은 Clients, 공무원에 대한 관계는 기업운영의 표면이 아니다. 이종문화 간에 커뮤니케이션은 관리되는 기업과업이다(Terpstra and David, 1985).[77]

6. 문화구성요소 혹은 문화수준분석

문화가 여러 가지 다른 구성요소 혹은 수준으로 분석될 수 있다. 어떤 점에서는 문화적 현상이 관찰자에게 보이는 정도를 수준이라고 말한다. 문화는 사실적으로 이것 자신이 결과적으로 명백하게 수준을 가르지 않는 것이다. 문화의 수준들을 보면 <그림 1 - 3>과 같다.

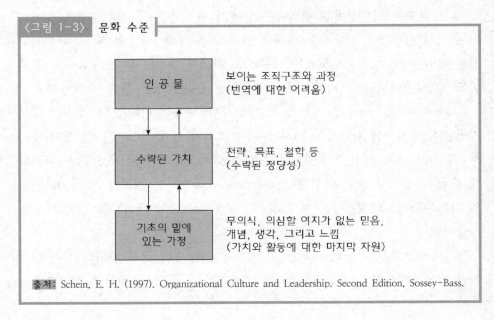

〈그림 1-3〉 문화 수준

인 공 물 — 보이는 조직구조와 과정
(번역에 대한 어려움)

수락된 가치 — 전략, 목표, 철학 등
(수락된 정당성)

기초의 밑에 있는 가정 — 무의식, 의심할 여지가 없는 믿음,
개념, 생각, 그리고 느낌
(가치와 활동에 대한 마지막 자원)

출처: Schein, E. H. (1997). Organizational Culture and Leadership. Second Edition, Sossey-Bass.

40 제1부 국제조직행동 개관

이들 수준들은 사람들은 볼 수 있고 그리고 깊이 새겨두고 느끼는 것에 공공연한 표현(overt manifestations)으로 유형으로부터 수준의 범위다. 문화의 본질로서 정의하는 것은 기초가정은 무의식이다. 이런 사이에 여러 가지 가치, 규범 그리고 문화사용하는 구성원들의 행동규칙을 그들 자신과 다른 사람에 대한 묘사의 방법으로 우리는 사용한다. 많은 다른 문화 조사자들은 기초가치(basic values)의 개념은 가장 깊은 수준(deepest levels)으로 묘사하였다.

기초가정(基礎假定, basic assumptions)은 수락되기 위해 취하는 경향과 그리고 양도할 수 없는 것으로 취급한다. 가치는 알 수 있고 그리고 논의될 수 있고, 사람들은 그에 관해 일치하지 않는 데 대해 동의할 수 있다.

기초가정(basic assumptions)에 대한 보기로서, 기업체는 이익을 내야 하고, 학교는 학생들을 교육을 시켜야 하고, 병원에서는 병을 고쳐야 한다는 것은 일반적으로 당연하고 분명하다고 느껴지는 사실로서, 이와 같은 기초가정은 조직구성원 누구나 자연스럽게 받아들이는 것을 말한다. 가정이기 때문에 구성원들 사이에는 아무런 논의할 필요가 없다는 이것이 가정의 가치가 다른 점이다. 문화 수준은 <그림 1 - 3>에서 볼 수 있는 것과 같다.

(1) 인공물(Artifaces)

기업문화를 인식 할 수 있는 첫째 수준은 표면적으로 나타나고 눈으로 볼 수 있는 물질적, 상징적 행동적 인공물이다. 표면적으로 우리는 인공물에 대한 수준을 가진다. 낯선 문화(unfamiliar culture)에 대한 새로운 집단에서 사람들을 만날 때, 보고, 듣고, 느끼는 것에 대한 모든 현상이 포함된다.

인공물은 집단에서 보이는 생산물을 포함해서 물리적 환경의 구조와 같은 것, 기술 생산 같은 것, 예술창조 그리고 옷 입는 형태와 같은 것, 이야기하는 방법, 감정 표현, 전설, 조직에 관한 이야기, 가치에 대한 목록 공고, 의식 관찰, 그리고 의례 등이다. 문화분석 목적은 집단의 보이는 행동과 행동이 상규적인 행동 패턴들이 이들 수준에 포함된다. 그리고 이들 문화 수준 관찰에 가장 중요한 점은 관찰이 쉽고 그리고 해석하기는 대단히 어렵다. 보기로서 Egyptians와 Maya는 양쪽이 보이는 Pyramid를 건축하였다. 그러나 각 문화에서는 Pyramid에 대한 의미는 대단히 다르다. 그리고 이는 무덤(Tombs)이고, 그리고 다른 하나는 신전(Temples)이다. 다른 말로 하면 관찰자들은 그것을 보고 단독으로 재구성할 수 없다.

다른 말로 하면 빌딩이나, 혹은 사무실배치는 물리적인 인공물에 대한 응답에 중요한 상황의 정체성과 그리고 문화의 가장 깊은 수준에 영향을 주는 근본상징(root metaphors)을 리더를 할 수 있다(Gagliardi, 1990).[78]

(2) 수락된 가치(Espoused Values)

기업문화의 둘째 구성요소는 인식수준의 수락된 가치이다. 모든 집단활동이 사람들의 근본가치(original values)에 궁극적으로 영향을 주고, 무엇인지로부터 구별해야 하는 것을 깨닫는다. 집단이 첫 번째 창조되었을 때나 혹은 새로운 과업, 논쟁(issue), 혹은 문제 등이 직면했을 때, 첫 번째로 해결은 옳거나, 혹은 틀린 것, 일을 하거나 혹은 안하거나 하는 것에 관한 제의하는 개인적으로 소유하는 가정에 가치가 영향을 초래한다.

가치는 납득시키는 개인에 대한 문제들을 확실히 받아들이는 집단에 영향을 주는데 이것은 리더나 설립자 등이 확인한 뒤에 있는 일이다. 그러나 집단은 아직까지 공유를 하지 않다. 왜냐하면, 이것은 새로운 문제에 대한 활동을 취하지 않기 때문이다. 그런 까닭에 무엇이든 제안된 것은 집단의 관점으로부터 가치 상태는 단 하나를 가진 집단이다.

집단은 완전무결한 진리를 입증하는 것을 믿어 강한 상태 문제는 아니다. 집단은 약간 활동과 이것에 대한 구성원들은 활동결과를 함께 관찰한다. 거기에는 사실에 입각한 그리고 진실한 결정하기 위해 공유는 아직 없다. 보기로서 젊은 기업가는 기업의 제품의 판매가 줄게 되면, 관리자는 광고를 더 많이 늘려야 한다고 말할 것이다. 광고는 항상 판매를 증가시킨다고 믿어왔기 때문이다. 그러나 집단은 이전의 사항을 경험한 적이 없었다. 사람들은 고생 속에 광고를 더하는 것이 좋은 일이라고 생각하였다.

그리고 리더의 최초의 제안은 그런 이유로 의심하고, 논쟁하고, 도전하고, 시험하는 가치보다도 다른 상태를 가질 수 없다. 만약 일이 해결되면 집단은 성공에 대한 인식을 공유하고 광고하는 것이 좋다고 하는데 인식을 공유하고, 잠정적으로 인식전환에 대한 가정이 출발된다.

첫 번째로 가치공유 혹은 믿음에 대한 변화가 일어날 것이다. 그리고 최종적으로 가치공유로 들어갈 것이다. 만약 이 변환가정에서 문제가 발생하게 되면 일에 대한 지속적인 해결 제의하는 것은 보통보다는 큰 생각을 고치는 것을 의미한다. 그리고 진실에 대한 신중한 영향을 주어야 한다. 즉 집단구성원들은 그들이 본래 확실하지 않았다는 것을 포기하는 경향일 것이다. 그리고 활동의 제안한 경로는 일찍 논쟁에 직면하게 된다. 그러나 모든 가치는 이와 같은 변화를 겪은 것은 아니다.

이들 중에 첫 번째 해결은 주어진 가치에 기초로 하는 것은 진실성이 없다. 물리적인데 민감하거나, 혹은 사회적인 그리고 집단문제를 해결하기 위한 일에 대한 의지가 계속되는 것은 과정으로 변화된다.

두 번째 가치는 환경에 대한 통제할 수 없는 요인을 가지고 영토 혹은 의식적인 수준에 가치는 인공물 수준에 관찰할 수 있는 것은 행동에 대해 많은 예측을 할 것이다. 그러나 만약 이와 같은 가치는 먼저 학습에 의한 기초는 아니다. 그들 역시 Argyris and Schön(1978)가 아마 영향을 주는 것을 제시된 가치라고 부른다.

(3) 기초가정(Basic Assumption)

기초가정은 문제에 대한 노력을 되풀이하여 해결할 때, 이것을 인정하는 데서 오는 것이다. 한번 가정한(hypothesis) 것은 예감(hunch)이나 혹은 가치(values)에 의해 지지되고, 진실처럼 점차적으로 간주되어 온다. 우리는 이로 인하여 이런 노력의 방법은 자연적인 것으로 믿어왔다.

가정(assumptions)은 감정 속에 있고, 몇몇 인류학자들이 몇 개의 기초가정 가운데 발탁된(preferred) 지배지향적인 것 속에서 지배적인 가치지향이라고 부르는 것에 반영되는 것과 차이가 있다. 그러나 모든 택일은 문화 속에서 보일 때까지이다. 그리고 문화가 할 수 있는 것 중 어떤 구성원, 정해진 시간지배지향뿐만 아니라 다른데 일치하는 행동을 한다.

사실 속에서 기초가정은 집단 속에 강하게 유지된다면 구성원들은 생각조차 못하는 어떤 다른 前提(전제) 위에서 행동하는 것을 발견할 것이다. 보기로서 집단은 누구나 집단의 기초가정이 개인적인 권리를 대신하는 것은 구성원들이 자멸(suicide)을 저지르는 약속하는 것은 상상도 못하는 발견이라고 할 것이다. 혹은 그들이 만약 치욕적인 것을 집단에 가진다면 집단에 대한 그들의 조차도 약간 다른 방법의 희생하는 것을 발견할 것이다.

사회주의 국가에서는 이것은 재정손실에도 시종일관 회사 운영을 설계해야 하는 생각조차 못한다. 문제가 있거나, 없거나 하는 것이 아니다. 혹은 작업 생산은 아니다. 기초가정은 이들 인지(sense) 속에 있다. 이는 Argyris의 "사용하고 있는 이론(theories-in use)"과 같은 것에서 정의하는 것과 유사하다. 실로 행동을 안내하는 것은 가정이 포함되었다. 그리고 집단구성원들이 지각이 지각을 어떻게 하는지, 생각에 관한 것 그리고 느낌에 관한 것 등이다(Argyris, 1976[79]; Argyris and Schön, 1974[80]). 기초가정은 사용하고 있는 이론 같은 경향이 토론에 직면한 것도 아니다. 그리고 현세에 변화는 어렵다.

새로운 학습에 대한 영역은 우리가 요구하는 것을 생소하게 한다. 재시험하고 그리고 우리들의 인식구조의 안정된 몫을 더 많은 변화가 가능하다. Argyris는 다른 사람들은 학습이 이중 고리(double-loop learning) 혹은 구조를 쪼개는 학습은 본질적으로 우리들에게 불안정하게 일어나는 일시적인 기초가정에 대한 재시험하는 것은 어렵다. 그리고 개인 세계는 기초적인 근심에 대한 큰 양을 배제한다.

이상 개요를 설명하면, 집단 문화의 본질은 공유양식(pattern of shared), 의심 할 여지가 없는 기초가정(taken-for-granted basic assumptions), 문화는 인공물 관찰할 수 있는 수준에 그 자신이 명백할 것이다. 그리고 수락된 공유가치(shared espoused values), 규범(norms) 그리고 행동규칙일 것이다(Schein, E. H., 1997).[81]

그런데 인공물은 관찰하기는 쉬우나, 해독은 어렵다는 것을 문화 분석 속에 인식하는 것이 중요하다. 그리고 가치는 합리화(rationalizations)나 혹은 열망(aspirations)에 반영된다. 집단문화 이해에 대해서는 단 하나, 기초가정을 공유하는 것을 얻는 것을 기도해야 하고 그리고 단 하나는 미래에 올 기초가정과 같은 것에 위한 학습과정을 이해해야 한다.

리더십은 본래 내부와 외부문제를 가지고 다루는 집단 움직임에 믿음(beliefs)과 가치(values)에 대한 근본 지원이다. 리더가 제안한 일을 계속한다면, 한번 리더의 가정이 점차적으로 되어오는 것이다. 기초가정 기능을 할 수 있는 것은 이와 같은 가정에 의해서 형성된다. 그리고 이것은 개인 구성원들과 그리고 집단 전부를 위해 양쪽의 인식구조를 막는 기능을 할 수 있다.

다른 말로서 개인과 집단은 안전성(stability)과 수단(meaning)을 찾는다. 한번 이것들이 성취되고, 거절(denial), 구체화되고(projection), 합리화(rationalization)에 의한 새로운 Data에 의해 왜곡(distort)되기 쉽거나, 혹은 여러 가지 다른 기초가정변화에 대한 감정 속에는 그런 까닭에서 어렵고, 시간이 계속되고 그리고 높은 걱정을 자극하는 것이다. 이와 같은 자극은 조직문화 변화를 시작하려고 하는 리더를 위해 특별히 타당하다. 대부분 리더에 대한 중심적인 문제는 가정의 기능을 깊은 수준별로 어떻게 평가를 할 것이며, 그리고 이런 수준에 도전하려고 할 때 풀어지는 걱정을 어떻게 다룰 것인가 하는 것이 문제이다.

7. 이 조직문화 분석

집단과 조직에 적용되는 것과 같이 문화의 복잡한 개념에 관해 한번 생각해보는 방법이다. 인공 표면 뒤에 오는 것이 강조되고, 깊은 공유가정을 받아들이는 가치는 보장되고 그리고 인지에 대한 형태를 창조하고, 개념을 정의하고 그리고 다른 집단구성원에 대해 나타나는 느낌이다. 정보의 대부분은 회사의 다른 종류 문화가정에 대한 문제를 임상조사(Clinical research)한 것을 모은 것이다(Schein, 1987a, 1991).[82] Schein은 이에 대한 임상 모델을 <표 1-2>와 같이 조직연구 접근을 몇 개 다른 조직을 시험한 것이다.

임상연구 모델(clinical research model)을 중요하게 구별하는 특징은 구성원들로부터 자발적인 자료이다. 왜냐하면 그들은 과정이 시작되고, 그리고 임상/진단사/연구자에 대한 그들 자신을 드러내는 데서 얻어서 가지는 것이기 때문이다. 진단사와 임상의(consultant/clinician)는 제출된 문제를 가지고 일차적으로 조직 속에서 도와준다. 그러나 문제에 대한 작업과정 속에서 그들은 문화적으로 관련된 정보를 밝힌다. 특별히, 만약 진단모델 과정이라면 이것은 조사에 대한 그들 자신을 돕는데 사용된다(Shein, 1987b).[83]

더구나 진단사와 임상의(consultant/clinician)는 관련 질문의 물음에 고객에 대단 심리적인 허가(psychologically licensed)를 하는 것은 리더는 직접적으로 문화분석(cultural analysis)을 할 수 있고 그리고 연구조사를 초점에 맞추어 개발을 따른다. 진단사와 고객(client)은 문제해결과정에서 전부를 포함한다. 진단사와 임상의는 물론 아니다. 개인이나 혹은 집단 인터뷰와 같은 특별한 진단에서 나타나는 것에는 한계가 있다. 대부분의 진단 사항은 주위에 걸려있는 확장된 기회이다. 관찰은 상규적인 것에 가깝다. 임상에 대한 최고의 요소들과 그리고 참여관찰 인종학모델 개발(observe ethnographic models)은 결합하는

표 1-2 조직 연구조사범위

연구자 포함의 수준

		중간에서 낮은 양적	높은 질적
제 목 포 함 수 준	최 소	Demographics: measurement of "distal" variables (인구통계학: 디지털변수측정)	Ethnogrphy; participant observation: content analysis of stories, myths, rituals, symbols, other artifacts (인종학; 참여관찰: 이야기, 신화, 의식, 상징, 다른인공물에 대한 내용분석)
	부분적	Experimentation: questionnaires, ratings, objective tests, scale (실험: 설문지, 비율, 객관식시험, 축도)	Projective test; assessment centers; Interviews (주관식시험, 평가중심, 인터뷰)
	최 대	Total quality tools such as statistical quality control: action research (통계품질관리와 같은 종체적 품질도구: 활동조사)	Clinical research; action research; organization development (임상조사, 활동조사, 조직개발)

출처: Schein, E. H. (1997). Organizational Culture and Leadership. Jossey-Bass.

데서 따른다.

B. 문화, 개성과 인간성질과의 관계

Henry Fonda가 1955년에 쓴 "12명의 성난 사람(Twelve Angry Mann)"은 뉴욕법정 배심원실에서 일어난 장면이다. 개략적인 내용은 12명 배심원들이 살인에 대한 저주를 하였다. 이들 12명은 할렘가에서 죄 혹은 무죄(Guilt or Innocence)에 대한 만장일치 결정하는 데 이들 배심원들은 이전에는 만난 적이 없었다. 앞의 인용은 두 번째이고 그리고 당시 감정이 최고도에 달했을 때 결정을 내려야만 했다.

10번째 배심원(Jury)은 차고를 소유하고 있는 사람이였고 11번째 배심원은 유럽에서 태어난, Austria 사람으로서 서로 대면하였다. 10번째, 배심원은 다른 사람에 대한 관대한 생각을 하도록 공손하게 그들을 초조하게 보았다. 그리고 배심원들 중에 딴 방법으로 생각 할 수 없었다. 그리고 몇 년 후 그는 시골로 이사하였는데도 그들의 법정에서 씻을 수 없는 행동을 그들 자신 속에 가지게 되었다.

세상에는 생각, 느낌 활동을 다르게 하는 사람, 집단 그리고 국가들 사이에 직면하고 있다. 이들 사람들은 집단과 국가는 같은 시간에 앞에서 말한 12명의 성난 사람들과 같이 그들이 해결하기 위해 요구협력에 대한 공동의 문제로 맞이하게 한다. 생태학, 경제학, 군사학, 위생학 그리고 기상학 발달 등은 국가적으로 지명되었거나 혹은 지방주위 테두리 안에서 국한되었다. 핵전쟁, 산성비, 대기오염, 동물전멸, AIDS 혹은 많은 나라 지도자들의 의견에 대한 협력 수요가 세계적으로 후퇴된다.

그들 속에는 의사결정을 취하는 수단에 추종자들의 폭넓은 지지가 필요하다. 그러므로 이들 리더에 대한 차이를 이해하고 그리고 그들의 추종자 생각, 느낌 그리고 활동의 광범위한 해결방법에 관한 조건이나, 혹은 일들이다. 경제, 기술, 의학, 혹은 생물학적 협력에 대한 질문은 단순한 기술처럼 고려되었다. 그렇게 많은 해결을 못하는 것이 이유 중 하나거나, 혹은 수단이 되지 않은 것은 생각 파트너 중에서 생각차이를 무시하는 데서 이유가 있다.

이와 같은 이해차이는 기술적인 요소(technical factors)로 이해할 뿐이라고 생각하기 때문이다. 그러므로 우리들의 연구 목적은 글로벌 주위 사람들의 활동이 다르다는 것을 다루는 학문이다. 이것은 사람들의 마음속이 다양할지라도 거기에는 상호 이해하기 위한 기호로서 섬길 수 있는 다양한 조건이다.

(1) 정신적 프로그램으로서 문화(Culture as Mental Programming)

누구나 학습된 된 생활을 통해서 생각(thinking), 느낌(feeling), 잠재적인 활동(potential acting)에 대해 그들은 유형을 가지고 있다. 그리고 이것은 일찍 만들어지고 취득되는 것이다. 사람들의 시간은 학습과 융합에 민감하다. 생각, 느낌, 활동은 확실히 유형 형성은 곧 그들의 마음속에 확고하게 굳어진다. 그는 약간 다른 학습이 있기 전에는 이해하는 것은 첫 번째 학습보다 어렵다. 컴퓨터는 프로그램된 방법을 유추하여 사용한다.

우리는 생각, 느낌 그리고 정신적 활동 프로그램의 유형이라고 부른다. 즉 이것을 마음의 소프트웨어(Software of the mind)라고 한다. 이것은 근원을 의미하는 것은 아니다. 인간행동은 그들에 의해 오직 부분적으로 예정된 것이거나 혹은 그들의 정신적인 프로그램이다. 즉 이것은 그들로부터 이탈하는 기초능력을 기지고 있다. 그리고 이는 새롭고 창의적이고, 파괴하는 방법에 반작용 하거나, 혹은 뜻밖의 일을 한다. 생각의 소프트웨어는 오직 반작용하는 것을 가르치고, 사람들에게 이해를 시킨다. 사람의 정신적 프로그램의 원천은 사람들이 성장하는 사회적인 환경 속에 있고, 그리고 사람들의 생활 경험 수집에 있다.

프로그램은 가족 속에서 출발하여 이웃에서 계속되어, 학교에서 그리고 청년회에서 그리고 직장에서 그리고 생활 공동사회에서 계속된다. 그러므로 차고를 소유하고 있는 미국사람과 빈민가에서 일하는 사람들의 정신적인 프로그램은 완전히 다르게 습득된다.

컴퓨터는 프로그램 된 방법을 유추하여 사용한다. 이것은 우리의 생각, 느낌 그리고 정신적 활동 프로그램의 유형이라고 부르거나, 혹은 부제로는 마음의 소프트웨어(Software of the mind)라고 한다. 이것은 근원을 의미하는 것은 아니다. 사람들의 행동은 그들의 프로그램에 의해서 특별히 예정된 것이다. 그들은 그들로부터 벗어나는(deviate) 기초능력을 가진다. 그리고 새롭고, 창조적이고, 파괴적인 방법에 반작용하거나, 혹은 뜻밖의 방법에 반작용한다.

마음의 소프트웨어는 오직 반작용을 가르치고 과거 사람들을 이해시킨다. 사람들의 마음의 프로그램의 근원은 사람 들이 성장하는 사회적인 환경 속에 있다. 그리고 사람들의 생활 경험에서도 수집에서도 있다. 프로그램화는 가족 속에서 출발하여 이웃 속에서 계속된다. 마음의 프로그램은 그들이 습득한 것으로서 사회적인 환경만큼 다양하다. 정신적 소프트웨어(mental software)와 같은 습관적인 말이 문화(Culture)이다. 문화라는 말은 흙을 경작한다는 Latin에서 유래된 것으로서 여러 가지 의미를 가진다.

대부분 서구의 문화의 일반적인 의미는 "문명(civilization)" 혹은 "마음의 정제(refinement)" 그리고 마음의 정제와의 특별한 결과로서 교육, 예술, 그리고 문학 등이다. 즉 이것이 문화 2이다. 사회적 인류학이나 혹은 문화적 인류학(culture anthropology)은 인간사회과학(human societies)이다. 특히 이것은 전통(traditional), 혹은 원시적 사람(primitive ones)들이다. Hofstede(1991)[84]는 문화 1이라고 불렀다. 정신적 소프트웨어와 같은 문화(Culture as mental software)는 더욱 넓게 사회 인류학자들(social anthropologists)이 사용하는 말이다. 사회 인류학적 문화는 여러 절(paragraphs) 속에 언급되는 생각, 느낌, 활동 속에 언급되어지는 그들의 유형을 표현이다.

마음의 정제(refine the mind)에 대한 가정된 활동을 문화 2에 포함시켰을 뿐만 아니라 역시 본래(ordinary), 생활에서 천한 마음(mental things in life)이다. 즉 인사, 먹는 것, 나타내는 것, 혹은 보이지 않은 느낌, 다른 사람과 물리적인 거리유지, 몸 위생유지 등이다.

정치가와 신문가자들은 두 가지 문화에 대한 의식 없이 약간 혼동한다. 이는 문화라기보다 더 많은 기초적인 인간에 대한 두 가지로 다루었다. 문화 2(culture)는 항상 현상공동(collective phenomenon)이다.

왜냐하면, 이것은 어쨌든 살아가는 사람들과 같이 일부 공유나, 혹은 같은 사회적 환경 속에서 살았든 사람들이 어떻게 학습된(learned)것이다. 이것은 다른 사람으로부터 하나의 집단 혹은 범주의 구성원들을 구별하는 마음의 공동 프로그램(collective programming of the mind)이다.

문화는 학습된(learned) 것이지, 상속된(inherited) 것은 아니다(Hofstede 1991, p. 5).[85] 이것은 사람들의 사회 환경으로부터 온 것이지 유전자(genes)로부터 온 것이 아니다. 문화는 일반적인 인간성(human nature)과는 구별할 수 없다. 이것은 다른 사람들에 대한 개인적인 개성과는 구별될 수 있다. 이것을 그림으로 보면, <그림 1 - 4>와 같다.

문화와 인간성과 그리고 문화와 개성 간에 정확히 구별된다. 문화와 개성에 대한 문제들은 사회과학자들에 의해 논의된다. 인간성(human nature)은 모든 인간본성(human being)인 것이다. 이것은 에스키모 인이나, 호주 원주민이나 한국인이나 아프리카인까지 다 가지는 것이다. 이것은 사람들의 정신적인 소프트웨어 속에서 보편적으로 나타난다. 이것은 사람들의 유전자(genes)로 상속된다. 즉 이것은 Computer Analogy 내에 있는 이것은 사람들의 육체적, 그리고 기초심리적인 기능을 결정하는 운영체계다. 이것은 인간이 두려움을 느끼는데 대한 능력, 성내고, 사랑하고, 즐기고 그리고 슬퍼하고, 다른 사람들과

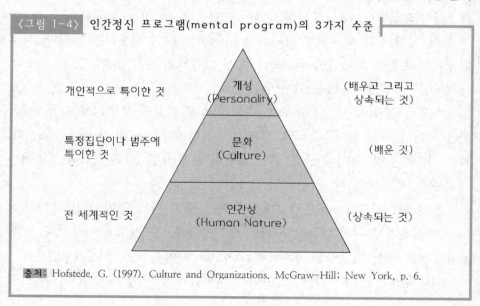

〈그림 1-4〉 인간정신 프로그램(mental program)의 3가지 수준

출처: Hofstede, G. (1997). Culture and Organizations. McGraw-Hill; New York, p. 6.

연합을 요하는 것, 혼자서 운동하는 것, 환경관찰 솜씨 등 이것은 다른 사람들의 정신적인 프로그램의 수준에 속하는 것이다. 즉 다른 사람들도 같이 일어나는 것이다. 그럼에도 불구하고, 이와 같은 느낌을 가지게 하는 것, 두려움을 나타내는 방법, 즐거움, 관찰하는 등등은 문화에 의해 수정된(modified) 것이다.

개성(personality)은 어떤 다른 인간이 가진 것을 공유하지 않는 유일한 인간의 정신적 프로그램을 두는 것이다. 이에 대한 특징은 부분적으로 개인의 유일한 유전자와 부분적인 학습에 특징을 둔다.

학습된 의미는 유일한 개인적인 경험과 마찬가지로 수집 프로그램(문화)의 영향에 의해서 수정된다. 문화의 특성은 세습(heredity)에 의한 탓으로 돌린다. 왜냐하면 철학자들과 과거 연구자들은 알려진 다른 방법은 없었다. 인간집단가운데서 문화유형에 대한 차이에 대한 방법으로 설명 할 수 없었으나, 그들은 여러 세대로부터 학습에 대한 충격을 이해와 그리고 사람들이 학습된 것은 미래세대에 가르치는 것을 이해한다. 세습의 역할은 민족에 대한 가짜 이론 속에 과장된 것이라고 할 수 있다. 이차대전 이후 인종과 윤리적인 투쟁은 문화 우월성(cultural superiority)과 그리고 문화열등(cultural inferiority)에 대한 이론은 근거가 없다.

(2) 문화 상대주의(cultural relativism)

문화연구는 인간집단 그리고 생각범주, 느낌 그리고 활동차이를 찾는 것이다. 그러나 거기에는 다른 것에 대한 본질적으로 우수(intrinsically superior) 혹은 다른 그룹 보다 열등한(inferior)것 같이 하나의 집단을 주로 생각하는 것인데, 과학적인 표준은 없다. 집단가운데 문화에 대한 다른 연구는 문화 상대주의에 대한 사회적인 직위를 전제로 한 불란서 Claude Levi-Strauss(나이가 많은 인류학자)는 문화 상대주의에 대해 다음과 같이 표현하였다.

문화에 대한 문화 상대주의는 비천하거나(low) 혹은 고상한(noble) 것 같은 다른 문화에 활동이 완전무결한 표준은 없다고 하였다. 그럼에도 불구하고 모든 문화는 표준화 할 수 있거나 그리고 이것이 자신의 활동에 대한 판단에 적용할 수 있기 때문이다. 왜냐하면 이들 구성원들은 관찰자처럼 관계자이기 때문이다. 문화 상대주의는 자신의 사회성도 아니고 자신에 대한 의미 있는 규범이 없는 것도 아니다.

(3) 문화 표현(culture manifestations)

문화차이(culture difference)는 여러 가지 방법으로 그들 자신을 드러낸다. 그에 대한 용어들은 다음과 같은 상징(symbols), 영웅(heroes), 의식(rituals) 그리고 가치(values)등 4가지 표현으로 아래와 같이 서술하였다. 이상 4가지 표현을 Hofstede(1991)[86]은 <그림 1 - 5>와 같이 양파껍질(skins of an onion)처럼 "onion diagram"으로 설명하였다. 상징은 거의 표면에 나타나고, 가치는 문화의 가장 깊은데서 표현되고, 그사이에 영웅과 의식이 표현된다.

첫째, 상징은 말, 몸짓, 그림, 혹은 문화를 공유하는 그들에 의해 단순히 인식되는 특별한 의미를 전달하는 목적이다. 말아나, 혹은 뜻을 알 수 없는 말, 옷을 입는 모습, 머리스타일, 깃발 등이다. 새로운 심볼은 쉽게 발달되나, 오래된 심볼은 없어지게 된다. 즉 하나의 집단으로부터 심볼은 다른 것에 의해 정기적으로 복사된다. 이상의 <그림 1 - 5>와 같이 의식, 영웅 그리고 상징은 경험에 의해서 영향을 받지만 가치는 경험에 영향을 받지 않는다.

둘째, 영웅(heroes)은 사람이다. 생존해 있거나 혹은 죽은 자이거나, 혹은 현실이거나 상상이거나(real or imaginary), 사람들이 문화를 높이 존경하는 성격을 소유하고, 그리고 행동에 대한 모델처럼 사람들이 섬긴다. 즉 환상(phantasy), 혹은 만화 속 인물(cartoons figures), Batman 같은 것이나 혹은 대조적인 것, 미국의 Snoopy 등이다.

셋째, 의식(rituals)은 집단적 활동(collective activities)이고, 문화내의 사회적 본질이다. 그들은 소유목적에 의해서 수행되는 것이다. 그런데 기업과 정치적인 모임은 종종 주로 의식목적이 유사한 합리적인 이유에서 조직된다. 그리고 그들 자신의 주장에 대해 리더를 따라가는 것 같다. <그림 1 - 5>와 같이 Symbol, 영웅, 의식은 경험기간(term practice)에 대한 적용하는 것을 가진다. 즉 이것은 바깥 관찰자에게는 보이(visible)나, 문화적인 의미 내에서는 안 보이고 엄밀히 존재한다. 그리고 이들 수행방법 속에는 내부 사람들에 의해 해석된다.

넷째, 가치(value)는 <그림 1-5>와 같이 문화의 핵인 가치(value)에 의해 형성된다. 가치는 다른 것을 넘어선 일의 확실한 상태로 언급하는 넓은 경향이다. 가치는 좁은 것으로 느낀다. 즉 그들은 Plus(+)와 Minus(-) 측면을 가진다. 그들은 다음과 같이 다룬다.

가치는 어린이 학습에서 첫 번째로 가치를 가진다. 즉 의식적인 것은 아니다. 그러나 암묵적이다. 발달 심리학자들은 대부분 어린이들은 그들의 대부분의 가치체계 시스템은 가정에서 10살까지 거의 기초를 가진다고 믿었으며 그 후에는 늦다고 믿었다. 이에 대한 변화는 어렵다. 왜냐하면 그들은 우리들의 생활 속에서 일찍이 획득한다. 많은 가치는 그들이 잡은 이들에 대해 무의식적으로 남아있다. 그러므로 논의될 수 없고, 외부 자에 의해 관찰이 직접적

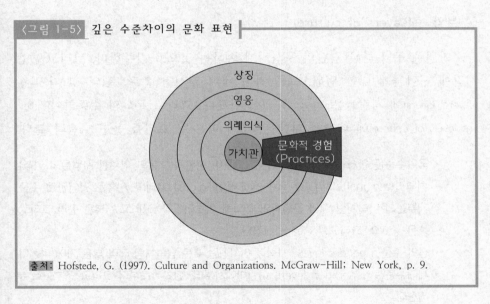

<그림 1-5> 깊은 수준차이의 문화 표현

출처: Hofstede, G. (1997). Culture and Organizations. McGraw-Hill; New York, p. 9.

악	대	선
더러운	대	깨끗함
추한	대	예쁜
부자연적	대	자연적
부도덕	대	도덕적
역설	대	표준
비이성	대	이성

으로 안될 수 있다.

그들은 여러 가지 주위상황 아래 사람들의 활동 방법으로부터 나타날 수 있다. 가치에 대한 체계적인 연구는 사람들의 활동으로부터 나타내는 것은 부담이 되고 그리고 애매하다.

여러 가지 종이와 연필 질문서 등 양자택일 가운데 사람들에게 물은 것을 개발했었다. 이들 답들은 사실상으로 할 수 없다. 사람들은 그들이 설문서에 점수를 가지는 것과 같은 활동은 항상 하지 않을 것이다.

질문서에 그들이 다르게 나타나기 때문에 응답자의 집단과 범주 사이에 답이 다르게 보인다.

9. 문화 층(Layers of culture)

거의 누구나 다른 집단의 구성원에 속하는 것으로 간주한다. 그리고 같은 시간에 사람들에 대한 범위, 그들 자신 내에 정신적 프로그램의 몇 가지 층 (several layers)에 사람들은 피할 수 없이 따른다. 그리고 문화의 수준차이(different levels of culture)에 대응에 피할 수 없이 따른다. 보기를 들면 다음과 같다.

- 국가수준은 한사람의 국가에 따른다(그들이 생활하는 동안 이주한 사람들의 나라).
- 지역적(regional) 그리고 / 혹은 종교적(religious) 그리고 / 혹은 언어관계 수준, 대부분의 나라처럼 지역 문화차이에 의해 이루어진다. 그리고 / 혹은 윤리 그리고/ 혹은 종교와 그리고 / 혹은 언어집단.
- 성의 수준(a gender level), 사람이 여자처럼 혹은 남자처럼 태어 낳은 가에 따른다.
- 세대수준(a generation level), 어린이에서부터, 양친어로부터 그리고 조부모로 분리한다.
- 사회계급 수준(social class level), 교육기회 그리고 개인의 직무 혹은 직업으로 연합.
- 고용된 조직 혹은 그들의 일 조직 혹은 고용방법에 따른 기업 수준은 그들의 작업에 의해서 사회적으로 한다.

이와 같은 여러 가지 수준으로부터 정신 프로그램은 조화될 필요는 없다. 현대사회에서는 부분적으로 종종 충돌(conflict)한다. 보기로서 종교적 가치

(religious value)는 세대가치(generation values) 간에 충돌될 것이다. 사람들 내에 정신적 프로그램 충돌을 새로운 상황 속에서 는 그들의 행동참여를 어렵게 한다.

10. 국가문화 차이(National culture differences)

인간사회는 어쨌든 1000년 동안 존재했었다. 고고학자들은 사냥꾼들이 모여서 유목민 생활(nomadic existence)이 되어 첫 번째 인간 지도를 받았다. 수천 년 후 그들의 몇몇은 농부로서 안착되었다. 점차로 농업사회는 성장하여 크게 정착되어 읍(towns)이 되고 시(cities)되고 그리고 결국은Mexico City와 같은 거주자가 250만이 넘는 거대도시(megalopolises)로 되었다.

다른 인간 사회는 광범위하게 발달했다. 사냥꾼을 모으는 것은 오늘까지도 하고 있다(몇몇에 따르면 현대도시는 Yuppy(고학력으로 직업상의 전문적인 기술을 지니고, 도시근교에서 살며, 높은 소득을 올리고 사는 젊은 엘리트), 종종 Y족, 혹은 도시 여피족(Urban Yuppy)이라고 하는 사냥꾼을 모으는 대로 되돌아갔다). 세상은 더욱더 사람들이 거주하게 된 것과 같이 답에 대한 놀랄만한 변화들은 어떻게 사람들이 함께 살 수 있는지의 기초 질문을 발견하였다. 그리고 구조된 사회의 몇 가지 종류의 모형을 만들었다.

세계 큰 제국들의 기름진 분야에서 수천 년 전에 이미 건설되었다. 보통 다른 부분을 정복에서 한 부분을 성공한 지배자들(rulers) 때문이다. 생활 속에서 존재하는 가장 오래된 제국은 중국이다. 역시 이것은 항상 통합된(unified) 것은 아니다.

중국제국은 약 4000년 역사가 지속되었다. 다른 제국과 구별되었다. 동지중해와 아시아 남서쪽 제국은 성장했고 그리고 번영하였고, 다른 제국에 비하여 성공하였다고 느낀다. Sumerian, Babylonian, Assyrian, Egyptian, Persian, Greek, Roman, 그리고 Turkish 국가, 단 몇 가지를 말했다. 남아시아 대륙과 인도네시아 군도는 그들 제국을 가졌다.

남아시아 대륙과 그리고 인도네시아 반도는 그들 제국을 가졌다. Maurya,

Gpta, 그리고 India 그 후 Moghul, 그리고 Java에 Majapahit. 중앙 남아메리카 Aztec, Maya, 그리고 Inca제국은 그들의 기념물에서 떠났다.

이들 큰 제국들은 종종 그들의 영토 속에서 적은 단위의 부족(tribes)의 형태로 혹은 작은 왕국 속에서 살아남았다. 아직까지도 New Guinea의 국민들 대부분이 작은 형태로 살고 있고 고독한 부족으로 되어있다. 각각 나라들은 언어를 가지고 있고 그리고 큰 사회에 통합되어 있다. 국가의 발견은 전 세계 속에 정치적 단위는 분할되고 그리고 모든 인간은 어떤 인간들 중에 하나에 속한다는 것을 가정한다. 즉 그들에 의해 표현되는 것처럼 혹은 그의 여권 (Passport)은 인간의 역사 속에 최근의 현상이다. 거기에는 국가(States)였다. 그러나 이것은 하나의 누구나 속하는 것은 아니다. 혹은 하나 같이 확인되었다.

국가 시스템은 20세기 중반에 세계적으로 소개되었는데 이것은 식민지 시스템에 따라서 세 나라가 먼저 일어나는데서 발견되었다. 식민지 시대 유럽에서는 기술적으로 발전된 나라들은 강한 경제적인 힘으로 취할 수 없는 글로벌 모든 영토가 그들의 치명적인 가운데서 분리되었다. Africa에서는 특별히 국가 범위는 지방인구 한계에 대한 문화적인 분화보다는 식민지 권력에 대한 것이다.

국가들과 사회는 동등할 수 없었다. 역사적으로 사회는 사회조직 형태로부터 유기적으로 발달되었다. 그리고 공유문화(common culture)에 대한 개념으로 엄격히 말하면, 말(speaking)을 사용하였으며, 이는 국가(Nations)라기보다도 사회가 말을 사용하였다. 그럼에도 불구하고 역사적으로 많은 나라들은 명백히 다른 집단들을 나라라고 불렀다. 어떤 나라는 강한 힘으로 통합하였고, 언어(language)까지도 지배하였다. 대양 매체(Mass media), 국가교육 시스템 그리고 군대, 국가정책 시스템, 강한 국가상징을 Sports로 나타내려고 하고, 감정을 나타내고, 확실한 기술을 위한 국가시장, 생산 그리고 서비스를 하였다.

오늘날 국가는 분리에 대한 내부동질성정도(degree internal homogeneity)는 이르지 않다. 그러나 그들의 시민공동정신 프로그램(common mental programming of their citizens)을 생각하게 하는 원인이 되었다. 한편으로는 거기에는 윤리, 언어 그리고 그들이 소유하고 있는 정체성(Identity)에 대한 인식(recognition)

을 위해 노력하는 종교집단 그리고 국가독립을 안내하였다. 즉 그것은 20세기 후반에 감소보다 증가되는 경향이 있다. 보기로서 Ulster Roman Catholics, the Belgian Flemish, the Basques in Spain 그리고 France, the Kurds in Iran, Iraq, Syria, 그리고 Turkey, 그리고 Soviet 공화국으로부터 집단체제이다.

문화차이에 대한 조사는 사람들이 여권을 가지는 것을 걱정을 하고 사용해야 할 것이 이에 대한 분류표준에 대해 옳거나, 혹은 틀렸다고 한다. 즉 이는 전형적인 미국사람에 대한 언급한다. 전형적인 독일사람 혹은 전형적인 일본사람으로 행동하다고 언급한다. 국적을 표준으로 하는 것은 편법으로 생각한다. 왜냐하면 이것은 유기적인 동종사회(organic homogeneous societies)를 위한 것보다는 국가에 대한 Data을 얻은 것이 대단히 쉽기 때문이다. 조사 Data는 그들 국가의 문화를 국가 Network를 통해 수집한다. 거기에는 지역적, 윤리적 혹은 언어집단에 의해 분리 결과에 대한 가능성이 생긴다. 국가수준에서 수집한 Data가 강한 이유는 국가가운데서 협력을 촉진하기 때문이다.

11. 국가문화 차원(Dimensions of National Culture)

20세기 전반에 사회인류학은 현재와 혹은 전통과 같은 기초적인 문제에 대해 모든 사회에 대한 이념으로 발전시켰다. 미국 인류학자들 중에 Ruth Benedict(1887-1948)와 Margaret Mead(1901-1978)은 문화차원을 대중에게 널리 보급하였다. 그리고 논리적인 단계로서는 모든 사회에 대한 일방적인 문제가 무엇인가를 대해, 사회과학자들은 증명하기를 기도하였다. 개념적인 이유와 그리고 경험적인 분야에 영향을 준 것은 통계적인 연구였다.

1954년 두 사람의 미국 사회과학자 Alex Inkeles와 심리학자 Daniel Levinson[87]은 국가 문화를 광범위하게 조사를 하였다. 일반적인 세계문제는 다음과 같은 사회적 기능에 대한 결과로서 이들은 사회집단 내에 그리고 집단 내의 사회적인 암시를 다음과 같이 하였다.

(1) 권위에 대한 관계.
(2) 특별히 자신에 대한 생각.

a) 개인과 사회관계.

b) 남성다움(masculinity)과 여성다움(femininity)에 대한 개인적인 생각.

(3) 충돌에 대한 다루는 방법, 공격에 대한 통제와 느낌에 대한 표현 (Inkeles and Levinson 1969, p. 447ff).[88]

20세기 후반 세계 50개 이상 나라 사람들의 가치에 대한 조사Data에 대한 큰 부분에 대하여 Geert Hofstede는 조사하였다. 이는 다국적기업인 IBM 의 지역적인 연구를 하였다. 다국적 고용자들은 놀랍게도 사람들은 특별한 국가가치 system에 명백하였다. 그럼으로 IBM 고용자들의 가치에 관한 질문에 대한 답을 통계적으로 분석하여 공동문제를 내놓았다. 그러나 나라에서 나라의 다른 해결을 나타내었다.

1) 사회 불공정(social inequality), 권한에 대한 관계를 포함하였다.

2) 개인과 집단사이 관계.

3) 남성주의 대 여성주의에 대한 생각(concepts of masculinity and femininity), 남자와 여자로 태어난 데에 대한 사회적인 암시.

4) 불확실성을 다루는 방법(ways of dealing with uncertainty), 권한침해에 대한 통제방법과 그리고 감정표현. Inkeles 와 Levinson이 20년 전에 예측한 것에 대해 놀라지 않을 수 없다. 이는 이론적인 중요성을 위한 강한 지지를 예언을 한 것 같았다. Inkeles와 Levinson에 의한 4가지 기초문제 분야를 정의되었다.

그리고 경험적으로 IBM에서 발견된 Data는 문화차원(dimention of culture) 은 다른 문화에 대한 측정관계를 할 수 있는 하나의 문화국면(aspect of culture)이다. 기초적인 문제의 분야는 Geert Hofstede가 이름을 붙인 것을 보면 다음과 같다. 권력차이(Power distance)(적은 데서부터 큰 데까지), 집산주의 대 개인주의(collectivism versus individualism), 여성다움과 남성다움(feminity versus masculinity), 그리고 불확실성 회피(uncertainty avoidance)들에서 약한 것부터 강한데 까지다. 그리고 사회과학에 대한 몇 가지 부분에서 이미 이들 용어들이 있는 것들이 나타났다.

이들을 다같이 4 - D(4-Dimension)는 국가문화 가운데 있는 차이에 대한

Models이다. 그리고 이들 Models는 4 - 차원(4-Dimension)에 대한 각 점수에 의해서 성격이 지워진다. 더욱 최근에는 국가문화적인 차이 가운데 다섯 번째 차원으로서 생활에 장기 지향(long-term orientation in life)과 단기지향(a short-term orientation)이 추가확인 되었는데 반대하였다(Hofstede, G. 1997, p. 14).[89] 이것은 여러 문화연구 학자들 마음에 일찍이 공헌하지 않았다는 문화 편견 때문이라고 할 수 있다.

제 4 장   국가문화

스웨덴 역사에 마지막 평화적인 혁명은 1809년 스웨덴의 귀족들이 무능하게 생각한 Gustav IV 왕이 물러나고, 놀랍게도 Jean Baptite Bernadotte를 추대하였다. 그는 적군, Napoleon 아래서 근무한 불란서 장군이 스웨덴 왕이 되었다. Bernadotte은 이를 수락하여 Charles XIV세 왕이 되었다. 그가 새 왕으로 취임되었을 때 그의 스웨덴의회에서 연설을 하였다. 그의 수준이 낮은 스웨덴 말은 스웨덴 사람이 재미있어 하였고 그리고 그들은 소리치며 웃었다. 프랑스 사람인 왕은 다시는 스웨덴 말을 사용하려고 노력을 하지 않았고 그는 당황하였다.

왕인 Bernadotte는 이 사건에서 문화충격(culture shock)의 희생자가 되었다. 즉 그는 프랑스 가정교육이 없었고 그리고 군대경력은 그들 감독이 잘못한 것에 웃은 경험을 가졌다. 역사적으로 평등주의(egalitarian) 문제에 대한 적응을 더 많이 스웨덴 사람과 노르웨이 사람의 정신이 가진다고 우리들에게 말하였다(노르웨이에서 자라서 왕이 된 후). 그리고 그의 부하의 본질적 권리였다. 그는 좋은 생도였고 그럼에도(언어에 대한 제외하였다), 그리고 그는 1884년까지 본질적으로 높이 존중하는 나라로 규정했다. 이와 같은 문화 간의 차이에 대한 뿌리는 인간사회로부터 기초적으로 생긴다(Hofstede 1997, p. 50).[90] 그리고 개인의 역할 대 집단의 역할도 생긴다.[91]

1. 불평등한 사회(Inequality in Society)

앞에서 말한바와 같이 스웨덴과 프랑스가 다른 국면 중의 하나는 불평등 (inequality)을 이용하는 사회적인 방법이 다르다. 어떤 사회든 거기에는 불평등 이 있다. 거기에는 단순한 하나의 사냥꾼조차도 모으는 데도, 몇 사람들은 보 다 크고, 강하거나, 혹은 다른 사람보다도 맵시가 있다. 다른 일에 있어서는 몇몇 사람들은 발언권을 얻는 것도 다른 사람보다 더 많은 힘을 가지는 것이 다. 그들의 행동에 대해서도 많은 결정을 할 수 있다.

몇몇 사람들은 다른 사람 보다 더 많은 부(wealth)를 손에 넣고, 몇몇 사람 들은 더 높은 직위를 얻어, 다른 사람보다 존경을 받는다. 물리적 그리고 지적 인 능력(intellectual ability), 힘(power), 부(wealth) 그리고 직위(status)나 혹은 행 동이 아닌, 운동선수, 예술가, 혹은 과학자뿐만 아니라 부자로서 사는 몇몇 사 회는 청치적인 권력을 가진다.

몇몇 나라 정치가들은 부 없는 기업과 부와 직위 없는 권력에 대한 지위 를 가지는 것을 좋아한다. 이와 같은 불일치(such inconsistencies), 여러 가지 불평등(inequality)의 분야는 종종 문제가 되는 것을 느낀다.

몇몇 사회에서는 일치영역(more consistent areas)을 만들어 이를 해결하려 고 노력한다. 스포츠맨은 건강을 미끼로 삼고, 정치가들은 그들 권력을 미끼 로 삼는다. 성공한 기업가는 요구하는 직위를 위해 공무원이 되는 등 사회는 불공정이 증가 되어가는 경향이 있다. 현저하게 느껴지는 다른 사회는 한사람 이 그가 어울리지 않은 분야에 등급이 매겨진다면, 그는 다르게 등급이 매겨 진 것이다. 한 분야에서 높은 등급이 매겨지면 다른 낮은 등급 결정에는 부분 적으로 차감되어 질 것이다. 그리고 모든 기회의 어떤 종류는 부족하다.

그러므로 많은 나라에서는 법률로서 그들의 평등으로 직위에 무관심하게 이상적인 공정한 대우를 느끼게 한다. 그러나 거기에는 이상한 현실적으로는 몇몇 사회에서는 기독교 성경에서 가난에 대한 찬양으로 욕구표현을 하는 것 을 볼 수 있다. Karl Marx은 Proletariat 독제를 위한 변명을 한 것은 사실이다.

사회의 불공정한 정도를 무엇으로 측정할 것인가? 스웨덴과 프랑스뿐만 아니라 다른 나라에서도 불공정을 다루는데 그들은 습관된(accustomed) 방법에 의해 구별될 수 있다. Hofstede(1997, p. 24)은 IBM회사의 연구에서 권력차이(power distance)는 국가문화 차원 중의 하나(one of the "dimension" of national cultures)라고 암시하였다. 조사에서 사람들은 불평등(unequal)을 다루는데 기초적인 질문을 하였는데 이는 다음과 같다.

- 질문은 비 관리고용자만 이 질문에 답하십시오.
  1) 얼마나 자주 다음과 같은 문제가 발생한 것을 경험하였습니까? 고용자인 당신은 관리자에 대한 동의하지 않은 표현에 대해 두려움이 있었는지?(대단히 자주에서 대단히 가끔을 중간 값에서 1-5까지 점수를 매기십시오.)
  2) 부하들(subordinates)은 고용주(boss)의 실질적인 의사결정 유형(boss's actual decision-making style)(독제적형 혹은 온정주의 형(autocratic or paternalistic style)인지 예 혹은 아니요 라고 대답하고 각각 몇% 인지를 서술하시오.)
  3) 부하들은 고용주의 의사결정 형에 대한 편애(preference). (독제 혹은 온정주의 형 편애인지 몇%인지 서술하시오. 그리고 반대에 대한 결정을 투표로서 하는 문화 스타일은 아닌지).

2. 나, 우리 그리고 그들(I, We and they)

중간정도 스웨덴 첨단기술회사가 사우디알라비아와 좋은 관계로 접촉을 한 한 실업가의 동료들에 대한 이야기다. 회사에서 Johannesson이라고 부르는 한사람의 기술자를 파견하였다. 그는 Riyadh에게 그을 적은 Saudi 토목회사로 소개하였다. 그들은 30대 중반으로 영국에서 학위를 받은 두 형제가 영업을 하였다.

Johannesson은 Saudi정부의 이익에 대한 개발 프로젝트를 도왔다. 그럼에도 불구하고 2년 동안 6번 이상 방문한 후 아무것도 일어나는 것같이 않았다. 사우디 형제는 Johannesson과 회합을 첫 번째 주선한 스웨덴 실업가가 항상 참간하였다. 이것은 Johannesson을 괴롭게 하였다. 그리고 이것은 감독이였다. 왜냐하면, 이들 실업가는 접촉하지 않은 것이 모두 확실하지 않았다. 그러나 Saudis은 거기에 중재를 원했다. Johannesson의 상사가 회사투자를 돈이 드는 여행에 투자하는 것에 대한 의심에서 출발하였다. Riyadh가 급한 방문을 위해 돌아온다는 Telex가 도착하였다. 몇 백만 $ 계약에 서명하는 것에 대한 준비하는 것이다. 며칠 지나 Saudis의 태도가 변했다. 실업가 임석 중재는 오래 필요하지 않았다.

그리고 Johannesson은 Saudis의 미소로 첫 번째 보았다. 그리고 농담을 받아 들였다. 지금까지 그렇게 좋았다. 그러나 이야기는 계속되었다. Johannesson에 대한 주목할 만한 지속을 위해 다른 부서의 관리 직위로 승진시켰다. 그리고 이야기는 계속되었고, Johannesson은 다른 부서 관리직에 승진되어 훌륭한 지시를 계속되었다. 그는 Saudi 계산은 오래가지 않았다. 성공자로 지명되고, 국제경험이 고려될 수 있는 다른 기사를 Johannesson 개인 Saudi형제들에게 소개했다. 몇 주 후에 Telex가 이야기 조건이 세부적으로 계약이 절명의 위기로 Saudi의 절명의 위기를 Riyadh로부터 도착되었다. Johannesson의 도움을 물었다. 그가 Riyadh게 왔을 때 이것을 마찰은 작은 문제를 넘었다. 그리고 쉽게 풀렸다. 그러나 Saudis 느끼기를 회사의 표현처럼 느끼었다. 역시 회사 Saudi계산을 하는데 Johannosson 따르는 구조가 뒤틀렸다. 그의 중요한 책임을 통해서 지금은 완전히 다른 분야에 있었다. 우리들이 생활하는 세계 속에는 거의 사람들은 개인에 흥미를 넘어서 집단에 더욱 흥미를 느낀다. Hofstede(1997)는 이것을 사회적 집산주의(Societies collectivist)라고 불렀다. 우리가 살고 있는 첫 번째 집단은 우리가 태어난 가족이다. 가족은 구조이나 사회구조와는 다르다.

사회적인 가족집산 속에는 함께 가까이 살고 있는 사람들의 수를 이루는 것은 어린이의 성장 속에 있다. 정확히 말하면 다른 어린이다. 이것을 문화 인류학에서는 광의의 가족으로 알려져 있다. 우리들의 집산주의는 정체성 (identity)이 중요 근원이다. 그리고 사람들의 안전을 지키는 생활고를 방지한다. 개인주의 대 집산주의에 대한 차원의 증명은 작업 목표 항목(Work goal item)에 대해 중요하게 애착심(importance attached)관계를 연합시킨 것이다

(Hofstede 1997, p. 51).

1) 개인적 시간(personal time), 개인적으로나, 혹은 가족생활을 위해 당신은 충분한 시간을 남겨두고 작업을 합니까?

2) 자유(freedom), 작업에 대한 당신 자신이 작용하는데 상당히 자유롭게 고려되는가?

3) 도전(challenge), 일에 대한 도전을 합니까? 개인적으로 일의 성취하기 위해 도전합니까?

4) 훈련(training), 훈련의 기회를 가집니까?(당신의 기술 혹은 새로운 기술학습을 개선하는데)

5) 신체적 조건, 당신은 작업을 위한 좋은 신체적인 작업 조건을 가졌습니까?(통풍이 잘되고, 채광, 충분한 작업 장)

6) 기술사용(use of skill), 충분한 당신기술과 능력을 작업에 완전히 사용됩니까?

이것은 Hofstede가 조사한 국가에 대한 IBM 고용자들의 작업 목표에 대한 점수를 매긴 것이다. (1) 중요하게 관계되는 것으로서 그들은 일반적으로 역시 점수를 매겼다. (2)와 (3)는 중요한 것으로서, 그러나 (4)와 (5), 그리고 (6)는 중요하지 않은 것이다.

국가와 같은 것은 개인적 특성이 고려되었다. 만약, (1)은 중요한 관계가 아닌 것으로 점수가 매겨졌다. 이것은 일반적으로 취한 것과 같다. (2), (3). 그러나 (4), (5), 그리고 (6)은 더욱 중요한 관계가 있는 것으로 점수를 매겼다. 이와 같은 나라들은 집산이 고려되었다.

3. 성에 대한 역할(Gender Role)

모든 인간 사회는 남자와 여자로 이루어져있다. 대략 그 수는 동수이다. 그들은 생물학적 구별(biologically distinct)과 생물학적 출산(biological procreation)에 대한 그들 각자 역할은 절대적인 것이다. 남자와 여자의 육체적인 차이는 행동거지와 어린이를 낳는 것 이것은 완전한 통계에 의한 것은 아니다.

남자는 평균적으로 키가 크고, 그리고 강하다. 그러나 많은 여자들은 몇몇 남자들 보다 키가 크고 강하다. 여자들은 손의 솜씨가 평균이상이다. 이것은 절대적이거나 남자와 여자 간의 통계적으로 생물학적인 차이는 세계적으로 같다. 그러나 그들의 사회적인 역할(social roles)은 생물학적 강요에 의한 단 부분적으로 결정된다. 모든 사회에서 인식된 행동들은 직접적으로 출산에 대해 관계되는 것은 아니다.

여자에 대해 더욱 적당하거나 혹은 남자에 대해 더 적당하거나 하는 것은 아니다. 그러나 한 사회로부터 다른 사회 성적인 차이행동에 속하는 것이다. 인류학자는 무식자에 대한 연구를 했다. 비교적으로 성 역할(sex roles)에 대한 광범위하고 다양한 사회적 스트레스(societies stress)를 분리하였다(Mead, 1962)[92]. 생물학적인으로 구별하는 용어로 남성(male)그리고 여성(female)을 사용한다. 사회적으로서는 문화적으로 남성다움과 여성다움 역할을 결정한다.

(I) 사회적인 문화차원에서 남성다움과 여성다움

이상적인 작업에 대한 중요한 요소들을 당신들이 생각해 보시오. 당신들의 현대작업에서 중요한 차원 14개 작업목표 분석을 소개한다.

그 하나는 개인주의 대 집산주의: 개인적인 시간의 중요성, 자유 그리고 개인주의 위치, 훈련의 중요성, 육체적 조건, 물질적 조건 그리고 집산에 대한 기술사용 위치 중 하나이다. 두 번째 차원은 남성다움 대 여성다움 등의 명칭을 부쳤다. 남성다움 극(masculine pole):

- 소덕(earnings): 높은 이득을 얻기 위한 기회를 가졌습니까?
- 인정(recognition): 당신이 일을 잘했을 때 인정할 가치가 있다고 인정합니까?
- 진전(advancement): 보다 높은 수준의 작업에 진전을 위한 기회를 가지는가?
- 도전(challenge): 일하는데 도전이나 성취에 대한 개인적인 성취감 얻을 수 있는 것으로부터.
- 관리(management): 당신의 감독자와 직접적으로 좋은 관계를 가집니까?
- 협력(cooperation): 다른 사람과 같이 잘 협력하여 일합니까?
- 생활범위(living area): 생활범위는 당신과 당신가족이 요구하는 것인가?
- 고용안전(employment security): 당신은 일하는데 안전을 가졌습니까? 당신이 원하는 일이 오랫동안 당신의 회사를 위하는 일입니까?

(2) 불확실성 회피

권력의 차이(power distance), 개인주의(individualism), 집산주의(collectivism) 그리고 남성다움(masculinity)과 여성다움(feminity), 불확실 회피(uncertainty avoidance)(강한데서 약한데까지)의 4자지 차원(fourth dimension)은 Hofstede(1997) IBM 조사 프로젝트에서 발견된 것이다. 이는 각 나라와 지방에 이 프로젝트를 불확실성 회피 지수점수(UAI)를 배정하였다. 불확실성 회피에 대한 나라들 가운데 차이는 본래 권력차이의 부산물로 발견되었다. 이것은 작업압박에 대한 질문에서 출발하였다.

이들의 질문은 당신들은 어떨 때 종종 일에 대한 흥분을 하거나, 긴장을 느낍니까? (1)에서부터 범위를 (5)까지 이들 방법을 느낀다. 나는 전 나라에서 나라까지 이들 질문에 답하는 형태를 하였다. 보기를 들면 영국의 고용자들은 항상 독일 고용자들보다 점수에 덜 예민하다. 그들 관리자, 기술자, 비서나 혹은 기술이 없는 공장근로자들이 그렇다. 그럼에도 불구하고 국가의 기초적인 차이는 그리고 권력차이는 관계가 없다.

3가지 질문에 대한 나라점수, 주간점수, 국가차이에서 들어나는 모든 질문은 강하게 다중상관한 것이다.

(1) 작업 스트레스(표에 1-5까지 중간 값).
(2) 진술에 대한 동의(agreement with the statement): 이것은 회사최고 흥미는 고용자들이 생각했을 때조차 회사규칙은 깨트리지 않을 것이다(1-5의 중간 값). 이 질문은 규칙 지향적 것에 분류된다.
(3) 고용자들이 나타낸 %는 장기간 경력에 대한 그들이 회사에 머무르는 것을 대신 나타낸다. 질문은 다음과 같다. 얼마나 오래 IBM에서 지속적으로 일할 것을 생각 합니까? 그리고 다음에 답하십시오. (a) 2년 이상 (B) 5년 이상
(4) 회사 은퇴까지, 답 하시오. (3)과 (4)는 질문 (1)과 (2) 질문에 대한 중간 값 가지고 다중상관 분석했다.

제 5 장   국제조직행동과 문화

사람들은 다른 나라사람들이 종종 다른 행동을 하는 것에 대한 의문을 풀기 위해서는 문화가 개인과 집단행동 변화에 대한 설명이 필요하다. 문화모델(culture of models)은 처음에 가끔씩 나타나거나, 이국적이거나(exotic), 신비롭거나, 혹은 이해하기 힘든 상황 속에서 기업은 점점 국제화(international)되고 Global 되므로 행동을 이해하기 위한 설계를 준비하는 것이 필요하다.

문화 이해를 위한 모델은 국가문화와 관리와 조직행동에도 영향을 준다. 문화에 대한 연구는 일찍이 짧은 책자로 나타났으며, 다른 사람으로부터 몇몇 사람들이 이상하게 보이는 다른 문화 속에서 그들 행동을 보장받았기 때문에 매일 일하는 방법이나, 인사방법이나 혹은 음식물 편애 등과 같이 많이 낯선 행동들을 보장받았기 때문이다.

1. 국제조직행동에서 무엇이 문화인가?

문화의 행동과 의미는 기업마다 설명이 다를 수가 있다. 그러므로 문화가 조직행동에 미치는 영향이 어떻게 하는지에 대한 깊은 이해가 필요하다. 일반적으로 문화는 사람들의 집단생활 방법이라고 설명한다(Culture is a way of life of a group of people).[93] 문화조사자들은 인류학, 심리학, 정치학 그리고 관리에서 오랫동안 문화를 조사 연구하였다. 그러나 근래 조직학자들은 조직 속에 다른 행동을 하는 다른 나라사람으로부터 사람들을 이해하는데 대한 문화를 사용하였다. 문화는 좁은 의미로 해석하면 예술이라고 할 수 있다. 문화가 발달 된다는(cultured) 것은 예술, 춤, 연극, 그리고 지적인 논문과 박물관과 극장, 학교 등이 발전하는 것이다.

2. 문화 규정(Defining Culture)

　　문화를 단순하게 정의하는 것은 충분할 수 없다. 그 이유는 문화는 복잡하기 때문이다. 실제로 문화 그 자체에 대한 정의는 되었다고 볼 수 있다. A. L. Kroeber and F. Kluckhohn(1952)[94]은 "연구자들은 문화에 대한 정의가 160개보다 더 많다고 하였다". E. Tylor(1871)[95]은 일찍이 문화에 대한 정의를 지식, 믿음, 예술, 도덕, 법, 습관 등을 사회구성원들과 같이 사람들에게서 얻어지는 습관과 같은 복합체라고 정의하였다. 그리고 G. P. Ferraro(2002)[96]은 사람들이 사회구성원처럼 행동하고(do) 그리고 구성원으로서 생각(Thinks)하는 모든 것을 문화라고 최근에 간단히 정의하였다. 다르게 표현하면 문화는 특별한 사회 속에서 인간행동 모양에 대한 의미를 사회적으로 부여한 것이라고 할 수 있다.

3. 문화의 수준(Levels of Culture)

　　문화수준(levels of culture)은 양파(onions)나 혹은 빙산(iceberg)으로 수준차이에 대한 문화의 개념을 설명할 수 있다. 이는 <그림 1 - 6>과 같이 설명할 수 있다.

　　이상 <그림 1 - 6>과 같이 확실히 문화에 대한 국면(aspects)은 더욱 뚜렷하다. 양파의 밖에서 보는 층이 정확하고 그리고 빙산 끝도 선명하게 보인다. 이들 국면들을 V. Sathe(1985)[97]은 첫째, 분명한 문화(manifest culture)로 행동, 언어, 음악, 음식 그리고 기술과 같은 요소들이다. 즉 분명한 문화는 사람들의 말과 옷, 서로에 대한 상호작용과 같은 새로운 문화로서 첫 번째 접하는 것이라고 말했다.

　　역시 분명한 수준(manifest level)은 접근하기 쉽고 특별한 문화에 대한 일부분을 이해하는데 증명이 될 것이다. 분명한 문화 관찰은 지키는 문화에 대한 의미로서가 아니라 약간의 중요한 내부를 증명할 수 있다. 두 번째 접하는 문화로 표현된 가치수준(expressed values level)은 분명한 주준의 문화적인 설

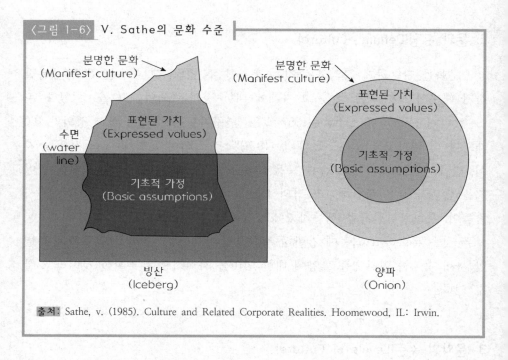

<그림 1-6> V. Sathe의 문화 수준

분명한 문화
(Manifest culture)

표현된 가치
(Expressed values)

수면
(water
line)

기초적 가정
(Basic assumptions)

빙산
(Iceberg)

분명한 문화
(Manifest culture)

표현된 가치
(Expressed values)

기초적 가정
(Basic assumptions)

양파
(Onion)

출처: Sathe, v. (1985). Culture and Related Corporate Realities. Hoomewood, IL: Irwin.

명에 사람들이 방법을 말로서 문화자신에 대한 표현을 하는 것이다.

보기로서 중국 사람의 문화 안에 밥그릇을 낮게 하고 젓가락질을 한다. 이것은 옛날 조상들이 그렇게 했기 때문에 옛날 조상들이 하는 것을 그만 둘 수 없기 때문이다. 표현가치 수준은 분명한 수준위에 문화의 내부를 추가한 것이지만 국면은 명확하지 않다.

첫째, 기초가정(basic assumptions)은 양파의 핵과 같은 것이거나 혹은 빙산 중에 갈아 앉은 기초적인 것으로 이는 문화의 기초로서 사람들의 생활과 활동을 안내하는 것으로 세계와 사회에 관한 믿음과 생각을 공유하게 하는 것이다. 예로서 인도의 Hindu사회에 사람들을 교화를 통해서 행복이 온다는 진실을 사람들은 믿는다. 물질에 대한 부가 아니라 것이다.[98] 이와 같이 문화의 기초과정을 아는 것은 다른 수준에 위에 쉬고 있는 원리를 이해할 수 있다.

4. 문화학습을 어떻게 하나(How is Culture Learned)

우리가 성장하면서 다양한 경험을 통해서 특별한 문화를 배우는 것이 전부다. M. Herskovits(1948)[99]은 대부분 문화는 학습조직으로 배운 것이다. 또한 문화적응(enculturation)은 환경 속에 학습된 결과 같은 모든 학습 변수를 포함한 비계획적인 과정이라고 하였다. 첫째, P. Berger and T. Luckmann(1967)[100] 일차적사회화(primary socialization)는 문화적응(enculturation)보다 더욱 철저한 학습으로 가족과 지역사회에서 일어난다고 하였다. 광고나 TV에서와 같이 나이, 성별, 윤리 그리고 사회 계급 행동은 우리들의 가족이나 친구나, 학교나, 종교 등에서 마치 TV나, 광고에서 개인적으로 배운다.

다른 사례로서 정상적인 행동과는 달리 사람들의 행동에 벗어나는 것을 요구하는 병리적인 행동의 역할로부터 사회 중심가치(central values of society)에 대해 순응할 수 없는 역할 모델로부터 사람들이 표준에서 벗어나려고 하는 것과 같은 것도 문화 환경으로부터 배운다.

사람들은 보통 다른 나라에서 살든 사람들의 다른 행동을 하는 것은 나라 형태가 지리적으로 떨어진 지방에 대한 특유문화 때문이다. 역시 한 국가 내의 사회집단은 문화나 혹은 하위문화(sub-culture)에 대한 구별을 가지는데, 집단은 인종의 배경(ethic background)이나 언어, 혹은 종교 배경을 대다수의 주민들은 가지고 있기 때문에 빨리 문화나 혹은 하위문화를 구별 할 수 있다.

보기로서 영국은 아시아 사람, 인디언 그리고 미국은 Hispanic의 하위문화가 나타나는 것이 증가되고 있다. 그들은 양친으로부터 다른 문화를 어린 시절로부터 성장하면서 그들 양친의 문화에 영향과 국가 문화에 영향을 받는다. 미국에 이민 온 중국 어린이들은 그들 양친이 태어난 문화와 미국 문화가 혼합되어 있는 것이 나타난다. 그들은 종종 독립적이고 그리고 미국사람과 같은 개인주의적이다. 그러나 형들에 대한 종경문제는 중국가치를 소유하고 있다.

그리고 몇몇 경우에는 이문화에 대한 가치들은 충돌 될 수 도 있다. 그러나 이러한 사회에 있는 가정은 보통 명백하지 않다. 그들 양친은 그들에게 무엇이 옳은가? 그리고 그들이 올바른 행동은 문화적으로 결정되거나, 혹은 그들의 문화를 계획적으로 재생산하는 것은 신중히 고려한다. 문화는 우리들의 정체성(identity)에 대한 노력을 하는 것이 매일 매일 생활의 일부로 하는 것은 어렵다. 문화는 가치를 구성원들에게 자연적으로 그들이 하는 일에 대해 단순히 방법과 같이 그들은 경험하는 것이다. 사회화에 대한 중요한 다른 형태로서 이차 사회화(secondary socialization)이다.

이차 사회화는 일차 사회화 뒤에 발생한다. 그리고 지식을 가진 성공적인 역할을 가지는 행동과 가족과 지역 역할이다. 관리와 조직행동은 이차 사회화의 특별한 형태는 훈련을 포함하는 조직사회화이다. 이들은 공식적이던 비공식적이던 문화에 영향을 준다. 계속적인 과정으로서 공식적 비공식적 학습은 조직 동기에 포함된 중요한 작업 행동에 영향을 준다. 조직 구성원들은 문화적으로 일에 대한 능력을 받아들인다.

organizational behavior

제 6 장 문화 시험을 위한 유형
(Frameworks for Examining Culture)

문화를 이해하는데 기초적인 가정(assumption)은 문화 자체에 대한 이해가 중요하다. 연구자들은 세계문화 분류(classify)를 발전시켰는데 문화윤곽은 정확한 서술 보다는 문화 구성의 가치체계에 대한(value system) 규범이다. 다른 말로 표현하면 그들을 쉽게 이해되는 문화에 대한 행동을 그리는 것이다.

1. Kluckhohn, F.과 Strodtbeck, F. L.의 가치지향 변화

미국의 인류문화 학자인 Kluckhohn, F.과 Strodtbeck, F. L.(1961)[101]은 가치지향(variation in values orientations)에 대한 6차원(six dimensions)의 구조(framework)로 설명하였는데 이를 보면 <표 1 - 3>과 같다.

첫째, 가치지향은(value orientations) 여러 가지 제안(issues)을 다른 사회는 어떻게 대처하는가? 혹은 문제들이 어떻게 나타내는 지이다. Kluckhohn, F와 Strodtbeck, F. L.의 구조는 한 문화 하나에 호의(favor) 혹은 변화를 많이 혹은 특별한 가치지향에 연합하여 접근하였다. 다음은 Kluckhohn과 Strodtbeck의 각 차원을 조직행동에 영향을 주는 방법으로 확인하였다.

표 1-3 Kluckhohn와 Strodtbeck의 가치지향에 대한 변화

가치의 지향(values orientation)		변화(variations)	
자연과 관계	지배	조화	정복
시간 지향적	과거	현재	미래
인간성 기초	나쁜(evil)	중간/혼합	좋은(good)
행동지향	존재(being)	억제/통제	실시(doing)
사람들 중 연고관계	개인적	집단적	공공적
공간 지향적	사적	혼합	공동

출처: Adapted from Lane, H. W. Distefano, J. J., and Maznevski, M. L. (1997). Internationa Management Behavior. 3rd. Cambridge, MA: Blackwell.

1) 자연에 대한 관계(Relation to Nature)

　F. Kluckhohn와 F. L. Strodtbeck(1961)은 자연에 대한 관계(relation to nature)를 지배(subjugation)와 조화(harmony)와 그리고 정복(mastery)으로 대처하는 방법을 고려하였다. 자연에 대한 대처하는 관계를 보면 다음과 같다. 첫째, 지배적인 문화(subjugation culture)는 자연에 대한 정복 지향적인 문화를 말한다. 보기로서, Inuit(eskimo), Canada, Russia, 미국은 지배 지향적(subjugation orientation)이다. Inuit는 무엇이 일어나든지 피할 수 없다고 예측한다. 그들은 변화에 대한 노력보다도 차라리 자연을 그대로 받아들인다.

　둘째, 자연에 관계에 있어서, 자연과 조화(harmony)는 문화이다. 중국과 같은 나라는 자연과 같이 공존하는 데 대한 행동지향을 기도한다. 풍수(Feng Shui)전문가로부터 자연과 같이 조화를 이루고 사는 것이 인간의 필요한 삶이라고 믿는다. 선택을 하는 경우나 사무실을 공간을 건축할 때나 풍수나 혹은 지역풍수가 돕는다.

셋째, 정복문화(mastery cultures)는 자연에 대한 관계에 있어서 정복하는 문화이다. 정복문화는 북아메리카와 서유럽을 보기를 들면 필요하거나 욕심이 있을 때 기술을 통하여 환경을 변화를 기도한다.

땅을 개간한다든가 에어컨 설치, 냉장고, 그리고 질병에 대한 면역을 기르는 국면들이다. 보기로서 Prudhoe 항에 석유가 발견된 후에 Alaska 기술자들이 기후조건을 고려하지 않고는 극복할 수 없었다. 몇몇 문화들은 Canadian 사회를 하나 예를 들면 조화에 대해서는 중간쯤 되고 자연관계에서는 정복주의다.

2) 시간 지향(Time Orientation)

시간 지향차원(time orientation dimensions)은 과거(past), 현재(present), 미래(future) 중에 사회화초점(society's focus)이 어디에 있는가에 따라서 문화를 분류한 것이다.

첫째, 과거지향적인 문화(past orientation culture)는 전통적인 것을 사용하는 것을 강조한다. 보기로서 이탈리아 사람(Italians)은 전통을 존경하고, 장인에 대한 가치를 전통적으로 수년의 연습기초로 한다.

이탈리아 조직에서 만드는 생산방법이 회계담당자가 생산에 걸리는 시간을 가지고 계산하는 방법을 사용한다. 둘째, 현대지향적인 문화(a present oriented culture)는 일반적으로 시간이 얼마나 적게 드는가에 초점을 둔다.

보기로서 미국기업들은 기업성장을 년 평균으로 평가하고 관리자들은 기별로 평가하고 사원들은 시간에 대해 평가하는데 초점을 둔다. 셋째, 미래지향적인 문화(a future oriented culture)는 사회가 미래 지향을 강조하여 장기적인 것에 조점을 둔다.

보기로서 일본의 사회는 고용자들이 운영에 대한 것을 수년 후 미래에 유리한 것에 초점을 둔다. 그리고 일본회사 종업원들은 현재보다 미래조건을 현재보다 더 중요하게 생각한다. 그러므로 일본사회는 종종 미래세대에 대한 이익을 생각한다.

3) 인간성에 기초(Bas Human Nature)

인간성에 기초한 문화(basic human nature culture)는 인간성질(human nature)에 대한 기초로 좋고(good), 나쁜(evil), 혹은 그 중간 성질(neutral/mixed)이라고 사람들을 믿는다. 첫째, 인간을 좋은 면에 초점을 두는 사회는 주로 사람들을 좋은 것처럼 이해하여, 기초적으로 사람들을 신뢰하는 것으로 이해하는 사회이다.

보기로 일본의 이사들은 서로 믿는다. 그러므로 업무에 대해 구두로 동의한다. 사람에 대한 믿음의 문화로서 기초적으로 나쁜 사람이라고 하는 것은 신뢰(trust)가 부족하다는 것이다. 둘째, 혼합 혹은 중립인 사회(mixed / neutral orientation society)는 사람들은 기초적으로 선(good)하다. 그러나 그들은 나쁜 관리자로 행동하는 상황에 속한다. 예로서 당신 자신을 보호하는데 경계하는 것이 중요하다고 생각하는 나라 사람들을 보면, Canada 사람들은 대부분 협의하는데 구두로는 법적인 협정하는 것은 혼란을 가진다. 그것은 구두로 해놓고 실제는 협의를 하지 않은 것이다.

4) 행동지향에 기초(Activity Orientation)

행동지향적인 사회(activity orientation society)는 활동지향을 기초한 문화를 가진 사회이다. 문화를 가진 사회는 활동지향을 실행(dong)이거나, 혹은 존재(being)이거나 혹은 내용 통제이거나 어느 것에다 강조하는 것인가에 따라서 실행 문화, 존재하는 문화 그리고 내용통제 문화로 분류한다.

첫째, 실행문화(doing culture)는 강조하는 것은 활동과 성취를 하기위한 일이다. 보기를 들면 미국사람들은 열심히 일한다는 것은 성취에 대한 인정을 원하기 때문이다. 둘째, 나의 나라(being country)는 현재 하는 일이 기쁜 일로 생각하는 것을 강조하는 사회이다.

보기로서 Mexico 기업인들은 사회적으로 사업을 논의하기 전에 서로 서로 기쁘다고 한다. 셋째, 통제 문화(containing / controlling culture)를 강조하는 사회는 합리성과 논리성을 강조한다. 사람들 몸과 마음이 균형을 이루려는 노력의 욕구가 남아있다. 보기로서, 불란서 사람들은 논리적이고 그리고 합리적인 실용주의적 의사결정에 강조한다.

5) 사람들과의 관계성(Relationship Among People)

사람과의 관계성(relationship among people)은 사람들의 주위에 개인 한사람이나 혹은 집단이나 혹은 계층을 강조하는 사회이다. 첫째, 개인 속의 사람은 사람들의 성취에 대한 성격을 통해 그들 자신을 발견된다고 본다. 보기를 들면 미국에서는 고용자들과 관리자들은 그들이 일하는 목표에 종종 경쟁하는 용기를 가진다고 생각한다. 둘째, 집단속 지향적인 문화(in a group oriented culture)는 모우(collective)는 관계를 긍정적으로 생각하는 사회이다. 사람들의 가족이나 혹은 지역의 구성원을 위해 책임을 진다는 것이다. 여기서 강조하는 것은 하모니(harmony)와 동질성(unity)과 충성(loyalty)이다. 보기를 들면 일본 조직의 의사결정은 일치(consensus)를 기초로 한다. 이는 낮은 곳에서 높은 곳으로 움직인다.

셋째, 계층 문화(hierarchical culture)는 가치집단관계(value group relation-ship)의 사회이다. 즉 집단 서열관계를 집단이나 사회에 강조한다. 집단사회는 알고 있는 계급보다 그들은 더 많이 만든다. 보기로서, India은 캐스터 시스템(Castes system)의 결과와 같이 사회에 태어나면서부터 위치를 결정한다. 그리고 확실한 Castes부터 높고 낮은 일을 한다.

6) 공간 지향적(Space Orientation)

공간 지향적 문화(space orientation culture)는 공간의 소유관계에 사람들은 어떻게 생각하는 가에 초점을 둔다. 즉 공유공간인가 혹은 사유공간인가, 혹은 둘 다 복합인가? 첫째, 공간 소유관계를 공유관계문화는 사회 누구나 같은 공간에 속한다고 생각한다. 보기로서, 일본사회는 사원들의 책상을 열린 공간에 사무실이 정돈되어 있다. 그리고 감독도 구분 없이 큰방에 같이 근무한다.

둘째, 공간을 사유공간에 초점을 둔 문화이다. 사유관계에 초점을 둔 문화를 보면, 미국과 같은 사회는 사적인 가치사회(in a society that values privacy)의 근무자들은 그들이 사적인 소유를 대단히 중요하게 생각을 한다. 왜냐하면 이들은 사적인 가치(values privacy)를 높게 두기 때문이다. 그러므로 조직구성원 중에서 높은 직위에 있는 자는 보다 큰 개인적인 공간을 많이 가진다.

셋째, 중간적인사회는 어느 곳에서도 중간이다. 거기에는 공공적인 장소와 개인적인 장소가 합해있다. 예를 들면 홍콩에서는 낮은 지위에 있는 사람들은 일반적인 곳에서 일하고, 관리자들은 개인적인 공간인 사무실을 가진다.

2. Cameron & Quinn's 모델 – Organizational Culture Model

경쟁가치모형에 의한 문화유형의 분류는 두 가지 차원을 기준으로 하고 있는데, 하나는 '변화 대 안정'이라는 상충적 가치를 축으로 하고 있고 다른 하나는 '조직내부지향 대 외부환경지향'이라는 상충적 가치를 축으로 하고 있다. 전자에서 '변화'는 조직의 신축성과 유연성을 강조하는 것인 반면, '안정'은 통제 및 질서, 효율성을 강조하는 것으로, 이는 유기적-기계적 조직특성의 구분과 유사하다고 할 수 있다.

'조직내부지향'은 기존 조직의 유지를 위해서 조직 내부의 통합과 조정에 초점을 두는 것인데 반해, '외부환경지향'은 외부환경과의 상호작용 및 환경적응에 초점을 두는 것을 가리킨다. 이러한 두 가지 차원의 교차에 의해서 <그림 1-7>에서 보는 바와 같이 관계지향 문화(clan culture), 혁신지향 문화(adhocracy culture), 위계지향 문화(hierarchy culture) 그리고 과업지향 문화(market culture)의 네 가지 유형으로 조직문화를 분류하고 있다. 이 모델은 24문항의 설문지로 조사되어진다.

첫째, 관계지향 문화(clan culture: A형)는 내부조직의 통합과 유연성을 중시하는 문화로, 무엇보다도 인간관계에 초점을 둔다. 인화/단결/협동 및 팀워크 등의 가치를 중시하고, 구성원에 대한 배려와 관심의 정도가 높으며, 인간적이고 가족적인 분위기를 창출하는 것을 특징으로 한다. 둘째, 혁신지향 문화(adhocracy culture: B형)는 외부환경에의 적응과 변화/신축성을 특징으로 하는 문화이다. 변화하는 환경에 적응하기 위해 조직변화와 혁신을 중시하며,

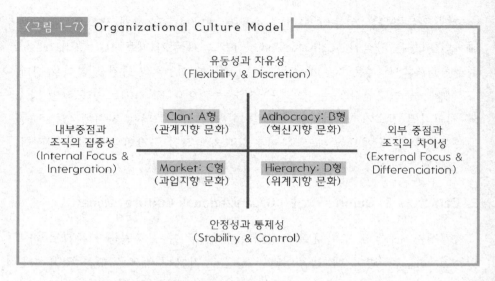

<그림 1-7> Organizational Culture Model

유동성과 자유성
(Flexibility & Discretion)

내부중점과
조직의 집중성
(Internal Focus &
Intergration)

Clan: A형
(관계지향 문화)

Adhocracy: B형
(혁신지향 문화)

Market: C형
(과업지향 문화)

Hierarchy: D형
(위계지향 문화)

외부 중점과
조직의 차이성
(External Focus &
Differenciation)

안정성과 통제성
(Stability & Control)

창의성, 모험성, 도전성 등의 가치를 존중. 셋째, 과업지향 문화(market culture: C형)는 외부지향과 안정성을 특징으로 하는 문화인데, 생산성, 효율성, 합리성 등의 가치를 중시한다. 즉, 주어진 과업의 효율적인 수행과 합리적 목표달성을 강조하는 문화이다. 마지막으로, 위계지향 문화(hierarchy culture: D형)는 내부조직의 통합과 안정성/현상유지를 지향하는 문화로, 분명한 위계질서 및 명령계통, 그리고 기존의 절차와 규칙을 중시한다.

3. Hofsted's의 문화 가치차원

G. Hofstede(1980, 2001)[102])는 문화변수차원(dimensions of cultural values)은 노동관계 변수에 특별히 초점을 두었다. Hofstede는 하나의 네덜란드사회 심리학자이다. 그는 사람들은 정신적인 프로그램(mental programs)을 가지고 있다는 것을 믿었다. 이는 일찍이 어린 시절과 학교에서 기운을 불어 넣는다. 그리고 이들 정신적인 프로그램은 조직과 국가문화에 계속적으로 넣어 국가문화가 구성된다. 이것은 다른 나라사람들로부터 사람들 가운데 지배되는 가치로 대부분이 일찍이 나타난다. Hofstede의 이론에 사용된 자료(data)들은 IBM회사 종업원, 116,000명을 1967년부터 1973년 사이에 72개국을 조사하였

다. 이들 문화 가운데 다른 문화들을 정확히 네가지 차원(four dimensions)으로 구분하였다. 이를 보면 <그림 1 - 8>과 같다.

홉테더(Hofstede, G.)의 모델은 Hofstede, G.(1997)[103]가 그의 저서 「문화와 조직」에서 언급한 것은 문화란 정신적 프로그래밍(mental programming)에 의해 도출되는 생각(think)이나, 느낌(feel), 행동(behavior)들이 표현된다고 하였다. 그러므로 정신적 프로그래밍이 문화(culture)를 의미한다.

그러므로 정신적 프로그래밍을 이해하는 것이 바로 문화를 이해할 수 있기 때문이라고 하였다(Hofstede, G., 1997).[104] Hofstede(1997)의 4차원은(four dimension)은 권력차이(power distance), 남성다움 대 여성다움(masculinity versus femininity), 개인주의 대 집단주의(individualism versus collectiviosm) 그리고 불확실 회피(uncertainty avoidance)를 제시하였다(Hofstede, G., 1997).[105]

그러므로 본 저서에는 한국의 조직 기업문화 유형을 Hofstede의 4개 분류와 Brabana R. Dartoor & Jatuporn Sungkhawan & joo-seung park & Joseph

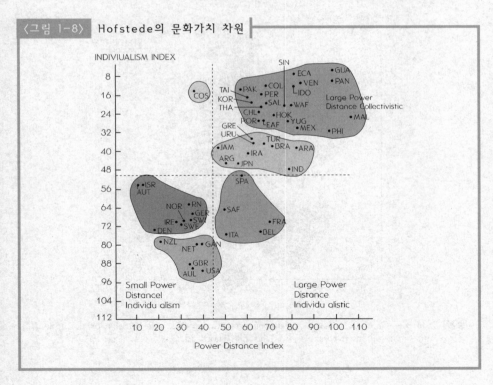

<그림 1-8> Hofstede의 문화가치 차원

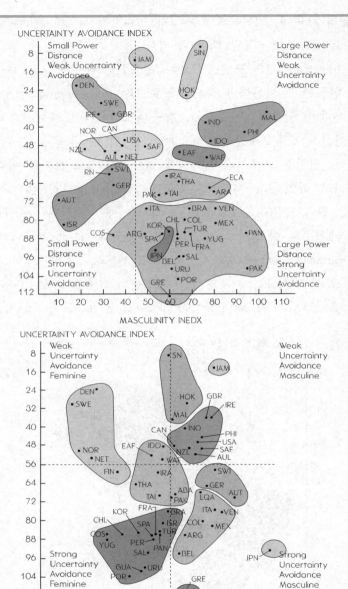

출처: Hofstede, G. (2001). Culture's Consequences: Comparing Values, Behavior, Institutions, and Organizations across Nations. 2nd Ed. Thousand Oaks, CA: Sage. pp. 152, 217, 334.

Balloun 등이 연구한 장단기 대 단기지향(long-term versus short-term orientations)을 첨가한 5차원(dimensions)으로 주어진 문화차이를 연구하였다(Dastoor, B. R., Sungkhawan, J., Park, Joo-Seoung & Balloun, J., 2001).[106] 이상의 학자들이 문화에 대한 모델로서 조직문화에 적용하여 연구하였지만, 다양한 조직의 종류에 따라서나, 국가 간의 조직문화 비교에는 Hofstede, G.의 문화 차원으로 조사하는 것이 적당하다고 생각한다.

1) 권력차이(power distance)

Hofstede는 권력차이는 국가 내에 집단이나 조직구성원이 권력의 불공정한 배분을 받아들이는 정도를 권력차이라고 할 수 있다. Hofstede은 적은 권력차이 나라는 부하가 상사에 대해서 의존(dependent)하지 않고 그리고 그들 상사(Bosses)는 그들 부하(subordinates)들 문제에 대해 의견을 듣는다. 그리고 또한 권력차이가 적은 나라에서는 부하는 상사의 질문에 두려움을 느끼지 않거나 혹은 그들 상사에 대해 상당히 많이 의존(dependent)한다. 그럼에도 불구하고 거기에는 더 좋아하거나 혹은 완전하게 거절(rejection)(반 의존이라고 부른다)하고 그의 부하는 상사와의 관계형태는 독재주의(autocratic)혹은 온정주의(paternalistic)형태로 된다.

강한 권력차이가 있는 나라는 상사와 부하 사이에 있어서 그들 상사에 대한 의존적이거나 혹은 반 의존적(counter-dependent)인 양극화 상태가 된다. 그리고 부하들의 타입(types)은 두 가지가 있다. 하나는 상사의 질문에 대해 정당치 않다고 하거나 혹은 상사를 반격한다.

한국기업조직의 권력의 차이를 연구에 의하여 태평양 아시아와 아시아 13개국의 조직문화 가치를 Barbara R. Dastoor and Jatuporn Sungkhawan, Joo-seoung park and Joseph Balloun의 조사를 보면 <표 1-4>와 같다. <표 1-4>는 Hofstede가 연구한 1980-1988년 자료와 Barbara R. Dastoor and Jatuporn Sungkhawan, Joo-seoung park and Joseph Balloun이 1999~2000년 자료의 연구조사를 비교·분석하였다.

<표 1-4>는 두 시기의 힘의 격차를 나타낸 것이다. 오스트레일리아, 한

표 1-4 권력차이

| | Hofstede(1980-88) | | 1999-2000 Data | | |
	Raw	Standardized	Raw	Standardized	Difference
Australia	36.00	-1.67	13.06	-1.36	0.31
Hong-Kong	68.00	-0.05	20.50	-0.64	-0.59
India	77.00	0.41	35.16	0.80	0.39
Indonesia			44.20	1.69	
Japan	54.00	-0.76	15.00	-1.17	-0.42
Korea(1988)	60.00	-0.45	12.73	-1.40	-0.94
Malaysia(1998)	104.00	1.78	37.88	1.07	-0.72
Phlippine	94.00	1.28	31.31	0.42	-0.85
China			37.38	1.02	
Taiwan	58.00	-0.55	21.82	-0.51	0.05
Singapore	74.00	0.26	28.55	0.15	-0.11
Thailand	64.00	-0.25	22.90	-0.10	-0.15
Vietnam			30.23	0.32	
Overall					
M	68.90		26.98		
SD	19.67		10.20		

출처: Dastoor, B. R., Sungkhawan, J., Park, J. & Balloun, J. (2001). Culture Shifts in 13 countries in Asia-Pacific and Asia: 1980-2000 in Muneller, C. B. (Ed.) Ibid., P. 93.

국, 타이완 그리고 타일랜드에서 나타난 연구는 권력차이(power distance)가 적은 나라로 나타낸 나라이다. 그리고 권력은 조직과 사회에 평등하게 배분되어 있는 것을 암시하고 있다. 반대로 인디아, 인도네시아, 말레이시아, 중국, 필리핀, 싱가폴, 그리고 베트남 등은 큰 권력차이가 있는 나라이다. 인도네시아, 차이나 그리고 베트남은 Hofstede의 연구에서는 포함되지 않았으나 뒤에 연구에서는 나타났다. 인도네시아는 놀랄 정도로 점수가 높았다.

  한국과 중국을 비교하면 한국은 12.73인데 비하여 중국은 37.38이다. 중국은 역시 사회에서 권력의 분배가 불평등하게 인식하고 있는 것을 알 수 있다. 한국 조직문화는 분석에서 본바와 같이 권력차이에 대한 특징을 보면 권력차이가 적은 나라에 분류되었다. 이와 같은 이유는 한국도 서양과 같이 사회 전반적인 면에서 평등주의의 사회철학이 배어 있음을 자랑스럽게 여긴다.[107] 한국은 특히 빈부의 격차가 막대한 차이를 완화해 주는 커다란 중간계층을 가진 수평적인 사회구조를 자랑하는 서양문화를 닮아가야 한다는 젊은 이들과 사회지도층의 패러다임으로 낮은 나라에 속한다고 보고 있다.

그러나 아직까지 유교사상에 의한 사회규범이 존재하고 있다. 사람은 반드시 존경을 표시해야 하며 위 사람과 얘기를 할 때는 적절한 경어를 사용해야 하며, 아직까지 조직 속에 뿌리 깊게 박혀있는 연공서열 의식과 연령에 따라 권력차이가 있는 것을 보면 선진국에 비해 권력차이가 높은 나라라고 볼수 있다. 그러나 중국은 아직까지 사회주의 국가로서 권력이 공산당에 집중되어 있기 때문에 그저 순종하고 사는 것이 당연한 것으로 생각하기 때문으로 볼 수 있다.

2) 불확실 회피(uncertainty avoidance)

Hofstede(1997)은 불확실 회피문화의 차원(dimension of culture)은 그 나라의 문화를 가진 구성원들은 불확실한 상황이나 잘 모르는 상황에 직면하게 되면 절명의 위기(threatened)를 느끼는 구성원들이 많이 분포되어 있는 조직이나 국가이다(Hofstede, ofcit 1997).[108] 즉 불확실성을 피하려는 국가나 조직구성원들은 애매모호한 상황(ambiguous situations)을 피한다. 그리고 불확실성을 피하는 국민이나 조직구성원들을 깨끗하게 책임을 지는 구조 환경의 역할에 다스림을 당하는 것을 원하고, 예측할 수 있는 상황 속에 다스림을 받기를 원한다. 이들은 가능한 변화를 적게 느끼려고 한다. 불확실성을 피하려기 위해 나타나는 전형적인 역할은 존재하지 않고 있다면 그것을 무시하거나, 역할이 필요할 때는 인정하기도 한다.

불확실 회피(uncertainty avoidance)에 대한 연구를 보면 <표 1 - 5>와 같다. 오스트레일리아, 말레이시아, 일본, 타이완, 중국 그리고 인도네시아 등은 불확실 회피에 대해 약하거나 혹은 위험 감수에 대한 성질이 약하다. 그리고 홍콩, 싱가포르, 타일랜드, 필리핀, 한국, 인도네시아 등은 불확실 회피에 대해 약하거나 혹은 위험 감수에 대한 성질이 약하다 그리고 홍콩, 싱가폴, 타일랜

표 1-5 불확실성 회피

	Hofstede(1980-88)		1999-2000 Data		
	Raw	Standardized	Raw	Standardized	Difference
Australia	51	-0.03	33.06	-1.32	-1.28
Hong kong	29	-0.88	68.75	1.86	2.74
India	40	-0.46	46.56	-0.11	0.34
Indonesia			48.40	0.05	
Japan	92	1.55	34.55	-1.18	-2.73
Korea(1988)	85	1.28	48.86	0.09	-1.19
Malaysia(1988)	36	-0.61	34.04	-1.23	-0.62
Phlippine	44	-0.30	55.00	0.64	0.94
China			42.86	-0.44	
Taiwan	69	0.66	40.00	-0.70	-1.36
Singapore	8	-1.69	63.39	1.38	3.07
Thailand	64	0.47	58.35	0.93	0.46
Vietnam			48.18	0.03	
Overall					
M	54.80		45.45		
SD	29.58		20.26		

출처: Dastoor, B. R. Sungkhawan, J., Park, J. & Balloun, J. (2001). Culture shifts in 13 countries in Asia-Pacific and Asia : 1980-2000 in Mueller, C. B. (Ed.) Ibid., p. 94.

드, 필리핀, 한국, 인도네시아, 베트남은 불확실 회피가 강한 나라이다. 즉 불확실성을 피하려는 나라이다. 그리고 홍콩은 정치, 경제 사회변화에 대한 이유들로 불확실을 회피하는 것이 강한 나라에 속한다.

　이중 홍콩은 Hofstede가 1997년에 조사한 것은 약한 나라에 속했으나 Barbara R. Dastoor와 Jatuporn Sungk-hawan(2001) 그리고 Joo-seoung park 과 Joseph Balloun의 조사에 의하면 높은 나라로 나타났다(Barbara R. Dastoor and Jatuporn Sungk-hawan, Joo-seoung park and Joseph Balloun: ofcit 2001).[109] 특별히 홍콩은 경제력이 불확실하고, 정치 변화 등과 같은 변화요소들이 많아 불확실성이 증가되기 때문에 높은 나라로 전환되었다.

　유사하게 일본 역시 변화되었다. 일본은 조사에 의하면 불확실 회피쪽으로 변해 가는 것 같다. 이 이유는 일본의 기업은 세계에서 경제력이 증가하는 만큼 중요성이 증가하고 있기 때문이다. 일본은 경제력이 증가해서 위험 감수를 앞으로 하지 않으려고 할 것이다. 타이완은 약한 나라에 속하고 있다. 그 이유는 경제위기 때문이다.

한국 기업 문화는 분석에서 본 바와 같이 불확실 회피에 대한 특징을 보면 한국 조직문화 특징 중에서 불확실 회피가 강한 나라에 분류된 것을 알 수 있다. 이와 같은 이유는 아직까지 한국은 정치가 불안전하고 경제도 불안정하고 사회전체가 불안전하기 때문이라고 볼 수 있다. 그리고 중국은 불확실 회피가 42.86이고, 한국은 48.86으로서 중국보다 한국이 더 높은 것으로 나타나고 있다. 이는 중국 국민은 정치에 대한 불안정이나, 경제에 대한 불안정 그리고 사회에 대한 불안정을 한국 보다 적게 느끼고 있다고 볼 수 있다.

3) 개인주의 대 집산주의(individualism versus collectivism)

이는 문화적 차이는 국민의 성격이 개인주의 대 집산주의 성격이다. 개인주의는 개인적 사이가 느슨하게 묶여있는 국가나 조직이다. 그들의 이웃, 가족인지 그 후 자신이 느낀다. 집산주의는 개인주의와 반대로 출생의 전망부터 당히 통합되어 있다. 집산주의가 강한 나라는 집단 응집력이 사람들의 생활을 통해 충성을 계속 하도록 보호한다. 오늘날 집산주의에 있는 국민들은 집단에 대한 흥미가 우선 이다. 집산주의 사회 안에서는 가족중심은 어머니, 아버지, 누나, 형에 대한 한계가 없고, 더구나 할머니, 할아버지, 아저씨, 삼촌, 사촌 등 다른 가족들이 포함되어 있다.

어린이는 성장하면서 대집단의 중요성과 정체성(identity)을 생각하며 자란다. 그와 같은 나타나 조직구성원은 집단과 집단구성원 자신이 정체성을 생각하면서 살아간다. 그리고 집단구성원에 소속된 구성원들에 대한 손해에 대해 구성원들은 방어해야 한다는 것을 느낀다. 그리고 개인주의 사회(individualistic societies)는 오늘날 세계 속에 개인에 대한 이익에 중점을 두고 사는 사람들이 많은 국가나 조직이다.

그런 집단이나 국가에 사는 사람들의 가족중심은 어머니, 아버지, 형, 누나이고 이들의 관계는 적은 접촉으로 관계하면서 살아간다. 개인주의 사회에

서 사는 어린이는 그들의 양친과 다른 사람들에 관한 구별을 배우면서 살아간
다. 혹 이들은 그들이 관계하는 가족관계보다 개인주의가 좋다는 것을 배운다.

<표 1 - 6>과 같이 개인주의 대 집산주의에 대한 연구결과를 보면 오스트
레일리아, 말레이시아, 중국, 홍콩, 일본, 싱가폴, 타이완 그리고 한국은 다른
아시아 국가들의 평균보다 개인주의가 조금 낮은 나라이다. 그러나 베트남,
인디아, 인도네시아, 타일랜드, 필리핀 등은 중간 이상이어서 집산주의에 속
한다고 하였다(Barbara R. Dastoor and Jatuporn Sungk-hawan, Joo-seoung park
and Joseph Balloun, 2001).[110]

그런데 전에는 오스트레일리아, 인디아는 다른 나라와 크게 차원이 다르
게 나타났다. 오스트레일리아는 개인주의가 강한 나라로 나타났으며, 말레이
시아는 개인적 보상이 크게 강조되고 있기 때문이다. 그런데 베트남은 개인주
의와 집산주의가 가장 낮은 것은 집단 복리후생을 넘어 개인보상으로 가기 때

표 1-6 개인주의 대 집단주의

	Hofstede(1980–88)		1999–2000 Data		
	Raw	Standardized	Raw	Standardized	Difference
Australia	90	2.48	97.10	1.47	−1.01
Hong kong	25	−0.41	79.50	0.47	0.88
India	48	0.61	46.41	−1.42	−2.03
Indonesia			58.40	−0.74	
Japan	46	0.52	79.32	0.46.	−0.07
Korea(1988)	**18**	**−0.72**	**71.59**	**0.02**	**0.74**
Malaysia(1988)	26	−0.36	92.88	1.23	1.59
Phlippine	32	−0.10	70.83	−0.03	0.07
China			**79.76**	**0.48**	
Taiwan	17	−0.76	77.50	0.35	1.12
Singapore	20	−0.63	77.74	0.37	1.00
Thailand	20	−0.63	62.33	−0.51	0.12
Vietnam			33.64	−2.15	
Overall					
M	34.20		71.31		
SD	22.51		17.56		

출처: Dastoor, B. R. Sungkhawan, J., Park, J. & Balloun, J. (2001), Culture shifts in 13 countries in
Asia-Pacific and Asia : 1980-2000 in Mueller, C. B. (Ed.) Ibid.

문이다.[111]

　<표 1 - 6>과 같이 개인주의 대 집산주의에 대한 연구결과를 보면 오스트레일리아, 한국과 중국을 비교하면, 한국조직문화에서 개인 주위 대 집산주의가 71.59이다. 중국은 79.76으로 중국이 조금 높은 편이다. 한국의 기업 문화는 분석에서 본 바와 같이 개인주의 대 집산주의를 보면 아시아 국가들의 평균보다 조금 낮은 나라이다. 이와 같은 이유는 우리나라와 중국은 굴뚝산업이 아직도 높은 나라이고 집산주의를 신봉하는 영향을 일본으로부터도 많은 영향을 받았으며, 또한 한국 경영지도자나 경영자들은 집산주의를 경영원리라고 생각하는데 큰 영향을 받았다고 볼 수 있다.

4) 남성다움과 여성다움(masculinity versus femininity)

　이는 남성다움과 여성다움의 문화 차원은 차이가 집단이나 국가가 다르게 나타났다. 남성다움의 문화차원인 문화는 역사적으로 남자는 밖의 생활을 지배하고 여자는 가정 내를 지배한다는 문화차원인 집단이나 국가다.

　Hofstede는 남자들을 보기를 집밖에서 강해야 살아남는다는 것을 여자도 동의한다. 여자는 집안에서 살아가는 것이 가치라고 생각한다. 이와 같은 생활 속에서 양친의 역할을 어린이는 성장하면서, 머리 속에 뿌리 깊게 박히게 된다. 그들의 정신적인 소프트웨어(software)는 그들이 믿음으로 프로그램 한다. 이는 생물학적으로 만들었고 그리고 사회적 규범은 그들 사회에서 타고난 성(性)으로부터 구별된다.

　그들의 성(性)은 그 나라 문화와 특성으로 성의 역할이 나타난다. 반면 여성다움(paternalistic)은 문화 특징을 가진 나라는 남자나 여자가 정당성을 배운다. 그리고 남성다움 문화의 특징인 국민들은 성에 대해 다 같이 낮다고 배우고 성을 취하는 것에 대해 동의한다. 이와 같은 문화의 특징은 사회적으로 영향을 받는다. 대학교육 등에 대한 역할모델이나 대학의 교육과 직업 역할 교육에 영향을 받는다.

　남자다움과 여자다움에 대한 아시아 국가들에 대한 아시아 국가들에 대한 연구를 보면, 싱가포르, 타일랜드, 일본, 홍콩, 한국, 중국, 베트남, 타이완은

표 1-7 남성다움과 여성다움

	Hofstede(1980-88)		1999-2000 Data		
	Raw	Standardized	Raw	Standardized	Difference
Australia	61	0.36	62.29	1.99	1.63
Hong-Kong	57	0.12	23.50	-0.51	-0.64
India	56	0.06	55.94	1.63	1.57
Indonesia			46.00	0.98	
Japan	95	2.36	20.45	-0.72	-3.08
Korea(1988)	39	-0.94	24.09	-0.47	0.46
Malaysia(1998)	50	-0.29	34.23	0.20	0.49
Phlippine	64	0.54	34.76	0.23	-0.30
China			26.19	-0.33	
Taiwan	45	-0.58	27	-0.26	0.32
Singapore	48	-0.41	9.68	-1.43	-1.02
Thailand	34	-1.23	16.02	-1.01	0.22
Vietnam			26.82	-0.29	
Overall					
M	54.90		31.25		
SD	16.97		15.10		

출처: Dastoor, B. R., Sungkhawan, J., Park, J. & Balloun, J. (2001). Culture Shifts in 13 countries in Asia-Pacific and Asia: 1980-2000 in Muneller, C. B. (Ed.) Ibid., P. 95.

중간점에 속한다. 오스트레일리아, 인도, 인도네시아, 필리핀, 말레이시아는 중간 이상이다. 그리고 이들 나라들은 남성다움의 나라로 분류되어 있다.[112]

　　남성다움 국가는 조직 내의 권력지휘에 대해 남자가 이익을 보고 사회 속에서 남녀 양쪽에 대한 시각이 이원적 부문보다 한쪽을 택하는 문화 특징을 가진다. 그럼에도 오스트레일리아는 서구문화에 속함에도 불구하고 남성다움의 특성에 가장 높은 점수에 속한다. 그리고 인도는 중간이상이다. 그리고 일본은 남성다움에 가까이 있는 나라이다. 이것은 노동력의 변화에 의해 영향을 받는다. 그리고 홍콩은 남성다움의 중간에 가깝다.

　　<표 1-7>과 같이 한국 기업문화는 24.09이고, 중국은 26.19이다. 남성다움과 여성다움의 한국은 중간에 속하고, 중국은 우리나라 보다 조금 더 높다.

한국의 문화 특성 중에 남자의 선호사상이 여태까지는 아주 높은 국가에 속하고 있었다.

그리고 1995년 10월 11일 세계화 추진 위원회에서는 21세기에 한국여성의 사회적 역할과 지휘를 향상시키기 위한 10대 중점과제를 선정하는 등 많은 정책과 특히 대통령 선거공약에 여성이 존중되는 평등사회를 실천한다는 등 많은 공약과 아울러 사회적으로는 남녀 성차별을 없애는 법률 선포 등으로 남성다움과 여성다움의 중간적인 위치에 있는 국가로 변했다고 본다. 그리고 중국도 인구정책상에 부부가 한 자녀만 호적을 하기 때문에 남자를 선호도가 높은데서 온다고 볼 수 있다.

5) 장기지향 대 단기지향(long-term orientation versus short-term orientation)

이는 그 나라의 문화특징이 장기지향이냐 단기 지향적이냐를 구별하여 그 문화의 특징을 보게다. 그 나라 국민이나 집단구성원이 장기지향(long-term orientation)인지 혹은 단기지향(short-term orientation)인지의 특징에 관한 연구는 William G. Ouchi(1981) 미국에 있는 일본기업 100개 회사와 일본에 있는 미국기업 100개에 대한 조직모델(organization model)에 관한 연구에서 일반은 종신고용(lifetime employment)인데 반해 미국은 단기적 고용(short-term orientation)이라고 지적하였다(Willam G. Ouch, Treory Z, 1981).[113]

일본은 경력관리에 있어서는 보수에 대해서도 현재보다 미래를 생각한다. 그리고 전문성보다는 다양성을 바라며 조직구성원들은 현재보다 미래를 보고 살아가며, 직장에서도 그와 같은 특징을 가진 조직이라고 하고 있다. 장단기 문화의 특징을 가진 나라들을 비교 분석한 것을 보면 <표 1 - 8>와 같다. <표 1 - 8>에서 나타난 바와 같이 베트남, 중국, 홍콩, 필리핀 그리고 타이완은 장단기 중간 이상의 문화특징을 가진 나라이다. 그리고 한국, 말레이시아. 인도, 싱가포르, 타일랜드, 오스트레일리아, 인도네시아 중 단기 지향의 중간에 속하는 나라이다.

중국은 Hofstede가 1980년대 분류하지 않은 나라인데 장기 지향적인 국가들의 중간 이상의 점수에 속한다. 그럼에도 불구하고 베트남이나 중국은 강

표 1-8 장기지향 대 단기지향

	Hofstede(1980-88)		1999-2000 Data		
	Raw	Standardized	Raw	Standardized	Difference
Australia	31	-0.80	40.55	-0.24	0.56
Hong-Kong	96	1.39	57.75	0.61	-0.79
India			28.56	-0.83	
Indonesia			44.6	-0.04	
Japan	80	0.85	41.55	-0.19	-1.04
Korea(1988)			21.32	-1.19	
Malaysia(1998)			27.19	-0.90	
Phlippine	19	-1.21	52.83	0.36	1.57
China			60.81	0.76	
Taiwan			46.55	0.05	
Singapore	48	-0.23	32.81	-0.62	-0.39
Thailnd			36.09	-0.46	
Vietnam			100.18	2.70	
Overall					
M	54.80		45.45		
SD	29.58		20.26		

출처: Dastoor, B. R., Sungkhawan, J., Park, J. & Balloun, J. (2001). Culture Shifts in 13 countries in Asia-Pacific and Asia: 1980-2000 in Muneller, C. B. (Ed.) Ibid., P. 96.

한 사회주의에 영향을 받아 이들 나라들은 장기 지향적인 면이 강한 나라로 분류되었다. 중국과 한국의 조직문하 차원 중에서 단기지향 대 단기지향을 보면 한국은 21.32이고, 중국은 60.82이다.

이는 중국이 한국보다 아주 높다. 이는 중국 국민의 성격에서도 볼 수 있는 것과 같이 신중을 기하는 문화 때문이라고 볼 수 있다. 그런데 일본은 크게 변하여 단기 지향적인 나라에 속한다. 그러나 장기 지향적인 나라로 분류된 필리핀은 반대였다. 필리핀은 장기 지향적인 나라이다.

한국기업문화는 분석에서 본 바와 같이 장기지향 대 단기지향, 중 단기 지향의 중간에 속하는 나라이다. 한국은 미국 경영문화로 닮고 있다고 볼 수 있다. 한국은 민주주의와 국가이므로 공산주의 국가와 차이가 있다고 볼 수 있다.

이상의 조사에서는 1999년 Asia-Pacific and Asia에서 조사한 서구의 1994년 것과 한국의 문화차원 중국의 조직 문화를 비교하여보면 <표 1 - 9>에서 볼 수 있은 것과 같이 한국의 권력의 차이는 2000년 한국은 12.59인데 비하여 미국은 1994년 40.0이고, 불확실성 회피는 2000년 한국이 48.86인데 1994년 미국은 46.0이고, 개인주의는 2000년 한국 기업은 71.59인데, 1994년 미국은 91.0이다(Hofstede, G., 1994).[114]

그리고 남성다움과 여성다움은 2000년 한국기업은 24.09인데 1994년 미국은 64.0이였고, 단기지향과 장기지향은 2000년 한국이 21.32인데 1994년 미국은 29.0이다. 그리고 중국은 권력의 차이가 37.38이고, 불확실성 회피가 42.28이고, 개인주의 대 집산주의가 79.76이고, 남성다움과 여성다움이 26.19이다, 끝으로 단기지향 대 단기지향은 60.81이다. 이상 조사비교에서 알 수 있은 것과 같이 조직문화는 변해간다고 알 수 있고 그리고 선진국과 같이 시간을 가지고 변한다는 것을 볼 수 있다.

표 1-9 12국가 문화차원 점수(0=low, 100=high)

	Power Distance	Uncert Avoidance	Individualism	Masculinity	Long-term Orientation
Arab countries	80	68	38	53	
France	68	86	71	43	
Germany	35	65	67	66	31
Great Britain	35	35	89	66	25
Netherlands	38	53	80	14	44
Hong Kong	68	29	25	57	96
Indonesia	78	48	14	46	
Japan	54	92	46	95	80
Brazil	69	76	38	49	65
Mexico	81	82	30	69	
U. S. A	40	46	91	62	29
West Africa	77	54	20	46	16

출처: Hobrtede, Geert, Management & eientirts are Human, management science; Jan 1994; 40,1: P.6.

<표 1 - 9>와 같이 우리나라는 중국과 아주 근접해 있고, 많은 기업들이 중국에 진출하고 있으므로, 경제교류가 어떤 나라보다 활발하게 이루어지고 있다. 인적인 교류도 활발하기 때문에 한국과 중의 조직 속에는 양국의 조직문화가 상충되어 있기 때문에 양국의 조직문화에 대한 연구가 필요한 시점으로 생각된다.

중국문화 변수는 앞 연구에서 볼 수 있는 것과 같이 조직문화는 변한다는 것을 알 수 있다. 한국과 중국의 조직문화를 보면, 권력의 차이에 있어서는 오스트리아, 홍콩, 일본, 타이완, 타일랜드는 차이가 적은 나라로 나타났다. 이는 사회 전반적인 성향이 평등주의 철학을 가지고 있은 문화로 볼 수 있다. 특히 이와 같은 라에서는 경제 발전에 따라 사회 중간계층이 증가되어 수평적인 구조로 변해 가는 이유로 볼 수 있다. Hofstede[115]가 1994년 조사한 선진국의 권력차이와 비교하면, 아직까지 높다고 볼 수 있다.

그리고 불확실성 회피는 아직 강한 나라로 볼 수 있다. 이와 같은 이유는 정치적 불안과 경제적 불안 때문으로 볼 수 있다. 그리고 개인주위와 집산 주위에 있어서는 우리나라 기업조직은 집산 주위 문화가 강하다고 볼 수 있다.

이는 한국조직문화는 유교문화에 영향을 많이 받고 있기 때문으로 볼 수 있다. 남성다움과 여성다움의 조직문화 차이를 보면, 남성다움이 높다는 것을 알 수 있다. 이것은 한국조직문화는 남자 선호사상이 많이 존재하고 있다는 것을 알 수 있다. 끝으로 장기지향과 단기지향을 보면 단기지향 쪽에 속하는 조직문화를 가지고 있다는 것이다. 이는 사회가 안전하다는 비전을 갖지 못하고 있기 때문으로 볼 수 있다.

4. Schwartz의 가치분석

Shalom Schwartz(1992)[116]은 Israeli 심리학자인데 그는 개인적인 가치내용(individual value content)과 구조(structure)의 세상모습에 초점을 두고 연구하였다. S. H. Schwartz는 가치반영의 기초이슈(basic issues)나 혹은 직면한 상황 활동에 대해[117] 문제를 논의하였다. Schwartz의 차원(dimension)은 모든 사회

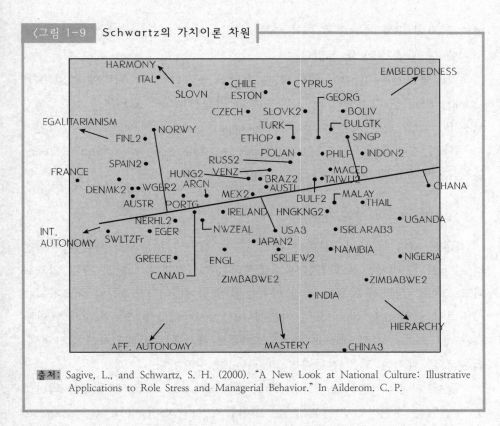

<그림 1-9> Schwartz의 가치이론 차원

출처: Sagive, L., and Schwartz, S. H. (2000). "A New Look at National Culture: Illustrative Applications to Role Stress and Managerial Behavior." In Ailderom. C. P.

직면하는 세 가지 이슈(issues)에 대한 기초로 하였다. (1) 개인과 집단사이 관계 (2) 책임 행동 보장방법, 그리고 (3) 본래 사람들과 관계와 사회인간이 직면하는 방법 등이다. 이론은 공식적으로 Schwartz은 사람이 살고 있는 대륙의 63개 나라 60,000명으로부터 10년 넘게 자료를 수집하였다.

대부분의 주제들은 학교선생과 대학생들이였으나 몇몇은 다른 직업을 가진 사람도 있다. Schwartz는 직면하는 사회 이슈(issues)에 대한 다른 결과를 나타낸 세 가지 양극차원(three bipolar dimensions)을 나타내었다.

이차원들은 깊이 새겨 두는 것(embeddedness) 대 자율(autonomy) 그리고 계층(hierarchy) 대 평등주의(egalitarianism) 그리고 지배(mastery) 대 조화(harmony) 등을 나타내었는데 사회는 이차원의 정반대를 강조하지는 않을 것이다. <그림 1-9>는 75개 나라로의 교사들을 모델로 하였는데 나라들의 특별한 가치

형태 위치에 대한 계획의 중간의 X자로부터 선을 그렸다. 이는 가치형태(value type)에 대한 좁은 선을 끄었다.

가치형태(value type)에 대한 선에 직각선을 끄었다. 그 나라에 놓인 점은 (country point)은 가치형태 내에 있는 보다 강한 가치는 문화 내에 있다. 보기로서 Bolivia는 깊이 새겨둔 점수(embeddedness point)가 Poland보다 더 강한가치 형태를 나타낸 나라이다. 그리고 Mexico는 보다 높고, Swizerland와 Greece는 점수가 대단히 낮다.

1) 새겨 두는 문화와 자율

첫째, 새겨 두는 사회문화는 본질적으로 집단의 부분처럼 사람들은 이전의 관점이다. 생활은 사회적인 관계로부터 온다. 그리고 집단과 같이 일체화되고 그리고 생활과 목표는 집단 공유방법에 참여한다. 사람들의 중요가치는 사회적인 명령(social order)으로 전통에 대한 종경(respect for tradition)과 안전 (security) 그리고 지혜(wisdom) 등이 포함된다. 거기에는 신분유지와 집단을 뒤집는 것을 막거나 혹은 전통적인 명령유지를 강요한다.

둘째, 자율적 문화(autonomy culture)는 자율(autonomous)과 특유한 의미를 찾은 범위는 개인적인 자율과 같다. 사람들의 사회적 용기(society encourages people), 편애(preference), 특징(traits), 느낌(feeling) 그리고 동기(motives)등과 같이 내부적인 속성(internal attributes)을 사람들의 사회용기(social encourages)로 표현한다.

거기에는 자율에 대한 두 가지 가치형태(value types)가 있다. 이것은 지적인 자율(intellectual autonomy)과 효율 자유(affective autonomy)의 형태이다. 첫째, 지적인 자율은 그들이 가치의 생각과 가치의 진기함과 창조성 그리고 허심탄회(open- mindedness)한 것이다. 보기로서 불란서에서는 지적자율이 높은 점수에 있는 나라이다. 사람들은 철학적인 논의를 좋아하고, 지적인 논의는 그들의 생각 표현에 대한 허락하는 것을 좋아한다.

둘째, 효율 자유는 사람들이 느낌이 좋게 만드는데 긍정적인 경험을 찾아 독립적으로 개인에게 초점을 두는 것이다. 자율주위는 효과적인 자율을 높인다. 즉 생활에 대한 질적 가치와 퇴직 후에 생활에 대한 건강함과 그리고 많은 다른 운동 약속 등과 같은 것이다.

2) 계급제도 대 평등(Hierarchy Versus Egalitarianism)

첫째, 가치계급주의 문화(values hierarchy culture)는 확실히 사람들의 행동 책임을 만드는 역할이 명확한 사회체계(social system)에 사용된다. 힘의 불공정한 분배(unequal distribution)와 역할(roles) 그리고 자원 분배가 정당한 사회이다. 그들은 가지고 가는 역할(role)과 의무(obligations)에 대해 사람들은 따르는 것이다. 계급제도 사회는 사회적인 힘(social power)과 권한(authority), 겸손(humility) 그리고 부(wealth) 등이 가치이다. 보기로 사회계급제도인 중국 내에서는 사회계급제도 사회에서는 사회 힘과 부(wealth)는 사람들의 평판(reputation)을 높게 한다.

둘째, 평등사회문화는 평등사회를 강조하는 나라에 사람들은 일반적으로 서로 간에 기초적인 인간흥미(basic human interests)를 도덕적으로 평등한 것처럼 생각한다. 사회 구성원들의 이기적인 이익(selfish interests)은 뒤에 오고 후생복리의 촉진을 자발적인 행동으로 이해한다. 중요한 가치는 평등(equality), 사회정의(social justice), 책임(responsibility) 그리고 정직(honesty)이다. 서독에서는 공식적으로 노동자들은 의사결정에 참여하는 것에 대해 높은 점수를 준다.

3) 지배 대 조화(Mastery Versus Harmony)

지배가치문화(mastery values culture)는 지배 지향적인 사회이다. 이와 같은 사회는 지배(mastery), 변화(change) 그리고 자연지배와 개인적 사회 환경이나 혹은 집단 목표에 용기를 준다. 이들 문화가치 형태는 야심(ambition), 성공(success), 용감성(daring) 그리고 능력(competence)에 가치를 둔다. 예로서, Israel 회사에서는 동적인 경쟁에 높은 점수를 주는 데에 가치를 둔다. 조화 가치문화(harmony value culture)는 조화 가치형태의 사회이다. 조화가치형태는 변화에 대한 노력보다는 차라리 환경에 내에 이해와 적당한 것(fitting)을 강조하는 사회이다. 보기로서, Norway는 환경보호 속에서 강한 흥미를 느끼는 사회이다.

5. Trompenaars의 문화차원

Fons Trompenaars(1993)[118]는 네덜란드의 경제와 경영진단 사이였다. 그는 Kluchohn 과 Strodtbeck가 사용한 다른 문화 문화차원(culture dimension)을 가지고 이론으로 발전시켰다. Trompenaars는 14년 넘어, 46,000명 이상의 관리자들과 40개국 이상의 문화를 조사하였다고 하였다.

Trompenaars는 국가문화를 6개 차원(six dimensions)로 서술하였다. 보편주의 대 배타주위(universalism versus particularism)와 개인주의 대 사회주의(individualism versus communitarianism), 한정성 대 확산(specificity versus diffusion), 성취상 대 그리는상(achieved status versus ascribed status), 내부지시 대 외부지시(inner direction versus outer direction), 연속시간 대 동시시간(sequential time versus synchronous) 등으로 분류하였다. 이는 Kluchohn과 Strodtbeck의 윤곽과는 달리 관리 문제와 다른 상황에 대해 직접 사회발전에 공헌하였다.

1) 보편주의 대 배타주의(universalism versus particularism)

보편적 문화(universalism culture) 속에서는 사람들은 모든 상황 속에서 선량(goodness)한 것으로 정의하거나 혹은 진실한 것으로 믿고 그리고 상황에 대해 주저하지 않는다고 판단한다. 배타주의 문화(particularism culture)에서는 조건적합지향주위적인 사회이고(contingency oriented society), 사건과 관계되는 것은 바르고 좋은 의사결정을 더욱 중요시 하는 사회이다.

기업들의 계약관계에 있어서는 두 가지 형태로 나타난다. 보기를 들면 미국사회는 보편주의 문화인데 변호사들 대부분이 기업은 본질적으로 교섭에 계약서를 생각한다. 그러나 계약관계에 분쟁이 생길 때는 파당으로 된다. 배타주의 나라(particularity country)인 중국 같은 나라에는 법적계약(legal contract) 수행에 대해서는 무게가 적다. 이는 특별한 개인 상황과 특별한 개인적인 관계규정에 따라 달려있다. 계약은 출발점이고, 그들 당파들 행동하는 방향으로 행동한다.

2) 개인주의 대 사회주의(individualism versus communitarianism)

개인주의 사회(individualism society)에서는 개인의 자유와 그리고 경쟁에 의한 초점을 자신에게 둔다. 사회적으로 법률적인 사회구조와 개인의 권리보존 법칙과 개인적인 발달과 성취에 따른다. 보기로서, Netherlands 의 종업원들은 일에 대한 성취와 그들의 개인적인 공헌에 대해 인식을 받아들인다.

사회주의 사회(communitarian society)는 집단회원과 사회책임, 화목관계(harmonious relationship) 그리고 협력을 강조한다. 귀속 물과 집단 공헌은 문화의 본질적인 부분이다. 보기로서, 일본의 사회주의는 사회주의 속에 사람들은 그들의 개인적인 언급은 나타나지 않으나 개인적인 것을 방해하기 위해 집단에 소속한다.

3) 한정 대 확산(specificity versus diffusion)

한정 대 확산차원(specificity versus diffusion dimension)은 특별한 수준이나 혹은 총체적으로 다른 문화 구성으로 정의한다. 한정된 사회는 사람들의 관계 속에서 사람들은 보통 큰 공공장소(large public spaces)를 가진다. 굳게 닫힌 공간을 유지하면서 공관과 분리된 개인적인 공간을 가진다.

확산 문화(diffuse cultures)는 전체적인 개념과 모든 종류의 관계가 공존 것에 초점을 둔다. 확산 문화 속의 사람들은 관계가 적게 유지된다. 그리고 그들은 개인적인 관계 속에서 공공의 공간을 더욱 조심스럽게 보장한다. 하나의 예로서, 미국과 같은 한정문화 속의 사람들은 공공 공간(public space)에 칸막이를 하고 개인적인 생활을 한다. 이와 같은 것은 작업 상황에서도 쉽게 접근할 수 있다. 그리고 미국의 기업 경영자들은 개인적인 생활 공유(shared his private life)에 대해서는 사업과 공유하는 것은 자동적으로 허락(allow)되지 않는다.

예로서 Spain과 같은 독특한 문화에서는 기업에 있어서 개인적인 수익이 있어야 기업이 교섭이 이루어진다. 이는 먼저 개인적인 관계가 이루어지지 않으면 더욱 복잡해지기 때문이다. 또한 Spain 관리자의 경우 관리자는 공공 공간(public space)에서 생활의 접근은 처음에는 어려우나 한번 거기에 개인적으로 접근하면 공공 공간에 개인 생활의 접근은 쉽다.

4) 성취신분 대 속한다고 생각하는 신분

성취신분 대 속한다고 생각하는 신분차원(achieved status versus ascribed status dimensions)은 사람들이 문화를 통해 힘(power)과 신분(status)을 어떻게 얻는지를 서술하였다. 성취사회(achievement society)는 위치(position) 달성과 전문가들의 증명을 통해 영향을 받는 사회이다. 힘 있는 직위를 잡는 사람들은 기술, 지식, 경험 그리고 재주를 가지는 것이라고 생각한다.

속한다고 생각하는 문화(ascribe cultures)는 사람들은 영향을 받으면서 태어난다. 그리고 당신은 누구이며 당신의 가능성의 연결이 중요하다. 이들의 힘 속에는 자연적으로 그들의 개인적인 성격이 올바르게 된다. 예를 들면 Australia에는 한사람의 직위는 일을 어떻게 잘 수행하는가에 따라서 승리하는 기초가 된다는 것을 예기한다.

나이, 성 그리고 가족배경은 고용의 중요한 관계가 안 되고 승진을 결정하는데도 중요하지 않다. 속한다는 것을 지향하는 사회는 Indonesia와 같이 그들이 누구든지 기초위에서 직위는 일반적인 장소와 그리고 배경, 나이, 성 등이 모두 중요하다. 조직에 있어서 나아 많은 구성원에 대한 존경은 누구로부터 시작되었는지 그리고 서비스 같이 따른다.

5) 내부의 지시 대 외부의 지시

내부의 지시 대 외부의 지시(inner direction versus outer direction)는 미덕(virtue)의 위치(location)가 어디인가에 관계한다. 내부의 지시문화(inner direction culture)는 개인 내부에 있는 것으로 생각한다. 그리고 양심(conscience)과 신념(convictions)에 대한 믿음은 내부에 있는 것을 미덕으로 생각한다.

결과적으로 하나의 개인은 집단이나 조직에 항상 통제할 수 있다고 생각한다. 예를 들어 Canada사람들은 투쟁에 대한 논의가 동의하지 않고 결렬되면 정면으로 충돌한다.

외부의 지시 문화 사회(outer direction culture society)는 미덕에 대한 믿음

은 외부사람과 자연에 위치(location)하므로 이는 외부에서 관계한다고 생각한다. 외부지향 문화로부터 개인은 유연하고 환경조화에 노력하고, 그리고 다른 것에 초점을 둔다. 예로서, Egypt의 조직 관리자들은 충돌이 있으면, 오랜 시간 동안 조용히 계속한다. 그 이유는 스트레스(stress)적게 받는 기술이기 때문이다.

6) 연속시간 대 동시

연속시간과 동시문화(sequential time versus synchronous time) 중에서 먼저 연속시간문화에 속하는 사람들은 하나의 시간에 대해 하나만 한다. 약속을 하고, 시간 내에 도착하고, 시간표(schedules)에 맞추어서 진행한다.

연속시간 조직들은 예를 들면 England 사람들은 세부적인 계획을 세우고 그리고 확실한 자료를 위하여 회합목적에 대해 6개월 전에 성과 분석한다. 그리고 동시문화 사회(synchronic time culture society)는 몇 개의 활동을 동시에 한다. 약속시간에 대해서는 대략(approximate)한다. 이는 사람사이관계(inter-personal relationship)는 시간표(schedules) 보다 더 중요하게 생각한다. 동시 문화사화 사람들을 보기를 들면 Mexico사람들은 종종 모든 사람들을 기초로 하여 성과에 대한 평가를 한다. 회사의 역할과 현재 성취와 미래 잠재력 등으로서 평가한다. 목적에 의한 평가기준 보다는 다른 부차적인 목적으로 개인적인 영감과 조직에 그들 관계를 어떻게 하는가를 기초로 한다.

6. Hall의 높고 낮은 문화 윤곽 문맥

미국의 일류문화학자인 Edward T. Hall(1976)[119]은 문화가운데 의사전달 체계(communication systems)에 대한 배경(context)의 차이를 설명하였다. 배경은 하나의 사건(event)을 둘러싼 정보이다. 즉 사건에 대한 의미는 한데 묶여 풀 수 없다.[120]

그리고 문화는 높은데 부터 낮은데 까지 자(scale)로서 잴 수 있는데 하나의 높은 배경(a high- context)을 (HC)로, 의사전달 혹은 메시지(message)는 대부분 하나인데 이것은 물질적인 정보(physical context)나 혹은 개인 속 내부적 배

표 1-10 높고 낮은 문화 배경나라

높은 배경	낮은 배경
China	Australia
Egypt	Canada
France	Denmark
Italy	England
Japan	Finland
Lebanon	Germany
Saudi Arabia	Norway
Spain	Switzerland
Syria	United States

출처: A. M. Francesco and B. A. Gold (2005). International Organizational Behavior.:Pearson Prentice Hall. p. 34.

경으로 대단히 적게 법전 안에 있고, 명시된 메시지의 부분만 전송이다.

낮은 배경(A low-context)의 의사전달은 정반대로 정보에 대한 대량이 명시된 법전 내에 부여된다. <표 1 - 10>에서 나타난 것은 다음과 같다.

이상 <표 1 - 10>에서 나타난 봐와 같이 높고-낮은 배경문화(high and low context culture) 중에 먼저 높은 배경문화를 Saudi Arabia을 보면 가족과 친구와 함께 함께 일하는 사람들과 고객은 개인적인 관계가 가깝고 그리고 큰 정보망을 가진다. 사람들은 그들의 정보망 내 다른 사람들에 관해 많이 안다. 그리고 낮은 배경문화(low context culture) 속의 사람들에 대해 Switzerland는 다른 국면에서 사는 사람들과는 달리 분리되어 다른 것과 상호작용을 하고 그들의 정보는 더욱 세부적인 것을 필요로 한다.

높은 배경문화 속에 사는 사람들은 의사전달을 의해 단독의 언어를 신뢰한다. 목소리 고저(tone of voice), 시간 측정, 표정 그리고 사회가 받아들일 수 있다고 생각하는 행동은 표현에 대한 중요한 의미가 있다. 비교하면 낮은 문화는 옮기는데 대한 의미를 말로 표현하는데 달려있다. 즉 완벽한 표현, 정당한 언어 선택을 통해 확실한 의미가 중요하다. 의사전달에 공급되는 정보의 총계는 두 가지 문화형태 사이에 다른 열쇠이다.

organizational behavior

제 7 장   세계가치조사

세계가치조사(world values survey)(WVS)는 사회문화(sociocultural)연구는 장기적이고 규모가 크고, 그리고 정책 변화의 기초 가치조사이다. 그리고 사람이 사는 6개 대륙 65개 사회보다 더 많은 사람들의 신념(beliefs)을 세계인구의 80%보다 더 많이 조사하였다.[121]

세계주변 조사자들은 미국정치학자 Ronald Inglehart에 의해 국제제일 조정위원으로서 그의 안내 하에 사회 사람들 1,000명 리스트의 Sample로부터 자료를 수집하였다. 거기에는 4개의 물결을 가진 자료를 수집하였다. 이는 1981. 1990~1991. 1995~1996 그리고 1999~2001이었다. 처음 3개의 물결로부터 자료를 조사한 결과는 경제발전(economic development)과 문화 전통(culture traditional) 양쪽에 사회가치(social values)에 관계하는 것을 나타내었다.[122] 세계가치조사(WVS)에서 일치한 두 가지 중요한 차원으로 전통(traditional) 대 현세의 이상적인(secular-rational)쪽의 권위(authority)와 생존(survival) 대 자기표현가치(self-expression values)들이다.

1. 전통 대 현세의 이상적인 지향쪽 권위

전통지향적인 권위를 가진 사회(traditional orientation toward authority)는 산업사회 이전과 가족중심 가치를 나타낸다. 이들 가치는 신(god)의 중요성 그리고 독립을 넘어선 종교적인 신앙(faith)과 결심과 낙태에 대한 저항관점과 안락사(euthanasia), 자살(suicide) 등의 저항관점이다. 첨가해서 전통적인 문화는 개인적인 노력보다는 차라리 사회적인 복종(social conformity)을 강조한다. 선과 악(good and evil)에 대한 표준에 대한 절대적인 믿음 권위에 대한 지지선언과 국가자랑(national pride)에 대한 높은 수준과 민족주의에 대한 전망 등이다.[123] 문화 가운데 명확한 차이는 세계가치조사(WVS)에서 현재이상가치(secular-rational values)는 이들 모든 것에서 반대로 더 좋아했다.

2. 생존 대 자기표현 가치(Survival Versus Self-Expression Values)

생존에 대한 사회(societies at the survival)의 사람들은 이들 가치차원에서 경제를 먼저 두고 그리고 자기표현(self-expression)을 넘어 육체적인 안정과 삶의 질은 동성연애와 같은 것에 대한 배려가 없으며, 불행처럼 자신을 묘사한다. 이들 사회는 역시 안녕(well-being)에 대한 목적은 낮은 수준이다. 나쁜 건강에 대한 보고서는 인간 소망 같은 것은 낮다. 그리고 외부집단에 대한 배려가 부족하다.

성(gender), 평등에 대한 지지는 낮은 수준이고 유물론적인(materialist values)것을 강조한다. 과학에 대해 신앙이 높은 수준으로 관계한다. 그리고 기술은 환경에 대한 행동관계는 낮게 나타난다. 그리고 권위주의(authoritarian)와 정부에 호의를 가진다. 자기표현 가치(self-expression values)가 높은 나라에서는 정반대 현상이다. 보기로서, 그들은 신뢰 등 다른 것에 관계한다.

자기표현의 사회는 정치적인 활동과 행복과 자기표현을 먼저 두며, 삶에 대한 질이 먼저다. <그림 1 - 10>은 세계문화 지도위에 65개 사회들의 지도위에 두 가지 가치차원 형태로 나타났다. 이를 보면 다음과 같다.

첫째, 이것은 Ronen & Shenkar(1985)[124]가 연구한 것과 유사하다. 유사한 지리적인 지역을 가지고 있고, 언어와 종교가 유사한 사회는 유사한 가치를 가지는 경향이 있다.

둘째, 가치와 경제개발 사이에는 관계가 있다. 낮은 소득을 가진 나라는 사분형 왼쪽의 나라들이다. 그리고 사분형의 오른편 나라는 소득이 높은 나라이다. 그리고 중간 소득을 가진 나라는 중앙에 있는 나라들이다. 그리고 경제개발은 가치에 영향을 준다.

세계가치조사(WVS) 역시 거기에는 세대적인 가치차이(generational differences in values), 삶의 기대가 가장 높게 가진(highest life expectancies) 사회는 위대하였다.[125] 보기로서 산업자본주의자 그리고 진보적인 산업 민주주의에서는

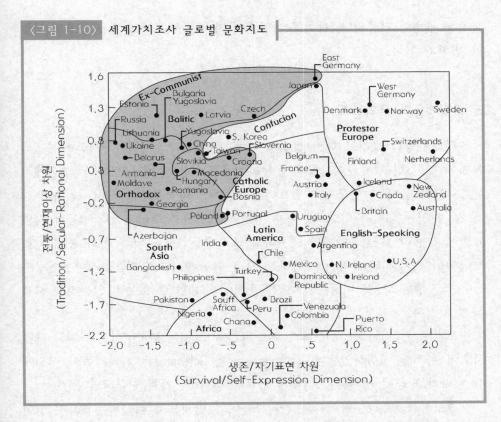

〈그림 1-10〉 세계가치조사 글로벌 문화지도

나이가 많은 사람보다도 현세 이상가치(secular-rational values)가 더 많다. 그러나 진보된 자기표현(self-expression)은 다르게 나타났다. 젊은 사람들과 나이든 사람 양쪽은 자기표현가치(self-expression values)를 가졌다. 그러나 젊은 사람들 쪽의 점수가 더 높았다.

이러한 경향은 이전공산주의와 거의 같았으나, 이들 나라들은 젊은 사람이나 나이든 사람들은 살아남는 차원에 있다. 이전 공산주의국가 중 젊은 사람들은 생존가치를 나이든 사람들보다 덜 중요하게 생각한다. 그리고 이들 점수는 개발된 사회보다 아직까지 낮다.

이 두 가지 사회에서 있는 세대 차이는 적게 관계된다. 그리고 이들 사회는 생존에 대한 가치에 보다 큰 가치를 둔다. 세계가치조사로부터 중요한 발견에 대한 기록은 세계를 거쳐서 가치에 대한 변화가 의미가 있다. 여기는 문화전통 구별이 입증된다. 사회들은 단순이 가치를 두는 속으로 모아보면 평행한 변화가 된다.

3. 조직행동과 문화관계

문화구성과 그리고 다른 방법에 대해 문화는 조직행동에 어떻게 관계되는지에 대한 연구는 관리자들에게 문화이해를 돕기 위한 방법이다. 미국에서는 조직행동을 계속 연구하고 있으며, 그 중에는 미국문화와 가치, 즉 가치 같은 것, 개인에 대한 유일한 것, 바른 경제 시스템처럼 그리고 인간행동에 자연과학을 사용하였다. 그럼에도 불구하고 조직행동연구는 다른 문화 중에 널리 보급되어 증가되고 경영비교 연구는 보다 복잡해지고 있다. 조직행동연구자들은 조직행동모델을 미국 것을 다른 문화에 적용할 수 있는지 없는지를 시험하게 되었다.

보기로서, Hofstede, Trompenaars, Schwartz 등이 문화구성을 가지고 다른 사회의 관계를 시험하였는데, Trompenaars와 Schwartz는 관리자들이 어떻게 47개 나라들 중에 사건들을 어떻게 다르게 처리하는가를 연구하였다.[126]

연구자들은 모든 나라들의 관리자들이 일반적으로 취급하는 8가지 일이 확인되었다. 보기로서 지속적으로 좋은 일을 종속적으로 하거나, 혹은 새로운 부서에서 일의 절차를 소개하는 욕구이다. 관리자들은 각가지 일을 하는데서 영향을 줄 수 있는 자원을 안내하는 일을 지적해야 한다. 보기로서 공식적인 규정과 절차, 감독, 종속이나 혹은 바른 것 등에 관한 믿음이 널리 퍼진다.

앞에 안내한 3가지 문화구성으로부터 여러 가지 문화적인 가치에 영향을 준다. Hofstede 문화차원에서 높은 권력의 차이(high power distance)를 가르킨다. 모든 의미 결과는 높은 권력차이, 집단주의(collectivism), 계급제도(hierarchy), 남성다운(masculinity), 그리고 공식적인 규칙과 같은 수직적인 안내에 대한 근원과 절차나 감독자들로부터 도움을 받는다. 낮은 권력차이, 개인주의, 인류평등주의(egalitarianism), 여자다움(femininity) 그리고 자율성(autonomy)은 부하들의 견해와 같은 더욱 특별한 형태를 안내하는데 호의를 가진다.

문화가치는 관리행동(managerial behavior)에 영향을 주고 있으나 미국관리 모델은 세계적으로 다 통용 될 수는 없을 것이다. 그리고 국제 조직행동측면에 어떤 영향을 주는지를 국제기업 실행에 내포하고 있는 것이다. 불행히도, 다국적기업은 그들의 모국 밖에 있는 기업에서 일하고 있으나, 문화적인 충격(impact of culture)을 종종 고려하지 않고 있다.

보기를 들면 미국의 다국적기업의 실패(failures)에 대한 기록들이 있다. 미국관리 이론이 넓게 적용을 기도하고 있다. 왜냐하면 학술(academic)과 기업(business)에 있는 양쪽 사람들은 왜 실패가 생기는지 이유를 알기 원한다.

그리고 더욱 성공에 접근할 것을 원한다. 미국이론들이 세계적으로 적용될 수 없다는 것이다. 미국 밖에 다른 나라에서 어떻게 이해할 것인가에 대해 노력하였다. 조사자들은 사람들이 정부와 경제, 언어, 기술 그리고 지리와 같은 변수들에 대한 시험을 하였다. 결과 문화는 확실히 문화에 대한 변수로 확인되었다.

그러나 사람들의 행동은 달랐다. 즉 미국의 조직행동 이론이 실패하지 않기 위해서는 문화의 차이를 의미 있게 받아 들여야 할 것이다. 결론적으로 문화서술을 위한 문화구성의 비교(metaphors)는 문화를 소유하는 다른 문화를 소유하는 사람을 위해 편리하다.

그러나 이들 구성에 대한 국가라는 점을 알거나 혹은 내부적으로 비교 할 수 있는 것은 국가 문화 속에 숙달되게 만들 수 없을 것이다. 단, 역사적인 연구를 통해서 전통과, 문화학회 회원들과 상호작용하여 사람들의 행동이해를 깊이 성취할 수 있고, 가치와 생활에 대한 모든 접근을 통해 이해할 수 있다.

제 8 장   국제조직행동에 있어 조직문화

조직은 국가처럼 문화를 가진다. 그리고 또한 다른 조직도 문화와 목적을 가진다. DVD 플레이어를 만들거나, 혹은 재무 서비스를 준비하는 데나 다 같이 목적을 가진다. 그런데 조직문화 차이 대한 편차에 따라서 어떻게 이들 목표를 어떻게 따르게 하는가? 보기로서 한 재무서비스회사는 혁신을 촉진하고 그리고 위험을 취한다. 하지만 다른 기업의 문화는 신뢰도와 그리고 고객서비스를 강조한다.

조직문화가 어떻게 조직행동에 영향을 주는지에 대한 연구는 극적으로 증가되었다(Cooper, Cartwright and Earley, 2001).[127] 조직문화에 대한 흥미를 가지는 중요한 이유는 많은 회사들이 이것이 성공을 이끈다고 생각하기 때문이다. 보기로서 자동차산업에서, 일본조직문화는 일본 국가의 중요한 문화에 영향을 받았기 때문에 감독자들 솜씨(Workmanship)와 일본사람 자동차 품질은 미국자동차와 차이가 난다는 설명이 중요한 요소다(Cole, 1990).[128] 대신 1980년대 자동차산업에 있어서 조직문화 품질관계는 2003년 General Motors(GM)에서 6월에 광범위하게 일반에게 인정되어 중요한 출판물 제목에 "구원의 길(The Road Redemption)"이라고 광고하였다. 2003년 6월 8일 New York Times지에 공포된 문제를 광고하였다.

GM사장은 밤새껏 이야기하였는데 이는 의사결정에 대한 이야기다. 그가 10년 전에 회사에 선출되었다. 우리는 백미러(Rearview Mirror)를 볼 수 있고, 머리를 밖으로 내어서 볼 수 있다. 이것은 우리가 이제까지 만든 가장 쉬운 의사 결정이었다. 하드 부분(Hard Part)에 우리 자신들의 번문용례 교통정체의 탈출하는 뜻으로 말한다. 학습은 우리들의 경쟁자로부터 천한 공부였다. 모든 부문, 모든 부서, 회사의 모든 구석구석에 진실한 품질의 문화(True Culture of Quality)를 주입시킨다.

오늘날 품질에 대한 우리들의 핵심 품질로서, 우리들은 역사적인 최고의 자동차와 추력 구축할 것이다. GM은 지금 세계에서 가장 연료 효율이 높고, 배기 통제를 끌어 올리고, 스타일과 디자인 그리고 제조생산에 지금 도전한다. 이것은 어제가 아니다. 그리고 이것은 밤새껏 행복한 그런 것도 아니다. 그러나 우리는 지난해 20개 새 모델을 진수하여 바로 이해 시장에 내보냈다. 미국사람 자동차는 위대한 자동차라고 할 수 있다는 것을 당신들의 재발견을 완전하게 할 수 있다.

구원에 대한 길은 최종적인 라인에 가지 못 했다. 그러나 이것은 구석 이였고, 공정하게 우리는 이것을 돌아야 한다고 하였다. GM은 세계최고회사 중에 하나이다. 가장 높은 품질 생산을 일으키는 이들 조직문화 변화에 글로벌 경쟁을 위해 하지 않을 수 없었다. 전에 품질이 부족한 부분을 인정하는 이들 의사결정에서, GM은 조직행동과 조직의 경영에 대한 변화를 이해시키는데 중심적인 개념처럼 기업문화의 중요성을 재주장하는데 의미심장한 공헌을 했다. 국제 조직행동에 대한 시각으로부터 GM은 기업문화 진술을 강조했다. 그것은 국가문화의 영향으로 달라지고, 교차조직에 변화를 주고 그리고 문화는 경쟁도구였다.

1. 조직문화란 무엇인가?

조직문화(Organizational Culture)는 기초 가정(basic assumptions)에 대한 형태이다. 즉 외부적응(external adaptation)과 내부통합에 대한 2문제를 가지고 대처하는 것을 배우는 것으로, 주어진 집단에 의해서 고안되고(invented), 발견하고(discovered), 혹은 개발(developed)되는 기초가정의 형태다. 즉 가공(worked)이 충분히 잘 고려된 것을 가지고, 그런 까닭에 지각하고(perceive), 생각하고(think), 이들 문제에 대한 관계를 느끼는데 올바른 방법으로 새로운 구성원들에게 가르치는 것이다(Schein 1985, p.9).[129]

사회문화(Social Culture)와 같이, 조직구성원들은 종종 조직문화로 인정되기 위해서 보장을 받는다. 어느 한편으로는 2차적인 사회화의 실질적인 산물이다. 이것은 기업세계를 이해하는 방법의 성질이고 그리고 취하는 활동이다. 이것의 이유는 그들의 행동에 기업문화 충격은 평가하는 조직구성원들을 위해 어렵다. 유사하게 외국 기업하는 사람, 경영진단사나 혹은 연구자들은 생소한 조직문화 형태의 기초가정을 발견하기 어렵다.

2. 국가문화(National Culture)

국가문화는 조직문화와 같이 합법적으로 인정하고(legitimate) 그리고 행동을 안내하는 기초가정이다. 역시 그들은 유사한 방법으로 운영되어 많은 경영에 있어서는 국가문화와 기업문화는 복잡한 관계가 있는 것으로 본다(Trice and Beyer, 1993).[130] 다른 이론들의 제목을 보면, 만약 어떻게 국가와 기업문화사이의 관계와 산업화에서 모든 조직에 같은 방법으로 영향을 준다.(Harbison and Myers 1959, p.117).[131] 이와 같은 관점으로, 경제개발의 결과는 현대 기술과 함께 조직문화와 구조를 생산하는 것이 비슷하고 그리고 국가문화와 관계가 없다. 그 논의 역시 산업화이론과는 다르다.

일본 자동차회사의 성공에서 나타난 한 연구에서, 그들의 조직문화와 조직구조를 미국에 이식하였다(Florida and Kenney, 1991).[132] 그 환경, 즉 국가와 미국 기업문화차이에 대한 기업실행을 설립하는 데 대한 일본기업 능력에 영향을 주지 못했다. 이들 연구의 관점은 조직문화와 구조형태와 지역의 독립운영이거나, 혹은 국가문화로 보기 위한 지지를 제공하였다. 하나의 시각(perspective)의 택일은 국가문화와 조직은 환경 속의 다른 요소들이고 조직문화의 약간의 범위에서 결정된다. Martin이 쓴 논문을 보면 그는, "조직에 있어서 문화내용에 대한 환경의 영향을 부정하는 것은 오해이다"라고 하였다. 물론 이것은 우리는 조직 바깥쪽 범위에 있은 이해할 수 없는 조직문화가 내부에 온 것은 이해할 수 없다.

정확하게 국가문화가 조직문화에 어떻게 영향을 주는지는 아직까지 전반적으로는 명확하지 않다. 그러나 몇몇 문화에서는 가능하다. 보기로서, 종교 신정정치(Theocracies Religion)정책, 문화 즉 조직문화의 영향은 실제적이다. 대조적으로 현실 문화에서 생활의 다른 지위로부터 종교와 분리한다. 이것은 조직문화에 대한 영향이 적거나 혹은 형태의 차이는 가능하다.

3. 글로벌 문화(Global Culture)

세계 다른 어떤 곳에서도 글로벌 활동에 대한 인식이 증가되었다. 역시 조직문화의 영향 때문이었다. 첫째는 글로벌경제 속에서 많은 경쟁자들은 지역에서 오래가지 못하거나 혹은 국가의 특징도 오래가지 못했다. 그러나 글로벌에서는 제조는 중국에서하고, 세계적인 판매는 뉴욕시에서나 홍콩에서 판매한다. 조직의 환경확장은 혁신, 원가경쟁과 그리고 국제경쟁자에 대한 조직실행에 대한 인식이 높아졌다. 보기로서 미국 산업은 적시재고통제(Just in-time inventory control), 품질관리 서클(quality circles)은 빌려서 운영한다. 이것은 오로지 일본기업문화의 부분이다.

두 번째로, 글로벌 문화의 힘은 커뮤니케이션이다. 대량매체(mass media), 특별히 글로벌 광고, 뉴스 방송이다. 보기로서, CNN과 인터넷은 일시적인 소비자들이 더 좋아하는 것에 민주주의 가치에 따른 반사로 사화운영(social practices)에 지속적으로 뿌리박힌 구조들이다. 현대 커뮤니케이션 역시 제조업자, 상인, 재무업자, 그리고 더 많은 소비자들과 연결되어있다. 중요한 것은 기업과 고객 사이와 같이 쌍방 기업 간에도 인터넷 거래(Internet trans-actions)가 증가하고 있다.

세 번째, 글로벌 요소는 경제적으로 진보된 나라들의 교육 시스템이다. 높은 교육과 계획을 기초로 경영에 대한 생각과 기업의 글로벌 가치를 변화시키는 연구의 기초가 되었다. 그리고 초등교육과 중등교육은 영향을 주었다. 다른 국가와 비교하여 그들 학생들의 교육을 진보된 산업국가들을 검토하여 받아들이기 때문이다(Bracey, 1996).[133]이것은 결과적으로 종종 수학, 기술 그리고 과학 등으로 교과과정을 재편성한다. 결과적으로 다국적기업들은 발전을 통해 글로벌을 택한 모습과 그리고 그들 기업문화 보급에 공헌하였다.

4. 조직문화에 대한 이해

조직문화를 이해하는 한 가지 방법은 조직에서 일을 어떻게 시킬 것인가를 사람들에게 묻는 것이다. 이는 모스코바 대학교수인 Oleg Vikhanskii는 모스코바에서 개장한 제일 첫 번째 관리자인 Glen Steeves 인터뷰를 하였는데, 과거에 음식 경험없이 소련사회에서 어떻게 McDonald에 경영할 것인가에 대한 인터뷰하였다(Puffer, 1992).[134] Vikhanskii은 물었다. 당신은 McDonald사가 사용하고 있는 같은 시스템과 과정(process)을 세계에 다른 곳에 있는 McDonald 식당에서 같이 사용할 것입니까? 하고 물었다. Steeves는 다음과 같이 대답하였다.

그것은 절대적이다. 캐나다, 일본, 영국, 혹은 스페인에서 우리들이 사용하는 것처럼 훈련 시스템과 모든 절차는 사용된다. 절차는 세계 어느 곳에서나 우리가 사용하는 것은 같다고 하였다. Vikhanskii은 그러나 소련사람들의 행동은 미국사람들과 다르지 않는가? 하고 질문했다.

Steeves는 나는 그것에 동의하지 않는다. 나는 오리엔테이션 기간(orientation sessions)을 기억한다. 사람들은 18살에서 55살 범위에 있다. 그들이 출발하였다는 말할 때까지 나는 생각하기를 캐나다에서 돌아왔다. 그들은 같이 보였다. 그는 웃었다. 그리고 좋은 시간을 가졌다. 우리들의 고용자들은 Mcdonald의 열정(passion)을 가질 것입니다. 그들은 그들이 하고 있는 것에 대해 매우 자랑스러워 할 것이다. 그리고 그들은 흥분의 기회를 자랑스러워 할 것이다.

우리는 어떤 다른 것을 해야만 한다. 여기는 태도와 행동차이가 때문인가? 그것은 아니다. 여기 모스코바에 우리가 캐나다에서 하는 것과 같은 원리를 적용하는 것은 것이다. 우리는 같은 훈련 프로그램을 가지고 그리고 우리는 같은 방법으로 고용자들을 평가한다. 우리는 그들에 대해 흥미 있는 동기부여 기술도 같이 사용한다. 보기로서, 우리는 매 3개월에 모임동료(craw meetings)를 가진다. 이것은 가족의 감각을 창조하고, 특별이 회사 소속에 대한 감각도 창조하였다. 지난 여름에 대한 보기로서, 모스코바 강에 서 큰 정기선 하나를 빌려 순항하는 동안에 그들을 보았다.

우리는 저녁식사, 춤, 환대 그리고 George Chan(모스코바 맥도날드 부회장과 회장 그리고 캐나다 맥도날드 식당 설립자) 등이 와서 동료구성원들과 같이 이야기 하였다. Vikhanskii은 러시아 사람의 태도 속에 약간 다른 행동을 언급할 수 있습니까? Steeves는 우리는 집중적인 인터비우(interviewing)와 같이 작업선별했다. 우리는 최고사람을 얻었다. 그럼에도 불구하고 훈련과정, 동기부여체계 그리고 보수체계 등이 확실히 태도를 막았다. 그리고 식당 내에서 일어나는 행동 문제를 막았다. 고용자들의 성과는 그들이 잘한 것을 매 3개월마다 재검토하고 그리고 그들이 어떻게 성과를 개선할 수 있는지도 재검토하였다.

그리고 매달 우리는 약간의 거기에 다른 것과 특별한 일을 하는 짧은 활동을 계속하였다. 우리는 대신 큰 파티와 기본적인 춤을 추었다. 우리는 역시 모스코바에서는 실행하지 않은 Halloween Dance도 하였다. 캐나다와 러시아 동료구성원들은 식당을 꾸미고 그리고 우리들은 의상을 입고 춤을 추었다. 이것은 캐나다에서 한 것과 같았다. George Chan(캐나다의 맥도날드 식당 설립자)이 말 한 것처럼, 캐나다와 러시아 간의 문화변화 형태라고 말하였다.

맥도날드는 강한 조직문화는 정착에 수년 넘어 개발된 강한 조직문화를 가졌고, 그리고 이런 관점 속에서 기업전환의 한 가지 길을 나타내었다. 이것은 크게 성공한 세계를 통한 조직문화의 적용이다. 대신 Steeves(모스코바 맥도날드 식당 첫 번째 관리자)는 캐나다, 일본, 혹은 영국 근로자들과 러시아 사람은 달라서 교차될 수 없다는 것을 나타내었다. 그에게는 모든 나라 문화는 효과적으로 일을 운영하는 것과 그리고 조직문화의 이해하는 데 맥도날드가 적합하다(Royle, 2000).[135]

McDonald 기업철학은 글로벌 경영과 조직행동에 대한 문화 없는 접근으로 나타났다. 기초적으로 이와 같은 진술은 기술, 정책, 규정, 조직구조 그리고 다른 효율과 효과에 이것을 공헌하는 다른 변수 조직행동 모형에 국가문화 역할과 같은 이들을 이해하려는 욕구 다른 변수들의 진술하는 것이다. 이것은 관리 성공과는 관계가 없다.

모스코바 맥도날드 개점 때 도움을 준 관리자 Pavel Ivanov와 같이 인터뷰를 했는데 국가문화는 맥도날드 러시아 고용자들의 행동에 영향을 주었고 하였다. 지금 미국 시민인 Ivanov에 따르면, 러시아에 있는 맥도날드와 미국에 있는 맥도날드는 다르게 구별된다. 러시아 맥도날드 고용자는 일을 대신 제공하기 때문에 높은 임금, 승진의 기회 그리고 식사 제공을 받기 때문에 높다고 대답하였다. 문화 즉 국가문화와 조직문화는 조직에서 행동을 설명하는 하나의 변수중의 하나이다. 다른 변수들은 전략, 규모, 힘, 기술 그리고 외부 환경에 대한 비문화적인 요소들이다.

보기를 들면 정책과 경제의 경우에는 맥도날드는 기술이 낮은 기업은 개인적인 관계없이 짧은 시간을 통해서 표준화된 생산을 판매된다. 그럼에도 불구하고 기업이 조직문화 쪽으로 관리지향 쪽으로 차이를 가진다. 국가문화는 모스코바에 있는 맥도날드는 봄베이나 혹은 Brooklyn이나 혹은 사우디아라비아 맥도날드는 여자와 어린이에 대한 구획을 구별한다. 그러나 맥도날드 관리자들은 이들 관리자 스타일은 국가문화가 다른 것을 구별하지 않다. 그리고 조직문화는 한길처럼 이것을 지도하는 조직문화는 인정하지 않는다.

organizational behavior

제 9 장   조직문화는 무엇을 하나?

1. 문화의 기능

조직문화는 조직목표성취에 대한 공헌하는 행동공헌을 창조한다. 이것은 역시 조직성공에 반대경향으로 역기능행동(dysfunctional behaviors)의 근원이 되기도 한다(Robbins, 1996).[136] 조직문화의 중요한 기능 중 하나는 다른 조직으로부터 조직 구별을 한다. 그리고 이것은 또한 외부 정체성(external identity)을 주는 일반적인 환경이다. 유사한 방법으로, 문화는 조직구성원에 대한 정체성을 준다. 즉 이것은 조직 내에 있다. 그리고 그들 자신과 다른 사람에 대한 인식하는 직업상의 사회구조이다.

조직문화는 역시 사람들 자신의 이익(self-interest)보다 더 큰 사회적 존재(social entity)에 대한 몰입의 감각(sense of commitment)을 창조한다. 문화는 역시 조직에 대한 높은 신뢰성(high reliability)의 근원이다. Weick, K.(1987, p.113)는 다음과 같이 말했다. 가치가 있는 이야기, 이야기를 잘하는 사람 그리고 이야기를 잘하는 것은 시험과 오류를 바꾸는 시스템 보다 더욱 신뢰할 것이다. 가치가있는 이야기와 이야기를 잘하는 것은 많은 신뢰를 잠재하고 있다. 사람들은 그들 시스템에 관해 더 잘 알고 있기 때문이다. 발생한 잠재적인 잘못도 더 많이 안다. 그들이 알고 있기 때문이다. 그리고 그들은 다른 사람들이 유사한 잘못을 이미 알고 있기 때문에 발생한 잘못을 그들이 취급하는 데 더욱 신뢰하기 때문이라고 말하였다. 문화는 역시 하나의 해석을 계획적으로 구성원들에게 하거나 혹은 적소에 배치와 조직 내의 활동들에 대한 분별력을 만드는 데 대한 방법을 준비하는 것이다(Weick, 1995).[137] 이것은 지각여과기(perceptual filter)같은 활동이다. 이야기 구현과 신화(myths), 일상적인 일에 대한 의미 창조하고, 종종 사건을 경험하고, 유일한 상황과 같게 한다.

결과적으로 문화는 사회통제기구(social control mechanism)이다. 즉 문화를 통해서 특별히 강한 문화 효율은 조직구성원들이 경험한 것에 대한 진실을 정의하는 것이다. 이것은 일하는 특별한 방법으로서 새로운 구성원의 사회화이고 그리고 주기적으로 이것이 오랫동안 구성원이 사회화되는 것이다. 보기로서 조직의식(organizational rites)과 그리고 의례, 보수, 시위운동처럼 강화 욕구 행동과 조직권력구조 합법성과 같은 강화행동을 요구한다.

2. 문화의 역기능(The Dysfunctions of Culture)

중요한 문화역기능(Dysfunctions of culture)인 조직문화의 부정적결과는 변화의 장벽(barrier to change)을 창조할 수 있는 것이다. 강한 조직문화는 과거에 일을 잘했던 행동에 뚜렷한 것을 두고 구성원들을 준비한다. 물론 예상은 이들 행동이 미래에 효과가 있을 것이다. 역설적으로 강한 문화는 엄격하게 만들 수 있고, 새로운 조건 변화에 대한 들어오게 하는 것을 막는다.

보기로서, IBM사는 강한 문화를 개발 했으나, 이것에 대한 볼모(hostage)가되었다. IBM은 "IBM회합에서 말하는 것을 주목하기 위해 특별한 노트를 설계하였다. 그들 노트에 두 가지 증언을 하기 위해 각 페이지 밑에다 서명하였다"(Hays 1995, p. 1).[138] 이와 같은 효율의 문화(culture of efficiency)는 이들 운영에서 싹텄다. 그러나 IBM의 문화는 넓게 상징되었으나 혁신과 변화를 키우는 대신 사소한 규칙들이 흡수되었다. 물론 변화저항(resists change)에 하나의 조직문화는 과거 쪽의 시간지향 가치문화는 국가문화 문제는 아니다. 그리고 변화보다는 차라리 안정을 찾는다. 강한 변화저항문화(change-resistant culture)는 반복요구, 예언할 수 있고, 신뢰할 수 있는 성과안정성은 운영조직의 중심문제는 아니다.

문화의 역기능의 다른 하나의 예로서는 조직 내 충돌을 창조(conflict within the organization) 할 수 있다. 앞에서 지적한 것처럼, 하위문화(subculture)는 종종 조직 속에서 나타난다. 하위문화는 가치개발에 대한 응집력이 되어 조직의 안정성으로부터 하위 집단분리에 대한 충분한 구별이 된다. 보기로서 연구와 개발부서는 기초적인 연구지시 쪽으로 지향되고, 전문가 가치지향은 조직은 제조공업을 할 수 있는 새로운 생산개발에 무시한다.

역기능 행동의 다른 형태로는, 하위문화는 조직 속에 있는 다른 단위보다도 다른 변화를 할 수 있다. 역으로 외부적인 관계에 영향을 주는 내부적인 결과는 감소된다. 대신 정보기술 부서에서는 컴퓨터 체계의 소개는 고용자들의 평균적인 기술 뒤에라고 할 수 있다. 훈련에서도 근로자들은 새로운 기술이나, 혹은 오랜 학습기한으로 저항할 수 있다.

이와 같은 관계에서 변화 지향 하부문화(change-oriented sub-cultures)는 변화가치가 없는 투쟁경험을 할 수 있다. 조직문제에 대한 탐험은 기발한 해결을 막는다. 조직문화는 두 회사가 합병하였을 때는 충돌할 수 있다. Daimler Chrysler은 Daimler Benz, German Luxury Auto Manufacturer 그리고 Chrysler 큰 세 회사는 처음에는 평등하게 합병하였다. 미국자동차회사들은 합병 후 곧 복잡하였다. 부품 문제는 각 회사의 강한 문화를 어렵게 혼합되었다. 몇 년 후까지도 Jurgen Schrempp인, Daimler Chrysler의 관리이사는 두 문화를 합하는 통합방법을 발견하는 것이 실제적인 일이었다. 그 하나의 장벽은 Daimler는 Chrysler에 대한 기술 비밀이 갈라져서 마음이 내키지 않았다는 것이다(Booudette, 2003).139) 글로벌, 조직문화의 결과는 바벨탑 문화가 될 수(Tower of Babel) 있었다(Beal and Kennedy, 1999).140) 조직은 많은 조직들이 국내와 국제

지역에서 그들의 고용에 의한 문화차이의 표현관리에 대해 학습할 수 없기 때문이다. 문화적 차이로 일 쪽에서 언어와 충돌이 종종 생긴다. 문화에는 가벼운 변화조차도 종종 먼저 건실했던 조직문화의 침식증가는 구조조정, 합병 그리고 빠른 조직변화나 혹은 조직문화 응집력의 발달에 방해원인이 된다.

organizational behavior

제10장   조직문화 분석

조직문화 분석에 대한 2가지 방법은 일반적인 문화의 배경 속에 조직문화차원에서 검사하는 것과 조직문화 유형학발달이다.

1. 조직문화차원 분석

조직문화 차원(Dimensions of Organizational Culture)은 조직문화 분석에 유용하다. Kluckhohn and Strodtbeck의 조직문화 윤곽(Framework)을 적용하여 Schein(1990, 1992)은 다음과 같은 차원(Dimension)으로 확인하였다. (1) 조직의 환경과의 관계, (2) 인간 활동에 대한 본질, (3) 환경에 대한 본성과 진실에 대한 본질, (4) 시간에 대한 본질, (5) 인간성에 대한 본질, (6) 인간관계에 대한 본질 그리고 (7) 동종 대 다양. 각 차원은 질문을 연합시켰는데 이는 <표 1-11>과 같다. 보기로서, 조직 환경과 관계에 있어서 지배(dominant), 복종(submissive), 조화(harmonizing)처럼 이것 자신이 조직을 인지하는 것이 어떤지에 관해 구성원들의 질문을 통한 환경에 대한 조직관계이다. 유사하게, 시간에 대한 차원(dimension of time)은 과거(past), 현재(present), 미래(future)로 조직이 지향하는 쪽으로 관계를 질문이다.

차원은 가치차이를 가진다. 이는 질문이 아주 내부에 있는 질문에 대한 답이고 그리고 이 문화이기 때문이다. 나라내부의 조직문화는 교차국들보다 대단히 적은 것 같다. 다국적의 자회사나 혹은 글로벌기업은 그들이 경영하는

차원(Dimension)	질문에 대한 대답(Question to be answered)
1. 환경에 대한 조직 관계	조직은 환경에 대한 그 자체를, 지배(dominant), 복종(submissive), 조화(Harmonizing)를 찾아낸 것을 인식하는가?
2. 인간 활동의 본질	지배/순행, 조화, 혹은 수동/숙명 행동이 인가를 위해 옳은 것인가?
3. 현실과 진실의 본질	우리는 진실을 어떻게 발견하고, 무엇이 진실이고, 무엇이 진실이 아닌가? 그리고 어떻게 육체적 그리고 사회세속 양 쪽에 진실을 결 결정 할 것인가?
4. 신간 본질	과거, 현재, 미래 기간 중에서 무엇을 기초로 하고, 시간 단의의 종류가 매일 업무지시 위해 대부분 관계가 있는가?
5. 인간성에 대한 본질	인간은 근본적으로 좋은가, 중간인가, 나쁜가? 그리고 완전한가 혹은 공정되었는가?
6. 인간관계 본질	서로에 대한 관계에 권한과 애정 분배 중 무엇이 옳은가? 그리고 경쟁적 혹은 협조적인 생활인가? 조직사회에 있어서 최고의 방법은 개인주의인가 혹은 집단주의인가? 독제주의/온정주의인가 혹은 단체조직/참여주의 중 어느 것이 최고인가?
7. 동종 대 다양	만약 이것이 높은 다양성인가 혹은 만약 이것이 높은 동종성이라면, 집단에 어느 것이 좋은 집단인가? 혁신과 순응에 대해 집단에서 개인적으로 용기를 내어야 합니까?

출처: Table adapted frome Schein, E. H. (1985). Organizational Culture and Leadership. San Francisco; Jossey-Bass. p. 86.

나라 문화 기초가 변하는 경험을 했다. 결과적으로 차원들 가운데 모형을 상술한 패러다임(paradigm)이나, 혹은 구성이고 그리고 어떻게 조직문화가 조직행동에 영향을 주는지 설명한다. 이것은 역시 외부적인 환경이 조직에 대한 영향을 이해할 수 있게 준비하였고 그리고 조직문화에 대한 환경영향을 준비하였다.

2. 이문화 유형학(A Cross-Culture Typology)

조직문화유형(Typology)은 학자들에 따라 다양하기 때문에 이문화유형을 거론한 Trompenaars and Hampton-Turner 외에도 Handy(1978)[141]은 희랍신화에 등장하는 4가지의 문화유형을 분류하였는데 이는 다음과 같다. 첫째, 제우스(Zeus) 문화이다. 제우스는 세상을 통치하는 가장 힘 있는 신이다. 그래서 제우스는 영토를 보존하고 사회질서와 정의구현 하는 가부장적인 지배자다. 둘째는, 아폴로(Apollo)이다. 그는 법률과 도덕, 철학의 수호신이기에 질서와 규칙을 존중하고 합리적이고 논리적인 데 높은 가치를 부여하고 역할과 기능을 매우 중시한다. 셋째, 디오니소스(Dionysus)이다. 이는 종교적 의식을 좋아하므로 동적이며 본능적인 행동을 그대로 한다. 넷째, 아테네(Athens)는 훌륭한 기술과 냉정한 판단력으로 문제를 적절히 해결해 나가는 등 전문적인 능력을 갖고 과업에 임한다는 등의 문화 유형이다. 이상과 같이 (1) 제우스는 가부장적인 문화이고, (2) 아폴로는 역할문화이고, (3) 디오니소스는 실존문화이고, (4) 아테네는 과업문화 등이다.

그리고 Deal, and Kennedy(1982)[142] (1) 환경이 기업경영에 미치는 위험도와 가정된(assumed)위험의 유형과 그리고 (2) 기업과 종업원에게 성패를 알리는 피드백 속도와 의사결정의 피드백 등으로 양축의 매트릭스를 만들어 4가지 유형을 제시하였다. 의지가 강한 남성적인 문화, 열심히 일하고 잘 노는 문화, 기업에 운명을 거는 문화, 과정을 중시하는 문화 등 4가지로 구분하였다.

첫째, 의지가 강한문화는 위험도가 높고 성과의 피드백을 빨리 요구하는 환경 하에서 형성된 문화다. 즉 높은 위험에 직면하여 구성원들의 적극적인 행동을 요구하는 문화다. 둘째, 열심히 일하고 잘 노는 문화는 위험도가 높고 대신 성과의 피드백을 빨리 요구하는 환경에서 형성되는 문화인데 이는 근면과 노력이 성공의 열쇠가 되는, 확률이 높기 때문에 근면문화 또는 적극 형 문화이다.

셋째, 기업에 운명을 건 문화이다. 이는 높은 성과의 피드백과 늦은 환경에서 형성되는 문화이다. 이는 고위험형 문화나 투기형 문화라고 한다. 그리고 올바른 의사결정을 중시하며, 회의가 의사결정의 중요한 의식이 되고 기업 전체에 신중한 기풍이 조성되는 문화이다.

넷째, 과정을 중시하는 문화이다. 이는 위험도도 낮고 성과의 피드백도 느린 환경에서 생산되는 문화이다. 이를 절차형 문화라고도 부른다. 이문화는 산출물과 같이 결과보다 그것이 어떻게 이루어지는가 하는 진행방법과 과정에 초점을 둔다. 이문화는 조직 구성원들이 사례 깊고 질서정연하며, 보호지향성을 지니고, 정확성과 완전무결을 주위를 지향하기 때문에 관료주의 문화라고 부른다. 따라서 이 문화는 진보가 늦다는 결함을 지닌다. 이외에도 문화유형을 언급한 많은 학자들도 있으나 그 대표적인 이문화에 대한 유형을 연구한 학자들 중에서도 Trompenaars and Hampton-Turner이 분류한 문화유형을 중점적으로 살펴 보려고 한다.

Trompenaars and Hampton-Turner는 조직문화를 이해를 다른 접근 방법

표 1-12 Trompenaars and Hampton-Turner의 4가지 문화 성격

변수	가족	에펠탑	유도미사일	인큐베이터
고용자 사이관계	하나의 범위에 완전한 유기체 관계 유지	기계적인 시스템으로 특별한 역할 상호작용 요구	인공두뇌 시스템 특별한 과업과 할당된 목적에 목표에 관계함	자진해서 할당된 창조과정에 대한 자발적으로 자라도록 관계함
태도 쪽 권위	신분관계는 가깝고 힘 있는 부모모형에 속함	신분은 아직 까지 권력과 거리가 멀 감독에 가까움	신분은 표적된 목표에 공헌하는 집단구성원의 프로젝터에 의한 성취	신분은 개인의 창조구현현과 성장에 성취
생각과 학습방법	직관적, 전체적 잘 못 집계	논리적, 분석적, 이성적 효율	문제 중심적, 전문, 참여적, 교차 교훈	과정지향, 창조, 특별목적에 영감을 주고 조화시킴
태도들 쪽	가족구성원	인적자원	전문가, 숙련자	상호 창조자
변화에 사람들 방법	아버지 변화 경로	규칙과 절차 변화	목표를 옮겨 표적을 바꿈	임시변통과 조화
동기부여와 보상방법	사랑과 존경에 본질적인 만족	보다 큰 직위, 승진, 보다 큰 역할	성과문제 해결에 봉급이나, 큰 역할	새로운 실제 창조하는 과정에 참여
관리형태	목적에 의한 관리	작업기술서에 의한 관리	목적에 의한 관리	의욕에 의한 관리
비평과 충돌 해결	뻔뻔스럽게 다른 다른 얼굴에 파워 게임을	비평은 비이성적 중재에 충돌 함	지난 잘못을 모두 작업관계에 있어 대조적으로 목적에 의한 관리	의욕에 의한 창조에 생각을 부정 함

출처: Table from Trompenaars, F. and Hampton-Turner, C. (1998). Riding the Waves of Culture: Understanding Diversity in Global Business, 2d Ed. New York: McGraw-Hill, pp. 161-183.

중에 하나는 다른 나라 조직문화의 독특한 형태를 확인하는 것이다. 이를 위한 전략은 다른 국가문화 사이에 선발된 기업문화 유형을 결정하는 것을 돕는다. 이는 <표 1 - 12>와 같다.

Trompenaars(1994, p. 152)[143]에 의하면 기술, 경제 시스템 혹은 다른 요소들 변화보다도 더 났다. 이것은 Schein의 접근보다 다르다. 이것은 (1) 대부분의 조직변수들에 초점을 두었다. 보기로서, (2) 4개의 조직문화 유형과 (3) 특별한 국가 문화 유형에 연결하였다.

Trompenaars and Hampton-Turner(1998)에 따라 조직문화는 분석한 4가지 유형 중에 하나다. 변수와 각 유형의 성질은 <표 1 - 12>와 같이 나타냈다.

1) 가족문화(Family Culture)

가족조직문화(Family Organizational Culture)는 인간, 대면접촉관계(face-to-face relationships)를 강조한다. 이것은 권위구조는 양친과 어린이 사이로서 이는 다른 일반적으로 경험한 다른 권력을 기초로 한 계층을 가진다. Trompenaars and Hampton-Turner(1998, p. 163)에 따르면, 그 결과는 잘될 것이다, 그들은 해낼 것이다 그리고 좋아질 것이라는 것을 그의 부하들보다도 양친의 걱정처럼 리더는 이들 권력지향을 하는 기업문화이다. 이들 문화들 유형에 있어서 기업의 일들 중 많은 것들은 가정을 모방하는 것을 높이 평가하는 그런 분위기 쪽을 보통 옮겨진다.

일본 사람들은 그들의 기업에 대해서 많은 가족 조직문화를 창조한다. 유사한 제도로서의 다른 문화는 비교적으로 산업화 이후 산업봉건주의부터 빠르게 창조되었다. 불란서, 벨지움, 인도, 그리스, 이태리, 싱가폴, 대한민국, 일본, 스페인은 가족기업문화를(Family Corporate Culture) 택하는 국가들의 보기이다(Trompenaars, 1994;[144] Trompenaars and Hampton-Tuner, 1998).

2) 에펠탑 문화(Eiffel Towel Culture)

에펠탑 문화(Eiffel Tower Culture)는 전형적인 관료적인 구조이다. 노동과 권위의 계층을 통한 조정과 이들 목표성취에 대한 계획을 구분하는 것을 강조하는 것이다. Trompenaars and Hampton-Turner는 가족문화와 구별을 하였다. 권력구조는 널리 미치게 하고, 다음과 같이 관찰하였다. 이것은 각각 제일 높은 수준은 이것보다 낮은 수준과 함께 보유하는 명확하고 확실한 기능을 가진다. 당신은 Boss(상과)의 복종하는 이것은 그가 명령하는 역할 때문이다. 이상적인 기업의 목적은 그을 통해서 당신에게 전달되는 것이다.

그는 당신에게 그렇게 하도록 이야기 하는 것은 법률적인 권력을 가진다. 당신은 봉사와 뚜렷한 차이가 있다. 과도하거나, 혹은 절대적으로 그의 가르침에 대해서 당신은 책임을 진다. 만약 당신과 부하가 그렇게 하지 않는다면, 그 시스템은 기능을 할 수 없다(Trompenaars and Hampton-Turner 1998, p. 171).

이 조직의 중요한 성격은 사회적인 역할에 대한 생각을 가지고 개인 인간질에 의해 교체된다. 일반적인 규칙과 규범에 의해 통치된다. 관료적인 조직 변화는 역할과 규칙변화에서 생긴다. 왜냐하면, 조직은 문화 설립을 협박하기 때문이며 변화는 보통 저항을 가지고 만난다.

고용자들은 그들의 직업역할과 그리고 그들 직위에 대한 권력이 안전하게 되는 것이다. 새로운 역할과 규범을 환영하지 않은 방법으로 행동을 제한하는 것을 감소시키는 가능성을 창조한다. 보기로서 계층관계에 의한 재조정에 의한 성과를 위해 책임이 증가하기 때문이다. Trompenaars의 관점으로서는 에펠탑은 덴마크, 네덜란드, 독일기업들의 성격으로 본다.

3) 유도미사일 문화(Guided Missile Culture)

유도미사일문화는 가족과 에펠탑 문화와 다르다, 이것은 인류평등주의이다. 그럼에도 불구하고 이것은 일반적이고 그리고 과업 지향적이고, 에펠탑 문화와 닮았다. 대신 Trompenaars and Hampton-Turner가 연구한 것을 보면, 유도미사일 문화는 차라리 에펠탑 문화와 같다. 그러나 에펠탑 문화원리를 의미한다. 유도미사일은 목적에 대한 근본원리를 가진다. 모든 것은 당신들의 표적에 대한 의도에서 유지한다. 그리고 당신의 표적에 도달하는 것이다.

유도미사일 문화는 과업 지향적이고 전형적으로 팀이나 프로젝트 집단에 의해 의무를 진다. 구성원들의 작업 진보가 고정과업이 무엇이든 문화 역할과는 다르다. 그들은 과업이 무엇이든지 하나의 과업이 완전하게 해야만 한다. 그리고 무엇이 필요한 것이고, 무엇이 종종 불확실한 것인지, 그리고 그것을 발견해야만 한다(Trompenaars and Hampton-Turner 1998, p. 177).

문화는 인류평등주의(egalitarian)이다. 이것 기술 분야에서 전문가고용을 하기 때문이다. 감독자로부터 직접적으로 취하는 것보다는 차라리 함께 전문가들이 직접 프로젝트에 대해 참가한다. 기술적인 전문가들은 문화에 대한 감정적 요소(emotional elements in the culture)를 축소한다. 관료주의 문화 생산은 위치보다는 차라리 지식을 기초로 한다. 에펠탑 문화와 같거나 혹은 감정에 묶거나, 가족문화와 같다. 유도미사일 문화는 미국, 캐나다, 영국에서 성행된다.

4) 인큐베이터 문화(Incubator Culture)

인큐베이터 문화는 원칙적으로 다른 문화들과는 다르다. 즉 이것은 최소의 조직구조와 문화에 대해 시도한다. 이것은 사고방식에서 개발된다. 만약 조직이 매우 관대하게 다룬다고 하더라도 그들은 자기표현과 자기달성(self-expression and self-fulfillment)을 위한 인큐베이터와 같이 봉사할 것이다. 최소의 문화촉진 조직구조는 인류평등주의, 개인 그리고 높은 창조이다. 대부분의 경우 인큐베이터 문화는 발달된 기업컴퓨터 소프트웨어와 같이 지식과 과학 산업에 있다. 이는 조직문화의 형태는 미국 Silicon Valley, California, 그리고 Boston의 128번 도로 근처와 그리고 스웨덴 자동차 제조업 시스템은 높고, 그리고 일의 육체적인 조건인 곳에 창조 문화가 창조된다.

이들 4가지 문화는 생각의 형태(Ideal Types)이다. 즉 순수한 조직문화를 표현을 정신적인 만들어내는 것이다. 실질적으로 대부분의 사회는 그들의 최소한을 내포한다. 보기로서, 유도미사일 같은 성격은 캐나다, 영국 그리고 미국이다. 많은 조직들은 가족, 인큐베이터 문화다. 첨부해서, 많은 조직은 그들 내부에 복합문화 유형을 포함한다. 보기로서 유도미사일과 인큐베이터 문화이다.

제11장   조직문화와 경영성과

모든 기업들은 수익률을 높이고, 그리고 시장점유율을 높이는데 경쟁을 하고 있다. 이를 위하여 기업들은 기업합병과 글로벌 경쟁 등에 초점을 두고 있다. 경쟁에서 살아남기 위해 경영진들은 기업성과에 관계해야만 한다. 따라서 그들은 기업성과에 어떤 영향을 긍정(+) 혹은 부정(-)을 하는 지시자(indicators)들을 조사하였다. 근래 조직연구나 경영연구들은 성과를 이루기 위한 본질적인 성분처럼 기업문화역할을 조사하였다. 이들 연구에 조직문화는 기업성과에 중요한 요소로 암시되었다.

우리는 지난 수십 년 동안 헤아릴 수 없는 연구들은 문화가 기업의 재무성과와 높은 연류(high involvement)되는지 그리고 이로 인해 높은 성과나 혹은 고용자들의 실행 몰입 등 다양한 관계를 연구하였다. 그럼에도 불구하고 거의 조직들은 습관적으로 문화를 찾아, 관리실행에 대한 실제적인 사실문제처럼 원리들을 옮겼다(Pfeffer & Veiga, 1999).[145] 이들 요소들의 관계에 대한 것을 조사하였는데, 조직 속에 조화된 문화 제안처럼 기업성과와 관계가 있는 것이 조사되었다. 중요자료들은 다양한 기업으로부터 수집하였다.

조직문화 개념은 1980년대 조직분석을 위한 중요한 패러다임 관점으로 보아 연구자와 참여자 수가 증가하였고, 그리고 리더는 조직 관리와 분석을 위한 의미 있는 기업문화 개념을 찾았다. 그리고 조직문화가 기업에 충격을 가진다는 주장을 지지하는 문헌들이 많이 나타났다(Kotter & Heskett, 1992[146]; Likert, 1961;[147] Sathe, 1985;[148] Schein, 1985, 1992, 1996.[149]). 학생, 고용자, 관리자, 연구자들 혹은 진 단사 같은 어떤 역할이던 간에, 사람이 조직 속에 살고 그리고 약간의 유행 속에 조직문화의 일부분이 거기서부터 시작된다.

경영자와 조사자들은 회사 성과와 기업문화의 현상들을 더욱 많이 깨닫게 되었다(Peters and Waterman, 1982).[150] 그들은 높은 성과에 대한 문화 성격 요소로 8개가 나타났다. 훌륭한 성과를 가진 기업들은 문화를 포함하고 있었다. 그리고 다른 연구자들은 조직문화를 이해하는 데 초점을 두고 그리고 이 것이 조직성과에 영향을 주는지 시험하였다(Beadles, Chapman, Connell, Lowery, & Petty,1995;[151] Denison & Mishra,1995[152]); Gordon & DiTomaso, 1992[153]; Lim, 1995[154]; Truskie, 1999[155]).

1. 조직문화는 경영성과에 영향을 주는가?

Schneider(1983)[156]는 "조직이 계속적으로 생존 능력을 가지는 것은 생존 효과 때문인데 이에 대한 궁극적인 기준선은 사람이라고 하였다." 상호작용관 점에서 기업 운영은 환경의 관점 속에 사람들에 대한 정의를 내린다. Holland, 1985[157]과 Schneider, 1987[158]은 환경이 사람들의 올바른 유형을 결정한다고 하였다. 그런데 환경 속에서 사람의 유형을 결정하는 데 기초를 세우는 것은 ASA (Attraction(매력); Selection(선택); Attrition(마찰)) 등과 같은 과정을 통해서 점점 동질이 증가되는 경향이 있다는 것을 주장하였다.

ASA 과정에서 사회화 역시 동질성 과정에 속한다(Schneider, Smith, Taylor, & Fleenor, 1998[159]); Schneider, Goldstein, Smith, 1995[160]). 그럼에도 불구하고 만 약 올바른 유형이 하나의 조직에 나타나게 되거나 아니면 인구통계학적으로 나타나게 되거나 혹은 유형의 범위가 너무 좁아지거나 한다. 조직은 환경 결 과에 구성원들의 흥미와 능력범위 외에 놓여있는 조직 환경에 대한 응답을 할 수 없게 된다.

Schneider(1987, p. 450)는 "조직 속에 사람들이 있고, 사람들은 그들의 입 장을 만든다고 말하였다. Holland(1985)는 직업개성에 대한 이론과 작업환경은 그들 일치원리(the congruency principle) 유형에 영향을 미치는 것은 그들이 창조한 환경에 사람들이 집합하는 가정을 내포하고 있다.

가정(假定)의 정렬은 Schneider(1987, p. 439)는 그들이 인간환경의 종류 결 정을 하는 환경 속의 사람 종류라고 암시하였다. 사람들이 무질서한 선택을 하는 것은 아니라는 생각을 한다. 오히려 그들은 끌어당겨서 선택되어 정해진 속에 남는다. 그들 속에 나타나게 되면 사람들은 정해진다. 이것은 역시

Schneider, Goldstein & Smith(1995)의 ASA이론에서 다음과 같이 서술되었다. 첫째, 사람들은 조직에서 다른 매력을 느낀다. 둘째, 사람들은 조직에 의해 선택된다. 셋째, 사람들은 조직으로부터 다른 마찰 정도를 경험한다.

ASA과정은 시간이 지나면, 유형이 기초된 범위가 제한되고 그리고 문화유형과 문화 목록의 범위 사이에 연결을 통해서 조직 속에 기초한 사람들의 유형이 제한된다. 조직 속에 동질수준이 불필요한 이유 중 하나는 이미 목표 속에 설립되어 있다는 것이다. Schneider(1983)는 누구나 마음속에 목표를 가지고 조직에서 시작된다. 그것에 따라 조직화하고, 목표 도달을 촉진하기 위해 과정이 생긴다. 그 과정은 다음과 같다.

목표 정의 → 조직 설계 → ASA → 이해 → 목표 정의

1983년 Schneider는 조직 효과를 "생존력 지속처럼"(as continued viability) 정의 하였다. 생존력 특징은 계속적인 질문, 조사, 감각, 그리고 조직미래에 대한 다른 방법으로 집중하는 사람들에 대한 ASA(Attraction. 매력, Selection. 선택, Attrition. 마찰)이라고 하였다. Schneider는 다음과 같은 3가지 연구 구조를 설명하였다.

첫째, 조직은 사람에 의해 정의된다(그리고 ASA는 사람들을 정의한다). 둘째, ASA는 적합과 변화에 대한 역량감소로 리더는 조직의 유형의 동질로 이끈다. 셋째, 사람들의 차이에 대한 ASA는 외부적이고, 미래 지향적인 조직생존력을 보존하는 리더는 사람이 다른 ASA이다. 매력-선택-마찰하는 순환선택과정은 목표를 찾은 쪽으로 올바른 유형을 재정의하는 리더들의 조직목표에 기초를 한다.

Tichy(1980)는 "조직은 사회 시스템에서 살아 남기위한 3가지 동적관계를 가진다고 하였다. 조직문화는 순환의 증가, 감소 중의 하나를 구성한다. 미래를 조직생존력 쪽으로 이동하고, 너무 빈번히 조직변화 노력은 실현에 대한 성과에 높은 기대에 의해 동반된다. 때로는 실패의 기대가 더 많은 변화를 인도한다.

Deshpande' R., Ffarley, J. U., & Webster, R. E.(1993)[161] 등은 50개 일본

기업에서 기업문화와 기업 성과 사이에는 관계가 있다고 하였다. 그리고 보다 좋은 성과는 높은 고객지향에 비율이 높은 기업에서 발견되었다고 하였다. 이와 같은 발견은 고객 자신들도 조직의 고객지향정도가 평가된 사실이 옳고 중요한 것이다. 그리고 Rukert(1992)가 미국에서 기술이 높고, 큰 회사 내의 5개 단의기업 전략(SUBs)에 대한 고객지향을 교차 분석한 것을 보면, 고객지향이 낮은 기업과 높은 고객지향 기업성과는 기업단위에서 높은 성과를 보였고 고객지향이 낮은 기업단위는 낮은 기업성과를 나타내는 의미 있는 구별이 있었다. 고객지향성과 관계를 위해 지지를 제의하였다. 이것은 단순히 두 개 일반적인 기업단위(높은 성과와 낮은 성과)분석에 제한되었다.

Han(1998) 등은 134개 은행을 임의적으로 뽑아 고객지향에 대한 평가를 하였는데, 고객지향은 높은 기업이 성과에 영향을 주는 의미 있는 것을 저자들은 발견하였다. 이것은 역시 순익성장과 자산증가 보고와 직접적인 관계가 있었다(그 관계는 혁신에 의해서 조정되었다). 그러나 고객지향과 이익사이의 직접적인 관계는 없었다. 이 연구는 고객지향은 성과에 충격 조정에 제공한다는 것을 제공하는 연구였다.

따라 우수문화의 특징이 다르므로 환경과 조직문화 사이에는 조직유효성은 조직은 가장 효율적이고 능률적인 사회단위가 되도록 설정하는 것이다. 조직문화는 구성원의 행동에 영향을 주는 요소로서 조직성과에 영향을 미친다. 조직문화는 조직성과에 관련이 되어 있다. 문화가 성과에 관련되어 있다면 조직문화는 관리가 필요할 것이다.

조직문화가 유효성에 미치는 영향에 대한 연구는 많이 이루어졌으나 그것이 확실한 지지를 받지 못하고 있는 것은 대부분의 이들 연구들이 조직유효성간에 존재하는 매개변수의 역할에 대한 고려가 없었기 때문이다. 그러므로 문화와 유효성사이에 개입되는 변수들을 고려하여 문화와 유효성관계를 고찰하는 것이 좋다(G. S. Saffold, 1988).[162] 매개변수 항목에는 조직문화는 구성원들에게 조직에서 중요시 하는 것을 알려주고 그들의 경험을 이해할 수 있도록 함으로서 조직분위기 형성에 직접적으로 도움을 준다. 그리고 문화는 조직의 공식적인 통제와 범위 밖의 인지적 감성적인 과정을 통제할 수 있으며, 새로운 구성원을 사회화시키고, 조직에 맞지 않은 자를 제거하는 역할을 한다. 구성원들을 효과적으로 사회화시키는 조직은 불확실성을 분리시키기 위해 문화를 사용한다. 회사구성원이 문화적 행동기준이 없다면 조직생활이 불확실해진다(R. Pascale, 1985).[163]

조직문화는 경영층이 가지고 있는 가치와 신념이 기업전략형성에 영향을 미친다. 그리고 또한 조직문화는 비공식적인 규칙을 제공하여 불확실성을 통제함으로서 기업의 내부적인 힘이 비생산적인 소모를 막아준다. 거래비용관점에서 보면 조직은 그 형태가 복잡해짐에 따라 공유된 신념과 가치에 크게 의존하여 조직효율은 높아지고 비공식적인규칙을 제공하여 불확실성을 통제함으로서 기업의 내부적인 힘이 비생산적인데 소모되는 것을 막아준다(R. Pascale, 1985). 이상과 같이 문화 가치는 조직유효성과에 관계가 있다.

따라서 우수문화의 특징이 다르므로 환경과 조직문화 사이에는 조직유효성은 조직은 가장 효율적이고 능률적인 사회단위가 되도록 설정하는 것이다. 조직문화는 구성원의 행동에 영향을 주는 요소로서 조직성과에 영향을 미친다. 조직문화는 조직성과에 관련이 되어 있다. 문화가 성과에 관련되어 있다면 조직문화는 관리가 필요할 것이다. 그러나 산업 간 조직구성원 간에 문화적인 차이가 있고, 기업에 적합성이 있어야 성과가 있다고(Reynolds, P. D.(1986)[164] 주장하였다. Deal, T. E. & Kenney, A. A.(1982).[165] 환경변화에 따라 기존의 문화를 변화 시키지 못하면 조직에 큰 타격을 줄 수 있다고 했다.

조직문화는 새로운 전략을 이행하는 데에 조직의 능력과 성과를 높은 수준으로 개선할 수 있고 과정에 대한 적응에 공헌한다고 Deal & Kennedy(1982); Denison(1990); Denison & Mishra(1995); Kotter(1996); Sashkin(1986); Schein(1992); Tunstall(1983); Wiener(1988); Wilkins & Ouchi(1983); Wilms, Hardcaster & Deone(1994)[166] 등은 주장하였다. 그러나, 역시 조직문화에 대한 일반적인 이론에 대해 한계가 있다. 문화는 조직변화과정의 통합된 부분처럼 연구할 것이라는데 많은 동의를 한다고 Denison & Mishra(1995)[167]는 말하였다. 조직문화는 새로운 전략을 이행하는 데에 조직의 능력과 성과를 높은 수준으로 개선할 수 있고 과정에 대한 적응에 공헌한다고 Deal & Kennedy

(1982); Denison(1990); Denison & Mishra(1995); Kotter(1996); Sashkin(1986); Schein(1992); Tunstall(1983); Wiener(1988); Wilkins & Ouchi(1983); Wilms, Hardcaster & Deone(1994)[168] 등은 주장하였다. 그러나 역시 조직문화에 대한 일반적인 이론에 대해 한계가 있다. 문화는 조직변화과정의 통합된 부분처럼 연구할 것이라는데 많은 동의를 한다고 Denison & Mishra(1995)[169]는 말하였다.

2. 조직문화와 재무성과

지난 수년 동안 문화와 조직재무적성과 관계를 경험적 연구와 그리고 사례연구로 암시하였다. 결과적으로 많은 회사들은 그들의 규모를 무시하고, 그들은 조직문화를 개선하여 높은 재무성과를 달성하는데 경쟁하였다. 그러므로 이 연구에는 2가지 목적이 있다. 조직문화와 조직의 재무성과에 긍정적(+)인 관계인지 그리고 조직문화의 3가지 차원(문화 풍토, 감독자 리더십 그리고 동료관계)은 부서와 본부 다른 것에 긍정적(+) 관계를 가진다. 이 연구는 부서와 본부수준 양쪽 조직문화를 비교연구하고 그리고 각 부서의 재무성과에 관계되는 조직문화를 분석하고, 그들을 수집하여 분석 비교하였다. 조직문화 평가에 대한 기구로서 Taylor and Bowers(1972)가 조직문화 평가에 사용했던 (SOO-200)으로 평가하였다. 이들 요소들의 관계에 대한 것을 조사하였는데, 조직 속에 조화된 문화 제안처럼 기업성과와 관계가 있는 것이 조사되었다. 중요자료들은 다양한 회사로부터 수집하였다. 조직문화와 기업성과 양쪽에 부서의 판매성과에 영향을 미쳤다.

재무성과에 대한 문화의 여러 요소들을 조사하였는데, 조직문화(문화 국면)와 조직성과에 대한 재무적 방향 지시자와 연결되었다는 심리학과 경영의 문헌에는 PsychLit and ABI/inform databasses에 의해 연구되었다. 몇몇 처음 과정은 (1) 종업원 지향적 조직은 종업원 지향적이지 못한 조직보다 더 많이 성공하는 경향이 있다. (2) 소비자 지향적인 조직은 소비자 지향적이지 못한 조직보다 재정이 더 좋은 경향이 있다. (3) 이익 지향적인 조직은 재정적이지 못하다. 그리고 이익 추진하는 기업은 경쟁자보다 오랫동안 살아남기 어렵다.

문화와 재무성과 관계에서 중요한 주제 중의 하나는 고객지향이다(Des-hpande & Webster, 1989). 고객지향은 가치와 태도가 고객 욕구 서비스에 목표로 삼는데 포함하고 그리고 고객을 위한 가치를 창조하는 것이다. 그리고 이와 같은 고객 지향가치, 태도 그리고 연습은 조직문화 부분들이다(Deshpande & Webster, 1989;[170] Deshhpande, Farley & Webster, 1993;[171] Greenely, 1995[172]). 대신 이것은 고객욕구 쪽으로 지향하는 것은 조직의 기초적인 문화특질로서 전망된다(Han, Kim & Sriastava, 1998;[173] Lawton & Parasuraman, 1980).[174] 그리고 Slater and Narver(1994)[175]는 고객지향처럼 기업을 서술하였을 때, 문화는 우수한 고객 가치에 계속적인 창조를 체계적이고 완전히 몰입된다고 하였다. 고객지향은 벽에 걸려 있는 의무진술서(mission statement)에 대한 입으로 서비스한 뒤에 향한다.

Day(1994)[176]은 고객의 욕구와 행동에 대한 이해를 공유하고 깊이 안내하고, 고객들과 같이 모든 의사결정 출발에 대한 믿음과 가치에 철학적인 영향을 모든 과정에 퍼지게 하는 것으로 고객지향문화(customer-oriented culture)로 서술하였다. 즉 종업원 지향은 문화구성과 같은 개념이고, 이는 높은 고객지향 조직 속에 행동과 실행을 유도하는 고객들을 위한 기초적인 문화 가치이다. 그리고 이것은 이와 같은 실행과 행동은 문화 측정으로 사용된다. Ruekert (1992)[177]는 고객지향은 목적을 완수하는 설계된 실행처럼 조직 목적을 어떻게 수행하는가에 대한 기업 철학을 대신한다고 하였다.

Narver and Slater(1990)[178]는 서구 큰 기업 속에 140개 기업단위 전략을 고객지향을 교차 평가하였다. 기업성과에 대한 최고관리자 평가이용은, 그들은 가장 높은 고객지향은 중간과 낮은 고객지향조직에 분류된 기업단위전략 (strategic business units)(SUBs) 보다 높은 자산을 보고(return on assets)(ROA)하는 것을 발견했다. Slater and Narver(1994)[179]은 조직성과와 고객지향에 대한 관계를 같은 자료(data)를 가지고 더구나 조사를 하였고, 그들은 관리자들의 판매성장에 대한 판단과 추가적인 성과 측정처럼 생산 발전이 포함되었다. 자산 보고처럼 고객지향은 2가지 추가적인 지표로 관계되었다.

참고문헌 ··

1) Ricks, D., Fu, M. and Arpan, J. (1974). International Business Blunders. Cincinati: Grid, Inc. p.13.

2) Sheth, J. N. (1983). "Cross-Cultural Influences on Buver-Seller Interactio/Negtiation Process," Asian Pacific Journal of Management, Vol. 1, No. September, 46-55.

3) Terpstra, V. and David, K.(1985). The Cultural Environment of International Business. South-Western Publishing Co.

4) Wters M. (1995). Globalization. New York: Routledge.

5) Kogut, B. (2003). The global Internet Economy. Cambridge, MA: MIT Press.

6) Chase-Dunn, C. Kawano, Y., & Brewer, B. D. (2000). "Globalization Since 1795: Waves of Integration in the World-System." American Sociological Review. 65, 77-95.

7) Adled, N. J. and Boyacigiller, N. (1996). "Global Management and the 21st Century." In Punnett, B. and Shenkar, O. Handbook for international Management Research. Cambridge, MA: Blackwell Publishers.

8) Gannon, M. J. and Newman, K. L. (eds.) (2002). Handbook of Cross-Culture Management. Malden, MA: Blackwell. Geertz., C. (1973). The Interpretation of Cultures: Selected Essays. New York: Basic Books.

9) Javian, M and House, R. J. (2002). "Leadership and Culture Around the World: Findings from GLOBE: An Introduction to the Special Issue." Journal of World Business, 37(1), 1-2.

10) Oliver, N. and Wilkinson, b. (1992) The Japanization of British Industry: New Development in the 1990s. Cambridge, AM: Blackwell.

11) Harbinson, F. H. and Myers, C. A. (1959). Management in the Industrial World: An International Study, New York: McGraw-Hill.

12) Deal, T. E. and Kennedy, A. A. (1999). The New Corporate Culture: Revitalizing the Workplace After Downsizing, Managers, and Reengineering. Cambridge, MA: Perseus.

13) Lewin, K. (1945) "The Research Center for Group Dynamics at Massachusetts Institute to Technology" Sociometry, 8, 126-135.

14) Sassen. S. (1991). The Global City: New York, London, Tokyo. Princeton, NJ: Princeton University Press.

15) Sassen. S. ibid. p.4.

16) Guillén, M. F., Model of Management: Work, Authority, and organization in a Comparative Perspective. (1994). Chicago Press.

17) Guillén, M. F. (1994). ibid. p.297.

18) Sassen, S. (1991). The Global City: New York, London, Tokyo. Princeton, NJ: Princeton University Press.

19) Guillén, M. G. (1994). offcit.

20) Johson, J. L. and Cullen, J. B. (2002). "Trust in Cross-Culture Relationships." In Gannon, M. J. and Newman, K. L. (eds.) Handbook of Cross-Cultural Management. Malden, MA: Blackwell.

21) Kramer, R. M. (1999). "Trust and Ditrust in Organizations: Emerging Perspectives, Enduring Question," Annual Review of Psychology. 50, 569-598.

22) Francesco, A. M. and Gold, B. A. (2005). International Organizational Behavior.(2ed.): Pearson, Prentice Hall. N. J.

23) Schein E. H. (1992). Organizational Culture and Leadership. Jossey-Sass. 3.

24) Terpstra, V. and David, K. (1985). The Cultural Environment of International Business. South-Western Publishing Co. 5.

25) Barley, S. R., Meyer, G. W., and Gash, D. (1988). "Cultures of Culture: Academics, Practitioner and the Pragmatics of Normative Control." Administrative Science Quarterly, 33, 24-60.

26) Martin, J. (1991). Form Integration to differentiation to Fragmentation to Feminism. In P. Forst and others (eds.), Reframing Organizational Culture. Newbury Park, Calif.; Sage,

27) Ott, J. S. (1989). The Organizational Culture Perspective. Belmont, Calif.; Dorsey Press.

28) Smircich, L., and Calas, M. B. (1987). Organizational Culture : A Critical Assessment. in F. M. Jablin, L. L. Putnam, K. H. Roberts, and L. W. Porter(eds.) Handbook of Organizational Communication. Newbury Park, Calif.: Sage,

29) Goffman, E. (1967). Interaction Ritual. Hawthorne, N. Y. Aldine, 1967.

30) Jones, M. O., Moore, M. D., and Snyder, R. C. (eds.). Inside Organizations. Newbury Park, Calif.: Sage.

31) Trice, H. M., and Beyer, J. M. (1985). Using Six Organizational Rites to Change Culture . In R. H. Kilmann, M. J.Saxton, R. Serpa, and Associates, Gaining Control of Corporate Culture. San Francisco: Jossey- Bass, 370-399.

32) Van Maanen, J. (1979b). The Self, the Situation, and the Rules of interpersonal Relations. In W. Bennis and others, Essays in Interpersonal Dynamics. Belmot, Calif.: Dorsey Press, 1979b.

33) Homans, G. (1950). The Human Group. Orlando, Fla.; Harcourt Brace Jovanovich,

34) Kilmann, R. H., and Saxton, M. J. (1983). The Kilmann-Saxton Culture Gap Survey. Pittsburgh; Organizational Design Consultants.

35) Deal, T. E., and Kennedy, A. A. (1982). Corporate Culture. reading, Mass.; Addison-Wesley.

36) Ouch, W. G. (1981). Theory Z. Reading, mass., Addison-Wesley. 1981.

37) Pascale, R. T., and Athos, A. G. (1981). The art of Japanese Management. New York: Simon & Schuster.

38) Schein, E. H. (1968). Organizational Socialization and the Profession of Management.

Industrial Management Review, (9), 1-15.

39) Van Maanen, J. (1979b). The Self, the Situation, and the Rules of interpersonal Relations. In W. Bennis and others, Essays in Interpersonal Dynamics. Belmot, Calif.: Dorsey Press, 1979b.

40) Ritti, R. R., and Funkhouser, G. R. (1982). The Ropes to Skip and the Ropes to Know. Columbus, Ohio; Grid.

41) Schneider, B. (ed.)(1990). Organizational Climate and Culture. San Francisco; Jossey-Bass.

42) Argyris, C., and Ccho'n, D. A.(1978). Organizational Learning. Reading, Mass.; Addison-Wesley.

43) Cook, S. D. N., and Yanow, D. (1990). "What Does It Mean for a Culture to Learn? Organizational Leaning from a Culture Perspective." Paper Presented at the third National Symposium of Public Administration Theory Network, Los Angeles, Calif.; April 1990.

44) Handerson, R. M., and Clark, K. B. (1990). "Architectural innovation; The Reconfiguration of Existing Product Technologies and the Failure of Established Firms." Administrative Science Quarterly, 1990, 35, 9-30.

45) Peters, T. J., and Waterman, R. H., Jr. (1982). In Search of Excellence. New York; Harper & Row,

46) Douglas, M. (1986). How Institutions Think. Syracuse, N. Y. Syracuse University Press.

47) Hofstede G. (1980). Cultures Consequences. Newbury Park, Calif.: Sage.

48) Van Maanen, J. (1979b)The Self, the Situation, and the Rules of interpersonal Relations. In W. Bennis and others, Essays in Interpersonal Dynamics. Belmot, Calif.: Dorsey Press,

49) Geertz, C. (1973). The Interpretation of Cultures. New York: Basic Books.

50) Smircich, L. (1983). "Concepts of Culture and Organizational Analysis." Administrative Science Quarterly, 1983, (28), 339-358.

51) Van Maanen, J., and Barley, S. R. (1984). "Occupational Communities: Culture and Control in Organization." In B. M. Staw and L. L. Cummings (esd.) Research in Organizational Behavior. Vol. 6. Greenwich, Conn: JAI Press.

52) Gagliardi, P. (ed.)(1990). Symbols and Artifacts: Views of the Corporate Landscape. New York: de Gruyter,

53) Hatch, M. J. (1991). The Dynamics of Organizational Culture. Copenhagen Business School Paper in Organization, no. 4. Copenhagen, Denmark: Copenhagen Business School, 1991.

54) Pondy, L. R., Frost, P. J., Morgan, G., and Dandridge, T. (eds.). (1983). Organizational symbolism. Greenwich, Conn.: JAI Press.

55) Schultz, M. (1991) Transition Between Symbolic Domains in Organizations. Copenhagen Business School Papers in Organization, no. 1. Copenhagen, Denmark; Copenhagen Business School.

56) Martin, J. (1991). Form Integration to Differentiation of Fragmentation to Feminism. In P. Frost and others (eds.) Reframing Organization Culture. Newbury Park, Calife.; Sage.-and Martin, J., and Meyerson, D. (1988). Organizational Cultures and the Denial, Channeling and Acknowledgment of Ambiguity. In S. R. J. Pondy, Jr., and H. Thomas(eds.), Managing Ambiguity and Change. New York: Wiley.

57) Louis, M. R., (1990). "Newcomers as Lay Ethnographers: Acculturation During Organizational Socialization." In B. Schneider (ed.) Organizational Climate and Culture. San Francisco; Jossey Bass.

58) Schein, E. H. (1969). Process Consultation: Its Role in Oranization Development. Reading, Mass.: Addison-Wesley.

59) Van Maanen, J. (1979b). The Self, the Situation, and the Rules of interpersonal Relations. In W. Bennis and others, Essays in Interpersonal Dynamics. Belmot, Calif.: Dorsey Press,

60) Van Maanen, J., and Schein, E. H. (1979). "Toward a Theory of Organizational Socialization." In B. M. Staw and L. L. Cumings (eds.), Research in Organizational Behavior. Vol. 1. Greenwich, Conn: JAI Press.

61) Van Maanen, J., and Kunda, G. (1989). "Real Feelings": Emotional Expression and Organizational Culture." In B. Staw (ed.), Research in Organizational Behavior. Vol. 11. Greenwich, Conn.;JAI Press.

62) Kunda, G. Engineering Culture. Philadelphia: Temple University Press.

63) Schein, E. H. (1997). Organizational Culture and Leadership. Second Edition, Sossey-Bass.

64) Korzenny, B. N. (1979). "Cross-Cultural Issues in the Process of Sending U. S. Employees of Multinational Corporations for Oversees Service" Paper presented at the annual meetings of the speech Communications Association, San Antonio; Texas.

65) Pye, L. W. (1962). "Politics, Personality, and Nation Building: Burma's Search for Identity"; New Haven: Eale University Press. 52-53.

66) Terpstra, V. and David, K. (1985). The Cultural Environment of International Business; South-Western Publishing Co. (2d. Ed.) p. 9.

67) David, K. E. and Arthur I. S. (1982). Multinational Business Finance(3d Ed.). MA; Addison-Weley. p. 6.

68) Kakar, S. (1971). "Authority Patterns and Subordinate Behavior in Indian Organizations," Administrative Science Quaterly, Vol. 16, 297-307. -(1971). "The Theme of Authorrity in Social Relations in India," Journal of Social Psychology, Vol. 84. No. 1. June, 93-101.

69) Terpstra, V. and David, K. (1985). The Cultural Environment of International Business;

South-Western Publishing Co. (2d. Ed.) p.10.

70) Pettigrew, A. M. (1975). "Strategic Aspects of Management of Specialist activity." Personal Review, Vol. 4. 5-13.

71) Klark, B. (1970). The Distinctive College : Antioch, Reed, and Swarthmore; Chicago; Aldine.

72) Martin, J. and Siehl, C. (1981). Organizational Culture and Counter-Culture: General Motors and Delorean; Research Paper Series, No. 633, Graduate School of Business, Stanford University.

73) Terrence E. D. and Kennedy, A. A. (1982). Corporate Cultures. MA: Addison-Wesley.

74) Pettigrew, A. M. (1975). "Strategic Aspects of Management of Specialist Activity," Personal Review, Vol. 4, 5-13.

75) Negandhi, A. (1974). "Cross-Cultural Management Studies: Too Many Conclusions, Not Enough Conceptualization," Management International Review, Vol. 14, No. 6, 59-65.

76) Weick, K. (1979). The Social Psychology of Organizing, 2d ed.; MA; Addison-Wesley.

77) Terpstra, V. and David, K. (1985). The Cultural Environment of International Business; South-Western Publishing Co. (2d. Ed.) p. 10.

78) Gagliardi, P.(ed.). Symbols and Artifacts; Views of the Corporate Landscape. New York: de Gruyter.

79) Argyris, C. (1976). Increasing Leadership Effectiveness. New York: Wiley Interscience, 1976.

80) Argyris, C., and Schőn, D. A. (1974). Theory in Practice; Increasing Professional Effectiveness. San Francisco: Jossey-Bass.

81) Schein, E. H. (1997). Organizational Culture and Leadership. Jossey-Bass. p. 26.

82) Schein, E. H. (1987a.). The Clinical Perspective in Fieldwork. Newbury Park, Calif.; Sage.

83) Schein, E. H. (1987.b). Process Consultation. Vol. 2; Lessons for Managers and Consultants. Reading, Mass.; Addison-Wesley.

84) Hofstede G. (1991). Cultures and Organizations, Software of the Mind . MacGraw-Hill.

85) Hofstede G. (1991). Ibid. p. 5.

86) Hofstede, G. (1997). Culture and Organizations. McGraw-Hill;New York, p.9

87) Inkeles, Alex and Daniel J. Levinson(1969). "National character; the study of modal personality and sociocultural systems" in Handbook of Social Psychology, 2nd edn, vol. 4. G. Lindsey & E. Aronson(eds). Reading MA: Addison-Wesley, 1954.

88) Inkeles, Alex and Daniel J. Levinson(1969). Ibid. p. 447ff.

89) Hofstede G. (1997). Culture and Organizations. McGraw-Hill;New

90) Hofstede G. (1997). Culture and Organizations. McGraw-Hill;New

91) Hofstede G. (1997). Culture and Organizations. McGraw-Hill;New. p. 23.

92) Mead, Margaret(1962). Male and Female, London : Penguin Book.

93) A. M., Francesco and B. A. Gold, (2005). International Organizational Behavior, Pearson Prentice Hall. p. 18.

94) Kroeber, A. L. and Kluckhohn, F.(1952). "Culture: A Critical Review of Concepts and Definitions." Peabody Museum Paper, 47(1) Cambridge, MA: Blachwell.

95) Tylor, E. (1871). Origins of Culture. New York: Harper & Row.

96) Ferraro, G. P.(2002). The Culture Dimension of International Business. 4th Ed. Upper Saddle River, NJ: Prentice Hall.

97) Sathe, V. (1985). Culture and Related Corporate Realities. Homewood, IL: Irwin.

98) Gannon, M. J. (2001). Understanding Global Cultures: Metaphorical Journeys through 23 Nations. 2nd Ed. Thousand Oaks, CA: Sage.

99) Herskovits, M. (1948). Man and His Works: The Science of Culture's Anthropology. New York: Knopf.

100) Berger, P. and Luckmann. (1967). The Social Contraction of Reality. New York: Doubleday.

101) Kluckhohn, F. and Strodtbeck, F. L. (1961). Variations in Value Orientations. Evanston, IL: Peterson.

102) Hofstede, G. (1980). Cultures Consequences: International Differences in Work-Related Values. Beverly Hills, CA: Sage. (2001). Culture's Consequence: Comparing Values Behaviors, Institutions, and Organizations across Nations. 2nd Ed. Thousand Oaks. CA: Sage.

103) Hofstede, Geert (1997). Culture and Organization, Software of the Mind: McGraw-Hill, pp. 188-192.

104) Hofstede, Geert. cultures and Organigations(1997).

105) Hofsted

106) Dastoor, B. R., Sungkhawan, J., Park, Joo-Seoung s. & Balloun, J. (2001). Culture Shifts in 13 countries in Asia & Pacific and Asia: 1980-2000 in Mueller, C. B. (Ed.) Academy of International Bnesiness Southeast(USA) Annual Meeting(Nov, 2001), NEw Orleans, Louisiana, 91-98.

107) Dastoor, B. R., Sungkhawan, J., Park, J. & Balloun, J. (2001). Culture Shifts in 13 countries in Asia-Pacific and Asia: 1980-2000 in Muneller, C. B. (Ed.) Ibid. P. 93.

108) Hofstede. ofcit: 1997. p. 113.

109) Barbara R. Dastoor and Jatuporn Sungk-hawan, Joo-seoung park and Joseph Balloun: ofcit 2001. p. 4.

110) Barbara R. Dastoor and Jatuporn Sungk-hawan, Joo-seoung park and Joseph Balloun. Ibid. p. 5.

111) Park, J. S. (2004). cultural shifts in Asia-Pacific and India: 1980-2000, Human Resource Development in Asia: Harmony and Partnership(Academy of Human Resource Development), 3, pp. 157-163.

112) Park, J.S. (2005). Cultural Values(Cultural Shifts) in Asian Business Environment: 1980-2000. 산업경제연구, 18(5), pp. 2245-2257.

113) Willam G. Ouch, Treory Z. The Hearst Corporation. 1981. p. 49.

114) Hofsted, Geert (1994). Management Scientistts Are Human. Management Science: Jan 1994: 40, 1: ABI/IFORM Complet. p. 6.

115) Hofsteds, Geert(1994), ibid, p.6

116) Schwartz, S. H. (1992). "Universals in the Content and Structure of Values: Theoretical Advances and Empirical Tests in 20 Countries." In Zanna, M.P.(ed.) Advances in Experimental Social Psychology, 25, 1-56.

117) Sagiv, L. and Schwartz, S. H. (2000). "A New Kook at National Culture: Illustrative Applications to Role Stress and Managerial Behavior." In Ashkanasy, N. M.,Wilderom, C. P. M., and Peterson, M. F.(eds.) Handbook of Organizational Culture & Climate. Thousand Oaks, CA: Sage.

118) Trompenaars, F.(1993). Riding the Waves of Culture: Understanding Diversity in Global Business. London: The Economist Books.

119) Hall, E. T. (1976). Beyond Culture. Garden City, NY: Anchor Press/Doubleday. and Hall, M. R. (1989). Understanding Cultural Differences: French and American. Yarmouth, ME: Intercultural Press.

120) Hall, E. T. and Hall, M. R. (1989). Understanding Cultural Differences: French and American. Yarmouth, ME: Intercultural Press. p. 64.

121) World Values Survey, "Introduction," [accessed July 24, 2003], available from http://wvs.isr.umich.edu/index.shtml

122) Inglehart, R. and Baker, W. E. (2000). "Modernization, Culture Change, and Persistence of Traditional Values" American Sociological Review, 65 (February), pp. 19-51.

123) Inglehart, R. and Baker, W. E.(2000)." Ibid. p. 25.

124) Ronen, S. and Shenkar, O. (1985). "Clustering Countries on Attitudinal Dimensions: A Review and Synthesis," Academy of Management Review, 10(3), 435-454.

125) Inglehart, R. and Baker, W. E. (2000). Ibide.

126) Smith, P. B., Peterson, M. F., and Schwartz, S. H. (2002). "Culture Values, Source of Guidance, and Their Relevance to Managerial Behavior: A47-Nation Study," Journal of Cross-Cultural Psychology, 33(2). pp. 188-208.

127) Cooper, C. L., Cartwright, S., Earley, P. C.(eds.)(2001). The International Handbook of Organizational Culture and Climate. West Sussex, England: John Wiley & Sons.

128) Cole, R. (1990). "U.S. Quality Improvement in the Auto Industry: Close but no Cigar," California Management Review.

129) Schein. E. (1985). Organizational Culture and Leadership. San Francisco: Jossey-Bass.

130) Trice, H. and Beyer, J. (1993). The Cultures df Work Organizations. Upper Saddle River. NJ: Prentice Hall.

131) Harbison, F. and Myers, C. (1959). Management in the Industrial World: An International Study. New York: McGraw-Hill.

132) Florida, R. and Kenney, M. (1991). "Transplanted Organizations: The Transfer of Japanese Industrial Organization to the U.S.," American Sociologycal Review, 56; 381-398.

133) Bracey, G. (1996). "International Comparisons and the Condition of American Education," Educational Researcher, 25(1), 5-11.

134) Puffer, S.(ed).(1992). The Russian Management Revolution: Preparing Manager for the Market Economy. Armonk, NY: Sharpe.

135) Royle. T. (2000). Working for McDonald's in Europe: The Unequal Struggle? New York: Routledge.

136) Robbins, S. (1996). Organizational Behavior: Concepts, Controversies, Applications. Upper Saddle River, NJ: Prentice Hall.

137) Weick, K. (1995). Sensemaking in Organizations. Thousand Oaks, CA: Sage Publications.

138) Hays, L. (1995). "Manzi Quits at IBM and His Many Critics Are Not at All Surprised," Wall Street Journal.

139) Boudette, N. E. (2003). "At Daimler Chrysler, a New Push to Make its Unite Work Together," Wall Street Journal, March 12,1.

140) Deal, T. E. and Kennedy, A. A. (1999). The New Corporate Cultures: Revitalizing the Workplace after Downsizing, Merger and Reengineering. Cambridge, MA: Perseus.

141) Handy, C. B. (1978). Gods of Management; Souvenir Press. 25-41.

142) Deal, T. E., and Kennedy, A. A. (1982). Corporate Cultures; Addison-Weley.

143) Trompenaars, F. (1994). Riding the Waves of Culture: Understanding Cultural Diversityin Global Business. New York: Irwin.

144) Trompenaars, F. (1994). Riding the Waves of Culture: Understanding Cultural Diversity in Global Business. New York: Irwin.

145) Pfeffer, J., & Veiga, J. F.(1999). Putting people first for organizational success. The Academy of Management Executive, 13(2), pp.37-48.

146) Kotter, J. P., & Heskett, J. L. (1992). Corporate culture performance. New York, New York; The Free Press.

147) Likert, R. (1961). New patterns of management. New York; McGraw-Hill.

148) Sathe, V. (1985). Culture and related corporate realities. Homewood, IL; Richard D, Irwin, Inc.

149) Schein, E. H. (1996). Culture; The missing concept in organization studies. Administrative Science Quarterly, 41, pp. 229-240.

150) Peters, T., & Waterman, R. H. (1982) In search of excellence. New York; Harper & Row.

151) Beadles, N. A., Chapman, D. F., Connell, D. W., Lowery, C. M., & Petty, M. M.

(1995). Relationships between organizational culture and organizational performance. Psychological Reports, 76(2), pp. 483-492.

152) Denison, D. R., & Mishra, A. K. (1995). Toward a theory of organizational culture and effectiveness. Organization Science, 6(2), pp. 204-223.

153) Gordon, G. G., & DiTomaso, N. (1992). Predicting corporate performance from organizational culture. Journal of Management Studies, 29(6), pp. 783-798.

154) Lim, B. (1995). Examining the organizational culture and organizational performance linke. Leadership & Organizational Development Journal, 16(5), pp. 16-21.

155) Truskie, S. D. (1999). Leadership in high-performance organizational cultures. Westport, CT; Quorum Books.

156) Schneider, B. (1983). An interactionist perspective on organizational effectiveness. In K. S. Cameron & D. A. Whetten(Eds.) Organizational Effectiveness: A Comparison of Multiple Models. NY: Academic Press. 27-54.

157) Holland, J. L. (1985). Marking Vocational Choices: A Theory of Vocational Personalities and Work Environments (2nd ed.). Englewood Cliffs, NJ: Prentice-Hall.

158) Schneider, B. (1987). The people make the place. Personnel Psychology, 40, pp. 437-453.

159) Schneider, B., Smith, D. B., Taylor, S. & Fleenor, J. (1998). Personality and organizations: A test of the homogeneity of personality hypothesis. Journal of Applied Psychology, 83, pp. 462-470.

160) Schneider, B., Goldstein, H. W., & Smith, D. B. (1995). The ASA framework: An update. Personal Psychology, 48, pp. 747-773.

161) Deshpande', R., Farley, J. U., & Webster, R. E. (1993). Corporate culture, customer orientation, and innovativeness in Japan firms; Journal of Marketing. 57, pp. 23-37.

162) G. S. Saffold (1988). Culture Traits, Strenth, and Organizational Performance; Moving beyond Strong Culture. Academy of Management Review, pp. 546-558.

163) R. Psscale, (1985). The Paradox of Corporate Culture; Reconciling Ourselves to Socialization, California Management Review. Vol. 27. No.2, Winter. 1985. pp. 26-41.

164) Reynolds, P. D. (1986). Organizational Culture As Related to Industry, Position and Performance.; Journal of Management Studies, Vol. 23. pp. 333-344.

165) Deal, T. E., & Kennedy, A. A. (1982). Corporate Culture: The rites and rituals of corporate life, Reading , MA; Addison Wesley.

166) Deal, T. E., & Kennedy, A. A. (1982). Corporate cultures: The rites and rituals of corporate life. Reading, MA; Addison Wesley.
Denison, D. R. (1990). Corporate culture and organizational effectiveness. New York: John Wiley & Sons.
Denison. D. R., Mishra, A. K. (1995). Toward a theory of organizational culture and effectiveness. Organization Science, 6(2), pp. 204-223.

Sashkin, M. (1986). The visionary leaders. Training and Development Journal, 40(5), pp. 58-61.

Tunstall, W. (1938). Culture transition at AT&T. Sloan Management Review, 24(1), 15-26.

Wiener, Y. (1988). Forms of value systems: A focus on organizational effectiveness and cultural change and maintenance. Academy of Management Review, 13(4). pp. 543-545.

Wilkins, A. L., & Ouchi, W. G. (1983). Efficient cultures: Exploring the relationship between culture and organization performance. Administrative Science Quarterly, 28, pp. 468-481.

Wilms, W. W., Hardcastle, A. J., and Deone, M. Z. (1994 Fall). Cultural transformation at NUMMI. Sloan Management Review, pp. 99-113.

167) Den- Mis-

168) Deal, T. E., & Kennedy, A. A. (1982). Corporate cultures: The rites and rituals of corporate life. Reading, MA; Addison Wesley.

Denison, D. R. (1990). Corporate culture and organizational effectiveness. New York: John Wiley & Sons.

Denison. D. R., Mishra, A. K. (1995). Toward a theory of organizational culture and effectiveness. Organization Science, 6(2), pp. 204-223.

Sashkin, M. (1986). The visionary leaders. Training and Development Journal, 40(5), pp. 58-61.

Tunstall, W. (1938). Culture transition at AT&T. Sloan Management Review, 24(1), 15-26.

Wiener, Y. (1988). Forms of value systems: A focus on organizational effectiveness and cultural change and maintenance. Academy of Management Review, 13(4). pp. 543-545.

Wilkins, A. L., & Ouchi, W. G. (1983). Efficient cultures: Exploring the relationship between culture and organization performance. Administrative Science Quarterly, 28, pp. 468-481.

Wilms, W. W., Hardcastle, A. J., and Deone, M. Z. (1994 Fall). Cultural transformation at NUMMI. Sloan Management Review, pp. 99-113.

169) Denison R., Mishra, A. K. (1995). Towand a theory of Organizational culture and effectiveness. Organization Science, 6(2). pp. 204-223.

170) Deshpaande', R. & Webster, F. E. (1989). Organizational culture and marketing; Defining the research agenda. Journal of Marketing. 53. pp. 3-15.

171) Deshpande', R., Farley, J. U., & Webster, R. E. (1993). Corporate culture, customer orientation, and innovativeness in Japanese Firm; A quadrad analysis. Journal of Marketing. 53, pp. 23-35.

172) Greenley, G. E. (1995). Market orientation and company performance; Empirical

evidence from UK companies. British Journal of Management. 6. pp. 1-13.

173) Han, J. K., Kim, N., & Srivastava, R. K. (1998). Market orientation and organizational performance; Is innovation a missing link? Journal of Marketing, 62. pp. 30-45.

174) Lawton, L., & Parasuraman, A. (1980). The impact of the marketing concept on new product planning. Journal of Marketing, 44. pp. 19-25.

175) Slater, S. F., & Narver, J. C. (1994). Does competitive environment moderate the market orientation-performance relationship? Journal of Marketing. pp. 46-55.

176) Day, G. S. (1994). The capabilities of market-driven organizations. Journal of Marketing. 58. pp. 32-52.

177) Ruekert, R. W. (1992). Developing a market orientation; An organizational strategy perspective. International Journal of Marketing. 9. pp. 225-245.

178) Narver, J. C. & Slater, S. F., (1990). The effect of a market orientation on business profitability. Journal of Marketing. 54. pp. 20-35.

179) Slater, S. F., & Narver, J. C. (1994). Does competitive environment moderate the market orientation-performance relationship? Journal of Marketing. 58. pp. 46-55.

제 2 부 인간행동에 영향을 주는 윤리행동과 사회적 책임

생각해 볼 문제

관리자들은 같은 윤리규약과 사회적인 책임에 대한 이해를 공유하지 않는다. 그들은 역시 그들 자신의 기업윤리 지식이 뛰어날 수 없다. 결과적으로 국제적경영자들은 윤리규약 평가와 그들 자신의 윤리 결정하기 위한 윤곽을 개발하는 것이 필요하다. 국제 경영자들은 다른 사회의 종교와 가치, 문화, 법률과 윤리 등을 이해야한다.

서구유럽에 있어서 윤리의 불이행에 대한 충격으로 여기는 것은 어린이 노동, 하루에 페니의 임금(a wage of pennies a day), 혹은 성차별 뻔뻔스러움(blatant gender discrimination)등인데 다른 문화에 있어서도 이런 행동을 받아 드려야한다.

행동을 알고 그리고 다른 문화에 대한 윤리를 아는 것은 활동에 대한 경로가 어떤지를 결정하는 것을 아는 것을 돕는 데에 적당하다. 그러므로 우리는 기업윤리에 대한 이해는 국제기업윤리의 확실한 증명과 복잡하고 어려운 윤리문제를 증명할 것이다. 윤리문제는 새로운 기술개발과 새로운 조직 상호작용에 대한 발전을 위해 새로운 규범처럼 나타난다. 그리고 접촉으로 오고, 이것은 윤리와 법률상 행동이 변한다는 것을 알게 한다. 경영자들은 새로운 이 문화윤리와 관계를 알려야 할 것이고 그리고 윤리는 잘 정의되고 동의 문제가 없이 나타내는 것은 아니다.

윤리와 문화는 깊게 연결되어 있다. 윤리는 규칙으로 관례적으로 문화가치와 통치에 대한 매일 상호작용을 이해하는 추상적인 해석이다. 윤리문제는 거기에는 적당히 지휘하는 것을 넘을 때 중요하다. 우리들에게 윤리를 이해하는 4가지 시각은 다음과 같다. 기술적, 개념적, 규범적 그리고 실행 등이다. 그리고 윤리상대주의(ethical relativism)와 보편주의(universalism)는 중요한 문제이다.

문화상대주의는 특수한 문화에 대한 윤리변화의 견해이다. 보편주의는 일반적으로 이 문화윤리를 입정할 수 있는 견해를 말한다. 대부분의 철학자들은 Kohlberg의 도덕발달 이론(Theory of moral development)처럼 영향을 미치게 하는 이론에 대한 주장이다. 조직수준에서 3가지 두드러진 이론은 효율적 시각, 주주들 시각, 그리고 집단 사회적 책임 시각이다. 관리자들은 오로지 윤리적 책임은 회사주주들 만족한 것이 효율적 시각(efficiency perspective)견해이다. 사회 책임 시각(social responsibility perspective)견해는 의사결정에 있어서 회사의 여러 주주들 암시한다.

마지막으로 표면적인 개념은 아시아 사람의 문화에서 일차적으로 발견된다. 회사조직 상황 요소로서 개인책임에 대한 것과 집단책임의 윤리이다. 이 문화연구는 다른 문화에 있어서 윤리와 윤리변화에 대한 지적이다. 법률에 의해서 윤리변경이나 혹은 국제기업의 윤리규약(ethical code) 개발은 이 문화 조직윤리 규정에 2가지 방법이 있다.

경영자들은 이 문화 윤리 충돌을 회피(avoidance), 강제(forcing), 교육, 설득(persuasion), 침투, 교섭·타협, 조정, 협력적인 문제해결 등으로 다룰 수 있다. FCPA와 OECD을 통하여 강화 할 수 있고, 국제 모니터링 조직을 통할 수 있고, 많은 세계 사람들을 통하여 협력할 문제들을 제공한다.

그럼에도 불구하고 부패(corruption)에 대한 인식에 대한 발표는 의미심장하게 감소되지 않는다. 부패의 다른 관점으로부터 몇몇 문화에서는 기업을 지시하는 사람들의 방법이 단순하다. 윤리기업행동(ethic corporate behavior)은 틀에 박힌 일로서 윤리적인 표준을 본보기로 나타내는 것을 고수(adherence) 할 때 주요기업들에 의한 윤리적 흐름(ethical lapses)이 특별히 진실의 시기 동안이다.

최종적으로 거기에는 관료적, 전문화 그리고 자본주의 부활과 같은 조직윤리에 대한 세계적인 집중을 창조하는 여러 가지 힘이다. 윤리의 표준차이를 유지하는 힘은 종교, 문화, 경제체계 그리고 가지각색의 사회개발단계이다. 경영자들은 정면적인 이 문화 윤리문제는 그들이 기업하는 속에서 사회를 이해하는데서 문제를 위한 준비를 할 수 있다.

윤리와 사회적 책임(ethics and social responsibility)은 글로벌경제와 중요한 관계가 있다. 도덕적 문제(moral issues) 중 하나는 최근 비윤리적 기업행동에 대한 악명 때문이다. 보기로서, Enron, WorldCom, Arthur Andersen. 같이 덩치가 큰 미국다국적기업 추문이 생겼다. 즉 자본주의 경제원리 도입이후 에서도 지속되는 중국의 Software 복제, 중국의 세계무역 조직에 회원자격, 그리고 1990년 Russian Mafia의 잔인함 그리고 21세기 Brazilian 우림지역의 건축과 같은 것이 글로벌 결과로 나타난 대표적인 사례이다. 이와 같은 사건들은 세계를 통한 접촉에 의해 증가를 가져왔다.

윤리와 사회적 책임의 2번째 이유는 글로벌 경제개발과 같은 것이다. 여러 가지 문제들의 접촉을 통해서 왔기 때문이다. 다른 문화적 가정(culture assumptions), 다른 사외규범 그리고 사회적 가치는 중요한 윤리적 진퇴양단에 놓였고, 궁지에 빠진 도덕적인 문제와 그들의, 이전에 무지였던 사회적 책임 제시에 다국적기업에 더욱 강요하였다. 이들과 다른 국제조직행동과 기업에 대한 윤리적인 문제는 미국에서는 흥미로운 윤리조사 일 뿐만 아니라 서구 자본주의 국가에도 마찬가지다.(Carroll, 1999; Robertson, 2002; Vogel, 1992).[1]

제 1 장   무엇이 윤리인가?

윤리는 도덕의 기준(moral standards)이 되나, 법에 의해 지배되지 않는다 (not governed by law). 이것은 인간 활동결과에 초점을 두는 것이다. 그리고 윤리는 법으로 정하는 것보다 더 높은 기준에 있다. 이것은 유형의 이익이 생기는 것 대신 자기희생을 계산하는 행동이 포함되어 있다. 그리고 또한 윤리는 개인적인 이익과 기업의 사욕으로 때때로 갈등을 느낀다.

윤리는 전통, 습관, 가치, 규범으로 포함된 사회문화의 산물이다(Francesco & Gold 2005, p. 48). 문화구성원들은 부여된 윤리를 받아들인다. 그리고 구성원들은 다른 사람들의 이익과 자신의 이익 간의 구별과 사람들과 집단 간의 관계, 의무, 그리 책임관계의 요구가 포함되어 있다. 그리고 거기에는 집단 간에 갈등이 있을 때, 이것은 보통 사회 다른 윤리적인 기준이나 혹은 대중의 이익 차이 내에 있기 때문이다. 이와 같은 조건아래 집단이익 갈등해결 문제가 많은 사항의 경쟁해결이다.

그런데 2개 혹은 더 많은 나라들의 상호작용은 그들은 종종 윤리나 사회 책임을 찾는다. 윤리와 적법(legality) 간에 관계가 있는 윤리와 사회적 책임 문제를 암시하는 것은 작업에 대한 문화에서 볼 수 있다. 이와 같은 것은 구별이다. 그러나, 윤리는 자동차 수리공장(Body Shops)의 경우와 같이 자발적인 동의하는 경우와 이와 반대로 법에 의한 동의인 비자발적인 동의가 있다. 효과적인 것으로서 법적으로 깨어졌을 때 이것을 간파할 수 있고, 강행하지 않은 한 결과는 없다.

그러나 많은 사례 중에서 무엇이 윤리적인 것이고, 무엇이 비윤리적인 것인지 명확하지 않다. 보기로서, 산업국가의 윤리, 도덕 그리고 법률적인 행동의 지적인 쪽과 경제적으로 발전한 나라의 기업들에 의해 복제되는 것이다. 이것은 오랜 시간이 걸린다. Pu씨는 말했다. 우리가 웃음을 참는 것은 우리는 약간 이것을 좋아한다. 그러나 기억에 두지 않는다. Pu Xanghua는 살찐 사람은 웃는 신경이 있다. 관리자들은 회사에 Compact Disks을 불법 복제하기 전에 물었다. 그들은 법정에서 그들은 법정에 보이기전에 전시하였다.

현재 일어나는 현상들 중에 보기를 들면, 윤리, 문화, 법률이 복잡한 상호작용하는 가운데 현상들이라는 것이 증명된다. 그리고 다른 문화와 그들 내부에 특별한 정치제도는 여러 가지 해석과 윤리와 법률에 대한 해석을 한다. 또한 국가들 역시 통제와 비 윤리에 대한 처벌과 다양한 방법으로 불법적인 행동을 통제하고 불법적인 행동을 처벌한다. 이들 보기로서, 문화는 윤리와 법률적인 행동을 주기적인 재규정(redefine)하는 것을 역시 암시한다.

기술의 발달은 보조를 맞추기 어려우나 이는 종종 윤리를 창조하고 그리고 회사의 법률적인 문제들을 창조한다. 보기로서, 가정용 Computers는 Computer Disc(CD)을 극단적으로 저작권(copyright)에 대한 복제를 쉽게 어겨 CD을 쉽게 굽을 수 있다. 국제 음악 산업에는 보다 큰 문제들은 요구하는 기술로서 누구나 모든 음악을 이용 할 수 있게 만든다. CD혹은 MP3 Files 어느 쪽이나 Internet으로부터 고객들의 Download하는 고객들의 능력이다. 그러나 Napster회사는 Download를 받지 않고 Computer에서 음악을 바로 들을 수 있게 권한이양에 대한 법적인 도전자체도 하나의 인터넷 기초 서비스, 음악 배분자유, 음악교환은 Internet의 유행이다.

그리고 Record 회사의 폐쇄와 예술가들의 소득 결과들에 대한 도전들이다. 이 같은 문제는 DVD를 출시한 회사는 영화들이 중국과 같은 시장에서 표절(pirated)한다. 그래서 산업 CEO들과 분석가들은 근래 더욱 과격하게 되었다. Internet 보급으로 Computer 기술은 정부의 강경조치를 앞질러 불법 자들의 기술을 알아서 허락한다(Buckley, C., 2003).[2] 다음에서도 기술은 유사한 도전이 일어날 것이다.

Internet으로부터 Download에 대한 것이 불법적인 것인가? 혹은 비윤리적인가? 그러면 당신은 생산하고 공헌한 이들이나, 혹은 회사들이 창조한 예술들로부터 직접적으로 음악을 훔치지는 않은가? 이와 같은 복잡한 문제를 푸는 것은 윤리에 관한 여러 가지 방법들을 폭발적으로 이용하였다.

l. 윤리에 대한 4가지 시각

윤리이해를 하기 위해서는 서술, 개념, 표준, 실용적인 것 등 4가지 시각 (perspectives)이 있다. 실용적인(practical) 것은 개인 혹은 집단 윤리 탐구의 각 전망에 영향을 준다. 시각적인 접근(descriptive approach)은 윤리 사용방법을 연구하는 사회과학 이론이다. 조사자들은 특별히 사회 윤리연구자들이나, 혹은 기업가들의 정확한 판단에 관하여 효과적인 설명이다. 보기로서 사회과학 자들은 기업 실행에 관해서 질문서에 대한 답들을 여러 산업 CEO에게 질문할 수 있다. 교차산업이나 혹은 나라들을 비교한다.

CEO의 윤리적인 생각하는 행동에 대하여 고찰할 준비자료 들을 비교한다. 개념적 접근(conceptual approach)은 의무, 정의, 미득 그리고 책임과 같은 중요한 윤리적인 생각에 대한 의미에 초점을 둔다. 이에 강조는 철학적인 분석을 통해 중요한 윤리 개념을 재정립하는 것이다. 이들 접근은 학문을 포함한 윤리연구에 유용하고, 그리고 법률체계에 구성원들을 위해 유용하다. 표준적인 접근은 기초적인 도덕 방어에 노예를 구축하는 것이 포함되고, 그리고 올바른 윤리적인 행동규정에 구축을 한다. 이와 같은 논의는 사회 과학연구에 신뢰와 개념을 명확히 한다. 그러나 이들은 특별한 위치에 대한 합리화에 초점을 두었다. 그럼에도 경험적인 증명은 논리를 기초로 한다.

끝으로 실용적 접근(practical approach)은 표준적인 개념에 대한 부정, 사회복지 개선에 투쟁을 풀기 위해 표준 안내를 수반하는 것이다(French and Granrose, 1995).[3] 왜냐하면 대부분의 조직은 경쟁적인 환경 속에서 장단기 목표성취에 대한 관계를 한다. 왜냐하면 조직 구성원들에 의해 거의 광범위하게 접근한다.

2. 윤리 상대성과 보편성

옳고(right) 혹은 틀린(wrong) 것을 누가 결정하는가? 윤리적 상대성이론 (relativism)과 보편성 이론(universalism)은 개인 혹은 집단이 윤리적인 표준과 표준을 적용하는 사람들에 차이가 있는지에 대한 차이에 대한 관점이다. 개인적 윤리적상대성(individual ethical relativism)은 어떤 사회적 상황에서 옳은 것과 틀린 것 그리고 좋거나, 혹은 나쁜 것 대한 절대적인 것은 없다. 특별한 상황에서 개인적인 인간은 옳고 그리고 나쁜 것을 결정한다. 이것은 최고의 상태에서 윤리는 사회적인 규범과 가치의 개인적인 판단에 관계는 없다. 문화적 윤리 상대이론(culture ethical relativism)은 옳거나 혹은 틀리거나, 좋거나, 혹은 나쁘거나 하는 것은 사람들의 문화에 달려있다.

윤리와 도덕은 사회적으로 옳다는 가치로 확실히 지지를 받게 되면 그들은 사회를 위해 받아드릴 수 있는 행동이 된다. 극단적으로 상대성 이론은 특별한 문화 속에서는 고민(torture)할 수 있거나, 노예를 용서할 수 있다(Robertson, 2002).4) 반대의 논거로서는 윤리적 보편성(ethical universalism)은 거기에는 보편성이 유지되고 문화 속에 객관적인 윤리적 규정이 깊이 자리 잡고 있다. 즉 이것이 역시 교차사회에 적응하는 것이다. 보기로서 존경으로 사람을 대우하는 것처럼 이상주의 혹은 해가 되지 않는다. 상대주의 전망은 윤리적인 제국주의의 형태처럼 보편주의로 본다.

도덕적 철학자들은 보통 윤리적 상대성을 거절하기 때문에 버릇이 다르고 그리고 믿음, 최종의 도덕적 표준에 대해 사람들은 종종 동의하지 않는다(Beauchamp and Bowie 1993, p. 9).5) 보기로서, 인류학자들은 특별히 문화적인 시각으로 부터 비윤리적이거나, 혹은 비공식으로 나타내 사회의 광범위한 다양성에 행동하는 것에 대해 연구하였다. 보통 서구문화는 조사하는 윤리적 보편주의, 도덕적 상대주의는 다국적기업에 대해 중요하게 요구된다.

첫째, 이것은 다른 문화에 대한 기업윤리는 이해가 다르고 그리고 설명이 다를 때, 매력이 있다. 이것이 자기 자신의 윤리적 표준을 사용하는데 기업이 이것을 허락하기 때문에 이 문제를 회피한다.

둘째, 상대를 받아들이는 더욱 강한 이론은 기업이 다르게 사용하는 지시 문화에 경쟁이익을 주는 것을 싫어한다. 종종 발견되지 않는 도덕과 윤리의 표준이다. 그러면 윤리에 대한 조직의 접근을 해야만 하는 것이 무엇인가?

제 2 장   기업의 사회적 책임

기업윤리와 사회적 책임의 2가지 기본적 시각은 효율적인 시각과 사회 책임 이론이다. 과학적인 분석은 인간 활동, 경제원리, 사회적인 결과와 욕구 간의 관계에 포함된 과정차이 때문이 아니라 우월성을 나타낼 수 없기 때문이다.

1. 효율적 시각

기업사회책임 논의는 기업의 의무는 기업주주들의 이익 극대화하는 효율적인 기업사회적 책임을 기대이다. 노별 상 경제학자인 Milton Friedman은 이들 위치를 강하게 칭찬한다.

자유기업, 사유자산 제도에서 기업 CEO는 기업소유자가 고용자다. 그이는 고용주에게 직접적인 책임이다. 책임은 그들의 욕구에 일치하는 기업 지시다. 일반적으로 사회 규칙에 적당한 만큼 돈을 많이 버는 것이다. 법률에 구체화되고, 윤리적으로 고객에 구체적으로 표현되는 것이 사회적 규범이다 (Friedman 1970, p. 32).[6] 이와 같이 기업은 자선에 대한 기부금은 이들 소유자들에게는 흥미가 없다. 그럼에도 주주들은 자선의 지지 이유나, 혹은 그들의 이윤이 되는 것은 무엇이든 다 활동이다. 그러나 유사하게 기업은 사회에서 특별히 단편적인 욕구를 채우기 위한 활동을 하지 않는다.

보기로서, 안전 환경논자들은 재생포장 재료가 주주들에 대한 이익을 창조하는 것은 아니다. 사실로 효과적인 시각은 효과적인 시각으로부터 관리자들은 이것이 이윤에 대한 결과라면 단 쓸모없는 재생생산이라 할 것이다. 사회적 책임은 정부의 기능이지 기업은 아니다. 기업가들은 사회적인 프로그램에 대한 잘못된 원리는 고객, 고용자들에 대한 잘못된 세금 부과이다. 정부는 그럼에도 세금을 모으고 그리고 사회적 프로그램에 따라 쓴다. 이는 이문화 시각으로부터 효율기대에 대한 집착은 자유기업체제에 대한 사회적인 신봉은 아니다. 시장경쟁에서 발생하는 자유변화 이후에 경제에서 일어나는 사회 정책이다.

물론 중앙은행에 의한 화폐 자유 시장금융, 독점, 카르텔 그리고 세관 등은 이름뿐이다. 그래서 이런 기대는 진보된 자본주의 경제에 일차적으로 적합하다. 이것은 경영과 비자본주의에서 조직행동과 최근 자본주의에 독립된 것에 위해서 유용하지 않다.

2. 사회 책임에 대한 시각

기업사회적 책임론(corporate social responsibility)은 효율과는 별개다. 관리자들은 주주에 대한 수탁자 관계로 생각하는 것은 주주들에 대한 의무를 가지는 것이다. 주주들은 주식을 보유하거나 혹은 기업에 요구하는 집단이다. 공급자, 고객, 고용자들은 주주든 그리고 지방정부를 포함한 이들 집단들의 대리인으로 역할뿐만 아니라 공급자, 고객, 고용자, 주주 그리고 지역사화를 포함한다(Evan and Freeman 1993, p. 76).[7]

다양한 주주들의 인식 가운데 이론은 주주집단은 포함되지 않는다. 그러나 활동에 참여하는 것처럼 그들이 주식을 가지는 기업미래의 지시다. 주주들에 대한 부가로서 주주들의 다양성을 포함하기 위한 다른 이유는 사회, 주주들은 올바른 기업 수예이다.

organizational behavior

제 3 장   윤리와 개인행동

하나의 조직배후에 개인적인 활동은 가치체계, 기업철학, 윤리규약(ethical cods) 그리고 기업 운영 내에서 활동한다. 그러나 고용자들의 개인적인 도덕적인 믿음(employees personal moral beliefs)과 윤리는 일치되지 않을지도 모른다. 그렇지만 부하들, 고객 그리고 경쟁자들과 같은 감독자들의 비평적인 방법이 그 속에 포함되어 구성원들에게 조직은 영향을 미친다. 개인적인 인간윤리에 대한 변화를 이해하는데 있어서 보편적인 것과 상황 윤리적 이론 사이에 다른 점을 아는 것이 중요하다.

1. 도덕적 발달이론

미국 심리학자 Lawrence Kohlberg은 도덕발달(moral development)에 보편적인 시각으로 개인적인 도덕발달에 변하지 않은 6가지 발달단계를 두었다 (Kohlberg, 1976)[8] 사람들은 이와 같은 발달순서 속에서 같은 단계를 통해서 온다. 그럼에도 사람들은 어떤 단계에 꽂히게 되어 다음 단계에 넘는데 실패한다. Kohlberg의 6단계이론은 다음과 같다.

1단계는 "복종(obedience)과 처벌단계(punishment stage)"이다. 이단계의 도덕적 발달단계는 인간을 위한 바른 기준(criterion of right)은 처벌에 대한 권리에 상호 의존을 가지는 이들은 권리에 대한 순종이다.

2단계는 "개인주의(individualism)와 상호이익단계(reciprocity stage)"이다. 이 단계는 무엇이 개인적으로 의사결정을 하는데 가장 좋은 단계이다. 가장 좋은 것을 얻는 것은 다른 사람과 같이 동의하는 인간 그리고 상호관계의 모형을 얻은 것이다. 그럼에도 불구하고 이것은 항상 자신의 흥미에 대해 동기를 가진다.

3단계는 "개인 간의 복종단계(interpersonal conformity stage)"이다. 다른 사람들에 대한 기대, 친구, 가족, 구성원 그리고 일반 사람들이 표현하는 것이 다른 사람들의 기대, 개인에 대한 바른 것을 결정한다.

4단계는 "사회체계(social system) 혹은 법과 질서 단계(law and oder stage)"이다. 도덕성은 사회 체계 속에 사람의 역할, 사람들의 의무 그리고 규정에 복종하는 단계이다.

5단계는 "사회계약단계(social contract stage)"이다. 거기에는 도덕성이 개인적인 생각과 사회규칙에 대한 인식이나 혹은 의무에 대한 믿음은 적다. 구성원들에 대한 가장 큰 교훈은 이성적인 사람에 대해서 옳고, 나쁜 것에 대한 표준이 되는 단계이다.

6단계는 "보편 윤리적 단계(universal ethical principle stage)"이다. 이 단계는 도덕적인 의사결정은 사람들에 의해서 자유로운 선택 원리에 대한 기초를 만들고, 개인적으로 누구의 삶에도 좋은 것이다.

그런데 대부분의 미국 사람들은 4단계에 고착되어 있다. 그들은 규칙에 복종하고 사회체제 속에 딱 맞게 유지되기를 바란다. 경영에 대한 기대와 조직행동은 대부분 관료적인 조직이 아니고, 신뢰하고, 도덕이유에 대한 수준을 강화한다. 미국 어른들 중에 약간은 5단계에 도달하는 사람들도 있다. 이들 사람들은 도덕적 가치(moral values)나, 혹은 올바른 독립(right independent)과 사회 실제 법보다도 앞서는 생각을 사람들은 받아들인다. 그들은 규칙과 하나의 사회 집단을 보편적인 윤리를 기준으로 하는 것보다도 하나의 다른 사회적인 집단을 넘어 이미대로 그의 구조와 같이 조직의 규칙과 윤리로 그들은 본다.

그런데 단 6단계에 도달한 사람은 극히 적다. 그들은 사회가 바라는 기대보다 높은 윤리적 원리를 두는 것을 믿는다. 그들은 단순히 공리주의를 넘어 보다 높은 윤리적인 법률(ethical laws)을 찬동한다. 사람들은 그들의 자신 속에 마지막인 것처럼 생각한다. 사람들은 마지막에 대한 의미는 정확하지 않거나, 혹은 전체 집단 혹은 사회의 마지막까지 생각한다. 다른 말로하면 몇 사람들은 본래부터 가치가 있는 것처럼 사람들의 관점에 대한 윤리적인 지각 상태에서 일어난다. Kohlberg의 이론을 비평하는 것 중 하나는 불완전하다는 것이다. 5단계 6단계보다 더욱 사회적으로 뜻 깊은 유형과 청치적인 자유는 7단계가 될 것이다(Haberman, 1979).9) 또 다른 비평은 단계에 대한 범위관계는 불변과 보편적이라고 하였다. 이와 같은 관점은 도덕의 발달은 연속적이고 단선적인 과정이 아니다. 거기에는 역시 몇 가지 중요한 Koblberg의 이론인 문화적인 기대 이론부터 비평이다. 첫째, 남성다움(masculine)의 도덕적 발달이 적합한 모델 단계이다. 그러니 이는 여성다움(feminine) 모델은 아니라고 하였다(Gilligan, 1982).10)

두 번째, 보편주의 개념은 Kohlbeg 이론의 모든 문화에 적용되는 것은 아니다. 이유는 사회적, 경제적, 그리고 정치적인 조건으로 다양하고 광범위하기 때문에 가치와 행동 모형은 다양하고 넓기 때문이다. 그런데 특별한 문화 속에서 도덕 발달의 보편적인 단계가 있다. 결론적으로 경영과 조직행동은 조직문화와 기업 윤리규범과 집단규범과 개인적 태도 그리고 조직구성원의 활동에 영향을 주는 데는 한계가 있다. 이것은 이들 가정영역 외부의 윤리적 행동이 다른 조직에서 우연히 마주쳤을 때 이들 조건 아래서 조직은 종종 도전하고, 그리고 다른 문화조정에 대한 윤리적인 행동으로 세련시켜간다. 그리고 윤리적 상대주의 논의에 대한 지지의 한 가지는 성(gender), 국가문화와 조직문화는 도덕적 지향과 윤리적인 발달에서 달라지게 확실히 공헌할 것이다. Kohlberg의 단계이론 상황 수정 변수로 본다.

2. 체면과 윤리행동

윤리행동의 상황접근은 체면(face)의 개념이다. 보통 아시아 사람들의 문화는 배타적인 부분처럼 정의한다. 체면은 사회적 문화 과정에서 발견되며, 서구에서도 포함된다. 이것은 하나의 개인적인 문화이해와 연출의 체면 모습이기 때문에 윤리적인 개념이다. 그리고 특별한 사회 상황이 유지된다. 상환에 대한 유지행동은 개인의 체면에 대한 표현을 지지한다.

Erving Goffman(1967)[11]인 미국 사회학자는 체면을 다음과 같이 정의하였다. 다른 사람들의 추정 선에 의해 사람들 자신에 대한 긍정적 사회적인 가치의 효과적인 요구인데 이는 그들이 접촉하는 동안에 얻어진다. 그러므로 체면은 자신의 사회적인 공헌을 승인하는 말에 대한 윤곽을 그리는 상징이다. 사람들이 그들의 직업에 대해 좋게 보이려고 할 때와 같거나 혹은 그들 자신이 좋게 보이려고 만들기 위한 종교이다. 그럼에도 불구하고 체면은 Asian에 대한 중요한 것 중의 중심이다. 그러나 서구 문화에서는 나타나지 않는다. 그러나 이것은 바른 생각을 안하거나, 혹은 정확히 행동을 금하게 한다. 중국 사람들은 그들의 생활 속에 체면에 영향을 받는 첫 번째라고 인정한다. 그리고 그들은 이것을 작업에 어떤 영향을 미치는 가에는 차이를 가진다. LU XUN이라는 중국 작가는 이것을 다음과 같이 말했다. 이것은 당신이 생각을 멈추지 않는다면 모두 잘할 수 있다. 그러나 당신은 더 생각을 한다. 그래서 너의 성장에 혼돈한다. 거기에 너무 많이 생각을 하는 것 같다. 각각의 사회 속에 계급은 체면이 다르게 나타난다. 아시아 사람 문화에서는 체면의 의미는 대략 표준을 맞추는데 언급한다. 이것은 제도를 다른 조직 내의 깊은 규칙이다. 보기로서 윤리법전이다. 왜냐하면 일반적인 문화 부분과 개개인이 내부화된다. 결국 아시아 사람들의 체면은 이해하는 것은 서구사람들은 관계하는 사회 모습에서 영향을 받는다. 다른 집단 구성원들보다 체면을 구하는 높은 권력문화적인 행동은 구별된다. 그런데 권위주의 문화는 높은 흥미를 가지는 것은 중요하다. 보기로서 체면은 Taiwanese와 같은 권위주의는 Auustralian의 권의주의와 혼돈된다. 결국 윤리적 활동은 체면유지(maintain face)이다. 그럼에도 Australian은 그들은 진실을 발견하면 아첨한다. 이것은 진실하게 안다는 것은 윤리적인 행동이다.

organizational behavior

제4장 조직 윤리(organizational ethics)

윤리적인 충돌은 윤리적인 규약, 도덕 표준, 사회적 가치 그리고 다른 문화 중의 법률에서 다양한 결과에 의해 발생한다. 복잡한 이들 문제들은 윤리, 도덕이나 혹은 법률 존중과 같은 사회 신봉에 모든 조직이 문제 되는 것은 아니다. 물론 이것에 대한 윤리적인 상대주의 지향적인 도전은 윤리적인 문제가 된다. 윤리적인 고찰에 대한 한 가지 방법과 사회적 책임 논쟁은 일차적으로 조직 윤리는 조직 내부와 조직내부 상호작용에 영향을 미치는 이들 간의 구별에 대한 것이다. 가끔 내부조직 문제들에는 윤리적인 관계들에 대한 것이 증가한다. 그들은 결과적으로 조직 간의 관계에 실질적인 영향을 미친다.

1. 내부적 윤리문제

내부적 윤리문제는(internal ethical issues)은 일차적으로 조직구성원들에 영향을 미친다. 이것은 명백한 정책들과 조직운영, 특별한 지방 법률 등에 포함되어 있거나 혹은 다음과 같은 확실한 행동을 규정하는 문화 가치들이다.

(1) 차별(discrimination)

많은 사회들은 확실한 집단들의 구성원들에 편애(preference)를 한다. 인종(race), 민족성(ethnicity), 나이(age), 성(gender), 지리적인 지역(geographic region) 그리고 종교(religion)는 차별에 사용되는 변수들이다. 같은 문화 속에서는 태어난 것이 사회의 고용차별이 생기는 것이 아니다. 그리고 차별은 극복할 수 있거나 혹은 방지 그리고 고용을 촉진시킬 수 있다. 그리고 이것은 고용에 대한 확실한 유형을 찾은 집단 구성원의 용기를 잃게 한다.

(2) 안전(safety)

많은 나라, 개발도상국가(developing)와 개발된 국가(developed)들의 근로자들은 적당한 보호준비에 대한 표준에 대한 실패와 근로자들의 건강에 대한 위협을 생기게 된다. 노동조건의 불안전은 어린이와 죄수노동으로 경쟁우위를 얻기 위한 전략 부분들이 있다. 그들 역시 인간손에 따르지 않은 것은 문화적인 기초때문이라고 할 수 있다.

(3) 보상(compensation)

근로자들 보상은 세상에서 제일 무시할 수 없다. 많은 나라에서는 근로자들의 임금은 1년이고 다른 나라에서는 일주일 벌어서 산다. 서구의 사람들 시각에서는 개발도상국에서 받는 임금은 믿을 수 없을 정도의 임금을 받는다. 그럼에도 불구하고 서구사람들은 임금이 낮은 나라 사람들의 솜씨를 옮겨 놓으려고 운영에 대한 강화를 한다. 이것 역시 경제적인 우세에서도 나타난다. 보기를 들면, 미국에서는 저임금으로 노동자를 착취하는 공장(sweatshop)이 도시 근교 외국에서 온 이민자들이 아직까지 있다는 사실과 지방 어느 곳이나 고용기회가 제한되거나 혹은 노동조합 조직이 없다.

(4) 어린이 노동(child labor)

미발달된 많은 나라에서는 광범위한 어린이 노동 고용한다. 죄수노동자를 고용하는 것도 마찬가지다. 이것은 선진국이나 개발도상국가에서도 발견된다. 그래서 기업의 사회 책임관계를 첨부하고 사회교육제도를 위한 사회책임 관계가 첨부되는 것이다. 회사 내에서 이들 실행은 법률에 있는 것뿐만 아니라 윤리에도 있다. 단 다른 가치 목적을 향하는 문화는 윤리적인 문제가 된다. 변화에 대한 보기로서 윤리적으로 가치에 대한 마찰이 있는 경우에 서구유럽 사람과 미국사람은 좋은 제조공업을 지지하고, Pakistan 사람들은 어린이가 축구공을 꿰매어 파는 것과 격투기하는 좋아하는 대부분의 서구사람들은 연립 제유한다. 이것은 빈곤 때문이다.

Pakistan 양친은 Punjab 지방의 Sialkot 지방에서는 6시간 정도 축구공을 꿰매어 파는 어린이가 있다. 이와 같은 평가에 따라서 14살 파기스탄 어린이가 하루에 10시간이상 일하는 어린이가 10,000. 이상이 하루 $ 1.20.번다(Greenhouse 1997, p. A12).[12] 미국과 서유럽서는 이와 같은 파기스탄 어린이가 하는 이 일은 불법이고 비윤리적이다. 어린이 노동에 위배되나, 다른 데서는 어린이 노동을 이해하는 결과가 된다.

2. 이문화 윤리문제(cross-cultural ethical issue)

경제글로벌과 윤리문제는 조직 이문화의 상호작용을 증가시키는 영향을 한다. 이는 다음과 같은 것이 포함되어있다.

(1) 지적자산에 대한 도둑(theft of intellectual property)

모든 나라들은 복제에 대한 체면은 없다. 그리고 특허와 많은 무허가로 복제한다. 이것은 Computer Software, Computer Music Discs 그리고 정보에 대한 다른 매체에 대한 사용보호가 어렵기 때문이다.

(2) 뇌물을 주고 그리고 매수행위(Bribery and Corruption)

이상 2가지의 일반적인 형태는 Whitemail과 윤활유에 대한 뇌물이다. Whitemail은 유죄를 호의로 봐주기 위해 힘이 센 사람이 만들거나 혹은 효율에 대한 근거도 없이 경제적 이익 규모를 잘 봐주는 것이다.

(3) 미끄럽게 뇌물을 주는 것(Lubrication bribes)

미끄럽게 뇌물을 주는 것은 지불을 빠르게 하고, 속도를 내게 하거나 혹은 정부의 광범위한 면허나 심사를 촉진하게 하는 것이다.

(4) 위험생산물 고위적인 판매(Intentionally selling dangerous products)

기업은 때때로 생산품을 소유하는 나라의 위험을 고려하거나 혹은 문화적으로 받아들이는 요구를 완전히 평가하지 않는다. 예로서 미국은 개발도상국가 다국적기업이 담배 파는 것을 싫어한다.

(5) 환경오염(Environmental pollution)

모든 나라는 자연환경을 위해 관계를 나타내지 않은 나라는 없다. 오염 없이 제조하는 것은 비용이 많이 들기 때문이다. 환경 악화는 공장으로부터 유독성 방출, 원자력 발전으로부터 나오는 방사선 그리고 무분별한 벌목으로 환경문제는 광범위하다.

(6) 그릇된 내부 교섭 설명(intentional misrepresentation in negotiations)

허세(bluffing), 사기(fraud) 그리고 협박(intimidation) 등에 대한 여러 가지 형태는 약한 문화 속에서는 교섭 공격을 받는다. 이것은 비윤리적이거나 혹은 불법이다.

3. 내부 상호작용과 이문화 윤리

경우에 따라서는 내부적인 윤리문제는 조직이나 혹은 국가 간에 윤리적이고 사회책임관계를 발전시킨다. 이 양 경우에 공동체 변화와 확실한 실행이나 혹은 항상 반대할 만큼 방법이 숨어있는 실행에 대한 노출 쪽의 공공 태도가 양쪽에서 일어난다.

보기로서 어린이나 혹은 죄수노동가 옷을 만든 나라로부터 수입에 대해 반작용이 포함되어 있다. 한 예로서, Central America에 H. B. Fuller의 경험을 들었다. 공업용 아교 제조업자와 Minnesota 의 St. Paul은 공업용 아교를 생산하는 생산자와 Coating하는 자 그리고 Paints하는 자를 두었다. 그리고 그는 사회적인 책임을 자랑했다. 이들 가운데 아교는 Resistol 신발을 만들기 위해 사용되었다. 여러 해 동안 Resistol은 Central America에 일하는 어린이가 코를 킹킹거리었다. 그러나 이들은 일하면서 배고픔과 절망감이 없었기 때문에 일시적으로 행복감을 느끼었다. 그러나 Resistol 결국 머리가 아파 죽었다.

Fuller은 Resistol에 사용한 약물들을 중지하고 더구나 아교의 독성을 감량했으며, Honduras와 Guatemala에 판매제한을 두었다. 이것은 아교뿐 아니라 겨자 빛 오일(mustard oil)도 마찬가지로 판매를 제한했다. 그리고 Lawsuits는 Fuller의 도전적인 것이 자신에 대한 이미지와 윤리나, 사회책임회사와 같은 공적인 관념 분야이다(Henriques 1995).[13] Fuller에 대한 윤리적인 문제는 이것들 생산에 대한 남용을 막는 것과 시장으로부터 이것들을 빼내는 것도 포함되었다.

organizational behavior

제 5 장   윤리 연구(studying ethic)

연구자들은 조직윤리에 대한 연구를 사회과학적 방법을 사용하였다. 조직연구에 조직 역할을 떠맡은 사회 과학자, 조사자들의 참여, 윤리적인 진퇴양난(dilemma)이 직면한 관리자들의 기록물(document)과 그들의 행동에 그들이

맞추었다.(Jackall, 1988)[14]

그리고 다른 접근은 의사결정에 가능한 잠재력에 대한 결과의 시험이다. 하나의 보기로서, 재난센터 도전 장소에 지도하는 미국 내의 국가 항공학과 공간 경영(NASA)에 대한 윤리 풍토 재구축이다. 조직문화와 관료주의과정은 표준에서 벗어난 것을 표준화로 만들었다. 즉 제조업자들이 명세서에 없는 부분을 생산했을 때, 시간 압력이유와 사회적인 적합, 승인된 과정을 몰래 손상시키는(undermined) 것 때문에 본래모습으로 한다(Vaughan, 1996).[15] 결론적으로 연구자들은 면접(interview)나 혹은 관리자들에게 설문지에 의한 것과 다른 조직구성원들의 윤리정책과 윤리에 관한 운영을 면접이나 설문 조사를 하는 것이다.

1. 영국과 미국의 윤리

윤리에 대한 미국과 영국의 비교연구(studies comparing)에서 이들 양국관리자들 거의 유사한 경영국면일 것이라고 암시하였다. 그들은 거의 문화변수들의 수가 거의 같다.

Hofstede(2001)[16]의 문화변수들의 윤곽(framework)에서 권력의 차이(power distance), 불확실성 회피(uncertainty avoidance), 개인주의 대 집산주의(individualism, and masculinity), 남성다움과 여성다움(masculinity versus femininity)이 유사하다. 미국과 영국 역시 Anglo-Saxon에서 물려 받은 사회에서 분리되었다. 즉 법률 체계, 경제 제도, 언어 체계도 물려받았다. 그럼에도 불구하고, 그들이 윤리 문제에 대해 그들의 중요한 차이가 813가지가 조사되었다(Robertson and Schlegelmilch, 1993).[17]

첫째, 영국회사들은 선배 CEO들로부터 윤리정책을 더욱 좋아한다. 그런데 미국기업들은 그들의 인적자원과 법적인 부서를 더욱 신뢰한다. 둘째, 미국기업들은 영국보다 윤리문제를 더 중요하게 생각한다. 갑과 을(counterparts), 회사에서 고용자들을 해치려는 활동에 대해 중요하게 고려한다. 셋째, 영국의 경영자들은 미국경영자가 하는 것보다도 사외 주주들을 더욱 생각한다. 마지막으로 개인의 자유에 대한 권리가 배제되는 것은 영국기업은 더욱 보호한다. 그리고 기업의 이윤에 대해 고용자가 싫어하는 정책을 일일이 쓰는 것을 더 좋아한다. 결론적으로 이 두 나라는 기초적인 가치지향은 역시 유사하나, 회사 윤리와 그들이 그것을 어떻게 관리할 것인지에 대해서는 다른 국면을 대단히 강조한다. 만약 미국과 영국이 유사한 나라라면 강조할 것이다. 문화적 차이가 광범위한 나라들에 존재하는 다양한 나라들에 아마 더 의미심장하다.

2. 이문화 윤리에 대한 시각

1995년도에 시작된 국가청렴도(Transparency International)세계 나라들 주위에 있는 기업들의 비윤리적인 운영하는 시각(perception)에 대한 순위를 매겼다. 국제 청렴도 의장인 Peter Eigen에 따르면, 2001년 뇌물시각지수(Corruption Perception Index)인 CPI은 관공서 권력남용(misuse of power)에 대한 시각에는 끝이 없었다. 그리고 부패수준(corruption levels)은 세계 개발도상국가와 개발 국가 양 국가 다 같이 높게 지각되었다. 거기에는 부패위기가 세계적이었다(www. transparency.org).

CPI에 의한 91개나라 등급은 <표 3 - 1>과 같다. 이들의 부정에 대한 점수는 Enron, Arthur Andersen 그리고 Worldcom 의 추문(scandals)이전에 나타난 점수들이다. 나라 등급에 대한 시각은 가장 부자나라도 있다. Finland, Denmark, New Zealand, Iceland, Singapore 그리고 Sweden는 부패지수가 가장 낮은 점수인 10점에서 9점이다. 그럼에도 불구하고 55개 국가 점수는 부패시각지수가 높은 5점보다 더 미만인 나라들이다. 이들 나라 대부분은 세계에서 가장 가난한 나라들이다. 이는 Bolivia, Cameroon, Kenya, Indonesia, Uganda, Nigeria 그리고 Bangladesh 등이다.

CPI(부패시각 지수)역시 사회주의로부터 변한 경제경험을 한 나라들은 부패시각지수는 대단이 높게 기록된다. 보기로서, Rumania, Kazakhstan, Uzbekistan, Russia, Ukraine 그리고 Azerbaijan은 3.0보다 적다. 무엇이 국제기업윤리에 대한 여러 나라 가운데서 부패에 대한 시각의 광범위한 차이에 대한 국제

기업 윤리에 대한 시각이 무엇인가?

첫째, 사람들은 기업교차문화는 부패에 대한 이해를 알 것이다. 그리고 부패 활동에 대한 이문화에 대한 수준에 대한 다양한 의미를 알 것이다. 둘째, 부패수준의 폭넓은 불일치한 문화는 회사윤리와 기업운영을 넘어서 경험 마찰에서 오는 것으로 암시된다. 셋째, 국제경영자들 요구는 부패의 특별한 형태에 관해서 더 많은 정보가 필요한지, 경영윤리에 대한 능력개선에는 더 알려고 하지 않고, 효율에 대한 사회적인 책임이 더 많다. 윤리적인 마찰에 대한 해결방법이 지도이다.

3. 이문화 윤리적인 마찰에 대한 해결

이문화에는 다양한 윤리체계 때문에 가치차이는 이문화의 윤리적인 마찰이 가장 중요하다. 문화가 접촉되었을 때 그들에게 유사한 것조차도 거기에는 옳고 틀린 것을 넘어가는 마찰에 대한 잠재력을 가지고 있다.

(I) 미국의 접근

미국에서는 윤리마찰 통제를 위한 방법으로 법률로서 윤리를 변화시킨다. 자발적인 순종대신 공식적인 징벌을 허가에 위한 명령과 승낙을 같이하여 변화한다. 보기로서, 외국인부패 운영법(Foreign Corporation Practices Act)인 (CPA)은 1988년에 개정된 것은 1977의 CPA법이다. CPA의 일차적인 과제는 그들 생산품의 구매에 외국 CEO에 대한 영향을 미치는 미국사람 기업에 뇌물제공하는 미국 기업이 죄가 되게 만들거나, 혹은 외국 CEO가 다른 광범위한 부패 활동, 정치가, 혹은 회사 지도자들이다. 이는 벌금을 포함한 과태료와 형무소에 있는 기간이다. FCA(외국인 부패운영 법)에 따르는 방법이 교묘하게 어기는 방법을 미국기업들을 종종 발견한다.

보기로서 Chubb 회사의 전략이다. 이는 뉴저지 주에 소재한 보험회사다. 이 회사가 중국에 사업을 진출할 목적은 중국은 거대한 잠재력을 가진 모험시장이다. Chubb는 상하이 대학교에 모험을 가르칠 프로그램에 백만 불을 걸었다. 이는 결국 중국에 사업을 하는데 Chubb는 면허를 취득할 수 있는 사무실 중역회원이라고 불렀다(Mibank and Brauchli, 1995).[18]

(2) 글로벌 접근

경제협력개발기구(OECD)는 경제, 사회 통치에 태클(tackle)하는 것을 돕고 그리고 글로벌경제 통치에 대한 도전하는 것을 돕는 국제기구이다. 이것의 Web page는 (http://www.oecd.org)이다. OECD는 묻는다. 왜 OECD는 국제사회 다른 구성원과 함께 부패전쟁에 참전하는 것인가? 그 이유는 부패는 범위가 없는 것이 중시되고, 경제구별이 없는 것을 알고 그리고 정부의 모든 형태에 오염시키는 이유 때문이다. 그리고 이것이 오래가는 속에서 사회가 하려고 하는 부패를 수반하는데(corruption entails) 사회, 정치 혹은 경제비용을 노력할 수 있는 나라는 없다. OECD는 부패와 전쟁에 각 전문분야 협력을 취한다. OECD는 경제성장을 위해 특별히 방해가 되는 것을 개발도상국가에 대한 부패로 본다.

1997년 11월 OECD에 가입한 30개 회원 국가는 <표 2 - 1>과 같고 비회원국은 5개 국가인데 이는 다음과 같다.

Argentina, Brazil, Bulgaria, Chile, 그리고 Slovak Republic 등이다. 국제기업의 거래 중에 외국공무원(foreign public officials)에 대한 뇌물을 주는 싸움(combating bribery)에 협정하였다. 외국 공무원에 뇌물을 주는 범죄에 국가법률 쪽으로 가기를 하는 협력노력에 동의하는 데에 서명하였다. 미국은 이것을 받아들이는 것보다 더한 공무원에게 뇌물을 주는 부분 목표에 동의를 지지하였다. 왜냐하면 미국의 많은 기업들은 지속적으로 뇌물을 사용하는 다른 나라 회사들과 같이 외국 부패 운영법(Foreign Corrupt Practice Act)과 같은 것은 퇴보된 것으로 미국기업들은 느끼었다.

OECD는 Caux Round Table과 Conference Board은 글로벌기업 윤리와 사회책임을 위한 표준을 개발할 것을 기도하였다. Caux Round Table은 유럽, 북아메리카 그리고 일본 등의 기업지도자들을 포함한 규칙 존중처럼 윤리제안을 하였고 환경, 노동자들의 역할의 윤리적인 지도관계도 제안하였다. 보기

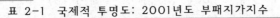 표 2-1 국제적 투명도: 2001년도 부패지가지수

CIP점수 순서: 10(highly Clean)에서 0(highly Corrupt) 수준

순위 (Rank)	국가	점수	순위 (Rank)	국가	점수
1	Finland	9.9		Hungary	5.3
2	Denmark	9.5	31	Trinidad & Tobago	5.3
3	New Zealand	9.4		Tunisia	5.3
4	Iceland	9.2	34	Slovenia	5.2
4	Singapore	9.2	35	Uruguay	5.1
6	Sweden	9.0	36	Malaysia	5.0
7	Canada	8.9	37	Jordan	4.9
8	Netherlands	8.8	38	Lithuania	4.8
9	Luxembourg	8.7	38	South Africa	4.8
10	Norway	8.6	40	Costa Rica	4.5
11	Australia	8.5	40	Mauritius	4.5
12	Switzerland	8.4	42	Greece	4.2
13	United Kingdom	8.3	42	South Korea	4.2
14	Hong Kong	7.9	44	Peru	4.1
15	Austria	7.8	44	Poland	4.1
16	Israel	7.6	46	Brazil	4.0
16	USA	7.6		Bulgaria	3.9
18	Chile	7.5	47	Croatia	3.9
18	Ireland	7.5		Czech Republic	3.9
20	Germany	7.4	50	Colombia	3.8
21	Japean	7.1		Mexico	3.7
22	Spain	7.0	51	Panama	3.7
23	France	6.7		Slovak Republic	3.7
24	Belgium	6.6		Egypt	3.6
25	Portugal	6.3	54	El Salvador	3.6
26	Botswana	6.0		Turkey	3.6
27	Taiwan	5.9	57	Argentina	3.5
28	Estonia	5.6	57	China	3.5
29	Italy	5.5	59	Chana	3.4
30	Namibia	5.3	59	Latvia	3.4

순위 (Rank)	국가	점수	순위 (Rank)	국가	점수
61	Malawi	3.2	77	Cote d'Ivoire	2.4
	Thailand	3.2		Nicaragua	2.4
63	Dominican Rep	3.1	79	Ecuador	2.3
	Moldova	3.1		Cameroon	2.0
65	Guatemala	2.9		Pakistan	2.3
	Philippines	2.9		Russia	2.3
	Senegal	2.9	82	Tanzania	2.2
	Zimbabwe	2.9	83	Ukraine	2.1
69	Romania	2.8	84	Azerbaijan	2.0
	Venezuela	2.8		Bolivia	
71	Honduras	2.7		Kenya	2.0
	India	2.7	88	Indonesia	1.9
	Kazakhstan	2.7		Uganda	1.9
	Uzbekistan	2.7	90	Nigeria	1.0
75	Vietnam	2.6	91	Bangladesh	0.4
	Zambia	2.6			

출처: Transparency International(www.trasparency.org).

로서 일을 주고 노동자들 생활조건개선에 대한 보상이다. Conference Board 의 구성원들은 미국과 유사한데 유리규약 개발과 강화 같은 세계에 관계되는 문제를 통해 세계를 통해 문제에 관계되는 조사를 지시하였는데 이는 윤리에 대한 규약의 개발과 강화와 같은 세계와 관계되는 문제를 기업들을 통해 조사 하는 것이다.

4. 윤리규약(Codes of ethics)

윤리적인 마찰을 해결하는 다른 방법은 기업의 윤리규정(codes of ethics) 이다. 이것은 법은 아니다. 이것은 확실한 조건 아래서 받을 수 없는 행동을 성문화(codify)하는 것이다. 조직은 규약에 대한 집착이나, 혹은 해고에 대한 징계로부터 종업원에게 처벌을 기대한다. 다른 말로 하면 윤리규약은 성적으로 괴롭힘에 연류되어 나타나는 문제, 회사자산 사용 그리고 기부 혹은 선물을 받는 것 등의 행동평가를 일일이 이름을 부름으로서 애매모호함을 감소시키는 것이 포함된다.

- 코카콜라 회사 윤리규약의 가장 중요한 부분.
  - 고용자들은 세계 어느 곳에 있거나 법(law)을 따라야한다.
  - 고용자들은 윤리에 대한 충돌을 피해야한다.
  - 재무기록 – 내부 활동과 외부거래-적시 그리고 정확하게 해야 한다.
  - 회사재산은 컴퓨터에 넣고 재료 그리고 작업시간 등을 개인을 위해 사용해서는 아니 된다.
  - 고객과 공급 자을 적당하게 그리고 적당히 멀리하고 처리해야한다.
  - 고용자는 매수를 기도하거나, 혹은 공무원에게 부적당하게 영향을 미치게 해서는 아니 된다.
  - 고용자들은 회사의 비공식적인 정보에 보호되어야 한다.
  - 규약위반은 다른 고용자들의 규약 위반에 포함되어 있다. 규약위반 보고서가 없거나, 혹은 규약조사협력에 실패한다.
  - 규약위반은 규율의 결과이다. 규율은 사정에 달려 있을 것이고, 그리고 규약에 포함되지 않거나 혹은 연합된 징계서이다. 강등의 장점이 없어지거나, 보너스 혹은 주주의견, 미결정을 연기하거나, 혹은 종료한다.
  - 규약 밑에 확실한 활동은 당신의 규약관리자에 대해 승인서가 포함된다. 윤리 관리자는 당신의 부서장, 집단의장, 회사기능장 혹은 당신의 운영에 전반적인 관리자다.
  - 규약관리자들은 그들 자신을 위해서이다. 그리고 재무책임자이다. 보고서는 사무실 실무책임자의 승인을 받고 이사들의 회의에서 결정되어야한다.
  - 만약 당신이 모든 상황에 의문을 가진다면 항상 물어라.

5. 윤리문제 해결

법률과 윤리규약은 모든 상황을 감싸 줄 수는 없다. 문제를 해결하는 데는 윤리상대주의와 보편주의에 의해 해결이 높아진다. 관리자들은 윤리적 마찰에 대한 테두리에 특별한 윤리적 성질을 고려할 것이다. 윤리문제 해결은

Kohls와 Buller(1994)[19]의 연구에 따르면, 과업가치의 구심성과 윤리적 문제에 관해서 사회적 일치의 정도, 의사결정 자들의 결과에 영향을 미치는 능력 그리고 주위 상황위기 수준에 달려있다.

관리자들의 윤리적 마찰을 해결하기위해서 7가지 중 하나를 취한다고 Kohls와 Buller는 다음과 같이 말했다.

1. 회피(avoiding)한다. 이는 무시를 단순히 선택하는 것이다. 마찰을 하지 않는다.

2. 강제(forcing)이다. 이는 한부분이 다른 것보다 강한 한부분일 때 종종 사용된다.

3. 교육(education) - 신념(persuasion)이다. 이는 정보준비를 통해 위치가 다른 변화를 시키는 것이다. 이유 혹은 감정에 호소하는 부분이다.

4. 스며듦(infiltration)이다. 이것은 호소하는 생각을 널리 퍼트리는 것을 다른 사회적 희망에 문화적 가치를 소개하는 것이다.

5. 협상(negotiation) - 양보(compromise)이다. 다른 것에 대한 윤리에 적용하는 부분이다.

6. 조정(accommodation)은 교섭정차에 대한 포기하는 양 부분이다.

7. 협상(collaboration) - 문제해결(problem solving)이다. 양쪽의 승리 양쪽욕구를 만나는 양쪽 승리로서 상호 안전한 해결성취를 함께 하는 것이다. 관리자들은 이들 활동가운데서 어떤 선택을 할 것인가? 그리고 거기에는 좋은 해법이 있는가? 답은 다음과 같다.

첫째, 그들 가치의 중심임(centrality of values)을 생각한다. 연속적인 가치모형은 보편적인 관심의 핵심적인 가치 그리고 이들 주변의 기업의 윤리적 지시 중간에 정돈되어 있다. 계속적인 생각에 따라서 윤리적인 의사결정 핵심가치를 유지한다. 그리고 주변에는 초점이 흐리다(Kohls and Buller, 1994).

둘째, 핵심가치는 고민으로부터 자유가 포함되어 있고, 차별대우를 하지 않고, 다루는 방법이 옳고, 연합적이고, 정치적인 참여가 옳다는 것이 포함되어 있다(Donaldson, 1989; Donaldson and Dunfee, 1999).[20] <그림 2 - 1>은 핵심으로부터 주변까지 가치의 연속성을 서구사람들이 좋아하는 것을 기초로 하였

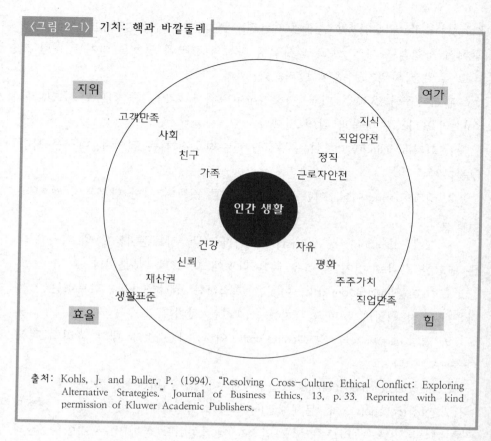

〈그림 2-1〉 기치: 핵과 바깥둘레

지위

여가

고객만족
사회
친구
가족

지식
직업안전
정직
근로자안전

인간 생활

건강
신뢰
재산권
생활표준

자유
평화
주주가치
직업만족

효율

힘

출처: Kohls, J. and Buller, P. (1994). "Resolving Cross-Culture Ethical Conflict: Exploring Alternative Strategies." Journal of Business Ethics, 13, p. 33. Reprinted with kind permission of Kluwer Academic Publishers.

다.

셋째, 관리자는 가정문화일치(home culture consensus)에 일치시키는 가치를 분류하였다. 윤리적인 결심은(ethical decision)은 가정문화에 대한 광범위한 공유가치를 지속한다(Kohls and Buller, 1994).

넷째 요소는 관리자들의 상황을 넘어 영향을 준다. 거기에는 상황변화능력이 없는데서 부터 상황을 넘어 완전하게 통제하는 것이다. 관리자가 상황을 넘어서 영향을 가질 수 없을 때 그들은 다른 문화들의 편의를 도모한다. 만약 중요한 가치가 포함되어 있으면 관리자들은 상황 밖에서 취할 수 있거나 혹은 포함하지 않을 것이다.

마지막 요소는 긴급(urgency)이다. 어떻게 빨리 혹은 어떻게 천천히 전략적인 마찰을 해결할 수 있는 선택을 하는데 영향을 주어야한다.

긴급은 회피(avoidance), 강제(forcing)에 대한 견해에 대한 한계이거나 혹은 편의를 도모(accommodation), 침투(infiltration) 그리고 협력(collaboration), 시간 연장을 요구할 때이다.

6. 글로벌기업에서 경쟁에 유리한 윤리

다국적기업에 윤리에 나타나는 기대는 윤리행동이 경쟁에 유리하게 준비한다(Buller and McEvoy, 1999; Litz, 1996).[21] 경쟁도구로서 윤리능력은 조직의 보장능력과 글로벌 전후관계에 효과적으로 윤리문제를 대답한다. 윤리적 능력 요소들은 기업 특성(firm-specific)이 포함되어 있다. (1) 지식 그리고 윤리적 윤곽(framework)을 이해하는 기술 그리고 이문화 윤리상황에 효율적인 대답이다. (2) 리더십, 팀워크 그리고 회의 진행을 촉진하고 그리고 윤리목표에 대한 학습하는 조직문화이다. (3) 인적자원체계 그리고 습득, 개발 다른 조직 실행 그리고 이들 가능성을 지속하는 것이다(Buller and McEvoy 1999, p. 326). 윤리적 잠재력은 상호의존 지각, 윤리적 생각, 효과적인 대답 등 3가지 중요조직자원이 존재한다(Litz, 1996).

상호의존지각은 다양한 주주들의 욕구에 의해서 회사의 합법적인 인식이다. 그리고 윤리적 생각은 다양한 주주들의 상호작용으로부터 조직학습 창조의 결과이다. 그리고 윤리문제의식을 높이는 감성의 생산이다. 효과적인 대답은 결국 적시적인 방법에 적당한 윤리적인 활동을 취하는 것이다. 국제 인적자원관리 전략(strategic international human resource management)의 정돈은 기업윤리능력개발이다. 인적자원 실행은 창조와 유지 그리고 변환적 리더십을 통한 윤리유지, 조직학습을 높이고, 그리고 인적자원실행의 특별한 수단이라고 할 수 있다.

특별히 변환적인 리더십 시각, 분명함 그리고 회사를 위한 윤리적 비전유지다. 조직학습에 있어서는 국제기업 주주는 윤리적 실행에 관계하는 하나의 조직학습이 요구된다.

특히 인적자원 실행은 문화적으로 적당한 사람의 선택요구로 규범도구에 적합한 윤리결합의 국제규범에 포함된다. 윤리 훈련, 윤리행동 혼합성과와 평가 그리고 보수와 윤리행동에 대한 인식이다. 이것은 다국적 기업에 윤리적 자격을 유지하는 것이 중요하다. 그리고 이것은 중요한 과업확인을 위한 과정이다. 그리고 보고하는 관계 수정, 책임 그리고 이들 과업성취에 대한 협력체계이다.

맑고 그리고 커뮤니케이션 일치는 역시 다국적기업 윤리의 비전 공유를 유지하기 위해 중요하다. 마지막으로 변화조직 리더는 윤리감사를 포함한 변화를 위한 윤리적 능력개선을 유지하기 위한 계획변화에 대한 저항을 극복한다. 그리고 필요한 자원의 효용과 윤리적 능력을 얻는다.

organizational behavior

제 6 장   다국적기업과 조직문화

조직이나 국가는 문화를 가진다. 어떤 조직들은 DVD 플레이어를 만들거나 금융 서비스를 하는데 목적이 있다. 그러나 이들의 차이점은 조직문화변화(variations in organizational culture)는 다르게 나타난다. 다른 점은 목표를 어떻게 성취 하는 것이 다르다.

보기로서 하나의 금융서비스 회사는 혁신을 촉진하고 위험을 감수 한다. 그리고 다른 회사 문화는 확실성을 강조하고 고객 서비스를 한다. 조직문화가 조직행동에 미치는 영향에 대한 연구조사들은 눈부시게 증가하고 있다.[22] 조직문화에 대한 1차적으로 흥미가 있는 이유는 문화가 기업성공에 공헌한 것이기 때문이다. 보기로서 일본 자동차산업에 일본조직문화는 일본의 국가문화가 중요하게 반영되었다.

중요하게 반영된 것은 감독기술(superior workmanship)이 확실히 중요 요소로 되었고, 같은 요소는 일본자동차의 품질은 미국 자동차 보다 좋게 되었다.[23] 1990년대 자동차산업에 조직문화 역할과 품질에 대한 관계는 분명하여,

2003년에는 GM(General Motors)이 넓게 이를 받아드리게 되었다. 그리고 이들은 "구출의 길"(The Road to Redemption.)이라는 제목으로 널리 알리기 위해 광고하였다.

그리고 2003년 6월 8일 New York Times Magazine에 공포했다. GM은 수십 년 들여 만든 것을 하루 밤에 성공한 이야기를 발표하였다. 우리는 10년 전에 선택했다. 우리는 백미러(rear view mirror) 속에서나 혹은 앞선 길을 본다.

이것이 우리가 소유하고 있는 범문용례(bureaucratic)를 깨트리는 의미 있는 부분 이였다. 학습은 우리들의 경쟁자로부터 겸손함을 배워주었고, 모든 부문에 진실한 품질 문화를 스며들게(instilling)하고, 모든 부서에도 구석구석 진실한 품질 문화를 스며들게 하였다. 그리고 우리들이 가지는 핵은 품질을 가지는 것이라고 하였다.

우리는 최고의 자동차를 구축하고 그리고 우리들의 역사적인 거래(trucks) 들을 구축하는 것이다. 이와 같은 GM의 생각은 어제 오늘일이 아니다. 그리하여 그들은 지난해 20개 넘은 모델을 개발하였다는 것이 2번째 방법이다. 그리고 우리는 위대한 자동차를 만드는데 할 일이 많은 것을 발견했다.

GM은 세계최고 자동차회사 중의 하나이다. GM은 global경쟁에 의한 강제로 느낀 것은 보다 높은 품질 생산에 대한 조직문화변화에 대한 것이라고 하지 않을 수 없다. 이와 같이 조직행동 전망으로부터 GM의 진술은 기업문화를 강조하였다.

1. 다국적기업 조직문화란 무엇인가?

문화는 기초적인 가설형태이다. 창작된 것(invented), 발견된 것(discovered) 이나 혹은 주어진 집단을 위해 개발된 것이고, 내부적인 통합과 외부적인 적은 문제들을 극복(cop)하는데서 배운 것이다. 그와 같은 것들은 확실하고 새로운 구성원이 지각하고, 생각하고, 느끼는 정확한 방법을 가르치는데 사용되는 것이다.[24]

사회적인 문화와 같이 조직구성원들은 허용된 조직문화를 가지는데 이것은 2차적인 사회화(secondary socialization)의 실질적인 산물이다. 이는 세계기업 이해하는 방법으로 자연적인데 그들의 행동에 대한 문화적인 충격 평가(impact of corporate culture)는 조직 구성원에 따라 다르다.

특히 외부인들 즉 외국기업가나, 경영진단사 혹은 조사자들은 일반적으로 생소한 조직문화로부터 문하 기초를 상상하는 것은 보통경험으로서는 발견하기 힘들다.

(1) 국가문화와 글로벌 문화

1) 국가문화

국가문화, 조직문화는 합리적인 기본가정을 준비하고 행동을 안내한다. 역시 이것은 유사한 방법 속에서 작용하고 많은 경영조사자들은 국가문화(national culture)와 기업문화(corporate culture)사이에 대한 관계는 복합체(complex)와 같이 보았다.[25] 그러나 어떤 이론가들은 국가문화와 기업문화 사이에 관계가 있다고 하더라도 아주 적다고 보고, 산업화 논리(logic of industrialization)를 언급하였는데 모든 조직에 같은 방법으로 영향을 미친다고 하였다.[26] 이러한 관점에서 경제개발 결과 중 하나는 현대기술에 의한 것이다, 조직문화와 구조와 비슷하게 국가문화와는 별개이다.

산업화이론(industrialization theory)에 따르면, 일본 자동차 회사는 그들의 조직문화와 미국에 대한 구조들을 성공적으로 이식(transplanted)되었다[27]는 것이 연구 중 하나이다. 미국 내의 국가와 기업문화 환경은 문화의 차이가 일본회사들의 기업수행능력에 영향을 주지 못했다.

이와 같은 연구는 조직문화와 구조형태 그리고 지역에 따라 독립적 운영과 같은 관점에 대해 지지하였다. 이상과 같은 2가지 관점에서 하나을 택하는 것은 국가문화와 조직 환경 속의 다른 요소와 내부적인 조직 문화에 약간 포함되어 있다고 생각하였다. 우리는 외부범위에 존재하는 것을 이해하지 않고 하나의 조직문화를 내부로 가져오는 것은 이해하기 힘들다.

개략적으로 국가문화가 조직문화에 영향을 미친다는 연구는 아직까지 명확하지 않다. 그러나 몇몇 문화 속에서는 가능할 수 있다. 보기로서 神政政治

시대(theocracies)와 같이 종교, 정치 그리고 문화가 같이 꼬여있는 조직문화는 본질적으로 세속적인 문화 속에서 생활의 다른 국면과 분리되어 있다. 이와 같은 상황에서는 국가문화가 조직문화에 대한 영향이 적거나 혹은 다른 형태로 나타난다.

(2) 국제 조직행동과 글로벌 문화

세계화(global)는 세계의 다른 분야의 활동증가를 시켰으며, 동시에 조직문화에도 영향을 주고 있다. 첫째, global경제 속에 많은 경쟁자들의 지역과 국가는 가까워졌고 상파울루의 신발 공장은 뉴욕의 시장에서 상하이와 경쟁을 한다.

그리고 조직 환경에 대한 정도는 혁신에 대한 지각과 원가경쟁 그리고 국가경쟁자들의 조직수행에 대한 압력결과에 응답의 높이를 창조한다. 보기로서 미국 산업들은 일본기업 문화인, JIT(just-in-time)(물품명세 통제)와 품질관리 동아리 등을 빌린 것이다.

둘째, global 문화의 힘은 의사전달(communication)이다. 대량매체(mass media), 특별한 global 광고, 새로운 광고 등이다. 보기로서, 미국 CNN 방송과 Internet은 소비자들의 기호변화에 따라 민주적인 가치영향에 사회 관례에 견딜 수 있는 뿌리깊게 박힌 전파에 대한 조직이다.

현대 의사전달 역시 제조업자와 상인들, 금융업자 그리고 더 많은 소비자들과 연결되어 있다. 하나의 중요한 보기로서, 기업과 소비자사이 양 가운데 Internet 거래가 증가하였다.

셋째, 세계화 요소는 경제적으로 발전한 나라들의 교육제도이다. 높은 교육과 대학들은 관리에 대한 생각과 세계적인 기업 가치를 연구하는 기초가 되었다. 이와 같은 기초교육과 2차 교육은 다른 나라와 비교함으로 산업발전한 나라들을 조사자가 되기 때문에 영향을 준다. 이것은 수학, 기술, 과학교육에 대한 특별한 교과 과정이다.

마지막으로 다국적기업은 그들의 기업문화 전파와 발전을 통해 global기초위에 조직문화 모형에 공헌한다. Russia와 IKEA의 기업문화 중에 McDonald

의 식당 경영철학은 다음 장에 논의한다.

ㄹ. 국제조직행동에 대한 문화이해

조직문화 이해를 위한 한 가지 방법은 조직 속에서 일을 처리하는 방법을 사람들에게 물어보는 것이다. 모스코바 주립대학 Oleg Vikhanskii은 다음과 같은 interview를 하였다. 첫째, 모스코바에 McDonald을 처음 개장한 관리자 Glen Steeves 관점이다.

과거 소련에 경험이 전혀 없었던 Fast food를 소련사회에 어떻게 McDonald을 맞추었는지에 대한 발견에 관한 점이다. Oleg Vikhanskii은 다음과 같이 관리자에게 물었다. 당신은 세계에 있는 McDonald 중에 있는 System과 절차 같이 사용합니까? 이에 대한 질문에 Steeves는 다음과 같이 대답했다. 물론 의심할 여지가 없다.

훈련체계는 Canada, Japan, England 혹은 Spain에서 우리가 사용하는 절차와 System은 똑 같은 것을 여기에서도 사용한다. 이들 절차나 Systems 들은 우리가 세계 어느 곳에서 사용하는 것과 같다고 하였다.

Vikhanskii은 다음과 같이 언급하였다. Russia 사람들의 행동은 미국사람들의 행동과 다르다고 하였다. 그리고 그는 다음과 같이 말했다. 나는 지난 시간의 상황을 기억한다. 종업원들은 18세부터 55세까지다. 나는 그들이 시작하는 말까지 생각한다.

나는 Canada에서 돌아왔다고 생각한다. 그들은 같이 보았다. 그들은 같이 상호작용하였다. 그들은 유사했다. 그들은 좋은 시간을 가졌다. 그리고 우리 고용자들은 McDonald의 열정도 가졌다. 그들은 그들이 하는 일에 대해 자부심도 가졌다. 무엇이 그렇게 했는지, 그들이 흥분하며 자랑스럽게 여겼다.

ㄹ. 조직문화 수준에 있어서 국제조직행동

조직문화의 모습은 국가문화와 같은 것은 빙산이다. 물위에 있는 요소와 다른 요소는 물밑에 가라앉아 있다. 물위에 있는 요소는 보이고(Visible) 그리고 물 아래에 있는 것보다 이해하기 쉽다. 관찰하기 어려운 것은 문화를 이해하는데 더욱 중요하다. 이것이 그들의 기초이기 때문이다.

다시 말하면, 물위에 떠있는 요소들은 변화를 잘 받아들인다. 그러나 가라앉은 요소들은 더욱 저항할 것 같고 그리고 변화가 늦다. 국가와 조직문화 간의 몇 가지 차이는 빙산 비유에 대한 수정이다(Francesco and Gold, 2005).[28]

첫째, 조직문화는 범위가 넓지 않다. 즉 가치에 대한 범위(range of value)와 조직의 기초가정(underlying assumptions)은 보다 좁다. 둘째, 조직문화는 국가문화 보다도 더 독립적(self-contained)이다. 즉 경영철학, 국가문화에 영향을 주는 요소들조차도 목표는 조직범위를 준비한다. 최종적으로 조직문화는 관리하기 쉬운(manageable) 반면 국가문화는 쉽지 않다. 보기로서, 이들 선발, 훈련, 사회화 그리고 이들 구성원들의 변하기 쉬운 고용자들의 보수구조는 관리통제의 가치와 규범의 광범위한 요소로 제한되어있다.

결과적으로, 빙산과 조직문화는 보이는 요소는 모를 것 같지 않거나 혹은 그들은 국가문화 하려고 하는 것에 충돌 한다. 그런데 이것은 의미가 없다. 빙산의 요소는 존재하지 않는다. 그러나 빙산과 보이는 요소 사이의 선은 극단적으로 작은 구멍이 많다.

분석적인 목적은 그럼에도 이것은 4개 수준으로 조직문화를 분리하는 것이 유용하다. 즉 인공물(artifacts), 채택된 가치(espoused values), 실제가치(actual values) 그리고 밑에 둔 기초가 되는 가치(basic underlying assumption) 등이다 (Schein, 1990).[29]

(1) 인공물(Artifacts)

인공물은 조직문화의 보이는 요소와 관찰할 수 있는 문화의 상징으로 조직 유형화 국면이다. 건축물, 물리적 배치 그리고 장식처럼 조직의 물질 국면이다. 인공물의 2차적인 형태는 표어(slogans), 조직이야기, 신화(myths), 회사 영웅, 의례(rites), 의식(ritual), 축제(ceremonies) 등이다.

조직구성원들은 고객(clients) 그리고 일반적인 공공 구조물(general public construct) 그리고 그들의 해석하는 것이다. 종종 이들 집단은 인공물에 대한 다른 해석을 하는데 조직의 내부와 외부에서 그들에 대한 다양한 의미가 일어난다(Martin, 1992).[30]

많은 이야기들은 조직의 현재의 문화에 대한 최소한의 표현처럼 인공물을 보는 것이다. 왜냐하면, 이것은 그들을 해석하는 것이 어렵지 않다. 고의로 틀리게 하거나 혹은 그릇된 인도이다. 그들은 현재가치와 기초가정을 피상적으로 비교한다. 다른 시각은, 그럼에도 불구하고 인공물은 복잡한 방법의 깊은 문화적 의식으로 상호작용한다.

조직의 의식(organization ritual)으로서 작업 당초문으로 나타나 것은 규칙으로 제정된다. 그리고 이들 해석은 어렵다. 나이는 독일 대학에서 교수들의 자원으로 결정한다. 늙은 아카데미는 보다 큰 사무실 서비스와 연구조교와 그리고 그들 젊은 동료들보다 후한 예산을 배정한다. 이 의미는 무엇인가? 나이 많은 교수들은 도움이 필요한가? 나이 늙은 지식으로 보는가 그리고 늙은 교수들은 젊은 동료들보다도 더 많은 지식 자원을 사용하는가? 장기 근속에 대한 보수인가? 혹은 관료적으로 때때로 불쾌한 정책 무시의 고안인가?

(2) 채택된 가치(Espoused values)

채택된 가치는 공공의 가치(public values)이고 그리고 이것은 조직의 리더가 성취를 하려고 생각하고 있는 것을 알리는 원리이다. 즉 사명에 대한 진술, 목표, 생각들을 포함한다. 이것은 물론 가능하다. 채택된 가치는 조직행동에서는 현재가치보다는 명확하지 않다.

보기로서 대부분 정부공무원은 국민들에게 봉사의 가치가 채택 되었다. 그러나 경우에 따라서는 정치적인 가치를 두는 차이 활동모습과 그들 자신을 높여서 통제하는 정부 대리인을 사용하거나 혹은 그들 이익 요소들 보다는 차라리 흥미 있는 집단의제를 택한다.

(3) 현재가치(Actual value)

현재가치는 독립되었을 때, 관찰할 수 있는 행동은 채택된 가치로 인정되고, 그들은 현재가치에 대한 신분을 얻는다. 만약 조직이 채택의사결정에 있어서 노동자들의 참여에 대한 높은 수준을 가지는 것은 조직 채택이면, 이것은 노동자들이 실질적인 의사결정에 보일 것이다.

채택된 가치 규정은 가정에 기초를 두는데 영향을 미친다. 문화의 가장 깊은 수준과 그리고 공헌하고, 가공물의 구조에 대한 확장이다.

(4) 가정 기초 근거

가정기초 근거는 무의식적인 믿음(unconscious beliefs)과 감각구조(structure feelings) 개념, 생각 그리고 단 생활에 대한 올바른 이해와 같은 문화의 관점에서 활동하는 가치다. 기초가정(basic assumptions)은 1차와 2차 사회화를 포함한 문화적응(enculturation)의 복잡한 과정을 통하여 개발되고 그리고 다양한 사회 풍습 쪽으로 특별히 지향하는 결과와 그리고 시간, 공간, 성격, 그리고 인간관계에 대한 이해이다.

채택된 가치와 같이 기초가정은 정당함을 확인하는 요구는 하지는 않는다. 그들은 신념에 대한 계약(articles of faith) 때문이다. 하나의 조직이 기초가정을 가지고 그리고 국가문화와 가치가 다르고, 국가문화의 깊은 구조는 이것을 그들의 확장을 수정할 것 같지 않다. 대부분의 예로서는, 기업문화는 강조하거나 혹은 그들 국가문화를 과대 강조한다.

그러므로 사회 내에서는 조직가정을 근본적인 기초로 두고 그리고 가치는 유사한 관계를 한다. 하나의 보기로서 일본의 대부분의 기업문화의 기초적인 가정은 집단 충성(group allegiance)이다. 비교적으로 미국에서는, 개인의 성취(individual achievement)는 윤리의 지지 가치이다.

명확히 그리고 기초가정 이해는 어렵다. 얄궂게도, 가정에 대한 의미와 문화가치의 의미로서 종종 외국에서 관찰되고, 그리고 문화가치는 본국의 참여보다 더 많은 관찰을 한다. 보기로서 Tocqueville(2000)[31]에 19세기 중반과 Varenne(1977)[32] 양쪽은 지력이 뛰어난 불란서 사람으로서 미국사람들의 기초가치와 행동은 그의 틀림없이 제시하였다.

이것은 문화차이에 대한 것은 외부에서 더 민감하고 그리고 인식에 대해 내부자들은 무능하고 그리고 체계적인 그들 가정의 질문도 무능하다. 유사한 조직관계로서 독립적인 진단이나 조사자들은 외부 사람들이다. 그들은 조직의 기초가정을 공유하지 않은 사람들은 그들 구성원들이 하는 것보다도 더 정확하게 가치시스템을 이해하는 것 같다. 더구나 국가문화에 대한 외부 사람들은 조직경험에 한계가 있다. 즉 그들은 조직기능 속에서 국가문화에 대한 가정을 공유한다.

조직변화 시기 동안에는 그럼에도 불구하고, 주요가정은 더욱 문제가 있고 조직구성원에게 나타난다. 조직변화 과정에서 특별한 외부세력의 응답 즉 새로운 가치는 토론 주제가 되고 그리고 새로운 조직문화의 부분이 되기 전에 충돌한다.

(5) 하위문화(Subculture)

조직문화는 단일한 것은 아니다. 기초가정은 조직에서 퍼지면서도 보충이나 혹은 조직하위문화로부터 일반적인 가정이 대신 하든지 가정은 택일된다. 하위문화 의미 공유는 한조직 내의 집단에 의해서 창조되고 유지된다. 노동 분배, 부서에 포함되고, 전문적으로 숙련자고, 직위 상태에 영향을 준다.

역시 하위문화 형태공헌은 나이, 성, 인종, 윤리적 배경, 종교 그리고 국가 문화 이다. 그들 구성원에 대한 의미 있는 구별을 하는 것은 그들 자신들의 의례와 축제가 내포되어 있다. 조직 내 비공식 집단처럼, 하위문화는 조직의 넓은 문화와 종종 도전과 충돌한다.

하나의 보기로서, 근로자들은 부서에 정체성이 있는 자이거나 혹은 완전히 조직이라기보다는 직업이고 그리고 그들은 다른 사람들 손실을 그들의 부서가 맡을 것이다.

4. 국제기업에 있어서 무엇이 조직문화인가?

(1) 문화에 대한 기능

조직문화는 조직 목표성취에 대하여 공헌하는 행동기능을 생산한다. 이것은 역시 조직을 성공적으로 인도하여 동적 행동기능의 근원이다(Robbins, 1996).[33]

조직문화의 중요한 기능은 다른 조직과 조직의 구별하는 것이고 그리고 이것 외부정체성(external identity) 준비에 대한 일반적 환경이다. 유사한 방법으로서 문화는 조직구성원들을 위한 정체성을 주는 것이다. 즉 이것은 하나의 조직 내에 그들을 위치를 정하고 그리고 직업 구조는 그들 자신과 다른 사람들과 식별된다. 문화는 역시 사람들의 개인 이익보다 사회적 존재(social entity)에 몰입하는 감각을 창조한다.

문화는 역시 조직에 대한 높은 신뢰성(high reliability)을 가지게 하는 근원이다. Weick(1987, p. 113)[34]에 의하면, 가치이야기에 대한 체계는 작가, 그리고 시도와 오류를 바꾸어 훼손하는 체계보다는 더 많은 신뢰할 것이다. 가치이야기와 작가는 더 많은 신뢰성을 잠재하고 있다. 그들은 체계에 관해서 더 많이 알고 있기 때문이다. 일어나는 잠재적인 오류도 더 많이 안다. 그리고 그들은 그들의 오류 발생을 다룰 수가 충분히 있기 때문에 다른 사람들은 이미 유사한 오류를 알고 있기 때문이다.

문화역시 해석을 위한 설계도(interpretive scheme)를 구성원들에게 주거나 혹은 직위에 대한 각각의 배치와 조직 활동을 만든다(Weick, 1995).[35] 개념의 여과로서 활동하고, 이야기에 대한 구체화 그리고 신화는 때때로 사건에 대한 경험, 하나의 상황처럼 활동한다.

최종적으로 문화는 사회통제설계도(social control mechanism)이다. 문화를 통해서 특히 강한, 문화의 효과 즉 조직은 조직구성원들의 경험을 진실을 발견한다. 이것은 일하는데 특별한 방법으로 해로운 구성원이 사회화하는 것이다. 그리고 장기구성원들의 주기적인 사회화하는 것이다. 보기로서 의례와 축제 보상과 강화(reinforce)는 조직권력구조 정당성을 증명하는 행동 같은 것을 요구한다.

(2) 문화의 역기능(The Dysfunctions of Culture)

문화의 역기능(Dysfunctions of Culture)은 조직문화의 부정적인 결과로서 변화의 장벽(barriers change)을 창조할 수 있는 것이다. 강한 조작문화는 과거에 일을 잘했든 행동을 구성원들에게 뚜렷하게 하게한다. 물론 기대는 이들 행동은 미래에 영향을 줄 것으로 생각한다.

　　역설적으로 강한문화는 새로운 조건(new conditions)에 대한 적합한 수정을 막는다. 보기로서, 강한 기업문화를 개발한 IBM 회사는 IBM 회의에 기록하기 위해서 Notebook을 디자인하여 가졌다. 각 페이지 하단에 2개의 증거를 위해 서명하였다(Hays 1995, p. 1).[36]

1) Carroll, A. B. (1999) "Corporate Social Responsibility." Business and Society, 38(3), 268-295. Robertson, D. C. (2002). "Business Ethics Across Culture." In Gannon, M. J. and Newman, K. L. (eds.) The Blackwell Handbook of Cross-Culture Management. Malden, MA; Blackwell. Vogel, D. (1992). "The Globalization of Business Ethics: Why America Remains Distinctive." California Management Review, 35, 1.

2) Buckley, C. (2003). "Helped by Technology, Piracy of DVD's Runs Rampant in China," New York Times, August 18, C9.

3) French, W. and Granrose, J. (1995). Practical Business Ethics. Upper Saddle River, NJ: Prentice Hall.

4) Robertson, D. C. (2002). "Business Ethics Across Cultures" In Gannon, M. J. and Newman, K. L., (eds.) The Blackwell. Handbook of Cross-Cultural.

5) Beauchamp, N. and Bowie, N. (1993). Ethical Theory and Business 4th Ed. Upper Saddle River, NJ: Prentice Hall.

6) Friedman, M. (1970). "The Social Responsibility of Business Is to Increase Its Profits," New York Times Magazine, September 13, 32-33, 122, 126.

7) Evan, W. and Freeman, R. (1993). "A Stakeholder Theory of the Modern Corporation: Kantian Capitalism." In Beauchamp, T. and Bowie, N.(eds.) Ethical Theory and Business 4th Ed. Upper Saddle River, NJ: Prentice Hall.

8) Kohlberg, L., (1976). "Moral Stage and Moralization, The Cognitive-development Approach." In Lickona, T.(ed.) Moral Development and Behavior. New York: Holt, Rinehart and Winston.

9) Habermans, J. (1979). Communication and the Evolution of Society. Boston: Beason Press.

10) Gilligan., C. (1982). In a Different Voice: Psychological Theory and Women's Development. Cambridge, MA: Harvard University Press.

11) Goffman, E. (1967). Interaction Ritual : Garden City, NY : Anchor Books.

12) Greenshous, S. (1997). "Sporting Goods Concerns Agree to Combat Sale of Soccer Balls Made by Children," New York Times, February 14, A12.

13) Henriques, D. (1995). Black Market for a "Good Citzen," New York Times, November 26, 1. 11.

14) Jackall, R. (1988). Moral Mazes: The World of Corporate Managers. New York: Oxford University Press.

15) Vaughan, D. (1996). The Challenger Launch Decision: Risky Technology, Culture, and Deviance at NASA. Chicago: University of Chicago Press.

16) Hofstede, G. (2001). Culture's Consequences: Comparing Values, Behavior, Institutions, and Organizations Across Nations, 2nd Ed. Thousand Oaks, CA: Sage.

17) Robertson, D. C. (2002). Business Ethics Across Cultures. "In Gannon, M. J. and Newman, K. L. (eds.) The Blackwell Handbook of Cross-Cultural Management. Malden, MA: Blackwell. and Schlegelmilch, B. (1993). Corporate Institutionalization of Ethics in the United States and Great Britain." Journal of Business Ethics, 12, 301-312.

18) Milbank, D. and Brauchli, M. (1995). "How U. S. Compete in Countries Where Bribes Flourish," Wall Street Journal, September 9. 1. 16.

19) Kohls, J. and Buller, P. (1994). "Resolving Cross-cultural Ethical Conflict: Exploring Alternative Strategies." Journal of Business Ethics. 13. 31-38.

20) Donaldson, T. (1989). The Ethics of International Business. New York: Oxford. and Dunfee, T. W. (1999). "When Ethics Travel: The Promise and Peril of Global Business Ethics." California Management Review, 41(4), 45-63.

21) Buller, P. F. and McEvoy, G. M. (1999). "Creating and Sustaining Ethical Capability in the Multi-national Corporation." Journal of World Business, 34(4), 326-343. and Litz, R. (1996). "A Resource-based View of the Socially Responsible Firm: Stakeholder Interdependence, Ethical Awareness, and Issue Responsiveness as Strategic Assets." Journal of Business Ethics, 15, 1355-1363.

22) Cooper, C. L., Cartwright, S., and Earley, P. C. (eds.) (2001). The International Handbook of Organizational Culture and Climate. West Sussex, England: John Wiley & Sons.

23) Cole, R. (1990). U. S. Quality Improvement in the Auto Industry: Close but No Cigar, California Management Review, 32, p. 4.

24) Schein, E. (1985). Organizational Culture and Leadership. San Francisco: Jossey-Bass. -(1992). Organizational Culture and Leadership, 2d.Ed. San Francisco: Jossey-Bass. p. 9.

25) Trice, H. and Beyer, J. (1993). The Culture of Work Organizations. Upper Saddle River, NJ: Prentice Hall.

26) Harbison, F. and Myers, C. (1959). Management in the Industrial World: An International Study. New York: McGraw-Hill. p. 117.

27) Florida, R. and Kenney. M. (1991). Transplanted Organization to the U. S., American Sociological Review, 65: pp. 381-398.

28) Francesco, A. M. and Gold, B. A.(2005). International Organizational Behavior (2ed).; Upper Saddle, New Jersey: Prentice Hall.

29) Schein, E. (1990). "Organizational Culture," American Psychologist, 45(2), 109-119.

30) Martin, J. (1992). Cultures in Organizations: Three Perspectives. New York: Oxford University Press.

31) Tocqueville, A. (2000). Democracy in America. Chicago: University of Chicago Press.

32) Varenne, H. (1977). Americans Together: Structured Diversity in a Midwestern Town. New York: Teachers College Press.

33) Robbins, S. (1996). Organizational Behavior: Concepts, Controversies, Applications.

Upper Saddle River, NJ: Prentice Hall.

34) Weick, K. (1987). "Organizational Culture as a Source of High Reliability," California Management Review, 29(2), 112-127.

35) weick, K. (1995). Sensemaking in Organizations. Thousand Oaks, CA: Sage Publications.

36) Hays, L. (1995). "Manzi Quits at IBM and His Many Critics Are Not at All Surprised." Wall Street Journal, 1.

제 3 부 국제조직행동에 있어서 커뮤니케이션

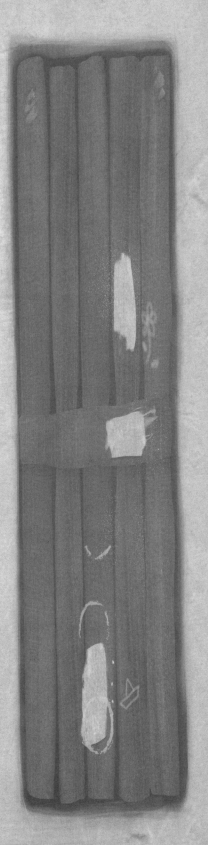

생각해 볼 문제

커뮤니케이션은 모든 관리 중에서도 아주 중요한 부분이다. 관리자들은 커뮤니케이션 활동을 위해 전체시간의 80%만큼 많이 소비한다(Greenberg 1996).[1] 국제기업이나 혹은 일반 기업에서는 자국노동력이 더욱 다양화함으로써 이문화 커뮤니케이션 능력(ability to communicate cross - culture)이 글로벌기업에서는 세계적으로 증가하는 추세이므로 더욱 중요하게 되었다.

커뮤니케이션은 개인적인 관계에 대한 기초적인 봉사를 한다. 만약 관리자들은 그들 자신의 말이 조직에 영향을 미칠 수 있다고 한다면, 국제조직행동의 다른 국면의 성과는 보다 쉽게 달성될 것이다. 효과적인 리더십은 커뮤니케이션 기술을 믿게 하고 그들 부하에게 작업 동기를 부여하여 효과적인 결과를 가지도록 그들의 활동을 하게한다.

결과적으로 조직문화는 효과적인 커뮤니케이션 결과에 의해서 개발된다(Francesco and Gold, 2005).[2] 그럼으로 이문화 커뮤니케이션의 이해를 보다 잘 하기 위해서 이문화 커뮤니케이션을 향상시키기 위한 연구가 필요하다. 커뮤니케이션 과정에서 일어나는 장벽 수준에는 송신자의 부호의 생각에 의해 기인된다. 수신자 부호는 이해 성취에 대한 메시지거나 혹은 커뮤니케이션 과정에서 겹쳐지는 잡음의 결과이다. 관리자들은 커뮤니케이션이 상대방에 대해서 최소한의 이들 문제를 돕는 데 의미를 부여한다.

다양한 커뮤니케이션 요소들은 이문화 커뮤니케이션에 영향을 미친다. 암호화와 암호해독의 기초 커뮤니케이션은 커뮤니케이션의 핵이다. 잡음(noise)은 커뮤니케이션의 모든 국면에 영향을 미친다. 역시 중요한 것은 언어사용(language usage), 언어스타일, 문화차이에 대한 무언의 커뮤니케이션 차이이다.

이들 차이는 이문화 커뮤니케이션효과에 대한 중요한 장벽으로 나타난다. 문화를 포함한 다른 장벽은 인식(perception)과 경험(experience)이다. 커뮤니케이션 기술과 같이 특별히 Internet 사용증가다. 그러나 거기에는 가상 커뮤니케이션도 증가할 것이고, 전통의 형태의 이점과 불리한 점을 주었다. 이문화 간의 커뮤니케이션 향상은 다른 문화와 차이는 예민하다는 것을 이해하는 것이 중요하다.

그리고 관리자가 생각해야 할 다른 문제는 커뮤니케이션 접근이 세계적으로 집중되는지 분산되는 지를 고려해야 한다. 커뮤니케이션의 기술개선과 그리고 광범위한 영어 사용, 특별히 기업 상황, 커뮤니케이션에 대한 문화 영향이 퍼지는 것은 같은 언어를 사용할 때라도 분산에 대한 강한 힘이 된다.

결론적으로 커뮤니케이션은 관리자들에 대한 일에 중요한 부분으로 나타났다. 하나의 이문화 커뮤니케이션은 국제조직행동을 위해 효과적으로 지도할 수 있다. 그러므로 언어와 문화와 학습은 그들 커뮤니케이션의 상대방에 관리자들은 이문화 커뮤니케이션 효과에 영향이 될 수 있기 때문이다. 2011년 우리나라 부실은행 문제 때문에 총리가 국회에 나가 국회의원 질문에 만 군데에서 전화가 왔다는 말에 그렇게 만군에서 전화가 걸려왔다라는 말을 이해를 못했다는 웃지 못 할 이야기다. 조그만 국내에서도 사투리를 쓰면 커뮤니케이션에 오해가 있을 수 있는데 하물며 다문화 커뮤니케이션은 중요하다. 특별히 언어인 커뮤니케이션은 문화의 중심이고 그리고 조직행동관리를 한다. 효과적인 커뮤니케이션 없는 조직은 어렵게 되고 그리고 결국 실패할 것이다. 그럼에도 불구하고 이것은 단순한 문화와 조직에서 조차도 효과적인 커뮤니케이션을 이루려고 도전하고 있다.

이것은 다중문화와 조직 상호작용에 대한 필요로부터 사람들이 필요할 때 더욱 복잡하게 된다. 작업당초문(Work vignette)에서 나타나는 문화와 같이 커뮤니케이션 기술의 빠른 발달은 이문화 커뮤니케이션에 충격을 주었다.

제 1 장   커뮤니케이션이 무엇인가?

커뮤니케이션 과정에서 시작하는 사람은 송신자(sender)이고, 다른 사람은 수신자(receiver)이다. 커뮤니케이션 과정의 개요는 <그림 3 - 1>과 같다. 송신자는 수신자가 이해할 수 있는 믿음으로부터 생각을 언어(verbal), 비언어(nonverbal)로 표현한다. 그리고 메시지는 암호로 옮겨 이해 할 수 있는 모형으로 표현된다. 이것은 전송 혹은 음성과 같은 중간 매체로 보낸다. Fax, Mail, 혹은 E-mail 등을 중간 매체로 하여 보낸다. 한번 수신자는 메시지를 받고 이를 해독(decodes)하거나, 혹은 이해를 하는데 송신자를 위해 신볼(symbols)의 의미와 해석이 사용되거나, 혹은 메시지에 대한 커뮤니케이션은 송신자로부터 시작되어 다른 사람에게 생각이나 혹은 아이디어를 전달하는 이해와 해석이 사용된다. 수신자의 이해를 확대하고 그리고 수신자의 이해가 확대되는 것과 그리고 송신자 생각이 같다는 것은 커뮤니케이션이 효과가 있는 커뮤니케이션의 본질적인 부분은 아니지만은 수신자는 송신자의 피드백을 줄 수 있어 그것은 수신되고 메시지를 이해하게 된다.

피드백과정은 <그림 3 - 1>같이 3가지 단계를 사용한다. 이는 수신자와 송신자를 바꾸는 역할을 한다. 잡음(noise)은 왜곡(distortion)에 대한 원인이 되어, 커뮤니케이션 과정은 종종 방해를 입는다. 보기로서 실제적인 잡음, 거래 혹은 사람들의 대화 그리고 지식문제와 같은 것이다. 커뮤니케이션에 대한 잡음이 중요한 것은 문화와 사회적 차이로 서로서로 이해하는 데에 어려움이 생긴다. 이것은 송신자와 수신자가 사회적이고 문화적인 차이 때문이다.

1. 이문화 커뮤니케이션 차이

이문화 커뮤니케이션(Cross-cultural communication)은 하나의 커뮤니케이션보다 서로가 더 많은 것을 가졌을 때 일어난다. 이것은 같은 문화에 대한 사

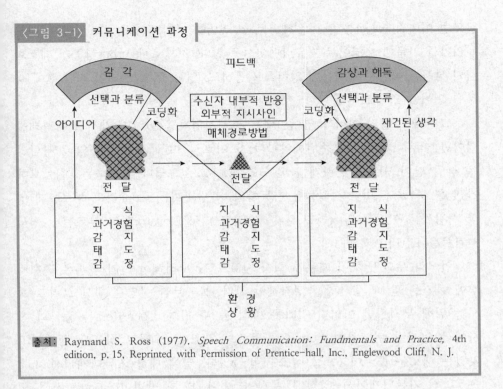

〈그림 3-1〉 커뮤니케이션 과정

출처: Raymand S. Ross (1977). *Speech Communication: Fundmentals and Practice,* 4th edition, p. 15, Reprinted with Permission of Prentice-hall, Inc., Englewood Cliff, N. J.

람들의 커뮤니케이션보다 더욱 어렵다. 그래서 언어 잡음(noise), 가치 그리고 태도 그리고 다른 요소 등의 차이에 따라 다르다. 서로간의 언어사용법, 언어 스타일 그리고 무언의 문화 커뮤니케이션(culture communication) 차이가 사람 들에 따라 중요한 차이가 있다.

2. 언어사용(Langage usage)

세계의 언어 수는 5,000개에서 7,000개나 된다고 한다(Gibbs, 2002).[3] Man-darin Chinese(Putonghua), 영어, 스페인어, Hindi 그리고 Arabic 등 5개가 모국어 를 가장 많이 사용한다. 그중에서 영어는 가장 많아 사용하는 말이다(Crystal, 1997).[4] 그리고 국제기업의 선택어로 되었다. 또한 Internet의 75% 이상이 Web Sites 사용에 사용하고 있는 것이 영어다(Gilsdorf, 2002).[5] 유럽의 많은 회사들은 글로벌 이미지(image)를 얻기 위해 사무실 언어를 영어로 사용하고 있다. 그리고 관리자들 가운데는 영어로 커뮤니케이션을 한다. 보기로서 Airbus항공기 제조회사의 본사는 불란서에 있는데 영어를 사용하고, 영국, 독일 스페인 30년 전에 사무실 언어를 영어로 사용한다.

그러나 기업의 언어가 영어인데는 국제경영자들은 여러 가지 표준형태를 영어판 커뮤니케이션을 준비해야한다. 보기로서 미국 사람들과 영국 사람들은 작업 단어 90%를 편하게 말한다(Scott, 2000).[6]그러나 생활하는 데는 오해가 있을 수 있다. 미국 사람들은 자동차의 뒤 칸막이를 Trunk라고 부르는데 영국 사람들은 이것을 Boot라고 한다. 그리고 미국 Elevator라고 부르는데 영국 사람들은 Lift라고 한다.

언어와 문화적 차이 때문에 회사 사표도 잘 고려해야 하거나 혹은 국제시장에 물건을 팔 때 생산명을 생각해야 한다. 불충분한 설명은 생산 그리고 회사를 위해 부적정한 이미지 결과를 가져 올 수 있다. Coca-Cola는 중국의 식사에서 일찍이 번역하여 Coca-Cola를 설립하였다. 그리고 상표를 상쾌하고 맛있는 새로운 중국이름으로 상표를 만들었다. 말에 대한 커뮤니케이션 style은 그들 커뮤니케이션 양식에 문화가 변한 다른 방법이다(Gudykunst and Ting-Toomey, 1988).[7]

Gudykunst and Ting-Toomey는 1988년에 4가지의 말 형태를 Hofstede(1976, 1983)[8]의 문화 가치차원(dimensions of cultural values)의 언급에 의한 문화적인 성격과 그리고 Ho(1976, 1983)[9]에 높고 그리고 낮은 배경문화(high-and lowe-context culture) 등의 연합하여 설명한 것이다. 이를 자세히 보면 다음과 같다.

말의 유형은 문화의 한 부분이다. 같은 언어로 말하는 나라들은 종종 유사한문화를 가진다. 그러나 항상 그런 것은 아니다. 말의 유형이 다른데, 고용은 다른 문화에서 같은 언어로 말하는 것이 가능하다. 보기로서, East Indian은 영어로 말하고 대조적인 배경유형을 사용한다. 미국사람과 영국 사람은 개인적인 유형은 대조적이다(Gudykunst and Ting-Toomey, 1988). 이는 많은 기대되는 커뮤니케이션의 장벽이 나타난다. <표 3 - 1>과 같이 4가지 말의 유형의 성격이 나타난다.

표 3-1 미국사람 대 영국사람

말 할 때	미국사람	영국사람
포장된 도로	A hard road surface	A footpath or sidewalk
바지(pants)	Trousers	Underpants
꾸짖다(Tick off)	To anger	To rebuke
수표 지불정지	A check paid by the bank	A check that is stopped or voided

그들은 중간일 때	미국사람 말	영국사람 말
예약(To make arrangement for)	Reserve	Book
전화하다(To telephone)	Call	Ring
거래하다 (Ongoing Business)	Trade	Custom
기록으로 계속 저지	Check Stub	Counterfoil

출처: Scott, J. C. (2000). "Differences in American and British Vocabulary: Implications for International Business Communication." Business Communication Quarterly, 63(4), 32.

3. 직접 대 간접 유형(direct versus indirect style)

직접 대 간접유형의 말 메시지(verbal message)는 노골적(explicitness)인 정도의 차이다. 직접유형은 말하는 사람이 말의 선택을 통해 그의 진실을 느끼게 하는 데에 대한 노력이다. 보기를 들면 북아메리카 사람은 No. 혹은 I can do that.(아니, 그렇게 할 수 없다.)는 말을 직접적으로 사용한다. 만약 그들은 특별한 정도를 할 수 있다.

직접유형은 개인주의 중에 공유가 낮은 배경문화(low-context culture)이고, 그리고 간접유형은 집산주의가 높은 배경문화이다. 직접유형은 그들은 명백한 생각을 표현하는 것은 개인주의를 허락한다. 집산주위 지향(collectivist's orientation)은 집단 조화(group harmony)이다. 그리고 다른 사람들의 느낌에 관계가 있다.

4. 상세한 설명 대 간결한 유형(elaborate versus succinct style)

두 번째, 유형은 상세한 설명 대 간결함은 다른 사람들이 편하게 느낌으로 말에 대한 수량에 초점을 둔다. 거기에는 3가지 유형을 인식할 수 있다. 상세히 설명 유형(elaborate), 엄함(exacting) 그리고 간결함(succinct)이다. 이들 중에 상세히 설명 유형은 말에 대한 양이 높은 것에 관계된다. 대단히 상세함에서는 서술적인 것이 포함되어 있다. 그리고 거기에는 반복이 있다. 은유, 유사, 혹은 단속, 사용은 빈번히 일어나는 명사가 많이 수정되어 있다. 부수적으로 그리고 말은 상세히 하고 그리고 과장이 전형적이다.

아라비아 사람들은 상세한 유형이다. 엄한 유형은 정밀하고 그리고 요구되는 의미를 옮기는데 말이 바르게 사용된다. 엄한 유형을 강조하는 나라는 영국, 독일, 스웨덴이 대표적이다. 이들 문화는 명백한 방식으로 말을 사용하는 것이 중요하다. 정확히 바른 양이 의도된다. 정확한 의미를 가진다. 역시 몇몇 말만 사용하는 것은 불명료하다. 간결함 유형에 대한 사람들은 말하는데 적은 양으로 관계하는 것이 편하다. 말수를 적게 하고 의미를 침묵으로 전달한다. 중국, 일본, 한국, 타일랜드의 개인들은 간결한 스타일이다. 특별히 낯선 상황에 그들은 침묵을 사용하는 경향이 있다. 말을 많이 사용하는 것보다 말수가 적기 때문에 얼굴을 잊을 위험이 있다. 상세히 말하는 유형은 불확실성을 피하려는 조정에 기초를 둔다. 높은 배경문화, 낮은 불확실성을 피하는 정확한 유형과 낮은 배경문화와 높은 불확실성을 피하는 간결함과 높은 배경문화 유형 등이다.

5. 개인 대 배경문화 관계 유형(personal versus contextual style)

개인 대 배경문화를 설명하는 유형은 세 번째, 커뮤니케이션 유형이다. 개인 유형, 즉 초점은 말하는 사람에 있다. 그리고 의미는 개인의 특성을 강조하는 목적을 위한 표시다(Gudykunst and Ting-Toomey 1988, p. 109). 그리고 배경유형에 초점을 두는 것은 말하는 사람의 역할에 있다. 그리고 의미는 관계의 역할을 강조하는 것을 나타낸다. 북아메리카 사람들 중에 영어를 말하는 사람은 개인적 유형은 각각 다른 비공식적인 접촉과 공평한 기초에서 직접적으로 사용한다.

첫 번째 이들은 공통적으로 거기에서 특별한 방법이나 신분수준 차이나 혹은 성 차이에서 사람들의 접촉에 대한 특별한 방법은 없다. 대조적으로 일본의 말은 배경유형에 속하는 것이다. 말에 역할이 반사되고, 그리고 대화에는 종적 계층관계이다. 말하는 사람은 그들의 말을 듯은 사람들에 대한 언어의 의존에 3가지 수준차이를 선택해야만 한다. 보기를 들면 일본에서 당신들은 5가지 말의 차이가 있다. 이는 관계 단계에 달려있는 것을 선택한다.

그리고 말하는 사람과 말 듣는 사람의 신분을 선택한다(Gibson, 1997).[10] 남성과 여성에게 다른 단어를 사용하고 말의 방법도 다르다. 권력의 차이가 낮은 유형의 사람은 개인주의자, 낮은 배후관계 문화는 오스트리아, 덴마크, 캐나다는 같다. 그리고 개인적인 말의 유형도 같다. 배후관계 유형은 높은 권력차이 사회다. 배후관계 유형이 높은 권력차이 사회다. 집단성은 일본, 인도, 가나 그리고 Nigeria이다.

6. 기계 대 효율 유형(Instrumental versus Affective Style)

끝으로 말 유형은 기계 대 효율이다. 기계유형은 송신자는 목표지향과 언어에 초점을 둔다. 효과적인 유형으로 말하는 사람은 과정 지향적이다. 그리고 수신자에 초점을 둔다. Australia 사람들은 보기를 들면 기계적 유형을 사용한다. 말은 듣는 사람을 설득하는데 목표가 있다. 그리고 말하는 사람은 그들의 마음속에 있는 message를 발전시킨다. 대조적으로 푸에르토리코 주민들은 효과적 유형을 사용한다. 말하는 사람도 수신자가 아니라는 것을 불쾌한 위치에 둔다. 말하는 사람은 듣고 그리고 수신자는 어떻게 할 것인지 관리자들 의미는 말없는 표현이다. 혹은 직관력(intuitively)으로 무엇을 말할 것인지, 무엇을 말하는지 정확하지 않다.

기계적인 유형은 미국, 덴마크, Switzerland와 같은 낮은 배경문화이고,

개인적인 공유나 혹은 집산주의(collectivistic), 높은 배경문화는 Middle East, 라틴아메리카 그리고 아시아와 같은 효과적인 말 유형을 사용한다. 말 유형 차이 때문에 이것은 다른 언어 속에서 확실한 언어를 다르게 표현될 수 있다. 두 번째 언어문화로서 대단히 유사하거나 두 번째 언어를 사용하고 말 유형은 모국어 사용을 기도한다. 이것은 역시 더 많은 커뮤니케이션을 만든다. 이를 보면 <표 3-2>는 4가지 말 스타일을 10개국에서 사용하는 것이다.

표 3-2 4가지 말 스타일을 10개국에서 사용

국가	직접 대 간접	상세히 유형 대 간결한 유형	사람 대 배경	기계 대 효율
오스트리아	직접	정밀한	사람	기계
캐나다	직접	정밀한	사람	기계
덴마크	직접	정밀함	사람	기계
이집트	간접	상세히	상항에 맞춤	효율
잉글랜드	직접	정밀함	사람	기계
일본	간접	간결함	상황에 맞춤	효율
한국	간접	간결	상황에 맞춤	효율
사우디 아랍	간접	정밀함	상황에 맞춤	효율
스웨덴	직접	정밀함	인간	기계
미국	직접	정밀함	인간	기계

출처: Francesco, A. M. and Gold, B. A. (2005). International Organizational Behavior. (2d Eds). Upper Saddle River, New Jersey, Prentice Hall. 76.

7. 무언의 커뮤니케이션(nonverbal communication)

무언의 커뮤니케이션은 말보다도 다른 Message 부분이 포함되어 있다. 즉 얼굴표정으로 나타내고 그리고 몸짓(Gestures), 목소리 고저(tone) 등이다. 이는 <표 3-3>과 같다. 말 유형은 무언적인 국면이 역시 많다는 것을 서술하였다. 보기로 효과적인 유형을 가진다. 사람들이 이들 모국어로 말하지 않거나, 번역에 의지하거나, 그것은 커뮤니케이션의 무언적인 국면과 유사한 것에 큰 의미가 있다. 만약 그들의 말을 이해할 수 없다면 그들은 Gestures 조차도 이해 할 수 없다. 그러나 비언어적인 말은 다른 문화 속에 무언의 의미가 있다. 효과적인 전달자는 이것을 언어와 그리고 비언어적 국면 양쪽을 아는 것이 중요하다.

표 3-3 무언의 커뮤니케이션의 형태

동작(Kinesics)	몸을 움직여서 커뮤니케이션으로서, 표정, gestures, 포즈 등.
눈짓(Oculesics)	눈 맞춤이나 응시를 통하여 커뮤니케이션.
촉각(Haptics)	신체적 접촉을 통하여 커뮤니케이션.
근접(Proxemics)	공간을 통한 커뮤니케이션.
고질(Chronemics)	문화 속의 시간을 통한 커뮤니케이션.
색체(Chromatics)	색상을 통한 커뮤니케이션.

출처: Francesco A. M. and Gold B. A. (2005). International Organizational Behavior. (2d Eds). Upper Saddle River, New Jersey, Prentice Hall. 76.

(1) 감정(emotions)

감정표현(emotional expression)은 보편적인 동의의 부분이다. 브라질, 스웨덴, 그리스, 일본, 미국 그리고 New Guinea 등은 문화에서 나타났다. 기쁘고, 슬프고 그리고 경악에 대한 기초감정 인식에 동의하는 정도가 높게 보인다(Gudykunst and Ting-Toomey, 1988). 다른 문화 속의 감정, 이문화 속의 커뮤니케이션은 그들이 잃어버린 사람들의 느낌을 알 수 있거나 혹은 다른 사람들은 반작용은 부적당 하다.

(2) 동작행동(kinesic behavior)

동작행동 혹은 동작학(kinesic behavior or kinesics)은 몸동작을 통한 커뮤니케이션이다. 얼굴 표정, gestures 그리고 포즈(posture)등이 포함되어 있다. 보기로서 행복이나 혹은 웃음으로 나타낸다. 아시아 사람들의 당황이나 혹은 불쾌, 서명날인 역시 그것이다(Samovar and Porter, 1991).[11] 미국에서는 눈짓(eye contact)은 좋은 커뮤니케이션에 대한 서명날인이다.

Middle East에서는 성공적인 커뮤니케이션의 필수적인 것이다. 그러나 중국과 일본에서는 불신을 가르친다. Gesture 역시 나라에 따라 다양하다. 이태리, 그리스, 라틴아메리카에서는 Gesture는 그들의 손을 가지고 말을 듣는 것을 높인다. 북아메리카에서는 Gesture의 수준은 적당히 한다. 손을 흔들고 중국과 일본은 Gesture를 적게 한다. 손으로 Gesture를 하는 것은 나라마다 다르다. 미국과 영국에서는 V자는 승리를 표시한다.

(3) 접근(proxemics)

접근학은 커뮤니케이션에 대한 공간(space), 개인(personal) 혹은 사무실(office) 등 커뮤니케이션에 대한 접근에 대한 사용한다. Hall(1966)[12]은 감각 기관의 통제로 나타내는 데에 개인 공간 사용에 의해서 사람들 친교 통제(people intimate control)를 믿는다. 보기로서 미국에서는 4개 지대(four zoned) 중의 한 가지를 사용한다(Holl, 1966). 대단히 가까운 친구들은 친교지역을 사용한다. 이는 18inches(46cm) 더 가까운 거리다. 18inch(46cm)에서 4feet(1.22m)정도이다. 기업의 상황에서는 미국사람의 사회적인 지대(social zone)는 4feet에서 12feed (1.22 to 3.66m) 거리를 사용한다. 공공지대(public zone)에서는 12feet 거리다. 연설처럼 공식석상은 아니다.

사람들은 문화에 의해서 대단히 중요한 편안함을 느낀다. 남아메리가 서부 그리고 동부유럽 그리고 Middle Easterners, 아시아 사람, 북유럽 그리고 북 아메리카 사람들은 다른 접근은 원치 않는다. 이들 행동들은 높은 접촉이나 혹은 낮은 접촉을 하는 어느 곳에서나 문화에 관계가 있다. 높은 접촉문화 사람들은 서서 접촉하고 그리고 서로 접촉을 좋아한다.

높은 접촉문화는 따뜻한 편이다. 그들은 내부 지향적인 부분이 크다. 개인적으로 따뜻함은 이것들은 낮은 접촉문화보다 멀리 이들 문화는 종종 추운 지방들에 있는 사람들이다. 거기 사람들은 과업 지향적이고 개인 간의 사이는 사늘하다(Gudykunst and Ting-Toomey, 1988).

공간사무실 사용은 접근학의 다른 국면이다. 사무실의 어떤 곳은 유형과 무언의 messag은 미래 커뮤니케이션을 정돈한다. 보기로서, 미국에서는 보통 선임 CEO는 보통 높은 층에 있는 모퉁이 큰 개인 사무실을 차지한다. 높은 층 큰 규모 그리고 창문의 수가 많은 것은 CEO의 명성과 신분을 가르친다. 대조적으로 녹은 수준의 불란서 관리자들은 사무실 중앙에 위치한다. 그 이유는 모든 부하들의 활동을 감시하기 위해서이다(Chaney and Martin, 1995).[13]

(4) 고질(chromatics)

고질은 문화 속의 시간 사용에 영향을 미친다. 그리고 2가지 지배적인 형태의 성격이 있다. 단색시간표(monochronic time schedule)를 가진 문화는 활동이 직선적이다. 그리고 한 시간에 대한 성과이다. 시간은 통제에 기본처럼 사람들은 종종 생각하거나, 혹은 낭비 그리고 결과처럼 시간표로 생각하고 그리고 보다 중요한 추정에 대한 약속이다. 북유럽, 독일, 미국은 일반적으로 단색시간 지향을 가진다.

다색시간표(polychronic time schedule)는 사람들은 다 같은 시간에 여러 가지 생각을 하는 경우가 있다. 시간표는 개인의 관련보다 중요하지 않다. 그리고 변화의 성취 그리고 개인 관계는 시간보다 더 중요하게 여긴다. 다색시간 지향은 Latin America, Middle East 에서와 같이 집산주의 나라에서 일반적으로 나타난다(Gudykunst and Ting-Toomey, 1988; Hall, 1983). 그리고 시간에 중요성을 두는 문화는 다양하다. 이것은 단색시간표는 일반적으로 시간을 더욱 강조한다. 보기로서 독일은 단색시간표를 지향하는 나라이다. 그리고 사업에 대한 약속은 몇 분 정도 늦은 것이 라로도 모욕(insult)이다. 다색인 Ecuador의 기업 CEO는 15분정도 늦게 오거나 혹은 20분정도 늦다(Morrison, Conaway and Borden, 1944).[14]

(5) 색채(chromatics)

색채는 색깔을 통한 커뮤니케이션이다. 옷 색상, 제품 색 그리고 포장이나 혹은 선물을 보낼 때에 Massage는 의도된 것이다. 보기로서 홍콩에서는 붉은 색은 행복을 의미하거나, 혹은 좋은 운수를 의미한다. 전통적으로 신부는 붉은 색 드레스를 입는다. 그리고 중국에서는 색채를 행운, 돈, hong bao라는 붉은 색 봉투이다. 그리고 포장은 붉은 색채를 사용한다. 특히 중국의 새해 주위는 더욱 특별하다. 그에 반해서 홍콩 사람들은 푸른색을 피한다. 그리고 칠레에서는 노란색 장미(yellow roses)의 선물의 메시지(message)가 다르다. 나는 당신을 좋아하지 않는다라는 메시지다. 체코 사람들은 붉은 장미를 낭만적인 흥미를 가진다.

(6) 이문화 커뮤니케이션 차이가 커뮤니케이션 과정에 어떤 영향을 주나

언어 용법, 언어 유형 그리고 무언의 커뮤니케이션은 2가지 점의 커뮤니케이션 과정에 영향을 미친다. 첫 번째는 송신자의 암호(encodes)를 생각 할 때다. 언어선택은 말의 유형을 사용한다. 그리고 무언의 표현은 옮기는 의미를 이해를 잘 받아드릴 것을 송신자는 기대한다. 송신자 암호연장은 수신자는 커뮤니케이션에 대해 송신자가 늘린다는 이해를 할 수 있다. 둘째 문화의 차이를 생각할 때다. 문화의 차이는 커뮤니케이션 과정에 영향을 미치는 암호를 수신했을 때 영향을 미치고 그리고 Message를 이해하는 노력이다. 만약 수신자는 수신자가 가까우면 언어에 대한 암호라고 할 수 있다. 말의 유형 그리고 무언과 Message의 가장 좋은 이해를 얻는다.

organizational behavior

제 2 장   이문화 커뮤니케이션 장벽

커뮤니케이션 안에서 많은 말들과 무언의 차이는 서로간의 문화를 오해하는 데서 종종 일어난다. Edward T. Hall(1994)은 그들의 문화에 노예들(captives)이라고 하였다(Hall and Hall 1994, p. 3).[15] 사람들은 말을 해석하고 그리고 그들의 고국문화(home culture)로부터 그들이 개인적으로 할 수 있는 것과 정확히 다른 문화로부터 그들이 활동할 것이다. 이것은 문화를 이해하는데 대한 중요한 장벽이다. 진보된 생활문화조차도 한번 개인이 다른 언어에 포함할 수 있는 다른 커뮤니케이션 접근에 종합적으로 개인은 직면한다. 말의 유형의 차이와 그리고 수없는 무언의 차이다. 이들 접근차이는 문화에 대한 변화이다. 지각 그리고 경험 역시 커뮤니케이션 차이를 만든다(bell, 1994).[16]

1. 문화, 지각 그리고 경험

(1) 문화(culture)

문화는 2가지 다른 문화로부터 같은 상황에서 반작용에 대한 방법차이를 사람들이 가지게 될 때 장벽이 된다. 이 책을 통해서 강조하려고 하는 것은 문화적 차이가 어떻게 사람들의 행동에 영향을 미치는지에 대한 것을 강조하려고 한다. 보기로서 캐나다 관리자들은 특별히 과업에 대한 생각을 캐나다에 있는 부하들에게 묻는다면 부하들은 긍정적인 message 같이 이해할 수 있다. 그들은 관리자는 그들의 idea에 흥미를 가지고 참여에 용기를 낼 것이다. 만약 인도에서는 부하들에게 관리자는 묻는다면 부하들은 아마 부정적인 message로 받아들일 것이다. 관리자들은 무능을 그들 부하들이 하는 것을 관리자들은 예견한다.

(2) 지각(perception)

지각은 개인적인 관계이다. 거기에는 옳은 것인지, 혹은 옳은 것이 아닌지는 사람들의 진실에 대한 사람들의 정의에 의한 것이다. 이문화적인 커뮤니케이션에는 잠재적인 지각장벽은 범문용례(아연판)(stereotyping)이다. 범문용례(아연판)는 지름길이다. 몇몇 사람들은 다른 사람보다 특별한 집단에 대한 구성원들과 같이 그들이 범주를 정하고 그리고 집단 성격을 구분한다. 범문용례(stereotyping) 특징은 Data based인지 모른다. 보기로서 문화구조(culture frameworks)는 책속에 나타나거나 혹은 다른 출처에서 배운다. 보기로서 어린이는 X라는 나라로부터 그들 양친이 사람들과 말하는 것을 듣고 굳어진다. 그리고 그들은 방법을 놓고 X라는 나라에 그의 범문용례(아연판)는 비추어본다. 아마 거짓말이라는 것이 예상되면 커뮤니케이션에 대한 장벽처럼 범문용례를 활동한다. 그럼에도 불구하고 사람들이 만약 다른 문화를 행동에 OK할지 모른 것으로부터 어떤 방법에 대한 처음 기대처럼 범문용례를 사용하는 것이 도움에 필요할 것이다. 사람들이 실제로 다른 문화로부터 실제적으로 어떤 것을 만났을 때 개인적으로 더 큰 커뮤니케이션 효과를 만들기 위해 국제적으로 이해를 구하는 것이 효과적이라는 것을 대부분의 관리자는 판단하고 있는 것을 발견하였다고 말했다(Ratiu, 1983).[17] 그들이 실제 일하고 있는 다른 사람들에 관해 더 많은 것을 배우는 것처럼 그들의 범문용례는 변할 수 있다. 이들을 고려하면 국제적인 그들의 효과적인 활동을 할 때 그들의 범문용례는 변화에 실패한다.

(3) 경험(experience)

경험 장벽은 두 사람 간의 생활 차이에서 일어나는 것들에 대한 바른 것에서 생긴다. 두 사람 간에 문화차이가 있을 때 다양한 방법으로 생활에 대한 경험을 할 것이다. 가정들(homes)의 형태는 그들의 숭배 방법 그리고 교육체계, 먹는 것 그리고 그들의 여가를 사용하는 방법 등이다. 경험에 대한 일반적으로 부족한 부분은 많은 차이의 커뮤니케이션을 만든다. 보기로서 캐나다와 미국 대학생들의 질(質)을 비교하는 경로에 대한 등급을 숫자로 매겼다. 이와 같은 지식은 일반적인 경험 준비에 정확한 상황을 이해하는 것이 필요했다. 국적을 버린 관리자들의 경험은 다음 보기에서 나타는 문화, 지각, 경험 등 이들 모두가 이해의 차이를 만드는 것에 대한 3가지 장벽이 있다.

어떤 문화, 지각 그리고 경험은 커뮤니케이션 과정에 영향을 미친다. 문화, 지각 그리고 경험차이는 잡음을 만드는 데 영향을 미친다. 그리고 수신자와 송신자 간의 어려움의 차이를 만든다. 각각 다른 사람의 인간관계에 있어서 message암호와 해독에 영향을 미친다. 같은 문화를 가진 사람들조차도 커뮤니케이션 지각, 경험 장벽이 생긴다. 그리고 문화의 장벽은 일반 다른 것보다 더 크다.

2. 어떻게 개념과 경험이 커뮤니케이션 과정에 영향을 미치는가?

문화의 차이, 개념, 그리고 경험에 대한 차이는 잡음창조에 의해서 커뮤니케이션 과정에 영향을 미친다. 그 차이는 송신자와 수신자 각각의 개인관계에 차이를 만들고 그리고 메시지(message)지에 대한 암호와 해독(encoding decoding)영향을 미친다. 참조에 대한 일반적인 틀 없이는 수신자와 송신자는 하나의 다른 것을 이해하는데 보다 큰 어려움을 가진다.

같은 문화를 가진 사람들까지도, 의사전달, 개념, 그리고 경험은 장벽을 창조할 수 있다. 이 문화 상황에서 이들 장벽은 일반적으로 크다. 커뮤니케이션 장벽 역시 그들이 일시적인 동시에 상호작용의 과정에 있어서 분석적인 구별이다. 이들 장벽에 대한 지각과 감성은 내부 문화적 커뮤니케이션 효과를 개선하는데 첫 번째 단계다.

3. 가상문화 커뮤니케이션(virtual cross-cultural)

당초 설명한 예로서, 커뮤니케이션은 글로벌 기업에 더욱 중요성이 증가되었다. Fax 그리고 E-mail은 포스터(post) 혹은 message에 대한 편지나 혹은 메모(memos) 등이다. 그리고 기업회합(business meeting)은 더욱더 원격지간의 회의(teleconferencing)를 촉진하였다. E-mail 상거래(E-Commerce)는 상품주문을 Online으로 소비자에게 한다. 그리고 기업들은 원자재나 혹은 새로운 제품 생산 그리고 서비스를 집이나 사무실 어느 곳에서나 Computer로서 모두 할 수 있다. 글로벌에서 Internet은 기업의 성질과 커뮤니케이션을 바꾸어 놓았다 (Kogut, 2003).[18]

E-mail이 가상팀 커뮤니케이션(virtual team communication)에 70%에서 80%를 차지한다. 왜냐하면 그들의 모국어로서 커뮤니케이션을 하는데 E-mail의 비동기 성질(asynchronous nature of Email), 대면접촉 회합, 전화대화, 팀 참여 등 쉽게 발견 할 수 있다. 이는 메시지를 보내기 전에 명확히 송신을 보장 할 수 있다. 그리고 수신자는 의미와 응답 계산을 짜서 맞추는데 시간이 걸릴 수 있다. 더구나 E-mail은 얼굴을 못 보더라도 묻는 질문에 대해 매우 편안하다 (Gross, 2002).[19]

그럼에도 불구하고 가상 커뮤니케이션은 문제가 없는 것은 아니다. 보기로서 하나의 시도기업 전략에 대한 Case study는 완벽하게 Internet으로 가상 팀으로부터 다른 나라 대학생들에게 한다. 한 팀의 중요한 문제는 영어를 모국어로 말하는데 모국어가 아닌 말은 커뮤니케이션이 어렵다. 그래서 영어는 마지막 숙제에 대한 언어의 요구이다. 영어가 모국어로 말하는 자는 다른 사람들로부터 다시 사용해야 하는 불공평을 느낀다(Simmers, 1996).[20] 함께 일하는 다른 나라 사람들로부터 함께하는 목적은 많은 생각을 함께하거나 그리고 기대에 대한 상호작용으로부터 Synergy를 개발한다. 그러나 만약 어려운 장벽처럼 활동하면 다국적집단(multinational group)에서 일하는데 좌절과 역효과가 된다.

4. 이문화적 커뮤니케이션 향상

이문화 커뮤니케이션의 많은 장벽은 문화적인 차이에 관계가 있다. 이문화 커뮤니케이션 향상을 위한, 첫 번째 단계는 다른 사람들의 문화이해이다. 문화 구성체(culture frameworks)는 이문화 커뮤니케이션을 위한 유익한 출발이다. 약간 커뮤니케이션의 형태 차이는 이들 문화적인 윤곽(culture profiles)에 직접적인 관계가 있다. 그럼에도 불구하고 남아메리카 사람들은 개인적이고 파나마 사람들은 충분한 집산은 아니다.

이것은 특별한 세부적인 연구가 중요하다. 말의 형태처럼 커뮤니케이션의 모습과 말을 쓰지 않은 것을 배우고 커뮤니케이터가 원하는 것 같이 개인에 관해서 더욱 많은 것을 알아야 한다. 그것은 수신자가 이해하는 것을 당신이 모를 수도 있는 것과 유사하다. 왜냐하면 이문화 커뮤니케이션은 모국어가 아닌 언어에 최소한 한번씩 일어나거나 혹은 번역에서나, 언어 표본사용 그리고 천천히 말하는 것 등이다.

5. 커뮤니케이션의 집중과 다양화

궤변으로 하는 주장과 커뮤니케이션 기술에 대한 광범위한 접근은 일반적이고 그리고 어려운 커뮤니케이션 장소에서 사람들이 대단히 쉽게 하였다. 커뮤니케이션의 증가가 쉬운 것은 집중력이다. 집중에 대한 다른 힘은 기업 커뮤니케이션에 영어 사용이 확산되었다. 사람들은 다른 언어를 사용하는 것보다도 영어를 사용하는 사람이 많으므로 국제 경영자들은 통역하는 사람 없이 서로가 커뮤니케이션을 할 수 있게 되었다.

기술과 기업에 새로운 언어 개발처럼 영어는 종종, 많은 언어들의 부분이 되었고, 영어와 같은 소리를 때때로 하고, 같은 의미를 사용한다. 보기로서 일본사람은 일본말을 외국 말과 같은 소리를 만들어서 외국 말의 성격을 구별한다. 컴퓨터를 중국말로 전자두뇌로 번역한다. 말과 개념에 대한 범위는 집중력을 표현하는 언어 차이와 유사하다.

다양화에서는 다른 언어로 말을 하는 글로벌 주위에서는 그럼에도 불과하고 다양화의 힘이 나타난다. 만약 영어로서 커뮤니케이션조차도 거기에는 그들이 모국말을 할 수 없다면 능숙하고 정확히 할 수 없다. 모국어도 다른 장소에서 다른 단어를 사용하는 것은 정확히 할 수 없다.

이문화 커뮤니케이션의 여러 가지 장벽은 다양화에 대한 힘을 나타낸다. 문화에 대한 변화 의미 접근은 같은 언어를 사용할 때조차도 말의 스타일이나, 말이 아닌 커뮤니케이션은 역시 강한 문화적인 영향을 받는다.

organizational behavior

제 3 장 교 섭

이문화 교섭(cross-cultural negotiations)은 국제 경영자의 중요한 일이다. 그리고 교섭과정의 동적인 이해와 문화에 대한 영향을 이해하는 것은 이문화 교섭이 실제적인 결과를 개선할 수 있다. 교섭은 내부의 이들 과정 모든 단계에 영향을 미친다. 이문화 교섭(intra-cultural and cross-cultural negotiations) 간의 차이는 명확하지 않다. 교섭에 대한 상대방의 접근 조절이 효과적일 수 있다. 초기 교섭과정은 (1) 준비과정, (2) 관계구축, (3) 정보교환단계, (4) 설득단계, (5) 동의단계 등이 있다.

문화는 우선, 흥미, 전략, 상황요소와 교섭전술과 말하거나 말하지 않거나 양쪽뿐만 아니라 양 당사자에 대한 최종결과에 충격을 줄 수 있다. 내부문화(intra-cultural)와 이문화(cross-cultural) 교섭은 그들 교섭 당사자 행동차이에 달려있다는 것을 사람들은 인정한다. 그러나 이들 차이에 대한 성질은 명확하지 않다. 교섭당사자에 대한 지식증가는 이문화 교섭 효율을 증가시키는 방법 중 하나이다. 사람과 조직 양쪽에 더 많은 문화적인 배경에 대해 많은 것을 배운다. 관리자는 끊임없이 교섭(negotiation)한다(Lax, D. A., and Sebenius J. K.(1986).[21] 원래 "교섭"이라는 용어는 조직화된 노동과 관리 사이에 사용되었다. 즉 노동조합의 교섭계약이다. 그러나 실질적으로 교섭은 최소한 일반적 조건에서 생기는 것 중에 하나이다.

많은 조직들은 조합화하여 노동을 하지 않고, 교섭에 대한 주기적으로 새로운 교섭을 하였다. 그럼에도 불구하고 다른 교섭형태들은 모든 조직 종류에서 계속적으로 일어난다(Neale and Bazerman, 1992).[22] <표 3 - 4>에서 일반적으로 발견될 수 있는 일반적인 조직에서 보통 발견될 수 있는 교섭 제목들은 끝이 없다.

표 3-4 관리에서 교섭의 도처의 성질을 나타내었음

- 좋은 무역조건을 위해 판매에 대해 구매부서와 협상한다.
- 생산 변화는 실질적어로 이해가 되는 마케팅 관리자들과 같이 설비관리자들과 협상한다.
- 컴퓨터 설치에서 일어나는 하나의 실질적인 것은 경영이사와 협상한다.
- 2부서장은 전체적인 분할 협상한다.
- 감독자들은 그들의 직접적인 명령에 대한 기대를 직접 리포트 하기를 교섭한다.
- CEO는 중요고객들과 같이 합작 투자회사를 교섭한다.
- 고객들은 보증 요구에 대한 장치를 교섭한다.
- CFO은 사용 선에 대한 더 많은 좋은 조건을 교섭한다.
- 계약자는 만기 영장에 대한 교섭을 한다.
- 부서장은 기업성장을 하는 동안 구조조정을 부서와 협상한다.

출처 : Miller, A. and Dess, G. G. (1996). Strategic Management, (2d, Eds.), The McGraw-Hill Companies, Inc.

이상 표에서 나타나는 바와 같이 조직은 내부에서는 사실상 교섭이 요구되는 일들이 일어나고 있다. 그리고 이것은 아주 효과적인 리더에 대한 보통으로 좋은 교섭만 있는 것은 아니다. 교섭은 리더십 차원 중 하나다. 그리고 좋은 교섭은 학습되는 것이다. 그리고 좋은 교섭자는 처음부터 태어난 것이 아니라 만들어지는 것이다.

특히 글로벌 경제 속에는 모국 밖에서 기업이 증가된다. 왜냐하면, 2개 이상 조직 교차에서는 대다수 결심이 포함되어 있기 때문에 동의 결심을 한다. 이문화 교섭(cross-cultural negotiation)은 국제경영자들의 기술 중에 중요한 것 중 하나다. 두 회사의 중요한 경영자들의 마찰이 예상되기 때문이다. 각 회사는 교섭결과가 큰 과업이다. 그리고 이것은 공정한 거래를 확실히 만들기를 원하기 때문이다. 교섭이 출발하기 전에 서로에 관해서 많은 정보를 가지는 쪽은 아무도 없다.

미국과 남아메리카에서는 문화적, 법적 그리고 경제체제를 만드는 차이가 있다. 2개 사이의 커뮤니케이션과 동의(agreement)에 도달하는 사이에 어려운 도전이 있다. 경우에 대한 어려움에도 불구하고 문화차이에 대한 이해가 생기고 양쪽이 이기고 진다. 그러므로 관리자들은 계속적으로 교섭해야 한다 (David and James, 1986).[23]

I. 무엇이 교섭인가

교섭(negotiation)은 두 당사자 혹은 더 많은 당사자들(parties)이 상호 받아드릴 수 있는 해결(solution)에 도달되기까지의 거래과정(process of bargaining)이다. 즉 거래에 도달하기까지 흥정하는 과정이다. 교섭은 개인이나 혹은 작업역할 어느 쪽이던 매일 어떤 것이던 한다. 교섭의 제목은 매우 단순하다. 두 친구는 영화를 볼 것인가 축구를 보려 갈 것인가를 결정하는데도 복잡하다. 그런데 회사에서는 합작투자 계획으로 두 개의 다른 나라로부터 회사이므로 더욱 복잡하다. 교섭은 대면접촉 회합(face-to-face meeting)이 전통적인 커뮤니케이션 과정이다. 그러나 현대에서는 교섭은 전화, FAX, E-mail 그리고 편지에 의해 이루어졌다.

2. 교섭과정(negotiation process)

(1) 목표(goal)

교섭목표 전부는 모든 회사의 해결에 도착하는 것이다. 그러나 몇몇 문화에서는 그들의 목적을 성취하는데 최적의 결과들은 목적을 성취하는데 모든 당사자에 Win-Win해결이다. 다른 문화 교섭자들의 동의에 도달하는 데까지 타협(compromise)해야 한다는 생각을 한다. 모든 당사들의 요구를 포기하는 것 Lose-Lose 해결의 결과다. 다른 문화에서까지 교섭의 목표가 Win-Lose이다. 즉 한 당사자가 그들이 원하는 모든 것을 쳐부수는 인정을 하는 기세에 의해 그들이 원하는 모든 것을 받아들이는 것이다.

교섭은 분배결과를 생각할 수 있고 그리고 완전한 동의 결과를 생각 할 수 있다. 분배결과의 생각은 분배가 고정된 교섭에 의한 자원 효율 총계이다. Win-Lose 혹은 Lose-Lose해결에 대한 일치(consistent)다(Brett 2001).24) 통합된 동의 달성에 대해서는 교섭자는 각 당사자에 다르게 평가되는 것에서 고정된 자원들을 대부분 당사자에 자원 배분을 해야 한다. 결과적으로 통합은 Win-Win해결로 일치된다.

(2) 교섭과정(The negotiation process)

교섭과정에는 다음과 같은 5가지 단계로 설명할 수 있다. (1) 준비단계 (preparation stage), (2) 관계구축단계(relationship building stage), (3) 정보교환 단계(information exchange stage), (4) 설득단계(persuasion stage), (5) 동의단계 (agreement stage)이다(Adler, 1991; Deresky, 1994).25) 생각과정을 통해서 그리고 그들 사이에 일어나는 교섭의 느낌이 영향을 미친다(Gelfand and McCusker, 2002).26)

(3) 문화가 교섭과정에 어떤 영향을 주는가

문화의 변동(culture variation)은 교섭과정의 모든 단계에 존재한다. 교섭과정의 개념까지도 지시에 따라서 이 문화는 변한다. 일본문화는 높은 조화로 평가한다. 준비단계에서는 교섭상대는 실질적인 교섭접근 방법을 계획하는 과정에서 많이 배워야 한다. 교섭은 그들의 위치와 그리고 각각 당사자들의 목적, 욕구, 이익 등을 고려해야 한다는 당사자들의 위치를 예상해야 한다. 이 단계에서는 대면접촉 이전까지 자기들 사무실에서 전형적인 전략을 취한다.

(4) 관계구축단계(relationship building stage)

2번째 단계는 관계구축단계로, 이는 당사자들 토론이 시작될 때 시작된다. 그들의 사무실이나 혹은 중립적인 장소서 서로가 받아드릴 때이다. 관계구축단계의 목적은 다른 사람들이 알고 있는 것을 당사자들을 위한 단계이다. 이것은 간단한 설명교환 그리고 기업 소개, 혹은 식사, 그리고 여흥 등의 형태를 하는 단계다.

(5) 정보교환단계(information exchange stage)

3번째 정보교환단계는 각 당사자가 공식적인 발표와 질의와 그리고 답하는 단계이다. 이 단계의 의미는 교섭자들의 문화배경에 여러 가지 의지하는 단계다.

(6) 설득단계(persuasion stage)

교섭과정의 4번째 단계는 설득단계이다. 당사자는 그들의 제안(proposals)을 받아드리도록 설득하도록 노력한다.

(7) 동의단계(agreement stage)

마지막 교섭단계는 동의다. 이 단계는 상호 받아드릴 수 있는 해결에 당사자는 온다. 그리고 서로 양보하여 동의를 만든다. 이 단계에서는 다양한 문화가 존재한다. 보기로서, 미국 사람들은 교섭을 시간에 따라서 하나의 문제(issue)를 의사결정하고, 법적인 계약의 구속을 가지고 결론짓는다. 러시아에서는 약한 Sign같이 양보로 보기 때문에 결과는 아주 적게 만든다(Adler 1991).[27]

3. 문화가 교섭과정에 어떻게 영향을 미치는가?

문화편차(cultural variation)는 교섭과정의 어느 단계에서나 다 존재한다. 다음 보기로서 지적한 것과 같이 이 문화에는 그 자신이 교섭과정 개념이 다양하다. 일본 문화는 보다 높은 조화(harmony)로 평가된다. 일본사람들은 전형적으로 조직의 의사결정에 집단 의견일치(consensus)로 의사결정과정을 사용한다. 그리고 교섭 기간 기능은 이전에 도착했던 공식적인 의견일치에 대하는 것을 축제처럼 한다.

일본사람들은 이것은 시작 지점을 표현하는 것 같이 제안없이 동의하는 것을 좋아한다. 교섭에 대한 시작을 강조하고, 그리고 일본문화는 계약을 깨뜨리는 기구를 준비한다. 왜 그이가 계약을 이행할 수 없는 가를 당사자에게 알린다. 그리고 사정이 변화되면 명예가 손상하지 않게 준비한다(Chen, 1995).[28]

대조적으로 미국사람은 교섭기간 중에 당사에게 문제 해결하는데 포함시키기 위한 기회로 본다. 실제의 접근을 취하고, 논리 기초를 세우고, 기대를 가지고 그리고 방법에 따라 여러 가지 문제를 취한다(Glenn, Witmeyer and Stevenson, 1977).[29] 합법적인 계약을 동의로 승인하고 끝내는 것처럼 그리고 이것은 논의를 위한 원인 이탈과 몇몇 경우 합법적인 활동을 한다.

불란서사람 역시 문제해결 방식에서 교섭을 접근한다. 그럼에도 불구하고 그들은 예술처럼 생각한다. 그리고 교섭 Table을 그들은 신중히 차비를 하는 것에 대해 엄격한 장소처럼 생각한다. 그들에 대한 교섭을 두는 것은 공개 토론회의에서 토론을 더 많은 것으로 하고 그리고 단순히 커뮤니케이션 기대의 적은 동의의 물음이기 때문이다. 보기로서, 이들 개념들 속에 다양한 문화 편차는 넓게 나타나기 때문에 교섭하고, 이해하고, 교섭을 실천하는데 그리고 다양한 문제를 증가시키는 자신감과 전략이다.

4. 문화가 교섭의 흥미, 우선권 그리고 전략에 미치는 영향

문화는 교섭의 흥미, 우선권 그리고 전략에 영향을 미친다(Brett 2001).[30]

관심(Interests)은 교섭자 위치(negotiator position)를 위한 근본적인 욕구나 이유에 대한 영향을 준다. 보기로서 관리자들은 새로운 나라의 회사생산품의 소개로 글로벌 시장 점유율을 확장하기위해 노력한다. 우선권(Priorities)은 다른 대안이 중요한 것을 지적한다. 보기로서 관리자들은 이익보다도 판매 크기(volume)에 대해 보다 높은 우선권을 둔다. 전략(strategies)은 교섭자가 목표성취를 지도할 것을 믿는 행동을 하는 교접에 대한 전체적인 접근이다.

(1) 흥미와 우선권(interests and priorities)

문화가치는 흥미와 우선권에 대해 다른 설명을 한다(brett 2001).[31] 보기를 들며 장기적으로 사회는 새로운 나라에 회사설립에 흥미를 느낄 것이다. 그리고 시장 점유율을 구축하고 그리고 단기적으로 수익성보다는 회사 이미지(image)를 긍정적으로 창조 할 것이다. 대조적으로 단기 지향적 문화에서는 기업이 빨리 돈 버는데 흥미를 가질 것이다. 그리고 단기에 최대이익을 강조한다. 만약 이 두 회사 서로에 대한 교섭이라면, 거기 문화적 차이는 그들 흥미를 이해하는데 그들 서로를 어렵게 만든다고 할 것이다.

그리고 우선권(priorities)은 그렇지 않다. 그럼에도 불구하고 한 상대를 다른 변화를 설득하는 것보다 더 낫다. 그리고 교섭자들은 만약 그들의 차이를 통합한다면 그들의 성공을 위한 기회는 증가된다.(Brett 2000, 2001).[32] 보기로서, 두 당사자는 단기적인 이윤(short-term profitability)과 장기시장개발(long-term market development) 양쪽을 연구해야만 할 것이다.

(2) 전략(Strategies)

문화는 역시 전략자가 추구하는 행동선택에 영향을 준다(Brett, 2001). 대항전략(Confrontation Strategy)선택으로, 커뮤니케이션에 대한 직접정도(degree of directness)는 관련이 있다. 직접적인 전략으로, 교섭자들은 다른 당사자들에게 명확한 말에 관련된다. 이에 반하여, 간접적인 전략(indirect strategy)은 유사한 관련에 대한 암시나, 혹은 비언어적 표현이나 어느 쪽이던 한다.

동기전략(motivation strategy)은 당사자들의 흥미를 표현한다(Brett, 2000).

그럼에도 불구하고, 교섭은 자신에 대한 흥미, 집단적, 혹은 최종동의의 질에 영향을 준다. 영향전략(Influence strategy)은 교섭자들의 권력사용에 영향을 미친다(Brett, 2001). 교섭자들은 교섭되는 동기에 대해서는 최고의 선택이 되어야만 한다는 것은(BATNA)(Fisher and Ury, 1981[33]; Ury, 1981[34]) 기초권력과 같다. 교섭자들이 유효하게 택일을 받아드릴 수 있게 되면 교섭결과는 중요하지 않고 그리고 이것은 교섭자에게 더 많은 힘을 준다. 교섭된 동기의 최선의 선택(BATNA: Best Alternative to a Negotiated Agreement)은 매력이 없고, 교섭자들은 다른 당사자에게 더 많이 의지한다. 그러므로 영향이 적다. 하나의 전략영향은 공평한 표준을 사용할 수 있고, 결정에 관한 것은 공정한 법률 포함과 절차 혹은 사회 상태 혹은 이념이다(Brett, 2001).

정보전략(Information Strategy)은 직접적이거나 혹은 간접적인 것이라 할 수 있다(Brett, 2001). 정보가 드러나고 그리고 어떻게 이것이 동의에 도달 형태에 대한 방향을 줄 것이다. 교섭되는 동의에 대한 최고선택(BATNA)의 신분, 공정한 표준은 만족결과를 얻는데 교섭을 돕는다. 거의 중요한 것은 양 당사자의 흥미와 우선권은 동의의 합동을 이끌 수 있다. 그리고 양 당사자는 만족에 대한 욕구를 느낄 것이다.

(3) 문화가 교섭전략에 미치는 영향

문화의 특성(cultural characteristics)은 <표 3 - 5>와 같이 교섭자 행동에 영향을 미친다.

보기를 들면 개인주의자(individualistic)는 그들 자진을 위한 높은 목표를 두는데 강한 자신의 흥미 동기 전략을 추구한다(Brett and Okumura, 1998).[35] 그리고 그들 자신의 흥미에 맞지 않은 것은 종종 물리친다(Brett, 2000). 집산주의자 나라(collectivist countries)의 교섭자들에 대해 미국교섭자와 비교연구에서, 미국사람들 교섭전략(negotiation strategies)은 일본사람(Brett, 2000), 홍콩에 있는 중국사람(Tinsley and Pillutla, 1997)[36], 그리스사람(Gelfand and Christako-poulou, 1999)[37]들과 비교하여 이기적인(self-interested) 것을 추구한다.

개인주의자(Individualists)의 교섭자들은 교섭에 대한 책임이 있고, 그들 활

표 3-5 문화와 교섭전략

문화 성격 (Culture Characteristic)	대표적인 행동(Typical Behaviors)
개인주의자 (Individualistic)	개인 목표를 높게 두고 받아 드릴 수 있는 것도 거절하다. 그러나 하위 시스템을 최대로 활용한다. 자신의 흥미를 가지며, 다른 상대의 흥미에 관계는 적다.
집산주의자 (Collectivistic)	내부집단구성원과 협력하고, 상호 만족한 동의조사를 기꺼이 한다. 외부구성원과는 많은 경쟁을 한다.
인류평등 주의자 (Egalitarian)	교섭동의안에 대한최선의 선택(BATNA)을 좋아하고, 그리고 만약 교섭이 동의 쪽으로 움직이면 드물게는 힘에 대한 다른 자원을 좋아한다. 문제에 대한 초점과 우선권에 대한 정보를 공유하고 흥미를 가지고 맞거나 그리고 틀리거나 관계없이 좋아한다.
계층주의 (Hierarchical)	더 많이 받아 드릴 것 같고, 그리고 모든 권한 형태 즉 직위, 교섭동의안에 대한 최선의 선택, 투구 등의 모든 형태의 힘을 사용한다.
낮은 관계(Low-context)	직접적인 정보공유를 좋아한다.
높은 관계(High-context)	직접적인 정보공유를 좋아한다.

출처: Brett, J. M.(2000). "Culture and Negotiation," International Journal of Psychology, 35, 95-104.

동이 옳다고, 평가할 것이고, 그들이 나타나는 것에 의해 보수를 받고 더 경쟁적으로 행동하고 그리고 열등한 결과를 종종 일으킨다(Gelfand and Realo, 1999).38) 집산주의자(Collectivists)는 만약 그들이 내집단구성원들과 같이 교섭한다면 더욱 협력적인 전략을 추구할 것이다. 그러나 만약 다른 상대가 외부 집단 구성원이라면 더 경쟁이 될 것이다(Brett, 2000). 집산주의자는 교섭에 대한 책임을 진다. 그들은 역시 더 많은 협력적인 행동을 한다(Gelfand and Realo, 1999).

인류평등주의자(egalitarian)-계층주의 문화차원(hierarchical culture dimension)(Schwartz, 1992)39)-는 전략에 영향을 준다. 인류평등주의자 문화로부터 사람들은 정보로부터 획득되는 것처럼 특히 그들 자신과 그리고 그들의 상대자 교섭된 동의가 최선의 선택(BATNA) 관점이기 때문이다(Brett, 2001). 반대로 계층주의 문화는 교섭에 권력을 사용하는 것이다. 신분을 찾고, 교섭된 동의의 최선의 선택(BATNA) 혹은 확신이다.

　미국사람과 일본사람의 교섭 비교에서 계층주의자 일본사람은 교섭을 준비하는 동안 힘의 근원으로서 교섭 동의에 대한 최선의 선택(BNTNA)으로 생각하지 않는다. 그런데 미국사람들은 더 많은 인류평등주의를 주장한다. 결론적으로 전술적인 영향을 사용하는 것을 넓히려고 하지 않는다.

5. 교섭 상황요소와 전술

　교섭상황과 전술(tactics)은 교섭상대(Negotiating Parties)에 대해 사용된다. 상황요소들은 지리적 위치, 방 배치, 교섭자 선택 그리고 시간제한 등이 교섭 성공에 영향을 준다. 교섭전술(negotiating tactics)은 말하는 면, 목소리 음질, 사실표현, 얼굴 표정, 몸짓 그리고 몸자세 등이다.

(1) 교섭의 상황적 요소

　교섭의 상항적인 요소들을 보면 다음과 같다. 지리적 위치, 방 배치, 교섭자 선택, 시간 한계 등을 들 수 있다. 지리적 위치(geographical location)는 중요한 교섭을 일찍이 결정을 하게하는 것은 그들이 어디서 만날 것인가이다. 사람들이 일하는 지구 반대편 있을 때 지리적 위치는 모든 당사자에게 의미가 있다. 명백한 것은 당사자 본사에서 교섭을 지시하는 이점이 있다. 이는 정보의 도움은 모국의 생활이기 때문이다. 사실은 한 쪽이나, 양쪽 당사자들은 그들 모국의 중립적인 위치에서 양당사자로부터 같은 거리를 원한다. 보기로서, 북아메리카와 아시아 교섭자들은 하와이에서 만나거나, 혹은 남아메리카와 유럽은 뉴욕에서 만나려고 할 것이다. 몇몇 나라 사람들은 여행을 외국으로 하기 어렵거나 혹은 무리일 수 있다. 그러므로 이런 나라는 모국에 장소를 정하는 것을 좋아한다. 보기로서 중국 본토에서는(Chen, 1995)[40] 외국 사람들은 중국 사람에게 매일 유리한 시간을 준다. 그리고 홍콩에서 성공적인 비밀은 중국에 도착해서 떠나지 않아야 한다는 생각을 해야 한다.

　방 배치(room arrangements)는 다른 상황 요소 중 하나는 방 배치다. 이는 교섭을 위한 물리적 배치이다. Table 모양과 교섭지리를 서로 맞서게 하거나 혹은 협력하거나 한다. 그 밖에는 누구나 함께 앉아 더 많은 협력하는 풍토를 조성한다.

교섭자 선택(selection of negotiation)은 사람들의 구성 수와 관계가 있다. 그리고 팀으로 표현한다. 구성원의 선택은 조직의 국가문화에 영향을 받는다. 미국에 대한 보기를 들면, 종종 적은 팀을 보내거나, 혹은 대표적인 것은 단순한 개인이다. 그들은 큰 집단을 보내는 것은 큰 자원 낭비라는 관점이다. 그러나 일본사람들은 대조적이다. 이들은 큰 집단을 좋아한다. 그리고 그들은 팀의 크기가 다른 면을 압도 하여 교섭에 유리하게 만든다고 생각한다. 그러나 역시 교섭은 문화에 반영된다. 보기로서 미국기업 들의 교섭자 선택은 직위 그리고 적성에 초점을 둔다. 즉 어떤 사람 위치가 교섭과 관계가 있는지, 사람들은 회사에서 바라는 것과 같은 것이다. 이와 같은 요소들은 나이, 성, 혹은 인종은 개인적인 성과 적임이면 중요하게 여기지 않는다. 대조적으로 멕시코사람들은 사람의 질과 그리고 사회연결은 교섭자 선택에 영향을 미친다(Fisher, 1980).[41]

교섭상황에 있어서 시간의 한계(Time Limits)는 사실이다. 교섭상대 운영에 경계선으로 추정되고 그리고 시간에 대한 문화적인 관점으로 교섭 다양성에 대한 길이다. 미국, 스위스 그리고 독일은 일상 상품처럼 시간을 소비한다. 그리고 가능한 교화적이고 가능한 빨리 교섭을 지휘할 것을 원한다. 중동이나 혹은 아시아 같은 나라에서는 시간은 장기로 예측한다. 그리고 교섭시간 연장은 장기적인 관계를 구축하는 것을 돕는다. 만약 교섭 팀은 가정으로부터 떨어져 있다. 그들은 상대방은 호텔 예약이나 혹은 비행기 표 재확인에 의한 기대를 한다. 그리고 동의 지연에 대한 정보가 닿힐 때까지 부서는 마지막 시간까지 여러 가지를 열정적으로 양보한다.

(2) 교섭 전술(Verbal Tactics)

교섭 전술에는 화술, 무언의 전술, 대화 중복, 얼굴 응시 그리고 접촉 등을 들 수 있다. 화술(verbal tactics)은 말하는 교섭행동이 포함된다. 말은 약속, 위협 그리고 추천하는 것으로 처음 만들어 제의(offer)하는 교섭행동이다. 첫째 교섭자들은 묻고 많은 질문에 의한 이익이 증가되고, 둘째, 최종 동의단계 전에 적은 몰입과 셋째, 처음제의가 결국 증가된다. 판매자가 더 많이 묻고 그리고 구매자는 적게 제의한다(Adler, 1991).[42] 가) 처음제의(initial offer)는 각 당사자에 이해서 만드는 시도에 의해 진술의 시작은 문화에 영향을 받는 전술의 하나다. 중국과 소련 교섭자는 보통 극단적인 시작제의(initial offers)를 가지고 교섭이 시작한다(Adler, 1991; Chen, 1995[43]).

미국과 스웨덴의 교섭에 반해, 그들의 실질적인 기대에 처음제의를 더 막는 자를 만드는 것 같다(Adler, 1991; Graham, 1985[44]). 그리고 일본사람들은 보통 극단적인 제안은 좋아하지 않는다. 그러나 때때로 외국사람 교섭에는 그렇게 하지 않은 경우가 있다. 나) 다른 말 교섭행동(other verbal negotiating behaviors)은 다른 말 교섭행동들은 약속, 협박, 추천, 경고, 보수, 처벌, 규범적 접근, 자신을 나타내고(self-disclosure), 질문 그리고 명령 등이 포함되어 있다. 미국사람, 브라질사람, 일본사람을 비교에서 이것은 브라질사람에 의해 사용되는 것보다 미국사람과 브라질사람이 말 전술(verbal tactics)보다도 더 유사하였다. 보기로서 브라질사람은 대단히 높은 처음제의 사용을 확장하게 만든다. 미국과 일본 교섭에 비교하면 적은 약속, 적은 몰입 그리고 더 많은 비교는 없다.

(3) 무언의 전술(Nonverbal tactics)

무언의 전술은 말을 사용하는 것보다 다른 교섭행동을 포함한다. 보기로서 목소리의 억양, 안면 표현, 몸짓, 몸자세 등이다. 거기에는 무언의 행동은 일상대화 속에서 문화차이에로부터 사람들에 의해 다양하게 사용된다. 이들 변화는 교섭에 관계되는 특별한 행동과 같이 이문화 교섭도전을 만든다. 무언의 행동은 종종 말의 행동보다 더 큰소리로 시끄럽게 메시지를 보낸다, 그리고 그들은 그들 자신의 문화를 가지는 것같은 의미를 가지는 다른 문화로부터 사람들의 행동을 번역한다. 간접적인 대면을 약속하는 교섭자들과 보통 정보전술은 보통 교섭에 대한 더 많은 극단적으로 무언의 전술을 사용한다. <표 3 - 6>은 일본, 미국, 브라질의 교섭에 대한 무언의 교섭행동의 보기를 들은 것은 <표 3 - 6>과 같다.

표 3-6 비언어교섭 행동 일본사람, 미국사람, 브라질사람의 비교

행동(전술)	일본사람	미국사람	브라질사람
침묵의 시간(30분 동안 10초 보다 더 큰 시간 수)	5.5	3.5	0
대화 중복(10분이 넘는 수)	12.6	10.3	28.6
얼굴응시(10분당 응시하는 분)	1.3	3.3	5.2
접촉(30분 동안 악수 안하는 것 포함)	0	0	4.7

출처: Adler, N. J. (1991). International Dimensions of Organizational Behavior. 2nd Ed. boston: PWS-Kent, P.210 based on Graham, J. L. (1985). "The Influence of Culture on Business Negotiations," Journal of International Business Studies, XVI, 81-96.

(4) 침묵(Silence)

말 교섭행동처럼, 미국과 부라질의 침묵은 일본의 행동과는 다르다. 일본사람들은 침묵을 사용한다. 고의적으로 대답 없이 잠시동안, 교섭동안, 말하고, 무엇을 말해야 할 것인가에 대해 생각하는 동안 중지하는 것을 허락하거나, 혹은 문제가 생기면, 시간을 번다(Chen, 1995; Fisher, 1980[45]). 미국사람이나 혹은 브라질사람들은 서툴거나 혹은 불안전한 것으로 발견할 것이다. 실제 미국사람들로부터는 단 몇 초 후에 침묵은 깨지고 무엇인가를 말한다. 이런 경우 그들은 침묵을 거절처럼 해석하고 그리고 교섭이 다시 시작되게 양보하는 것이다.

(5) 대화 중복(conversational overlaps)

대화의 중복은 같은 시간에 한사람 말보다 더 많은 말을 할 때 일어난다. 가로막거나 혹은 같은 시간에 공동으로 두 사람이 말하고, 하나의 시간에 상호 좋아하는 것과 같은 대화 중복은 브라질사람들은 이런 행동을 받아 드린다. 그러나 미국사람과 일본사람들은 이것은 무례하고(rude) 그리고 그 밖에 사람들이 시작이 없으면 중지한다.

(6) 얼굴 응시(facial gazing)

얼굴 응시는 상대방의 얼굴을 보고, 눈 접촉은 얼굴 응시로부터 격렬하

다. 두 사람 사이에 친밀함(intimacy)의 수준으로 비친다. 그런데 브라질사람들은 얼굴응시를 넓게 사용한다. 그런데 미국사람들은 전체를 조정한다. 그리고 일본사람들은 대단히 적다. 규범에 대해서는 교섭은 광범위하게 넓다. 공손한 일본사람(polite Japanese)은 직접적으로 눈보다는 목이나 가슴 주위 어느 곳을 응시(gaze)한다(Goldman, 1992).[46) 미국사람들은 눈 접촉을 유지하는 것 같다. 그러나 브라질사람보다는 덜 강열하다.

(7) 접촉(touching)

접촉행동은 교섭국면에서는 중요하다. 대단히 문화적이다. 미국과 일본은 <표 3 - 6>과 같이 접촉을 통한 악수를 한다. 그에 반하여 브라질사람들의 접촉은 관계를 닫은 것을 만드는 방법이고 그리고 그들은 거절처럼 접촉에 대한 부족으로 해석을 한다. 멕시코사람들은 종종 포옹(abrazo) 혹은 꼭 껴안고(hug)는 것을 관계가 깊은 것으로 본다(Fisher, 1980).[47)

organizational behavior

제 4 장   교섭에 대한 마찰해결

1. 내부문화와 이문화 교섭 간의 차이

이문화 교섭(cross-cultural negotiation)의 동력은 내부문화 교섭(cross-cultural negotiation)과 다르다. 일본사람, 미국사람은 캐나다에 사는 프랑스어를 사용하는 사람을 캐나다에 영어를 사용하는 교섭자들과 비교하면 모든 집단에서 이문화는 내부문화 관계와 차이를 발견했다(Adler and Graham, 1989).[48) 그럼에도 불구하고 이들 성격차이는 의미심장하게 다양하다.

보기를 들면, 프랑스어를 사용하는 캐나다사람은 다른 나라에서 프랑스어를 사용하는 사람들보다 영어를 사용하는 사람과 같이 교섭에 더 협력한다. 영어를 사용하는 캐나다사람들은 오래가고 그리고 프랑스어를 사용하는 캐나다사람과 같이 교섭할 때 낮은 이익이 가지게 된다고 생각한다. 일본사람들은 다른 일본사람들을 보다도 더 교섭에 관심을 끈다. 비록 낮은 이익으로 끝난다고 해도 매력을 끈다. 그런 미국사람들은 이문화 간의 교섭활동 차이는 없다. 그러나 다른 미국사람들보다 일본사람들과 같이 교섭하는 것이 더 많은 만족을 경험하였다.

이문화에 대한 교섭원동력은 내부문화 교섭(intra-cultural negotiations)이 다르다. 일본인은 영어를 사용하는 캐나다 교섭자들(Anglophone Canadian ne-gotiators)은 차이가 발견된다(Adler and Graham, 1989).[49] 다른 비교연구에서는 중국사람들은 다르다. 캐나다사람들은 문화상황에서 전략적인 차이를 발견하지 못했다(Tse, Francis and Walls, 1994).[50] 양쪽나라 관리자들은 같은 대립 해결 요소들(conflict resolution strategy)을 사용한다. 그들은 같은 외부 혹은 내부 상황에 동기부여 된다. 그럼에도 불구하고 양쪽 나라상황은 중국사람보다 캐나다사람은 같이 교섭하는 것을 좋아한다. 결과적으로 일본과 미국의 내부문화 (intra-culture)와 이종문화의 상황에서 낮은 상호이익을 발견하였다(Adair et al., 2001[51]; Brett and Okumura, 1998[52]).

같은 문화교섭자는 안전한 규범적인 방법으로 행동한다. 그럼에도 이문화 간의 상황에서는 비교와 규범적인 행동이 다른 커뮤니케이션은 좌절된다. 이는 상황과 문화의 이유 때문이다. 보기로서 일본사람들의 가치는 상호이해와 환경에 적응한다. 대신 미국사람들은 일본회사와 그리고 환경을 적합시킨다. 보기로서 일본사람 가치는 상호이해하고 그리고 환경에 적합한다. 더욱 그들은 미국에 있는 일본사람 회사에 일한다. 그리고 거기서 교섭을 단련한다 (Adair et al., 2001).

그럼에도 불구하고 일본사람들은 적합에 노력한다. 두 당사자는 간의 정보공유 효과가 없고 양 당사자는 상호 동의 만족에 성취 동기부여는 결핍된다. 흥미있게 내부문화 교섭은 운이 좋고 그리고 교섭 끝에 내부문화 교섭보다 더 만족한다(Brett and Okumura, 1998). 이문화 교섭이 내부문화 교섭보다 더 도전한다. 그리고 교섭에 더 만족하다. 이문화간 교섭이 같은 문화 내의 교섭보다 다르다.

2. 문화가 교섭대립 해결에 어떤 영향을 주는가?

교섭은 대립해결(resolves conflicts)하는 커뮤니케이션 과정이다. 그들이 동의를 함으로 로서 상대는 다른 위치에서 시작된다. 상황 요소들과 교섭의 비언어 전술은 논의 문화에 대한 광범위한 교섭 다양성에 대한 접근을 지적한다. 문화는 사회대립을 지각하는 방법에 영향을 준다. 이 문화 간 커뮤니케이션 전문가, Stella Ting-Toomey는 Hall의 낮고-높은 배후관계 뼈대를 문화차이 설명에 사용하여 대립에 대한 문화적 이론을 개발하였다(Gudykunst and Ting-Toomey, 1988; Ting-Toomey, 1985). 기계주의 지향(Instrumental-Oriented)과 같은 대립의 낮은 배후관계 문화로 생각하는 사람들과 분석자들의 세계적 관점, 직속 동족은 개인적으로 문제가 분리된다.

높은 문화 배후관계 대립은 표현 지향적인(expressive-oriented) 것이다. 사람들은 문제로부터 분리하지 않기 때문이다. 결과적으로 낮은 문화의 배후관계이다. 대립은 공공연한 불일치를 받아드릴 수 있다. 개인들은 대립을 할 수 있다. 그리고 친한 관계가 된 후에도 종종 불일치가 생긴다. 그러나 높은 문화

표 3-7 낮고-높은 배경문화의 대결성격

중요 질문	낮은-배경문화	높은-배경문화
왜(Why)	분석적, 선형논리; 도구주의지향; 대결과 대결 당사자간에 이분법임.	종합적, 나선형 논리; 표현지향; 대결 통합과 대결당사자.
언제(When)	개인주의-지향; 낮은 집산규범 기대; 개인주의 기대위반은 대립 잠재력을 창조한다.	집단-지향; 높은 집산규범 기대; 집산 기대 위반은 대립을 창조 한다.
무엇을(What)	폭로(revealment);직접, 대항적 태도 (confrontational attitude); 활동과 해결지향.	은폐(concealment); 간접, 비 대항적 태도(nonconfrontational attitude); 안면과 연고관계-지향.
어떻게(How)	명백한 커뮤니케이션 부호; 직선 논리형; 이성적-사실 설득력(rhetoric); 직접전략.	암시적(implicit) 커뮤니케이션 부호; 직관적-효율 설득력(rhetoric); 애매모호한, 간접적 전략.

출처: Ting-Toomey, S. (1985). "Toward a Theory of Conflict and Culture." In Gudykunst. W. Stewart, L. and Ting-Toomey, S. (eds.) Communication, Culture, and Organizational Processes. Beverly Hills, CA: Sage. p. 82., Sage.

배후관계 (High-context culture)에서는 공공연한 대립과 공중의 대결은 높은 모욕이고, 양당사자 경우 얼굴 깎는 것이 내포되고, 그들 관계가 끝이 될 수 있다(Gudykunst and Ting-Toomey, 1988[53]); Ting-Toomey, 1985[54])).

대립(conflict) 이유는 역시 문화가 다른 두 유형의 당사자에서 생긴다. 낮은 문화 배경에서는 더 많은 개인 주의자이다. 거기에는 행동 방법에 대한 평가를 상세히 하지 않아, 대립은 생긴다. 이는 다른 사람 기대에 한 당사자가 신경질적인 사람이기 때문이다.

동의에 대한 행동은 특별한 규칙을 가진 높은 문화배경에서 대립은 개인적으로 몹시 신경질적인 사람은 문화적인 기대를 했을 때 일어난다. 대립은 태도 쪽은 대립 상황의 3번째 국면이다. 낮은 문화 배경에서 사람들은 직접적인 활동결과 쪽으로 지향한다.

공리 연역적 형(axiomatic-deductive style)은 의미를 끌어냄으로써 기초적인 생각을 설립한다. 높은 배경문화에서는 일반적으로 효과적인 귀납 형을 일반적으로 사용한다. 완곡한 중계나 혹은 감정을 나타내는데 말하고, 애매하고, 대결 유포하는 것을 줄잡아 말한다. 대응은 모든 상대가 빨리 해결을 요구하는데 대립에 대한 응답이다. 높은 문화배경을 둠으로써, 대결을 행한 태도는 둘러대고 그리고 대응을 피하고, 간접적으로 이끌고, 종종 결과를 피하거나 혹은 대결은 무지의 결과이다.

대결상황의 최종결과는 대결을 해결하는 방법이나 혹은 대결관리에 사용되는 방법이나 혹은 형태이다. 낮은 배경관계 문화에서는 사람들은 사실적인 안내나 혹은 공리적인 연역적 형은 논리적인 접근을 선형을 기초로 한다. 사실적 귀납 형(factual- inductive style)은 이유귀납적인 이유를 결론사용 쪽으로 옮긴다. 공리 연역적 형(axiomatic-deductive style)은 의미를 끌어냄으로써 기초적인 생각을 설립한다. 높은 배경문화에서는 일반적으로 효과적인 귀납 형을 일반적으로 사용한다. 완곡한 중계나 혹은 감정을 나타내는데 화사하게 말하고, 애매하고, 대결 유포하는 것을 줄잡아 말한다.

일반적으로 낮은 배경문화의 사람들은 대결을 지적인 관점으로 보인다. 이들은 높은 배경문화로부터 감정적인 관점으로 본다. <표 3 - 7>은 Ting-

Toomey의 주 생각을 요약한 것이다. 높은 배경문화(high-context culture)와 낮은 배경문화(low-context culture) 두 가지 비교연구에서 Ting-Toomey는 모델로 나타내었다.

홍콩(높은 배경문화)에 있는 남자 경영학과 학생과 미국(낮은 배경문화) 학생 간에 대결을 처리하는 방법이 서로 달았다(Chiu and Kosinski, 1994).[55] 홍콩에 있는 중국사람들은 대결관리 방법(managing conflict)으로 회피와 화해하는 방법을 좋아한다. 그와는 대조적으로 백인 미국사람들은 매우 자주 직접적인 방법으로 대결을 선택한다.

다른 보기로서는 모욕적인 말(verbal insults)에 대한 응답이다. 이 연구는 중국사람과 북아메리카 사람의 비교연구에서(Bond, Wan, Leung and Giacalone, 1985).[56] 대결회피(avoid conflict)에서 모욕적인 목적과 모욕하는 어떤 사람 양쪽에 분리해서 말하는 실행을 충고한다. 그런데 북아메리카 사람들은 대결 해결에 대해 양 당사자를 불러 출석시켜 양 당사자와 전체 회합하는 것을 암시한다.

3. 어떻게 대립에 대한 접근이 교섭에 영향을 주는 것인가?

문화차이 방법관점으로 대립을 보는 것은 특별히 높고 그리고 낮은 배경문화간 차이가 그들의 교섭 접근에 영향을 준다. 보기로서, 양 당사자간에 높고-낮은 배경문화(High-and low-context culture), 개인주의 대 집산주의, 다른 기대, 직접 대 간접 태도 그리고 암시 대 명시된 커뮤니케이션 암호 등의 기초적인 차이가 존재한다.

높은 배경문화에 대한 교섭은 표면적으로 조화로운 행동으로 종종 나타난다. 그들은 직접적 의견이 적고 그리고 커뮤니케이션과 암시적인 언어를 통해서 실지로 느끼고, 무언의 뜻 때문에 그들은 의견차이로 나타난다. 높은 배경문화(high-context cultures)에서는 교섭자들의 정체성(identity)이 중요하다. 그리고 교섭자들의 "인물(persona)"은 어떻게 교섭으로 처리하는 것으로 통합되기 때문이다.

대조적으로 낮은 배경문화에서는 열려 있고 그리고 직접적이고, 활동지향적이고, 문제 해결과정처럼 교섭을 본다. 거기에는 개인처럼 교섭과 그리고 교섭에 대한 교섭자들 역할간의 차이가 명백하기 때문이다. 이들 시험에서 높고 낮은 배경문화에서 교섭자들 사이에 중요한 차이가 있다는 것을 나타내었다. 그럼에도 불구하고 거기에는 높고-낮은 배경문화 가운데는 차이가 있었다. 일찍이 일본, 미국, 브라질의 교섭자 가운데는 차이를 보였다.

일본과 미국은 언어를 사용하는 것은 서로 같고, 무언 교섭(nonverbal ne-gotiating)은 브라질이 더하였다. 일본과 브라질은 양쪽 다 높은 문화배경을 가졌다. 그리고 미국은 낮은 배경 문화이다. 명백히 이들 차이는 높고-낮은 배경문화 차이에 의해서 다른 문화의 차이는 영향을 주지 않는다.

4. 마찰 해결에 대한 좋은 이문화 교섭이 있는가?

실질적인 차이는 목표 안에 문화가 존재하고 있는 것과 그리고 교섭과정에서 제유된 행동(behavior associated)과는 다르다. 그러면 어떻게 이문화 교섭자들 관리를 효과적으로 할 수 있을까? 첫째, 당신들의 교섭상대를 이해하는 것이 중요하고 문화수준, 가치, 태도, 대표적인 행동들에 대한 기초적인 이해가 대단히 중요하다. 중국, 멕시코, 프랑스, 일본, 미국 그리고 러시아 사람들이 어떤 교섭을 하는지에 대한 자료들과 특별히 보기를 제공한 문헌은 도움을 준다(Chen, 1995[57]); Fisher, 1980[58]); Goldman, 1992[59]); Shenkar and Ronen, 1987[60])).

문화에 대한 인식과 어떻게 이것이 교섭 유형에 영향을 주는지, 당신의 상황에 대한 특별한 교려를 했을 때 교섭은 효과적이다. 그리고 누가 당신의 교섭 당사자인지, 즉 조직과 이것이 전형적인 것 즉 그들이 당신의 조직에 경험을 했는지 그리고 당신의 문화를 이해하는가? 역시 당신 자신에 관한 생각과 그리고 다른 당사자의 욕구, 흥미, 가능한 목표들이다. 결국 교섭 상대에 대한 배경을 이해한 후에 실제적인 교섭을 처리하는 방법을 고려해야 한다. 종종 사람들은 내부문화 교섭처럼 이문화 교섭에서 같은 방법을 행동하지 않는다. 당신은 본국에서 하는 것을 믿는 것이 효과적인 접근인데도 불구하고, 외국인들은 모국처럼 다루지 않은 모국처럼 행동이 확실하지 않은 것이 사실이다.

미국사람, 일본사람과 한국사람 사업가가 교섭에서 미국사람 행동에 다양한 동의에 적합을 시도하는(attempted to adapt) 일본사람과 한국사람 사업가에 대한 미국사람들이 어떻게 시도하는 가에 대한 연구에서 순응하지 않거나(no adaptation) 혹은 순응하거나 보다 모국행동의 조정결과에서 많은 결과가 생긴다는 것이다(Francis, 1991).[61] 역시 이들 실험 결과는 문화의 차이를 완전히 무시하는 것도 아닌 다른 문화 접근을 완전히 따를 것인가 아닌가를 암시한다.

이문화 교섭연구자인 Stephen Weiss(1994a, b)[62]은 이문화 교섭을 위한 8개 다른 문화적 전략에 대한 응답 제안하였다. 각 교섭자들 상대방 문화를 익히 알고 그리고 전략선택을 접근하는 것이 명확한 협력이다.

(1) 고용대리인 혹은 조언자(Employ agent or advisor)

당사자가 다른 사람들과 유사하지 않을 때 교섭자들이나 혹은 조력에 대한 조언자를 고용한다.

(2) 조정자 수반(Involve a mediator)

교섭에 대한 촉진을 3번째 사람에 대한 동의 두 당사자는 다른 사람의 문화가 유사하지 않을 때 역시 유용하다.

(3) 사람들의 자신의 자필에 따르는 유인하는 당사자(Induce counterpart to follow one,s own script)

이것은 만약 당사자가 교섭자의 문화와 그리고 교섭 방법이 유사하면 어울리는 것은 교섭자은 교섭자의 접근에 따르는데 당사자의 유인노력 할 수 있다.

(4) 상대방의 메모에 대한 적응(Adapt to the counterpart's script)

각 교섭자가 다른 문화와 유사하게 조정되었을 때, 교섭자들은 보통 교섭권을 더욱 상대방과 같이 같은 국면으로 변화시킬 수 있다.

(5) 양 당사자에 대한 조정에 대한 협력(Coordinate adjustment of both part)

다른 전략은 두 당사자들은 각자들의 다른 문화와 같이 유사하게 조정한다. 두 당사자가 상호 그들이 어떻게 다른 당사자와 같이 조정할 것인가에 상호 조정한다. 바꾸어 말하면, 그들은 어떻게 교섭할 것인가를 교섭한다.

(6) 당사자의 자필을 맞이하다(Embrace the counterpart's script)

하나의 당사자는 당사자가 다른 사람의 문화와 같이 대단히 유사할 때 다른 사람들의 유형에 완전히 따르는 것을 제공할 수 있다.

(7) 즉흥적 접근(Improvise an approach)

양 당사자가 상대자 문화에 높게 유사했을 때, 그들은 즉흥적으로 접근한다. 개인적으로 이것은 그리고 교섭이 펼쳐지는 것처럼 발달이 접근된다.

(8) 동정 효과(Effect symphony)

이들 전략은 양 교섭자들이 다른 사람 문화와 높은 유사성이 있을 때 적당하다. 각 교섭자들의 특별한 능력을 끌어내어 두 당사자 협력으로 상승작용으로 접근으로 발달시키는 것이 포함된다.

요약하면 거기는 교섭자들이 조금 알든지 어떤지 간에 다른 당사자들의 문화와 언어가 전체적으로 유사하거나 하나의 접근전략이다. 그들 자신의 문화유형이 교섭전략으로 완전히 다르게 누가 하겠는가? 스페인과 덴마크 전문교섭자들은 미국사람 경영진단 기업 커뮤니케이션과 관리에 대한 전문기관으로부터 교섭훈련을 동일하게 받는다(Grindsted, 1994).[63]

목표 프로그램은 교섭형태 접근 고용과 교섭협력에 대한에 개인적인 훈련이었다. 훈련, 모국에서 경영하는 것과 각 집단 언어는 매우 유사하다. 같은 훈련인데도 불구하고 각 집단은 문화적으로 유사한 방법으로 교섭한다. 스페인사람 집단은 더욱 사람 지향적이고, 덴마크사람 집단 과업 지향적으로 비교된다. 역시 두 집단은 같은 훈련과 그들 자신문화 영향에 대한 행동이 계속된다.

제 5 장   국제조직행동에 있어서 집단과 팀

조직에 대한 새로운 형태로 최근에 생겨난, 집단과 팀은 다른 문화에서 운영되는 조직에서는 더욱 중요하다. 이유는 경영자들은 진단, 관리, 집단성과 유지 기술이 되기 때문이다. 거기에는 관리 단일문화와는 다르게 집단과 팀의 문화적인 분산이 될 것이다. 그럼으로 집단과 팀은 더욱 분산된다. 경영자들은 단순기능 성과 평가를 허락하는 것을 피할 것이다. 종교와 윤리정체성과 같은 위치에 대한 중요한 특징, 기술과 재능이 필요하다. 다른 말로 하면, 조직의 목적과 목표를 우선할 것이다. 그리고 노동력에 대한 다문화 특색 문제들은 무시되지 않는다(Adler, 1997).64) 이것에 대한 경영자들은 명확한 비전이나 혹은 상위의 목표를 강조할 것이다. 또한 이것은 집단 응집력으로부터 시도된다. 명확한, 강한 목표, 집단의 다양성이나 혹은 팀은 다중 목표를 제시할 것이다. 그리고 하위 집단경쟁으로 발전시킨다.

경영자가 집단다양성에 대한 구성원의 평등한 권력 창조가운데서 제시할 것이다. 만약 하나의 하위 집단이 문화적인 지배를 통하여 많은 권력을 얻는다면, 다른 구성원의 불참과 파괴적인 충동결과가 될 수 있다. 경영의 방법 중 하나는 이것은 성과 없는 것에 대한 비평보다는 과업의 성취능력에 따라 권력을 분배하는 것이다. 이것은 역시 자기민족 중심주의(ethnocentrism)를 피하는 것이 중요하다. 사람들의 자신의 문화는 다른 문화보다 우선하다는 가정한다. 하나의 문화의 관점이, 특별히 관리자들의 다른 문화에 있어서 우선한 것처럼 대하는 것은 다문화 상호작용에 이익이 감소된다.

집단 구성원은 하나의 다른 문화를 상호 존중(mutual respect)한다. 개인에 대한 인식에 대한 기여는 숙련을 기초로 한다. 결국 집단의 다양성 때문에 관리자들은 피드백에 대한 더 많은 기회를 준비해야만 한다고 Adler(1991, p. 141)는 주장하였다. 주어진 현재 전망 차이는 문화적인 팀 다양성은 하나의 좋거나 혹은 나쁘거나, 혹은 결정이 되는 것에 집중으로 동의 동종 팀보다 더 많은 공생을 한다. 외부 피드백은 팀으로서 이들 자신을 보고 집단을 돕는다. 그리고 이들 다양한 가치에 대한 팀을 가르치는 기능을 봉사한다. 각각 구성원에 의해서 공헌인식하고 그리고 집산의 판단에 신뢰한다.

그리고 이것은 다른 문화에 대한 집단의 성질을 이해하기 위해서 그들 자신의 문화를 강요하는 한계를 인식하는 경영자들이 중요하다. 두 가지 중요한 관련은 관리자가 다른 문화에서 일어나는 집단행동 진단을 어떻게 배워야 하는지 그리고 관리자들이 하려하는 결과에 대한 반대 행동을 하는 규범을 개발하는 집단의 원인에 대한 집단관리 방법을 배워야한다. 관리자에 대한 관계는 전통적으로 합리적인 것을 좋아하는 북아메리카 문화를 나타내는 것과 조직목표성취에 대한 인적자원의 보편주가 의미심장하다. 물론 거기에는 다른 문화적 시각으로부터 타당한 인적자원에 대한 다른 방법이 있다. 보기로서 관리자들은 그의 관계가 의사결정을 할 수 있다. 그이는 전문가를 때문에 문화의 다양성 관리자들에게 집단이 의사결정을 할 수 없다는 것을 믿게 한다. 그들은 그들의 힘에 위협을 받기 때문이다. 이것은 차라리 축적하고 그리고 의사결정이 떨어지면 권력을 유지한다.

집단과 팀은 조직의 중요한 부분이다. 문화가치가 개인주의나 집산주이든 간에 조직의 팀의 역할에 영향을 준다. 집단은 그들이 개인주의 문화에서 하는 것 보다 집중주의 문화에는 기능을 다르게 가진다. 보기를 들면, 일본과 이스라엘 집단은 개인주의보다 더욱 중요하다.

그러나 미국은 개인주의는 집단보다도 더 중요하다. 다른 중요한 변수들은 동종이나 혹은 잡종 어느 쪽이라도 집단과 팀을 구성할 수 있어 구성원 가운데서 다른 상호작용 형태를 창조한다. 관리자들은 관리할 수 있는 집단과 팀의 진단과 그들의 성과 개선을 어떻게 할 것인가 이해하는 것이 중요하다. 집단구조의 중요한 요소는 규칙과 규범, 역할 그리고 신분이다. 집단과 팀에서 중심역할은 과업이나 혹은 사회적 정서(socioemotional) 강조 중 어느 쪽이던 간에 보통 떠맡는 사람은 리더에 대한 것이다. 추종자들의 역할은 집단에 있어서 역시 중요하다.

팀은 집단과 다르다. 그들은 리더십을 공유하고 있기 때문에 목표에 대해 수락하고, 그리고 그들 활동을 위해서 더 많은 책임이 있다. 어째든 중요한 문제는 팀과 집단에 대한 구성이고 그리고 회원자격은 성과에 대해 유익하여야 한다. 글로벌화로서 집단은 다문화가 될 것 같다. 더욱 다문화가 되는 데에 집단과 팀은 종종 다국적이다. 세계의 다른 부서에서 거주하는 구성원과 같이 일한다. 가상 팀은 지적으로 분산하는 것은 필요하지 않으나, 보통 다른 문화 구성원들은 다른 문화로부터 구성원들이 포함된다. 결국 관리자들은 국제조직행동과 관리변화에 대한 가상(virtual teams)의 힘을 의미심장하게 이해해야 한다.

문화는 집단을 다르게 본다. 일본의 집단지향(group orientation)을 국가문화의 중요한 부분으로 본다. 일본에서 조직은 집단참여 속에서 의사결정을 보통 실행한다. 그와 달리 미국에서는 개인적인 성취(individual achievement)를 강조한다. 그리고 집단속의 참여를 회사는 권한다. 그러나 개인주의 윤리(ethic on individualism)를 가지므로 종종 teamwork에 마찰을 일으킨다. 이스라엘은 전통적인 사회주의 전통 정책을 가진다. Kibbutz의 인간평등주의윤리(egalitarian ethic)를 가지고 사회적 이념으로 작업집단에 협력을 구체화한다(Bar-Hayim and Berman, 1991).[65]

개인주의 - 집산주의 문화차원(culture dimension of individualism-collectivism)은 집단 속의 행동을 관찰하기위해서 매우 중요하다. 개인주의와 집산주의 역할은 보는 것이 중요하다(Hofsted, 2001; Trompenaars and Hampden-Turner, 1991).[66] 개인주의는 다른 것들보다 그들 자신의 일차적인 흥미 후에 다른 사람을 보는 경향이다. 이는 미국, 오스트리아 그리고 서유럽사회들이다. 집산주의 가치지향은 아시아, 동유럽, 아프리카 그리고 라틴아메리카 문화다.

개인적인 관심대신에 집단후생복리에 관심을 둔다. 그리고 개인주의 혹은 집산주의의 국가문화 지향은 조직속의 집단들의 기능 방법에 영향을 준다. 집단과 팀(groups and teams) 연구는 어떻게 해야 할 것인지는 그것은 경영 조직행동을 효과적으로 하는 것이 중요하다. 집단과 팀은 모든 조직의 부분이다. 그리고 조직목표를 성취하기 위한 일차적인 도구다. 하나의 중심적인 과업관리는 집단과 팀의 성과 개선에 있다.

1. 집단(Groups)

집단(groups)은 계산적으로 다른 하나를 취하려고 다른 한 사람과 접촉하는 개인의 다수들이고 그리고 약간 일반 시민들이 의미심장하게 의식하는 것이다 (Olmsted and Hare 1978, p. 11).[67] 이는 상호매력(mutual attraction)결과와 같은 집단형태나 혹은 흥미, 혹은 집단에 대한 사람들의 관리 할당 때문이다. 집단의 크기는 개인수가 중요한데 이는 커뮤니케이션과 집단역학(group dynamics)에 영향을 미친다.

집단 한계는 두 명에서 20명이다. 커뮤니케이션은 대면접촉으로 두 사람은 사이의 커뮤니케이션하는 적은 집단보다 대량의 청중을 더 좋아하는 20명 가운데서의 커뮤니케이션은 더 어렵다. 집단역학은 두 사람 사이에서 이루어질 때와 세 사람 되면 더욱 복잡한 상호작용할 기회가 생긴다. 보기를 들면, 연합형태(coalition formation)가 된다.

집단의 유형은 그들 구성원들의 작업에 대한 쪽으로 일반적인 목표(goals)를 가진다. 전형적으로 집단의 일은 특별한 시간 뼈대의 조건 아래서 일하고 그리고 자원에 한계가 있다. 보기로서 2주간에서 수금의 예산과 의사결정에 대한 정보과정, 즉 시간에 대한 강요(time constraints), 자원부족(resource scarcity), 사회기술 미발달, 의사결정에 대한 정보과정 등이다. 집단유형의 팀(team)은 높은 팀과 집단 구조, 몰입에서 나타나는 집단성취 목표에 대한 자신의 경영기술 사용이다. 집단과 팀은 개발형태이고, 사회적 과정이고, 의사결정형태 국가나 기업문화에 의해서 약간의 범위에 영향을 준다.

2. 집단구조

집단구조는 구성원들 가운데 상호작용에 의해서 형태가 창조된다. 구조를 구성하는 요소들은 규칙, 규범, 역할 그리고 직위다. 모든 문화에 있어서 집단을 이해하기 위해서 개념 분석을 하는데 유용하다. 보기로서 모든 집단은 문화가치 개발과 사회규범유지에 대한 무관심하다. 대부분의 집단은 구성원의 직위가 다르다. 즉 전형적으로 몇몇 구성원은 높은 신분의 직위를 차지한다. 집단은 결국 리더십 개발로 직위제거를 위해 설계된다.

3. 집단구조의 요소

잡단구조는 경영정책과 규정이나, 혹은 구성원들 상호작용을 통해서 나타난다. 종종 구조는 관리담당과 구성원의 편애에 대한 상호작용에서 생긴다.

4. 집단 규칙과 규범

규칙(rules)은 조직이 집단구성원에 부여하는 기대되는 행동이다. 그리고 공식적으로 위반승인(sanction disobedience)을 할 수 있다. 규범(norms)은 규칙과 다르다. 그들은 비공식적이기 때문이다. 보통 설명되지 않고(unstated) 그리고 집단구성원에 위해 보증이 되기 때문이다. 규범은 종종 규범보다도 집단규칙에 대해 더 효과적이다. 이것은 자기 자신이의 규범이고, 종종 경영규칙은 관계없이 나타나게 만들어지기 때문이다.

보기로서 집단은 규범개발을 어김없이 관여한다. 조직에 대한 공식적인 규범과는 다르다. 집단은 엄격히 그들이 요구하는 조직규칙은 중요하지 않은 것을 결정할 수 있다. 그럼에도 불구하고 집단규범은 집단규범에서 포함되는 것은 경영강압은 하지 않은 것으로 나타난다.

5. 집단 역할

역할(roles)은 집단 속에 다양한 직위에 대해 적절한 행동을 적당하게 규정하고 집단 내 다양한 직위에 대한 기대를 하는 것이다. 집단 속의 모든 역할은 직위(status)를 가진다. 직위는 집단계층에 대한 역할의 등급(rank)이다. 사회적 권력 즉 권위는 질문이 없어도 직접적으로 다른 사람을 따르게 하는 능력이다. 거기에는 직위와 사회적 권력사이에 연결되어 있다.

한 사람은 높은 신분의 위치를 차지하고 그리고 집단이 찬성하는 방법으로 역할을 수행하고, 권력을 수립한다. 그러므로 이것은 가능하다. 역할성과가 불충분한 것은 집단지지에 대한 발달은 자발적인 설립이 실패할 수 있다. 역할 점거자에 대한 권력은 감소나 혹은 배제되고 그리고 역할에 대한 정당성에 대한 재건을 요구한다. 하나의 조직 내, 집단 구성원들은 종종 신분이 다른 다중역할을 종종 가진다.

역할 충돌(role conflict)은 여려가지 역할 요구가 복잡하기 때문이다. 보기로서 구성원들은 충돌을 경험한다. 친구/동료와 감독/부하의 평가자의 역할 간에 충돌을 관리자들은 경험한다.

6. 집단 리더와 추종자(부하)

집단의 두 가지 역할은 집단리더와 추종자(부하)이다. 집단에 대한 연구는 리더의 두 가지 형태간의 구별이다. 즉, 과업리더(task leader)와 사회 정서적 리더(socioemotional leaders)이다. 과업리더는 초보 리더(initiating leader)라고 부른다. 이것은 목표성취에 집단 목표에 초점을 둔다. 과업 리더는 목표가 명확하고, 정보를 보내고, 정보에 대해 다른 구성원들에게 묻고 그리고 항상 의사결정 쪽으로 집단 진행을 평가한다. 다르게 말하면 과업리더의 노력 목표는 특별한 결과 쪽이다.

사회 정서적 리더는 알려진 바와 같이, 관계나 혹은 리더 유지(maintenance leader)는 정서와 집단의 사회적인 면에 초점을 둔다. 사회 정서적 리더는 용기와 다른 사람에게 칭찬하고, 충돌을 해결하고, 집단 작업을 촉진시키는 행동을 약속하게 한다. 두 리더 역시 집단 효과에 대한 보충하는 것이다. 과업리더 없이 작업집단의 사회적인 결합으로 발전하는데 위험하다. 즉 집단 초점은 구성원들의 감성과 과업성취에 대한 인간관계를 대신하는 것이다. 과업리더에 대한 지나친 강조 즉 다른 구성원들의 참여 없이 중요한 의사결정을 할 때이다. 이는 그들의 목적에 대한 분별력을 잃게 하는 결과가 된다.

이것은 넓게 생각하면 두 가지 리더십 스타일은 둘 다 집단관리의 효과적인 방법이다. 그럼에도 불구하고 국가문화로서 다양한 리더십 형태를 강조하는 것 같다. 보기로서 몇몇 문화에서는 독재적인 리더십을 좋아한다. 하나의 과업성취에 대한 강조와 의사결정에 대한 낮은 참여 그리고 그밖에 촉진자처럼 집단 리더에 초점을 둔다.

추종자(부하)는 리더의 역할을 하지 않은 집단 구성원이라는 것을 이해하는 것이 중요하다. 역시 대부분의 연구자들은 무시하는 추종자나 혹은 리더와 집단 목표에 보조하는 것으로 가정하는 어느 것 중 하나이다. 그리고 이것은 추종자들의 참여와 그리고 국가와 조직문화로서 리더의 다양한 지지의 합계이다.

Hofstede(2001)[68]의 권력차이(power distance)에 의하면, 낮은 권력차이의 국가문화를 가진 리더의 활동에 대한 질문에서 이들은 추종자들을 최소한 지원해야(least supportive) 한다는 것과 높은 권력차이의 문화에서는 집단 리더의 노력을 거의 지원(most supportive) 해야 한다는 것에 대해 변수들을 암시하였다.

집단 역할은 구성원들 가운데서 종종 교대된다. 보기를 들면, 과업리더 역할은 집단구성원들의 특별한 기술을 요구하는 문제가 있을 때에는 변할 수 있다. 그럼에도 불구하고 독재리더십을 좋아하는 문화의 집단에서는 리더십을 변화시키는 것을 싫어할 것이다. 리더십에 대한 민주주의스타일을 좋아하는 집단 속에서는 리더십 역할을 요하는 여러 집단의 기회는 더 크다.

유사하게 구성원들 공유나 혹은 사회 정서적 리더 역할은 지원에 요구에 달려있다. 독재리더십은 안 보이는 리더역할 지지기능을 감소한다. 그럼에도 불구하고 의미는 다르다. 리더 실패는 집단 지지와는 다른 의미이다. 그러나 성취활동 대신에 개념은 구성원의 흥미이다. 지지에 대한 역할은 민주주의 리더십과 규범적인 리더에서는 증가한다.

7. 공식과 비공식 집단

공식집단(Formal Group)은 특별한 목표나 혹은 특별한 서비스를 성취한다. 대부분의 예로서, 관리는 리더를 임명하고 그리고 구성원은 의무와 통치 행동 규칙이다. 이들 집단형태는 의사결정에 대한 공동자원의 생각영향을 미치는 것은 개인의 노력을 지지하는 자이다. 비공식집단(Informal Groups)은 지각이나 혹은 지각 관리에 대한 승인 없이 종종 조직에 자연적으로 발생하는 것이다. 기능적인 분야, 교차전문화나 혹은 빈번한 접촉 결과, 리더십 형태에서 함께 일하는 사람들이 유사한 경험, 일반적인 흥미, 그리고 우정을 기초로 한다.

비공식집단은 하나의 조직목표에 그들의 공헌은 다양하다. 몇몇 경우 비공식집단은 비단 목표에 공헌하는 것은 그들 구성원들은 인식된 과업에 협력한다. 보기로서 그들은 완전한 위원회 지령을 완전히 할 때 협력한다. 다른 경우에, 집단은 그들이 허약한 것처럼 보는 공식회의 목표의 성취를 침식 할 수 있다. 보기로서 집단적인 생산결과 감소이다. 다른 상황으로서, 개발은 강하고 그리고 비공식집단은 통제를 넘어 그들 구성원들의 의미 있는 사회적 통제(social control)를 드러낸다.

비공식집단은 종종 공식집단 내에 개발되고 그리고 의미 있는 힘으로 드러난다. 보기로서, 그들은 투표권 장해 형태를 할 수 있거나 혹은 드러내지 않고, 이것은 구성원들의 다양한 역할에 의해 비공식집단 노력을 영향을 미친다. 첨가해서, 비공식집단은 관리 활동에 대한 그들 구성원들의 생각을 돕는다. 그리고 이유없는 관리에 대한 요구를 그들의 인식을 하는 데에 대한 흥미를 방지한다.

하나의 가정으로서 공식집단이나 혹은 비공식집단 어느 것이나 사용에 대한 관리를 언급하는 것은 문화기여(culture contributes)이다. 높은 권력차를 가진 문화는 낮은 권력차이를 가진 문화보다 더 많은 공식집단을 가지는 것 같다. 높은 권력차이 문화는 종종 공식집단의 구조에 장벽을 창조한다. 규칙에 대한 강요와 개인 간의 상호작용을 규칙적으로 금지하기 때문이다. 낮은 권력차이 문화는 규범을 개발하고 그리고 비공식적인 개발은 허락하는 가지을 가질 뿐 아니라 그들 구조에 용기가 필요하다. 이와 같은 상황으로 보와 몇몇 문화에서는 더욱 복잡하다. 높은 권력차이는 집산적인 사회로서 중국, 홍콩은 조직 내에 대한 비공식적인 집단을 많이 가진다. 조직성취 목표는 강한 비공식집단에 속하는 조직구성원들의 결과이다. 다른 말로 하면, 공식집단 의사결정에 입장인데도 불구하고 활동은 종종 연결을 통해서 일어난다.

8. 집단의 발달

집단성장에는 5단계 모델(5 Five-Stage Model)과 균형점 모델(Punctuated Equilibrium)이 있다. 이것은 미국에서 지향하는 집단 연구와 같다. 아래와 같은 2가지 모델은 집단에 영향을 주는 문화적인 변화의 방법을 논의 할 것이다.

(1) 5단계 모델

5단계 시각은 집단성장 이론으로 매우 잘 알려진 이론이다. 이와 같은 관점에서 집단은 다음과 같은 구성하고(Forming), 폭풍 일어나고(Storing), 규범화(Norming), 실행 (Performance)과 마무리(Adjourning)하는 5단계 다른 국면을 경험한다.

첫째, 구성(Forming). 이 단계는 집단 발달의 맨 처음 국면으로 집단구성원들에게 소개(acquainted)하는 것을 포함한다. 특성, 힘에 대한 학습과 다른 구성원의 행동이 포함된다. 구성원들 역시 집단 속에 참여를 하는 그들의 욕구를 만날 수 있을지 없을지 이 시간에 결심하고 확인을 한다.

둘째, 폭풍이 일어남(Storming). 이 단계는 구성된 이후에 집단은 몇몇 문제들에 직면한다. 첫째, 집단은 목표와 우선권을 설립한다. 또한 문제는 구성원들 가운데 상호작용구조를 포함한다. 중점적인 관계에 누가 역할을 할 것인가? 하는 것이다.

셋째, 규범을 정함(Norming). 규범을 정하는 단계 동안에 집단은 규칙과 역할을 둔다. 집단에 협력하는 활동과 그리고 이들 목표성취에 대한 확신이다.

넷째, 실행(Performance). 실행단계는 이들 목표와 역할들을 집단이 이해할 때, 도달되고 그리고 이들 실행을 안내하는 규칙의 발달을 가진다. 집단은 실제로 대부분 이 작업은 이 단계에서 한다.

다섯째, 마무리(adjourning). 집단은 한번 결정을 만든다. 이것은 종종 마무리나 혹은 해산한다. 마무리는 집단결정을 끝내기 위한 시간 할당이기 때문에 이다. 집단의 문제는 변화를 보이는 것을 생각하였다. 집단의 효과적인 운영 실패나 혹은 중요한 구성원을 잃거나 혹은 이것 목표에 성취된 집단과 욕구가 오래 가지 않을 때다.

집단은 종종 뒤로 움직이고 그리고 투쟁의 결과로 이들 4번째 사이 단계이다. 투쟁에 대한 해결로 결과적으로 일어나서 제자리로 움직인다. 다른 경우로서 새로운 구성원이나 혹은 위기는 보다 어린 단계에서 집단은 돌아간다. 결국 단계의 경계는 명확하지 않거나, 혹은 집단 참여에 대해 주목할 필요가 있다.

9. 집단 균형강조모델

집단개발이 다른 이론은 균형강조모델(The Punctuated Equilibrium Model)이다(Gersick, 1988).[69] 단계 발달을 대신하여 5단계모델과 같이 균형강조모델로서 집단기능의 2가지 확실한 구별하는 모델이다. 균형강조모델은 집단기능에 대한 2가지 구별의 차이 방식이 확인되었다. 이 모델에서 첫 번째 만남(first meeting)이 중요하다. 이것은 집단 풍토와 리더십을 세우기 위해서 마련되기 때문이다.

하나의 균형은 시기에 따라, 일상적인 집단기능에 의해 성격이 이루어진다. 그럼에도 불구하고 집단의 시간분배에 대한 중간점(midpoint)에 갑작스러운 변화가 일어난다. 과업 균형 논쟁을 완전하게 그리고 집단의 정돈에서 창조된 변혁을 완전히 가져야만 한다는 것을 인식해야만 한다. 새로운 정돈으로 노력하고 계획된 결과로서 과업지향으로 변한다. 미국에서 연구는 집단 개발 모델로 지시되었다. 그럼에도 불구하고 Gersick의 연구에 반향에도 불구하고 보편적인 사회과학은 그들 개발에 기초를 세웠고, 5단계와 균형강조모델의 집단은 실제로 결합되었다(Chang et al., 2003).[70]

10. 문화와 집단 개발

문화차이에 영향을 주는 3가지 변수들은 권력차이(power distance), 개인주의 - 집산주의(individualism-collectivism) 그리고 시간지향(orientation to time)이

다. 보기로서 권력차이는 집단의 참여 수준에 영향을 준다. 그리고 높은 권력차이 문화(high power distance)는 낮은 권력차이 문화(low power distance culture)보다 추종자들 참여 수가 적을 수 있다. 이것은 집단 리더와 추종자 간의 상호작용을 감소시킨다. 그리고 축소단계에서 연속 개발을 바꾸거나, 혹은 균형시기와 혁신 간에 배제는 리더의 힘이 집단 존재를 통해 집중되기 때문이다.

개인주의-집산주의: 집단구성원들 관계에 영향을 주기 때문에 집단 개발에 영향을 준다. 그리고 개인주의 지향은 경쟁에 용기를 주고, 집산주의 지향은 집단이 하나처럼 집단구성원 생각을 촉진시킨다. 보기로서 5단계 모델 중에서 폭풍단계(storming stage)는 만약 집단 구성원이 다른 개발을 한다면 집단에 대해 그들은 순응에 대한 이견을 보이거나 혹은 공격적인 위치에서 공격하든지 할 것이다. 극단적으로 개인주의 지향은 효과적인 일에 대해서는 집단으로부터 개발을 막을 것이다. 그리고 집산주의에 적게 협조하는 사람은 이상하게 일을 적게 할당하고 자원의 부족으로서 시간관점의 문화(culture views time)와 엄격히 마감시간을 정해놓고 집단들은 시간 압박이 없는 문화보다 아마 개발이 다를 것이다. 보기로서 마지막시간을 정해 놓지 않는 문화는 개발 관계를 적게 한다. 시간결석으로 압력은 중심적인 요소이고 그리고 균형을 유지한다.

11. 집단과정

사회과정의 다양성은 집단행동성격을 나타낸다. 집단은 구성원들의 상호작용 결과로서 변화의 형태는 조금씩 지속적으로 경험한다. 이들 과정들은 때때로 균형강조모델 단계와 같이 집단기능을 변형시킨다. 역시 그들 효과는 생산을 최소화할 수 있고, 변화에 대한 의미는 있다.

12. 집단 커뮤니케이션

커뮤니케이션은 집단에서 중심이다. 이것은 그들의 목표성취를 위해서 중요한 구조이기 때문이다. 문화는 역할 모형과 신분과 그들 가운데서 상호작용에 의해 집단 커뮤니케이션에 영향을 준다. 보기로서, 문화는 집단통치규범 말에 대한 허가는 누가 통치하고, 얼마나 많은 구성원들이 많은가, 대화를 누가 가로막는가, 집단규범에 영향을 미친다. 그리고 실질적으로나 혹은 감정적 커뮤니케이션은 설득할 수 있는 것인지 어떤지의 관점이다.

낮은 권력차이를 가진 집단 커뮤니케이션은 높은 권력차이를 가진 집단과는 다르다. 낮은 권력차이 비공식적인커뮤니케이션 구조를 높은 권력차이 문화와 딱딱한 것을 비교가 된다. 최종적으로 높은 전후관계문화는 어떻게 구성원들이 특별한 규칙을 커뮤니케이션 할 것인가 하는 것이 집단 상호작용에 영향을 준다.

13. 집단문화(Group Culture)

하나의 집단은 자신의 문화를 개발한다(Trice and Beyer, 1993).[71] 집단문화(group culture)에 대한 기초는 공식적이나 혹은 비공식적 회원들이라고 할 수 있다. 보기를 들면, 직업, 노동조합원, 윤리나 혹은 종교적 배경, 혹은 일반경험으로 규정하는 부서구성원이라고 할 수 있는 것은 구별된다. 조직 내 하위문화(subcultures) 집단형태의 문화와 구별된다.

집단문화와 하위문화형태와 신볼(symbol)공유, 축제, 의식, 그리고 가치공유를 통해서 그들 자신을 유지한다. 그리고 그것은 다른 집단과 차이에 대한 집단의 정체성(group's identity)을 그들 자신이 설립유지하기 위한 수단이 된다.

강한 집단문화는 2가지 방법으로 집단에 영향을 줄 수 있다. 첫째, 이것은 일을 함께 잘 하려고 하는 높은 집단 응집력을 생산 할 수 있고, 조직목표 성취에 대해서나 혹은 관리에 대한 기대수준 이하로 집단생산을 조정하는 목표설정을 하거나 목표성취 어느 쪽이나 집단생산을 조정한다(Mayo, 1945).[72] 그리고 둘째는 강한 집단문화는 개인, 기술 그리고 재정과 같은 조직자원을 넘어 집단 간의 충돌 결과를 가져올 수 있다. 집단 내의 충돌 수준은 조직의 대표적인 것이다. 그리고 혁신(innovation)의 근원이 될 수 있다. 즉 집단가운데 충돌부재(absence of conflict)는 작업집단에 대해 낮은 응집력수준과 경쟁력이 낮은 수준이 낮아 조직목표의 변화가 없을 수 있음을 가르친다.

집단문화는 변할 수 있다(Francesco and Gold, 2005).[73] 이는 새로운 리더십, 기술혁신, 조직재구성 그리고 고압적인 재배치은 집단문화 변화(change group culture)에 대한 개인 간의 긴장을 만들 할 수 있다. 보기로서 집단 구성원들에 새로운 기술 도전을 소개하는데 구성원의 신분 변화(changes in member status)를 만든다. 새로운 집단 규범과 문화는 새로운 기술에 대한 집단구성원 재편성(realign group member)을 조성한다(Barley, 1986).[74]

14. 집단 의사결정

집단의 중요한 기능은 의사결정이다. 집단 의사결정은 기술과 조직 판단력이 유용하다. 기술적인 시각, 집단의 기술 수준, 재능 그리고 의사결정에 대한 신뢰 대신 많은 사람들의 경험이다. 조직의 판단력, 집단의 의사결정은 많은 사람들의 참여활동 의사결정 성취에 대한 가능성이 증가된다.

15. 개인 대 집단 의사결정

집단은 모든 결정(decisions)을 하지 못한다. 조직 내에는 많은 상황이 있기 때문이고, 개인 관리자나 혹은 고용자들은 그들 자신이 결정하기 때문이다. 그들의 결정이 비공식 집단 구성원과 이런 방법에 대한 기대를 한다. 국가와 조직문화는 참여의사결정에 되는 다양한 조직구성원이 좋아하고 그리고 기대하는(prefer and expect) 참여의사결정이 다양하게 된다.

높은 권력차이를 가진 문화에서는 의사결정영향은 낮다. 개인 관리자의 의사결정이 받아드려진다. 즉 부하들은 "명령받는 것(take orders)"를 기대한다. 그리고 질문없는 권한을 준다. 그럼에도 불구하고 낮은 권력차이 문화(low power distance culture)는 개인적인 견해의 가치(value the opinions)가 관리자들이 그들의 부하의 의사결정, 수행을 제한하는 대신에 종종 저항에 대한 계산을 하지 않고 연속적으로 의사결정을 하는 관리에 대해 모든 면에 영향을 줄 것이라는 집단구성원 생각 때문이다.

하나의 예로서 독일의 경영참가(codetermination)이다. 노동자들은 회사의 이사회에서 의사결정 역할을 쥐고 있다고 표현한다. 경영참가는 정확히 효과적이고 그리고 경제변화에 평화롭게 독일 산업에 허가하게 되었다(Thelen 1987).75) 그러나 모든 집단이 다 그런 것은 아니다. 실질적으로 바람직한 과정을 나타내는 잘못 지도하는 결과 조건을 창조하는 과정이다.

16. 집단사고(Groupthink)

집단사고(groupthink)는 가장 높은 응집력을 가진 집단구성원들이 각각 다른 사람에 대한 투입(inputs)을 비판적으로 평가를 할 수 없을 때 생기는 집단의사결정과정이다(Janis, 1982).76) 집단사고는 최선의 결정(optimal decisions)만은 못하다. 이는 큰 불행을 이끌 수 있는 의사결정이 될 수 있다. Janis(1982)는 집단사고의 징후를 다음과 같이 지적하였다.

- 반박할 수 없는데 대한 착각(Illusions of invulnerable).
  이는 집단구성원이 집단의 힘을 지나치게 강조하고 그리고 그들이 비평이나 혹은 비난 후에 느낀다. 이와 같은 징후는 위험활동을 승인한 후에 집단을 지도 한다. 그러나 개인적인 구성원들은 여러 가지 관계를 한다.
- 만장일치에 대한 착각(Illusions of unanimity).
  집단구성원은 설익은 일치를 받아들인다. 어떤 시험이 없거나 혹은 모든 구성원이 진심으로 받아 드리지 않는 침묵은 동의에 대한 잘못이 된다.
- 집단도덕성에 대한 착각(Illusions of group morality).
  집단은 "옳고(right)" 그리고 "외부에 의한 비판(outside critics)"에 의한 비난을 피하는 것을 집단구성원들은 느낀다.
- "적(enemy)" 연약한, 사학(evil)하거나, 혹은 바보(stupid) 같은 고정관념(stereotyping).
  구성원들은 그들의 경쟁자들에 실질적으로 시험하지 않고 그리고 그들의 동기를 지나치게 단순화한다. 외부집단의 형평을 목표 삼으려고 하거나, 혹은 외부의 참여에 대한 반작용은 고려되지 않는다.

- 구성원에 의한 자아비평(Self-censorship).
구성원은 다른 사람 커뮤니케이션 관계를 거절한다. 일치(consensus)에 대한 불안의 두려움 때문이다.
- 마음의 방어자세(Mind-guarding).
몇몇 구성원들은 부정에 대한 피드백이 집단구성원에 도달하지 않겠다는 보증 책임을 진다.
- 직접적인 압력(Direct pressure).
경계(caution)나 혹은 관련(concern)은 사이에 끼워 넣는 것에 대한 경우를 좋아하지 않다. 그리고 다른 구성원이 빨리 라인 뒤에서 이상한 것을 가져와서 압력으로 답하는 것이다. 집단사고는 다른 문화에서 보다도 남동아시아에서 더욱 많이 나타나고 있다(Leung 1992)[77].

집산주의 지향문화(Collectivistic-oriented cultures)는 개인적인 이익 앞에 집단이익을 둔다. 그리고 집단에 대한 리더의 영향은 서양보다도 더 강하고, 계층적인 권위에 대해 복종한다. 결과와 같이 이것은 개인적인 관점이 반대되는 표현은 어렵다. 그리고 그들은 집단 표준에 절실히 따른다. 아시아사람 관점에서 이것은 바람직하지 않은 과정이라고 볼 수 없다. 그럼에도 불구하고 개인주의 사회 집단사고는 집단기능에 대해서는 유해하고 그리고 조직병리처럼 붙어 다닌다고 본래 조사자들은 말하였다.

다중문화 집단(팀)은 집단사고는 민감성이 적은 것을 그들 자신이 발견하였다. 그들은 그들의 생각, 지각, 판정등의 잠재의식은 없는 것 같기 때문이다. 대부분의 의사결정이나 혹은 팀 리더십이 없는 것 같다(Adler 1997, p. 137).[78]

17. 집단 참여와 사회적 놀고 지냄(Participation and Social Loafing)

집단의 다른 문제 중 하나는 집단에 구성원 연류(member involvement)이다. 사회적 놀고 지내는 연구(studies social loafing)는 집단연류에 대한 문화의 영향을 이해하는 방법 중 하나이다. 사회적 놀고 지내는 것은 그들이 과업에 넣는 노력의 총계에 개인적인 감소가 될 때 일어난다. 즉 "빈들빈들 놀고 지내 (Loaf)"라는 것은 다른 사람과 같이 과업을 하는 동안에 빈들빈들 놀고 지내는 것이다(Northcraft and Neale 1994, p. 302[79]; Latane, Williams and Harkins, 1979[80]).

　　연구는 실제적으로 집산지향과 개인주의 지향에 대한 효과를 비교와 사회적 빈들빈들 노는 것이 늘어나는지를 연구하였다(Earley 1989, 1993[81]; Gabrenya, Latane and Wang, 1983[82]). 관리자들은 관리자들의 참여수준(level of participation)이 영향을 준다는 것에 관해 집단의 구성에 대한 가설을 세운 연구 중 하나이다(Earley, 1993).[83]

18. 집단문화(group cultures)

　　하나의 집단개발(group develops)을 하는 것은 자신의 문화를 만드는 것이다(Trice and Beyer, 1993).[84] 집단문화 기초는 공식적 비공식적인 회원자격(membership)이라 할 수 있다. 보기를 들면, 직업, 노동조합원, 윤리 혹은 종교 혹은 보통 경험을 주는 부서회원 등이다. 조직 내의 하위문화(subculture)로부터 집단문화가 구별된다. 집단문화, 하위문화 형태 그리고 상징(symbols), 의식 (ceremonies), 관습(rituals) 그리고 가치(values) 등의 공유를 통해 그들 자신을 유지한다. 이는 다른 집단으로부터 다른 집단의 정체성을 설립하기위한 강한 집단 문화는 2가지 방법으로 영향을 준다.

　　첫째, 이것은 일을 함께 잘할 수 있는 높은 성취목표 생산할 수 있다. 그리고 조직 목표성취나 혹은 관리자들 기대 수준이 속한 산출물을 조절하거나 어느 쪽이든 한다(Mayo, 1945).[85] 둘째, 강한 집단문화는 사람, 기술 그리고 재정 간에는 조직차원을 넘어 집단투쟁에 대한 결과라고 할 수 있다.

　　집단 간의 투쟁수준은 전형적인 조직에서 그리고 혁신자원이라 할 수 있다. 투쟁이 없는 집단 중에는 종종 일의 집단에서 낮은 응집력을 지시한다. 그리고 조직 목표에는 영향을 미치지 않는다. 집단문화는 바꿀 수 있다. 새로운 리더십, 혁신 기술, 조직구조 그리고 과업을 반환은 집단문화 변화를 할 수 있게 사람들 사이의 긴장을 생산할 수 있다.

보기로서 집단 구성원들의 새로운 기술 소개하는 것은 구성원들의 신분화를 가져오게 하는 것이다. 새로운 집단규범과 문화는 새로운 기술을 가진 집단 구성원들을 재편성하여 개발시킨다(Barley, 1986).86) 만약 집산주의 지향(collectivistic orientation)하면, 관리자들은 공유된 그들의 지향 집단에서 일하게 되면 더욱더 효능을 느낄 수 있다. 즉 일을 잘 할 수 있다. 그리고 혼자서 홀로 그리고 집단구성원과 같이 만약 그들이 개인주의자 지향을 가진 집단에서 일하는 것보다 더 잘한다.

개인주의자 지향(individualistic orientation)에서 관리자들은 더 많은 보수를 예상 할 것이다. 그리고 더 많은 효율을 느낄 것이다. 그리고 성과가 좋을 것이다. 내집단(ingrup)(같은 가치를 가진 사람)이나 혹은 외부집단(outgroup)(다른 가치를 가진 사람) 일하는 동안보다도 혼자일 할 때가 성과가 더 좋다(Earley 1993, pp. 324-325).87)

바꾸어 말하면, 개인적인 문화지향에 대한 작업집단의 가치지향은 그들 사회 빈들빈들 노는 데에 영향을 줄 수 있다. 미국에서 수집된 연구들은 미국에서 높은 개인주의 문화가치를 가졌고, 집산주의 사람인 중국, 이스라엘 사람들은 역시 집산주의자의 가치 체계를 가졌다. 결과적으로 개인주의 지향이나 혹은 사람들의 지향이 집산주의는 그들 나라 문화보다 더 중요하다.

집산주의자는 혼자서 일하는 것이 낮은 성과를 가지거나 혹은 그들이 내집단에서 일할 때 더 열심히 한다. 그들은 내 집단에서 일하는 것을 생각하는 개인주의자 성과나 혹은 외부 집단은 혼자일하는 개인주의에 대한 성과보다 낮다. 결론적으로 사회 빈들빈들 노는 것은 집단 유형 속에서 일하는 개인주의 자에 적용되지 외부집단에서 일하는 집산주의에는 아니다.

19. 팀과 집단이 다른 점

팀은 창조성, 유연성 그리고 성과의 높은 수준을 요구하는 조직의 새로운 영태의 요구에서 생긴다. 팀은 그들의 경험 발달단계, 역할차이, 규범창조, 문화설립 그리고 커뮤니케이션을 구조 등을 가지는 것 등이 있기 때문에 집단과 유사하다. 전형적으로 팀은 공동목적에 헌신(committed)하는 보충적인 기술(complementary skills)을 가진 소수의 사람들의 구성이기 때문이다. 이는 성과목표를 두고 그리고 그들은 그들 자신의 상호책임을 가지고 접근한다(Katzenbach and Smith 1993, p. 112).[88]

팀은 많은 응집력을 가지고 그리고 많은 책임과 다른 집단이 하는 것보다 더욱 효과적으로 구성원의 재능을 이용한다. Weiss(1996)[89]는 이들에 대한 차이를 다음과 같이 설명하였다.

- 리더십 공유(shared leadership)
  팀은 리더십 역할공유를 하는데 반하여, 집단은 리더십을 강하게 가져 리더에 초점을 둔다.
- 책임(accountability)
  팀은 개인적 그리고 상호책임을 가진다. 이에 반하여 집단은 거의 개인적인 책임을 기초로 한다.
- 목적(purpose)
  팀은 특별한 목표 쪽으로 일한다. 이에 반하여 집단의 목표는 조직의 사명(mission)에 일치한다.
- 작업생산(work products)
  팀은 작업생산을 모두 모아서 인도한다. 이에 반하여 집단은 개인적으로 작업생산을 인도한다.
- 커뮤니케이션(communication)
  팀은 토론제안이 없다. 그리고 문제해결은 회합에서 한다. 이에 반하여 집단은 회합하는 것은 효율을 기대한다.
- 효과(effectiveness)
  팀은 그들 작업생산을 모은 것에 직접적으로 할당하여 성과를 측정한다. 이에 반하여 집단은 그들은 다른 사람들의 영향에 의해서 간접적인 효과를 측정한다.
- 작업형태(work style)
  팀은 논의하고, 결정하고 그리고 대표자와 함께 일한다. 이에 반하여 집단은 위임(delegated)하고 그리고 개인적으로 일하는 것보다 위임한다.

20. 글로벌 기업 팀 관리

　　성공적인 교차에 대한 창조와 글로벌 팀은 맞추어 가는 것이 보다 복잡하다. 이는 팀 구성 원들의 문화적인 다양성으로부터 이득이나 혹은 거기에 맞추는 것이 복잡하다. 70개 글로벌 팀에 대한 연구에서 18%라는 높은 성공의 성과가 고려되었고, 나머지 82% 목표에 미달하였다고 응답하였다. 그리고 이들 팀의 1/3은 큰 실패를 한 것으로 평가되었다(Govindarajan and Gupta, 2001).90) 이들 글로벌 팀의 높은 성과에 대한 장애는 개인적으로 팀 구성원들의 목표 선정이 잘못을 포함해서 팀에 길이 들여있는 것이 유사하다. 필요한 지식에 대한 낮은 수준, 그리고 기술 그리고 명확한 팀 목적의 결핍 등이다.

　　그들이 타고난 성질, 언어 그리고 문화 때문이다. 그리고 다른 중요한 장벽은 글로벌팀 구성원의 탓은 팀 구성원가운데서 신뢰성이 낮은 수준이었다. 관리자들은 그들의 장벽을 감소시키기 위해 몇 가지 단계를 취할 수 있다. 이는 팀 헌장(team's chart), 조심성, 기능, 경쟁 그리고 과정의 대부분이 기초이다(Govindarajan and Gupta 2001, p. 65.).

　　글로벌 팀 헌장(global team's charter). 글로벌헌장은 경영에 자세히 설명한 것처럼 사명을 의도 한다. 안건이 명확한 것이나 명시된 논의는 아니다. 첨가해서 다른 이익 준비를 하는 데에 팀 목적에 대한 일반적인 이해를 구성원들 가운데서 투쟁을 파괴한다. 구성원들에 대한 3가지 중요한 문제는 다양성에 대한 균형(balance of diversity), 규모(size) 그리고 팀 리더십(team leadership)이다. 다양성 확장은 구성원이 다양한 문화로부터 왔고 그리고 국제적 배경 그리고 다른 우선권과 전망을 가지고 다른 기능 단위와 같이 다른 제의를 가지고 종종 나타나기 때문이다. 다양성이 어떤지는 다양성에 대한 올바른 창조는 인식이나 혹은 행동이다.

　　인식다양성(cognitive diversity)은 팀 도전과 그리고 기회, 평가견해 그리고 활동에 대한 최선의 길에 대해 구성원들이 어떻게 실질적으로 이루는 지를 가지고 다른 기능 단위처럼 다른 의제를 가지고 실질적으로 오기 때문이다(Govindarajan and Gupta 2001, p. 67). 하나의 보기로서, Internet 서비스 모델을 영국에서 개척하였다면, Internet 서비스의 구매에 대한 사용자기대는 사용자들 나라에 변화를 시킬 수 있다. 보기로서 문화적 규범차이에 의해 커뮤니케이션이 창조되는 속에서 차이가 있다. 보기로서 집단 구성원들이 어떻게 집단 밖에서 나타내는 것에 대해 결정한다.

이상적인 팀 크기는 사람들이 가장적은 구성원들을 기초로 요구되는 지식과 기술로서 보장할 수 있는 것이다(Govindarajan and Gupta 2001, p. 67). 팀은 역시 적고 기술이 부족한 것 같으나 종종 역기능도 한다. 그리고 해결은 핵심적인 팀을 창조하고 그리고 특별한 기술로 요구를 보충하는 것이다. 팀 구성에 대한 문제(issue for team composition)는 외부지도자(external coach) 그리고 내부적 후원자(internal sponsor)를 포함하여 리더십을 선택한다. 일차적인 효과적 리더십 선택에 대한 고려는 조직관리 능력, 언어, 문화 그리고 구성원들에게 불리한 물질적 거리, 신뢰의 발전을 방해하고 그리고 구성원의 목표 조정 불만을 일어 킨다.

외부 coach는 집단의 기술자들의 과정을 준비한다. 그리고 팀에 복잡한 경험에 도전과정에 문제가 있을 때 필요하다. 보기로서 투쟁이나 팀의 후원자(team sponsor)팀 성공에 강한 흥미를 가진 회사의 중진 선임 관리자이다(Govindarajan and Gupta 2001, p. 68).

효과적인 글로벌 기업창조에 대한 중요한 국면은 구성원 서로간에 신뢰 가능성이 팀 과정 관리와 열린 커뮤니케이션이다. 언어와 문화장벽 극복에 방법을 첨가하면 보기로서 회사의 중요문제 규범을 설립하는 것이다. 의사 결정에는 data-driven에 초점을 두어야하고 그리고 양자택일에 대한 기법을 개발해야한다. 효과적인 팀 과정 역시 신뢰 창조에 대한 공헌도 역시 결과적으로 효과적인 팀 기능이다. 신뢰창조에 대한 사용과정을 위한 기술은 대면접촉 회합과 교대, 팀 리더십, 발산, 팀 성과에 대한 보수를 매기는 것 그리고 사회적 자본 구축이다.

21. 가상 팀(virtual teams)

기술의 광범위한 보급과 그리고 기업 글로벌(globalization of corporations) 증가로 창조의 행운과 지리학적인 집단(groups of geographically)으로 가상 팀이 필요하게 되었거나 혹은 Telecommunications과 그리고 조직과업 성취에 대한 정보기술 결합으로 조립 사용을 직접적으로 함께 일하는 사람들은 분산되었다(Townsend, De Marie and Hendrickson 1998, p. 7).[91]

가상 팀(virtual teams)은 그들이 어느 곳에 살고 있거나 혹은 특별한 직업에 대한 개인적인 대부분의 자격 접근을 허락하고 그리고 경쟁에 대한 보다 빠른 응답에 대한 가능성을 주고 그리고 가정에서 일할 수 있는 고용자들을 위한 유연성을 창조함으로써 조직에 이익주는 것이다. 그리고 가상 팀의 성격을 이해하는 것이 중요하고, 그리고 인습적인 팀으로부터 구별되고, 그리고 그들을 성공적인 관리에 대한 기술이 중요하다.

(1) 가상 팀의 성격

가상 팀의 구성과 성격을 이해하는 것은 중요하다. 하나의 가상 팀은 한 나라의 문화로부터 구성원들이 구성 될 수 있고 그리고 한 나라보다 작은 지리적인 영역관계에 위치할 수 있다. 가상 팀의 전형적인 형태 차이는 다른 나라에서 나타나는 완전히 다른 문화(entirely different culture)로부터 구성원들이 구성될 수 있고 그리고 글로벌 규모(global scale)로 작용된다.

물론 이들은 극도로 형태의 존재변화와 그리고 보통이들을 구성을 결정짓는 팀의 목적변화이다. 그러나 가상 팀은 전통적인 팀과 차이가 있다. 왜냐하면 팀 구성원들은 대면접촉(face-to face)대신 그 주변에 있기 때문이다. 가상 팀의 구성원은 공간에 의해 분리된다. 사이버공간(Cyberspace)의 외부의 한계는 짧은 거리다. 가상 팀의 중요한 다른 하나의 차이는 구성원 연결(connected)되는 것과 E-mail, 전화, Fax, Videoconferencing(텔레비전 회의), Groupware 그리고 Software관리 프로젝터 같은 기술을 통한 커뮤니케이션 연결이다.

(2) 가상 팀의 형태(types of virtual team)

가상 팀의 차이점은 일시기여(temporal distribution), 경계지점(boundary span-ning), 생명주기(life cycle) 그리고 구성원 역할(member role)이다(Bell and Ko-zlowski, 2002).[92] 일시기여는 기여범위 시간에 대한 시간의 경계가 지으는 능력을 가상 팀은 가진다. 팀 구성원들은 자신의 시간표에 따라 작업 배정시간에 일하고 있다. 보기로서 Los Angeles, Seoul, New York으로부터 구성원으로서 팀은 다른 구성원의 직접적인 참여를 시간에 구애없이 작업 주변에서 할 수 있다.

실시간 작업(working in real-time)은 모든 구성원들의 일시상호작용을 요구한다. 실제 기여에 대한 선택이나 혹은 실제시간은 팀 성과 과업들의 복잡성에 의해 명령한다. 즉 다른 말로 하면, 과업요소들은 같은 시간에 과업에 대한 일에 사람들이 더욱 중요하다. 경계를 지으고(cross functional), 조직화하고 그리고 문화적인 경계지점(boundary spanning)을 정할 수 있다. 경계지점은 교차 기능, 조직화, 그리고 문화적인 경계라고 할 수 있는 것을 의미한다. 자원들의 조직내외에서 진단하고 그리고 경쟁까지도 접근 전문가로서 가상 팀은 유연성이 가능하다.

보기로서 문화가 다른 사람들은 쉽게 어울려서 팀에 결합할 수 있다. 그럼에도 문화차이가 있음에도 그들이 소유하는 기술, 과업완결을 위해 요구한다. 그럼에도 다양한 언어, 전통 그리고 문화가치 그리고 경영다문화가 어려움이 작업 속에서 만들어진다.

가상 팀 생명주기(life cycle of virtual teams)는 다양하다. 왜냐하면 가상 팀은 특별한 문제를 풀기 위해 존재한다. 그들은 보통 과업 이후에는 해산(disband)된다. 구성원들은 유동적으로 창조된다. 과업이 비교적 쉬울 때, 응집력이 필요 할 때 그리고 구성원들이 함께 일하는 것은 최소이고 그리고 팀 구성원들은 친숙 정도는 종종 비판적이지는 않다. 복잡한 과업을 집단 응집력이 더 많이 요구되고 그리고 생명주기는 오래간다.

마지막 요소는 구성원 역할(role)이다. 가상 팀의 유연성 때문에 구성원들은 항상 경험은 다양한 역할을 요구한다. 작업에 대한 요구가 빠르게 다양한 과업성과에 대한 구성원들의 압력이 창초된다. 그리고 여러 가지 역할을 한다. 전형적으로 구성원들은 복잡한 과업을 다양한 직업역할에 대해 구성원들은 복잡성이 적은 과업은 기술의 전문화가 요구되지 않기 때문에 더 많은 교환가치는 허락된다.

(3) 경영가상 팀

전통집단(conventional groups)으로 부터 차이에 대한 결과는 가상 집단을 성과경영의 전통적인 리더십 기능 팀 발달을 방해한다(Bell and Kozlowski 2002).[93] 감시(monitoring), 지도(coaching), 스승(mentoring) 그리고 전형적인 리더십 기능은 가상 팀의 부분이 아닌 것은 대면접촉 상호작용(face-to-face interaction)이 요구된다. 대신 가상 팀 리더는 그들의 기술적 기능(technical skills)을 위해 가상 팀의 구성원들 선택에 의해 전통적인 관리기술을 바꾸고 그리고 이전의 가상 팀 경험과 명확한 지시 준비 그리고 특별한 개인적인 목표, 그리고 팀을 위한 일상적인 설립에 의해서다. 첨가해서 공간적인 분산 때문에 리더는 팀을 적합한 조정을 만드는 것을 돕는데 환경감시를 해야 한다. 결국 팀 리더는 팀에 대한 그들의 몰입을 유지하기위해 팀 구성원들을 동기부여를 하여야한다. 역시 리더십은 가상 팀을 위해 요구된다. 아이디어(idea)는 팀 구성원에 대한 리더기능 공헌에 의한 관리팀 자신의 창조이다.

(4) 가상 팀과 국제조직 행동

국제조직행동에 대한 과업전망은 더욱 복잡하다. 즉 더욱 공간적이고 그리고 일반적인 분배와 그리고 문화적으로 더욱 구성원이 다양하기 때문에 가상 팀은 어렵게 된다. 문화적 다양성은 공통성이 증가되고, 다른 가치, 고객 그리고 전통 때문에 관리 가상 팀의 복잡성이 증가되기 때문에 지시적 리더십 사용에 대한 능력이 감소되는 조건 아래 더욱 리더십이 요구되고 있다. 결국 그들이 대면접촉 상화작용을 경험하는 것은 전통적인 팀과 같은 효과적인 가상 팀 실제 작업지시를 어떻게 연구할 것인가?

World Wide Web은 비동기성 컴퓨터 회의 시스템(asynchronous computer conference systems)의 교묘한 기술사용팀은 지리적 배분을 근거로 한다. 거의 다른 조건들은 변하지 않게 한다. 대변접촉 팀과 같은 성과이다. 단 중요한 차이는 두 팀의 커뮤니케이션은 유사하다. 즉 대면접촉 팀의 커뮤니케이션 효과가 유사한 수준이다. 가상 팀의 중요한 암시는 그들의 효과적인 특별한 고려는 그들은 초기적인 잠재 기초변화는 조직변화관리의 필연적인 결과이다.

organizational behavior

제 6 장 집중과 다양화

1. 집중에 대한 영향력

지난 20년 동안 중요한 추세를 보면, 사회는 전통적인 개인주의, 집산주의, 집단지향 관리기술들은 일본으로부터 일차적으로 배웠다. 보기로서 미국에서는 지속적인 개선 프로그램을 통해서 집단 사용과 그리고 자율적인 작업집단을 강조하였다. 그럼에도 불구하고 하나의 개인과 집단지향이 잘 어울리는 조직이 미국에서 효과적인 조직이라고 하였다(Ouchi 1981).[94] 전통적인 집산사회를 보기를 들면, 중국에서는 자본주의원리가 선택적으로 시장 이윤에 도입에 의해 더 많은 개인주의가 되었다. 역시 이것은 동서가 유사하게 혼합된 생산으로 가져온 것이라고는 보지 않고, 복잡한 문화, 정책, 사회 그리고 열린 경제변화가 결과적으로 개인주의와 집산주의의 혼합이 결과적으로 창조할 수 있게 되었다.

2. 다양화에 대한 영향력

집단에서 다른 문화로부터 결합된 사람보다 효과적인 다문화 팀 창조가 더 많이 요구되었다. 그리고 그들 자신에 의한 집산작업 형태 개발을 더 기대한다. 다른 문제로서는 잡다한 사회조직이다. 다문화 팀에 사용되는 개념은 집단지배에 대한 위협이다. 힘의 재분배에 저항하기 때문이다. 이것은 분산 팀에 대해 사용되는 창조에 법적인 요구와 같이 명목상 시책(tokenism) 뒤에 움직이는 것은 어렵다. 독재적인 리더십을 가진 동종사회는 어떤 다른 유형을 사용하는 팀을 가지지 않는다.

특히 이문화(across-cultures)의 커뮤니케이션 기술증가와 국가들은 무역을 통하여 가깝게 연결되었고, 다른 문화에 대한 정보를 더욱 이용할 수 있게 되었다. 생산은 세계적으로 팔고 몇몇 경우에 있어서 같은 방법으로 어느 곳에서든지 거래되었다. 이와 같은 이유와 다른 문화 변화로 상황이 같이 되었고, 그리고 문화에 대한 연구는 그 결과 관계가 없다는 말을 해야 했기 때문이다. 문화 집중에 대한 생각은 진실로 표면에 떠 오른 것 같다. 사실 많은 국가가 맥도날드 햄버거를 먹고 있는 것을 발견할 수 있다.

유사한 문화로 보이는 것이 많은 것은 행동차이가 많이 나타나게 하는 행동을 결정한다. 베이징이나 혹은 모스크바에서 맥도날드 햄버거 값은 평균이 상이고, 워싱턴 DC에서 맥도날드를 먹는 것은 단순히 편리 때문이고 그리고 가장 싼 음식 중에 하나이다. 이탈리아 사람들의 크리스마스는 종교적으로 많은 사람들이 사실로 가족축제일인데, 홍콩에서는 쉬는 기간, 상업용 장식, 재미있는 친구들과 모인다. 표면 뒤에는 보통문화들은 같은 행동을 하는 데서도 다른 의미를 둔다. 다른 수준에서 문화차에 대한 영향은 명백히 볼 수 없다. 윤리적인 충돌은 세계 도처에서 지속되고, 문화정체성은 명백히 구별을 기도하는 것에 대한 결과가 있다. 많은 경우 미국개입이나 혹은 가치의 기초가 강하고 고집 때문에 투쟁해결에 대한 평화유지가 실패한다.

WTO(세계무역기구)도 유사하게 무역을 계속적으로 다루었고 그리고 국가가 필요로 하는 경제이익뿐만 아니라 무역을 넘어 때때로 문화적 차이에 영향을 미친다. 문화 역시 중요한 조직에 있어서 문화의 역할을 판단하는 것은 경영에 더 많은 세계 주위에 조직행동을 이해하는 철학적인 이해를 창조되는 것이다.

3. 집단과 팀의 미래

하나의 집단역할 관점과 글로벌 전후관계에서 팀은 전통적인 조직구조를 대신으로 시작이었고, 결국은 조직의 지배적인 형태가 될 것이다. 기업대신 하기는커녕 체계의 다른 형태는 특별한 지리적인 장소에 느슨하게 짜였고, 높은 부가가치, 유연성이 있는 집단과 팀은 강력하게 중요한 신분을 가졌고 그리고 높은 사회기술 등에 뿌리를 두고 확실히 증가될 것이다(Reich, 1991).95)

이들 계획집단은 생각에 대한 요구 재무 그리고 특별한 단기적인 목적에 대해 사람들의 새로운 결합을 요구한다. 완전히 계획된 후에는 집단해산과 새로운 구성원들을 재구성한다. 그럼에도 불구하고 이러한 관점은 역시 팀의 낙관적인 관점의 관여 때문이다. 이전의 유명한 것처럼 단일 국가, 다국적 그리고 다문화 집단은 쉽게 설립되나 관리는 쉽지 않다. 결국은 팀의 용도와 이문화 교섭은 확실히 증가될 것이다. 조직 문제는 복잡하여 교섭의 팀은 필요할 것이다. 왜냐하면 그들은 다양한 기술에 결합될 수 있고, 실행에 독립적인 판단과 자신의 관리 때문이다.

참고문헌 ··

1) Greenberg, J. (1996). Managing Behavior in Organizations. Upper Saddle River, NJ: Prentce Hall.

2) Francesco, A. M. and Gold, B. A. (2005). International Organizational Behavior, Upper Saddle River, NJ: Prentice Hall.

3) Gibbs, W. W. (2002). "Saving Dying Languages." Scientific American, 287(2). 79-85

4) Crystal. D. (1997). The Cambridge Encyclopedia of Language. 2nd Ed. Cambridge, UK : Cambridge University Press.

5) Gilsdorf, J. (2002). "Standard Englisher and World Englisher: Living with Polymorph Business Language." The Journal of Business Communication, 39(3). 364-368.

6) Scott, J. C. (2000). "Differences in American and British Vocabulary: Implications for International Business Communication." Business Communication Quarterly. 63(4) 27-39.

7) Gudykunst, W. B. and Ting-Toomey, S. (1988). Culture and Interpersonal Communication. Newbury Park, CA: Sage

8) Hofstede, G. (2001). Culture's Consequences: Comparing Values, Behaviors, Institutions, and Organizations Across Nations. 2nd Ed. Thousand Oaks. CA: Sage. - (1980). "Motivation, Leadership, and Organization: Do American Theories Apply Abroad?" Organizational Dynamics. 9, 42-62.

9) Hall, E. T. (1966). The Hidden Dimension. New york: Doubleday. - (1983) The Dance of Lief. New York: Doubleday.

10) Gibson, C. B. (1997). "Do You Hear What I Hear? A Framework for Reconciling Intercultural Communication Difficulties Arising from Cognitive Style and Values." In Earley, P. C. and Erez, M.(eds.) New Perspectives on International Industrial/Organizational Psychology. San Francisco: New Lexington Press.

11) Samovar, S. A. and Porter, R. E. (1991). Communication between Cultures. Belmont, CA : Wadsworth.

12) Hall, E. T. (1966). The Hidden Dimension. New York: Doubleday. - (1976). Beyond Culture. New York: Doubleday. - (1983) The Dance of Life. New York: Doubleday.

13) Chaney, L. H. and Martin, J. S. (1995). Intercultural Business Communication. Upper Saddle River, NJ: Prentice Hall.

14) Morrison, T., Conaway, W. A., and Borden, G. A. (1994). Kiss, Bow, or Shake Hands: How to Do Business in Sixty Countries. Holbrook, MA: Bob Adams.

15) Hall, E. T. and Hall, E. (1994). "How Cultures Collide." Weaver, G. R.(ed.) Culture Communication, and Conflict: Reading in Intercultural Relations. Needham Heights, MA: Ginn Press.

16) Bell, A. H. (1992). Business Communication: Toward 2000. Cincinnati, OH : South-Western.

17) Ratiu, I. (1983). "Thinking Internationally: A Comparison of How International Executives Learn." International Studies of Management and Organization, 13, 139-150.

18) Kogut, B. (2003). The Global Internet Economy. Cambridge, MA: MIT press.

19) Gross, C. U. (2002). "Managing Communication Within Virtual Intercultural Team." Business Communication Quarterly, 65(4), 22-38.

20) Simmers, C. (1996). Internet in the Classroom: Case Analysis Across the Network: Across the Globe. "Paper presented at the Tenth Annual Mid Atlantic Regional Organizational Behavior Teaching Conference, Philandepha, PA, March 9.

21) Lax , D. A., and Sebenius, J. K. (1968). The Manager as Negotiator, New York: Free Press.

22) Neale, M. A., and Bazerman, M. H. (1992). "Negotiating Rationally; The Power and Impact of the Negotiator's Frame," Academy of Management Executive, 6, 42.

23) David, A. L. and James K. S. (1986). The Manager as Negotiator, New York: Free Press,

24) Brett, J. M. (2001). Negotiating Globally: How to Negotiate Deals, Resove Disputes, and Make Decisions across Cultural Boundaries. San Francisco: Jossey-Bass.

25) Adler, N. J. (1991). International Dimensions of Organizational Behavior. 2nd Ed. Boston : PWS-Ket.. - .and Deresky, H. (1994). International Management: Managing Across Border, New York: Harper Collins.

26) Gelfand, M. J. and McCusker, C. (2002). Metaphor and the Culture Construction of Negotiation; A Paradigm for Research and Practice." In Gannon,

27) Adler, N. J. (1991). International Dimension of Organizational Behavior. 2nd Ed. Boston: PWS-Kent.

28) Chen, M. (1995). Asian Management Systems: Chiness, Japaness, and Korea Styles of Business. New York: Routledge.

29) Glenn, E. S. Witmeyer, D., and Stevenson, K. A. (1977). "Cultual Styles of Persuasion," International Journal of Intercultural Relations, 1, 52-66.

30) Brett, J. M. (2001). Negotiating Globally: How to Negotiate Deals, Resove Disputes, and Make Decisions across Cultural Boundaries. San Francisco: Jossey-Bass.

31) Brett, J. M. (2001). "Negotiating Globally: How to Negotiate Deals, Resolve Disputes, and Market Decisions across Cultural Boundaries. San Francisco: Jossey- Bass.

32) Brett, J. M. (2000). "Culture and Negotiation," International Journal of Psychology, 35, 97-104.

33) Fisher, R. and Ury, W (1981). Getting to Yes: Negotiating Agreement without Giving In. Boston: Houghton Mifflin.

34) Ury, W. (1993). Getting Past No: Negotiating Your Way from Confrontation to Cooperation. Eev. Ed. New York: Bantam.

35) Brett, J. M. and Okumura., T. (1998). "Inter-and Intracultural Negotiation: U. S. and

Japanese Negotiators," Academy of Management Journal, 41, 495-510.

36) Tinsley, C. H. and Pillutla, M. M. (1998). "Negotiating in the United States and Hong Kong,"Journal of International Business Studies, 29, 711-728.

37) Gelfand, M. J. and Christakopoulou, S. (1999). "Culture and Negotiator: Judgment Accuracy and Negotiation Process in Individualistic and Collectivistic Cultures." Organizational Behavior and Human Decision Processes, 79, 248-269.

38) Gelfand, M. J. and Realo, A. (1999). "Individualism-Collectivism and Accountability in Intergroup Negotiations," Journal of Applied Psychology, 84, 721-736.

39) Schwartz, S. H. (1992). "Universals in the Content and Structure of Values: Theoretical Advanced and Empirical Test in Two Countries." In Berkowitz, L.,(ed) Advances in Experimental Social Psychology. San Diego: Academic Press.

40) Chen, M. (1995). Asian Management Systems: Chinese, Japanese, and Korean Styles of Business. New York: Rouledge.

41) Fisher, G. (1980). International Negotiations: A Cross-Cultural Perspective, Chicago : Intercultural Press.

42) Adler, N. J. (1991). International Dimensions of Organizational Behavior. 2nd Ed. Boston: PWS-Kent.

43) Chen, M. (1995). Asian Management Systems: Japanese, and Korean Styles of Business. New York: Routledge. Chen,

44) Graham, J. L. (1985). "The Influence of Culture on the Process of Business Studies, XVI, 81-96.

45) Fisher, G. (1980). International Negotiations: A Cross-Cultural Perspective. Chicago: Intercultural Press.

46) Goldman, A.(1992). "Intercultural Training of Japanese for U. S. - Japanese Interorganizational Communication," International Journal of Intercultural Relations, 16, 195-215.

47) Fisher, G. (1980). International Negotiations: A Cross-Cultural Perspective. Chicago: Intercultural Press.

48) Adler, N. J. and Graham, J. L. (1989). "Cross-Cultural Interaction: The International Comparison Fallacy?" Journal of International Business Studies, 20. 515-537.

49) Adler, N. J. Graham, J. L. (1989). "Cross-Cultural Interaction: The International Comparison Fallacy? Journal of International Business Studies, 20, 515-537.

50) Tse, D. K., Francis, J. and Walls, J. (1994). "Cultural Difference in Conducting Intra-and Inter-CulturalNegotiations: A Sino-Canadian Comparison," Journal of International Business Studies, 25, 537-555.

51) "Negotiation Behavior When Cultures Collide: The United States and Japan." Journal of applied Psychology, 86, 371-385.

52) Brett, J. M. and Okumura, T. (1998). "Intra-and Intracultural Negotiation: U.S. and

Japanese Negotiators," Academy of Management Journal, 41, 495-510.

53) Gudykunst, W. B. and Ting-Toomey, S. (1988). Culture and Interpersonal Communication. Newbury Park, CA: Sage.

54) Ting-Toomey, S. (1985). "Toward a Theory of Conflict and Culture." In Gudykunst, W., L., and Ting-Toomey, S.(eds.) Communication, Culture, and Organizational Processes. Bverly-Hills, CA: Sage.

55) Chiu, R. K. and Kosinski, F. A. (1994). "Is Chinese Conflict-Handling Behavior Influenced by Chinese Values?" Socal Behavior and Personality, 22, 81-90.

56) Bond, M. H., Wan, K., Leung, K., and Giacalone, R. (1985). "How Are Responses to Verbal Insults Related to Cultural Collectivism and Power Distance?" Journal of Cross-Cultural Psychology, 16, 111-127.

57) Chen, M. (1995). Asian Management Systems: Japanese, and Korean Styles of Business. New York: Routledge. Chen,

58) Fisher, G. (1980). International Negotiations: A Cross-Cultural Perspective. Chicago: Intercultural Press.

59) Goldman, A. (1992). "Intercultural Training of Japanese for U. S. -Japanese Interorga-nizational Communication," International Journal of Intercultural Relations, 16, 195-215.

60) Shenkar, O. and Ronen, S.(1987).

61) Francis, J. N. P. (1991). "When in Rome? The Effects of Cultural Adaptation on Intercultural Business Negotiations," Journal of International Business Studies, 22, 403-428.

62) Weiss, S. E. (1994a). "Negotiating with 'Romans' -Part 1," Sloan Management Review, Winter, 51-61.-(1994b), "Negotiating with Romans'- Part 2," Sloan Management Review, Spring, 85-99.

63) Grindsted. A. (1994). "The Impact of Cultural Systems on Negotiation: A Case Study of Spaniards and Danes," IEEE Transactions on Professional Communication, 37, 34-38.

64) Adler, N. J. (2002). International Dimensions of Organizational Behavior. 4th Ed. Cincinnati OH: South-Western.

65) Bar-Hayim, A. and Berman, G. (1991). "Ideology, Solidarity, and Work Values: the Case of Histadrut Enterprises." Human Relations, 44(4). 357-370.

66) Hofstede, G. (2001). Culture's Consequences: Comparing Values, Behaviors, Institu-tions, and Organizations Across Nations. 2nd Ed. Thousand Oak, CA: Sage.- Trompenaars, F. and Hampden - Turner, C. (1998). Riding the Waves of Culture: Understanding Diversity in Global Business . 2nd Ed. New York: McGraw-Hill.

67) Olmsted, M. and Hare, A. (1978). The Small Group. 2nd Ed. New York: Random House.

68) Hofstede, G. (2001). Culture's Consequences: Comparing Values, Behaviors, Institutions, and Organizations Across Nations. @nd Ed. Thousand Oak, CA: Sage.

69) Gersick, C. J. G. (1988). "Time and Transition in work Teams: Toward a New Model of Group Development," Academy of Management Journal 31, 9-41.

70) Chang, A., Bordia, P., and Duck, J.(2003). "Punctuated Equilibrium and Linear Progression: Toward a New Understanding of Group Development." Academy of Management Journal, 46(1), 104-117.

71) Trice, H. and Beyer, J. (1993). The Culture of Work Organizations. Upper saddle River, NJ: Prentice Hall.

72) Myyo, E. (1945). The Problems of on Industrial Civilization. New York: Arno Press.

73) Francesco, A. M. and Gold, B. A. (2005). International Organizational Behavior, 2d Ed. Upper Saddle River, New Jersey.

74) Barley, S. R. (1986). "Technology as an Occasion for Structuring: Evidence from Observations of CT Scanners and the Social Order of Radiology Departments." Administrative Science Quartely, 78-108.

75) Thelen, K. (1987). "Codetermination and Industrial Adjustment in the German Steel Industry: A Comparative Interpretation," California Management Review, 3, 134-145.

76) Janis, I. (1982). Groupthink 2d Ed. Boston, MA: Houghton-Mifflin.

77) Leung , K. (1992). "Groups and Social Relationships." In Westwood, R., Organizational Behavior: Southeast Asia Perspectives. Hong Kong: Longman.

78) Adler, N. J. (2002). International Dimensions of Organizatioal Behavior. 4th Ed.. Cincinati, OH: South-Western.

79) Northcraft, G. B. and Neale, M. A. (1994). Organizational Behavior: A Management Challenge. Ft. Worth: Dryden Press.

80) Latane, B., Williams, K. D., and Harkins, S. G. (1979). "Many Hands Make Light the Work: The Causes and Consequences of Social Loafing," Journal of Personality and Social Psychology., 37, 822-832.

81) Earley, P. C. (1983). "Social Loafing and Collectivism: A Comparison of the United States and People's Republic of China," Administrative Science Quarterly, 34, 565-581. __, (1993). "East Meets Wests Mideast: Further Explorations of Collectivistic and Individualistic Work Group," Academy of Management Journal, 36(2), 319-348.

82) Gabrenya, W., Latane, B. and Wang, Y. (1983). "Social Loafing in Cross-Cultural Perspective," Journal of Cross-Cultural Psychology, 14(3), 368-384.

83) Earley, P. C. (1993) "East Meets Wests Mideast: Further Explorations of Collectivistic and Individualistic Work Group," Academy of Management Journal, 36(2), 319-348.

84) Trice, H. and Beyer. J. (1993). The Cultures of Work Organizations. Upper Saddle River. NJ: Prentice Hall.

85) Mayo, E. (1945). The Problem of an Industrial Civilization. New York: Arno Press.

86) Barley, S. R. (1986). "Technology as an Occasions for Structuring: Evidence from Observation of CT Scanners and the Social Order of Radiology Department,"

Administrative Science Quarterly, 78-108.

87) Earley, P. C. (1993). ofcit.

88) Katzenbach, J. and Smith, D. (1993). "The Discipline of Teams," Harvard Business Review. March-April, 110-125.

89) Weiss, J. (1996). Managing Diversity, Cross-Cultural Dynamics, and Ethics. Minneapolis/ st. Paul: West.

90) Govindarajan, V. and Gupta, A. K. (2001). "Building an Effective Global Business Team." Sloan Management Review, 42(2), 63-71.

91) Townsend, A. M., De Marie, S. M., and Hendrickson, A. R. (1998). "Virtual Teams Technology and the Workplace of the Future." Academy of Management Executive, 12, 17-29.

92) Bell, B. S. and Kozlowski, S. W. (2002). "A Typology of Virtual Teams: Implications for Effective Leadership." Group & Organizations Management . 21(1). 14-49.

93) Bell, B. S. and Kozlowski, S. W. J. (2002). "A Typology of Virtual Team: Implication for Effective Leadership," Group & Organization Management, 21(1). 14-49.

94) Ouchi, W. G. (1981). Theory Z: How American Business Can meet the Japanese Challenge. New York: Avon.

95) Reich, R. B. (1991). The Work of Nations: Preparing Ourselves for 21 st-Century Capitalism. New York: Alfred A. Knof.

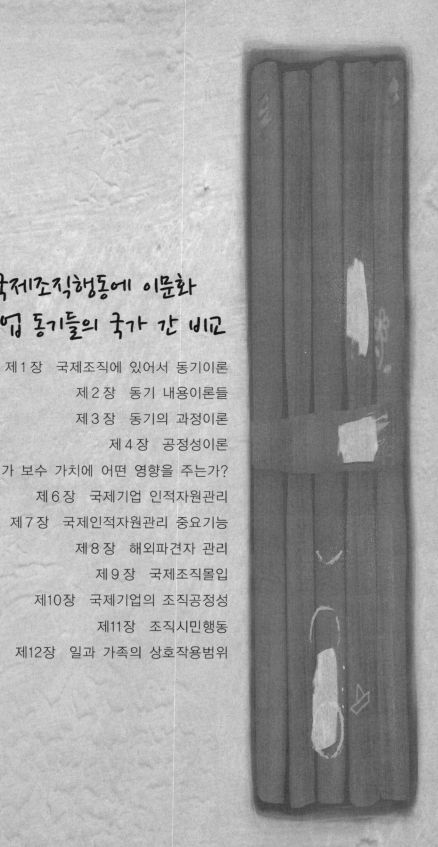

제 4 부 국제조직행동에 이문화 작업 동기들의 국가 간 비교

생각해 볼 문제

　　다른 나라에서 미국에서 개발된 동기이론들을 적용하는 것은 불확실한 상황이므로 관리자들은 그들 부하들에 대해 동기를 적용하기 어렵다고 하는 것을 종종 발견한다. 현대 지식의 기초에서는 동기내용이론(content theories)보다는 과정이론(process theories)을 더 많이 사용한다. 이는 일에 대한 의미와 사람들은 문화에 대한 다양한 보수들을 찾는다. 동기에 대한 접근을 설계하는 것은 관리자들은 중요한 문화에 대한 윤곽을 생각하는 것이다.

　　동기에 대한 체계를 개발할 때, 관리자들은 만약에 보수가 집단 혹은 개인적으로 줄 것인가에 따라서 문화가 집산주의인가 개인주의 인가를 확인해야 할 것이다. 그리고 다른 요소로서는 마감시간이 성과에 영향을 주는지 않는지에 따라서 시간 지향에 영향을 줄 것이다. 보기로서 동기 Systems 접근은 문화의 차이에서 대단히 중요하게 나타난다. 그들은 동기 Systems 평가를 하는데 있어서 관리자들은 사람들의 욕구를 이해해야 한다.

　　다른 국가에서 일에 대한 사람들의 동기는 모국사람들의 동기와 항상 같지 않다는 것이다. 조직들은 문화에 대한 의미 없거나, 혹은 다른 것에 비해 중요하지 않고, 다만 고용자들에 대한 고려변수로서 보수실현에서 시작하였다. 글로벌 조직처럼, 고용자들 가치에 알맞은 동기 시스템을 개발하는 일과 그리고 문화의 다양성 속에 근로자들에 대한 더 좋아하는 것을 더 많은 요구에서 시작되었다.

사람들이 왜 일을 하는가? 돈, 판매가 중요하기 때문인가, 아니면 회사에 대한 걱정 때문인가? 사람들이 만족을 찾는 데는 일 그 자체인가? 문화는 이 질문에 답할 수 있는가? 보기로서 브라질 사람은 러시아 사람보다 더 판매를 중요하게 평가한다.

제 1 장   국제조직에 있어서 동기이론

1. 무엇이 동기인가?

동기에 대한 정의 중에 하나를 들면 어떤 것을 하는데 개인적으로 집중하여 노력하는 결과라고 정의하였다. 동기는 역시, 왜 근로자들이 작업장에서 그들이 하는 방법으로 행동하는지를 설명하는 기초 심리적 과정이다(Kanungo and Mendonca 1995, p. 16).[1] 다른 관점에서 동기는 조직목표를 향해 높은 수준으로 자발적으로 발휘하는 것이다. 개인적인 욕구만족에 대해 노력할 수 있는 힘이 필요조건이다(Robbins 1996, p. 212).[2]

동기는 중요한 조직행동 요소이기 때문에 조직은 동기부여 된 종업원들을 찾는다. 성공은 다른 동기부여할 수 있는 힘을 가지는 것이 관리자들의 관점이다. 동기이론의 대부분은 조직행동연구자들과 같이 미국사람들의 문화적인 맥락에서 비롯되었다. 그러므로 실제 몇몇 이론들이 미국 외에 몇몇 논제들은 시작될 때에는 미국사람 외에 완전히 이해 과정이나 확정 변수들의 모형이 없었다(Hofstede, 1980).[3]

2. 동기이론의 유형

동기이론에는 2가지 유형이 있다. 즉 내용(content)과 과정이론(process theories)이 있다(Fancesco and Gold, 2005).[4] 첫째, 내용이론(Content Theory)은 일에 대해 노력을 다하는 사람들의 명확한 원인 요소가 "무엇"인가에 초점을 두는 이론이다. 둘째, 과정이론(Process Theories)은 개인적인 일에 노력이 나오는 단계가 "어떻게" 관계되는지에 관한 이론이다.

제 2 장   동기 내용이론들

　　내용이론에는 3가지 중요한 이론이 있는데, 이론은 일에 대한 노력을 하는 사람은 원인이 무엇인가? 그 원인 요소를 연구하는데 초점을 둔 이론이다. 이론들은 Maslow의 욕구단계이론(Hierarchy of Needs), Herzberg의 동기 – 위생이론(Motivation-Hygiene Theory) 그리고 McClelland의 욕구이론(Needs Theory) 등 이다. 이장에서는 각 이론들의 기초적인 생각과 문화차이에 대한 적용에 어떻게 논의할 것인가에 있다.

1. Maslow의 욕구단계이론(Hierarchy of Needs)

　　Maslow의 욕구단계이론은 어떤 시점에서 한 개인의 행동은 그 사람을 지배하고 있는 가장 강한 욕구에 의하여 결정된다는 것을 이미 설명하였다. 관리자들은 사람들에 있어서 일반적으로 가장 중요한 욕구는 무엇인가를 이해하는 것이 중요하다. Maslow(1954)[5]는 욕구의 힘에 대하여 명백히 설명하였다. 마슬로우(Maslow)에 의하면 인간의 욕구(human need)는 <그림 4 - 1>에서 표시 첫째, 생리적 욕구단계(physiology needs)이다. 이 단계는 <그림 4 - 1>에서 나타난 바와 같이 생리적 욕구(physiology needs)는 단계의 가장 높은 곳에 놓여 있는데 이것은 어느 정도 이 욕구가 만족될 때까지 이러한 욕구가 가장 강하기 때문이다. 이것은 인간의 생명유지(sustain life itself)에 대한 기초적 인간욕구(basic human needs)로서, 예를 들면 공기(Air), 물(Water), 의(clothing)·식(food)·주(shelter) 등으로서 살기 위해 기본적으로 요구이다. 기본적 욕구(basic needs)는 신체가 건전하게 보전할 수 있는 데까지 만족되지 않는 한 사람들의 활동은 거의 이 수준(level)에서 머물고 있어, 그 이외의 수준(level)은 그 사람의 동기부여요인이 되지 못한다. 이와 같은 기본적인 욕구가 만족되기 시작하면 생리적 욕구 이외의 다른 수준의 욕구가 중요하게 되고 그것이 행동의 동기요인으로 지배적이 된다. 그리고 그 욕구가 어느 정도까지 만족되면 다음의 욕구가 나타나고, 이렇게 하여 이 단계는 점차로 내려가게 되는 것이다. 둘째,

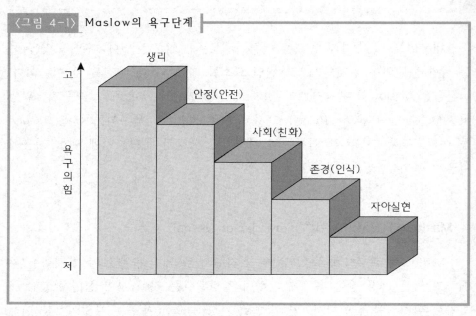

〈그림 4-1〉 Maslow의 욕구단계

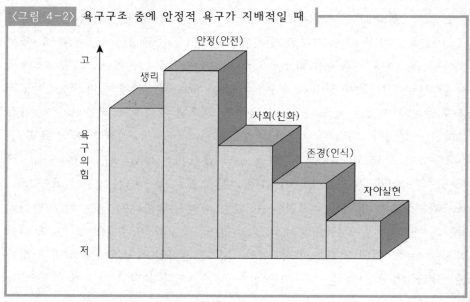

〈그림 4-2〉 욕구구조 중에 안정적 욕구가 지배적일 때

안전과 안심 욕구단계 (safety needs)이다. 이 단계는 다음 <그림 4 - 2>에서 나타나는 바와 같이 한 번 생리적인 욕구(physiological needs)가 만족되어지면, 안전(safety) 혹은 안정(security)욕구가 우세하게 나타난다. 이들 욕구들은 기본적으로는 신체적 위험에 대한 공포나 기초적인 생리적 욕구의 결핍에서 벗어나려고 하는 욕구이다.

다시 말해서, 이것은 자기보존에 대한 욕구(needs for self preservation)이다. 더욱이 인간에게는 현재에 대한 관심보다는 미래에 대한 관심이 더 크다. 과연, 우리들은 내일도 그 다음날도 음식물이나 주거에 불편이 없도록 자기의 재산이나 과업을 유지해 나갈 수 있을 것인가? 안전이나 안정이 위험에 직면하면 다른 것은 그다지 중요하지 않게 되는 것으로 생각된다.

보기로서, 안전과 안심에 대한 요구는 외부 위협으로부터 피난과 보호에 대한 욕구이다. 그런데 돈(Money)은 좀 광범위 한 수준에서 보면, 높은 수준의 단계라고 볼 수 있다. 돈이 있으면, 존경에 대한 욕구가 될 수 있다.

셋째, 사회적 욕구단계(social needs)이다. 생리적 욕구나 안정에 대한 욕구가 어느 정도 만족되면, <그림 4 - 3>에 표시되는 바와 같이 사회적(친화) 욕구

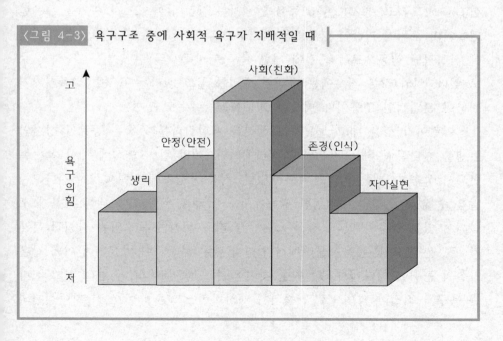

〈그림 4-3〉 욕구구조 중에 사회적 욕구가 지배적일 때

가 이들의 욕구구조 중에서 서서히 나타난다. 이는 애정(Affection), 우정(Friend-ship) 그리고 소속(Belonging)에 포함 되고 싶은 욕구이다. 인간은 사회적 존재이므로 수많은 집단에 소속하고 싶다는 욕구와 여러 가지 집단에 수용되고 싶다는 욕구가 있다. 사회적인 욕구가 지배적일 때 특정 개인은 다른 사람들과 어울려 의미 있는 관계를 가지려고 노력할 것이다.

넷째, 존경에 대한 욕구단계(esteem needs)이다. 이 단계는 일반적으로 한 개인이 소속에 대한 욕구가 만족되기 시작하면 단순히 집단의 일원이라는 것으로서는 만족할 수 없게 된다. 그래서 인간은 인식에 대한 욕구, 즉 다른 사람으로부터 존경과 타인으로부터 인정받고 싶은 욕구를 느끼게 된다. 대부분의 사람은 현실적으로 확고한 확신을 가지고 자기에 대한 높은 평가를 받고 싶어 한다. 존경(Respect), 긍정적으로 보는 것(Positive Regard) 그리고 신분(Status), 그리고 다른 사람으로부터 인식 등에 관한 욕구이다.

이것을 그림으로 나타내면 <그림 4-4>와 같다. 즉, 다른 사람으로부터 인식(recognition)과 존경에 대한 욕구를 가지고 있다. 그리고 이와 같은 존경에 대한 욕구가 만족되면 자신(self-confidence)·공감(feeling)·명성(prestige)·힘(power) 그리고, 통제(control)등을 얻으려는 감정이 떠오르고, 자기는 유용한 인물이며 주위에 대하여 영향력을 가지고 있다고 느끼게 된다. 그런데 우리들은 건설적인 행동으로는 존경에 대한 욕구를 만족시킬 수 없는 일을 하는 수도 있다. 이와 같은 경우에는 타인의 주의를 끌고 싶다는 욕구를 충족시키기 위하여 분열적인 행동이나 미숙한 행동을 하는 수도 있다.

어린이가 성을 내고 노동자가 생산을 제한한다든가 혹은 동료나 상사와 논쟁을 한다든지 하는 것은 그의 한 예이다. 이와 같이 인식에 대한 욕구는 반드시 성숙한 행동이라고는 할 수 없다. 적응적 행동에 의하여 얻어진다고는 말할 수 없고 분열적 무책임한 활동에서도 이와 같은 인식에 대한 욕구가 포함되어 있는 경우가 있다. 사실 오늘날 우리들이 직면하고 있는 사회적 문제가 존경을 받고 싶은 욕구불만에서 얼마나 많은 사실들이 발생하며 이와 같은 사실의 근원이 어디에서 왔는지를 찾아볼 수 있을 것이다. 존경을 받고 싶다는 욕구가 적절한 방법으로 만족되기 시작하면 <그림 4-5>에서 자아실현의

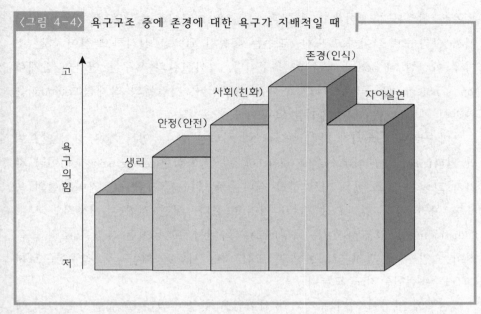

〈그림 4-4〉 욕구구조 중에 존경에 대한 욕구가 지배적일 때

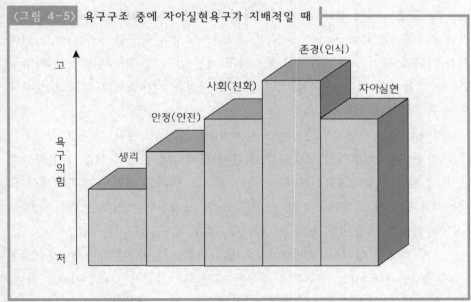

〈그림 4-5〉 욕구구조 중에 자아실현욕구가 지배적일 때

욕구가 나타나기 시작한다.

다섯째, 자아실현의 욕구단계(self-actualization)이다. 예를 들면 음악가는

음악을 연주하고 싶어하고, 시인은 시를 쓰고 싶어하며, 장군은 전투(battles)에서 승리하고 싶어하고 또한, 교수는 훌륭한 교육을 실시하고 싶어 하는 것이 자아실현(self-actualization)의 욕구이다. 자아실현의 욕구는 인간의 잠재력(one's potential)을 극대화하려고 하는 욕구이다. 사람들의 잠재력(Potential)을 완전히 개발하려는데 관계되는 욕구이다.

마슬로우(Maslow)가 말한 바와 같이 사람은 할 수 있는 것은 하지 않으면 안 된다(What a man can be, he must be). 즉, 자아실현(self-actualization)이란 자기가 그렇게 되고 싶은 대로 하고 싶다는 욕망이다. 사람들은 자아실현의 욕구를 여러 가지 방법으로 만족시키려고 한다. 어떤 사람은 이상적인 부모(Ideal mother)가 되고 싶다는 욕망(desire) 속에서, 또한 어떤 사람은 조직을 움직이는 일 속에 그것을 표현하고, 또한 어떤 사람은 피아노를 연주함으로써 그것을 표현할는지도 모른다.

전투에 있어서 병사는 자기가 살아남을 확률이 낮은 줄 알면서도 그의 생명을 운명에다 걸어 놓고 적을 파괴하기 위하여 총을 쏘면서 적진 속으로 돌진하는 것은 친화(affiliation) 혹은 인식(recognition)의 욕구를 충족시키기 위해서가 아니라 자기가 중요하다고 생각하기 때문이다. 이 경우의 병사는 자아실현, 즉 그들에게 있어 중요한 어떤 것의 잠재성을 극대화하고 있다고 생각해도 좋을 것이다.

자아실현의 구현방법은 라이프사이클(life cycle) 속에서 변화할 수 있다. 예를 들면, 자아실현적인 운동가도 시간이 경과하여 신체적 특성이 변화한다든가 그 시야가 확대된다든가 함에 따라서 다른 세계를 희망하고 거기에서 잠재능력을 충분히 발휘하려고 할 것이다. 또한 자아실현의 경우는 반드시 마슬로우가 설명한 계층대로 된다고 말할 수 없다.

그의 계층은 언제나 보편적이라고 말하려고 하는 것이 아니라, 마슬로우는 이 계층(hierarchy)을 대부분의 경우에 해당되는 전형적인 패턴이라고 하며, 동시에 일반적인 경향에는 많은 예외가 있다는 것도 인정하고 있다. 예를 들면, 옛 인도의 지도자인 마하트마 간디(Mahatma Gandhi)는 인도가 영국으로부터의 독립운동을 하고 있을 때 생리적 욕구(physiological needs)나 안전적 욕구

(safety needs)를 다른 욕구로 만족시키기 위하여 희생(sacrificed)한 일이 있었다. 이러한 사실은 종종 있는 사실이다.

간디(Gandhi)는 단식(starving)으로서 영국 정부의 불평등에 항의하기 위하여 수주일이나 음식물을 섭취하지 않았다. 그것은 다른 욕구는 충족시키지 못하였음에도 불구하고 자아실현(self-actualization)의 욕구 수준(level)에 도달해 있었다는 것을 말해 준다. 그건 그렇다고 치고, 하나의 욕구가 다른 욕구보다도 현저하게 지배적이라고 말할 때 우리는 특히 주의하여 「특정 수준에 대한 욕구가 어느 정도 만족되기 시작하면 그 다음으로 다른 욕구가 현재화된다」라는 표현을 사용해 왔다. 그것은 하나의 수준에 대한 욕구가 만족됨으로써 비로소 다음 욕구가 가장 중요하게 되리라는 인상을 주고 싶지 않았기 때문이다. 현실로 현대 사회생활에선 제각기 자신의 수준에서 만족하고 있는 부분도 있고 만족하지 않는 부분도 있으며 또한 친화(affiliation), 존경(esteem), 자아실현(self-actualization)의 욕구 수준보다도 생리적 욕구(physiological needs)는 70%, 인식에 대한 욕구는 20%, 자기실현에 대한 욕구는 10%가 충족되어 있다는 식으로 표현해도 좋을 것이다. 물론 이런 비율은 다만 하나의 예로써 사용하는 데 불과하며 실제로는 뚜렷한 개인의 차가 있다는 건 두말할 여지도 없다. 마슬로우의 욕구계층(hierarchy of needs)이론이 전반적으로 적용되는 것은 아니나 행동에 적용되는 범위는 매우 크다.

(1) 마슬로우의 욕구단계와 사회구조

사회적으로 크게 분류하면 <그림 4-6>에서 볼 수 있는 바와 같이 얼마나 많은 국민이 어떤 범주(categorized)에 들어갈 것인지를 나타낸 것이다. <그림 4-6>은 생리적 욕구(physiological needs), 그리고 안전욕구(safety needs)가 강할 때 삼각형과 같은 모형으로 욕구계층이 나타난다. 그림에서 잘 나타나는 바와 같이 우리들 사회의 많은 사람들은 생리적 욕구나 안전적 욕구에 의하여 사회적인 성격이 지어지며, 자아실현의 욕구나 존경에 대한 욕구는 중요하지 않게 된다.

<그림 4-7>에서 보면 집단이나 조직구성원의 욕구가 존경의 욕구, 사회

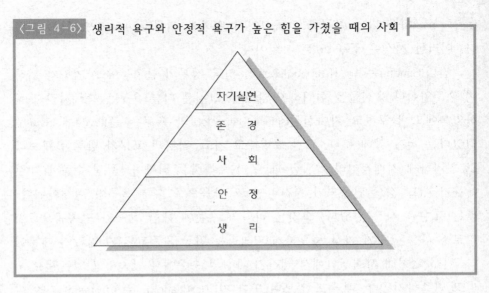

〈그림 4-6〉 생리적 욕구와 안정적 욕구가 높은 힘을 가졌을 때의 사회

자기실현
존　경
사　회
안　정
생　리

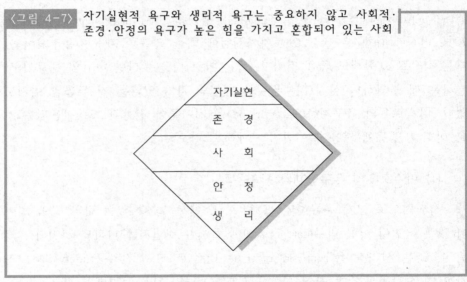

〈그림 4-7〉 자기실현적 욕구와 생리적 욕구는 중요하지 않고 사회적·존경·안정의 욕구가 높은 힘을 가지고 혼합되어 있는 사회

자기실현
존　경
사　회
안　정
생　리

적 욕구, 안정적 욕구를 가진 사람의 비율이 크고, 자아실현의 욕구나 생리적인 욕구를 바라는 구성원의 비율은 낮음을 알 수 있다. 위 그림은 자아실현의 욕구와 생리적 욕구는 중요하지 않으나 사회적·존경·안정적 욕구가 강한 힘을 가진 사회를 나타내고 있다.

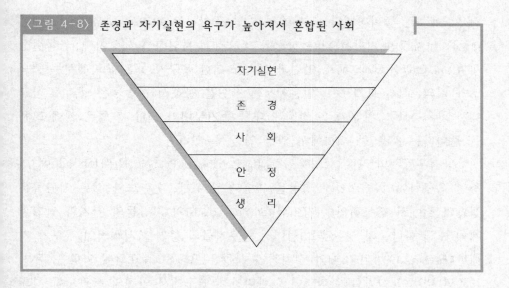

〈그림 4-8〉 존경과 자기실현의 욕구가 높아져서 혼합된 사회

자기실현

존 경

사 회

안 정

생 리

   그럼에도 불구하고 사람들은 생리적, 안전, 사회적 욕구를 지닌 것과 같은 특징으로 그 성격을 규정할 수도 있고, 행동은 〈그림 4-7〉과 같이 존경이나 자아실현의 활동에 의하여 지배되어지는 경향이 있다. 이는 생활의 표준이나 교육수준이 높아지게 되면 이와 같은 더 많은 성격이 나타나게 된다.

   이것은 〈그림 4-8〉에 잘 나타나고 있다. 그러나 변화는 개인 간에 다소 차이가 있고 개인이나 집단(group)으로부터 지대한 영향을 받게 된다.

(2) 국제조직과 마슬로의 욕구단계

   상황과 특별한 조직문화 가치는 욕구단계 순서(ordering)와 욕구의 중요성에 영향을 미친다. 개인주의 가치(values of individualism)와 집산주의(collectivism)는 계층에 많게 혹은 적게 관련된다. 보기를 들면, 문화가 만약 집산주의라면 자신-존경(self-esteem)에 대한 욕구가 높게 지시한다. 그리고 자아실현욕구 (self-actualization Need) 관련이 없을 수 있다(Trompenaars 1993, pp. 65-66).[6]

   서구의 동기이론들은 개인적인 성장을 일찍 하였다. 근본적으로 계층 꼭대기에 자아실현욕구가 사회적인 욕구 속에 개인적으로 나타나는 것은 말할 필요가 없다. 이것은 세계적으로 동조할 수 없다. 그럼에도 이 이론은 미국과 서유럽에서는 좋아하였다. 일본에서 가장 좋아하는 관념은 내부 화합관계이다. 즉 일차적인 지향은 다른 사람이고 그리고 자연적인 세상이다. 불확실성 회피(Uncertainty Avoidance), 안전과 안정에 대한 욕구가 높은 문화에서는 중요도가 거의 같다. 보기로서, 일본에서는 생활을 통해서 사람들은 엘리트 학교에서 학위를 받기위해 높은 경쟁에 대한 동기부여가 된다. 그들은 생애 고용을 준비하는 것은 큰 회사에서 일을 얻을 수 있다.

　　남성우월주의 혹은 여성우월주의(Masculine or Feminine)는 Hofstede에 의하면 욕구차이의 중요성에 영향을 미친다. 스웨덴, 핀란드와 같은 사람들은 생활의 질에서 전통적인 여자이념(feminine ideals)의 사람들의 가치와 작업관계에 대해 사람들의 생산성을 넘어서 근로자들의 동기를 사회적인 욕구가 지배한다(Adler, 1997).[7] 경제와 정치적인 상황은 욕구의 중요성에 영향을 준다. 1930년 리비아 사람들의 혁명이후 관리자들 연구에서 안전의 욕구보다 사회적인 욕구가 강했다는 것이 발견되었다(Buera and Glueck, 1979).[8] 왜냐하면 혁명은 리비아 관리자들에 해고당하기 쉽기 때문에 그들은 안전에 대한 욕구는 리비아에서 일하는 다른 나라 관리자들보다 덜 만족하다는 것이 비교되었다. 더구나 최근 일 가치비교에서 영국 관리자의 동기와 짐바브웨는 Maslow의 계층은 다시 질서를 잡는다. 그리고 아프리카 사람들은 재규정해야 한다(Harvey, Carter and Mudimu, 2000).[9]

2. Herzberg의 동기 - 위생이론(Motivation-hygiene theory)

　　Herzberg는 그의 동기-위생이론은 1950대에서 1960대에 개발하였다(Herzberg, 1968; Herzberg, Mausner, and Snyderman, 1959).[10] 그리고 Maslow의 이론도 동시대에 구축되었다. Herzberg의 이론의 개요는 종종 이요인이론(Tow-Factor Theory)으로 불렀다. 만족(Satisfaction)과 불만족(Dissatisfaction)은 단일차원의 반대의 끝이라기보다는 2개가 분리된 차원으로 표현된다.

　　Herzberg은 미국사람 기술자와 회계사에게 질문하였는데, 그들이 만족과 불만족을 느끼는데 원인이 되는 작업요소들 결정하는 것들에 대한 질문했다. Herzberg은 2요인의 결과를 믿었다. 동기와 위생요인은 동기에 대한 다른 결과를 가졌다.

　위생요인(Hygiene Factor)은 외부적(extrinsic)이라고 불러 그나, 혹은 배경 요소작업자에게 영향을 주는 작업 그 자신에 대한 외부요소이다. 이는 회사정책과 경영, 감독자에 대한 리더십, 작업조건, 임금, 동료관계 그리고 안전 등이 포함된다. 이들 요소들은 불만족으로 연합되어 있다. 만약 그들이 없다면, 노동자들은 불만족을 느낀다, 그러나, 그들은 사람들의 자연적인 상태에서 존재한다. 동기부여요인(Motivation Factors)은 내부적(Intrinsic) 혹은 만족요인(Content Factor)이라고 부른다. 이들 요소들은 성취, 인식, 일에 대한 흥미, 책임, 진보 그리고 성장 등을 포함한 작업 그 자신에 대한 국면이다. 이것은 만족요소 그리고 작업자들의 동기부여 요소로 나타난다. 이 이론의 적용에 대해 Herzberg는 작업 질 향상(Job enrichment)을 추천하였다. 그럼에도 불구하고 거의 같이 강화하는 작업은 미국과 같은 높은 개인주의와 낮은 권력차이 가진 문화에서 고용자들은 단 동기부여될 것이다(Erez, 1997).[11]

　종업원이 어떤 일을 할 때 만족을 느끼며, 또한 어떤 일을 할 때 불만을 느끼는가를 광범위하게 조사하였다. 이는 인간은 일에 불만을 느낄 때에는 직무환경에 문제가 있고, 직무에 불만족을 느낄 때는 직무내용에 문제가 있다고 말하였다. 그리고 그는 첫째, 욕구 범주(category of needs)속에 인간의 환경을 포함시켰고 이를 불만족 예방요인으로 작용한다. 따라서 이를 위생요인(hygiene theory)이라고 불렀다. 둘째, 욕구범주는 인간은 보다 높은 업적을 이끌 수 있은 동기부여에 유효한 요인으로 구성되어 있는데 이것을 동기부여요인(motivators)으로 불렀다. 즉 일에 만족을 주는 요인을 동기유발요인(motivators)이라 부르고 불만은 불러일으키는 것을 예방하는 요인을 위생요인(hygiene factors)이라고 이름을 붙였다.

(I) 위생요인(hygiene factors or dissatisfiers)

　개인의 욕구를 충족시키는 데 있어서 주로 불만족을 방지하는 요인을 위생요인이라 한다. 따라서 이들 요인(factors)을 위생요인 또는 불만족요인이라고 부르며, 주로 임금, 정책, 관리, 감독(supervision), 작업조건(working condi-tion), 대인관계(interpersonal relation), 지위(status), 안정된 직업 등으로 구성되어 있다. 위생요인의 특성은 이요인의 충족이 단지 불만족의 감소만을 가져올 뿐이지 만족에 작용하지는 못하는데 있다. 예로서 우리가 생계에도 미달되는 낮은 수준의 임금을 받게 되면 불만족을 느끼다가, 임금수준이 점점 높아짐으로서 불만족은 제거된다. 그러나 일정수준을 넘어서면, 계속해서 임금수준이 높아진다고 하더라도 직무에 만족이 증대되어 일에 대한 적극적인 태도가 생기는 것은 아니다.

Herzberg는 조직체에서 위생요인들이 갖추어지지 않으면, 조직구성원들은 극도로 불만족스러워 조직체를 떠나거나 성과에 좋지 않은 영향을 주지만, 그 반면에 이들 요인들이 잘 갖추어진다 하더라도 이들 요인은 조직구성원들로 하여금 열심히 일하도록 동기를 자극하지는 않는다는 것이다. 이와 같이 위생요인은 주로 개인의 생리적 욕구와 안전욕구 그리고 애정욕구를 충족시켜 줌으로써 개인의 직무환경과 관련된 직무 외재적 성격(extrinsic job con-dition)을 지니고 있는 것이 특색이다.

(2) 동기부여요인(motivators or satisfiers)

개인으로 하여금 열심히 일을 하게 하여 성과를 높여 주는 요인으로서 여기에는 성취도, 인정도, 책임감, 성장, 발전, 보람 있는 직무내용, 존경과 자아실현욕구 등을 포함한다. 동기요인이 충족되지 않아도 불만은 없지만, 일단 충족되면 만족에 적극적으로 영향을 줄 수 있고 일에 대한 적극적인 태도를 유도할 수 있는 것이다. 위생요인이 직무의 외재적 성격(extrinsic job condition)을 지니는 데 반하여, 동기부여요인(motivators)은 직무의 내재적 성격(intrinsic job condition)을 지니고 있음으로써 상호간의 대조를 이루고 있다. 그리고 위생요인이 동기행동을 작동시키지 못하는 것과 같이, 동기요인은 불만족을 초래하지 않는다.

다시 말해서 동기요인이 갖추어지지 않더라도 개인은 극도로 불만족스러워 하지 않는다는 것이다. 이와 같이 Herzberg는 개인의 행동을 자극하는 동기요소를 두 가지 요인으로 분류하고 이들이 개인의 불만족 행동과 동기행동에 미치는 영향을 분석하였다. 여기에서 허즈버그는 종래의 만족-불만족의 단일차원의 연속성 개념을 부인하고, 만족과 불만족의 독립적 개념을 제시함으로써 동기요인들의 작용영역과 한계를 명백히 해주고 있다. 허즈버그의 위생이론(2요인이론)은 이론적으로 많은 인기를 끌고 또한 수많은 실무가들에 의해 폭넓게 받아들여지고 있지만, 한편 여러 연구가들로부터 공격의 표적이 되기도 한다. 위생이론(2요인이론)에 대한 공방은 허즈버그 논쟁(Herzberg controversy)이라고 불릴 정도로 치열하다. 우선 2요인이론의 기본적 내용인 만족요인과 불만족요인의 구분이 타당하지 못하다는 비판이 제기되고 있다.

첫째, 어떤 요인이 전적으로 불만에만 작용하고, 어떤 요인은 만족에만 작용하는가를 구분할 수 없다는 것이다. 예로서 임금과 같은 요인은 표본조사에서 만족을 유도하기도 하고, 어떤 표본에서는 불만족을 야기하는 요인이기도 하다. 둘째, 2요인이론(위생이론)에서는 개인차를 완전히 무시하고 있다는 점이다. 이 이론은 종업원 개인들의 작업환경에 대한 반응이 기본적으로 유사할 것이라는 가정을 하고 있다.

셋째, 위생이론(2요인이론)이 범하고 있는 이론적 오류로서 만족과 동기부여를(motivation) 같은 것으로 다루고 있다는 것이다. 예로서 직무의 만족과 성과와의 관련성에서도 살펴볼 수 있는 것처럼 욕구를 충족한 근로자가 반드시 열심히 일을 하여 성과를 높일 것이라는 점은 없다. 그런 점에서 만족이 동기를 유도한다는 허즈버그의 주장에 의문이 제기된다. 넷째, 개인의 만족과 불만족은 어느 정도 직무내용과 직무상황 자체에 내재되어 있고, 성취, 책임, 인정 등의 직무요소는 작업조건이나 경영방침 등의 위생요인에 비하여 만족과 불만족에 더 큰 중요성을 지니고 있다는 점도 지적됨으로써 만족-불만족과 동기와의 관계가 너무 간단히 다루어지고 있다는 비난도 받고 있다.

예로서 임금과 지위의 경우 우리나라에서는 위생요인으로만 작용하는 것이 아니고, 동 요인에 성격을 지니고 있을 가능성이 많은 것으로 추측된다. 위생요인과 동기 부여 요인을 보면 다음과 같다. 첫째, 위생요인(hygiene factors)은 정책이나 관리, 감독(supervision), 작업조건(working conditions), 대인관계

(interpersonal). 금전·신분(status)·안정 등이 위생요인이다. 허즈버그(herzberg)는 위생(hygiene)이란 어휘를 의학상의 의미(예방적이며 환경적이다)와 관련시켜 사용하였다. 위생요인은 노동자의 생산능력을 증대시키지 않으며 작업을 제한하는 노동자의 업적에 대하여 손실을 예방하는 데 불과하다.

둘째, 동기부여요인(motivators)은 일을 통하여 보람을 느끼며, 지식이나 능력을 활용할 만한 여지가 있는 일을 할 때에 우리가 경험하게 되는 달성감, 전문적 성장, 인정 따위와 같이 사람들에게 만족감을 주는 요인을 동기부여요인이라 한다. 허즈버그는 동기부여 요인이 직무만족에 적극적인 영향을 미치며 그 결과로서 흔히 개인의 생산능력을 증대시킨다고 하였다.

그리고 동기부여요인과 위생요인을 다음과 같이 분류하였다. 그리고 동기부여요인(the motivators)은 다음과 같다. 이는 성취(achievement), 성취에 대한 인식(recognition for achievement), 일 자체(work itself), 책임감(responsibility), 승진(advancement), 성장가능성(possibility of growth) 등이다. 그리고 위생요인(the hygiene factors)은 다음과 같다. 감독(supervision), 회사 정책 및 관리(company policy and administration), 작업조건(working conditions), 대인관계(interpersonal relations), 상사와 부하(subordinate and superiors), 작업안전(job security),

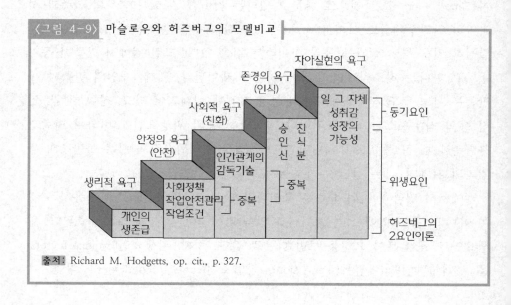

〈그림 4-9〉 마슬로우와 허즈버그의 모델비교

출처: Richard M. Hodgetts, op. cit., p. 327.

임금(salary), 개인생활(personal life) 등이다.

이상과 같은 요소들 중에서 허즈버그는 첫째부터 차례로 다섯 가지 요소를 중요시 여겨 분석하였다. 그리고 허즈버그가 지닌 사고방식의 바탕은 마슬로우의 욕구단계설과도 양립되는 것으로 생각된다. <그림 4-9>에서 표시한 바와 같이 두개의 이론을 합치면 개인의 동기부여능력 및 업적에 대한 영향 간에는 약간의 유사성을 찾아볼 수 있다.

생리적 욕구·안정적 욕구·친화의 욕구·존경의 욕구는 위생요인이라고 생각할 수 있다. 여기에서 존경의 욕구는 둘로 구분된다. 신분(status)과 인식(recognition)의 욕구는 명백히 상이한 점이 있기 때문이다. 신분(status)은 개인이 접하는 지위의 한 기능이고 그것은 종속적인 관련법에서나 사회적인 노력에 의해 얻어지는 것이다. 따라서 그것은 개인의 성취나 혹은 본인 자신에 의해 획득된 인식(recognition)에 영향을 주지 않는다. 1961년 허즈버그는 IT 회사의 종업원들을 대상으로 직무태도(job attitudes)에 관한 조사를 실시하였다. 282명의 피조사자들에게 첫째, 일을 수행하는 과정에 있어서 불행에 빠지게 되는가? 혹은 불만을 느끼게 되는가? 둘째, 어떠한 일로써 행복하게 되었는가? 혹은 만족을 느끼게 되었는가?라는 질문을 하였다. 이 면접 자료의 분석 결과 다음과 같은 결론을 얻었다. 인간에게는 상호간에 독립된 두 가지 유형의 이질적인 욕구가 있으며, 이들이 행동에 영향을 미치게 하는 방법 또는 차이가 있다는 결론을 얻었다.

282명의 면접자는 전부 715개의 사항을 들었다. 이는 평균 1인당 2.5의 사항이었다. 715개 사항을 각각(호감을 가졌다라든지, 불쾌감을 가졌다) 장기간(강한 감정이 2개월 이상 지속된 경우)과 단기간(강한 감정이 2개월 미만에 끝난 경우)으로 나누었다. 54%의 사항이 호감을 가졌다고 하였으며, 59%가 장기간의 것이었다. 그리고 종업원의 회답을 다시 분류하였다. 인간은 일에 대하여 불만을 느끼게 되면 자기가 일하고 있는 직무와 환경에 관심을 갖게 되고, 반대로 일에 대하여 만족감을 느끼게 되면 일하고 있는 직무의 내용에 지대한 관심을 가지고 있다는 것을 발견하였다. 그는 전자를 환경과 관련된 욕구불만을 예방하는 역할을 수행한다고 하여, 이것을 위생요인 혹은 보장요인 혹은 불만족요인이라고 칭하였으며, 후자를 보다 높은 업적을 위해 동기부여하는데 유효하다고 생각하기 때문에 이것을 동기부여요인, 촉진요인, 혹은 만족요인이라고 칭하였다.

3. McClelland의 습득된 욕구이론

세 번째 내용이론은 습득된 욕구이론(Learned Needs Theory)이다(McClelland 1966, 1985).[12] 미국의 심리학자 David McClelland는 3가지 중요한 욕구는 사람들의 행동에 영향을 준다는 것을 제안하였다. 이들 욕구는 Maslow의 이론과 같이 본능적인 욕구는(Instinctive desires)아니다. 그러나 학문적이다. 습득된 욕구(Learned Needs)는 동기에 대한 개인적인 차이에 대한 설명을 도왔는데 이는 성취에 대한 욕구(Need for Achievement), 권력에 대한 욕구(Need for Power) 그리고 친화에 대한 욕구(Need for Affiliation) 등으로 설명하였다.

(I) 성취에 대한 욕구(Need for Achievement)

성취에 대한 욕구는 설립을 위한 관계와 품질성과의 높은 수준을 유지 하려는 관심을 갖는다. 성취에 대해 높은 욕구를 가진 개인은 그들의 실패나 혹은 성공, 위험을 알맞게 하는 것을 좋아하고, 직접적으로 받는 것을 좋아하고, 그들의 성과에 대한 피드백을 구체적인 것을 원한다. 결과로서 너무 쉽거나 혹은 너무 어려운 과업은 그들에게는 흥미를 끌지 못한다. 왜냐하면 그들은 결과에 대한 책임이 없기 때문이다.

(2) 권력에 대한 욕구(Need for Power)

권력에 대한 욕구는 평판, 책인, 영향력, 충격 등과는 다른 사람들을 통제하기 위한 관심을 갖는다. 리더십의 높은 직위를 좋아하는 욕구가 높은 사람과 그리고 리더의 영향에 대해서 다른 사람보다 영향을 미치는 사람이다. 권력에 대해 높은 욕구를 가진 사람은 실행자를 좋아하고, 그리고 작업에 평균 이상 참여를 한다(Steers and Braunstein, 1976).[13]

(3) 친화에 대한 욕구(Needs of Affiliation)

친화에 대한 욕구는 설립과 사회적 관계유지를 좋아한다. 가까운 것을 좋아하는 높은 욕구를 가진 사람은 다른 사람들과 같이 우호적인 관계를 하고, 경쟁상황보다는 차라리 협력을 좋아한다.

어떻게 이를 욕구를 조직행동에 관계지을 것인가? 연구자들은 성취욕구가 높은 개인은 성취를 얻으려고 노력한다고 말하였다. 그들은 종종 동적인 기업가이다. 그러나 성공적인 관리자들에는 필요하지 않다. 다른 사람의 성공은 관계하지 않기 때문이다. 책임이 있는 일, 도전을 조정하고, 그리고 높은 성취 욕구를 가진 사람들의 동기부여 피드백을 받아들이는 기회를 가지고 있다. 대조적으로 높은 권력과 낮은 친화의 욕구로부터 성공적인 관리 성과결과이다(McClelland and Burnham, 1976).[14]

McClelland의 성취동기는 개인의 욕구 중에서 사회문화적으로 습득된 욕구로서, 다른 욕구보다 지속적이어서 쉽게 충족될 수 없는 것들이다. 개인의 동기는 개인이 사회문화 환경과 상호작용을 하는 과정에서 충족되고 학습을 통해서 개인의 동기가 개발될 수 있는 욕구들이다. McClelland는 성취 욕구를 측정하기 위해서 주제유화시험(Thematic Apperception Test: TAT)를 사용하였다. 이 시험은 통해서 사람들에게 중요시되는 3가지의 욕구를 규명하였는데, 이는 성취욕구(need for achievement), 권력욕구(need for power) 그리고 친화의 욕구(need for affiliation)등이다. 이상 3가지 욕구 중에서 성취동기는 개인 스스로가 독립적인 자기 창조적 인간으로서 자아실현의 욕구를 부단히 추구하는 데에서 비롯된 것으로, 개인이 투입한 노력에 대해 즉각적으로 인정과 보상 등을 받고자 원하는 욕구를 의미한다.

예를 들어 기업가는 자신이 사업에 투입한 노력에 대해 즉각적인 결과와 보상을 얻을 수 있다고 생각하기 때문에 사업을 시작한다. McClelland에 의하면 이러한 욕구는 학습을 통하여 동기가 개발될 수 있다고 지적하였다. 성취동기가 높은 사람들로 구성된 조직이나 사회는 경제발전이나 사회발전이 빠르며, 성취동기가 높은 사람은 기업에서 경영자로서 일반적으로 성공하게 되는 사례는 많았다. 성취동기란 약간 어렵고도 도전적인 일을 성취하려는 욕구, 물질과 인간 그리고 사상을 지배하고 조정하며 관리하려는 욕구이다. 이와 같은 욕구를 독자적으로 신속히 실행하려는 존재로 인식하고 그러므로 남보다 앞서려는 욕구 그리고 자신의 능력을 스스로 개발하고 발휘함으로써 자존심을 높이려는 욕구를 말한다(Lawless, 1972). 이와 같은 욕구가 강한 성격의 소유자를 고성취인(high achieve)이라 하는데 이러한 고성취인이 갖게 되는 주요 특성은 학습을 통하여 개발될 수 있다고 보았다.

McClelland는 개성(personality)의 유형을 두 가지로 구분하였는데 그 하나는 높은 성취욕구의 사람이고, 또 다른 하나는 낮은 성취욕구의 사람이다(McClelland, 1962). 사람들은 성장함에 따라 자기 주위의 사물에 대한 긍정적 혹은 부정적 감정을 관련시키는 방법을 배우게 된다. 그런데 희망한 과업에 대한 성취상황은 유쾌한 감정을 유발할 것이고, 특히 이를 좋아하는 사람, 즉 강한 성취동기의 특징을 지닌 사람이 있을 수 있다. 그러한 사람에게 있어서 성취동기는 다른 동기에 우선하게 되고 조그마한 성취에 대한 단서만 가지고도 즐거움에 대한 기대를 활성화시키고 성취 욕구를 갖도록 만든다.

McClelland 성취동기이론을 개발할 때, 기업가의 역할을 염두에 두고 있었다. 그의 생각으로는 성공적인 경영자가 되게끔 하는 요인은 돈이 아니라 그의 성취만족에 대한 전망이라는 것이다. 즉 돈이라는 것은 그가 얼마나 잘 하고 있는가 하는 것에 대한 피드백의 한 원천일 따름이라는 것이다. McClelland는 그의 성취동기이론을 조직의 차원을 넘어서 전체사회의 경제성장과 관련시킴으로써 이 이론의 적용폭을 크게 확대하였다. 그는 경제성장과 국민의 평균적인 성취욕구(n-Ach) 수준과의 관련성을 조사한 결과 그 둘 사이에 밀접한 관련성이 있음을 밝혀냈다. 즉, 성취욕구(n-Ach)가 높은 나라는 경제성장이 높은 반면에 성취욕구가 낮은 나라에서는 경제성장도 저조하다는 결론을 내리고 있다.

성취동기이론을 요약하면, 한 기업의 성공, 나아가서는 한 경제의 성장은 그 구성원 특히 경영자의 성취욕구 수준이 높은 것과 관련을 갖는다는 것이다. 따라서 동기부여이론으로서, 이 이론은 기업이 성과를 향상시키기 위해서는 선천적으로 성취욕구 수준이 높은 구성원을 선발하거나, 아니면 욕구는 커질 수 있는 것이므로, 기존 구성원의 성취욕구수준을 향상시켜야 한다는 것이다.

McClelland는 구성원의 성취요구 수준을 개발할 수 있는 구체적인 지침을 다음과 같이 제시하였다. 첫째, 과업을 재배치하여 정기적으로 성과에 대한 피드백을 받게 한다. 둘째, 훌륭한 성취모델을 찾아 이를 모범으로 따르도록 한다. 즉 성취 또는 성공한 인물을 닮도록 한다. 셋째, 자신의 이미지로 바꾸게 한다. 즉, 성취욕구가 높은 사람은 자신을 사랑하고 적절한 도전과 책임을 추구한다. 넷째, 상상력을 통제한다. 즉, 현실적인 관점에서 사고하고 목표성취방법에 대해 적극적으로 생각하게 한다. 이들 내용을 공식으로 요약하면 다음과 같다(Charles R. Milton).

$$자극된 \ 동기부여 = M \times E \times I$$
$$M = 기본적인 \ 동기의 \ 힘(강도)$$
$$E = 목표성취의 \ 기대$$
$$I = 인정된 \ 목표의 \ 보상치$$

McClelland의 성취 욕구를 연구 조사한 것을 보면 다음과 같다. 즉, 성취동기가 강한 사람의 행동은 다음과 같은 특성이 있다. 첫째, 개인의 책임성이 강하다. 둘째, 목표성취를 조정한다. 셋째, 과업은 위험을 계산한다. 넷째, 그들의 활동에 대한 피드백을 구체화하기를 원한다. McClelland에 의하면 권력욕구는 행동 속에 다양한 방식으로 나타나는데 사람에 따라 특징적 표현방식으로 발전시키며, 그 표현방식의 하나가 관리라고 하였다. 권력의 욕구는 발전성장 단계가 있고, 성인은 일정시점에서 다음 4단계 중의 어느 한 단계에 위치한다. 첫째, 1단계에 있어서의 권력 욕구는 타인으로부터 권력을 끌어내는 것을 포함한다.

그러한 사람은 강한 사람들과 자신을 동일시하여 그 관계로부터 힘을 얻게 된다. 둘째, 2단계는 힘의 원천이 자아에게로 이동한다. 권력에 대한 감정이 자기 자신으로부터 자기가 일하는 곳으로 유도된다. 여기에서 권력 욕구는 타인에게 영향을 미치지 못한다. 셋째, 3단계는 타인을 지배하고 경쟁상황에서 그들을 이기는 것과 같이 타인들에 대한 영향력이 포함된다. 이 단계부터 약한 사람을 도와주는 행동으로부터 권력 욕구를 충족하게 된다. 넷째, 4단계는 자아를 배경으로 이동하고, 권력 욕구는 기업의 성공과 같은 보다 큰 선을 위해서 타인들에게 영향을 미치는데서 얻어진다.

이 때 효과적인 관리자는 사회화된 권력 모티베이션이 출현하는 3단계 말기부터 나타나기 시작한다. 한편, 와이너(H. A. Wainer)와 루빈(L. M. Rubin)은 소기업의 최고경영자 51명을 대상으로 동기유형을 측정하였는데, 일반적으로 높은 성취욕구(n-Ach)와 보통의 권력욕구(n-Pow)를 나타내고, 높은 성취욕구의 상대기업가 보다 성과가 낮은 상태를 나타내고 있다. 따라서 보통 정도의 권력욕구(n-Pow) 집단에서 높은 성과를 이룩한 기업은 친화욕구(n-Af)를 가지고 있는 기업가에 의해서 운영되고 있다고 할 수 있다.

organizational behavior

제 3 장   동기의 과정이론

과정이론(Process Theories)은 개인적인 노력이 나오는 단계가 어떻게 되는지에 대한 연구이다. 이들은 다음과 같다. 개인적으로 강화(Reinforcement)나 혹은 학습이론(Learning Theory), 목표설정이론(Goal Setting Theory), 그리고 기대이론(Expectancy Theory) 등이 과정이론(Process Theory)이다. 이들 이론들은 내용이론(Content Theory)과 같이 미국에서 발전되었다. 그럼에도 불구하고, 내용이론보다는 과정이론에 초점을 두었다. 이들 이론들은 다른 나라에서도 많이 적용되었다. 과정이론은 동기 설명에 대한 세계적인 조직으로 발견을 기도하였다. 이 이론의 적용은 관리자들은 문화적으로 통합을 할 수 있고 그리고 그들이 동기를 갈망하는 그들 개인에 대한 적용 모델의 요소들로 통합하였다.

I. 강화이론(Reinforcement Theory)

(1) 강화이론에 대한 의의

강화(보상)이나, 혹은 학습이론으로 언급은 환경이 사람의 행동을 결정하는 것이다(Skinner, 1971).[15] 사람들은 어린이에서 어른으로 성장하는 것과 같이 그들이 학습하는 것은 그들 행동 과정(outcome)의 결과(result)이다. 개인적으로 그들이 하는 것에 대한 보수나 혹은 강화(Reinforcement)를 받아드린다면, 그것은 그들이 그것을 반복할 것이다. 만약 행동에 대한 지식이 없다면, 그 사람은 행동을 중지할 것이다. 사람들이 부정적인 결과를 받았을 때 혹은 그들의 행동에 대해 벌(Punishment)을 받았을 때 그들은 보통 순간적으로 정지한다. 그러나 벌은 바람직하지 못하다.

조직행동수정(Organizational Behavior Modification) 즉 OBMOD은 조직에서 근로자들의 동기에 대한 강화이론을 응용한 것이다. 하나의 대표적인 조직행동수정(OBMOD) 프로그램은 4가지 단계의 과정이 포함되어 있다(Komaki, Coombs and Schepman, 1996).[16] 첫째, 근로자들은 작업에 대해 대부분 기대되는 행동을 확실하게 한다. 둘째, 훈련 참관자(train observers)와 근로자들은 옳고 그리고 틀린 행동을 그들은 기록하여 가진다. 셋째, 옳은 행동을 하는 근로자들은 강화와 그리고 교정하는 피드백 준다. 넷째, 행동에 대한 프로그램효과를 평가한다.

미국에서 많은 연구들은 이들 접근을 시도하였는데 대다수가 긍정적인 결과를 보였다. 성과, 출근 그리고 시간엄수(punctuality), 안전 그리고 건강과 관계되는 행동 그리고 고객들에 대한 서비스 등이 성과 향상시키는데 포함된다(Komaki et el., 1996).[17]

조직행동수정 프로그램을 미국 외에 적용 시험한 것 중 하나는 러시아 사람의 직물공들의 연구였다(Welsh, Luthans and Sommer, 1993).[18] 미국에서의 직물을 판매하는 근로자들은 성과를 조직행동수정(OBMod) 개선하였다. 연구자들은 훈련된 감독자들에게 그들의 근로자들은 높은 품질의 작업결과를 이끄는 행동 프로그램을 그들이 관찰했을 때 훈련된 감독자들에게 긍정적인 성과, 가격 그리고 긍정적인 피드백을 주었다. 그럼에도 불구하고 강화는 깊숙이 들어갔고, 그리고 긍정적인 행동변화는 계속되었다. 이 이론은, 긍정적인 행동은 결국에는 정지되는 것을 예측하였다. 왜 긍정적인 행동은 정지되지 않았는지는 이 연구에서는 불명확하다.

(2) 국제행동에 있어서 강화이론

강화이론(Reinforcement Theory)은 단순하다. 그리고 이 이론은 행동에 대한 설명을 납득시키는 데서 나왔다. 관리자들은 그들의 동기에 대해 바라는 것은 사람들의 보수라는 것을 이해해야 한다. 조직 수준에 있어서 관리자들은 노동력에 대한 보수를 더 좋아하는 것으로 계산을 할 수 있다. 보기로서 일본 회사는 미국에서 부차적인 연구를 실시하였다. 보수시스템은 미국사람 근로자들 동기에 대해 본사에서 보다 더 개인주의가 되어야 한다.

강화이론은 문화에 대한 행동설명을 성공적으로 할 수 없다. 사람들은 그들이 소유하고 있는 행동과 그 결과 사이에 인식을 할 수 없다. 보기로서, 중동에서는 많은 Muslims를 믿는 사람들은 일어나는 것이 무엇이든지 신(god)이 한다고 믿는다. 그러므로 하나의 조직행동수정 프로그램(OBMod program)은 그들 자기 자신의 행동의 결과보다는 차라리 신(god)이 결정하는 것처럼 사람들의 보수가 결정되는 것으로 생각할 것이다.

Argentina와 Uruguay와 같은 사회에서는 개인성격으로 돌린다. 성취보다는 개인적인 성격, 귀인으로부터 신분에서 온다고 한다. 사람들은 높은 신분의 보수를 받을 수 있는 가치가 있다고 믿는다. 이것은 낮은 수준성과 보수에 부적당할 것이다. 즉 성공적인 성과는 그의 신분관계에 있어서 보수 관계는 받아드릴 수 있는 것은 누구나 연합한다.

보기로서 판매상황에서 감독자는 성과의 증가에 의해서 명확히 책임이 있다. 그래서 신분관계는 높은 집단 판매와는 영향이 없다. 만약 보수가 증가된다면, 신분에 비례하는 것으로 돌린다. 판매에 대해서는 사람에 붙어 있는 것은 아니다(Trompenaars, 1993).[19] 관리자가 성과장례에 대한 보수를 주었을 때에 고용자의 가치가 될 것이다. 보수처럼 개인적으로 인정되는 것은 문화적인 영향을 받는 것을 가정하는 것이다.

보기로서 칭찬(praise)과 감사(appreciation)는 그리스와 같은 가족통치문화(Family-dominated)의 구성원들은 동기부여가 된다. 이태리, 일본, 싱가포르 그리고 한국은 돈보다도 더하다(Trompenaars, 1993).[20] 확실한 보수에 대한 증거는 예기치 않은 것을 옮긴다. 보기로서 인도에서는 쇠가죽 공의 보수나 혹은 회사 로고(logo) 같인 중요한 경우는 극단적으로 비열할 것이다. 소 같은 것은 힌두교지배에서는 동물은 신성하다.

2. 목표설치이론

목표설정이론(Goal Setting Theory)은 목표설정(setting of goals)이 성과를 가지는 원인에 초점을 둔다. 목포설정이론 연구는 1960년대 후반 미국에서 안내되어 시작되었고, 안내에 대해서는 매우 크게 지지되었다(Locke and Latham, 1990[21]; Pinder, 1984[22]). 이 이론은 사람들은 일 목표 쪽 의도에 의해 동기부여된다는 생각에 기초를 두었다(Locke, 1968).[23] 연구자들은 애매한 것보다도 명확한 목표를 가질 때에 성과가 증가한다는 것을 발견하였다. 어려운 목표는 쉬운 목표보다 일반적으로 높은 성과목표완수를 하도록 유도한다. 첨가해서, 근로자들은 특별히 그들 자신의 산출을 피드백보다 보통 높은 성과 결과로 근로자들은 재검토가 들어온다.

일에 대한 목표설정이론에 대해서, 개인은 설정된 목표에 대해서 몰입되어야만 한다. 목표설정에 참여할 사람인지 혹은 그 밖의 사람인지 문제가 되는 것은 아니다. 그것이 거기에 몰입만큼 길다. 그럼에도 사람들은 그들의 설정에 포함되어 목표에 대한 더 많이 몰입된다. 목표설정이론의 2번째 조건은 자신의 효과(self-efficacy)이다. 그들은 특별한 과업을 하는데 대한 능력을 가졌다는 것을 사람들은 믿는다. 목표설정이론을 영국과 이스라엘에 대한 비교연구에서, 문화가 목표설정과정에 영향을 줄 수 있다는 것을 지적하였다. 보기로서 한 연구에서, 상점의 지배인이나, 혹은 감독자들 양쪽에 의해 목표설정

프로그램을 공평하게 소개 응답하였다. 그럼에도 불구하고 처음 프로그램은, 상점지배인은 영국 근로자들 집단에 대한 더 많은 영향을 주었다(Earley, 1986).[24]

두 연구에서 목표설정에 대한 집단 참여영향은 집단참여문화(collective-participative culture)가 이스라엘이 보다 강했다는 것을 암시하였다(Erez, 1986).[25] 그리고 목표설정에 대한 참여는 권력차이(power distance)가 낮은 나라에서 보다 강한 결과를 일으켰다(Erez and Earley, 1987).[26] 목표설정에 대한 문화의 영향은 정확히는 불명확하다. 그리고 가치가 목표 몰입에 어떤 영향을 주는지는 목표설정과정의 효과에 영향을 높일 수 있다는 계산으로 말했다. 보기로서, 이 연구의 정확한 의미는, 이스라엘이 집산주의 문화가 높고 그리고 미국사람보다도 권력차이는 낮다. 그러므로 이스라엘에 대한 집산주의 문화의 목표설정에 대한 참여는 그 결과에 더 많은 찬성을 한다.

목표설정에 대한 그들의 참여는 사람들은 더 많은 몰입을 하기 때문이다. 이스라엘 사람들과 관계에서는, 미국 사람들은 낮은 권력차이를 가진다. 그리고 감독자에 의해 목표 선정에 대한 몰입이 더 잘된다. 높은 권력차이문화에 있어서 고용자들은 그들의 감독자들에 의해 목표가 설정되는 것이 몰입이 더 잘 될 수 있는 확률이 있다. 그리고 참여지시는 필요하지 않거나, 혹은 욕심도 없다. 왜냐하면, 자신효과는 목표설정과정의 국면에 중요하다. 과업성과에 대한 개인의 능력에 대한 믿음영향은 영향을 줄 수 있는 문화가치이다.

3. 기대이론(Expectancy Theory)

동기에 대한 기대이론(Expectancy Theory)은 (Nadler and Lawler, 1977[27]); Porter and Lawler, 1968[28]; Steerset al., 1996[29]; Vroom, 1964[30]) 등은 사람들의 행동에 관해서 몇 가지 중요한 가정을 만들었다.

첫째, 행동은 사람(people)과 환경(environment) 양쪽 요소의 결합이다. 둘째, 사람은 조직에 있을 것인지 그리고 그들의 조직에 성과 주입에 대한 노력에 얼마만큼 영향을 미칠 것인지 의사결정(decisions)을 한다. 셋째, 욕구차이 때문에 사람들은 다른 조직으로부터 보수(different rewards)를 찾는다. 최종적으로 사람들은 바라는 결과(outcomes)를 이끌어 내는 것에 대한 확신(beliefs)을 기초로 하여 얼마만큼 행동할 것인가를 의사결정을 한다. 이와 같은 가정을 기초로 하여, 연구자들은 얼마만큼 과업에 노력을 투입(effort to put into)을 할 것인지 의사결정에 대한 기대이론을 개발하였다.

기대이론 모델은 <그림 4 - 10>같이 나타내었다. 하나의 특별한 행동을 하는데 얼마만큼의 노력을 투입할 것인지 의사결정에 따르는 개인적인 과정은 몇 가지 일에 존속관계(dependent)에 있다. 첫 번째, 사람들은 고되(trying)거나, 혹은 하나의 노력이 성공적인 성과를 만들 수 있을 것인지 아닌지를 고려한다.

이것은 E → P   *노력(Effort)   *기대(Expectancy)

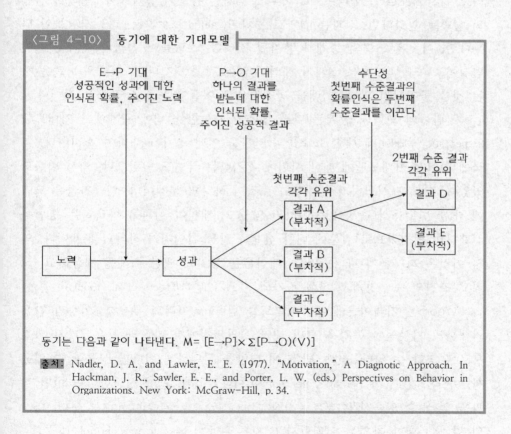

〈그림 4-10〉 동기에 대한 기대모델

동기는 다음과 같이 나타낸다. M= [E→P]× Σ[P→O)(V)]

출처: Nadler, D. A. and Lawler, E. E. (1977). "Motivation," A Diagnotic Approach. In Hackman, J. R., Sawler, E. E., and Porter, L. W. (eds.) Perspectives on Behavior in Organizations. New York: McGraw-Hill, p. 34.

둘째, 성공적인 성과가능성에 관한 사람들의 생각은 결과 혹은 보수가 이끌 것이다.

이것은 P → O   * 기대(Expectancy) * 성과(Outcome)

성과는 결과 기대를 이끈다. 각 결과가 연합된 것이 유의성(valence)이다. 개인적으로 그것을 받아드리는 보수에 대한 유의성이다. 마지막으로, 수단(Instrument)을 고려한다. 첫 번째 수준의 결과가 2차수준의 결과를 이끌 것이라는 가능성(likelihood)이 있다. 직접적인 보수(immediate reward)는 그 이상의 보수(further rewards)를 이끌 수 있다는 의미이다. 만약 감독자가 작업을 잘했다고 칭찬(praises)을 했다면, 그 이후 고용자는 봉급이 증가될까? 만약 중간쯤의 결과를 얻었다면, 성과는 결과로 평가된(valued)보수라는 것을 사람들이 믿는다면, 이것은 노력의 총계가 증가될 것이다. 사람들이 성과와 결과 사이에 연결이 안 되거나, 혹은 결과가 매력이 없는 것을 느낀다면, 그들은 노력을 하는 것을 좋아하지 않다. 미래를 긍정적으로 이끌어 노력을 감소할 것이다.

사람들의 노력의 총계는 다른 행동의 가능한 선택에 관계에서 기대모델(Expectancy Model)에 대한 요소들의 각각을 어떤 평가가 대하여 소비한다. 미국에 있어서 기대모델에 대한 시험에 지지하는 국면도 있었으나, 역시 비평도 있었다. 모델은 시험하기가 어렵다는 것이 하나의 문제이다. 연구자들은 모델에 대한 변수들의 측정에 동이하지 않았고, 개인이 이론을 예측하는 방법을 선택하여 의지적으로 질문에 대한 선택을 만들 것인지가 하나의 문제이다. 역시 이것은 까다롭게 나타난다. 기대이론은 동기에 대한 이해를 제공하고, 그리고 조직의 보수정책과 실행 평가의 기초가 된다(Steers et al. 1996).[31]

Vroom은 기대이론에서는 매력도를 힘(force)이라고 부른다. 이상과 같은 기대론의 기본적인 특징을 보면 대안 평가과정에서 다음과 같은 3가지 과정으로 설명할 수 있다. 첫째, 만약 이 대안을 선택하게 된다면 성공할 수 있을까?(이것은 기대감; expectancy perception 이다.) 둘째, 만약 성공한다면 어떤 결과를 얻을 수 있을까?(이것은 수단성; instrumentality perception이다) 셋째, 대안의 결과에 대한 가치는 어떠할까?(이것은 유위성; valence perception)이다.

(1) 기 대 감

기대 혹은 기대감(expectancy perception)이란 사람들의 행위 또는 노력이 성과를 가져올 것이라는 가능성이나 확률에 대한 확신을 말한다. 이는 목적 달성을 위해 자신이 가지고 있은 능력과 가능성에 대한 인식하는 정도를 말한다. 즉 사람들의 노력은 성과를 달성할 것이라는 기대감에 의해 영향을 받는다. 그러므로 기대는 목표의 실체가 아니고 상황의 지각에 기초를 두고 있다. 예로서, 높은 성과의 시도가 높은 성과를 이끌어 낼 수 있는 확률은 낮고, 중간성과를 나타낼 확률은 높다. 그리고 중간정도의 성과시도가 중간정도의 성과를 나타낼 확률은 높고, 낮은 성과를 나타낼 확률은 낮게 기대할 수 있다. 예를 들어 영업팀의 한 직원이 고객을 열심히 방문하면, 많이 팔 것이라고 예상 하면, 더욱 열심히 노력하겠지만, 그렇지 않다면 노력하고자하는 동기는 낮아진다.

이처럼 기대감은, 성공했거나, 실패한 경험과 자신감(self confidence) 등에 의해 영향을 받는다. 조직에서 종업원의 기대감을 높이고자한다면 다음과 같은 사항을 고려해야 한다. 첫째, 수행해야 할 과업이 설정되면, 조직은 선발과정을 통해서 직무자격 요건과 일치되는 능력을 가진 종업원들을 선발하고, 기존의 종업원들은 교육을 통해 기대감을 강화시킬 수 있다. 둘째, 종업원들의 능력을 주어진 것으로 보고, 수행해야 할 과업을 명확하게 하는 것이다. 셋째, 신중한 배치와 성장정책에 의해 기대감이 강화될 수 있다.

이러한 방안들은 과업요건과 능력사이의 일치성을 증대시킴으로서 기대감을 강화하고자 하는 것이다. 여기서, 종업원이 수행해야 할 과업과 성과수준을 인식하고 있다는 가정이 포함되어 있다. 이외도 목표설정과 같은 방안들도 종업원들의 기대감을 강화시키는 수단으로 작용할 수 있다. 그러므로 기대는 목표에 대한 실체가 아니고 상황적 지각(perception of situation)에 기초를 두고 있다고 할 수 있다. 이를 보면 <그림 4 - 11>과 같다.

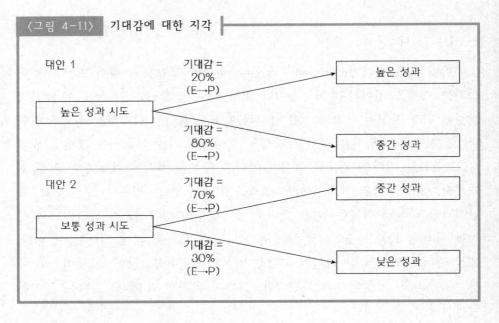

<그림 4-11> 기대감에 대한 지각

대안 1

높은 성과 시도

기대감 = 20% (E→P)

높은 성과

기대감 = 80% (E→P)

중간 성과

대안 2

보통 성과 시도

기대감 = 70% (E→P)

중간 성과

기대감 = 30% (E→P)

낮은 성과

(2) 수 단 성

수단성은(instrumentality perception) 성과 보상이나, 결과에 관계되는 주관적 확률이다. 성가는 직무자체와 관련된 것으로써, 직무성과와 매출액, 그리고 생산성 등이 포함된다. 그러나 성과나 성과달성 그 자체는 큰 의미가 없고, 다만 성과는 바람직한 보상을 획득하는 수단이 되기 때문에 중요하다. 예를 들어 수단성은 제1의 수단결과와 제2의 수단결과가 관련되어 있으며, 제1의 수준 결과는 생산성과 결근율 그리고 노동이동 등이다. 그리고 제2의 수단은 제1의 수단 결과로 얻은 것으로써, 돈과 그리고 칭찬 등이다. 이는 첫째, 제2의 수단성은 돈, 승진 그리고 칭찬 등을 유도하고 사상(보상과 규칙)들을 포함한다.

둘째, 수단성(instrumentality perception)이다. 수단성은 제1 수단 결과가 제2 수준 결과와 관련이 있을 것이라는 개인의 지각을 뜻한다. 예로서 인간은 승진이라는 욕구로 인해 높은 성과를 올리려 하게 될 것이고 높은 성과라는 것은 승진을 위한 수단으로 지각될 것이다. Vroom은 수단이 제1 수단의 결과 없이 제2 수단의 결과를 획득한다는 지각표시를 -1에서, 제1 수단의 결과가 제2 수준 결과를 획득한다는 표시를 +1까지 가치범위를 취할 수 있다고 했다.

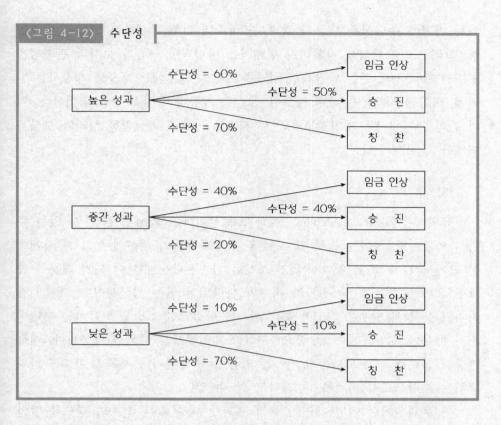

〈그림 4-12〉 수단성

높은 성과
수단성 = 60% → 임금 인상
수단성 = 50% → 승 진
수단성 = 70% → 칭 찬

중간 성과
수단성 = 40% → 임금 인상
수단성 = 40% → 승 진
수단성 = 20% → 칭 찬

낮은 성과
수단성 = 10% → 임금 인상
수단성 = 10% → 승 진
수단성 = 70% → 칭 찬

즉 수단성이란, 1차 수단결과가 제 2차 수단결과를 가져오게 되리라는 주관적인 확률 차이다. 〈그림 4-12〉에서 수단성을 기준으로 다음과 같다. 〈그림 4-12〉와 같이 높은 성과 시도와 중간정도의 성과 시도는, 높은 성과에서부터 낮은 성과를 기대할 수 있는 것이다.

따라서 높은 성과가 임금상승을 유발할 수 있은 확률은 60%이고, 승진을 보장 받을 수 있는 확률은 50%이고, 칭찬을 받을 확률은 70%라 하고, 중간정도의 성과를 달성하게 되면 임금상승을 유발할 확률은 40%이고, 승진을 보장 받을 수 있는 확률은 40%라고 하고, 칭찬을 받을 수 있는 확률은 20%라 한다.

그리고 마지막으로 낮은 성과를 올린다고 하면, 임금의 상승에 대한 확률은 10%이고, 승진을 보장 받을 수 있은 확률은 10%이고, 칭찬을 받을 확률이 70%라고 한다면, 기대감이 특정행동을 수행하는데 필요한 능력에 주로 매달

이는 반면에 수단성은 행동의 결과 즉 성과에 의해 발생하는 보상에 달려있다. 그러므로 수단성을 강화하기 위해서는 바람직한 행동과 보상과 관련성을 강화시켜야 한다. 이는 바람직한 성과를 보였을 경우에는 보상을 제공하는 반면에, 바람직한 행동을 하지 않으면, 보상을 제공하지 않은 것을 의미한다. 이와 같이 조직에서는 경영정책과 인사 시스템을 통해 바람직한 성과와 보상을 연계를 잘 시켜한다.

(3) 유 의 성

유의성은(valence perception) 성과가 보상이나 결과에 연결될 수 있는 주관적 확률이다. 성과는 직무 그 자체에 관련되어 있기 때문에 성과 그 자체에는 크게 상관이 없다. 다만 성과가 보상을 가져온다는 수단이 되기 때문에 중요한 의미를 갖는다. 즉 성과가 직무와 관련되어 있는 생산성이나, 매출액증가와 같은 성과 달성은 개인에게는, 성과가 바람직한 보상을 획득하는 수단이 되기 때문에 개인에게는 덜 중요하다. 즉 개인에게는 생산성 향상이나, 매출액증과와 같은 것은 보다는 개인에는 임금이나, 승진이나 칭찬 등이 획득하려고하는 수단으로서 의미가 더 크다고 할 수 있다.

즉 유의성이란 어떤 개인이 특정 결과에 대해 갖는 선호의 강도를 말한다. 예로서, 어떤 개인이 새로운 부서로 이동하거나, 일하기 쉬운 곳으로 배치전환하는 것보다, 9%임금증가를 더 선호할 수도 있다.

즉, 결과(outcome)를 선호할 때는 긍정적 유의성(+)을 가지며, 회피하거나, 싫어할 때는 부정적 유의성(-)을 가진다. 그리고 개인이 결과를 획득할 때와 획득하지 않을 때의 차이가 없으면 0의 유의성을 가진다. 즉, 유의성이란 자극·태도 또는 기대효용이라고도 할 수 있다. 이러한 유의성의 개념은 제1, 제2 수단결과에 적용된다. 예컨대 어떤 개인이 높은 성취(제1 수단 결과)를 선호할 수 있다. 왜냐하면 그들은 이것으로 임금증가(제2 수준 결과)를 가져올 것이라고 믿기 때문이다.

(4) 동기의 힘

브룸(Victor H. Vroom)의 기대이론(expectancy theory)은 동기는 기본적으로 힘(force)와 같은 것인데 이는 기대감(expectancy perception)과 유위성(valance perception)과 수단성(instrumentality perception)에 의해 얻어진다. 동기의 힘은 <그림 4 - 13> 같다. 기대감, 수단성 그리고 유위성의 곱의 합으로 하여 얻어진다. 그 공식은 다음과 같다.

$$동기력(force) = \{기대감 \times (수단성 \times 유위성)\}$$

예로서 어떤 공장에서 공장 확장공사를 책임지고 있는 공장관리자가 있다고 하자. 그 관리자는 제2수준 결과인 임금인상·승진·칭찬을 유발할 수 있는 성과를 생각할 수 있다. 결과로서, 브룸이 제시한 2가지 대안으로 설명할 수 있다. 제1대안은 높은 성과를 시도하기 위해 기대감이 20%와 기대감이 80%이다. 그리고 제2대안은 높은 성과를 시도하기 위해서, 기대감이 70%와 기대감이 30%라고 가정하면 동기의 힘은 다음과 같다. 첫째, 높은 성과를 시도하기 위해서, 기대감이 20%와 80%인 경우이다.

우선, 공사를 공기 전에 완공을 시도하기 위해, 높은 기대감이 20%이고, 중간성과를 가져올 기대감은 80%이다. 그러나, 높은 성과를 연결해주는 주관적인 확률(수단성)은 임금상승에 대한 수단성은 임금인상이 60%이고, 승진은 50%이고, 칭찬은 70%이다. 그리고 결과에 대한 개인의 만족감(유의수준)은 임금상승이 +.6이고, 승진은 +0.4이고, 칭찬은 -.5이다. 이상과 같은 수치로서, 동기의 힘(motivation force)을 공식(동기 힘=Σ{기대감×Σ(수단성 × 유의성)})으로 계산하면, 임금에 대한 동기의 힘(motivation force)은 .072이고, 승진은 0.42이며, 칭찬은 -.070이다.

그리고 공기 전에 공사를 완공한다고 가정한다면, 높은 성과를 가져올 기대감이 70%이고, 중간성과를 가져올 30%이다. 그러나, 높은 성가를 연결해주는 주관적인 확률(수단성)인, 임금인상은 40%이고, 승진은 40%이고, 칭찬이 20%이다, 그리고 성과에 대한 만족감은 임금인상이 +.6이고, 승진이 +.4이고,

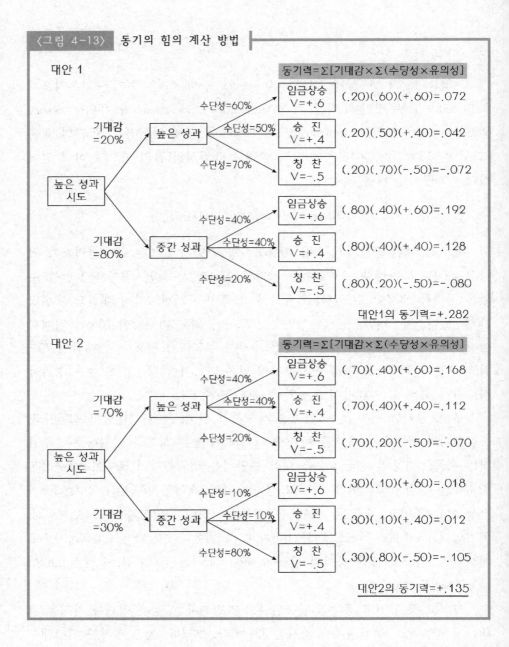

〈그림 4-13〉 동기의 힘의 계산 방법

대안 1

동기력=Σ[기대감×Σ(수당성×유의성)]

높은 성과 시도

기대감 =20% → 높은 성과

수단성=60% → 임금상승 V=+.6 　(.20)(.60)(+.60)=.072

수단성=50% → 승 진 V=+.4 　(.20)(.50)(+.40)=.042

수단성=70% → 칭 찬 V=-.5 　(.20)(.70)(-.50)=-.072

기대감 =80% → 중간 성과

수단성=40% → 임금상승 V=+.6 　(.80)(.40)(+.60)=.192

수단성=40% → 승 진 V=+.4 　(.80)(.40)(+.40)=.128

수단성=20% → 칭 찬 V=-.5 　(.80)(.20)(-.50)=-.080

대안1의 동기력=+.282

대안 2

동기력=Σ[기대감×Σ(수당성×유의성)]

높은 성과 시도

기대감 =70% → 높은 성과

수단성=40% → 임금상승 V=+.6 　(.70)(.40)(+.60)=.168

수단성=40% → 승 진 V=+.4 　(.70)(.40)(+.40)=.112

수단성=20% → 칭 찬 V=-.5 　(.70)(.20)(-.50)=-.070

기대감 =30% → 중간 성과

수단성=10% → 임금상승 V=+.6 　(.30)(.10)(+.60)=.018

수단성=10% → 승 진 V=+.4 　(.30)(.10)(+.40)=.012

수단성=80% → 칭 찬 V=-.5 　(.30)(.80)(-.50)=-.105

대안2의 동기력=+.135

칭찬이 -.5이다. 이상과 같은 동기의 힘 공식에 적용하면, 임금인상이 .192이고, 승진은 .128이고, 칭찬이 -.082이다.

둘째, 대안으로서 높은 성과를 시도하기 위해서 기대감이 70%와 30%인 경우이다. 이와 같은 상황에서 공기 전 단축을 시도하기위해, 높은 성과와 중간성과를 들어 설명할 수 있다. 먼저 높은 성과를 달성할 수 있는 기대감이 70%와 중간성과를 달성할 수 있는 기대감은 30인 경우이다. 높은 성과를 기대할 수 있는 개인의 주간적인 확률인(수단성) 임금인상이 40%이고, 승진이 40%이고, 칭찬이 20%이다. 그리고 성과나 결과에 대한 만족감(도)은 임금인상이+.6이고, 승진이 +.4이고, 칭찬이 -.5이다. 이상의 공식으로 동기의 힘을 계산하면, 임금인상이 .168이고, 승진이 .112이고, 칭찬이 -.070이다.

그리고 중간성과를 가질 수 있은 개인의 주간적인 확률은 10%이고, 승진이 10%이고, 칭찬이 10%이다. 그리고 결과에 대한 만족도는 임금인상이 +.6이고, 승진이 +.4이고, 칭찬이 -.5이다. 이상과 같은 경우를 동기의 힘의 공식으로 계산하면 임금인상에 대한 동기의 힘은 .018이고, 승진은 .021이고, 칭찬은 -.5이다. 이상과 같이 일과 이 대안의 동기의 힘을 계산하면, 대안 1은 +.282이고, 대안 2는 +.135이다. 그러므로 합리적인 사람은 대안 1을 선택할 것이다.

4. 기대론과 국제조직행동관계

기대이론은 미국사람 외에는 동기과정을 설명한 사람은 몇 명 없다. 특별히 이것은 문화 내부의 귀속을 강조(culture emphasize internal attribution)하였다(Adler, 1997).[32] 사람들이 문화를 믿을 때, 그들은 작업환경을 통제할 수 있고 그리고 그들 자신이 행동을 한다. 미국 영국, 캐나다 같은 나라에서는 기대이론을 동기부여 설명이 넓게 퍼졌다. 사람들의 작업환경과 그리고 자신의 행동을 사람들이 믿는 문화에서 그들이 통제 하에서는 완벽할 수 없다. 브라질, 사우디아라비아, 중국과 같은 나라에서는 기대모델(Expectancy Model)은 전체적으로 적용 할 수 는 없을 것이다(Adler, 1997).[33] 최종적으로 이론은 무슬림(Muslim)국가에서는 적용될 수 없고 사람들이 많은 일이 일어나는 것은 문화가 통제하는 뒤에다(Streers and Sa'nchez-Runde, 2002).[34]

제 4 장   공정성이론(equity theory)

1. 공정성이론이 무엇인가?

공정성이론(equity theory)은 미국에서 개발된 이론이다(Adams 1963).[35] 이 이론은 일련의 사회비교론(social comparison theories) 중의 하나이다. 공정성이론의 핵심은 사람들의 행위가 타인들과의 관계에서 공정성을 유지하는 쪽으로 동기부여가 된다는 것이다. 즉, 공정성이란 개인이 다른 사람들에 비하여 얼마나 공정하게 대우를 받고 있는지를 얼마나 느끼느냐 하는 이론이다. 이 이론에서 사용되는 중요한 용어는 다음과 같다. 공정성 이론의 전제는 사람들은 그들의 투입(input)과 산출(output)을 다른 사람과의 관계에서 공정(balance)에 사람들은 노력을 한다. 투입은 누군가가 상황에서 가져온다. 보기로서 한 사람 고용자의 투입은 교육을 포함해서, 여러 가지 작업환경, 개성 그리고 개인의 성격 등이다.

그리고 산출은 사람들은 상황으로부터 취한다. 보기로서 임금, 이윤, 작업조건, 동료관계 그리고 훈련기회 등이다. 각 사람들은 투입과 산출에 대한 가치에 대한 인식을 한다. 이에 대하여 관리자들은 고용자들의 투입가치와 산출가치가 어떠한지를 생각해야만 한다. 보기로서 아시아와 중동근로자들은 보통 사회사회적인 융합유지(maintain social harmony)를 위하여 근로자들은 보통객관적인 불공정(objective inequity)을 받아들인다. 그럼에도 불구하고 근로자들의 관점으로부터 상황은 하나의 공정이다(Steers and Sanchez-Runde, 2002).[36]

동기는 다른 사람비교에서 인식되는 투입 비율에 대해 사람들 자신의 결과를 비교하는 과정으로 통한 결과이다. 개인적인 비율이 다른 사람 공정성과 비교해서 공평했을 때는 성취되고 결과는 동기 부여가 안 된다. 그럼에도 불과하고 두 비율이 불공정하면, 사람은 긴장을 경험하거나, 공정을 인정하는 두 비율 가져오는 노력에 대해 동기는 불안전하다. 첫째, 인간(person)이다. 공정 ·

불공정을 지각하는 개인을 말한다. 둘째, 투입(input)이다. 인간이 직무에 쏟는 개인의 특성이다(개발된 기술·경험·학습·성·나이·인종 등). 셋째, 산출(output)이다. 인간이 직무에서 받는 보상이다(인정해 주는 것, 특별급여임금 등). 종업원이 그들의 투입(노력)에 대한 산출(보상)의 비율이 동일한 일을 하고 있는 다른 종업원들의 비율과 일치한다는 사실을 지각했을 때, 공정성이 존재한다. 그러나 이 비율이 불일치할 경우, 불공정이 존재한다.

즉, 종업원 자신이 인지한 투입에 대한 산출의 비율이 다른 종업원의 비율보다 더 크거나 작을 때 불공정성이 존재한다. 불공정성이 지각되면 공정성을 회

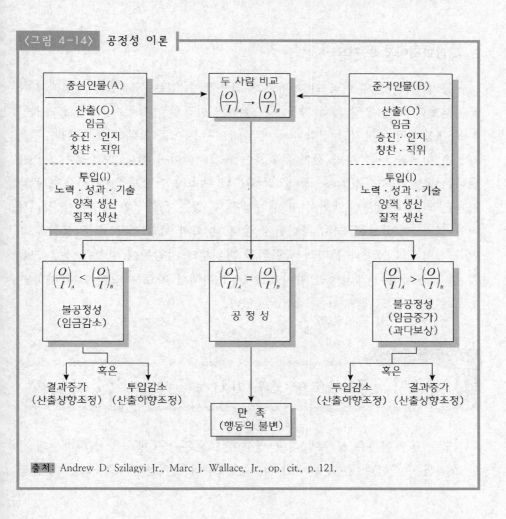

〈그림 4-14〉 공정성 이론

출처: Andrew D. Szilagyi Jr., Marc J. Wallace, Jr., op. cit., p. 121.

복하기 위해서 긴장이 유발된다. 즉, 불공정성이 크면 클수록 긴장이 더 커진다.

그리고 불공정성의 원천과 긴장의 크기에 따라 행동과정은 달라질 수 있다. 예컨대, 사람들은 비교대상인 타인의 산출보다 낮다면, 자신의 산출을 증가시키려고 하며, 또 자신의 노력을 증가시키거나 감소시킴으로써 그들의 투입을 증가시키거나 감소시키려 한다. 그러나 이러한 행동과정이 불가능하다면 그들의 지각이 강화되지 않도록 그 작업 상황을 벗어나려고 한다. 그러므로 극단적인 행동과정은 그 직무를 그만두는 것이다. <그림 4 - 14>와 같이 동기부여의 공정성이론을 설명한 것이다.

2. 동기과정이론의 결론

동기과정이론은 미국 안과 밖에서 적용할 수 있는 동기부여 설명에서 내용이론보다 더 많은 효과를 가졌다는 것이 일반적인 개요이다. 그럼에도 불구하고 내용적인 이론처럼 정확하게 미국 밖에서는 이들 모델 적용에 대해 관리자들은 미국과 다른 나라 간에 문화차이를 고려해야만 한다. 보기로서 모델을 만나는 데에 기초가정(basic assumptions)문화 요소가 어떻게 영향을 준다. 관리자들은 역시 특별한 모델이 적당히 향상될 수 있는 문화적인 다양성을 고려해야만 한다. 이들 증거 역시 확실하지 않다. 분석의 보다 깊은 수준 성취를 위한 과정이론의 능력과 문화의 광범위한 범위부터 사람들에 알맞은 것을 그들이 더욱 좋아하는 개인적인 차이를 만들기 위해서 따르는 것이다. 왜냐하면, 보수는 동기에 크게 충격을 가질 수 있다.

제 5 장   문화요소가 보수 가치에 어떤 영향을 주는가?

모든 동기이론은 보수에 대한 영향이나 혹은 욕구행동을 실현하는데 대한 효과를 생각한다. 문화에 대한 차이는 보수의 가치를 더 좋아하는 데에 영향을 미친다. 그리고 조직 내의 동기실행효과에 차이가 난다.

서구의 동기 모델은 문화적으로 개인주의(culturally individualistic)이므로 여기에는 집산주의 문화(collectivistic culture)에는 맞지 않다. 보기로서 일본 사람들은 말하기를 집단 밖에서 있는 사람은 없다는 의미로 밖에 있는 막대기에 못을 치고 달아맨다는 말이다. 일본 고용자에게 주는 개인적인 보수는 수령자를 난처하게 할 수 있다, 즉 동기를 잃게 한다. 몇몇 집산주의 사회에서는 함께 일하는 자들이 다른 집단에서 보다 불공정함을 받으면서 일 함으로서 근로자들의 활동적인 노력을 방해한다.

보기로서 발리 섬에 있는 근로자들은 때때로 그들에 대한 마술을 두려워한다. 그리고 파푸아 뉴기니에서는 옷을 잘 입고, 구두와 양말을 잘 신어 위험을 없앤다. 그리고 홍콩 고용자들은 그들의 우두머리(Boss)는 붉은 눈병처럼 질투로부터 회생될 수 있다는 것에 긍정적인 인식을 한다(Carr and MacLachlan, 1997).[37] 집산문화의 높은 배경에는 특별한 상황의 행동 규범이 기대한다. 집산에 대한 계산은 동기에 긍정적인 영향을 미친다고 할 수 없다. 이는 개인적인 행동에 대한 헌금이다. 집단을 기초한 헌금 보수는 더욱 영향을 미친다. 보기로서 러시아 사람들은 팀워크에 대한 중요성 강화대신 집단이익에 초점을 두는 집단보수(group rewards)에 잘 적응되어 있다(Elenkov, 1998).[38]

Hofstede의 남성주의(masculinity) 대 여성주의 차원(femininity dimension) 역시 사회적인 차이에 대한 보수를 줄 수 있는 것을 암시하였다. 만약 문화가 남성주의라면, 사람들은 돈이 적거나 혹은 다른 물질 혹은 직위위무 보수(status oriented rewards)를 받는 것을 선택한다. 여성다움 사회에서는 보수에 의미심장한 것은 시는 시간(time off), benefits 개선, 혹은 상징적인 보수 등이다. 몇몇 나라들은 성과에 대한 보수보다 차라리 선물과 같은 물질 품목에 더 생각하고 있다.

보기로서 중국은 종종 휴일 선물과 같이 종업원들에게 음식물을 분배한다. 높은 직위에 있는 사람은 더욱 많이 얻거나, 혹은 감독자들은 품질의 목록을 얻는다. 그러나 고용자들은 그들 성과와 선물의 연결은 볼 수 없다. 국가 내에서까지 고용자들이 더 좋아하는 영향요소이다. 보기로서 바하마에는 호텔 근로자들은 높은 임금은 매긴다. 좋은 작업 조건 그리고 고맙게 여기고 그리고 일하기 위한 칭찬 그리고 10가지 동기 요소 중에 최고 4가지처럼 일하는데 흥미가 기록된다. 그럼에도 불구하고 나이, 성별, 교육, 조직 수준 그리고 재직가간 역시 남성을 개인적으로 더 좋아하는데 더 영향을 미친다. 그리고 여성과 비감독자 보다 더 중요한 것처럼 감독자들에 높은 임금이 기록된다.

Taiwan 고용자들은 역시 그들의 개인적 성격(personal characteristics)에 기초로 benefits이 다른 것을 응답하였다(Hong et al., 1995).[39] 고용자들이 요구하는 Benefits는 그들 대부분이 연말 보너스(year-end bonuses), 배당금(dividends), 연금(pensions), 휴가(Holiday and leave) 그리고 작업복 그리고 상해수당(damage compensation)이 성과에 대한 충격을 준다.

그럼에도 불구하고 거기에는 물질적인 직위나, 나이, 교육 그리고 진위수준 등에 기초를 둔 집단가운데 많은 차이가 있다. 단순히 고용자들은 교육, 경역 발달 그리고 매일 걱정을 통한 고용자들의 결혼 생활 동안 배당금, 어린교육 그리고 연금을 더욱 좋아한다. 사람들은 강조한다. 연회, 교육, 대부, 연금 그리고 빨래 지원(laundry benefit) 그리고 작업시간 운영 등이다.

1. 이문화에 있어서 일의 의미

동기이론의 중요한 결점을 서술한 1950년대와 1960년대 미국 문화의 중요한 결점들이 논의되었다.

(1) 일의 의미에 대한 연구

일에 대한 의미(MOW)에 대한 의미에 대한 시험을 기초적인 개념을 연구하기위해 행동과학자들에 의해 디자인되고 그리고 안내되었다. 이는 결과적으로 대략 15,000명의 다양한 직업을 가진 근로자들을 표본으로 하였다. 일에 대한 의미하는데 생각들을 강하게 지지하였다. 이는 나라에 따라 차이가 있었다. England와 그의 동료들은 다음과 같은 3가지로 일에 대한 중요한 의미를 평가하였다.

- 일의 중심성(Work Centrality). 이것은 일반적인 중요성 정도. 그리고 사람들의 생활에서 일의 역할에 대한 가치가 있다고 생각되는 것이다.
- 일에 대한 사회적 규범(Social Norms abut Working). 이것은 규범에 대한 믿음 그리고 기대에 대해 특별히 바르고 의무로서 일에 대한 애착심을 갖는 것이다.
- 일 목표(Work Goals). 이것은 일의 목표와 그리고 가치를 찾고 그리고 그들의 일상생활에서 개인에 의해 선택한다(England, 1986).[40]

1) 일의 중심성(Work Centrality)

일의 중심성에 대한 질문은 일이 어떻게 중요한지를 나타낼 것인지. 근로자들의 생활에 대한 다른 부분과 그리고 근로자들의 전체생활에 대한 비교이다. 이는 <그림 4 - 15>와 같이 8개 나라 결과를 나타내었다. 점수들은 다른 나라 사람들로부터 사람들의 일의 중심성에 큰 편차의 관계를 나타낸다. 예로서 일본사람들은 그들 생활 중에 일은 중요한 부분을 차지한다. 그럼에도 불구하고 영국사람들은 일을 비교적 중요하게 생각하고 있지 않다. 그런데 하나의 중요한 발견은 8개 나라 연구에서 모든 개인은 만약 재정적인 필요가 오래가지 않을 지라도 일을 계속할 것이라고 86.1%가 응답하였고, 이와는 답에 대해 영국사람들은 68.9%로 낮았다. 그러나 그들은 계속 일하겠다고 하였다. 그리고 이들 8개 나라를 경제발전에 비례하면 일은 개인생활의 평균 이상이다. 사우디아라비아에서 일의 의미(meaning of work)는 다른 나라에 비해 다르게 나타났다. 응답자 94%는 일을 안 해도 안락하게 생활을 할 수 있다고 하드라도 그들은 계속 일할 것이라고 응답하였다(Ali and Al-Shakhis, 1989).[41] 이것은 아랍사람들의 일에 대한 중요성을 나타낸 것이다.

2) 사회규범 면에서 일(Societal Norms toward Working)

일에 대한 의미(MOW) 팀들의 2번째 면을 조사하였는데 이는 사회규범 면에 대한 일의 의미를 조사하였다. 결과 권리규범(Entitlement norm)과 의무규범(Obligation norm) 두 가지 규범을 발견하였다. 그리고 이를 8개 다른 나라 사람들을 측정하였다. 권리규범은 개인에 대한 일할 권리(work rights)의 근거를 나

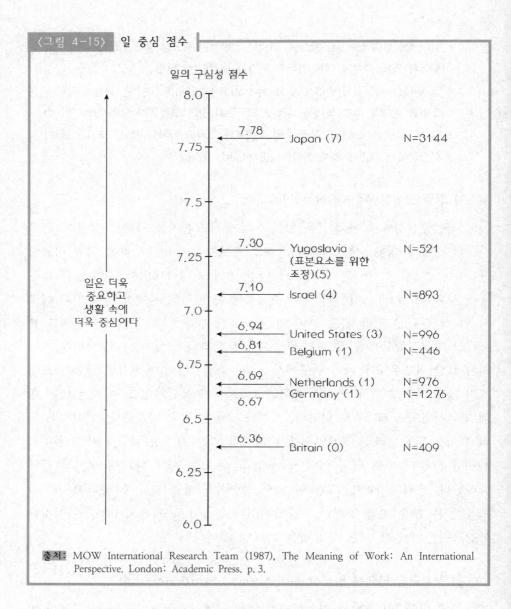

〈그림 4-15〉 **일 중심 점수**

일의 구심성 점수

일은 더욱
중요하고
생활 속에
더욱 중심이다

8.0

7.78 ← Japan (7)　　　　　N=3144

7.75

7.5

7.30 ← Yugoslavia　　　　N=521
　　　　(표본요소를 위한
7.25　　　조정)(5)

7.10 ← Israel (4)　　　　　N=893

7.0

6.94 ← United States (3)　N=996
6.81 ← Belgium (1)　　　　N=446

6.75

6.69 ← Netherlands (1)　　N=976
　　　← Germany (1)　　　　N=1276
6.67

6.5

6.36 ← Britain (0)　　　　　N=409

6.25

6.0

출처: MOW International Research Team (1987), The Meaning of Work: An International Perspective. London: Academic Press. p. 3.

타내고 그리고 조직에 대한 책임관계와 사회 편의를 나타낸다. 이들 규범들은 모든 사회 구성원은 의미심장한 권리를 가진다. 그리고 일에 대한 흥미를 가지고, 그리고 얻기 위해 적당한 훈련과 일 정도에서 지속하고 그리고 일에 참여 할 권리와 의사결정 방법이다(MOW International Research Team 1987, p. 94).[42]

ⓐ 의무규범(Obligation Norm)

의무규범은 일에 대한 존경을 가지고 사회에 대한 모든 개인에 기초가 되는 의무를 나타낸다. 이들 규범은 누구나 일에 대해 사회에 공헌 할 의무를 가진다는 생각이 포함되어 있다. 이는 그의 자신의 미래를 위해 지키기 위한 의무이다. 그리고 사람들의 일의 가치에 대한 의무다. 그것은 무엇을 하든지 당연한 것이다. <그림 4 - 16>에서 나타나는 바와 같이 규범에 대한 2가지 형태에 8개의 나라를 비교하여 점수로 나타내었다.

ⓑ 권리규범(Entitlement norm)

보다 높은 의무점수는 전통작업 원리를 더 많이 지지하고 그리고 보다 높

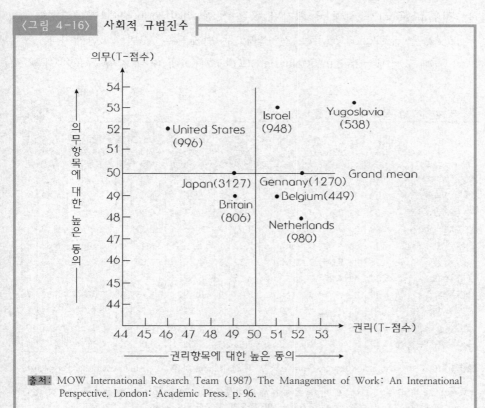

〈그림 4-16〉 사회적 규범진수

출처: MOW International Research Team (1987) The Management of Work: An International Perspective. London: Academic Press. p. 96.

은 권리(High obligation score)는 전통적인 윤리로 부터는 멀리 떨어진 것이다. 극단적으로 미국과 네덜란드사람들은 거의 중간에 보이고, 네덜란드는 가장 높은 권리를 가진 나라중 하나이다. 네덜란드사람들은 개인적으로 일하는 사람의 개인적인 권리에 대해 많이 강조한다. 그리고 누구나 일에 대한 의무를 가진다는 생각은 적게 동의한다. 그런데 미국사람들은 사회규범을 반대한다. 미국사람들의 가장 높은 의무점수로 나타났으나, 권리점수는 가장 낮다.

3) 일의 목표(Work Goal)

마지막으로 일 목표에 대한 중요성에 관계가 되는 8개 국가의 일에 대한 목표를 나타낸 것이다. 이를 보면 <표 4 - 1>과 같다. 8개 나라는 일의 목표 순위는 같게 나타났다. 그럼에도 불구하고 8개 모든 나라들은 "일에 대한 흥미"는 직위(position)가 첫째, 둘째거나 혹은 셋째 위치(position)에 기록되었다. 그리고 "좋은 급료(good pay)"는 첫 번째, 두 번째, 혹은 3번째 5번째이다.

근래 조사에서 Indian, Malaysian 그리고 Thai에 대해 일의 목표에 대해 조

표 4-1 일 목표에 대한 중요성

Work goals	Belgium (N=446)		Germany (N=1248)		Israel (N=772)		Japan (N=2897)		Neher-lands (N=967)		United States (N=988)		Yugo-slavia (N=512)*		Britain (N=742)	
일에 대한 흥미	8.25	1	7.26	3	6.75	1	7.38	2	7.59	2	7.41	1	7.47	2	8.02	1
좋은 임금	7.13	2	7.73	1	6.60	3	6.56	5	6.27	5	6.82	2	6.73	3	7.80	2
좋은 인간관계	6.34	5	6.43	4	6.67	2	3.39	6	7.19	3	6.08	7	7.52	1	6.33	4
좋은 직업, 안전	6.80	3	7.57	2	5.22	10	6.71	4	5.68	7	6.30	3	5.21	9	7.12	3
적성에 맞는 직업	5.77	8	6.09	6	5.61	6	7.83	1	6.17	6	6.19	4	6.49	6	5.63	6
많은 자동화	6.56	4	5.66	8	6.00	4	6.89	3	7.61	1	5.79	8	5.42	8	4.69	10
배울 수 있는 기회	5.80	7	4.97	9	5.83	5	6.26	7	5.38	9	6.16	5	6.61	4	5.55	8
많은 다양성	5.96	6	5.71	6	4.89	11	5.05	9	6.86	4	6.10	6	5.62	7	5.62	7
업무시간의 편의	4.71	9	5.71	6	5.53	7	5.46	8	5.59	8	5.25	9	5.01	10	6.11	5
업무환경 조건	4.19	11	4.39	11	5.28	8	4.18	10	5.03	10	4.84	11	5.94	6	4.87	9
승격·승진의 기회	4.49	10	4.48	10	5.29	11	3.33	11	3.31	11	5.08	12	4.00	11	4.27	11

출처: MOW International Research Team (1987). The Meaning of Work: An International Perspective. London: Academic Press, p. 96.

*원편은: 주어진 국가 내에 각 일 목표에 대한 순위다. 순위 1은 국기에서 일 목표가 대단이 중요하다. 그리고 순위 11은 국가에서 일 목표가 최소한으로 중요하다.

사를 하였는데 조금 다른 것이 관찰되었다. Pearson and Indian 과 Thai 관리자들은 양쪽 다 새로운 일을 배울 수 있는 기회이다. 그래서 그것은 좋고 그리고 흥미가 있는 것에 흥미 있는 일에 대한 목표를 좇아가는 것은 중요한 것이다. 그럼에도 불구하고 좋은 급료/급료는 11개 목록에서 9번째를 기록 밖이다. 그리고 승진에 대한 좋은 기회는 Malaysian 관리자들은 거의 중요한 것으로 새로운 생각을 배우는 기회에 따른다. 그리고 급료는 4번째로 기록되었고, 작업에 대한 흥미는 6번째이다.

(2) 일연구의 의미 분석

일 연구 의미는 중요한 관계의 지식준비를 의한 작업동기를 관리자들이 잘 이해할 수 있게 도울 수 있다. 그리고 다른 나라에 대한 일의 의미도 도울 수 있다. 왜냐하면 독일사람들의 일에 대한 의미보다 일본 사람들은 더 중요하다. 일 그 자체는 일본사람에 대해 더 큰 동기부여 요소이다. 그럼에도 불구하고 독일사람들의 일은 일본사람들의 일 하는 것보다 몇 시간 더 일하는 것을 놀라지 않는다. 그럼으로 보수시스템 개발에 대해 관리자들은 다양하게 일 목표에 대해 중요한 점을 고려할 수 있다. 보기로서 개인만족관계는 Israel에서는 매우 중요하다. 그리고 Yugoslavia에서는 India 그리고 Thailand, 독일이나 혹은 영국보다 충격을 적게 가진다.

2. 일의 윤리가치(Work Ethic)

현대는 근로자들을 이해하는데 여러 가지 어려움이 많다. 높은 결근율과 지각, 전직, 산업 태업, 근로자 냉담, 산업육성 그리고 생산성 저하 등이다. 이러한 문제해결을 위하여 경영자들은 현대사회의 일의 역할뿐만 아니라 근로자들의 태도나 가치에 기반을 둔 근본적인 변화를 이해할 필요가 있다. 일에 대한 윤리를 옛날 개념으로 근로자들의 동기부여시킨다는 것은 더 이상 맞지 않다. 사회에 지금 일의 윤리는 그 의미와 유용성을 잃어가고 있다.

우리는 종종 일과 비일(놀이)의 차이로부터 시작하였으나 지금에서는 일과 비일(놀이)의 구별은 어려운 시대로 다시 전개되어 가는 것을 보이고 있다.

이와 같은 진화는 우리들에 사회에서 일의 역할을 새롭게 이해해야 할 단계에 도달하였음을 시사하고 있다. 이러한 일의 새로운 이해는 가치윤리(The Worth Ethic)로써, 개념화 시킬 수 있고, 경영자들이 직면하는 문제 의미를 이해하는데 중요한 열쇠가 되고 있다. 그러므로 고대사회에서 현대까지 사회에서 일의 역할 전개를 살펴보는 일의 윤리(the work ethic)와 그다음에 일의 심리적인 기능을 생각하여 현대 연구되고 있는 가치윤리(the worth ethic) 문제를 생각해 보려고 한다.

(1) 일 윤리(The Work Ethic)

직업윤리는 일 그 자체에서 가치를 찾고 일을 통하여 개인이 보다 나은 사람이 되고 인생을 성공하도록 한다. 일 윤리는 특성과 덕을 쌓은 사고로부터 멀리하도록 안내해주는 주는 것이다. 임금은 생활수준 특히 각 세대로부터 이어 지는데 있어서 더 좋은 수준을 제공하는 조건이다.[43] 임금은 일 윤리가 특히 낮은 사회의 경제적 수준에서 일 윤리를 의심할 수 있다. 사실 생산직근로자(blue collar)들은 직업윤리를 양심적으로 인정하였다는 실질적인 조사는 거의 없다. 아직 근로자들 마음에 일의 윤리가 자리 잡지 못하고 있다고 할지라도, 그것은 확실히 영향을 주는 것은 사실이다. 국가정책이나 기업이 정책을 수립하여 사람들에게는 일하는 사람들을 위한 일 윤리원칙의 필요하다.

오늘날 많은 국가적인 문제들은 사회복지계획, 경제회복계획, 임금 가드라인 등은 우리들 사회의 일의 역할을 둘러싼 가정의 요체가 되는 것이다. 일 윤리 특징은 다른 시간 소비활동에서 차이가 나는 일을 할 수 있는 것에 의존한다. 그러나 기술적 문화적인 발전은 일과 비일(놀이)을 분리해서 구분지은 사회에 이르게 하였다. 이러한 상항에서 이 윤리는 우리들 사회의 융통성을 평가하는 중요한 개념이다. 우리는 가치윤리(the Worth Ethic)가 일의 역할을 결정하는 데 있어서 일의 윤리 위치를 곧 찾으리라고 생각한다.

(2) 가치윤리(The Work Worth)

가치윤리란 사람이 인간으로서 가지고 있는 덕의 가치를 의미하는 것이다. 그것은 일을 하고 교육을 받고, 사람을 좋아하는 어떤 다른 활동을 의미하는 것은 아니다. 그것은 전형적인 일 활동에 종사하는 시간과 비일(놀이)의 활동을 하는 시간과 전통적인 가치를 분리한 개인의 이성과 창조적인 목적과 발전을 위한 것이고, 수동적이고 의존적이고, 냉담하고, 파괴적이고, 반항적인 미성숙한 사람들에게 반대되는 것이다.

그러나 문제는 근대 산업사회 특징 때문에 일하는 사람들은 어떤 윤리적인 문제가 있는가. 과학기술의 발달은 산업화 도시화 대중화 등의 변화를 촉진하며, 이들의 매개적인 요인이 되는 탈 인간화, 위기의식, 가치관의 난맥상, 심념과 행동 간의 일관성이 없는 자아 분열 내지 자아 상실 등이 나타나고 있다. 그러나 산업사회야말로 본래 의미의 도덕적 윤리적인 사태를 내포하고 있고, 그 구성원들은 윤리행위를 요구한다. 일의 가치윤리는 일을 수행할 수 있도록 한다.

- 자아성장과 발전 촉진
- 독창적인 기술과 아이디어 향상
- 창조성과 학습에 대한 고무.
- 사람들과 상호작용할 수 있는 기회제공.
- 개인에게 정책 목표 작업 설정에 영향을 미칠 수 있는 기회제공.
- 미개발
- 사회적인 질적 향상에 공헌

이상과 같이 윤리가치는 개인에게 성장과 성취감을 달성하는데 기회를 주고 개인의 시간과 에너지 그리고 자원을 이용하기 위한 개인의 책임을 창조하려고 하는 윤리를 의미한다. 더구나 윤리가치는 개인이 그 자신에게 의미를 부여하는 것으로 일만을 주장하는 것이다.

3. 한국사람들의 일에 대한 인식

한국사람들은 일이라고 할 때는 노동을 가르킨다. 그러므로 일이란 이미는 광범위한 뜻으로 노동은 육체적인 노동을 뜻한다. 그리고 육신을 움직여서 행하는 활동을 뜻한다. 이와 같은 일은 생계유지의 목적이나 서비스 생산 활동까지도 포괄하는 개념으로 인식하고 있다. 그뿐만 아니라 근대 사회에 서는 일을 개인이 혼자서 하는 것보다 조직의 테두리 속에서 국한되어, 일이 의미가 사회적인 의미를 띠게 되었다. 근대사회에서는 일이란 다음과 같은 특성을 가진다.

첫째, 일은 경제적인 의미를 갖는다. 일은 생계를 유지하는 수단이다. 둘째, 일은 사회적인 역할이다. 역할이란 구성원들이 각자 수행해야 할 일을 주위사람들에 의해 기대되는 행위 유형이다. 셋째, 일은 정신적인 차원을 의미한다. 그래서 소명이다. 이상과 같은 일의 특성을 논의하였으나 한국사람들은 일을 노동이라고 생각하는 사람 수가 많다. 일이라고 할 때는 육체적이고 생산적인 것을 일이라고 간주하는 사람의 비율이 높고, 그 다음으로 전문직을 일로 간주하는 사람이 다음으로 많고, 그 다음에 서비스를 일로 생각하는 사람이 많다.

그리고 별로 일로 간주하지 않은 것인 학생, 군인, 목사, 운동선수 등이 빈도가 아주 낮고 반도수가 가장 낮은 범주로는 무당, 거지 및 도둑을 꼽았다.

사람들이 습관적으로 일이라고 하는 것은 보수를 받고 하는 활동, 쉬는 것과 노는 것에 반대되는 것, 물건을 만드는 것, 몸을 움직이는 것 등과 같은 것을 일이라고 한다. 그러나 단순한 내용 규정보다는 일이란 해서 마땅히 해야 하고, 잘해서 만족을 느끼며, 일에 열중하여 근심을 들고 그리고 일하지 않으면 쓸모가 없고, 이를 이룩하는 것이 중요하다는 등 일의 목적가치와 표출적인 의미 및 사회 경제적인 의미 때문에 일을 하는 것이라고 생각하는 비중이 가장 높다.

한국 생산성 본부에서 조사한 바에 의하면 일이라는 것은 생활을 위해 모든 사람이 당연히 해야 할 것을 한다는 마음으로 일을 한다고 답하는 사람들의 비중이 가장 높은 44.6%이고 언젠가는 하지 않아도 되는 일을 한다는 마음으로 일한다고 답하는 사람들은 5.1%이다. 거의 응답자 절반이상은 일을 고통스런 것이나, 생계를 위해 어쩔 수 없이 한다는 것이 드러났다. 이에 비하여 타고난 능력을 다하여 인생을 가치 있게 하고자하는 마음으로 일한다고 답하는 사람이 34%에 달했다.

4. 집중과 다양화

1) 집중력은 세계를 통해서 국제 관리자들 가운데서 미국의 기업교육이 인기가 있다. 거기에는 최고의 동기 이론이나 혹은 동기과정을 이해하기 위한 방법들이 미국을 생각하는 경향이 있다(Adler, 1991).[44] 부가해서 글로벌 기업은 종종 효과적인 경영과 고용자들에 대한 공평함을 위해서 그들이 부차적으로 정책과 실행을 일치하는 개발을 노력하고 있다. 그러므로 이들 조직 중에 대부분은 동기실행을 기초로 한 미국 모델을 가진다. 이는 집중을 위한 2가지 암시 한다.

2) 다양화는 미국 동기부여이론 적용은 모든 교차문화에서 효과적이라고는 할 수 없다. 그러므로 관리자들은 일에 대한 의미와 그들이 운영하는 문화 범위 내에서 충분히 유연하게 생각하여 조직 Systems 개발해야 한다. 하나의 조직을 광범위하게 접근하기 위해서 융통성 있고, 동시에 교차지역에 모순이 없이 유지될 수 있고, 프로그램 개발준비와 많은 문화배경 차이로부터 고용 동기에 대한 보수이다.

organizational behavior

제 6 장 국제기업 인적자원관리

조직은 고용관리에 대한 차이가 다르다. 그들은 어떻게 고용자들은 임금, 훈련, 승진문화에 대해 여러 가지를 찾는가? 이들 문제들은 회사가 글로벌 일

수록 복잡하다. 이것은 고용자들이 공정한 대우를 항상 기도하기 때문이다. 그러나 이 문제에 대해 문화적으로 적당한 방법은 아직까지 없다. 조직은 종종 그들의 모국 밖으로 차출하여 보낸다. 이때 조직에 대한 특별한 한계가 생긴 고용이다. 일의 개요에 대한 문화 고용자들 생활에 가까이 연결된 가치에 전통적인 일부 문화와 개인적 자유(personal freedom)를 강조하는 문화를 나타내는 고용자(employer)의 충격은 대조적이다.

봉급자들의 인적자원관리 운영은 충성심 창조 그리고 안정성, 집단의 영향, 불확실성 회피, 미래지향적인 문화 등이다. 자유주의자는 부모세대의 생활방식에 대해 거절하고 그리고 더 많은 개인주의를 원한다. 그리고 고용봉급자들의 많은 욕구는 봉급 고용에 대한 대단히 다른 봉급차이를 요구하거나 혹은 자유주의자들은 단순문화 내에서 변화해야 한다는 응답은 조직에 대한 필요성이 나타난다. 그러나 어떻게 고용자들을 대우하고 그리고 문화와 조직은 국제인적자원관리에 대한 초점을 둘 것인가 하는 것이다.

1. 국제인적자원관리가 무엇인가?

국제인적자원관리(International Human Resource Management)는 다음과 같은 3가지 분야로 요약할 수 있다. 첫째, 글로벌회사에 대한 인적자원관리와 둘째, 국적이탈 고용자들에 대한 관리, 셋째, 인적자원관리가 나라에 따라 다양한 실행 비교를 할 수 있다.

국제인적자원관리(IHRM)는 고용관리는 모집과 고용자 선발, 지도, 훈령, 성과 평가, 보상체계 그리고 노사관계에 대한 모든 국면을 책임진다. 다른 나라 고용자가 국적이 다른 나라에서 관리하는 것은 대단히 복잡하다. 구제인적자원관리의 중요한 부분의 하나는 파견근로자 관리(managing expatriates)이다. 그들은 모국 밖에서 일하는 고용자들이다. 그러므로 회사는 근로자들의 국내에서 보다도 파견근로자들을 위해 보다 큰 책임을 가진다. 왜냐하면 그들의 일에 대한 환경이 다르기 때문이다.

그러므로 국제인적자원관리자들은 다른 나라에서 생활하는 파견근로자들을 도우는 것을 준비해야 한다. 집이나 혹은 세금지불에 대한 회사가 마련해야 한다. 인적자원관리할 때 글로벌 조직은 일치를 이루어야 한다. 유일하게 대우하거나 혹은 그 사이에 있어야 한다. 이들에 대한 의사결정에 영향을 주는 요소는 기업전략이다. 나라가 혼합되어 있는 부차적인 곳에서는 위치를 찾고 그리고 이들 나라에서 운영하는 국제인적자원관리 영향을 주는 법률이 있다.

국제인적자원관리 지역 인적자원관리 법률(local human resource management laws)과 정확한 의사결정을 만들어 실행하는 것이 요구된다. 인적자원관리 법률, 규제 그리고 운영에 부차적으로 위치에 회사의 의사결정에 영향을 준다. 일반적인 임금비율, 법률에 의한 고용자들이 요구하는 이익 그리고 고용자들 해고(dismissing employees)에 대해 쉬운 것은 다른 나라보다도 더 매력을 끄는 나라로 만들 수 있다. 보기로서 네덜란드에서는 회사들은 직업을 잃은 실직고용자들의 임금은 평균 고용자들의 70%를 2년이나 1년 반 동안을 지불해야 한다(Wiersma, 1996).45)

불란서에서는 주당법률노동(legal workweek)은 35시간과 그리고 노동자들은 주당 잔업 시간은 일주일에 9시간이 한계이다. 중동의 나라에서는 일반적으로 주노동시간이 42에서 48시간을 따른다(Duane, 2001).46) 이상과 같은 다른 요구들을 회사는 어떻게 법률적인 요구들을 그들의 운영에 영향을 줄 것이고 그리고 잠재적으로 안전하게 조심스럽게 생각하는 것이 요구된다.

2. 국제기업전략과 국제인적자원관리

국제인적관리에 대한 접근은 종종 조직의 국제기업전략에 영향을 미친다. 국제인적자원관리자는 국제전략 계획과정에 참여한다. 그러나 일반적인 방법으로는 한계가 있다. 그럼에도 불구하고 인적자원관리자들은 조직의 본질적인 조력을 할 수 있고. 전통적인 전략과정의 모든 것을 할 수 있다. 인적자원관리자들은 개발에 대한 참여 단위범위는 광범위하므로 효과적인 전략은 영향을 미친다. 그러므로 국제인적자원관리자는 국제전략 개발에도 영향을 미친다.

3. 관리 접근과 자회사 참모

거기에는 4가지 주요한 관리접근과 자회사 참모(staffing subsidiaries)가 있다(Dowling, Schuler and Welch, 1994[47]; Phatak, 1995[48]). 이것들이 어떻게 인적자원정책이 조직 발달에 영향을 주는지 그리고 다른 직위를 위해 고용자들에 영향을 주는지가 중요하다.

(1) 민족중심주의(Ethnocentric)

고향나라 특별접근은 본사에 중요의사결정을 만든다. 고향의 나라로부터 고용자들은 중요한 직장을 잡고 그리고 자회사(subsidiaries)는 인적자원관리 실행을 따른다.

(2) 다중심주의(Polycentric)

각 자회사는 지방의 조건을 관리한다. 지방고용자의 자회사 우두머리이다. 본사관리자는 지방에 대한 적당한 지식을 가지지 않기 때문이다. 그러나 본사에서 외국 자회사가 중요하기 때문에 승진을 시키는 것은 드물다. 자회사는 보통 인적자원관리 실행을 지역적으로 개발한다.

(3) 지역중심(Regiocentric)

이것은 다중심성과 유사하다. 자회사의 지역적인 집단은 조직전략 영향력과 단위로서 구조기능이다. 거기에는 지역의사결정에 자유로운 정도이다. 승진은 지방 내에서 가능하다. 그러나 본사에서는 지방으로 부터는 드물다. 보통 자회사 인적자원관리 실행에 지역의 일반적으로 개발한다.

(4) 지구중심 혹은 글로벌(Geocentric or Global)

세계적으로 통합된 기업전략 사용은 조직 관리와 글로벌 조건 참모 등을 통합한다. 국적은 승진에 대한 중요한 요소는 되지 않는다. 인적자원관리는 본사와 자회사의 투입으로서 개발된다. 그리고 교차 지방으로 일반적으로 이루어진다. 민족중심주의 접근에서는 문화적 가치와 그리고 고향의 나라 기업 실행은 지배적이다. 본사는 관리를 개발하고 그리고 참모 접근과 참모접근 이 것은 세계를 통해서 모순이 없이 적용된다. 회사는 고향에 접근을 취하며, 민족중심 따르는 것은 가장 좋고 그리고 고용자들은 세계의 다른 부분으로부터 고용자들은 할 수 있고 그리고 따를 것이다. 본사로부터 관리자들은 실행을 개발하고 그리고 일관성을 유지하는 자회사에 중요한 위치를 잡는다.

다중중심 접근(regiocentric approach)은 반대를 지시하는데 있다. 가정은 각 국가가 다르고 각 국가 자회사는 지방 관리자에 대한 감독 아래 지역적인 개발을 평가할 것이다. 지역단위는 나라보다 지역이다. 지역중심 접근(regio-centric approach)은 지역단위는 나라보다 지역적인 것을 받아들인다. 지구중심 접근(geocentric approach)은 조직결합에 대한 노력은 본사로부터 결합하는 것이 최고이고 그리고 자회사는 세계적으로 실행일치를 이룬다. 관리자 선택은 국적보다도 자격이 결정한다. 하나의 민족중심주의나 혹은 지구중심주의를 접근하는 조직은 상당히 세계적으로 실행이 이루어진다. 다원중심주의나 혹은 지방중심주의는 지방을 기초로 실행에 변화를 가진다.

4. 국제인적자원관리에 대한 접근 선택

어느 곳에서나, 국제기업전략(international corporate strategy)은 국제인적 관리(IHRM)에는 4가지 접근에 대한 선택이 결정된다. 그럼에도 불구하고 국제 인적자원관리에 대한 접근에 영향을 주는 6가지 요소가 있다.

(1) 정책과 법률관련(political and legal concerns)

외국에 있는 자회사(subsidiary)는 지역법률(local law)에 지배를 받는다. 몇 몇 법률들은 인적자원관리 정책에 대한 직접적인 영향을 미친다. 보기를 들면 몇몇 나라에서는 파견근로자들(expatriates) 고용자 수를 제한하는 민족중심주의 접근을 제안한다. 그리고 다른 나라에서는 외국회사들이 만약 그들을 고용하고, 지역에 대한 훈련을 고려한다면 감면세조치(tax incentive) 자격을 준다.

이것은 회사가 다원중심 접근 쪽으로 미리 예측을 따르는 것이다.

(2) 외국 지역에 개발 수준(level of development in foreign locations)

몇몇 지역은 관리수준평가에 대한 지역사람들의 구성원들이 필요한 조건 충족이 부족하고 그리고 기술적인 기술, 상세하게 가져오는 조직요구가 부족하다. 이것은 민족중심주의접근을 더욱 가능하다고 생각하게 만든다. 재능에 대한 유능한 노동력은 어떤 접근선택에 대해 따르게 한다.

(3) 기술과 생산에 대한 성질(Technology and nature of product)

앞의 두 가지 목록에 관계되는 요소다. 아주 높은 숙련된 제조기술 사용이나 혹은 아주 높은 품질 표준을 위한 요구, 본사 고용자들 책임에 대한 일관성, 민족중심주의 접근의 필요하다. 지방에서 나타나는 생산기초를 수정하거나, 혹은 지방시장에서는 지방사정을 아는 관리자를 부른다.

(4) 조직생명주기(organizational life cycle)

국제화의 조기시기 혹은 생명주기의 생산 시기는 국제인적자원관리에 접근에 영향을 미칠 수 있다. 보기로서 조직이 국제적으로 확장됨으로써 지역들에 의한 관리를 협력으로 관리는 자회사로 대우하고 다중심주의(polycentric) 접근을 한다. 기업이 계속 성장함으로써 생산성이 증가되고 그리고 원가 통제가 더욱 중요하게 된다. 이 시기에 회사는 지역중심주의(regiocentric)이나 혹은 지구중심주의 접근(geocentric approach)을 취할 수 있다. 최종시기에는 회사는 인적자원을 글로벌처럼 접근하고 글로벌처럼 운영한다.

(5) 자회사의 나이와 역사(Age and history of the subsidiary)

오래전에 설립된 자회사는 그들에 대한 주인나라(host country)의 성격을 취 할 것이다. 이것은 글로벌 실행을 위해서는 어렵다. 그와 대조적으로 미개발지역에 실행은 쉽다.

(6) 조직과 국가문화차이(organizational and national cultural difference)

본사의 문화와 자회사는 접촉에 영향을 미친다. 몇몇 조직과 그리고 나라들은 민족중심주의 접근(ethnocentric approach)을 택한다. 보기로서 일본사람들은 미국사람들보다 더욱 좋아하거나, 혹은 유럽 사람들은 자회사(subsidiaries)에서 본사의 관리자들을 사용한다(Tung, 1988).[49] 두 번째 문제는 외국자회사의 수(number)와 문화의 체질(makeup of culture)이다. 만약 자회사 중에서 문화차이에 대한 확장이 되어지고 그리고 수가 늘어나면 역시 심하게 된다. 이처럼 국제인적자원관리 접근에 대한 선택은 복잡하다. 만약 하나의 조직이 전체적 전략(overall strategy)으로 인적자원 실행을 통합한다면, 이것은 더욱 성공할 것 같다.

그럼에도 불구하고 다른 어떤 기능보다 많은 것은 지역실행의 영향인 것 같다(Rosenzweig and Nohria, 1994).[50] 미국사람들의 관리에 대한 연구자들은 기업의 전략 수준과 중요한 자회사의 인적자원 운영 간의 일관성을 고려한다(Bird and Beechler, 1995).[51] 대조적으로 유럽사람들은 인적관리 자원의 전략적인 역할을 적게 강조한다.

유럽 인적자원관리자들은 미국사람들의 대상자들보다 통제가 적고 최고경영자들에 의한 지시를 받아야만 한다. 그럼에도 불구하고 거기에는 관리자들의 더 많은 선택은 보통 정부는 더 많은 노동 시장에 대한 관리자가 더 많은 선택권을 주는 것을 지지한다(Fisher et al., 1993).[52]

비용은 국제인적자원관리에 대한 접근 선택에 중요한 요소이다. 국한된 접근은 비용이 적다. 그러므로 본사 사무실에서는 감독에 대한 필요성을 가지지 않는다. 그리고 자회사에서 협력적으로 활동한다.

회사는 비용이 많이 드는 세계적인 접근은 이루려고 하는데 더 많은 비용이 발생하다. 그러나 세계적인 접근에 대한 표준화가 성취되어야만 하고, 다른 자회사들은 서로서로 배울 수 있다(Brewster, 2002).[53] 하나의 조직 내에서조차도 거기에는 인적자원기능에 대한 더 많이 지방적이다. 보기로서 지방 고용자들에 대한 급료지불은 항상 지역적인데 둔다. 반면 글로벌 조직 리더들의 개발 프로그램이 중점으로 관리되는 것이 필요하다.

제 7 장   국제인적자원관리 중요기능

국제인적자원관리(IHRM)은 5가지 기능에 대해 책임이 있다. 즉 신규모집과 선발(recruitment and selection), 훈련과 개발(training and development), 성과평가(performance evaluation), 보상과 급부금(compensation and benefits), 노사관계(labor relations) 등이다. 왜냐하면 초청근로자들(expatriate employees)은 종종 다른 고용자들보다 다른 대우를 종종 받는다. 이주민 관리(managing expatriates)에 대한 전통적인 문제들을 연구하는 것이 필요하다.

1. 신규모집과 선발(recruitment and selection)

신규모집과 선발은 새로운 구성원을 조직이 취하는 하나의 과정이다. 신규모집은 직위에 설모에 대한 응모의 자격이 약간 매력이 포함되어 있다. 선발은 작업요구에 거의 근접이 조금 약한 선택이 요구된다.

2. 고용자 분류(classifying employees)

전통적으로 국제적인 조직의 고용자들은 3가지 형태로 분류하였다.

ⓐ 모국(Parent Country National)(PCN); 고용자들 국적(employee's nationality)은 조직과 같다. 보기로서 불란서 시민은 Algerian은 불란서 회사에서 일하고 있다. ⓑ 주인나라국가(Host Country National)(HCN); 고용자 국적은 자회사의 지방과 같다. 보기로서 Algerian 신민은 Algeria에 있는 불란서 회사에서 일한다. ⓒ 국가나라(Third Country National)(TCN); 고용자들 국적이 조직과 자회사 양쪽이 다르다. 보기로서 이타이아 신민이 Algeria에서 불란서 회사에서 일한다. 그러므로 국제인적자원관리 참모(staffing)는 더욱 복잡하게 되었다. 이들 분류는 모든 고용자들을 다 보장할 수가 없다(Briscoe, 1995[54]).

보기로서 유럽연합(EU) 내에 나라구성원의 시민은 일에 대한 허락 없이 다른 구성원의 나라에서 일할 수 있다. 그러므로 스페인 기업이 스페인사람을 독일 시민이 일하는 것을 어떻게 분류할 것인가에 대해서는 명확하지 않다. 이것은 PCN, HCN,혹은 TCN입니까?

분류는 중요하지 않은 것 같다. 그러나 많은 조직에서, 종업원들의 보상 결정, 급부금(benefits)과 그리고 승진에 대한 기회종업원을 분류한다.

3. 신규모집과 선발에 관리와 Staffing은 어떻게 영향을 미칠 것인가?

국제조직에서는 관리와 Staffing회사 고용에 대한 고용자들 유형접근에 대해 강하게 영향을 미친다. 민족중심주의에 접근하는 회사에서는 모국(Parent Country National)(PCN)의 본사에 중요한 위치에 있는 본사 참모(staff)와 자회사(subsidiaries)이다. 다중심주의 접근(polycentric approach)은 주인 국가(Host Country National)(HCN)에서는 모국(Parent Country National)의 본사의 직위에서 관리하는 데 있어서 외국자회사에서 일반적으로 일한다.

지역중심주의 접근(regiocentric approach)에서는 모국과 지방으로부터 관리의 양쪽이다. 주인나라(HCN) 혹은 제3의 국가(TCN)의 주인나라(HCN)의 중요한 지역자회사 참모에 대한 본사의 지역 지위 참모 양쪽이다. 지역중심주의 접근에 가까운 조직은 직위에 대한 가장 적당한 사람을 선택한다. 유형에는 부주의에는 태만하다. 이것은 신규채용에 대한 접근과 선택, 하나의 조직은 본부의 실행과 그리고 자회사 국가에서 널리 행해지는 양쪽에서 고려한다.

지역문화는 항상 신규채용과 선택실행과 그리고 특별히 지역 법률(Local laws)에서 요구하는 몇몇 나라에서 영향을 미친다. Mexico에서 maquiladoras로 잘 알려진 회사는 신규채용을 선발하거나, 혹은 고용자들의 구성원의 가족소개에 의해서 채용한다(Teagarden et al., 1995).[55] 그리스에서는 개인고용대리점(private employment agencies) 불법이다. 정부를 통한 고용관청(Government-run Employment Office)을 통해서 조직은 지원자를 찾는다(Duane, 2001).[56]

4. 올바른 지원자 선택

올바른 지원자 선택은 내부기업에 조화와 지역노동실행 감성 사이 균형은 글로벌이다. 문화차이는 그들이 성취하거나, 혹은 기준을 돌리거나 선택의 독립된 과정에서 다르게 탓을 돌리는 것이 강조된다. 고용의 의사결정을 만들때 성취지향 국가에 사람들은 기술, 지식 그리고 재능을 고려한다. 역시 연결(connections)들은 기업들의 일반적인 고용인의 자격이나, 채용은 일반적으로 회사는 돕는다. 문화에 속한다고 하는 것, 나이, 성, 인간적 관계 그리고 가족 배경은 중요하고 그리고 조직은 개인 일의 성격에 적당한 사람들을 선택한다.

개인주의 그리고 집산주의 역시 선택에 영향을 준다. 역시 개인주의 나라에서는 보통 고용에 선택시험을 사용하는 것으로 준비한다(Ramamoorthy and Carroll, 1998).[57] 그리고 China, Indonesia, and South Korea와 같은 나라에서는 시험을 중요하게 생각한다(Huo, Huang and Napier, 2002).[58] 몇몇 나라들은 고용, 승진, 보상에 있어서 확실한 집단저항을 법률적 금지(laws prohibiting)에 차이를 가진다. 보기로서 미국에서는 종족(race), 성(gender), 피부색(color), 출생국(national origin), 종교(religion), 나이(40세 넘는), 무능력(disability), 임신(pregnancy), 그리고 몇몇 지방(in some locales), 성적인 본능(sexual orientation)등과 같은 기초로 한 고용의사결정은 불법으로 정한다. 고용에 대한 지원자(Candidate to hire) 선택, 이들 고용자들은 인적 성격에 대한 것을 질문할 수 없다.

고용 실행을 법적으로 주시하는 나라에서는 한계가 있거나, 혹은 존재하지 않는다, 고용주들은 다른 질문을 하거나 혹은 확실한 인적인 특성을 가지고 지원자를 찾는다. 일본의 한 예로서, 큰 회사들은 새로운 관리자 수련원들을 엘리트 대학으로부터 고려하고 있는 것을 볼 수 있다. 회사가 취하는 전략의 글로벌 접근은 정부규칙 수준(government regulation)에 매우 적당한 자회사의 완전한 실행은 어렵다. 하나의 글로벌 접근은 1995년(Artise)[59]에 의해 개발되었다. 이는 기업운영시스템을 위한 기초 선발 시스템 평가(selection system appropriate)의 초에서 시작되었다. 조직은 회사가 사업을 하는데 여러 가지 문화에 적합하도록 조직은 수정한다.

Artise(1995)는 지원자들(applicants)의 자격(competency), 동기부여, 그리고 회사에 적당한 선발을 암시하는 기초를 놓았다. 그는 추천을 하였다. 5가지 직위국면의 성격에 대해 작업 모델(Job Model)을 추천하였다. 즉 이것은, 완수할 수 있는 결과(results achievable), 우선권(priorities), 방해(obstacles), 환경(environment) 그리고 관리스타일(management style) 등이다.

글로벌은 작업 모델(Job Model)과 지원자 자격(applicant qualifications) 호기를 조화시키는 것을 발견하는 것이다. Artise는 역시 문화가 다른 데에 대한 선발의 기초과정의 수정을 암시하였다. 보기로서 한국사람 지원자들의 응답 후, 면담 자들 3~4초 동안 침묵의 틈이 생겼다는 것이다. 나머지 지원에 초점을 두었다. 묘한 기분 좋은 웃음을 나타내 보였다.

이것은 인정하는 것이다. 다른 것에 긴장하는 것은 읽기에 말이 서툰 것이다(Artise 1995, p. 92). Artise의 글로벌 시스템의 제안은 조직성취에 기초를 두었다. 작업에 필요한 조화된 지원 자격(applicant qualifications)은 북 아메리카에 선발개발에 대한 고전적인 접근이다. 북아메리카회사 관리자들은 세계적인 기구에 대한 이들 시스템에 충분한 글로벌을 고려해야 한다. 일본회사는 반대로 자격에 대한 압력을 너무 많이 받는다. 일본은 특수한 작업보다 이들 회사 내에 일반적인 직위에 대한 일본의 신규채용은 작업 모델 창조와는 무관하다.

5. 훈련과 개발

훈련과 개발기능(training and development function)은 계획된 개인적인 훈련, 조직개발 그리고 개발경력 등이 포함된다. 이것은 인적자원개발(human development)(HRD)과 같이 알려진 전문적인 분야로 인식된다. 국제적인 수준에 있어서 인적자원관리(HRD) 전문가들은 훈련에 대한 책임과 고용에 대한 개발 세계 자회사 주위에 위치를 할당된 외국에 초청자들에 의한(expatriates)준비에 대한 특별한 훈련 그리고 글로벌화 생각을 가진 관리자들의 특별한 개발을 언급한다.

6. 성과 평가(Performance Evaluation)

성과평가는 조직 내의 고용자들의 성과 체계적인 사정(systematic apprais-al)이다. 서구의 다국적기업, 성과사정은 전형적으로 해마다 있다, 표준 평가형이 포함되고, 회사는 각종업원들에 대한 사정결과에 대한 논의를 감독자에게 요구한다. 성과평가는 어떤 조직을 위한 도전(challenging)이다. 미국의 상황에서는 이들 목적은 승진(promotions), 봉급인상(salary increases) 같은 조직의 의사결정을 위해 정보를 준비하고 그리고 고용원들에 대한 발전과 개선(improve)을 돕는 데에 피드백(feedback)을 준다. 다른 나라에서는 목적이 완전히 다르다. 보기로서 한국의 기업에서는, 그 목적은 고용자와 감독자 관계를 발전시키기 위한 것이다(Cascio, 1998).[60]

국제적 수준에서는 복잡성(complexity)은 조직이 다른 자회사에 대한 다른 나라에서 하는 일과 다르게 고용자를 평가해야만 하기 때문이다. 평가에 대한 의미를 만드는 것은 고용자들의 문화적인 배경에 대한 고려가 필요한 것에 대한 교차자회사(across subsidiaries)의 일관성이 필요하다. 보기로서 집산주의자(collectivists)는 서구에서는 대부분의 다국적기업에서 일반적인 공식적인 사정유형(type of formal appraisal system)을 좋아하지 않는다(Ramamoorthy and Carroll, 1998).[61] 그 이유는 개인주의(individually)는 팀 정신(team spirit)으로 평가에 방해를 그들은 느끼기 때문이다(Milliman et al., 1998).[62]

몇몇 나라에서는 커뮤니케이션 유형에 따라 성과평가에 영향을 미친다(Audia and Tams, 2002).[63] 집산주의 가치에 일치하는 이래 직접적인 피드백은 해를 입을 수 있고, 자신에 대한 이미지(self-image)에 부정적인 창조를 하고, 조직에 대한 충성심을 결심하지 않는다. 러시아를 보기로 들면, 간접적인 피드백을 주는 것이 바람직하다. 세 번째 사람, 감독자와 고용자 양쪽에 의해 신뢰 받는다, 피드백을 전할 수 있거나, 혹은 감독자는 불쾌한 지시로서 호의를 철회한다. 러시아 역시 동료와 고객들로부터 투입으로 집단 피드백하는 것은 같다(Elenkov, 1998).[64]

Mexico에서는 개인의 공적인 상상(individual's public image)은 중요하다.

그리고 하나의 고용자가 떠나는데 대한 그들의 원인에 대한 공적인 비평 (public criticism)을 받아야만 한다(de Forest, M. E., 1994).[65] 따라서 요령과 얌전함(tact and delicacy) 강하고 약한 양쪽이 다른 성과에 대한 균형을 포함한 관점을 전달한다. 한국에서는 관리자들이 교묘하게 간접적인 방법(subtle and indirect way)으로, 종종 구두로서(often verbally) 그리고 그이가 하고 있는 학습 방법을 회사 합류 5년 정도 지난 후에 이것은 관리자로 된다(Cascio, 1998).[66]

다른 기능으로서 성과 평가에 대한 접근은 조직 어느 곳에서나 인적자원관리(HRM) 전략에 달려있다. 민족중심주의(ethnocentric)에 가까이 하는 회사는 이것은 자회사 모두 의해 본사에 대한 평가 과정 사용이 되는 것 같다. 지구 중심(Geocentric)을 가까이 하는 회사는 세계적으로 같은 성과평가 시스템을 사용한다. 그러나, 이것은 보편적인 적응성을 가진다. 글로벌 시스템 발달은 도전적이다.

글로벌을 가까이 하는 보기 중 하나는 Sonoco Products에 의한 성과 측정 시스템(performance measurement system)이다. 글로벌 32개국 16,000명이 넘는 고용자들 산업 공급자와 소비자 포장하는 자들이다(Wellins and Rioux, 2001).[67] 시스템의 목적은 그들의 자신의 성과와 조직목표 사이에 연결을 이해시키는 데 대한 관리자들을 위한 것이다.

7. 보상과 연금

보상과 연금기능 개발(compensation and benefits function)과 봉급체계관리 (administers the salary system) 그리고 휴가와 생리(vacation and sick pay) 그리고 근강보험 그리고 연금기금과 같은 보상(remuneration)은 다른 형태다. 보상에 대한 국제적 시스템과 연금(benefit) 개발에서, 조직은 두 가지 중요한 관심을 갖는다. 첫 번째는 비교(comparability)이다(Briscoe, 1995).[68] 이는 고용자들에 대한 효과적인 보상 시스템의 임금 할당(assign salaries)을 내부적으로 비교하고 그리고 시장 내에서 비교한다. 보기로서 선임관리자의 임금은 보통 일반 관리자보다 높고 그리고 각 직위는 지역시장 범위 내에서 하나의 합산하여 받을

표 4-2 제조업 생산 노동자들에 대한 시간당 보상 US$ 2001년도를 기준으로 계산

Australia	$ 13.15	Japan	$ 19.59
Brazil	$ 3.02	Korea	$ 8.09
Canada	$ 15.64	Mexico	$ 2.34
Finland	$ 19.94	Netherlands	$ 19.29
Finland	$ 15.88	Singapore	$ 7.77
Hong Kong	$ 5.96	Spain	$ 10.88
Germany	$ 22.86	Taiwan	$ 5.70
Ireland	$ 13.28	UK	$ 16.14
Italy	$ 13.76	USA	$ 20.32

출처: U.S. Deparment of Labor, Bureau of Labor Statistics, "International Comparisons of Hourly Compensation Costs for Production Workers in Manufacturing, 1975-2001," accessed June 5, 2003, ftp://ftp.bls.gov/pub/special.requests/ForeignLabor/supptab.txt

것이다. 국제조직은 다른 지방으로부터 이동하는 사람들의 임금을 고려해야만 할 것이다.

두 번째 중요한 것은 비용(cost)이다(Dowling et al., 1994).[69] 조직은 비용 극소화를 위해 노력하고 그리고 임금 총액(payroll)은 가장 큰 것 중에 하나다. 노무비는 국가 간에 대단히 광범위하고, 그리고 국가 내의 자회사본국보다 낮은 임금비율을 가진다. <표 4-2>는 1975~2001년 제조업 생산 근로자들을 비교한 것이다.

B. 보상 설정과 연금(수당)수준

보상과 연금(compensation and benefits)은 조직이 민족중심주의나 혹은 지구중심주의를 수행할 때 지역 노동시장 조건에 영향을 미친다. 직위에 충분한 자격이 있는 지역사람의 능력, 유행하고 있는 임금 비율, 이주민 사용 그리고 지역 법률은 보상과 연금(benefits)에 작용한다. 보기로서 만약 거기에 직위에 대한 능력 있는 신청자가 적으면, 보수(remuneration)는 일반적으로 증가한다. 비용감소에 있어서 인적자원관리자들은 이주민을 데리고 올 것을 생각하야 할 것이다.

회사는 항상 글로벌에 적합한 정책을 개발한다. 임금과 연금(Benefits) 시장 수준을 상상한다. 보기로서 이들 생산에 대한 품질을 강조하는 크게 성공한 다국적기업과 고용자들은 임금에 대한 가장 높은 임금지불정책을 어느 곳에서나 적용할 것이다. 다른 회사들은 그것을 조사한 나라에서 최고 높은 봉급을 제공할 것이다. 그러나 나라 속에서 제조업 어느 곳에서나 평균으로 발달될 것이다.

문화는 다른 사회 사람들에게 가치에 영향을 주어 여러 가지 보상과 연금(Benefit) 실행을 여러 가지로 두게 한다. 보기로서 많은 남성다움 나라(masculine countries)들은 유연한 Benefit 프로그램을 적게 사용하게 만들고, 작업장 탁아소(workplace child care) 준비하지 않을 것이다. 경력공백 기회나 혹은 모성애가 줄어든다(Schuler and Rogovsky, 1998).[70] 문화 사용안내로서 회사는 그들 자회사에 대한 더욱 효과적인 접근을 개발해야 한다(Hempel, 1998).[71] 문화의 특색(culture characteristics)은 실행차이에 대한 바람직한 영향을 주는지를 <표 4-3>과 같이 나타내었다.

표 4-3 보상과 benefit 문화일치 제언

문화특색 (cultural characteristics)	좋아하는 실행 (preferred practices)
높은 불확실성 회피	더욱 확실한 보상 시스템(선임 혹은 기술 기초), 많은 통제와 보호(control and protection)로서 집중된 관료주의 연금(centralized bureaucratized pension)
낮은 불확실성 회피	유연한 성취계획으로 규정된 기부연금 계획
높은 권력차이	고용자들 수준차이를 위한 분리된 연금 계획
낮은 권력차이	연금계획의 같은 유형/ 모든 고용자에게 근강범위적용 제공
여성다움	"가족친구" 단속하고 그리고 작업생활에 대한 질을 높이는 다른 benefit
개인주의	개인적 자극 보상시스템, 유연한 benefits 프로그램
개인주의, 낮은 권력차이, 낮은 불확실성 회피	Stock options, 주식 소유계획

출처: Hemplel, P. S. (1998). "Designing Multinational Benefits Programs: The Role of National Culture," Journal of World Business, 33, 277-294, Schuler, R. S. and Rogovsky, N.(1998). "Understanding Compensation Practice Variations Across Firms: The Impact of National Culture," Journal of International Business Studies, 29, 159-177.

9. 노사관계(Labor Relations)

노사관계의 기능은 작업장에 있는 관리와 노동자들의 역할들을 확인하고 규정짓는(identifies and defines) 것이다. 노사관계 개념은 세계적으로 부분의 차이는 대단히 크다. 미국의 보기를 들면 노사관계는 노동조합 계약에 의해 노동과 관리 간에 때때로 공식적인 적대관계로 정의된다. 일본에서는 관리와 노동조합관계는 협력적(cooperative)이다. 그리고 관리는 종종 노동조합 리더로서 지명한다(Hodgetts and Luthans, 1994).[72] 많은 나라 정부에서는 노사관계 운영에 통제한다. 결과적으로 다른 인적자원관리보다도 더 많이 이들 기능에 대해 조직들은 다중심주의(polycentric)을 해야만 한다. 그럼에도 불구하고 노사관계는 지방 수준 문제이다. 이것은 좋은 기업전략은 교차 자회사 협력적인 노사전략이다(Dowling et al., 1994).[73]

10. 국제기업 노동조합

(1) 노동조합 조직

역시 몇몇 노동조합은 국제적이다. 사실 거의 노동조합은 지역, 회사, 지방(국가 내) 혹은 국가 수준이다. 거기에는 이것은 고용자들이 세계적으로 교섭을 협약하는 글로벌 기업에 따르는 다국적 노동조합은 없다. 그러나 몇몇 노동조합은 유럽노동조합과 같은 지역상거래권(blocs)에서 관계된 문제들을 다루는 다국가(multi country)로 개발한다(Briscoe, 1995).[74] 그럼에도 불구하고, 교섭에 대한 권리와 파업권리(right to strike)는 유럽 국가 수준에 남아 있다. 그리고 나라 차이가 역사와 전통이 차이가 있기 때문이다. 이것은 아마, 모든 유럽에 하나의 노동조합으로 나타나기 어렵다(Wahl, 2002).[75]

(2) 노동조합 회원

세계주위에 여러 가지 의미심장한 노동조합 구성원들이 국가에는 노동자들의 구성원들이 있다. 이는 <그림 4 - 4>와 같다. 그리고 노동조합 회원 숫자

표 4-4 선택한 나라들에 대한 노동조합 밀집도 나타내었다.
　　　　노동조합구성원(전체 봉급 근로자와 같다)

Country	Union Memvership(as a percentage of total paid employees)	Year
Australia	28%	1998
Canada	30%	1999
China	90%	2000
Colombia	7%	1996
Germany	26%	1998
Hong Kong	22%	1999
Iceland	89%	2000
India	26%	1997
Japan	22%	2000
Norway	71%	2000
Slovakia	60%	1999
South Korea	12%	2000
Turkey	57%	2000
United States	14%	2001

출처: ILO Bureau of Statistics (unpublished) data compiled from Official National Statistical Publications.

는 노동조합들의 세력관계를 나타내는 것은 아니다. 보기로서 노동조합 밀집
상태(union density), 노동조합에 속하는 나라에 모든 고용된 사람에 대한 %는
미국보다 서유럽이 높다.

　　그럼에도 불구하고 대부분의 서유럽나라 사람들의 법은 노동조합이 집단
적 교섭(collective bargaining)에 대해 고용자들은 요구하지 않는다. 노동조합의
힘은 대단히 약하다(Duane, 2001).[76]

11. 가장 좋은 국제인적자원관리 입안

　　1990년에 북아메리카 연구자들은 여러 가지 조건 아래서 최고의 국제인적
자원관리 실행에 대해 오랜기간 동안, 큰 규모로 계획을 Mary Ann Vo Glinow

에 의하여 지도되었다(Geringer, Frayne and Milliman, 2002).[77] 연구에 대한 조사는 실행이 전후관계 자유, 전후관계가 명확한 것, 전후관계가 존속되어 있는지을 연구는 조사하였다.

조사는 실행이, 전후관계 자유(Context free), 전후관계가 특유(Context free)한지, 혹은 전후관계 독립(Context dependent)인지 어떤지에 대한 것을 조사하였다. 전후관계 자유는 어느 나라든지 혹은 어느 국가든지 실행이 적용되는 것이다. 그리고 전후관계 특유는 유사한 나라나 유사한 회사에 실행을 적용할 수 있는 것이다. 끝으로, 전후관계 독립은 확실히 국가나 혹은 회사들에 대한 효과가 있는 것이다. 조사자들은 종종 확실한 실행이 사용되었는지, 어떻게 효과적인 것인지, 조직의 어떤 유형이 실행에 어떤 형태로 사용되었는지, 그리고 기업전략이나, 국가문화 혹은 내부적인 환경과 다른 실행 효과에 영향을 미치는지 요소들이 전후관계를 실행되었는지 발견하는 것을 원했다.

1991년에서 1998년 학자들은 세계주의로부터 Australia, Canada, China, Indonesia, Japan, Latin America(Costa Rica, Guatemala, Panama, Nicaragua, and Venezuela), Mexico, South Korea, Taiwan, 그리고 United States 등을 포함한 10개의 다른 지역에 대한 회사들로부터 자료를 수집하였다.(Geringer et al 2002; Lowe, Milliman, De Cieri and Dowiling, 2002) 주요한 발견에 대한 개요들을 보면 <표 4 - 5>와 같다.

표 4-5 국제인적자원관리 나라와 교차 지역선택경향-
가장 좋은 국제인적자원관리 실행 계획 모양

실행 (practice)	보편적으로 획득하는 윤리 "최고의 실행"	지역 혹은 국가집단	국가 특성
보상 (Compensation)	자극적인임금(Pay incentives)은 하나의 종업원들의 보상 일괄의 포함하는 것은 아니다. 보상은 개인작업 성과에 기초한 것이다. 거기에는 선임권에 대해서	선임권-기초한 임금, 집단에 기초한 임금, 팀이나 혹은 조직목표, 그리고 미래 목표를 기초한 임금-모두는 Asian과 Latin 국가 지금 크게 확장하여 사용한다.	미국과 Canada는 기대 하는 것 보다 자극적인 임금을 작게 사용한다. China와 Taiwan은 자극적 임금을 평균이상 가지고, 그리고 개인적

실행 (practice)	보편적으로 획득하는 윤리 "최고의 실행"	지역 혹은 국가집단	국가 특성
	는 축소될 것이다. 이득(benefit)은 보상의 일괄 중요한 부분을 포 함할 것이다.		인 공헌을 기초로 하는 것을 더 많이 원한다.
선발 (Selection)	다른 사람과 같이 지내 고 그리고 "회사가치에 맞다" 서와 동이 만나 는 선택에서 신호임.	선발 실행은 Anglo 국 가에 주목 만 하다. 특 별히, 작업 면접, 기술적 기술(technical skill), 그리고 일의 경험은 중 요한 선발의 표준이다. 어떻게 잘 미래 선발실 행을 휘한 표준을 최고 로 선택하기 위한 사람 들 같이 일의 경험에 회 사의 가치를 사람들에 잘 맞게 하는 것이다. 선발실행은 한국 일본 타이완이 매우 유사하 다. 특별히, 작업경험 입증은 이들 나라들은 선발실행에 강조하지 않 는다. Anglo and Latin Am- erican 국가들, 부차 적으로 나타내는 미래 실행평가에 중요한 것 처럼 나타난다.	일본에서 무섭게 강조 하는 것은 인간에 대한 잠재성에 두는 것이다. (이것들은 고용에 대한 새로운 보장이다.) 그 리고 그들의 능력은 얻 는 것을 다른 사람과 같 이 따른다. 비교적 비중이 낮은 것 은 작업관계 시술과 그 리고 선발기준과 같은 경험 주어진 것이다. 한국에서는 고용시험에 는 엄격히 고려되고, 선 발의 도구로서 가장 널 이 사용되고, 새로운 졸 업생을 고용함. 한국 사 람은 새로운 경험을 강 조하지 않는다. Taiwan에서는 작업면 접은 선발과정에서 중 요한 기준이 고려된다.
성과에 대한 평가 (Performance appraisal)	모든 나라에서 하려고 하는 점수는 모든 목적 에서 보다 높다. 성과 평가 목적은 미달하는 모든 나라에서는 암시 한다. 모든 나라는 미래에 성 과평가에 개발과 기록 에 대한 보다 큰 강조 를 지시했다. 특별히 부	비교에서, 아시가 국가 들은 표시는 낮은 정도 로 사용된다. 특별히 한 국이 그렇다. Latin American 국가 에는 성과평가에 대한 경영 목적은 미래의 실 행으로 중요하게 고려 된다.	Taiwan에서는 성과 평 가에 대한 경영목적은 미 래 실행으로 중용하게 고 려된다.

실행 (practice)	보편적으로 획득하는 윤리 "최고의 실행"	지역 혹은 국가집단	국가 특성
	차적 인식, 그들의 목 표성취에 대한 평가, 그들의 개발 활동계획, 그리고 (방법에) 그들 의 성과개선은 미래를 위해서 대부분의 평가 실행을 고려한다.		
훈련개발 (Training and Development)	대부분의 국가들은 훈 련과 개발 실행은 고용 자들의 기교(technical skills)개선하는데 사용 한다. 거기에는 팀 구축과 soft 경영실행을 위한 훈련 과 개발을 사용하는 쪽 으로 성장하는 경향이다.	Anglo 국가에서는, So- fter 훈련개발Team구 축과 같은 실행, 기업 실행 이해, 미래의 할 당을 위한준비와 같고, 그리고 교차훈련은 알 맞게 사용한다. 그럼에 도 불구하고, 그럼에도 불구하고 이들 실행은 요구되는 증가하는 것 이 의미심장하다. Latin나라에서 모든 훈 련과 개발 실행은 사용 이 요구 된다. 이에 대 한 확대가 증가된다. 아시아 국가에서는 거 의 훈련과 개발 실행은 조정이 사용되고 그리 고 만족에 대한 일치가 고려된다.	멕시코에서는 고용자들 에 대한 보수와 같이 훈 련과 개발은 높이 탐내 는 실행으로 고려된다. 미국과 한국에서는 미 래 작업 수행을 위해서 고용자들 준비는 편이 정도에 사용된다. 미국은 하청에 더 많이 사용한다. 일본에서는 과거성과에 대한 교정(remedying) 은 적은 적도로 사용된 다, 그럼에도 이들 실행 이 요구되는 것이 의미 심장하게 증가된다. 한국에 있어서 팀 구축 은 넓게 사용되고 그리 고 훈령개발에 넓이 사 용된다. 멕시코에서는 연 결되지 않은 것은 조직 능력과 인적자원관리 실 행사이에 지시한다.
기업전략에 대한 관계 (Relation to Business Strategy)	대부분의 교차국은, 인 적자원관리 실행은 조 직능력에 가까이 연결 되어 있는 것은 훈련과 그리고 개발과 그리고 성과 평가이다.	아시아 나라들에서는 연 관은 낮은 비용과 그리 고 전략차이와 그리고 인적자원관리 실행 양쪽 사이를 지시한다.	

실행 (practice)	보편적으로 획득하는 윤리 "최고의 실행"	지역 혹은 국가집단	국가 특성
인적자원관리 기능의 상태 (Status of HRM Function)			일본과 대만에서는 연결은 조직능력과 인적자원관리 실행사이를 지적하였다. 인적자원관리 상태는 Australia은 가장 높았고, 인도네시아는 가장 낮았다.

출처: Von Glinow, M. A., Drost, E. A., and Teagarden, M. B. (2002). "Converging on IHRM Best Practices: Lessons Learned from a Globally Distributed Consortium on Theory and Practice," Human Resource Management, 41. 133-135.
*윤리는 보편적으로 문화 속에 있다. 제 8 장 해외파견자 관리(Managing Expatriated)

제 8 장   해외파견자 관리(Managing Expatriated)

조직은 모국(Parent Country National) 외에 세 번째 나라국가(Third Country National)에 고용하는 조직은 고용이 그들의 모국 밖으로 이동하므로 대단히 복잡하다. 해외 파견자 고용 역시, 기업에 대해서는 바람직한 것이나 중요한 것은 비용이다. 부가적인 보상요구 때문에 하나의 해외파견자들 보상이 기본임금의 2내지 3배가 된다고 할 수 있다(Parker and Janush, 2001).[78] 결과적으로 해외파견자 인적관리(expatriateds HRM)는 모든 국면의 성공적인 관리가 매우 중요하다.

1. 해외파견자 실패확률

해외파견자 고용(employing expatriates)에는 큰 비용이 포함되기 때문에, 이것은 한 번에 성공하는 것이 중요하다. 연구자들은 그들의 할당기간 내에 해외에 남아있지 않은 해외파견자들과 같은 실패를 발견한다. 그리고 다른 문제점은 경계(brownouts)이다. 그들 할당이 끝난 관리자들은 효과적으로 할 수 없다. 하나의 이주자로 되돌아가는데 대략 비용은 $200,000에서 1.2배만$ 비용이 든다. 거기에는 역시 평판의 손해와 기업 손실과 같은 조직비용이 첨부된다 (Black, Gregersen, Mendenhall and Stroh, 1999).[79]

2. 실패율에 대한 차이

해외파견자에 대한 성공률은 나라에 따라 다르다. 미국, 서유럽, 그리고 일본의 큰 규모 회사비교연구는 그들 조직에서 해외파견자들의 실패 비율 (expatriate failure rates)이 인적자원 경영에 보고되었는데 이는 모국에 소환되어야만 했거나, 혹은 그들이 외국 할당에 대한 그들의 기능을 할 수 없기 때문에 해고되었기 때문이다(Tung, 1988).[80] 미국회사에 대해서는 변화 비율 % 가 10에서 가장 높은 것은 40%만큼 되었고 응답의 10~20% 범위를 가진 대부분의 회사에서 나타났다. 대부분의 서유럽 기업들은 5%에 속했고 몇몇 회사들은 15%에 도달하였다. 일본은 큰 것이 대부분 5%로 적어 낮은 실패율을 나타냈다. 그리고 15%보다 높이 나타난 회사는 보고되지 않았다.

모든 집단에 대해서는 실패 비율은 선택이 엄하고(rigor of selection) 그리고 훈련에 대한 조치(training procedures)에 상관이 있다. 그러나 실패이유는 다양하다. 미국과 서유럽은 해외파견자의 사회적 능력부족이나 혹은 그들의 가족에 문제 때문 일반적으로 실패한다. 하나의 이유 중에는 일본에 대해서는 실패한 중요 이유 중에는 정확한 목적의 실패는 가장 큰 책임에 대한 해외파견자의 무능하게 대처했기 때문이다.

홍콩에서 살고 있는 일본의 해외파견자들에 대한 연구와 그리고 태국에 있는 미국에서 발견된 것은 마치 일본의 실패 비율이 높다는 것이 포함되었다. 그 중요한 실패비율은 어린이 교육이나 혹은 배우자의 사회생활 spouse's so-cial이 실패 원인이 된다(Funkuda and Chu, 1994).[81] 이들 2가지 연구는 회사 내에 인적자원 관리자들로부터 실패율에 대한 정보를 수집한 연구이다. 일본 해외파견자들은 경험이 크게 다른 순응하기 어려운 자신의 보고서를 지적하였다. 그리고 미국 해외파견자보다도 그들 자신이 적게 생각하였다(Stening and Hummer, 1992).[82] 더욱 최근에 영국으로부터 해외파견자 연구는 36개 회사를 자신의 보고서에서 해외파견자들을 기초로 8.6%의 실패율이 보고되었는데 그들은 0과 18% 사이에서 실패비율을 보고서에서 연구되었다(Forster, 1997).[83] 남자와 여자에 있어서도 역시 실패 비율이 차이가 있었다.

북아메리카 다국적 기업 686개 대부분이 조사하였는데 단 3%는 여자 해외파견자였다. 그러나 여자 중에 97%가 성공적인 할당이다(Adler, 1994).[84] 더구나, 서부지방의 남자와 여자 이주자들은 대부분이 유럽과 미국이고, 홍콩에서 일하는 것은 일반적으로 적응이 잘 되었다. 그러나 여자들은 일에 아주 잘 적응한다. 그리고 남자들은 인간간의 관계를 다루는데 있어서 심리적으로 적응이 좋아졌다(Selmer and Leung, 2003).[85] 회사는 선발과 훈련에 대한 접근을 개선해야만 한다는 것을 그들 연구는 암시하였다. 더욱 주목할 것은 선발, 훈련, 문화적인 적응에 대한 도움, 평가, 보상, 이주자들을 위한 문화적인 재돌입을 더욱 주목할 것을 해결에 포함시켜야 한다.

3. 해외파견자 선발(Selection of Expatriates)

성공적인 해외파견자들은 그들의 작업에 성과와 새로운 문화적 환경(New cultural environment)을 동시적에 적응해야만 한다. 즉 이들 요구는 기술과 사회와 함께하는 관리기술, 최고기술(coping skills) 등이 요구된다. 궁극적으로, 해외파견자들은 그들의 작업을 안전하게 하여야 하고, 새로운 문화에 안전하게 살아가는 것을 배우고, 그리고 그들의 가족들과 같이 잘 적응하도록 보장되어야 한다.

서유럽과 일본의 다국적기업은 두 가지 유형의 기술을 필요하다고 강조한다. 기술적성(technical competence)과 새로운 문화적 환경(new cultural environment)에 빨리 풍토를 익히는 능력(acclimate quickly)이다. 북아메리카 회사에서는 기술과 기술적성 양쪽 기술을 보였음에도 하나의 해외파견자들 직위에 대한 기준이 있다(Dowling et al., 1994; Mendenhall, Dunbar and Oddou, 1987; Tung, 1988).

사실은 해외 할당 몫에 대한 추천자를 선발할 때 많은 회사들은 국제 참모계획과 선택기술에 대한 근거가 적다. 예로서, 체계적으로 조직되어 있지 않은 면접과 감독자들의 참견하는 것 등이다. 우습게도, 그들의 이주자 선발 결과에서 그들의 모국문화(home cultures)에 합격하였다. 그러나 다른 문화에서는 합격을 위해 필요한 기술이 되지 않는다(Mendenhall et al., 2002).[86]

많은 경우에 행동은 해외서는 성공하지 못해도 집에서는 성공 할 수 있다. 홍콩에서 일하고 있는 미국 관리자들은 미국에서는 잘해나가는 행동 같았으나, 홍콩에 있는 중국 관리자들은 그들의 행동이 잘하지 못했다. 홍콩 중국 관리자들은 거기에는 작업성과의 성공과 그리고 관리자들 행동에 대한 미국의 표준적인 행동을 측정하는 어떤 것 간의 관계없다. 홍콩에 있는 미국 관리자에 대해서는 통합 조직이 가깝게 밀착 유지되었다. 그리고 내부구성원들의 투쟁을 해결하고, 성공에 관계하였다(Black and Porter, 1991).[87]

논리적으로 이전의 해외경험은 하나의 해외파견자들 할당에 대한 정확한 지시자가 될 것이다. 그럼에도 불구하고 연구는 적응과 효과에 대한 부정적인 경향이나, 혹은 영향이 없이 보이는 다른 것에 대해 이문화 적응에 대한 이전의 경험들을 몇몇 연구 보고서에 정확한 결론이 나지 않는 것이다(Mendenhall et al., 2002).[88] 그리고 몇몇 지역 단지 경험을 암시한 연구 중 하나는 사회문화적 적응에 영향을 줄 수 있고 그리고 시작을 넘어서 지역요구 차이에 모든 새로운 해외파견자들에 영향을 줄 수 있다.

4. 해외파견자 훈련(Expatriates Training)

일찍이 논의된 바와 같이, 해외파견자 조직은 그들의 생활을 위한 준비훈련과 해외에서 일에 대한 훈련을 할 때 더욱 성공한다. 그럼에도 불구하고, 많은 해외파견자들은 특별히 북아메리카에서는 훈련을 적게 받았거나 혹은 그들이 새로운 할당에 대해 이전에는 훈련을 하지 않았다. 그 사람들은 요약하거나 혹은 언어훈련이 포함한 약하거나 혹은 적은 경로로 훈련을 받는다. 결국 회사들은 드물게는 이문화 기술훈련을 하거나 혹은 가족 구성원을 위한 훈련을 한다(Mendenhall et al., 2002).

해외파견자들 훈련에 가장 중요한 국면은 이문화 훈련(Cross-culture Training)(CCT)이다. 이문화 훈련은 해외파견자들의 삶에 대한 준비다. 그리고 새로운 환경에 대해 극복해야 할 문화 차이에 대한 일은 새로운 직업에 대한 분배하는 것보다 더욱 많이 도전하는 것이다. 다양한 훈련방법은 이문화 훈련을 위해 유효하다. <표 8 - 6>은 사람들에 대한 윤곽과 그리고 각각에 대한 짤막한 서술이다. 하나의 조직은 이문화 훈련방법(Cross-Culture Training Method)을 3가지 선택해외파견자들의 할당에 대한 3가지 상항 요소를 기초하여 평가 선택할 수 있다. 즉 문화 신기함(culture novelty), 주인나라 국적에 대한 상호작용 정도 그리고 작업 신기함 등이다(Black and Mendenhall, 1989).[89]

문화의 신기함(culture novelty)은 새로운 문화와 이주자모국문화 간의 차이 정도이다. 이것을 측정하는 방법은 Hofstede나 혹은 Trompenaar의 문화 Framework에 2가지 문화 비교이다. 말의 차이에서 문화 신기함이 다른 국면으로 나타난다. 해외파견자의 모국어(native language)와 대단히 다른 언어

표 4-6 이문화 훈련(CCT) 방법

문화요약 (Cultural Briefings)	주인나라문화, 고객포함, 전통, 매일 행동들에 대한 중요한 국면을 설명.
지역요약 (Area Briefings)	역사에 대한 설명, 지리, 경제, 정책, 다른 주인나라에 관한 일반적인 정보 그리고 종교.
사례 (Cases)	기업에 대한 현실상황을 묘사거나, 혹은 개인 생활에 나타 생활 국면이나 혹은 주인나라 문화에 대한 일.
역할 상영 (Role Playing)	남자나 여자나 간에 주인나라 생활 형세나 혹은 일을 해야하는 상황을 실행에 대한 훈련에 임해야한다.
문화에 동화자 (Culture Assimilator)	생활이나 혹은 일하는데서 주인나라에서 마주쳐 하는 훈련생(Trainee)이라는 상항 속에서 놓여있다. 훈련은 상황의 응답으로 하나의 선발이고 이것이 만약 평가 그리고 이유라면, 피드백된다.
현장경험 (Field Experiences)	주인나라에 가는 것에 대해 훈련생을 위한 기회를 준비하거나, 혹은 생활경험에 대한 다른 낯선 문화(unfamiliar culture)와 그리고 짧은 시간 동안에 거기서 일한다.

출처: Francesco, A. M. and Gold, B. A. (2005). International Organizational Behavior. 2d Ed. Pearson Prentice Hall. p. 164.

로 말해야 할 필요성은 문화의 신기함이 나타낸다. 결국 해외파견자들의 문화에 대한 먼저 한 경험은 중요하다. 보기로서 중국에 있는 미국사람은 타이완에 할당된 이태리에 있는 미국사람보다도 문화 신기함이 적게 경험 한다.

얼마나 자주 해외파견된 나라 국민들에게 관계하여 상호작용의 정도와 지역에 대한 해외파견자의 커뮤니케이션 수준 정도이다. 중심적 문제는 빈도(frequency), 중요성(importance), 커뮤니케이션 등 이다. 결국 직업의 신기함(job novelty)은 새로운 직업기대의 포함과 직업에 대한 압박(job constraints), 직업선택권(job choices), 특별히 자유권에 대한 정도(degree of autonomy)등이다.

문화 신기함(culture novelty)은 아주 중요하다. 새로운 문화에 맞추는 것은

표 4-7 상황요소들이 이문화 훈령방법 선택에 어떻게 영향을 주나

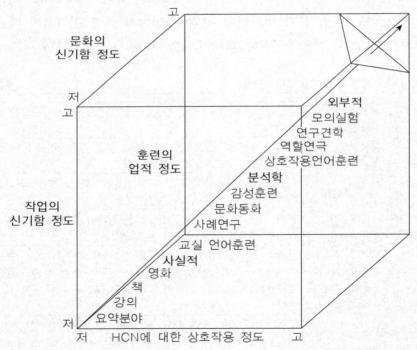

출처: Adapted from Black, J. S. and Mendenhall, M. (1989). "A Practice but Theory-Based Framework for Selecting Cross-Cultural Training Methods," Human Resource Managemant, 28(4), 511-539.

다른 두 가지 요소에 대한 조정보다 더 도전적이다. 보다 큰 문화 신비함, 주인나라 국민들과 같이 상호작용이 더욱 필요하고, 그리고 보다 직업 신기함, 그리고 이들에 대한 필요는 이문화 훈련(CCT)을 더욱 증가하는 것이 필요한 것은 사실이다. 앞의 <표 4 - 7>에서 이문화 훈련방법(cross-cultural training)의 선택 영향요소들을 나타내었다.

엄격히 이문화 훈련(CCT)을 잘 받아들인 미국사람 해외파견자는 그들이 새로운 문화에 적응되고, 출발 전(pre-departure)과 도착 후(post-arrival) 양쪽을 잘 느끼고 엄격히 이문화 훈련(CCT)을 잘 받아들이는 미국이주자는 새로운 직업이 더욱 빨리 숙달된다. 이문화 훈련의 가장 높은 수준을 가진 해외파견자 (expatriates)는 보다 큰 작업 만족(job satisfaction)을 경험한다(Eschbach, Parker and Stoebel, 2001).[90]

5. 이문화 적응(Cross-Cultural Adjustment)

새 나라 이동은 흥미로우나 스트레스가 될 수 있다. 스트레스(stress) 수준은 해외파견자가 재배치에 빨리 맞추지 못하면 근강이 고장(health breakdown) 나기 때문에 90% 변화를 만들 수 있다(coyle, 1988).[91] 해외파견자와 그리고 그들 가족은 그들의 새로운 환경에서 익숙되는데 시간이 필요하고 그리고 거기에서 안전하게 살아가는데 시간이 필요하다. 그들이 도착했을 때 새로운 것은 흥분이다. 그러나 몇 달 후에 문화를 많이 경험한 뒤에, 해외파견자는 좌절을 느끼거나 혹은 혼돈을 느끼거나 할 것이다. 이들 느낌이 문화의 충격(culture shock)이다.

해외파견자들이 편안하고 그리고 문화에 관해 더 많은 이해를 하고, 도착한지 3개월에서 6개월 뒤, 문화 충격은 떨어지고 그리고 그들은 더 많은 정상적인 느낌을 경험할 것이다(Adler, 1997).[92] <그림 4 - 17>은 문화 충격을 도식한 것이다.

해외파견자들은 새로운 작업 상황, 지역과 상호작용, 그리고 새로운 일반 환경 등에 적응된다(Black and Gregersen, 1991).[93]

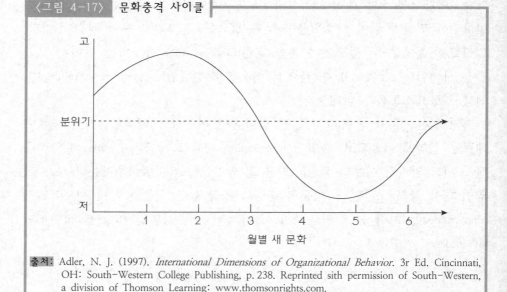

<그림 4-17> 문화충격 사이클

고

분위기

저

1   2   3   4   5   6

월별 새 문화

출처: Adler, N. J. (1997). *International Dimensions of Organizational Behavior*. 3r Ed. Cincinnati, OH: South-Western College Publishing, p. 238. Reprinted sith permission of South-Western, a division of Thomson Learning: www.thomsonrights.com.

회사에서는 해외파견자들에 대한 준비지훈련과 이전에 그들의 가족들과 할당 사이에 맞추는 것을 촉진할 수 있다(Black and Mendenhall, 1990).[94] 작업 필요 조건을 명확히 만들고 그리고 선임자의 결정한 것을 따른다(Black and Gregersen, 1991).[95] 이것은 만약 회사 먼저 도착한 집에 대해 정돈할 수 있다면 역시 돕는 것이고, 그리고 외국지역에 유용한 참모를 후원하고, 그리고 Visas와 노동허가(work permits) 같은 외국정부 문제들을 해결하는데 도움을 준다(Shaffer, Harrison, Gilley and Luck, 2001).[96]

적응이 효과적인 성과를 달성할 수 있는 해외파견자들은 지역에도 같으나 이것은 항상 맞는 것은 아니다. 어떤 경우에서는 적응이 어려울 때도 있다. 그리고 대부분에는 문화 충격이 성과에 효과적으로 경험을 할 것이다. 해외파견자들이 과업성과에 감독자들에 결과 특성을 지각하는 기술과 개인관계가 예민한 것과 같은 것은, 역시 문화적인 조정에 긴장을 많이 만드는데 공헌한다(Thomas, 1998).[97]

6. 해외파견자 평가(Expatriate Evaluation)

해외파견자 관리자들에 대한 성과 평가는 특별히 다르다. 해외에서 작업은 국내에서 보다 더 많은 것이 포함되어 있다. 관리자들은 종종 상담역을 믿는다. 훈련자(trainer), 고장 수리(troubleshooter), 혹은 할당된 작업책임에 첨가하는 길을 걷는다. 새 문화 경영하는 방법차이 그리고 종종 새로운 말 등이 해외파견자들 평가에 영향을 주는 많은 요소들에 적합시킬 필요가 있다. 선임 해외파견자의 관리자들은 자회사에 대한 재정성과를 종종 포함시키는 부분이다.

관리자들의 통제에 많은 외부 요소들 즉 지방 세금비율, 화폐변동비율(currency rate fluctuations), 혹은 지방 노동법, 특별한 비방에 대한 조직의 재정적 성과 등이다. 보기를 들면, 칠레에서 일하는 미국 해외파견자들은 몇 달 동안 그들 공장을 폐쇄하여 파업을 정지시킬 수 있다. 같은 때에, 변동에 비율, 자회사는 판매에 대한 내림세를 경험한다.

이 관리자를 평가할 때, 본부에서는 파업을 피하는 그의 성취는 모르는 결정이다. 그리고 그 대신 평균비율 보다 조금 좋게 그에게 판매 자료에 초점을 둘 것이다(Oddou and Mendenhall, 1995).[98] 이런 상항 속에서 본국 사무실에서는 모든 내부 요소들에 공평하게 무게를 재지 못한다. 미국 다국적 회사의 연구에서 해외파견자 성과 평가가 보다 높다는 것이 다음과 같이 정확히 인식되는 것을 발견하였다.

(1) 회사들이 사용하는 표준이 지방 상황을 위한 주문에 맞춘 평가모양이 표준화된 것을 사용할 때이다. (2) 평가는 일 년에 1번 내지, 2번 지시할 때이다. (3) 평가자가 비율을 닫을 때 그리고 (4) 주인나라의 내부와 외부로부터 평가자들의 균형이다. 그럼에도 불구하고, 많은 나라에서는 이들 실행을 실제적으로 따르는 회사는 많지 않다. 이것은 아마, 그들이 사용하는 절차보다도 그들은 더욱 많은 시간과 방책을 요구한다(Gregersen, Hite and Black, 1996).[99]

7. 해외파견자 보상(Expatriate Compensation)

재배치(relocating)에 대한 비용과 그들이 모국 밖에서 생활하기 위한 해외 파견자 보상은 일반적으로 지역에서 고용하는 것보다도 일반적으로 더 많은 비용이 든다는 것이다. 그러므로 조직에 해외파견자들의 수는 영향을 받는다. 하나의 미국인 해외파견자를 London, Brussels, Tokyo 그리고 Riyadh(사우디 알라비아 수도)에 파견에 비용을 포함한 것을 나타내었다.

8. 글로벌 이동성에 대한 변화

교차에 접하는 고용자 이적(Cross-border employee transfer)의 새로운 유형 글로벌 보고서 모든 지방 175개 회사의 보고서는 널리 보급되었다(Cendant Mobility, 2002).[100] 회사에 3백 4십만명 근로자들과 2십만명보다 많은 근로자들이 세계적으로 이동하였다. 인적자원관리자들은 이들 중에는 1년 혹은 오랫동안 다른 나라로부터 교차에 접하는 이적 자들이 44% 포함되었다는 것을 이들 회사들은 지적하였다. 그러나 그들은 그 수가 내려가기를 원했다. 인적자원관리자들은 단기적인 재배치를 믿었다. 1년 혹은 6개월로부터 기업여행이 연장되었다. 그리고 교차에 접하는 연구적으로 지역 상태는 증가되는 고용자들 할당으로 교차에 접하는 이동이 증가할 것이다. 이들 변화의 이유는 노동입안의 수요가 증가, 권리 박탈, 새로운 운영 그리고 재구성 때문이다.

organizational behavior

제 9 장 국제조직몰입

경영자들은 누구나 조직몰입이 구성원들의 성과에 미치는 범위를 고려할 수 있어야 한다. 그래서 관리자들은 이들의 구성원들의 각각의 조직몰입에 관계되는 결과에 강한 영향을 미칠 수 있다. 경영자들은 리더십으로 이들 결과에 긍정적인 영향을 어떻게 미치게 할 것인가를 생각해야만 한다. 조직몰입 (commitment)은 낮은 이동률과 이문화성과 개선간에 긍정적인 결과를 창조한다. 그러므로 어떻게 몰입 개발(commitment development)을 일반 조직 구성원들에게 할 것인지? 일반적으로 관리자들은 긍정적인 작업환경 준비에 의해 고용자들의 몰입을 향상시킬 수 있고, 작업의 성과를 명확하고 깨끗하게 이해하고 훌륭한 봉급, 승진기회를 향상시킬 수 있다.

그리고 조직들은 각각의 긍정적인 결과는 조직의 작업환경에 관계된다. 그리고 긍정적인 결과는 조직이 마음을 끄는데 도울 수 있게 하고, 그리고 글로벌 환경에서의 경쟁에 고품질의 종업원들을 유지하는데 요구된다. 몰입의 3가지 유형인, 효과, 존속 그리고 규범적인 우선과 결과는 다르게 나타난다. 이들 중에 대부분은 같은 이문화이다. 그러나 거기에는 역시 문화가 다르다. 권력차이, 불확실성 회피와 개인주의/집산주의는 몰입(Commitment)의 다른 유형 수준 차이에 영향을 줄 수 있다. 중국사회의에서 몰입연구에서, 관계에 대한 역할이 중요한 것이 암시되었다. 그리고 감독자의 몰입은 조직에 대한 영향을 줄 수 있는 것을 암시하였다.

1. 무엇이 조직몰입(Commitment)인가?

근래 글로벌 조직에서 더욱 현저한 문제들 중의 하나가 조직몰입(organizational commitment)이다. 이들 문제는 역시 고용주(employer)와 고용자(employee) 간의 관계가 기본적이다. 조직몰입에 대해 관리자들과 조사자들은 어떻게 문화들이 그들에게 영향을 주었는지에 대한 연구는 단지 과거 몇 년 전에 생각하기 시작했다. 그럼에도 불구하고 조직몰입은 회사 어느 곳에서나 경쟁에 영향을 미칠 것이라고 생각하기 때문이다. 조직몰입(organizational commitment)은 애착심(attract)을 가지게 하는 것은 작업자들에 대한 글로벌 경쟁에서 근로자들의 효과를 얻기 위해서 중요하다. 연구자들은 종업원들에 몰입(commitment)을 창조하는 조직전략은 경쟁의 이점과 재무적인 성공을 이끌 수 있다는 것을 지적하였다(Mowday, 1998).[101]

많은 연구에서 조직몰입이 생산성과 조직유효성을 만드는 변인으로서 증명됨에 따라 조직 관리자는 구성원들은 조직몰입에 영향을 주는 요인이 무엇인가를 알아보는 것이 중요하다. 일반적으로 조직몰입은 종업업원 자신이 속한 조직에 대하여 충성심을 느끼는 정도를 말한다. 즉 어떤 특정한 조직과 개인이 일체감을 갖으며, 조직에 깊이 관여하는 상대적인 힘으로 관주될 수 있다.

2. 조직몰입에 대한 개념

조직몰입은 개인의 태도와 행동의지의 결합으로 정의되어 왔다. 구체적으로 조직몰입은 특정조직에 연결된 개인의 정체성과 몰입의 상대적인 강도 또는 조직을 위해 노력하고 조직에 머무르려는 의지이다. 이에 따라 종업원개인의 직무에 대한 태도를 측정하는 직무만족에 대한 지표보다는 종업원이 조직에 대한 애착심을 가지고 헌신하려는 의사가 있는가를 보여주는 것으로, 몰입의 개념은 종업원의 직무성과, 결근, 이직을 결정하는 잠재적 요인으로 보는 경향이 더 많다(Ferris, K. R. and Aranya, N., 1983).[102] 조직몰입을 정의한 대표적인 학자를 보면, 다음과 같다.

Shelden(1971)[103]은 "조직몰입은 조직에 대한 긍정적인 평가와 목표를 지향해 일하려고 하는 의사"라고 정의하였다. 그리고 Kanter(1968)[104]는 몰입을 조직에 대한 충성심과 에너지를 제공하려는 사회적 행위의 의사표시라고 정의하였다. Hall, Schneider, and Nygren(1970)[105]은 조직몰입은 조직의 목표와 개인의 목표가 점차 통합되거나, 일치해가는 과정이라고 정의하였다. Hreviniak and Alutto(1972)[106]는 조직몰입은 시간에 따라 부차적으로 하는 내기 또는 투자의 변화와 개인 조직 간의 거래의 결과로서 발생하는 구조적 현상으로 파악하고, 다른 조직에서 봉급인상, 지위, 전문자유직종 등 기회가 있어도 자기가 속하고 있는 조직을 떠나려고 하지 않은 의지로 정의하였다.

Meyer and Allen(1984)[107]에 의하면 조직몰입은 태도에 다수의 하부개념이 존재하고 이러한 하부개념은 다양한 행위로 나타나는데, O'Reilly Ⅱ and Chainman(1986)은 개인의 태도변화를 위해 조직이 개인에게 영향을 줄 수 있는 3가지 심리상태를 제시하고, 첫째, 가치내면화, 둘째, 동일시하는 감정, 셋째, 외면적동조 등과 같은 심리적인 상태 때문에 개인이 조직에 남아있게 된다고 하였다. 가치내면화는 개인과 조직이 동일한 가치관을 소유하고 있는 사실에 기초를 둔 심리상태를 말한다, 그리고 동일시한 감정은 개인이 조직과 만족한 관계를 유지하고 싶은 소속감에 대한 만족에 기초를 둔 심리상태이다. 마지막으로 외면적 동조는 외부적인 보상에 기초하여 태도나 행동을 받아들이는 심리상태라고 하였다.

Gibson, Ivanicevich, and Donnelly, J. R.(1972)은 조직몰입은 조직과 자신을 동일시하여 회사에 대한 충성심 그리고 조직 내의 역할 몰입이라고 정의하였다. 그런데 Steers and Porter(1983)[108]는 조직몰입의 개념을 조직에 대한 구성원의 행동에 중점을 두는 행동적 접근 방법이 있지만, 대체로 조직몰입은 조직에 대한 구성원들의 태도로 보고 있다. 즉 조직구성원들의 태도를 중심으로 한 조직몰입의 정의를 요약하면, 3가지 특징으로 요약할 수 있다. 첫째, 조직의 목표와 가치에 대한 강한 심념과 수용, 둘째, 조직을 위해서 최선의 노력을 다하려는 의지, 셋째, 조직구성원이 되려는 강한 욕구를 가지는 것이다. 그러므로 몰입은 조직에 대한 소극적인 충성이상의 것으로 조직구성원이 조직발전에 적극적으로 기여하려는 것과 같은 조직관계가 몰입에 포함되어 있다.

3. 조직몰입의 이론적인 접근방법

조직몰입에 대한 이론적인 접근방법은 기대론적인 접근방법(expectancy theoretical approach), 태도적인 접근방법(attitudinal approach)과 행동적 접근방법(behavioral approach) 등 3가지로 대별할 수 있다.

1) 기대론적인 접근방법

기대 이론적 접근방법은 조직몰입을 조직을 떠나지 않은 성향으로 정의하고 있다. 이을 주장하는 학자들은 March and Simon의 "공헌 – 유인의 균등이론"과 Homans, Becker의 "부수적 투자이론"(side bests theory)[109] 등이다. 이들 연구자들은 조직몰입은 조직을 떠나지 않으려고 하는 성향으로 보고, 이러한 성향이 나타나는 이유는 조직에 머물고 있는 것이 조직을 떠나는 것보다 더 낳은 이득이 있기 때문이라고 보고, 인간은 어떤 행동을 함으로서 발생될 노력과 보상을 비교하여 타산이 맞거나, 이익이 큰 방향으로 행동하게 된다. 혹시 손실을 예상하면서도 행동을 옮기는 경우에는 그것을 현시점에서 중단할 경우 감수해야 할 매몰비용(sunk cost)은 확실하기 때문에 크게 보이고 행동을 계속해서 받게 될 손실은 불확실하기 때문에 적게 보이므로 손실이 적은 쪽으로 택하여 손해가 될 행위를 계속한다는 데에 이론적인 근거를 둔다.

2) 태도적인 접근방법

태도적인 접근방법은 조직몰입을 지지하는 대표적인 학자들은 Kanter, Buchanan, Katz & Kahan Mowday, and Allen & Meyer 등을 들 수 있다. 이들은 조직몰입을 조직구성원들이 속하는 조직에 노력과 충성을 기꺼이 받치려는 의욕, 개인의 존재를 조직과 결합시키려는 태도, 조직목적을 수용하려는 신념 등을 강조하고 있다. 따라서 태도적인 접근방법은 조직구성원들의 심리적 과정을 중시하는 견해라고 볼 수 있다.

3) 행동적인 접근방법

행동적인 접근방법은 조직몰입을 태도나 의도로 보지 않고, 행동 그 자체만 보고 접근한다, 주장하는 학자들은 Salancik, G. R., Steers, R. W. Caldwell, D. and Kline & Peters, C. J. 등을 들 수 있다. 이들의 주장은 조직몰입은 한 개인이 그의 행동에 구속되어가고 이런 행동을 통하여 그의 활동과 몰입을 유지하여 주는 신념이 결속되는 정도에 따라 좌우된다고 주장한다. 이와 같이 조직몰입을 태도나 의도로 보지 않고 행동자체로 파악하여 자신을 결박시키는 과정이라고 정의하였다.

이러한 집착은 개인의 어떠한 행동으로 시작한 후에 그 행동이 이미 널리 알려졌거나, 돌이킬 수 없는 사실 때문에 더욱 집착하려는 태도가 증가했을 때 나타나는 것인데, 결국은 태도가 행동에 영향을 미친다기보다는 태도와 현재 행동이 일치하려는 욕구 때문에 행동이 태도를 강화하고, 이것이 다시 현재의 행동을 일치시키려는 욕구 때문에 행동이 태도를 강화시키고, 이것이 다시 현재의 행동을 강화시킨다고 보았기 때문에 다분히 강조한다. 이와 같은 견해는 지나치게 행동만을 강조하여 신념, 태도, 가치 등이 스스로 행동에 영향을 줄 수 있다는 점을 간과하였다.

4. 조직몰입의 영향요인과 결과 요인

(1) 조직몰입의 영향요인

조직몰입이 생산성과 조직유효성을 향상시키는 변인으로 증명됨에 따라 국제조직 관리자는 구성원들의 조직몰입에 영향을 주는 요인이 무엇인지를 알아보는 것이 매우 중요하다. 많은 선행연구에서 조직구원에 따라 조직몰입에 영향을 미치는 변인들은 다르게 나타나는 경향이 있었다. 선행연구에서 조직몰입 영향요인을 개인적 특성, 역할관령요인, 구조적 요인, 작업경험 요인으로 나눌 수 있다. 첫째, 개인적 특성이다. 조직몰입에 영향을 미치는 개인특성 변수는 인간의 행동이나 사고가 굉장히 복잡하고 다양하기 때문에 이에 관한 연구도 광범위하다. 현재까지 연구된 요인들에는, 연령, 근무기간, 교육수준, 성별, 인적 및 성격요인, 결혼여부, 자아상, 가치 등이다(Angle, H. and Perry, J., 1981).[110]

특히 연령과 근무기간은 조직몰입과 일반적으로 상관이 있다고 밝혀졌다. 그리고 나이가 많다는 것은 근무기간이 오래되었다는 뜻이므로 조직에 투입한 것이 많아져 현 조직에 매력을 느끼게 된다는 것이다. 교육은 조직몰입과 대체적으로 상관이 있다고 하는데 이러한 관계는 교육수준이 높은 사람들의 기대 수준이 높은데 반해, 조직에서 그들의 기대를 충족시킬 수 없기 때문이라고 볼 수 있다. 이상 선행연구와 같이 대체로 역할특성과 조직몰입과 부의 상관관계를 가지고 있으며, 정도에 차이는 있지만 연령이 높을수록, 근속기간이 길수록, 지위가 높을수록 조직몰입이 높다.

둘째, 역할요인은 조직몰입에 영향을 주는 역할요인 중에서 역할 갈등과 역할모호성이 있다. Morris, J. and Sherman J. D.(1979).[111]는 역할갈등이나 역할모호성은 모두 조직몰입과 역관계가 있다고 하였으며, 또 다른 연구에서는 과중한 역할의 부여와 조직몰입은 강한 역관계가 있다고 하였다. 한편 조직영역 또는 직무특성과 조직몰입과의 관계에 대한 연구결과도 많은데 그 기본적 인가설은 직무영역이 증가할수록 조직몰입은 높은 것이라는 것이 타당하다는데 입증되었다고 하였다. 그리고 직무도전성에는 일이 지루하거나 반복적이지 않고, 흥미롭고 해 볼만한 것이다.

개인의 교육수준과 능력에 적당한 것이며, 직무에 대한 어느 정도 자율성이 보장된 경우에 느끼는 것으로 직무특성, 자율성, 정체성 등이 높을 때, 직무에 대한 도전성이 높아진다고 본다. 직무 도전성과 조직몰입과의 관계는 정의 상관관계가 있어 직무도전성이 높을수록 조직몰입이 높아진다.

셋째, 구조적요인은 조직구조가 조직몰입에 미치는 영향을 분석하는 연구는 비교적 최근에 고찰된 새로운 영역에 속한다. Stevens, Beyer and Trice (1978)[112]는 조직구조가 직무만족 등과 같은 태도에 미치는 영향을 분석하였다. 그들은 조직규모, 노동조합의 유무, 통제의 폭과 권한의 집중 등 4가지 구조변수와 조직몰입과의 관계를 연구했지만 유위성이 입정된 구조변수들은 없다는 것으로 연구되었다.

이들은 그 후에 구조변수를 공식화, 기능적 의존성, 분권화, 복지범위, 통제범위, 작업규모 등과의 상관관계를 조사한 결과로서, 규모, 복종범위, 통제의 폭은 조직몰입과의 상관이 없는 반면, 공식화, 기능적인 의존도와 분권화는 상관관계가 있어서 경험한 종업원들이 경험하지 못한 종업원들에 비해 조직몰입을 입증하였다. 넷째, 작업경험은 조직구성원을 사회화시키는데 중요한 힘이다. 그리고 개인을 조직에 심리적으로 밀착하게 만드는 영향요인이라고 할 수 있다. 작업의 경험자로서 집단태도, 조직이 개인존중, 기대실현, 개인이 느끼는 조직에 대한 자신의 중요성을 들고 있는데, 연구결과에 의하면, 작업경험변수가 조직몰입을 강화하는 데 가장 많은 영향을 미친다고 하였다.

(2) 조직몰입의 결과요인

조직몰입이 높은 조직 구성원들은 결근이나, 지각이 적어지고, 직장이직률이 낮아진다. 그리고 구성원들의 직무만족도가 높고, 동료관계도 원만하고, 창의적이며, 혁신적인 조직행동이 나타난다. 선행연구 결과변수들을 보면, 직무성과, 결근율, 지체하는 율, 이직률 등 4가지로 설명하였다.

첫째, 직무성과는 조직몰입 변인에 따라 유의한 것으로 나타났으며, 조직몰입과 직무성과 간에 높은 상관관계를 갖지 않기 때문에 조직몰입보다도 직접적으로 영향을 미치는 요인은 조직구성원의 직무에 대한 많은 노력이라고 할 수 있다. 그리고 직무성과에 영향을 주는 또 다른 변수로서 동기수준, 역할의 명확성, 능력 등을 들 수 있다.

둘째, 출석률은 조직몰입이 높은 종업원은 조직목표달성을 용이하게 하기 위해서 보다 출석을 잘한다. 그러나 비록 종업원이 주어진 직무과업을 즐기지 않는다 하더라도 이러한 동기는 존재할 수 있다. 한편 종업원의 몰입은 어디에나 존재하며 내적압력이 적을수록 종업원들의 참여율이 높아진다.

셋째, 지체하는 율은 조직몰입이 높은 종업인일수록 조직에 대한 그들의 태도와 일관된 행동을 한다. 일을 지체하거나, 머뭇거리지 않고, 제제시간에 끝내는 것도 이러한 행동의 한 가지 예라고 할 수 있다.

넷째, 이직률은 조직구성원들이 이직가능성이란 조직구성원들이 현 작업조직을 떠나 자신들이 원하는 다른 작업조직에 고용될 수 있는 가능성이다. 이러한 가능성이 적다면, 현 작업조직에 몰입할 가능성이 매우 높다.[113] 이는 대부분의 구성원들은 작업조직에서 동료들과 우정을 나누는 장소이다. 그러므로 사회적인 관계형성이 이루어진다. 조직몰입이 높을수록 종업원의 이직률이 낮아질 것이라는 점이다. 조직몰입은 증가되는 시간이 흐를수록 종업원의 근속연수가 증가된다. 이상과 같이 조직몰입은 조직성과나 생산성 등 조직유효성에 중요한 요인이 되기 때문에 이들 연구가 지속되는 것이 아주 중요하다. 조직몰입은 특별한 조직에 대한 고용인들의 애착(employee's attachment) 느끼게 하는 것은 조직에 대한 고용자들을 머무르게 하고 그리고 다른 고용자들의 행동에 긍정적으로 가지게 하는데 영향을 주기 때문에 중요하다(Allen and Meyer, 1996). 조직몰입의 유형에는 효과적 몰입(affective commitment), 계속적 몰입(continuance commitment) 그리고 규범적 몰입(normative commitment) 등 3가지 다른 형태가 있다.

첫째, 효과적인 몰입은 고용자들이 조직에 몰두되고(involved) 그리고 이것에 대한 애착의 감정을 느낄 때를 그들이 확인할 때, 효과적인 몰입을 가진다. 고용자들이 효과적인 몰입을 경험했을 때, 회사에 대한 그들의 일은 그들이 좋아하고 그리고 부서를 원하기 때문이다. 둘째, 계속적 몰입은 그들이 하나의 조직에 남아 있는 것이다. 그들은 만약 그들이 떠난다면, 그들은 잃을 것이라는 실감을 하기(realize) 때문이다. 보기를 들면, 그들은 그들이 퇴직하면, 은퇴에 대한 이익을 포기를 한다. 계속적인 몰입을 하는 고용자들은 고용주와 같이 머물게 된다. 그렇게 해야만 하는 것을 그들은 느끼기 때문이다.

셋째, 규범적 몰입은, 규범적인 몰입을 가진 사람들은 회사에 나아서 의무(obligation)을 느끼고 그리고 고용자들은 그들의 고용주에게 충성할 것을 믿는다. 몰입유형을 가지는 사람들에 의해 표현을 유형으로 나타낸 것을 보면 <표 4 - 8>과 같다.

표 4-8 조직몰입의 3가지 유형에 대해 관계 되는 고용자들의 느낌

몰입유형	대표적인 느낌
효과적 몰입	나는 이 조직에서 나의 직업에 대해서 오래 머물러 보내는 것이 대단히 행복할 것이다. 나는 나의 조직에 소속에 대해 강한 감정을 느낀다. 이 조직은 나을 위해 강한 인간적으로 위대하게 처리한다.
지속적인 몰입	만약 지금, 내가 나의 조직을 떠나가기를 원한 것이 결정했다면, 나의 생활은 너무 파괴될 수 있다. 나는 역시 이들 조직을 떠나는 것을 고려했던 것을 나는 느꼈다. 이들 속에서 나의 자신을 두지 않았다면, 다른 곳에서 일을 고려해야만 한다.
규범적인 몰입	비록 그것이 나에게 유리할지라도 내가지금 조직을 떠나는 것이 옳다고 느껴지지 않는다. 내가 지금 조직을 떠나는 것은 느낀다면 죄라고 느낄 것이다. 지금 내가 바로 조직을 떠날 수 없다면 나는 사람들에 대한 의무감을 가다.

출처: Adapted from Meyer, J. P., Allen, N. J. and Smith, C. A. (1993). "Commitment to Organizations and Occupation: Extension and Test of a Three-Component Conception," Journal of Applied Psychology 78, 538-551.

| 표 4-9 조직몰입의 원천 | | |

효과적 몰입	계속적 몰입	규범적 몰입
인간성격	인간 성격	인간 성격
일 경험	인기 있는 일을 택한다	사회적인 경험한다
	고용자들은 조직에 투자 한다	조직이 개인에 투자함

출처: Adapted from Meyer, J. P., Stanley, D. J., Herscovitch, L. (2002). "Affective, Continuance, and Normative Commitment to the Organization: A meta-Analysis of Antecedents, Crrelateds, and Consequences." Journal of Vocational Behavior, 61, p. 22.

5. 조직몰입이 어떻게 발전되었는가?

몰입의 각 유형은 구별되기 때문에 다른 근원으로부터 발달되었다(Allen and Meyer, 1996). 이와 같은 근원은 <표 4-9>에서 나타난다. 고용자들은 편안하게 그리고 조직에서 유능 감을 느낄 때 몰입은 효과적으로 발달된다. 보기로서, 관리를 잘 받아들이고 그리고 조직에 의지하는 것은 회사 내에서 쉽게 일하는 사람을 만들고 그리고 효과적인 몰입을 창조할 수 있다(Allen and Meyer, 1990).[114] 고용자들은 회사가 도전적인 일을 그들에게 줄 때, 유능감을 느낀다. 어려우나 목표를 달성할 가능성이 있고, 그리고 그들이 어떻게 성과를 달성했는지에 관해서 피드백할 때 몰입 효과를 이끌다. 그들의 효과적인 몰입의 대부분은 고용자들의 일 경험에 대한 관계 요소는 영향을 미친다(Meyer, Stanley, Herscovich and Topolnytsky, 2002).[115] 보기로서, 조직이 그들의 후생복리를 걱정하고, 그들이 효과적인 몰입을 발달시키는 것을 고용자들이 믿을 때이다. 고용자들을 공정하게 대우하고 그리고 강한 리더십 준비는 회사에 대해두 가지 생각은 그들 관계에서 볼 수 있다(Meyer et al., 2002).[116]

사람들은 그들이 일하는 회사에서 실질적으로 그들이 투자를 하는 그들의 실현처럼 사람들은 지속적인 몰입을 구축하거나, 혹은 거기에는 다른 곳에서는 일할 기회가 제한되었다. 이것은 근로자들이 조직에 남아 있어야하는 것을 느낄 때 일어난다. 그들은 떠난다면 많은 손실을 보고거나, 혹은 그들의 작업이 적당히 작업을 못하기 때문이다. 보기로서, 작업시장(job market)이 약할 때나(Allen and Meyer, 1990), 혹은 그들의 기술이나 교육이 다른 직업을 바꾸는 데 고용자 어려울 때 지속적 몰입은 보다 높다(Meyer et al., 2002). 최종적으로 일차적인 사회과정의 부분처럼 개발한다. 조직에 있어서 의무에 대한 느낌은 양친의 태도와 같은 고용으로 가족과 같은 가족경험으로부터 오고, 그리고 그들은 조직에 대한 사람들에게 약간의 빚지고 있다고 느끼게 만드는 사람들의 경험으로부터 온다(Allen and Meyer, 1996). 보기로서, 만약 회사에서 MBA 프로그램에 회사가 등록금을 지불했다면, 이것은 지속적인 규범적 몰입을 끌 수 있게 한다. 고용자들을 회사에 머물 것을 느끼게 한다. 그래서 다른 곳에 계약을 하지 않도록 한다. 역시 인간적인 요소는 몰입에 여향을 미친다.

늙은 사람들과 하나의 조직에서 같이 있거나, 혹은 오랫동안 같은 직위에서는 몰입의 모든 유형이 보다 높은 수준을 더 많이 가지는 것 같다(Meyer et al. 2002). 보기로서, 오랫동안 회사를 위해 일하는 사람들은 작업을 정확하게 시작하는 사람들보다 지속적인 몰입이 발달하는 것 같다.

6. 국제조직에서 조직몰입이 조직행동에 어떤 영향을 주는가?

몰입은 조직과 고용자들에 대한 양쪽에 중요하게 고용자들 행동에 영향을 미친다(Meyer et al., 2002). 이에 대한 보기는 <표 4-10>과 같다. 조직이 그

표 4-10 조직몰입은 고용자들 작업행동에 어떤 영향을 미치는가?

효과적 몰입	계속적 몰입	규범적 몰입
낮은 이직 긴장과 그리고 사실상 이직	낮은 이직 긴장과 그리고 사실상 이직	낮은 이직 긴장과 그리고 사실상 이직
높은 작업 성과와 그리고 조직신민 행동. 높은 출석률	낮은 작업 성과와 조직시민행동에 영향이 없음. 출석률에 대한 영향이 없음.	높은 작업 성과와 그리고 시민조직행동(OCB). 출석률에 영향 없음.
낮은 스트레스와 일과 가족 충돌.	가높은 스트레스와 일과 자정 충돌.	일과 가정에 대한 충돌 영향이 없음.

출처: Meyer, J. P., Stanley, D. J., Herscovitch, L., and Topolysky, L. (2002). "Affective, Continuance, and Normative Commitment to the Organization: A Meta-analysis of Antecedents, Correlates, and Consequences," Journal of Vocational Behavior, 61, 20-52.

들 고용자들의 조직몰입에 관계하는 이유 중 하나는 몰입이 작업성과에 영향을 주기 때문이다. 높은 효과를 가진 노동자들과 규범적인 몰입은 일반적으로 성과가 좋고 그러나 계속적인 몰입을 가지는 종업원들은 낮은 작업성과를 가진다(Meyer et al., 2002). 이것은 사람들은 조직에서 일하는 것을 좋아하기 때문에 이것은 성과에 긍정적인 충격을 가진다. 그럼에도 불구하고 그들이 다른 선택을 가진 것이 없기 때문이다. 그들은 흥미가 부족하고 그리고 그들의 일을 하는데 최소한의 필요한 것만큼만 한다.

그리고 몰입은 조직시민행동(Organizational Citizenship Behavior: OCB)에 관계된다. 이는 공식적인 작업 일부가 아닌 것을 조직을 위해서 고용자들이 하는 일이다. 보기를 들면, 그들의 길 주변에서 새로운 동료를 발견하여 돕는다. 사람들은 보다 높은 효과를 가진 사람과 그리고 규범적인 몰입은 더욱 시민조직운동을 하는 것 같다. 그러나 계속적인 몰입은 충격을 가지지 않은 것 같이 보인다(Meyer et el., 2000). 효과적인 몰입이나 혹은 규범적인 몰입이 높은 고용자들은 조직을 돕는 일을 하는 것을 원한다. 그럼에도 계속적인 몰입은 어떤 사람들을 머물게 한다. 능력이나 어떤 것을 특별히 잘 할 수 있는 결과 때문이다.

조직몰입의 부족에 의해 창조된 여러 가지 문제 중 하나는 고용자들 이직이다. 몰입이 낮을 때 고용자들은 그들의 직업을 떠나는 것을 생각하거나, 혹은 떠난다(Allen and Meyer, 1996). 고용자들이 새로운 직업을 찾을 때, 그들은 어느 것이든 찾거나 그리고 그만두거나, 매력이 없는 것을 발견하거나, 어느 것이든 하나를 찾는다. 고용자들이 떠나려는 결정이 되었을 때, 재무적이나 심리적인 손실을 생긴다. 즉 회사는 새로운 종업원을 얻기 위해 모집, 선발, 훈련시키는데 많은 돈이 든다. 그리고 다른 고용자들에 대해 혼란(demoralized)시킨다.

다른 중요한 문제는 좌절되는 고용자들이다. 그들은 감정이 떠날 수 없거나 혹은 정신적으로 움츠려 있기 때문이다. 결과적으로 그들은 종종 일로부터 결근하거나 혹은 의욕이 감소된다. 그리고 그들 작업에 노력한다(Russ and McNeilly, 1995).[117] 조직성과에 대한 충격을 더하면, 몰입은 고용자들의 개인적인 근강과 복지(well-being)에 영향을 줄 수 있다(Meyer et al., 2002). 효과적인 가장 높은 몰입을 가진 사람들은 가장 적은 스트레스를 가진다, 그리고 일과 가족과 충돌이 적다. 그러나 계속적인 몰입을 가진 이들은 정반대의 경험을 한다. 효과적 몰입은 스트레스를 낮출 수 있고 그리고 충동을 피하게 도울 수 있게 조직 쪽으로 긍정적인 느낌이 온다. 그러나 사람이 회사에 머물게 억지로 시키는 것을 느낄 때는 반대현상이 일어난다.

Royal Dutch Shell은 글로벌에너지회사를 보기를 들면 영향을 주는 조직몰입은 조정정책이 어떤지를 설명하였다. 조직몰입은 고용성과에 영향을 주었다. Shell은 1970년대, 1980년대 그리고 1990년대를 통해 조직은 높이 성공했다. 그럼에도 불구하고 1990년대까지 최고 경영자는 미래에 대한 비전을 창조할 수 없었다. 회사는 기업전략은 시대에 뒤진(outdated) 접근을 개발을 고집하였다. 그리고 인적자원관리 변화정책은 고용자들을 위한 관계가 부족한 것으로 지적되었다(Boyle, 2002).[118] 이러한 요소들은 종업원들의 조직몰입에 부정적인 충격을 주는 것에 결합되었고 그리고 낮은 성과의 결과가 되었다.

Shell은 1998년 관리에 대한 강한 충격을 받아 역사상 나쁜 결과를 가졌다. Consultants(경영진단사)의 도움을 받아 Shell의 경영은 구조조정을 하였고 그리고 조직몰입의 재건축을 돕는 새로운 정책을 소개하였다. 2000년까지 이윤은 개선되었고, 그리고 Shell은 긍정적인 방침으로 이동했다.

7. 문화와 조직몰입

조직몰입 연구는 1990년대까지 북아메리카에 있는 종업원들에 초점을 두었다. 이 시기는 글로벌과 국제 관리자들이 세계 다양한 지역에 고용자들의 태도를 이해할 필요성이 증가했기 때문에 연구자들은 "국제적인 면(international phase)"으로 이동했다(Boyacigiller and Adler, 1991).[119] 북미 밖에서 연구에 안내된 구성원들 역시 아직까지는 적다. 연구자들은 보편적(universal) 그리고 문화문제의 다른 점을 찾은 약간의 논제를 확인했다. 어떻게 고용자들은 몰입을 개발하는가, 그리고 이것은 북미의 나라 밖에서도 같은 행동에 영향을 주는가? 보기로서 15명의 유럽관리자와 미국사람의 다국적기업에 있는 캐나다사람의 파견근로자(Canadian affiliates)들은 그들은 넓은 작업범위를 가졌을 때,

그들은 작업을 어떻게 할 것인가를 잘 이해하고, 좋은 급료, 승진을 위한 좋은 기회를 가졌을 때 몰입효과가 커진다(Palich, Hom and Griffeth, 1995).[120]

유럽연합에서 그만둘 것을 원하는 모든 나라로부터 효과적 혹은 지속적 몰입을 이끈 수준 낮은 유럽사람 연합의 번역부서 12나라부터 고용자들에 대한 다른 연구를 하였다. <표 4-11>은 이들 북미에 비슷한 결과를 보였다.

문화는 역시 몰입에 영향을 주었다. 보기로서 미국 고용자들은 권력차이의 개인적인 수준, 불확실성 회피, 개인주의/집산주의는 조직몰입의 정도에 영향을 주었다(Clugston, Howell and Dorfman, 2000).[121] 사람들은 보다 큰 권력차이를 가진 사람은 높은 지속적 몰입과 규범적 몰입을 가졌다. 큰 권력차이는 사람들을 더욱 의지하도록 만들고 그리고 양자택일이 적다는 것을 인지한다. 이는 높은 지속적인 몰입을 창조하기 때문이다.

권력차이는 그들이 조직에 충성해야만 한다는 것을 고용자들은 느끼므로 의무에 대한 감각과 규범적 몰입지도를 창조할 수 있다. 종업원들의 강한 불

표 4-11 북미 외 조직몰입의 연구에 대한 보기

국 가	결 과
인도	인도판매원들은 그들의 작업요구에 대해 명백하고, 그리고 그들 감독자들의 집착을 가질 때 그들의 몰입이 높아진다.
중국	중국에서는 높은 효과적 몰입을 가지는 고용자들은 높은 작업성과를 가진다. 그리고 조직신민운동(OCB), 그리고 작업만족, 그리고 작업을 그만두는 데 낮은 의도를 가진다.
Arab Emirate 연합	그들의 작업에 어떻게 할 것인가에 관해서 명확한 고용자들은 낮은 효과와 규범적 몰입을 가진다.

출처: 1. Agarwal, S., DeCarlo, T. E., and Vyas, S. B. (1999). "Leadership Behavior and Organizational Commitment: A Comparative Study of American and Indian Salespersons," Journal of Business Studies, 30(4), 727-743.
2. Chen, Z. X. and Francesco, A. M. (2003). The Relationship between the Three Components of Commitment and Employee Performance in China, "Journal of Vocational Behavior, 62, 490-510; Cheng, Y. and Stockdale, M. S. (2003)." The Validity of the Three-Component Model of Organizational Commitment in a Chinese Context: Journal of Vocational Behavior, 62, 465-489.
3. Yousef, D. A. (2002). "Job Satisfaction as a Mediator of the Relationship between Role Stressors and Organizational Commitment: A Study from an Arabic Cultural Perspective," Journal of Managerial Psychology, 17(4), 250-266.

확실성 회피는 높은 지속적인 몰입을 가진다. 그들은 작업에 대한 안전을 고려하는 것, 그들이 이에 투자하고, 그리고 나쁘면 새로운 작업을 얻기 때문이다. 끝으로 집산주의는 규범적인 몰입의 수준을 높게 가진다. 그들은 조직에 대한 의무를 느끼고 그리고 집단 내에서와 같이 대우하는 의무를 느낀다. 중동에서는 강한 이슬람교 작업윤리는 일 밖의 생활 의미가 없는 것으로 본다. 그리고 일은 의무이므로 몰입을 향상시킬 수 있다(Yousef 2000, 2002).[122] 보기로서 높은 일 윤리 가진 이슬람교 사람들은 일의 가치는 근로자들의 긍정적인 의도(intention)에서 오고, 이것은 실제적인 작업성취 결과는 아니다. Arab Emirate 연합에는 높은 아랍 일 윤리를 가진 사람은 몰입의 모든 유형에서 높은 수준을 가진다.

타이완에 있는 중국 고용자들은 조직에서도 마찬가지로 그들의 감독자들에 대한 몰입은 조직에서도 마찬가지로 중요하다(Cheng, Jiang and Riley, 2003).[123] 종업원들이 높은 몰입을 가질 때 이것이 감독자 몰입을 이끌다. 그리고 높은 조직시민행동(OCB)의 높은 수준에서 온다. 집산주의 중국사회에서는 개인관계를 강조하기 때문에 사람들의 감독자 몰입은 조직몰입보다도 더 중요하다. 중국문화 영향은 중국과 홍콩으로부터 온 노동자에 대해 역시 중요하다(Wong, Wong, Hui and Law, 2001).[124] 작업만족에 대한 조직몰입의 충격과 그리고 작업을 떠나는 의도는 서구 국가들보다 크다. 충성심과 상호 몰입은 관계에 가치를 두기 때문에 조직몰입의 개발은 중국사회에서 두기 때문이다.

organizational behavior

제10장   국제기업의 조직공정성

경영자들은 누구나 공정성이 종업원의 성과에 미치는 영향이 중요하다는 것은 잘 알고 있다. 특히 국제조직에 있어서는 복합문화가 존재하므로 공정성은 더욱 중요한 관리 수단이다. 공정성에 있어서는 국가문화의 차이에 따라 의미가 다르다. 공정에 있어서는 중국, 홍콩과 같은 집산적인 사회에서는 그들을 공정하게 대우한다는 것을 고용자들이 믿을 때 결과는 역시 긍정인 결과가 된다. 사실 공정한 규정과 절차와 고용자들의 존경은 공정에 대한 인식을 창조한다. 그럼에도 불구하고 국제 관리자들은 문화가 다른 사람들에 대한 무엇이 공정한 것인지에 관해 다르게 생각을 한다는 것을 이해해야 할 것이다. 그리고 보수가 어떻게 분배되고 할당되는지에 대해 고용자들에게 기초적으로 관계되는 의사결정을 만들고, 보수와 처벌에 대한 선택은 사회 차이 속에서 해석된다.

국제기업 조직을 보는 관점은 개인적 측면으로 보는 관점보다는 사회적인 측면으로 봐야 한다는 주장이 강하게 대두되고 있다. 그러므로 조직에서 살아가기 위해서는 사회적으로 바르고(justice), 개인에게는 좋은(goodness) 것이라야 한다. 사회공정성(social justice)은 고대에서 현대까지, 철학적인 측면에서 중요한 사회의 주제가 될 만큼 사회전반에서도 정의실현 방법이 무엇인가에 대한 사회과학적인 거시적인 측면으로 추구되어 왔다. 그러나 오늘날에는 기업조직 구성원 개인적인 측면인 미시적인 접근으로, 개인의 심리적인 측면에서 공정성이 중요 연구대상이 되고 있다. 공정성에 대한 개념을 사회정의로서 설명하면, 다음과 같은 세 가지 관점으로 살펴볼 수 있다.

첫째, 보편주의적 관점(universal Perspective)은 공정성은 어떤 절차적인 양식과 분배적인 형태에 직면했을 때, 오늘의 사회적 성격과 무관하게 주어진 상황이 공정 또는 불공정하다고 결론에 이르는 경향이 있다는 것을 가정하고, 평등주의(equalitarianism)에 입각하여 공정한 분배와 직접적인 관련에서 나온 원칙이다.

둘째, 상대주의적 관점(relativist perspective)은 공정은 상황에 의존한다는 가정 하에, "이쪽의 진리가 저쪽에서는 진리가 아니다"라는 파스칼의 말에서 그 어원에서 찾아볼 수 있다. 그리고 이는 고대이래로 철학적인 전통으로부터 계속적으로 주장되어, 사회학에서 더욱 발전되었다.

셋째, 상호작용 관점(interaction perspective)은 보편주의와 상대주의를 넘어선 개념으로 행위자가 위치한 사회적 상호작용시스템(social interaction system)의 구조로부터 감정을 예측할 수 있고, 공정하다고 행동하는 사람이, 전혀 다른 상황에 처해도 공정하다고 하는 것이 공정이다. 즉 이것은 공정성의 감정, 행동하는 사람의 감정은 사회적인 상황과 독립적이라는 사실을 의미한다.

1. 조직공정성의 개념

조직공정성(organizational justice)은 1980년대 후반에 연구하기 시작하였는데, 연구의 중요한 관심은 사람들이 적절하지 못하다고 생각하는 보상·평가·승진의 결과에 대해 어떤 형태의 대응을 보일 것인가에 대한 관심이 집중되었다. 조직공정성은 Adams(196)[125]의 분배공정성(distributive Justice)에서 그 후에 Thibaut and Walker(1975)[126] 법률분쟁 상황에서 절차공정성(procedural Justice)에 관련된 몇 가지 중요한 프레임워크를 개발하여 분배공정성과 다른 개념을 제시하면서 체계적인 연구를 시작하였다. 그 후 Bies and Moag(1986)[127]는 상호작용공정성(interactional Justice)을 주장하여 절차공정성을 제시하였다.

분배공정성은 구성원이 조직에 기여한 대가로 받게 되는 의사결정 결과가 얼마나 적절한 것인가에 대한 인지정도다. 절차공정성은 조직 내 보상 또는 승진과정에서 사용되는 수단이나, 절차가 얼마나 공정한가에 대한 인지정도라고 정의하였다. 상호작용공정성은 절차의 실행과정에서 타인이 받은 처우에 대한 공정성을 인지로 정의한다. 그러나 최근 학자들은 상호작용공정성을 절차공정성의 하위개념으로 볼 것인가 아니면 독립개념으로 볼 것인가에 대해 논란이 있으나, 구분하여 연구할 필요가 있다는 것이 최근 학자들의 주장이다(Bies and Moag, 1986; Moorman, 1991[128]; Aquino et al., 1997[129]).

조직공정성에는 분배공정성, 절차공정성 그리고 상호작용공정성으로 구분된다. 그러나 조직공정성의 하위 요소들과 결과 변수와의 관계는 일관된 관계를 보이지 않고 있다.

1980년대 북미를 중심으로 조직공적성과 조직유효성 연구는 크게 2가지 범주로 구분되었는데 초기에는 절차에 대한 공정성이 분배공정성보다 임금만족, 직무만족, 조직몰입, 조직시민행동, 이직의도, 신뢰 등 여러 종류의 유효성에 더 큰 영향을 미치는지를 검정하였다(Fryxell and Gordon, 1989[130]; Lind and

Tyler, 1988[131]; Alexander and Ruderman, 1987[132]). 지금까지의 서구 연구를 종합해 보면 분배의 공정성과 절차의 공정성을 보면 조직유효성 신장에 중요한 변수로 작용하고 있으며, 특히 분배공정성은 직무만족, 임금만족과 같은 개인 수준의 유효성차원에 더 큰 영향을 미치고, 절차공정성은 조직 몰입과 같은 조직 수준의 유효성에 영향을 크게 미친다는 연구결과이다.

상호작용공정성은 Folger(1987)[133]의 "준거인지론(referent cognition theory)"에 의하면 의사결정절차가 결과의 지각을 형성하는 역할을 담당하고 있다고 하였다. 이 이론에 따르면 결국 보상에 대한 만족을 결정하는 과정에서 결과와 절차가 서로 간에 영향을 미칠 수 있음을 의미한다. 예를 들면 비호의적인 보상에 따른 조직구성원들의 반응은 상호작용공정성의 지각 수준에 따라서 달아 질 수 있다. Cropanzano and Folger(1989)[134]의 연구에서 분배가 낮은 사람에게는 절차가 중요한 역할을 미치게 한다는 사실을 검정하였다. 즉 불공정한 대우를 표현하고자 하는 의지의 결과가 나쁘다는 인식에 의하기도 하지만, 나쁜 결과가 자신보다도 남의 행동과 관련되어 있다는 것이다.

여기에서 절차에 대한 지각이 제도적인 차원뿐만 아니라 대인적인 상호작용의 방식까지를 포함하며, 이는 분배결과에 대한 평가에 영향을 미친다. 보상분배가 구성원들 지각의 상호작용공정성에 대한 지각 수준에 따라 달라질 수 있다는 것을 암시하고 있다. 즉 보상과 관련된 절차의 처리과정이 상사가 보여주는 부하에 대한 의견존중, 솔직성, 보상과정에 대한 설명, 편견배제 등 분배결과에 대한 부하의 부정적인 태도를 약화시킬 수 있다고 주장하였다.

2. 국제조직과 공정성

조직공정성(organizational Justice)은 지각과 그리고 불공정한 대우에 대한 사실로 종종 노력을 감소시키게 하고, 그리고 조직 내 작업결과를 떨어지게 하고, 이문화간의 기업관계를 부정적인 지각을 가지게 하기 때문에 중요하다.

조직공정성(Organizational Justice)은 하나의 조직 내에 공정한 대우(fair treatment) 대한 인식에 초점을 두었다. 조직 글로벌화가 계속되고, 노동력이 더욱 다양해지고 되고 있기 때문에, 어떻게 문화차이에 대한 공정성의 관점에서 이해할 것인가가 중요하다. 공정성(Justice)은 사람들에 대해 중요하기 때문이다. 조직에서 그들이 불공정하게 대우 한다는 것을 믿을 때는 그들은 부정적인 방법으로 응답하는 것 같다. 결과적으로 몰래하고, 장기결석, 포기, 항의 등으로 낮은 성과가 될 수 있고 그리고 그들 고용자들에게 고소(lawsuits)한다 (Leung and Stephan, 2001).135) 이문화 기업실행 때, 불공정성 지각(perceptions of injustice)은 투쟁, 불신, 화, 스트레스, 불만족을 인도하고 그리고 개인 간의 인간관계에 효과가 적다. 대부분의 고용자들은 유리한 결과(favorable outcomes)에 대한 공정한 절차를 이끈다. 그리고 집단 내에서 그들의 상태에 관해 입증하는 것을 피드백 한다(Ambrose, 2002).136)

사회는 그들의 주민을 공정에 대한 규칙을 발전시킨다. 문화는 공정성에 대한 기준(norms of Justice)을 가진 결과이므로, 사회행동은 공정한 것처럼 받아들인다(Leung and Stephan, 2001).137) 일반적인 기준(general norms)과 가치(values)는 공정에 달려있는 것으로 사람들은 믿는다. 그리고 이것은 문화에 대한 변화(vary)이다(Greenberg, 2001).138)

공정성에 대한 3가지 유형은 다음과 같다. 분배공정성(Distributive Justice), 절차적 공정성(Procedural Justice), 공노공정성(Retributive Justice)이 있다(Leung and Stephan, 2001).139) 분배의 공정성은 보수분배(reward distribution)가 공정하게 이루어지는 것을 고려하는 것이다. 절차적 공정성은 결과에 관해, 조직의사결정을 하기 위해 과정의 공평함(fairness of processes)을 검사하는(examines)것이다. 그리고 공노공정성은 위반행위에 회부된 이들에 대해 처벌을 주는 것이 공평한지를 주시하는 것이다.

(1) 분배공정성(Distributive Justice)

모든 사회 속에 있는 고용자들은 그들의 공헌에 대한 일의 보수가 공정한지 조직은 어떠한지에 관계한다. 그러나 대단히 크게 공평할 것을 생각한다. 보기로서, 일본 말로 거기에는 공평(fair)이라는 말이 없다. 그리고 결과적으로 일본사람들은 서구 국가의 사람들보다 크게 다른 분배의 공정성을 판단한다

(Greenberg, 2001).[140] 사람들에게 보수를 공정하게 분배 것에 관한 의사결정에는 다음과 같이 고려한다. (1) 보수는 그들과 다른 이도 받는다. (2) 행동하는 것이 보수를 받을 가치가 있다. (3) 보수는 분배과정이다(Leung and Stephan, 2001).

(2) 발전과정 비교

공평에 대한 판단 중하나는 개인적인 보수에 대해 다른 사람들이 어떻게 받아들여지는지를 비교한 것이다. 공정성이론(Equity Theory)은 Adams(1963)[141]에 사람들은 그들 자신과 유사한 사람들과 비교하는 것이 가능 할 것이라고 암시했다. 그리고 다른 사람들도 비교할 것이다. 그리고 집단 비교, 시간이지나면 변할 것이다. 보기로서 1996년 국제합작회사에서 일하는 중국지역 관리자은 불공평하게 같은 회사에 있는 해외 파견관리들(Expatriate Managers)이 너무 높은 봉급을 받는 것이 공평하지 않았다. 왜냐하면 그들은 다른 회사에서 일하고 있는 이들 지역 고용자들에 대해 그들의 봉급을 비교하기 때문이다(Leung, Wang and Smith, 2001).[142]

오랜시간 동안 해외파견 관리자로서 일한 후에 지역관리자(local managers)는 그들이 소유하고 있는 기술수준과 해외파견 근로자와 유사한 지식을 보았다. 결과적으로 중국의 관리자는 그들의 비교집단으로 외국파견자들과 비교하였다. 그리고 높은 해외 파견자들과 대단히 불공정한 것으로 판단되었다. 사람들은 "누구"나 혹은 "일반적인 사람들"은 똑같이 비교를 하거나, 혹은 "유사한 집단 있는 다른 사람들과 그의 자신과 비교(comparisons)를 하거나, 혹은 신분의 가치가 비슷한(Status-Values Approach)한, 기초과정인 다른 집단에 그들 자신을 비교한다(Berger, Zelditch, Anderson and Cohen, 1972).[143] 보기로서, 소수집단은 비교적으로 소수집단을 비교할 것이다. 소수집단 구성원들은 불공정안 대우를 종종 받는다는 인식한다. 낮은 권력차이(low power distance) 문화를 가진 사람이나, 혹은 일류평등주의(egalitarian values) 문화를 가진 사람들은 신분의 가치가 비슷한 것을 더욱 비교할 것 같다(Leung and Stephan, 2001).[144]

(3) 투입 평가(Evaluating Input)

공정함에 대한 다른 평가국면은 보수를 받아야만 할 가치가 나타내는 것에 대한 고려대상이다. Adams(1963).[145]의 공정성이론(Equity Theory)과 같이 개인적인 투입 대 산출(Input/Output)관계에 무게를 달아 자산 대 다른 사람을 비교한다고 하였다. 그런데 문화가치는 이들 평가에 영향을 준다. 보기로서, 문화가치(Culture Values)는 이들 평가에 영향을 준다. 투입(Input)에 관련된 것으로 나이, 성 그리고 가족관계와 같은 사회적인 관점으로 돌린다. 대조적으로, 교육적으로 성취지향 나라는 경험적인 일과 기술로서 성취지향할 수 있다고 본다. 집산주의 가치 충성(Collectivists Value Loyalty)과 그리고 집단 몰입으로서는 집산주의 사회 선임권(Collectivists Societies Seniority)은 값진 투입이다. 그러나 성과에 대한 개인주의자의 생각은 더욱 중요하다(Leung and Stephan, 2001).[146]

(4) 보수의 배분(Allocating Rewards)

분배의 공정(Distributive Justice)은 보수를 어떻게 할당할 것인지에 판단이 최종적인 국면에 사용한다. 사람들이 사용하는 방법인 첫 번째, 공정성 규범(Equity Norm)은 모든 사람에 대해 공정하게 산출 대 투입비율로서 공정성이론(Equity Theory)에 의해 정의된다. 두 번째, 균등규범(Equality Norms) 접근은 투입 비율(Input ratio)에 투입에 대한 무관심으로 각각의 고용자들이 같은 산출로 받아들이는 공정성 규범이다. 최종적으로 필요규범(Need Norms)은 개인적인 욕구에 대해서 산출(outcomes) 따라 각각 고용자들이 받아들이는 의미들이다.

집산주의 문화(Cllectivistic culture)에서는 공정규범을 좋아하지 않는다. 대조적으로, 개인주의 문화(individualistic culture)는 공정규범(equity norm)을 좋아한다(Chen, 1995[147]; Erer, 1997[148]). 이것은 균등규범(Equality Norm)은 개인관계에서 화합이 이루지는 집산주의 사회를 따르기 때문이다. 그 밖에 규형규범(Equity Norm)은 성취에 대한 기회 개인주의를 준다. 개인주의 나라에서는 전형적으로 성과기준 보수(Performance-based rewards)를 주고. 개인적인 장점기준(individual merit-based)으로 한 자극계획 사용한다. 협력과 팀워크는 집산주의 나라에서는 더욱더 중요하다.

(5) 절차적 공정(Procedural Justice)

이문화(cross-cultural)에는 절차공정이 거의 없다. 그러나 절차에 대한 생각(think to procedure)에는 사람들을 지도하는 기초적인 요소들이 많은 것은, 공평은 보편적인 것이기 때문이다(Greenberg, 2001).[149] 보기를 들면, Lithuania사람 전자회사 근로자들과 미국 근로자들을 비교하면, 미국사람의 근로자들보다 아주 먼 미래장점기준 실행(far fewe merit-based)으로 하는 그들 조직을 인지한다(Pearce, Bigley and Branyicki, 1998).[150] 역시 Lithuania에 있는 회사들 역시 이들은 종종 실행하지는 않았다. 그들은 했을 때 이것은 Lithuania 사람들에게 절차공정성에 대해, Lithuania 고용자들의 인지에 긍정적인 영향을 주었다. 미국 근로자들 역시 공정성에 대한 장점을 기초로 실행하는 제유하였다. 양 국가 고용자들은 절차적으로 공정하다는 생각을 할 때, 그들은 더욱 높은 몰입과 동료들 속에서 보다 큰 신뢰를 가졌다. 집산주의에서 지방중심주의는 Lithuania의 탓으로 돌리는 지향문화로서, 관리자들은 규칙을 기초로 한 장점을 적용하는 것보다는 차라리 연고관계나 환경에 기초한 의사결정을 더욱 좋아한다. 그럼에도 불구하고 Lithuania 근로자들은 불공정한 접근으로 아직까지 이른 관점으로 본다.

조직에 대한 두 가지 성격은 공정성 지각에 영향을 준다. 첫 번째는 구조(Structural)이다. 공평을 평가하는데 조직이 지도하는 규칙과 정책이 어떤지에 초점을 둔다(Pearce et al., 1998).[151] 둘째는 관계가 있거나, 혹은 개인관계(Relational or Interpersonal)이다. 조직이 고용자들의 존경이나, 혹은 사회적인 관계를 긍정적 지지하는 방법이 어떤지 고려하는 것이다. 보기로서, 사람들은 보통 결과를 중심을 말하는 소리(Voice over outcomes)보다 더 나은 결과를 가지는 것을 보통 믿어, 그들의 견해를 호기로 표현하는 것은 공정한 절차이다.

고용자들이 그들의 전망을 기질 수 있을 때, 그들은 결과와 그리고 조직에 존경과 사람들의 가치는 영향을 줄 수 있는 것을 그들은 느낀다(Lind and

Tyler, 1988).[152] 절차공정성에 대한 양 국면의 소리에 대한 준비다. 사람들의 이 문화 역시 객관성(objectivity), 명확성(clarity), 그리고 공정성 판단에 대한 공개(openness in judging fairness) 생각한다(Greenberg, 2001).[153]

(6) 공노공정성(Retributive Justice)

공노공정성(Retributive Justice)은 규칙을 깨뜨리고 그리고 해치는 사람들은 그들의 활동에 책임을 지게하고, 그리고 처벌을 할 만한가 어떤지에 관한 질문을 포함된다(Hogan and Emler, 1981).[154]공정함에 대한 판결(Judgment)에 관해서 활동에 대한 몰입(committed)한 사람들을 생각한다. 전후관계로서 그리고 결과(outcomes)가 어떤가?(Leung and Stephan, 2001).[155] 개인주의자(individualists)는 어떤 잘못(wrong)을 한데 대한 개인 스스로에 대한 책임을 지게 하는 것에 대해 좋아한다. 그러나 집산주의자(collectivists)는 사회적인 힘(social force)과 외부적인 환경 등의 판결은 좋아하지 않는다. 이들 차이는, 집산주의자는 처벌에 대해 너무 관대하기(lenient) 때문이다. 보기로서, 개인주의인 미국에서는 법률전문가와 대학생들의 성격에 대한 행동범죄와 마약남용, 가족문제를 학생들 탓으로 돌린다. 그러나 집산주의인 한국에서는, 학생은 상황으로 보고, 책임으로 사회적인 요소로 본다(Na and Loftus, 1998).[156] 한국에서 역시 처벌은 미국사람보다는 더욱 관대하다고 생각한다.

(7) 공정성실행이 조직행동에 어떤 영향을 미치는가?

종업원이 불공정한 상황으로 판단했을 때, 조직에 대한 결과를 여러 가지 부정적으로 이끌어간다. 그들이 불공평하게 대우를 받은 것으로 믿은 자들은 성나게 되고, 실망하거나, 혹은 분개(resentful)하거나, 혹은 그만두거나, 혹은 노력을 적게 한다(Leung and Stephan, 2001).[157] 종업원들이 공평한 대우를 받을 때는 진실하다. 작업에 크게 만족을 느끼고, 조직에 몰입하고, 다른 긍정적인 결과가 진실이다. 보기로서 회사들은 아시아에서 최고 고용자로 판단되는 중요한 이유는 그들은 공정한 급료를 받는 것을 그들 고용자들이 느끼기 때문이다(Casio, 2002).[158]

모든 사회는 공정성이 생기는 반작용은 유사한데, 문화는 반작용의 크기나 혹은 성질에 영향을 준다. 권력차이(Power distance)는 공정성에 대한 반작용에 영향을 줄 수 있는 하나의 문화차원(culture dimension)이다. 보기로서, 분배의 공정성과 절차적 공정성이 높게 느끼는 홍콩에 있는 은행 고용자들과 미국에 있는 은행고용자들은 높고 좋은 작업성과를 가지고, 작업만족도 크고 결근도 적다(Lam, Schaubroeck and Aryee, 2002).[159]

이들 관계는 낮은 권력차이 점수를(Lower power distance scores) 가진 고용자들은 실로 보다 강했다. 그리고 이는 미국이다. 왜냐하면, 높은 권력차이 등급에서 차이를 받아들였기 때문이다. 그들은 역시 대우에 대한 차이를 기꺼이 받아드렸기 때문이다. 그럼에도 불구하고, 전반적으로 그들은 그들의 평가와 응답은 분배의 공정성과 절차공정성을 좋다고 했다.

문화 역시 목소리 충격에 영향을 준다. 독일과 미국 같은 낮은 권력차이 나라는 그들의 의견을 표현하는 기회가 적을 때, 이것은 부정적인 작업결과를 이끈다(Brockner et al., 2001).[160] 그럼에도 불구하고, 높은 권력차이 문화에서는 홍콩, 멕시코와 같은 의견을 표현하는데 기회를 가지는 것은 중요성이 없다. 중국 한나라 내에서조차도, 권력차이 점수가 낮은 고용자들은 그들 작업에서 만족하였다. 그리고 조직에 몰입하고, 그리고 회사에서 허락하는 참여에도 떠나는 것을 좋아하지 않았다. 사람들은 이문화 목소리에 대해 긍정적으로 응답한다. 그러나 목소리의 부족은 높은 권력차이 점수를 가진 개인적으로도 받아들인다.

분배(distributive), 절차(procedural) 그리고 보답(retributive) 등 공정의 3가지 유형의 차이는 보직 보수체계에 대한 다른 방향의 공평성에 초점을 둔다. 분배의 공정성 판단에 있어서, 고용자들은 다른 사람이 받은 것과 그들 자신의 보수와 비교한다. 그들의 투입(input)과 다른 고용자들 것을 평가하고, 그리고 보수배당에 대한 이유를 찾는 것은 절차공정성 평가에 있어서는 고용자들은 객관성(objectivity), 명확성(clarity), 개방성(openness)에서 본다. 그들은 역시 공정처럼 결과를 넘어 목소리를 가지는 것을 고려한다. 상호작용 공정성평가에는 절차공정성의 국면으로서 사람들은 세계적으로 경의, 고귀한 대우와 그리고 의견을 표현하는 호기를 기대한다. 결론적으로, 보답의 공정성(retributive justice)이 판단에는 고용자들이 누가 책임질 것인지, 전후관계가 무엇인지, 결과가 무엇인지 생각한다. 거기에는 모든 이들 판단을 만드는데 의미심장한 많은 문화들이 있다. 사람들은 조직을 믿을 때, 그들은 공정하게 대우하는 것을 느낀다.

제11장   조직시민행동

1. 조직시민행동 개념

직무성과에 대한 전통적인 가치는 개인행동을 지나치게 조직의 경제적인 가치에 초점을 두었으나, 근래에는 직무성과와는 직접적인 관련은 없지만 조직효율적인 기능화에 기여하는 역할 행동에 대한 관심으로 이에 대한 학자들의 연구대상이 되었다. 이에 따라 조직시민운동에 대해 Organ(1988)[161] 조직시민행동(organizational citizenship behavior)은 공식적 보상시스템에 의해 직접적으로 또는 명백히 인정되지 않은 개인의 자유재량적인 행동으로서 총체적으로는 조직의 효율적인 기능화를 촉진하는 행동이라고 정의 하였다.

조직시민행동은 "공식적 보상시스템에 의해 직접적으로 인정되지 않는다." 그리고 "개인적 재량행동" 그리고 "총체적으로 조직의 효율적 기능 촉진행동"이라는 내용이 포함되어 있다. 이것을 명확히 하기위한 조치로서 가음과 같은 3가지 부연 설명을 하고 있다. 첫째, 공식적 보상시스템에 의해 직접적으로 또는 명백히 인정되지 않는 다는 것은 장기적으로 보면, 조직시민행동의 수행이 그 종업원에게 다양한 형태의 이익으로 돌아 갈 수 있지만 적어도 그때그때 일대일 형식으로 조직시민행동의 수행과 보상이 즉시 대응되는 것은 아니다.

둘째, 개인적 자유재량적인 행동 그리고 총체적으로 조직의 효율적 기능 촉진행동의 수행여부는 직무기술서 내 규정된 강제적 역할규정이 아니어서 그

수행여부가 전적으로 종업원개인의 자유의사에 의해 결정된다는 의미가 포함되어 있고, 행동을 수행하지 않는다고 해서 징계를 받지 않는다는 뜻이다. 셋째, 총체적으로 조직의 효율적 기능 촉진행동은 조직시민행동을 각각 떼어놓고 모면 매우 사소하지만 장시간 혹은 여러 사람을 걸쳐 누적되면 조기효과성에 기여하게 된다는 의미다. 바로 점이 조직시민행동이 그 수행 즉시 조직의 공식적인 시스템에 의해 인식되지 못하는 이유라고 Organ(1988)은 말하였다.

2. 시민조직운동의 발생원인

조직시민운동은 상사에 대한 신뢰에서 발생한다. 신뢰는 구체화되어 있지 않은 역할 외 활동에 참여하고자 하는 의지를 가지게 한다(Pillai et al., 1999).[162] 상사와 부하 간의 신뢰의 형성을 통하여 리더가 기대하는 반대급부는 부하의 공헌과 충성, 일에 대한 몰입(commitment) 등의 형태로 나타나지만 집단 내의 관계형성에 따라 상사에 대한 강한 신뢰를 지니는 종업원들의 행동은 역할 내 행동 또는 직무상의 노력 강화로만 한정된 것이 아니다(Liden, et al., 1993).[163] 즉 상사와 부하 간의 관계적 교환은 종업원들로 하여금 업무에 대하여 보다 많은 시간이 정열을 다하도록 과업 수행을 위하여 창조적일 수 있도록 하며, 자신들의 고용계약에 명시된 바를 넘어서 책임지도록 한다.

organizational behavior

제12장 일과 가족의 상호작용범위

국제경영 조직에 있어서는 구성원들의 작업성과에 영향을 주는 것이 일과 가족의 상호작용이 중요한 변수라는 것을 국제 관리자들은 인식하여야 한다. 일－가족 작용(work-family interface)이 미치는 범위는 이문화와 관계가 있다. 일－가족 문제에 대한 고용관리를 하는 기업들은 분명히 보다 좋은 성과 협력을 가진다. 고용 스케줄을 더욱 유연하게 준비하고, 고용주들은 보육원과 노인의료 계획(Childcare-and Eldercare) 그리고 모성애와 부권 그리고 가족이 일-가족 충돌로 가족의 잠재적인 이별하는 것을 피할 수 있게 도울 할 수 있다. 그리고 문화는 일과 가족 작용이 미치는 범위에 대해 동적인 영향을 미치고, 그리고 국제 관리자들은 변화에 대한 감각을 익혀야 할 것이다. 이들 과정은 일의 결과에 중요한 영향을 미친다. 일과 가족이 상호작용수단은 일과 가정생활 서로간의 영향을 미치고 그리고 개인에 대한 영향의 충격에 대해 어떤 국면에 초점을 둔다. 대부분의 어른들은 일과 가족에 대해 거의가 2가지 중요한 국면이 있다(Mortimer, Lorence and Kumka, 1986).[164] 아직까지는 종종 이들은 일과 가족 충돌(Work-Family Conflict)이 다른 속에서 일어나서 이들과 같이 하나의 간습영역(in one domain interfere)에서 활동한다. 왜냐하면, 사람들의 시간과 정력은 한계가 있고, 그리고 다른 것을 위한 하나의 능력자원이 빠져나가는 영역수요도 한계가 있기 때문이다.

그러므로 충돌은 일, 가정, 개인적 충격으로 조직성과에 부정적인 결과가 창조된다(Frone, Russell and Cooper, 1992).[165] 보기로서, 어린이 졸업 날에 중요한 기업 출장은 스트레스를 생기게 한다. 그럼에도 불구하고, 몇몇 경우의 경험, 기술이 하나의 영역으로부터 기회는 다른데서 참여를 쉽게 만든 것은 일과 가족 편리를 창조가 쉽다(Frone, 2003).[166] 양친은 자기직업설명 하는 날(School career day)에 개인의 일의 경험을 나눌 수 있다. 다른 조직행동 제목처럼 일과 가족 상호작용 수단의 영향에 대한 연구는 주로 미국사람에 국한해서 초점을 두었다. 그러다 1990년대 초에 변화가 시작되었다. 그리고 많은 연구에 다른 나라에서도 일과 가족문제에 초점을 두는데 전념하였다. 이는 일과 가족 상호작용수단은 전 세계적으로 관계에 영향을 미는 데는 두 가지 경향이 있다(Watanabe, Takahashi and Minami, 1997).[167]

첫째, 모든 사회는 성(gender)에 대한 불공정성이 어느 정도 존재한다. 왜냐하면, 여자는 전통적으로 가정과 가족을 책임진다. 이 책임은 여자의 일의 역할에 대한 흥미 같은 것이다. 남자는 전통적으로 생업, 지도는 정반대다. 왜냐하면 가정에 의무에 대한 것은 책임에 대한 상호작용 수단이다. 둘째 경향은 전통적인 역할로부터 더 많은 중성(gender neutrality) 쪽으로 항상 이동한다. 왜냐하면 많은 여자들은 세계적으로 노동력으로 들어간다. 그리고 그들의 욕구는 변하고 그리고 그들 남편들은 양쪽의 범위가 균형이 되기를 기대한다. 5개국에 대한 관리자과 전문가들에 대한 논평을 나타냈다. 그리고 몇몇 가정과 일 사이에 연결을 설명하는 몇 가지 모델을 제시하였다.

과잉모델(Spillover Model)은 가정에 풍부한 일이라면 만족하다. 그리고 일에 불만족에 비례해서 가정문제가 생길 수 있다(Champoux, 1978).[168] 다음은 보상 모델(Compensatory Model)은 다른 말로 하나의 범위에서 만족이라고 말할 수 있는 것은 다른 범위에도 그렇게 될 수 있어야 한다. 보기로서, 노동자들은 작업 문제에 관해서도 잊고 그의 가정에 가서도 즐겁게 노력해야 한다. 연구자들은 이와는 다른 모델을 지적하였다. 건전(valid)과 그리고 특별한 시간에 특별한 상황에서 확실한 사람들에 대한 고칠(Correction)수 있는 것이다.

그들은 긍정적 심리를 가지고 행동으로 반작용한다. 문화는 종종 위대함과 이들 반작용의 성질에 영향을 준다. 그래서 일과 가족은 대부분의 어른 생활에는 두 가지 중요한 국면이다. 그들 사이의 작용을 미치는 영역(Interface)은 그들은 중요한 조직문제를 가지고 오게 된다. 지배적인 사이의 영향은 충돌이 부정적이거나 혹은 긍정적이거나, 촉진하거나 할 수 있다. 각각은 다른 근원을 가진다. 그리고 결과도 다르다. 남자다움/여자다움(masculinity/feminity)과 개인주의/집산주의(individualism/collectivism)는 일과 가족의 상호작용을 미치는 영역(work-family interface)에 대한 큰 영향을 미친다. 함께 일하는 사람들로부터 사회적인 지지와 조직에 이익이 되는 감독자와 일 - 가족의 미치는 영역을 잘 관리하여 고용원들의 스트레스를 줄이고 감소시키는 것을 돕는다. 두 가지 접근은 고용자들의 긍정적인 작업 결과 알 수 있고, 회사에 대한 주식성과를 개선할 수 있다.

국제 경영자는 몇 년 전에만 하더라도 여러 작업장에서 중요하지 않다고 생각했던 관리문제에 대한 이해가 증가되어야만 했다. 세계적으로 시장경제와 작업윤리를 동반한 글로벌의 과정을 따르고, 많은 조직문화 속에서 조직 내에 새로운 조건들이 창조되었다. 보기로서 세계문화 속에서 중국의 관리자들은 문화에서 작업에 대한 윤곽을 가족생활 속에서 일의 균형에 관한 관계를 표현한 것과 다르다.

최종적으로 일과 가족 상호작용 범위(work and family interface)는 몰입과 공정성과 같이 근로자들의 생활 밖에서 그것이 애착심을 끌게 하는 능력을 조직이 어떻게 취급할 것인가와 그리고 대부분의 보상을 종업원이 얻을 것인가의 관계를 증가시키기 때문 이다.

일과 가족 두 가지 중요한 생활역할을 서로서로에 어떤 영향을 미치는가? 그리고 그 역할 조직은 글로벌 과정에 조직의 성장발전은 구성원들의 조직핵심적인 가치에 동의하고, 목적달성을 위해서 기꺼이 자신을 헌신할 때 이루진다. 구성원들이 조직에 헌신하는데 제일 중요한 것은 맞은 일에 집중하고, 몰입(commitment)하는 것이라고 할 수 있다. 몰입한 종업원들일 수록 그가 하는 일에 열중할 것이다. 조직몰입은 종업원의 근무의욕이나, 소속감뿐만 아니라 조직성과에도 유의적인 영향을 미치는 요인이 되기 때문에 많은 연구가 있어 왔다.

1. 투쟁과 도움의 근원(Sources of Conflict and Facilitation)

일과 가정의 영역 내에 있는 여러 가지 요소들은 충돌(Conflict)이나, 혹은 도움(Facilitation)을 줄 수 있게 할 수 있다. 이들은 한쪽의 요구(demand)로 부터 상반된 충돌을 일으킨다. 그 하나의 중요한 요구는 시간(Time)이다(Greenhaus and Beutell, 1885).[169] 보기로서, 시간이 적은 일의 의미에는 일이 오랜 시간동안 필요하거나, 혹은 일이 지속적으로 긴 시간이 소요되는 것은 가정에는 필요하다. 그리고 아기가 아프거나, 혹은 양친이 작업을 방해할 수 있다. 다른 유형의 요구는 사회참여에 필요한 마치 조직기대나, 혹은 승진경력에 대한 직업적인 활동이다. 가족은 역시 기대를 가질 수 있다. 어린이들은 학교에서 돌아왔을 때 집에 엄마가 있어야 되는 것과 같다.

충돌에 대한 다른 원인은 일에 대한 불안전이라고 할 수 있는 것이거나 (Larson, Wilson and Beley, 1994).[170] 혹은 가정의 더 많은 소득에 대한 욕구이다 (Oppenheimer, 1982).[171] 이들 문제들 모두는 작업관리를 넘어 특별한 스트레스는 가족구성원에 대한 영향을 줄 수 있다. 거기에는 역시 도움에 대한 근원에 대한 연구는 적다. 연구자들은 몇몇 소수에 대해서는 증명하였다. 친구, 가족 그리고 동료들은 일 요구에 관해 지지하거나 혹은 고용자들이 작업의사결정하는 기회를 가진다. 이것은 협조를 일으킨다. 가족과 관계되는 사회 지지를 가진다. 즉 보기로서, 만약에 양친이 도움에 대해 일 이후 이끌 것이 요구되면 어린이와 같이 머물 수 있게 된다.

2. 투쟁과 도움 결과

종업원들이 일과 가족이 충돌경험을 했을 때, 그들 자신과 조직에 부정적인 결과를 종종 이끌었다(Frone, 2003).[172] 보기로서, 일-가족 충돌은 가족구성원들을 불행하게 만들 수 있다(Carlson and Kacmar, 2000).[173] 고용자들은 역시 일을 보지 못하고, 늦게 오거나, 혹은 가족 관계원인에 위해 낮은 성과에 기인된다(Frone, Yardley and Markel, 1997).[174] 일-가족 충돌은 작업만족에 대한 결과이거나, (Carlson and Kacmar, 2000).[175] 혹은 정신과 육체적인 근강에 부정적인 충격을 준다(Frone, Russell and Barnes, 1996).[176]

다른 말로하면, 일-가정 도움은 역할만족을 이끌 수 있다(Tiedje et al., 1990).[177] 일-가족 충돌이 낮도록 하기 위해 도움을 주는 것은 최선의 만족을 가지게 하는 것이다(Grzywacz and Bass, 2003).[178]

3. 문화차이에 대한 일과 가족 조화

일-가족 조화는 고용자들과 이문화 사회 조직에 대한 문제와 관계가 있다. 그럼에도 불구하고 동적인 조화는 남성다움/여성다움(Masculinity/Femininity)과 그리고 개인주의/집산주의(Individualism/collectivism)의 문화차원(Culture Dimensions)이 거의 영향을 가진다고 할 수 있다.

(I) 남성다움 대 여성다움

남성다움/여성다움의 문화차원은 일-가족 조화에 영향을 미치고, 그리고 문화 차이에 있어서 남자와 여자에 대한 상황차이를 만든다. 그리고 여성적인 사회(Feminine Societies)는 남자들과 여자들은 더욱 동등한 역할을 가지는 것을 기대한다. 대조적으로 남성적인 사회(Masculine Society)는 더욱 적극적인 것을 기대하고, 그리고 가족을 위해 생업을 하는 역할 범위를 취하고, 그들은 여자는 수동적일 것이라고 생각하고, 엄마와 주부역할에 초점을 둔다(Shaffer, et al., 2004).[179] 핀란드에서는 남자와 여자는 일-가족 충돌에 대해서는 유사한 수준이다(Kinnunen and Mauno, 1998).[180]

가족의 성격은 남자와 여자의 양쪽 충돌의 경우 가정에서 살고 있는 어린이 수만큼 이다. 그럼에도 불구하고, 거기에는 약간의 성이 차이가 있다. 감독자가 같은 불충분한 관계는 여자에 대한 일-가족 충돌이 생긴다. 그러나 높은 교육과 가정생활에서 많은 어린이들은 남자들에 대한 충돌 유형을 이끌다. 왜냐하면, 성의 동등을 좋아하는 핀란드는 남성의 사회(feminine society)로서, 남자와 여자는 마찬가지로 일-가족 상호작용을 미치는 영역(Work-Family Interface)의 많은 국면을 경험한다. 그래서 핀란드의 남자들에 대한 기대는 그들의 가족과 같이 시간을 보낸다. 그는 일 때문에 가족에 태만하면, 그들은 죄를 느끼고, 일-가족 충동을 이끌다.

인도에서는 어머니와 아버지가 고용되면, 충돌보다도 도움을 경험한다(Aryee, 1992).[181] 그럼에도 불구하고, 거기에서는 근본적인 많은 성(gender) 차이가 있다. 그리고 일-가족 충돌의 결과와 촉진되는 것이 있다. 중국에서는 전통적으로 성에 대한 역할역시 일-가족 상호작용에 미치는 영역에 남자와 여자들의 경험에 영향을 미친다(Choi and Chen, 2003).[182] 여자들은 남자들보다도 보다 강한 가족 요구를 느낀다. 그들에 대한 삶의 스트레스를 창조한다. 역시 남자와 여자는 유사한 일의 요구를 가진다. 그리고 홍콩에서는 전통적인 중국가치는 역시 강하다.

그리고 여자는 가족으로부터 더 많은 충돌을 느낀다. 그리고 남자는 일에서 더 많은 경험을 한다(Fu and Shaffer, 2001).[183] 왜냐하면, 중국사회는 여자는 가족에 대한 보다 큰 책임을 가지고, 남자는 돈벌이에 초점을 두고, 스트레스나 혹은 충돌의 근원은 남자와 여자가 다르다. 남성다움/여성다움 역시 부부에 대한 작업의 요구가 어떠하든지 작업 스트레스를 창조에 영향을 미친다 (Westman, 2004).[184]

(2) 개인주의 대 집산주의(Individualism/Collectivism)

개인주의와 집산주의는 편애(preference)와 선택(choice)하는 행동에 영향을 미친다. 개인주의자(Individualists)는 그들 자신의 편애에 의해 동기부여되고, 그리고 그들은 다른 것들보다 목표를 선택한다. 그럼에도 불구하고 집산주의자(Collectivists)는 규범이나 혹은 그들의 집단 내의 규범과 의무에 의해 동기부여 되어진다. 그리고 그들은 그들 자신의 집단목표는 뒤에 둔다(Triandis, 1995).[185] 개인주의 국가에서는 남자와 여자는 보다 큰 행동을 받아들일 수 있다. 그리고 비전통적인 성 역할에 따라 충돌을 적게 일으킨다(Shaffer et al., 2004).[186]

집산주의 나라에서는 사람들은 집단에 따라야만 하고 그리고 여자는 일반적으로 남자들에 대해 그를 자신의 부하(work-load)로 발견된다(Triandis 1995).[187] 하나의 연구는 미국사람과 중국사람이 찾은 가족요구를 비교하였다. 집안일과 아이들을 돌보는 일을 필요로 하고, 중국보다도 미국이 일 – 가족 충돌에 대해 보다 큰 충격을 가졌다. 그럼에도 불구하고 요구하는 일에 대한 작업부하(work-load)와 마감시간이 괴롭다는 것 같다. 중국에서는 일 – 가족 충돌에 대한 무거운 것이 보다 큰 충동이다(Yang, Chen, Choi and Zou, 2002).[188]

개인주의가 지배적인, 미국에서는 사람들은 이기주의(selfish)와 같이 과료(overwork)하고, 개인의 경력개발을 위해 가족을 희생시키고 한다고 본다. 대조적으로 집산주의 중국은 가료함으로서 가족의 이익을 위해서 희생하는 것처럼 생각한다. 가족 스트레스에 대한 15개국 연구에서 일 – 가족의 상호작용이 미치는 영역에 대해 개인주의/집산주의의 영향을 나타내었다(Spector et al., 2003).[189] 영국계 국가인 오스트리아, 캐나다, 영국, 뉴질랜드 그리고 미국 등은 일반적으로 개인주의 국가이고 이들은 보다 큰 일-가족 압박으로 많은 시간을 경험하는 사람들이다. 중국지방의(중국, 홍콩, 그리고 대만)는 집산주의 나라들이고, 그리고 라틴아메리카(알젠 티나, 부라질, 콜론비아, Ecuador, 멕시코, 페루 그리고 우루과이) 등의 나라에서는 일하는 시간과 일-가족 간에 압력관계는 없다.

4. 국제조직의 일과 가족문제에 대한 응답

일과 가족 문제는 복지(wellbeing)와 그리고 조직결과에 영향을 준다. 그들의 고용자들로부터 최고의 성과를 그들이 얻을 수 있게 보장하는 데 조직이 할 수 있는 것이 무엇인가? 이에 대한 두 가지 접근은 도울 것이다. 첫 번째는, 감독자들이 어떤 점에서 긍정적인 작업환경을 개발하는 것이다. 그리고 동료들은 사회지지를 한다. 둘째는 스트레스를 감소시키거나, 혹은 예방할 수 있는 이익을 주거나 혹은 실행이다(Shaffer et al., in press). 보기로서, 홍콩에서 고용된 양친은 보다 높은 조직몰입을 가졌다. 그들은 감독자들의 일-가족 지지에 행복했을 때 그들은 회사를 떠나는 것을 원하지 않은 것 같고 그리고 일의 절차도 유연하였다(Aryee, Luk and Stone, 1998).[190]

감독자들로부터 사회지지와 동료들의 일-가족을 충돌을 껴안고 고용자들을 대우를 돕는다(Schwartz, 1994).[191] 바꾸어 말하면, 냉정한 감독자(unsympathetic supervisor)는 일-가족의 문제의 중요한 근원이다(Galinsky and Stein, 1990).[192]

고용자들의 스트레스는 고용자들이 작업의 유연한 스케줄을 감독자가 허락 할 때 감소될 수 있거나, 혹은 가족문제가 발생했을 때 말하는 말의 종류에 따라 스트레스가 감소된다. 보기로서 홍콩의 고용자들은 그들은 일-가족 충돌경험에서 거의 없는 것 같이 느낀다. 조직은 프로그램을 제고할 수 있다. 그리고 Telecommuting/자택근무(Teleworking), 근무시간 자유선택 제도(Flex-time), 시간제근무(Part-time work), Job-Sharing, 어린이와 노인 진료계획 지원(child-and eldercare), 그리고, 임산부, 부권(paternity), 그리고 잠재적인 일에 대해 고용자들 대처를 돕는 가족과 가족 투쟁을 떠나게 하는 것이다(Hochschild, 1997).[193]

보기로서 근무시간 자유선택제도(Flextime)는 일하는 양친에 의한 체험한 스트레스를 감소시킬 수 있다(Fredriksen-Goldsen and Scharlach, 2001).[194] 홍콩에서는, 여자는 Job sharing, 작업시간 유연성(Flexible Work hours), 현장 탁아소(on-site childcare), 출산장여금(enhanced maternity benefits) 등을 그들 회사가 제공했을 때, 높은 몰입 효과를 가졌다(Chiu and Ng, 1999).[195]

유럽에서는, Telecommuting/Teleworking(자택근무)이용은 실제로 권력차이와 그리고 불확실성 회피에 관계가 있다(Peters and den Dulk, 2003).[196] 권력차이의 나라는 적다. 그리고 불확실성 회피 낮은 나라는 더욱 자택근무 가진다. 보기로서, 자택근무(Telework)은 문화윤곽(cultural profile)을 가진 북유럽나라들에 널리 퍼진, 스칸디나비아, 네덜란드 그리고 영국을 포함된다.

남유럽 국가인, 이탈리아, 스페인, 그리스는 이들 2차원 문화윤곽(권력차이와 불확실성 회피)에 정반대를 가지고 있고, 그리고 자택근무도 널이 퍼지지 않았다. 적은 권력차이와 강한 불확실성 회피를 가진 독일과 오스트리아 같은 나라는 중간이다. 이들 이유는 높은 권력차이와 높은 불확실성 회피문화는 집에서 더욱 독립적으로 일하는 것에 따르는 고용자들보다는 일을 직접적인 감독하는 것을 더 좋아하기 때문이다. 고용자들에 대해서는 가족친구(Family-Friendly)를 가지는 정책은 그들이 필요한 능력과 행복을 대한 따르는 정책이기 때문에 중요하다. 미국에서는 비공식적인 문화는 지지되지 않으며, 고용자들은 유리한 이윤에 대한 취하지 않는다.

20개 유럽나라들의 관리자들과 전문가들은 나라들은 일-가족 문화를 더욱 지지하는 조직들에게 국가에서는 보다 큰 성 평등(Gender equality)을 이끌고, 그리고 더욱 유연하게 정돈하고, 일과 가족 균형 책임에 대해서 고용자들을 위해 쉽게 만드는 것이라고 하였다(Lyness and Kropf, 2003).[197] 유럽 국가에서 일하는 해외 파견자(expatriates)에 대해서, 조직의 조국(Organization's home country)에 대한 성 평등(gender equality)은 수당 유용성에 영향을 미친다. 그러나, 주인나라(Host country)의 성 평등에는 일-가족에 대한 고용자들의 능력균형과 조직 감독에 영향을 미친다.

인도 컴퓨터 회사와 미국에 있는 컴퓨터회사의 일-가족 정책 다른 비교
연구에서, 양 국가의 고용자들은 감독자들은 불행하거나, 혹은 작업 구조에
대한 유연한 예정표를 조정할 수 없다는 것은 불평한다(Poster, 2002).[198] 첨가
해서 인도에서는 근무시간 자유선택제(Flextime)에 대한 고용자들의 평가에 대
해서 하부구조의 부적당한 간섭이다. 공장의 지역 때문에, 이것은 고용자들이
이들 시간 내에 하는 것은 거의 불가능하다. 가끔 물에 막히고, 전기 사정은
집에서 일하는 고용자들 능력에 한계가 있다.

결론적으로 조직이 사회적인 지지를 받을 때 그리고 일-가족친구들의 실
행과 정책을 이들 효과적인 기업성과를 어떻게 할 것인가? 1995년에서 2002년
사이에 Working Mothers 잡지에 수록된 최고 100개 회사에 대한 연구에서 일
과 가족문제(work and family issues)를 청산(pay-off)하는 것을 다루었다(Cascio
and Young, 2004).[199] 이들100개 회사의 주식 성과는 표준 이상 좋았고 그 당시
Russel 3000주식 지수였다. 그리고 어떤 회사들은 1995년에 100대 최고 회사
주식을 구매했고 그리고 2002년까지는 2회사 지표의 평균보다도 120%보다 높
은 성취를 해가졌다.

5. 가족 상호작용범위의 집중 혹은 다양성

(1) 집중성에 대한 힘(Forces for Convergence)

조직몰입을 위해 조직에서 중요한 것은 정의(Justice)와 일과 가족이 상호
작용하는 면(work-family interface)은 집중성에 대한 힘(force for convergence)이
다. 일의 결과와 중요한 관계가 되는 모든 이들 3가지 문제들은 재정적인 문
제를 포함하여, 이들 관계에 주시되는 긍정적인 작업환경창조를 어떻게 할 것
인가를 회사는 생각해야 한다. 각각의 문제는 인류문화의 보편적인 모델로 나
타나는 확실한 요소들과 이것이 궁극적으로 끌어당길 수 있고, 그리고 우수한
고용자를 보유하여, 글로벌시스템을 개발하여 조직을 도울 수 있어야 한다.

집중(Convergence)에 대한 다른 근원은 이들 문제에 대한 대응하는 인적
자원관리정책의 확산이다. 글로벌회사가 세계의 다른 부분에 고용관리에 새

로운 접근을 가져오는 것처럼 이들 실행은 더욱 친밀하게 그리고 마음에 들고, 그들의 가치가 다른 조직에 많이 실행되어질 것이다. 보기를 들면, 그들이 고려하는 공정한 조직실행 고용평가는 모든 나라에 일반적이지 않다.

(2) 힘의 분산(Force for Divergence)

이들 각각의 문제 역시 교차사회 적용(apply across societies)은 많은 국면을 가진다. 거기에는 다른 지역 속에 조직시스템을 적용할 때 관리자가 고려해야 할 필요한 문화적인 변화(cultural variations)이다. 국제 관리자들은 이들 문제들이 교차국가에 대한 관리자와 고용자들의 반작용하는 다른 방법을 발견할 것이다.

참고문헌 ···

1) Kanungo, R. N. and Mendoncca M. (1994). "ntroduction: Motivational Models for Developing Societies." In Kanungo, R. N. and Mendonca, M. (eds.) Work Motivation: Models for Developing Countries. New Delhi: Sage.

2) Robbins, S. P. (996). Organizational Behavior: Concepts, Controversies, and Applications,. 7th Ed. Upper Saddle River NJ: Prentice Hall.

3) Hofstede, G. (1980). "otivation, Leadership and Organization: Do American Theories Apply Abroad ?" Organizational Dynamics, 9, 42-62.

4) Francesco, A. M. and Gold, B. A. (2005). International Organizational Behavior: Upper Saddle River, New Jersey. Prentice Hall. 125-126.

5) Maslow, A. (1954). Motivation and Personality. New York: Harper & Row.

6) Trompenaars, F. (1993). Riding the Waves of Culture: Understanding Diversity in Global Business. London: The Economist Books.

7) Adler, N. J. (1997). International Dimensions of Organizational Behavior. 3d Ed. Cincinnati. OH: South-Western College Publishing.

8) Buera, A. and Glueck, W. F. (1979). "The Needs Satisfaction of Manager in Libya," Management International Review, 19(1), 113-121.

9) Harvey, J., Carter, S. and Mudimu, G. (2000). "A Comparison of Work Values and Motives among Zimbabwean and British Manager," Personnel Review, 29(6), 723-742.

10) Herzberg, F. (1968). "One More Time: How Do You Motivate Employees? Harvard Business Review, January-February, 53-62. _ , Mausner, B., and Snyderman, B.(1959). The Motivation to Work, New York: Wiley.

11) Erez, M. (1997). "A Culture -Based Model of Work Motivation." In Earley, P. C. and Erez, M. (eds.) New Perspectives on International Industrial/Organizational Psychology. San Francisco: New Lexington Press.

12) McClelland, D. C. (1966). "That Urge to Achieve," THINK Magazine. and McClelland, D. C. (1985). Human Motivation. Glenview, IL: Scott, Foresman.

13) Steers, R. M. and Braunstein. D. N. (1976). "Behaviorally Based Measure of Manifest Needs in Work Setting," Journal of Vocational Behavior, 9, 251-266.

14) McClelland, D. C., and Burnham, D. H. (1976). "Power Is the Great Motivator," Harvard Business Review, March-April, 100-110.

15) Skinner, B. F. (1971). Contingencies of Reinforcement. East Norwalk, CT: Appleton-Century-Crofts.

16) Komaki, J. L., Coombs, T., and Schepman, s. (1996). "Motivational Implications of Reinforcement Theory." in Steers, R. M., Porter, L. W., and Bigley, G. A. (eds.) Motivation and Leadership at Work: McGraw-Hill.

17) Komaki, J. L., Coombs, T., and Schepman, s. (1996). Ibid.

18) Welsh, D. H. B., Luthans, F., and Sommer, S. M. (1993). "Organizational Behavior Modification Goes to Russia: Replicating an Experimental Analysis across Culture and Tasks," Journal of Organizational Behavior Management, 13, 15-35.

19) Trompenaars, F. (1993). Riding the Waves of Culture: Understanding Diversity in Global Business. London: The Economist Books.

20) Trompenaars, F. (1993). Ibid.

21) Locke, E. A., and Latham, G. P. (1990). A Theory of Goal Setting and Task Performance. Upper Saddle River, NJ; Prentice Hall.

22) Pinder, C. C. (1984). Work Motivation. Glenview, IL: Scott, Foresman.

23) Locke, E. A. (1968). "Toward a Theory of Task Motivation and Incentives," Organizational Behavior and Human performance, 3, 157-189.

24) Earley, P. C. (1986). "Supervisors and Shop Stewards as Sources of Contextual Information in Goal Setting:" Journal of Applied Psychology, 71, 111-118.

25) Erez, M. (1986). "The Congruence of Goal setting Strategies with Socio-Cultural Values, and Its Effect on Performance," Journal of Management, 12, 585-592.

26) Erez, M. and Ealey, P. C. (1987). "Comparative Analysis of Goal-Setting Strategies across Cultures," Journal of Applied Psychology, 72, 658-665.

27) Nadler, D. A. and Lawler, E. E. (1977) "Motivation: A Diagnostic Approach." In Hackman, J. R., Lawler, E. E., and Porter, L. W. (eds.) Perspectives on Behavior in Organizations. New York: McCraw-Hill.

28) Porter, L. W. and Lawler, E. E. III. (1968). Managerial Attitudes and Performance. Homewood, IL: Irwin.

29) Steers, R. M., and Porter, L. W., and Bigley, G. A. (eds.) (1996). Motivation and Leadership at Work. 6th Ed. New York: McCraw-Hill.

30) Vroom, V. A. (1964). Work and Motivation. New York: Wiley.

31) Steers, R. M., and Porter, L. W., and Bigley, G. A. (eds.) (1996). op. cit.,

32) Adler, N. J. (1997). International Dimensions of Organizational Behavior. 3d Ed. Cincinnati, OH: South-Western College Publishing.

33) Adler, N. J. (1997). Ibid.

34) Steers, and Sa'nchez-Runde, C. J. (2002). "ulture, Motivation, and Work Behavior,"in Gannon, M. J. and Newman, K. L. (eds.) The Blackwell Handbook of Cross-Cultural Management. Oxford: Blackwell.

35) Adams, J. (1963). "Toward an Understanding of Inequity," Journal of Abnormal and Social Psychology, 67, 422-436.

36) Steers, and Sa'nchez-Runde, C. J. (2002). op cit.

37) Carr, S. C. and MacLachlan, M. (1997). "Motivational Gravity." "In Munro, D., Schumaker, J. E. and Carr, S. C. (eds.) Motivation and Culture. New York: Routledge.

38) Elenkov, D. S. (1998). "Can American Management Concepts Work in Russia? A

Cross-Cultural Comparative Study." California Management Review, 40(4). 133-156.

39) Hong, J. C., Yang, S. D. Wang, L. J., Chiou, E. F., et al. (1995). "Impact of Employee Bnefits on Work Motivation and Productivity," International Journal of Career Management. 7(6). 10-14.

40) England, G. E. (1986). "National Work Meaning and Patterns-Constraints on Management Action," European Management Journal 4, 176-184.

41) Ali, A. and Al-Shakhis, M. (1989). "The Meaning of Work in Saudi Arabia," International Journal of Manpower, 10(1), 63-32.

42) MOW International Research Team (1987). The Meaning of Work: An International Perspective. London: Academic Press.

43) Barry z. Posner, W. Alan Randolph, Max S. Wortman, Jr. (1975). A New Ethic for Work? The Worth Ethic; Human Resource Management. Fall. 16-18.

44) Adler, N. J. (1991). International Dimensions of Organizational Behavior 2d Ed. Boston: PWS-Kent.

45) Wiersma, U. J. (1996). Human Resource Management Practices in the Netherlands: An Exploratory Study. BRC Papers on Cross-Culture Management, Hong Kong Baptist University. Series no. CCMP 96006. April.

46) Duane, M. J. (2001). Policies and Practices in Global Human Resource Systems. Wesport. CT: Quorum.

47) Dowling, P. J., Schuler, R. S. and Welch, D. E. (1994). International Dimensions of Human Resource Management, 2d Ed. Belmont, CA: Wadsworth.

48) Phatak, A. V. (1995). International Dimensions of Management. 4th Ed. Cincinnati, OH: South-Western.

49) Tung, R. L. (1988). The New Expatriates: Manage Human Resource Abroad. Cambridge. MA: Ballinger.

50) Rosenzweig, P. M. and Nohria, N. (1994). Influences on Human Resource Management Practices in Multinational Corporations. Journal of International Business Studies,(25) 229-251.

51) Bird, A. and Beechler, S. (1995). The Link between Business Strategy and International Human Resource Management Practices. In Mendenhall, M. and Oddou, G. (eds.) Readings and Cases in International Human Resource Management. 2d Ed. Cincinnati, OH: South-Western.

52) Fisher, C. D., Schoenfeldt, L. F., and Shaw, J. R. (1993). Human Resource Management, 2d Ed. Boston: Hougton-Mifflin.

53) Brewester, C. (2002). Human Resource Practices in Multinationals, In Gannon, M. J. and Newman, K. L., (eds.) The Blackwell Handbook of Cross-Cultural Management Oxford: Blackwell.

54) Briscoe, D. R. (1995). International Human Resource Management. Upper Saddle River,

NJ; Prentice Hall.

55) Teagarden, M. B., Von Glinow, M. A. , Butler, M. C., and Drost, E. 1995). The Best Practices Learning Curve: Human Resource Management in Mexico'Maquiladora Industry. In Shenkar. O. (ed.) lobal Perspectives of Human Resource Management. Upper Saddle River, NJ: Prentice Hall.

56) Duane, M. J. (2001). Palicies and Practices in Global Human Resource Systems. Westport, CT; Quorum.

57) Ramamoorthy, N. and Carroll, S. J. (1998). Individualism/Collectivism Orientations and Reactions toward Alternative Human Resource Management Practices, Human Relations, 51, 571-588.

58) Huo, Y. P., Huang, H. J., and Napier, N. K. (2002). Divergence or Convergence; A Cross-National Comparison of Personal Selection Practices; Human Resource Management, 41, 31-44.

59) Artise, J. (1995). "election, Coaching, and Evaluation of Employees in International Subsidiaries."In Shenkar, O. (ed.). Global Perspectives of Human Resource Management,. Upper Saddle River, NJ: Prentice Hall.

60) Cascio, W. F. (1998). "Commentary: The Theory of Vertical and Horizontal Individualism and Collectivism: Implications for International Human Resource Management." In Cheng, J. L. C. and Peterson, R. B. (eds.) Advances in International Coparative Management. Vol. 12 Stamford, CT; JAI Press.

61) Ramamoorthy, N. and Carroll, S> J.(1998). "Individualism/Collectivism Orientations and Reactions toward Alternative Human Resource Management Practices," Human Resource, 51, 578-588.

62) Milliman, J. Nason, S., Gallagher, E., Huo, P., Von Glinow, M. A., and Lowe, K. B. (1998). "The Impact of National Culture on Human Resource Management Practices: The Case of Performance Appraisal." In Cheng, J. L. C. and Peterson, R. B. (eds.) Advances in International Comparative Management, Vol. 12. Stanford, CT: JAI Press.

63) Audia, P. G. and Tams, S. (2002). "Goal Setting, Performance Appraisal, and Feedback across Cultures." In Gannon, M. J. and Newman, K. L.(eds.) The Blackwell Handbook of Cross-Cultural Management. Oxford: Blackwell.

64) Elenkov, D. S. (1998). "Can American Management Concepts Work in Russia? A Cross-Cultural Comparative Study," California Management Review, 40(4). 133-157.

65) de Forest, M. E. (1994). "Thinking of a Plant in Mexico? Academy of Management Executive. 8. 33-40.

66) Cascio, W. F. (1998). "Commentary: The Theory of Vertical and Horizontal Individualism and Collectivism: Implications for International Human Resource Management," In Cheng, J. L. C. and Peterson, R. B. (eds.) Advances in International Comparative Management, Vol. 12. Stanford, CT: JAI Press.

67) Wellings, R. and Rioux, S. (2001). "Solving the Global HR Puzzle," Workspan, February,

26-29.

68) Briscoe, D. R. (1995). International Human Resource Management. Upper Saddle River, NJ: Prentice Hall.

69) Dowling, P. J., Schuler, R. S., and Welch, D. E. (1994). International Dimensions of Human Resource Management, 2d Ed. Belmont, CA: Wadsworth.

70) Schuler, R. S., Rogovsky, N. (1998). "Understanding Compensation Practice Variations across Firms: The Impact of National Culture." Journal of International Business Studies, 29, 159-177.

71) Hempel, P. S. (1998). "Designing Multinational Benefits Programs: The Role of National Culture," Journal of World Business, 33, 277-294.

72) Hodgetts, R. M. and Luthans, F. (1994). International Management, 2d Ed. New York: McGraw-Hill.

73) Dowling, P. J., Schuler, R. S., and Welch, D. E. (1994). International Dimensions of Human Resource Management, 2d Ed. Belmont, CA: Wadsworth.

74) Briscoe, D. R. (1994). International Human Resource Management. Upper Saddle River, NJ: Prentice-Hall.

75) Wahl, A. (2002). "European Labor: Social Dialogue, Social Pacts, or a Social Europe? Monthly Review, 54, (2), 45-55.

76) Duane, M. J. (2001). Policies and Practices in Global Human Resource Systems, Westport, CT: Quorum.

77) Geringer, J. M., Frayne, C. A., and Milliman, J. F. (2002). "in Search of 'Best Practices' in International Human Resource Management: Research Design and Methodology," Human Resource Management, 41, 5-30.

78) Parker, G. and Janush, E. S. (2001). "Developing Expatriate Remuneration Packages," Employee Benefits Journal, 26(2), 3-5.

79) Black, J. S. and Gregersen, H. B. (1999). "Antecedents to Cross-Cultural Adjustment for Expartriates in Pacific Rim Assignments," Human Relations, 44, 497-515. - and Mendenhall, M. E. (1992). "Toward a Theoretical Framework of Repatriation Adjustment,"Journal of International Business Studies, 23, 737-760. - and Stroh, L. H. (1999). Globalizing People through International Assignments. New York.

80) Tung, R. L. (1988). The New Expatriates: Managing Human Resource Abroad. Cambridge, MA: Ballinger.

81) Fukuda, K. J., and Chu, P. (1994). "Wrestling with Expatriate Family Problems: Japanese Experience in East Asia," International Studies of Management and Organization, 24, 36-47.

82) Stening, B. W. and Hammer, M. R. (1992). "Cultural Baggage and the Adaptation of Expatriate American and Japanese Managers," Management International Review, 32, 77-89.

83) Forster, N. (1997). "The Persistent Myth of High Expatriate Failure Raters: A Reappraisal." International Journal of Human Resource Management, 8, 414-433.

84) Adler, N. J. (1994). "Competitive Frontiers: Woman Managing across Borders." In Adler, N. J. and Izraeli, D. N. (eds.) Competitive Frontiers: Woman managers in Global Economy, Cambridge, MA: Blackwell.

85) Selmer, J. (2002). "Practice Makes Perfect? International and Experience and Expatriate Adjustment," Management International Review, 42, 71-87.- and Leung, A. S. M. (2003). "International Adjustment of Female vs. Male Business Expatriates," Management, 14(7), 1117-1131.

86) Mendenhall, M. E., Dunbar, E., and Oddou, G. (1987). "Expatriate Selection, Training and Career-Pathing: A Review and a Critique," Human Resource Planning, 26, 331-345. -, Kühlmann, T. M.., Stahl, G. K., and Osland, J. S. (2002). "Employee Development and Expatriate Assignments." In Gannon, M. J. and Newman, K. L.(eds.) The Blackwell Handbook of Cross-Cultural Management. Oxford: Blackwell.

87) Black, J. S., and Porter, L. W. (1991). "Managerial Behaviors and Job Performance: A Succeed in Hong Kong," Journal of International Business Studies, 22, 99-113.

88) Mendenhall, M. E., Dunbar, E., and Oddou, G. (1987). "Expatriate Selection, Training and Career-Pathing: A Review and a Critique," Human Resource Planning, 26, 331-345. -, Kühlmann, T. M.., Stahl, G. K., and Osland, J. S. (2002). "Employee Development and Expatriate Assignments." In Gannon, M. J. and Newman, K. L.(eds.) The Blackwell Handbook of Cross-Cultural Management. Oxford: Blackwell.

89) Black, J. S. and Mendenhall, M. (1989). "A Practical but Theory-Based Framework for Selecting Cross-Cultural Training Methods," Human Resource Management, 28, 511-539.

90) Eschbach, D. M., Parker, G. E., and Stoeberl, P. A. (2001). "American Repatriate Employees' Retrospective Assessments of the Effects of Cross-Cultural Training on Their Adaption to International Assignments," International Journal of Human Resource Management, 12, 270-287.

91) Coyle, W. (1988). On the Move: Minimizing the Stress and Maximizing the Benefit of Relocation. Sydney: Hampden. de Forest, M.E (1994) "Thinking of a Plant in Mexico?" Academy of Mnagement Executive, 8, 33_40

92) Adler, N. J. (1997). International Dimensions of Organizational Behavior, 3d Ed. Cincinnati, OH: South-Western College Publishing.

93) Black, J. S. and Gregersen, H. B. (1991). "Antecedents to Cross-Culture Adjustment for Expatriates in Pacific Rim Assignments," Human Relations, 44, 497-515.

94) Black, J. S. and Mendenhall, M. (1990). Cross-Culture Training Effectiveness: A Review and a Theoretical Framework for Future Research. "Academy of Management Review, 15, 113-136.

95) Black, J. S. and Gregersen, H. B. (1991). "Antecedents to Cross-Culture Adjustment

for Expatriates in Pacific Rim Assignments," Human Relations, 44, 497-515.

96) Shaffer, M. A., Harrison, D. A. Gilley, K. M., and Luk,D. M. (2001). "Struggling for Balance Amid Turbulence on International Assignments: Work-Family Conflict, Support and Commitment," Journal of Management. 27. 99-121.

97) Thomas, D. C. (1998). "Expatriate Experience: A Critical Review and Synthesis." In cheng. J. L.. C. and Peterson, R. B. (eds.) Advances in International Comparative Management, Vol. 12. Stanford, CT: JAI Press.

98) Oddou, G. and Mendenhall, M. (1995). "Expatriate Performance Appraisal: Problems and Solutions." in Mendelenhall, M. and Oddou, G. (eds.) Readings and Cases in International Human Resource Management. 2d Ed. Cincinnati, OH: South-Western.

99) Gregersen, H. B., Hite, J. M., and Black, J. S. (1996). "Expatriate Performance Appraisal in U. S. Multinational Firms," Journal of International Business Studies, 27, 711-738.

100) Cendant Mobility(2002). Cendant Mobility's 2002 Worldwide Benchmark Study: New Approaches to Global Mobility. Benthesda, MD: Cendant Mobility.

101) Mowday, R. T. (1998). "Reflections on the Study and Relevance of Organizational Commitment," Human Resource Management review, 8(4). 387-401.

102) Ferris, K. R. and Aranya, N. (1983). "A Comparison of Two Organizational Commitment Scales," Personal Psychology, Vol. 36, p. 37.

103) Shelden, M. E. (1971). "Investments and Involvements as Mechanism Producing Commitment to the Organization", Administrative Science Quartely, Vol. 16, 142-150.

104) Kanter, R. M. (1968). "Commitment and Social Organization: A Study of Commitment Mechanism in Utopian Communities", American Sociological Review, Vol, 33, 199.

105) Hall, D. T., Schneider, B. and Nygren, H. T. (1970). "Personal Factor in Organizational Identification", Administrative Science Quarterly, Vol. 15. 176-89.

106) Hreviniak, L. G. and Alutto, J. A. (1972). "Personal and Role-related Factors in the Development of Organizational Commitment," Administrative Science Quarterly, Vol. 17, 555-75.

107) Meyer, J. P. and Allen, N. J. (1984). "Testing the Side Bet" Theory of Organizational Commitment Some Methodological Considerations." Considerations of Applied Psychology, 72, 387-372.

108) Steers, R. M. and Porter, L. W. (1983). Employee Commitment to Organizations, Motivation and Work Behavior, New York: McGraw Hill. 442.

109) Side bets 은 Meyer, J. P. and Allen (1984), "Testing the Side Best Theory of Organizational Commitment Some Methodological Considerations." Considerations of Applied Psychology, 72, 387-372.에서 얿어 걸기란, 남이 돈을 건 곳에 얿어서 건다는 이야기는 개인이 특정 조직에서 어떤 행동을 할 때 처음에는 그 행동이 관계가 없다가 나중에 그 행동이 걸리게 되는 도박개념에서 착안된 이론이다. 도박에 남이 건 돈에 같이 얿어서 건

다는 말이다.

110) Angle, H., and Perry, J. (1981). "An Empirical Assessment of Organizational Commitment and Organization Effectiveness", Administrative Science, Quartely, 1-44.

111) Morris, J., and Sherman, J. D. (1979). "Generalizability of an Organizational Commitment Model", Academy of Management Journal, 512-546.

112) Stevens, J. M., Beyer, J. and Trice, H. M. (1978). "Assessing Personal Role and Organizational predictors of Managerial Commitment", Academy of Management Journal, Vol. 21, 380-396.

113) Allen, N. J. and Meyer, J. P. (1996). "Affective, Continuance, and Normative Commitment to the Organization: An Examination of Construct Validity," Journal of Vocational Behavior, 49, 252-276.

114) Allen, N. J., and Meyer, J. P. (1990). "The Measurement and Antecedents of Affective, Comtinuance, and Normative Commitment to the Organization," Journal of Occupational Psychology, 63, 1-18.

115) Meyer, J. P., Stanley, D. J., Herscovitch, L., and Topolnytsky, L. (2000). "Affective, Continuance, and Normative Commitment to the Organization: A Meta-Analysis of Antecedents, Correlations, and Consequences," Journal of Vocational Behavior, 61, 20-52.

116) Meyer, J. P., Stanley, D. J., Herscovitch, L., and Topolysky, L. (2002). "Affective, Continuance, and Normative Commitment to the Organization: A Meta-analysis of Antecedents, Correlates, and Consequences," Journal of Vocational Behavior, 61, 20-52.

117) Russ, F. A. and McNeilly, K. M. (1995). "Links among Satisfaction, Commitment, and Turnover Intentions: The Moderating Effect of Experience, Gender, and Performance," Journal of Business Research, 34, 57-65.

118) Boyle, E. (2002). "A Critical Appraisal of the Performance of Royal Dutch Shell as a Learning Organization in the 1990's," The Learning Organization, 9(1), 6-18.

119) Boyacigiller, N. A. and Adler, N. J. (1991). "The Parochial Dinosaur: Organizational Science in Global Context," Academy of Management Review, 16, 262-290.

120) Palich, L. E., Hom, P. W., and Griffeth R. W. (1995). "Managing in the International Context: Testing Cultural Generality of Sources of Commitment to Multinational Enterprises," Journal of Management, 21(4), 671-690.

121) Clugston, M., Howell, J. P., and Dorfman, P. W. (2000). "Does Cultural Socialization Predict Multiple Bases and Foci of Commitment?" Journal of Management, 26(1), 5-30.

122) Yousef, D. A. (2000). "Organizational Commitment as a Mediator of the Relationship between Islamic Work Ethic and Attitudes toward Organizational Change," Human Relations, 53(4), 513-537. - (2002). "Job Satisfaction as Mediator of the Relationship between Role Stressors and Organizational Commitment: A Study from an Arabic Cultural Perspective," Journal of Managerial Psychology, 17(4), 250-266.

123) Cheng, B. S., Jiang, D. Y., and Riley, J. H. (2003). "Organizational Commitment, Supervisory Commitment, and Employee Outcomes in the Chinese Context: Proximal Hypothesis or Global Hypothesis?" Journal of Organizational Behavior, 24, 313-334.

124) Wong, C. S., Wong, Y. T., Hui, C., and Law, K. (2001). "The Significant Role of Chiness Emplications for Managing Employees in Chinese Societies," Journal of World Business, 32(3). 326-340.

125) Adams, J. (1963). "Toward an Understanding of Inequity," Journal of Abnormal and Social Psychology, 67, 422-436.

126) Thibaut, J. and Walker, L. (1975). Procedural Justice: A Psychological Analysis, Hillsdale, NJ: Erlbaum.

127) Bies, R. J. and Moag, J. S. (1986). Interactional Justice; Communication Criteria of Fairness. in Lewick, R. J., Sheppard, B. H. and Bazerman, M. H.(eds.). Research in Negotiations in Organizations, Greenwich, CT: JAI Press.

128) Moorman, R. H. (1991). Relationship between Organizational Justice and Organizational Citizenship Behaviors: Do Fairness Perceptions Influence Employee Citizenship, Journal of Applied Psychology, 76, 845-855.

129) Aquino, K., Griffeth, R. W., Allen, D. G., and Hom, P. W. (1997). Integrating Justice Constructs into the Turnover Process: A Test of a Referent Cognitions Model, Academy of Management Journal, 40, 1208-1227.

130) Fryxell, G. E. and Gordon, M. E. (1989). Workplace Justice and Job Satisfaction as Predictors of Satisfaction with Union and Management, Academy of Management Journal, 32, 851-866.

131) Lind, E. A. and Tyler, T. R. (1988). The Social Psychology of Procedural Justice, Ny: Plenum Press.

132) Alexander, S. and Ruderman, M. (1987). The Role of Procedural and Distributive Justice in Organizational Behavior, Social Justice Research, 1. 177-198.

133) Folger, R. (1987). Distributive and Procedural Justice: Combined impact of "Voice" and Improvement on Experienced Inequity, Journal of Personality and Social Psychology, 35, 108-119.

134) Cropanzano, R. and Folger, R. (1989). Referent Cognitions and Task Decision Autonomy: Beyond Equity Theory, Journal of Applied Psychology, 74, 293-299.

135) Journal of Leung, K., and Stephan, W. G. (2001). "Social Justice from a Cultural Perspective." In Matsumotd, D. (ed.) The Handbook of Culture & Psychology. Oxford: Oxford University Press.

136) Ambrose, M. L. (2002). "Contemporary Justice Research: A New Look at Familiar Questions," Organizational Behavior and Human Decision Processes, 89(1), 803-812.

137) Leung, K., and Stephan, W. G. (2001). Ibid.

138) Greenberg, J. (2001). "Studying Organizational Justice," The International Journal of

Conflict Management, 12(4), 365-375.

139) Leung , K. and Stephan, W. G. (2001). of cit.

140) Greenberg, J. (2001). of cit.

141) Adams J. (1963). "Toward an Understanding of Inequity," Journal of Abnormal and Social Psychology, 67, 422-436.

142) Leung, K., Wang, Z. M., and Smith, P. B. (2001). "Job Attitudes and Organizational Justice in Joint Venture Hotels in China: The Role of Expatriates Managers," International Journal of Human Resource Management, 12(4), 926-245.

143) Berger, J., Zelditch, M., Anderson, B., and Cohen, B. P. (1972). "Structural Aspects of Distributive Justice: A Status-Values Formulation." In Berger, J. Zelditch, M., and Anderson, B.(eds.) Sociological Theory in Progress, Vol. 2. Boston: Houghton-Mifflin.

144) Leung, K., and Stephan, W. G. (2001). "Social Justice from a Cultural Perspective." In Matumoto, D. (ed.) The Handbook of Culture & Psychology. Oxford: Oxford University Press.

145) Adams, J. (1963). "Toward an Understanding of Inequity," Journal of Abnormal and Social Psychology, 67, 422-436.

146) Leung, K. and Stephan, W. G. (2001). "Social Justice from a Culture Perspective." In Matsumoto, D. (ed.) The Handbook of Culture & Psychology. Oxford: Oxford University.

147) Chen, C. C. (1995). "New Trends in Rewards Allocation Preferences; A Sino-U. S. Comparison, " The Academy of Management Journal, 38(2), 408-428.

148) Erez, M. (1997). "A Culture- Based Model of Work Motivation." In Earley, P. C. and Erez. M. (eds.) New Perspectives on International Industrial/Organizational Psychology. San Francisco: New Lexington Press.

149) Greenberg, J. (2001). "Studying Organizational Justice," The International Journal of Conflict Management, 12(4), 365-475.

150) Pearce, J. L., Bigley, G. A., and Branyiczki, I. (1998). "Procedural Justice as Modernism: Placing Industrial/Organizational Psychology in Context," Applied Psychology: An International Review, 47(3). 371-396.

151) Pearce, J. L., Bigley, G. A.,and Branyiczki, I. (1998). Ibid.

152) Lind, E. A. and Tyler, T. R. (1988). The Social Psychology of Procedural Justice. New York: Plenum Press.

153) Greenberg, J. (2001). "Studying Organizational Justice," The International Journal of Conflict Management, 12(4). 365-375.

154) Hogang, R. and Emler, N. P. (1981). "Retributive Justice." In Lerner, M. J. and Lerner, S. C. (eds.) The Justice Motive in Social Behavior. New York: Academic Press.

155) Leung, K. and Stephan, W. G. (2001). "Social Justice from a Culture Perspective." In Matsumoto, D. (ed.) The Handbook of Culture & Psychology. Oxford: Oxford University.

156) Na, E. Y. and Loftus, E. F. (1998). "Attitudes towards Law and Prisoners, Conservative

Authoritarianism, Attribution, and Internal-External Locus os Control: Korean and American Law Students and Undergraduates" Journal of Cross-Cultural Psychology, 29(5). 595-615.

157) Leung, K. and Stephan, W. G. (2001). of. cit.

158) Cascio, W. F. (2002). Responsible Restructuring: Creative and Profitable Alternatives in Layoffs. San Francisco: Berrett-Koehler.

159) Lam, S. S. K., Schaubroeck, J., and Aryee, S. (2002). "Relationship between Organizational Justice and Employee Work Outcomes: A Cross-National Study," Journal of Organizational Behavior, 23, 1-18.

160) Brockner, J., Ackerman G., Greenberg, J., Gelfand, M. J.,Francesco, A. M., Chen, Z. X., Leung, K., Bierbrauer, G., Gomez, C., Kirkman, B. L., and Shapiro, D. (2001). "Culture and Procedural Justice: The Influence of Power Distance on Reactions to Voice,: Journal of Experimental Social Psychology, 37, 300-315.

161) Organ, D. W. (1988). Organizational Citizenship Behavior: The Good Soldier Syndrome. Lexington MA: Lexington Books.

162) Pillai, R., Scheiesheinm, C. A. & Williams, E. S. (1999). Fairness Perceptions and Trust as Mediators for Transformational and Transformational Leadership: A Two-sample Study, Journal of Management, 25(6). 897 933.

163) Liden, R. C., Wayne, S. J., and Stilwell, D. (1993). A Longitudinal Study on the Early Development of Leader-Member Exchanges, Journal of Applied Psychology, Aug., 662-674.

164) Mortimer, J. T. Lorence, J. Kumka, D. S. (1986). Work, Family and Personality: Transition to Adulthood. Norwood, N. J.: Ablex.

165) Frone, M. R., Russell, M., and Cooper M. L., (1992), "Antecedents and Outcomes of Work-Family Conflict: Testing a Model of the Work-Family interface," Journal of Applied Psychology, 77, 65-78.

166) Frone, M. R. (2003). "Work-Family Balance," In Quick, J. C. and Tetrick, L. E. (eds.) Handbook of Occupational Health Psychology. Washington, DC: American Psychological Association.

167) Watanabe, S., Takahashi, K. and Minami, T. (1997). "The Emerging Role of Diversity and Work-Family Values in a Global Context." In Earley, P. C. and Erez, M.(eds.) New Perspectives on International Industrial/Organizational Psychology. San Francisco: New Lexington Press.

168) Champoux, J. E. (1978). "Perceptions of Work and Nonwork: A Reexamination of the Compensatory and Spillover Models," Sociology of Work and Occupations,5, 405-422.

169) Greenhaus, J. H. and Beutell, N. J. (1985). "Sources of Conflict between Work and Family Roles," Academy of Management Reiew, 10(1) 76-88.

170) Larson, J. H., Wilson, S. M., and Beley, R. (1994). "The Impact of Job Insecurity on

Marital and Family Relationship," Family Relations, 43, 138-143.

171) Oppenheimer, V. K. (1982). Work and the Family: A Study in Social Demography. New York: Academic Press.

172) Frone, M. R. (2003). "Work-Family Balance." In Quick, J. C., and Tetrick, L. F. (eds.) Handbook of Occupational Health Psychology. Washington, DC: American Psychological Association.

173) Carlson, D. S. and Kacmar, K. M. (2000). "Work-Family Conflict in the Organization: Do Life Role Values Make a Difference? Journal of Management, 26, 1031-1054.

174) Frone, M. R., Yardley, J. K. and Markel, K. S. (1997). "Developing and Testing an Integrative Model of the Work-Family Interface," Journal of Vocational Behavior, 50. 145-167.

175) Carlson, D. S. and Kacmar, K. M. (2000). Ibid.

176) Frone, M. R., Russell, M., and Barnes, G. M.(1996). "Work-Family Conflict, Gender, and Health-Related Outcomes: A study of Employed Parents in Tow Community Samples," Journal of Health Psychology, 1, 57-69.

177) Tiedje, L. B., Wortman, C. B. Downey, G., Emmons, C.,Biernat, M., and Lang, E. (1990). "Women with Multiple Roles: Role Compatibility Perceptions, Satisfaction, and Mental Health," Journal of Marriage and the Family, 52, 63-72.

178) Grzywacz, J. C., and Bass, B. L., (2003). "Work, Family, and Mental Health: Testing Different Models of Work-Family Fit," Journal of Marriage and Family, 56, 248-262.

179) Shaffer, M. A., Francesco, A. M., Joplin, J. R. W., and Lau, T. (2004). Reconciling Life Roles: A Cross-Culture Model of Work-Family Interface and Life Balance. Presented at the Academy of International Business Annual Conference, Stockholm, Sweden, July.

180) Kinnunen, U. and Mauno, S. (1998). "Antecedents and Outcomes of Work-Family Conflict among Employed Women and Men in Finland." Human Relations, 51, 157-177.

181) Aryee, S. (1992). "Antecedents and Outcomes of Work-Family Conflict among Married Professional Women: Evidence from Singapore," Human Welations, 45(8), 813-837.

182) Choi, J. and Chen, C. C. (2003). "The Role of Gender in the Life Stress of Chinese Employees: Women Tired from Housework and Men Tired from Work," Presented at the Annual Meeting of the Academy of Management, Seattle, August.

183) Fu, C. and Shaffer, M. (2001). "The Tug of Work and Family: Direct and Indirect Domain-Specific Determinants of Work-Family Conflict," Personnel Review, 30, 502-522.

184) Westman, M. (in press). "Cross-Cultural Difference in Crossover Research." In Poelmans, S. (ed.) Work and Family: An International Research Perspective. Mahwah, NJ: Erlbaum.

185) Triandis, H. C. (1995). Individualism and Collectivism. Boulder, CO: Westview press.

186) Shaffer, M. A., Francesco, A. M., Joplin, J. R. W., and Lau, T. (2004). Reconciling Life Roles: A Cross-Culture Model of Work-Family Interface and Life Balance. Presented at the Academy of International Business Annual Conference, Stockholm, Sweden, July.

187) Shaffer, M. A. (1995). Ibide.

188) Yang, N., Chen, C. C., Choi, J., and Zou, Y. (2000). "Sources of Work-Family Conflict: A Sino-U.S. Comparison of the Effects Work and Family Demands," Academy of Management Journal, 43, 113-123.

189) Spector, P.E., Cooper, C.L., Poelmans, S., Allen, T.D., O'Driscoll, M., Sanchez, J.I., Siu, O.L., Dewe, P., Hart, P., Lu, L., Renault de Moreas, L.F Ostrognay, G.M, Sparks, K., Wong, P., and Yu, S. (2003). "A Cross-National Comparative Study of Work/Family Stressors, Working Hours, and Well-Being:China and Latin America vs. the Anglo world." Presented at the Annual Meeting of the Society for Industrial and Organizational Psychology, Orlando, FL , April.

190) Aryee, S., Luk, V., and Stone, R. (1998). "Family-Responsive Variables and Retention-Relevant Outcomes among Employed Parents" Human Relations, 51(1), 73-87.

191) Schwartz, D. (1994). An Examination of the Impact of Family-Friendly Policies on the Glass Celing. New York: Families and Work Institute.

192) Galinsky, E. and Stein, P. (1990). "The Impact of Human Resource Policies on Employers," Journa of Family Issues, 11, 368-383.

193) Hochschild, A. (1997). "The Time Bind: When Work Becomes Home and Home Become Work. New York. YN: Henry Holt.

194) Fredriksen-Goldsen, K. I. and Scharlach, A. E. (2001). Families and Work: New Directions in the Twenty-First Century. New York: Oxford University Press.

195) Chiu, W. C. K. and Ng. C. W. (1999). "Women-Friendly HRM and Organizational Commitment: A Study among Women and Men of Organizations in Hong Kong," Journal of Occupational and Organizational Psychology 72, 485-502.

196) Peters, P. and Den Dulk, L. (2003). "Cross-Cultural Differences in Managers' Support for Home-Based Telework: A Theoretical Elaboration," International Journal of Cross-Cultural Management. 3(3). 329-346.

197) Lyness, K. S. and Kropf, M. B. (2003). "The Relationships of National Gender Equality and Organizational Support with Work-Family Balance: A Study of European Manager." Presented at the Annual Meeting of the Academy of Management, Seattle, August.

198) Poster, W. R. (2002). "Work-Family Policies in Global Corporations: Lessons from High-Tech Companies in India and the United States," Unpublished manuscript. Department of Sociology, University of Illinois at Urbana-Champaign,, February.

199) Cascio, W. F. and Young, C. E. (2004). "Work-Family Balance: Does the Market Reward Firms that Repect It ?" In Halpern, D. F. and Murphy, S. (eds.) Changing the Metaphor: From Work-Family Balance to Work-Family Synthesis. Mahwah, NJ: Erlbaum.

제 5 부 국제경영에 있어서 관리의 다양성

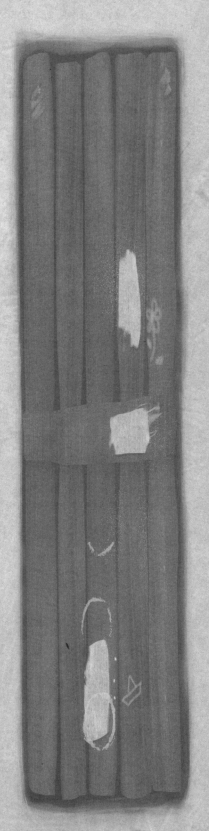

생각해 볼 문제

글로벌과 국내에 다문화가 동시에 일어남으로써 국제경영자들은 노동력의 다양화 관리 (managing a diverse workforce)가 가장 중요한 일이 되었다. 그리고 조직의 다양화에 대한 충격을 이해하고 다양화를 효과적으로 활용하는 방법에 대한 기술을 하는 것이다.

이것은 문화차이에 따라 다양화차이와 다양한 인구를 가진 국가들의 현실은 다양화를 다르게 접근해야 하는 것을 이해하는 것이 중요하다. 이 중에는 다양화된 집단구성원들의 분리정도 유지와 그들 소유하는 집단의 구성원들이 연합을 좋아하는지 그리고 그들이 소유하고 있는 전통을 지키려고 하는지, 자유롭게 상호작용하는 것도 이해해야 한다.

다양화하는 국가에서는 한계를 가진다. 거기에는 사람들과 같이 다른 일하는데 사회적인 안내서가 없다. 국제 관리자들의 효율은 어떻게 그들의 다양화를 문화적으로 이해해야 하고 그들에 대한 다양화에 잠재적인 충격을 이해하는 것이 중요하다. 다양화관리(managing diversity)는 세계적으로 점점 확대되어지고 있다. 많은 나라들의 인구통계, 국가노동력은 다양화가 증가되고 있다. 그리고 국제 노동시장에서는 기업에 보다 큰 구성원이 입사하고 있다. 이들의 변화결과와 같이 고용다양화(employee diversity)는 국제기업 조직의 관리효과를 증가시키는 결과라고 할 수 있다.

Cox(1993)[1]의 "문화적 다양성"연구는 하나의 조직을 다문화조직의 문화적 다양화를 통합하는 효과에 대한 분석 모델을 보아도 알 수 있다. 거기에는 3가지 조직형태가 있다. 한 덩어리(monolithic), 복수(plural), 그리고 다문화(multicultural) 등이다. 거의 세계를 통해서 한 덩어리 복수형태가 적당하다. 미래에는 특별히 글로벌하고, 다문화를 기업들은 보다 필요로 하게 될 것이다. 이처럼 다양화는 한 조각, 한 조각이 모여 모자이크가 조화를 이루어 전체의 효과를 증가시키는 것처럼 조직유형이 다양화되는 형태가 될 것이다.

제 1 장   관리의 다양성

　　관리의 다양화는 글로벌화와 국내 다문화 쪽으로 동시에 일어나는 경향을 가지고 있기 때문에 국제 관리자들이 할 일들이 중요한 분야로 증가되는 것은 다양한 노동력관리 때문이다. 조직 내에서 다양화 충격에 대한 이해와 효과는 다양화를 이용할 수 있는 방법을 아는 것은 소중한 기술이다. 다양화의 다른 관점의 문화차이를 실감하는 것이 국제경영자에게는 중요하다. 다양화 집단유지의 분리정도는 그들 자신의 집단에 대한 연합을 좋아하고 그리고 그들이 자신의 전통을 다른 사람과 같이 보존하여 그들이 자유롭게 상호작용하는 것이다.

　　다양화는 나라에서는 한계가 있다. 거기는 사회적인 다른 사람들과 같이 일을 위한 사회적인 지침서는 없기 때문이다. 효과적인 국제 경영자는 다양화 논의에 대해서는 그들의 착각과 그리고 그들이 다양화의 잠재적 충격을 이해해야만 한다. 글로벌 조직과 다른 나라에서 사람을 고용하는 데는 다같이 그들은 문화차이에 대한 사람관리에 효과적인 방법을 연구해야만 한다. 그리고 동시에 여러 나라 조직들은 이민이주자, 사회운동, 정책사건, 인구추세의 결과와 같이 노동력도 더 많이 다양화되어 그들 국내 고용자들도 다양성이 증가된 것을 경험하였다. 다양성 증가에 대한 보기는 다음과 같다.

- 미국 역시 이민자들을 위한 나라다. 소수민족 집단구성원(minority group member)은 1998년 이래 노동력에 대한 40%를 새로 추가하게 되다. 이와 같은 추세는 최소한 2008까지 계속적일 것으로 기대된다(Cambell, 2003).[2]
- 지난 20년 동안, 여성 근로자 비율이 모든 경제협력개발기구(OECD) 국가에서 증가되었다. 덴마크와 스웨덴에서는 남자만큼 여성이 고용되었다(OECD, 2002).[3]
- 결과적으로 동유럽 정부의 변화결과와 같이 많은 사람들은 서유럽으로 이동하였고, 특별히 독일은 보다 큰 경제기회를 보았다.
- 사우디아라비아 조직에 7백 5천만 외국 근로자들이 토착민(indigenous pop-

ulation)의 구성원의 평균 40%까지 고용한다(Janardhan, 2003).[4]

- 홍콩의 생활의 수준이 올라 필리핀 국민을 교체하는 것이 중요하게 이끌었고, 인도네시아는 자국을 도왔다.
- 미국에 있는 일본의 기업들은 그들의 다양한 미국 고용자들에게 복잡하고 혼란스러운 관리를 발견한다.

보다 큰 국제기업처럼 글로벌에 교차적으로 다양성 증가로, 관리자들은 다양한 이해가 요구되고 그리고 이것을 관리할 방법들이 요구된다. 국제조직행동의 시각으로부터 다양성에 대한 관리는 문제로 나타나 남는다. 많은 문화들은 아직은 다양하지 않기 때문이다.

다른 것은 점차적으로 다양화가 되어온다. 그리고 아직까지 사회나 혹은 조직문제와 같은 지식의 다양화는 아니다. 더구나, 많은 국내외 그리고 국제조직들은 정확히 다양화(diversity)가 시작된다, 이것은 어쨌든 고려되지 않을 수도 있다(Adler 2002, p. 248).[5]

몇몇 글로벌 회사는 그들은 시종일관 가치의 다양화(value diversity)하는 단계에 도달하였다. 이문화(cross-cultural)나 혹은 남성 대 여성 그리고 이것이 그들에 유리한 수단이라 할 수 있다. 균형의 기세를 꺽은 것은 적은 여성들은 선임수준의 리더십 서비스에 그들의 힘의 모두가 사용을 고려하는 그런 기회의 균형의 기세가 주춤했다. 리더의 대부분은 양쪽인 남성과 여성이다. 12세기 동안 그들이 요구한 것보다 더 많은 제한된 리더십 유형 속에서 억압으로 남아 있다. 그러나 발전 쪽으로 더 많이 시너지 접근은 조직과 개인 양쪽에 의해서 다양성의 성질에 대한 더 많은 열린 토론에 의해 높이지고 증가될 것이다. 그리고 가정의 깊은 이해는 우리들 리더십 속에 깊이 새겨 둔다.

더 첨가하면 세계가치조사(World Values Survey)에서부터 자료(Data)는 서구문화 사이에 가장 깊은 문화적 차이를 지적하였다. 그리고 회교도 세계는 사회에서 여성의 역할이 인정되었다(Inglehart and Norris, 2003a).[6] 서구문화에서는 성의 균형 쪽으로 움직인다. 그 밖의 회교도 문화(Islamic culture)는 이혼, 유산(abortion) 등에 관해서는, 일반적인 성에 대한 균형의 관점이 완전히 다르다. 결국 성에 대한 불공정의 고집은 역시 세계적인 문화를 통해서, 서구와 회

교도 사이보다도 더 넓지 않다(Inglehart and Norris, 2003b).[7]

1. 무엇이 다양화인가?

다양화(diversity)는 누가 봐도 성(gender), 인종(race), 민족성(ethnicity) 그리고 나이(age)와 같이 명백한 특색을 이루는 것이고. 또한 교육, 직업배경, 전문분야 기능, 성적편애(sexual preference) 그리고 종교와 같이 보이지 않은 것도 역시 포함된다. 이것의 차이는 조직 내 개인행동에 어떤 영향을 주기 때문에 중요하다. 종종 같은 집단에 소속되어 있는 고용자들은 유사한 형태로 행동한다. 하나의 조직은 더 많이 다양화처럼, 집단 중에서도 차이는 어떻게 관리다양성 효과(manage diversity effectively)에 대해서 더 많은 질문의 소리는 높아지기 때문이다.

관리다양성(managing diversity)은 균등 고용기회(equal employment opportunity)의 연구로부터 개발되었다. 의미심장한 여성근로자들의 흡수와 주력노동력으로 흡수시키려는(mainstream workforce) 소수민족집단(minority group)을 의미심장하게 차별하는데 초점에 두었다. 수십 년 후에 연구는 찬성하거나 혹은 다른 가치로 강조될 것이다. 근래 대부분의 초점은 다양화는 기업의 경우다. 기업 성공을 위해 다양화관점은 기업에서 필요하다(Kochan et al., 2003).[8]

Hewlett Packard의 CEO인 Lew Platt의 논평은 아래와 같다. 나는 다양화(diversity)를 기업의 경우에 3가지가 중요한 점으로 생각한다. (1) 우리가 찾으려고 하고 그리고 고용자들에 대한 완전한 능력을 사용할 것을 요구하는 것은 재능부족(talent shortage)이다. (2) 우리들의 고객들과 같이 필요하고 그들 관여에 대한 영향은 기간을 두고 그들과 같이 몰입(Communicate)이 필요하다는 것이 포함된다. (3) 다양화는 팀에 좋은 결과를 생산한다(Cochan et al. 2003, p. 5).[9]

관리다양화에 대한 정의는 여러 가지가 있다. 그리고 이것이 조직에 대해 어떻게 다중적인 방법으로 공헌할 것인가와 관리자들은 다음과 같은 점에 동의를 한다(Kandola, 1995).[10] 첫째, 다양화에 대한 관리효과와 그리고 사람들 간의 차이는 회사에 대한 가치를 더하는 것이다. 둘째, 다양화는 차이에 대한 모든 형태를 포함하고, 명백한 물리적인 차이뿐만 아니라, 성(gender)이나, 혹은 민족성(ethnicity) 같은 것도 모두 포함한다. 셋째, 조직문화와 작업환경문제는 관리다양화에 대해 대단히 중요하게 고려된다. 다양화에 대한 같은 시대 관점은 아래와 같다.

관리의 다양화, 만약 이것이 지배적인 상상을 가진다면, 모자이크(mosaic)처럼 하나의 조직이 된다. 그 차이가 전 조직창조에 함께 온다면, 단순히 모자이크 조각이 창조하는데 하나의 상상이 함께 오는 것과 같은 방법이다. 그 차이는 여려지고, 일반에게 인정되고 그리고 완전한 구조에 위치를 가진다.

다른 다양화를 사라다 볼(salad bowl)(사발)과 같이 비유한다. 모자이크처럼 같은 느낌 속에 개념은 각각 개인은 조직에서 만드는 유일한 공헌을 가진다. 다양한 배경과 하나의 조직 속에 재능이 결합되었을 때, 그들은 시너지 효과가 생긴다. 어떻게 다양화의 차원과 그리고 국가차이나 혹은 집단차이가 명확한 조직은 그들은 대단히 중대한 것 중에 나타난다. 약간은 성과 그리고 다양화가 지속적으로 인종차별 다른 사람을 하는 동안에는 다른 변수들이 중요하다.

2. 국제조직에서 어떻게 문화적 차이를 다양화로 보는가?

하나의 나라가 다양화로 보는 관점은 사람들의 문화가치가 인구 속에 차이에 대한 범위와 태도 쪽의 차이다. 미국과 같은 몇몇 나라들은 높은 개인주의 나라처럼 다른 사람을 취급하는데 오랜 역사를 가진 나라이며, 미국의 가치는 이들의 차이다. 일본과 같은 다른 나라에서는 수세기 동안 다른 문화로부터 고립되었고 그리고 오늘날은 아직까지 동종관계에 있다. 집산주의처럼 일본인은 일치(conformity)를 좋아한다. 그리고 집단 속에서 구성원들과 같이 안주하는 것을 더 좋아한다. 다음에서 다양화에 대해 미국, 캐나다, 일본 그리고 독일 등을 보기로 한다.

(1) 미 국

미국에서는 균등평가(valuing equality)와 균등한 기회(equal opportunity)의

전통을 기초로 한다. 민족차이의 구성원들 중에 대한 차이와 그리고 민족 집단(ethnic groups)은 항상 화합되지 않았다. 그리고 오늘날은 그렇지 않다. 법, 사회 그리고 기업정책은 과거 50년이 지나 균등에 대한 구애와 다양화 문제를 수없이 제시하였다. 1960년대에 관리다양화(manage diversity)는 균등한 고용기회(equal employment opportunity)를 준비하는 다양한 법률의 해 필요성을 싹트게 하였다, 이들 법률은 인종(race), 성(gender), 민족성(ethnicity), 종교, 피부색, 나이, 무능, 임신(pregnancy), 국가혈통, 신민신분 등을 기초로 한 고용차별 금지법률(law prohibit employment discrimination)이다.

차별철폐조치법률(Affirmative Action Laws)은 여성과 소수민족에 대한 과거 차별저항을 바르게 고치는 것이다. 이들 법률 목적은 여성과 소수민족을 법적으로 충분하게 고용하는 것이다. 그리고 차별을 하지 않은 방법으로 고용자들의 모든 집단을 대우하는 것이다. 1970년 후반에서 1980대 동안에 조직은 단순히 할당에 다른 것이 현실이기 때문에 이는 노동력관리방법(way to manage the workforce)에는 효과가 되지 못했다. 이에 대응하여 기업은 다양한 고용(diverse employee)에 많은 지지를 한 것은 조직문화개발과 그리고 가치다양화에 대한 훈련 프로그램을 제공하였다. 이는 인종과 성(gender)에 대한 차이의 범위를 광범위하게 포함시킨 뒤에 다양화의 개념이 널리 퍼졌다(Kochan et al., 2003).[11] 이들 접근에 대한 하나의 보기로서, 디지털 장비회사(Digital Equipment Corporation)(DEC)사의 1970년대 중반에 제정된 가치차이 프로그램(Valuing Difference Program)은 그들 차이에 관한 말에 대한 배경이 다른 사람을 위해 요구에 초점을 두었다.

검토집단은 남자를 포함한 핵심집단이라고 불렀다. 그리고 모든 민족 배경의 여성배경과 인종, 모든 조직의 수준을 포함했다. 그리고 프로그램은 발전되었고, 그리고 1985년 디지털은 회사 가치차이의 회사기능을 만들었다. 그리고 DEC사의 성문된 정책에 포함되었다. 짧은 시간 내 DEC사의 고용자들은 각각 서로의 차이를 인정과 그리고 평가에 의해 실현되었고, 그들은 서로서로가 효과적으로 일할 수 있었다(Mandell and Kohler-Gray, 1990).[12] 결과적으로 고용자들 중 차이만큼 유사하게 논의되었다.

1990년대까지는 다문화주의(multiculturalism)와 가치다양화(valuing diversity)는 미국기업에 잘 제정되었다. 기업의 경우에 다양화의 실질적인 충격은 관계된 조직은 다양화 노동력에 많은 효과를 줄 수 있다는 것이 나타났다(Kochan et al., 2003). 같은 시기에 관리의 다양화는 많은 전략을 되었다. 보기로서 큰 재정적인 서비스 기업들은 모든 고참관리자는 공식적인 다양화 계획과 그리고 교육에 대한 다양화 연결, 신규채용, 계승계획 그리고 기업성장을 관리해야 한다. 기업들 역시 회사전체에 CEO에 의한 다양화 평의회의 장이 된다. 다른 다양화 관점으로서는 관리교육에 있다.

미국은 국제 AACBS(The Association to Advance Collegiate Schools of Business)을 설립했다. 국제경영대학에 대한 대리인에 따르면, 과정인가에 대한 부분으로 그들의 기업 프로그램에 다양화를 표현하는데 학교에 요구하였다. 이유는 다양한 사람들과 민족교육사상과 기업 프로그램은 글로벌전후관계에 대한 이력을 위한 준비하는 학생들에 대한 다중관점이 포함되어야 할 것이다(AACSB international, 2003).[13]

연구는 경영 그리고 미국에는 다양화 입법으로 발달이 지속되었다. 미국의 균등에 대한 기초적인 법률제정과 최근 시민 권리와 균등기회 입법에도 불구하고 차별경험에 대한 지속적으로 다른 집단으로부터 조직의 개인 중에서도 증거를 제시하였다(Cox, 1993).[14] 차별철폐조치 프로그램은 작업장 있어서 다양화 성취에 필요성은 오래가지 않은데도 미국사람 40% 믿었다. 인종이 토대가 되는 차별소송은 균등고용기회 위원회 2001년에 7년 동안 높게 도달하였다. 여성과 그리고 소수민족을 위한 기회 1960년 이전에 일찍이 움직임이 시작되었다. 그러나 많은 조직들은 경영다양화에 최소한의 노력을 하였다. 그리고 법률에 대한 불평을 저항은 약간 있다(Allard, 2002).[15]

(2) 캐 나 다

캐나다는 역시 미국과 인접해 있다. 경영다양화의 역사는 다르다. 미국과는 달리 거기에는 연방 법률이 모든 조직에 적용된다, 캐나다 연방 고용법률은 확실히 하나의 산업에 규정되어 있다, 방송을 포함해서, 텔 커뮤니케이션, 은

행, 철도, 항공, 선박, 다른 주와 수송, 우라늄 광산 그리고 정부소유 기업이 포함되어 있다. 다른 산업에 기업은 지방법에 지배를 받는다. 운영에 대한 예를 들면, Ontario와 그리고 Quebec은 봉급 균등 법률을 가진다(Mentzer, 2002).[16]

1977년의 캐나다사람 인권법(The Canadian Human Right Act)은 산업 그리고 인종, 성 그리고 정확한 다른 장소에 대한 차별금지가 적용되었다. 직접적인 차별금지법이 아니라도 확실히 작업에 대한 여성고용에 대한 거절과 같은 것은 간접적인 차별이다. 보기로서, 성희롱(sexual harassment) 등 법률이다. 명령법 역시 남성과 여성은 일에 대한 균등한 봉급을 받아야만 한다. 캐나다사람 인권위원회(The Canadian Human Rights Commission)는 법률에 대한 불평관계를 재판한다. 그리고 고용할당 명령 사건들을 엄격히 한다(Mentzer, 2002).[17]

1986년의 캐나다사람 고용균등 법(The Canadian Employee Equity Acts)과 1986년 여성과 소수민족 고용자들 사전 싸움 차별저항 고용주들의 사전 행동하는 용기를 보호한다. 여성, 모국인, 무능한 사람, 그리고 검은 사람을 포함한 소수민족, 아시아사람, 아랍사람, 태평양섬 그리고 라틴아메리카 선조들이 포함되어 있다. 1986년에 제정된 법률은 연방정부에 대한 보고에 회사들이 요구하였다. 성과에 대한 평가이다.

거기에는 재무적인 벌금과 그리고 정부설득력을 부가하였다. 1995년 회사가 회합하지 않은 데 대해서는 C$50.000 벌금을 내라는 법률 명령을 내렸다(Mentzer, 2002).[18] 역시 캐나다사람 법률제정은 미국처럼 넓은 것은 아니다. 거기의 회사들은 경영다양화 그리고 약간의 포괄적인 프로그램으로 발전되었다. 보기로서 캐나다 Royal Bank은 경영다양화 프로그램을 수없이 생각하였다. Royal Bank은 고용자들을 포함해서 유연한 작업정돈을 고용자들에 대한 프로그램 지지를 확대하였다. 임산부를 위한, 어머니와 아버지 떠난 그리고 작업장 편의를 도모하는 고용자 프로그램의 지원을 확장했다.

Royal Bank은 장애인 고용자의 편의제공을 위해서 본부 기금을 설립하여 개인적인 관리자들은 그들 예산에 비용의 포함을 필요치 않다(Young, 2000).[19] Jason은 하반신 불수환자는 판매와 서비스 대리인은 그의 은행 경험에 대한 논평을 하였다. 그가 말하기를 나의 장애에 대해 정당한 보수(due to my disability)

는 부동적인 착석이 나에게 물리적인 영향을 준다. 캐나다 Royal Bank은 나의 작업 스케줄을 수정을 그에게 허락해야 한다. 그의 몸을 쉬도록 허락해야 한다. 역시 캐나다의 Royal Bank은 첫날부터 나에게 편안하게 느끼도록 만들어 주었다.

(3) 일   본

일본의 다양화는 미국 혹은 캐나다와는 매우 다르다. 일본은 1800년대 중반까지는 세상 밖의 사람들과 접촉은 거의 없었다(Fernandez, 1993).[20] 고립된 적은 섬의 나라 같이 일본은 생존하는데 필요한 대비를 함께 일하는 것이 개인들을 위해 중요했다. 오늘날 일본은 광범위한 일본민족과 그리고 한국민족과 중국의 적은 구성원과 그리고 수세대 동안 일본에 살고 있는 약간은 이주자들의 소수국민과 그리고 외국학생들이 동종과 같이 관계한다.

일본 문화는 확실한 행동조건을 받아들이는 극단적인 집단지향(extremely group-oriented)이다. 일본사회에서는 나이, 성(gender), 직위에 기초를 둔 행동에 대해 방법을 개인은 안다. 그리고 규범에 충당되지 않은 이탈(deviation)된 행동은 제재(sanction)하는 것이 목적이다. 이는 마치 일본 민속 운동경기인 스모와 같다. 좁은 원 속에서 선수들은 밖에 밀려나오면 끝나는 선수들과 같다. 일본의 세계적으로 성공시킨데 공헌한 특별한 경영 유형을 가져, 20세기 후반에 일본경제는 빠르게 성장했다.

경영체계, 일본문화, 외국으로부터 가져온 실행을 통합하고, 품질이 전체처럼, 일본의 경영은 뒤얽히게(intertwined) 하다. 일본경영시스템의 특징은 관리자자치(managerial autonomy), 견고한 종적인 조직(rigid hierarchical organizations), 만장일치의사결정(consensus decision making), 종신고용제(lifetime employment), 연공서열(promotion based on seniority) 그리고 관리와 노동자간의 보상의 균등관계가 포함되어 있다(Chen, 1995).[21] 대표적으로 Drucker(1971)[22]은 일본의 경영 시스템은 만장일치에 의한 의사결정, 종신고용, 지속적인 훈련 그리고 오야붕-고붕관계(대부관계)라고 말했다.

그럼에도 불구하고 일본은 1990년대 초에서 21세기 초에 시작된 경기후퇴가 지속되어, 서구로부터 빌려온 새로운 조직형태와 실행을 위해 필요성이 창조되었다(Abegglen and Stalk 1995[23]; Chen, 1995; Durlabhji and Marks, 1993[24]; Pascale and Athos, 1981[25]; Whitehill, 1991[26]). 일본의 수준에서 대기업들은 대부분 고참직위는 나이 많은 남자가 차지하는 것은 나이와 성(gender)에 의무로 지어지는(incumbent) 관계가 있다. 퇴직은 55세에서 60세에서 하게 되고, 관리직 여성들 수는 극단적으로 제한되어 있다.

2001년에 일본 시간제 근로자가 노동력의 40.4%였는데 아직 이들 40%가 시간제 근로자이다. 대기업과 정부에는 여자가 관리직의 단 2%~3%이다. 그러나 많은 기회는 외국기업, 특별히 재무 서비스에서 최고 남자 대학원학위까지는 관심을 끄는 것이 일반적이 않다(Jameson, 2001).[27]

20년이 지난 많은 여성들은 남자들보다 적은 노동력에 들었다. 그리고 여성 노동의 70%은 결혼했다. 장기간 경기후퇴는 노무비 감소에 대한 그들 회사들이 고용하여 여성근로자에게 이익을 가지게 되었다(Jameson, 2001).[28]

1986년 균등기회 법(equal opportunity law)은 여성에 대하여 새 고용자훈련, 은퇴 그리고 해고에 대한, 일본 차별금지(prohibiting discrimination)를 통한 효과를 원했다. 이것은 역시 야간작업과 여성의 연장근무에 대해서는 제한이 상승되었다. 그럼에도 불구하고 법은 신규채용, 고용 그리고 균등기회에 대한 기회를 진전시켰다(Fernander, 1993).[29] 그리고 오직 실행조직은 행정안내였다 (Steinhoff and Tanaka, 1994).[30] 법률결과로서 회사들은 2가지 길로 개발되었다. 처음 고용시에 여성은 전통적인 여성의 작업과 그리고 연구적인 남성고용을 제공하는 데 동등한 경력직위를 선택한다(Steinhoff and Tanaka, 1994). 여성을 위한 새로운 기회가 열려 있다. 그리고 보다 높은 여성의 열망적인 경력을 이끌어 내어 그들 고용주들은 이것을 막는데 종종 용기를 잃는다(Liu and Boyle, 2001).[31] 1999년 균등고용 기회 법(Equal Employment Opportunity Law)의 개정은 오후 10시 이후 여성들이 작업을 하는 것과 주당 6시간 넘는 초과시간 제안과 같은 여성작업에 제안에 대한 끝을 내었다. 고용자들은 역시 오래가지 않아 남성과 여성을 위해 있는 확실한 작업 조건으로 지적하는 것에 인정되는 것은 오래가지 않았다(Thornton, 1999).[32] 새로운 법률은 고용자들 요구하는 주장에 대한 조사를 정부가 인정하여 성희롱을 하소연하는 것을 다루지 않은 회사들에 대한 경고와 그리고 처벌과 같은 공공연히 이름을 부르는 것조차 경고하였다(Amaha, 1999).[33]

일본사람들은 인민정책에 대한 높은 제한을 유지하였다. 아직까지 여성 1인당 출산율은 1.3명으로 2005에는 인구는 줄어들 것이다(Zielenziger, 2002).[34] 일본의 국내조직에 다양화(diversity)가 나타난 것은 역시 중요하지 않았거나 혹은 관계가 없거나, 장기노동에 대한 고갈암시로 인하여 나이, 성(gender) 그리고 외국 근로자를 가능하게 하는 복합요소들이다. 나라 밖에서는 일본회사들은 글로벌 시장에 중요한 세력을 지속하고 있다. 일본 밖의 자회사에서 나타낸 경험처럼, 일본사람들은 세계적인 토대 위에 경영다양화에 대한 생각이 필요하다.

(4) 독   일

독인의 경영다양화에 대한 관점이 다르다. 독일사람 저항의 대다수는 독일사람의 민족성(ethically)이다. 거기에는 초대받은 노동(guest workers)에 대한 역사가 있다. 2차 세계대전 이후 시작된 이전의 서독 외국에서 전쟁으로 황폐된 경제를 재건축하는데 사람들은 고갈되었다. 독일 산업들은 남유럽과 그리고 터키를 포함한 북아프리카, 그리스, 유고슬라비아, 이태리, 스페인, 포르투갈, 모로코 그리고 튀니지 등에서 일차적으로 근로자들을 모집하였다. 초대받은 노동자들은 결국 그들 모국나라로 돌아가는 목적이다. 그러나 독일에는 외국노동자 인구는 증가되어 40년이 지난 후에는 무섭게 증가되었다. 1950년대 중반에는 80,000에서 1990년 중반에는 1백 6십만이 되었다. 1992년에는 모든 임금과 봉급을 받는 근로자는 거의 12%로 지속된다(Fernandez, 1993).[35]

유럽변화에 대한 경제와 정책상황처럼 외국 노동자들 태도 쪽으로 되었다. 첫째에 외국인들 협박은 고려되지 않았으나 매력적이고 그리고 대단히 이국적이다. 그러나 1965년까지는 그럼에도 불구하고, 반 터키사람(ant-Turkish)상이 나타났다. 터키에 대한 분노와 저항 편견은 증가되었고, 맹렬하게 되고, 치명적인 공격도 있었다(Fernandez 1993, p. 167). 동유럽을 통한 독일의 변화와 1990년 10월 서독과 동독이 재통일(Reunification)되어 초대받은 근로자들(guest worker)에 대한 상황은 더욱 복잡하게 되었다.

독일의 자유보호법(Liberal Asylum Laws)과 사회적 서비스를 위한 충분한 준비는 먼저 동유럽공산주의 많은 신분으로부터 자석나라를 만들었다. 보호를 찾는 사람들 수는 1990년대 초에 급속히 증가하여 1992년에는 5,000만이 증가하였고, 그리고 독일 보호법이 변화된 그 해 마지막에까지 증가되었다. 나라 경계로부터 보호를 찾는 사람과 외국으로부터 독일에 입국할 수 없는 박해정책실행을 할 수 없는 나라이므로 외국으로부터 나타나게 되었다(Fernandez, 1993).[36] 먼저 동독 통일의 막대한 비용과 외국 근로자들에 대한 저항 풍토를 일찍 1990년대 초에 빛을 잃은 경제로 보호를 주장하는 자들과 연결되었다.

역시 많은 독일사람들은 초청한 근로자들이 되돌아 가라는 것을 좋아했다. 그들은 쓰레기 수집으로 본질적인 작업을 이루었다, 수위 서비스 그리고 독일사람이 피하는 의료산업을 하였다(Fernandez, 1993). 2002년까지 독일은 큰 도시의 몇몇 부분에서는 인구의 20%를 터키사람을 허용하는 쪽으로 하여 증가를 보였다. 첫 번째로 초대 근로자로서 독일사람이 많았고, 지금은 그들 자신들의 기업 관리자와 그리고 Berlin에 터키사람은 50,000명 이상이 살고 있다(Garcea, 2002c).[37]

그리고 작업여성들의 대우는 해결되었다. 서독이전에서는 여성들의 작업자는 대략 반은 이전 동독의 80%가 넘게 노동력은 비교되었다. 1990년대 초에 동독의 경제 시스템 변화는 대량실업을 가져왔다. 여성은 실업이 60% 이상이 되어 더욱 강한 실업의 충격을 느끼었다. 역시 이전 동서독에서 노동력이 광범위하게 나타났다. 여성은 남자보다도 평균 1/3 이상으로 몇몇 산업들은 채용하게 되었다. 여성들은 관리자가 되는 것은 남자보다 좋아하지 않아서 고령자수준에서 참여하였다. 독일연방공화국 남자와 여자는 동등한 권리를 인정하고 1980년대 법률을 첨부하여 통과는 균등기회 요구와 행정을 통한 균등기회가 발달되었다(Berthoin Antal and Krebsbach-Gnath, 1994).[38] 정부는 채용, 승진 그리고 여성훈련 증가시키는데 대한 측정하는 법률을 요구하였다. 동의하는데 실패에 대한 시인은 없었다.

과정이 불충분한 동안에 공공과 민간 분야 양쪽은 기회균등지침서와 그리고 지침서는 서독에서 사용한 실행은 결과적으로 동독에서는 사용하지 않앉다. 공공 부분과 민간 부분 양쪽에서 실패하였다. 2001년에 독일 여성노동력은 참여비율은 64.4%였다(OECD, 2003). 역시 독일사회는 시집간 여성과 어머니 고용은 기대는 의견을 많이 받아드리게 되었다. 과거에는 3가지 C, 즉 어린이(Children), 요리(Cooking), 교회(Church) 등이 여성들의 역할로 설명되었다. 그러나 오늘날은 3번째 C는 경력(Career)으로 교체되었다(Garcea, 2002b).[39] 유럽연합(European Union; EU)회원으로서, 독일은 다양화(diversity)에 6핵심차원(six core dimensions)을 인식하고 1997년에 암스테르담 조약(Treaty of Amsterdam)의 13조항을 설립하였다. 그것은 성(gender), 인종, 혹은 민족혈통(ethnic origin), 나이, 장애, 성적지향(sexual orientation) 그리고 종교 혹은 개인적 믿음 등이다.(Garacea, 2002b[40]; Stuber, 2002[41]).

EU는 2000년에 문화의 다양성 선언서(Declaration on Cultural Diversity)를 받아들였다. 어떻게 다양화 지침서를 표현하고, 지속되고 그리고 가능할 수 있을 것인가, 그리고 같은 해 EU 역시 EQUAL, 공동체 지침서를 설립하였다. 노동시장에서 차별대우(discrimination)와 불공정(Inequalities)과 싸우는 초국적 협력프로그램(Program of transnational cooperation)이다(Simons, 2002).[42] 1990년 독일 재통일 이래 다양화는 역동적으로 변화되고 그리고 발전을 지속했다. 낮은 출산율(low birthrate)로서, 미래에 독일은 만들어야만 할 것 같고 그리고 완전히, 여성을 크게 활용하고, 경제를 유지하는데 외국 근로자들이 활용될 것 같다.

미국, 캐나다, 일본, 독일에서 보는 바와 같이 어떻게 문화적 차이에 대한 다양화의 관점을 설명해야 할 것이다. 많은 나라 노동력은 많은 기업과 같이 다양화의 지속에 국제 시장과, 고객, 공급자들이 증가되고 있어 고용의 광범위한 다양화 관리의 필요성이 증가되고 있다. 결과적으로 다양화에 대한 문제 관계에 대한 연구와 개발 프로그램에 대한 조직 활동과 그리고 다양화 실행을 해야 할 것이다.

제 2 장 문화적으로 다양한 종업원들의 통합 효과에 대한 조직 가능성 분석

　　다양성 모델(Diversity of Model)은 Taylor Cox(1991, 1993)[43]는 문화적으로 다양한 고용자들의 효과적인 통합을 위해서 조직능력 분석에 대해 6가지 차원(six dimensions)을 확정하였다. <표 5-1>과 같이 이들 차원과 그들의 정의를 다음과 같이 나타내었다. 어떻게 조직은 6차원을 어떻게 처리할 것인가에 대해 Cox는 다음과 같은 3가지 조직유형 중에 하나로 분류하였다. 한 덩어리(monolithic), 복수(plural), 혹은 다문화적(multicultural)으로 분류하였다. 그리고 <표 5-2>는 이들 조직의 성격을 나타내었다.

표 5-1 문화적으로 다양한 고용자들의 효과적인 통합을 위한 조직능력 분석에 대한 6차원

차원(dimension)	정의(definition)
1. 문화변용(Acculturation)	두 집단이 서로가 적합한 형태, 그리고 문화차이 해소
2. 구조 통합(Structural Integration)	고용, 작업배치, 작업 직위 윤곽을 포함한 조직구성원들의 문화 윤곽(Culture Profiles)
3. 비공식 통합(Informal Integration)	비공식적 네트워크에 소수문화 구성원의 포함과 그리고 공식 노동시간 외의 활동
4. 문화 편견(Culture Bias)	편견과 그리고 차별(Prejudice and discrimination)
5. 조직 일체화 (Organizational Identification)	소속에 대한 느낌, 충성심, 그리고 조직에 대한 몰입
6.집단 간의 충돌(Inter-group Conflict)	문화집단 간에 마찰 긴장 그리고 힘 싸움

출처: Cox, T., Jr. (1999). "The Multicultural Organization," Academy of Management Executive, 5(2), p. 35. Reproduced with permission of Academy of Management in the format Other Book Via Copyright.

1. 한 덩어리 조직(The Monolithic Organization)

한 덩어리 조직은 같은 유형(same type of people)의 사람들이 지배적으로 포함되어 있다. 개인적으로는 직위나 부서에 대한 제한된 구성원들이 일하는 데는 대다수가 차이가 있다. 왜냐하면 사람들은 조직을 통해서 배경차이(different backgrounds) 때문에 살아남을 수 없어, 다수에 의한 조직규범이 정해지는 데 소수의 집단 구성원은 대부분이 따른다.

소수문화 구성원들(members minority culture)은 많은 비공식적인 활동에 보통 참가하지 않는다. 다수의 그룹(majority group)은 소수문화 규범(minority-culture norms)을 받아들이지 않는다. 그러나 집단간의 충돌은 관계가 낮다. 조직은 거의 동종(Homogeneous)이기 때문이다. 그럼에도 불구하고 차별과 편견(discrimination and prejudice)은 일반적이다. 대부분 일본의 큰 회사들은 한 덩어리(monolithic)이다. 그들 속에서 일하는 대다수의 사람들은 일본인이다. 그리고 적은 수의 여자들은 낮은 수준과 그리고 시간급 위치에 일차적으로 집중되어 있다.

표 5-2 Cox의 3조직유형에 대한 성격

통합차원	한 덩어리	복수	다문화
문화변용(變容) 모양	경영	경영	다원론
구조 통합정도	최소	부분적	완전
비공식적 상태 통합	실제상 없음	제한됨	충분함
문화적 편견정도(culture bias)	편견과 차별 양쪽이 소수문화 집단 저항은 널이 퍼져있다.	변견과 차별 양쪽이 진행되나 제도상 차별은 특별한 존속이 계속된다.	편견과 차별이 제한됨
조직 일체수준	다수와 소수 간에 틈(gap) 이 크다.	다수와 소수의 틈이 중간이다.	다수와 소수 간 차이가 없다.
집단 간의 충돌 정도	낮다.	높다.	낮다.

출처: Cox, T., Jr. (1991). "The Multicultural Organizational," Academy of Management Executive, 5(2), 45-56.

보통 남성지향 술집과 적은 음식점에서 작업 후에 동료들(co-worker)과 같이 문화를 포함한 사회적인 일이 일본사람에게는 중요한 부분이다. 역시 이것은 작업 후에 비공식적인 활동약속에 여성들이 많이 받아들이는 것이 증가되어가고 있다. 가정을 가진 결혼한 여성과 그리고 가족의 책임은 충분한 시간을 가지지 않는다. 그리고 많은 활동에 참여하는 것이 불안전하다(Steinhoff and Tanaka, 1994).[44] 남자의 지배 때문에 일본조직에서는 남녀사이의 충돌은 낮다. 그들의 열등한 신분(inferior status)의 결과처럼 남자보다도 유리하지 않은 대우를 받아들인다. 그러나 조직의 규범과 문화가치를 받아들인다. 그들의 대우변화는 거의 적다.

2. 복수조직

복수조직(Plural Organization)은 2번째 유형이다. 사람들에 광범위하게 다양하게 포함되어 있다. 그리고 경영은 다수로부터 다른 사람이 포함되는 것에 보다 큰 노력을 한다. 구조적인 통합(structural integration)은 한 덩어리 조직(monolithic organization)보다도 더 넓다. 대다수의 집단구성원 수가 보통보다 크기 때문이다. 그럼에도 불구하고 다른 수준에 있어서 소수집단 구성원들이 하는 표현이나 혹은 기능차이는 드물다. 소수집단 구성원들은 비공식적인 활동 속에 더 많이 포함되어 있고, 그리고 편견과 차별은 한 덩어리 조직보다 적다. 그럼에도 불구하고, 투쟁의 수준은 다른 집단 중에서 보다 높다.

미국의 많은 큰 기업들은 복수조직(plural organization)이다. 이들 기업들은 경영다양화(managing diversity) 접근활동을 찬성한다. 그들은 기회균등 촉진이나 혹은 활동을 찬성한다. 보기를 들면 채용과 균등한 작업 면접을 보장하는 선택과정이나 혹은 소수구성원들의 여성소수집단에게 이롭도록 특별한 훈련 프로그램을 가진다. 결과적으로 대단히 큰 미국 기업들은 국민과 같이 소수고용자들의 같은 비율을 가진다. 그러나 거기에는 약간의 여성과 소수관리자가 있다. 특별한 프로그램 때문에 그리고 고용과 여성 승진, 소수민족 집단 구성원, 미국의 백색인종(Caucasian)은 프로그램 활동을 찬성한다. 이것은 집단 투쟁을 일으키는 이유 중 하나가 될 수 있다.

3. 다문화 조직

조직의 3번째 유형은 다문화(multicultural)이다. 이 유형은 복수조직(plural organization)에 대한 문제를 극복하고 고용자들에 대한 정확성을 두는 것보다 다양성을 가지고, 다양성에 가치를 둔다. 다문화의 특성 중에 하나는 복수주의(pluralism)다. 다수와 소수집단 구성원은 다른 규범을 채택한다. 첨부해, 다른 집단의 다문화 조직구성원이 조직을 통해 직위를 잡는다. 그리고 비공식활동에 완전 참여한다. 거기는 편견(prejudice) 혹은 차별(Discrimination)과 집단가운데 충돌은 최소이다. 동적인 프로그램을 가진 몇몇 회사들과 그리고 경영다양화(managing diversity)에 장기간 몰입은 다문화 유형이 적당하다.

organizational behavior

제 3 장 조직경영을 어떻게 다양화를 할 것인가?

조직은 다양한 방법으로 다양화가 관리되는데 이것을 조직수준의 다양화 프로그램이라고 한다. 다양화방법에 대한 몇 가지 기술한 것을 현대 모델로 접근하였다.

1. 조직수준의 접근

현대 조직구조는 경영다양화하는데 적합하지 않을 것이다(Kandola, 1995).45) 그럼에도 불구하고 경영다양화를 할 수 있는 새로운 조직형태를 창조하는데 중요한 8개의 요소가 있다.

1) 조직의 전망(organization vision)이다. 왜, 조직다양화에 대한 말이 중요한지, 그리고 다양화에 대한 일반 정책과 이것을 어떻게 사용하는지 그리고

기대되는 일은 어떤 것인지이다. Fortune지는 500개 기업 가운데 70%가 넘는 기업이 의무적인 신고와 다양화 정의를 포함한 다양화 프로그램을 가지고 있다(Digh, 1998).46)

2) 최고경영 몰입(Top management commitment)이다. 최고경영은 다른 추종(follow)에 대한 보기를 두어야만 한다. 그리고 비전에 대한 수단에 필요한 자원을 할당해야 한다. 하나의 예를 들면, Peter DeRoo이다. Baobab Catering 회사 창시자이다. Belgian 회사 다문화 조리장이다. 고용을 정책적으로 보호하는 사람이다. DeRoo의 개인적인 경험은 캄보디아 조리장과 캠퍼스에서 일한 Baobab에 균등한 기회에 강한 개인적인 몰입을 이끌었다.

3) 욕구에 대한 감사와 평가(Auditing and assessment of needs)이다. 조직에서 수집한 확실한 자료들은 다른 집단에서 같은 진술을 받는다. 보기로서 조직은 여러 가지 수준에서 소수집단 고용자들이 구성원을 결정할 수 있다. 그리고 회사의 다른 분야나 혹은 대우받았단 느낌에 대해서 생각하고 있는지에 대한 정보를 수집하고 태도를 관리한다. 기업은 잠재적인 문제분야에 대해 서로 욕구감사 대한 기술을 가지고 발견할 수 있다. 초등학교 매점에서 근로자들은 고등학교 식당보다도 적은 대우였다는 것이 보고되었는데 미국회사 리더십 학회는 음식 연합회에서 다양화 문제가 나타난 것이 예기치 않았다.

첨가하면, 근교 주방에 근로자들 그들은 학교 지역 중심 주방에 일하는 이들에 대한 비교는 불이익을 느꼈다(Digh, 1998).47) 일에 대한 소재는 다양화 범주에 있는 것은 명확하지 않다. 그러나 차별은 많은 규범을 취할 수 있다.

4) 목적에 대한 명확성이다. 감사와 평가 결과에 대한 기초를 두는 것은 경영은 다양성에 대한 목적 관계를 명확히 둔다. 그리고 전체적인 기업목적에 이것을 묶는다. 경영다양화 기업에 대한 전체적인 성공에 본질처럼 보는 것이 중요하다. 오스트리아 Westpac 은행 관리자는 1/4년 재무목적과 균등고용 목적 양쪽 다 필요하다(Kramer, 1998).48)

5) 책임의 명확화(clear accountability)이다. 조직구성원은 다양화 목적수행을 위한 책임을 다할 것이다. 설정목표에 대한 참여를 인정하는 것은 이해를 확인하는 것과 그리고 목표에 대한 몰입 방법 중에 하나이다. 모든 것을 포함

하는 것은 정책에 대한 이해를 가지는 것이다. 보기로서 미국이 기초가 된 Sun Microsystems 채용, 고용에 대한 평가자료를 수집한 집단 5가지 초점을 사용하였다. 그리고 특별한 배경을 가진 고용자들을 개발하였다.

6) Communication 효과이다. Communication 효과는 조직의 내부와 외부에 존재해야만 한다. 누구나 조직다양화에 솔선하는 것을 아는 것이 필요하다. 보기로서 유럽 사람인 SaraLee DE의 "다양화 도전에 대한 12펴지" 내외공헌하기 위한 다양화에 대한 부로시오(brochure: 소 책자) 배포를 하였다(Stuber, 2002).[49]

7) 활동에 대한 조정(Coordination of activity)이다. 개인이나 혹은 집단의 다양화전략의 방법에 대한 조정이다. 모든 자원으로부터 새로운 다양화 발의에 관한 정보를 찾은 노력을 조정하는 부분이다.

8) 평가(Evaluation)는 전반적인 다양화 전략평가는 개인적인 활동뿐만 아니라 집단에서도 정기적으로 발생할 수 있다. 프로그램 결과에 대한 비교 저항시작 준비의 필요성에 대한 감사와 평가에 대한 자료수집이 필요하다. 이들 전략에 따라 조직은 다양화 주도는 방법에 더욱 성공할 수 있다.

2. 조직경영 다양화를 위한 기술

경영 다양화 접근의 조직수준 방법은 회사는 여러 가지 보기와 같이 약속이 필요하다. 훈련프로그램은 인기 있는 기술, 핵심집단, 다문화 팀, 다양화 관찰에 대한 나이 많은 관리자의 사용이 포함된다.

3. 조직다양화 훈련

광범위하게 사용되는 훈련은 다양화 훈련이다. 훈련은 여러 가지 기대에 초점이 계속적으로 장기간 동안 다양화 문제에 대해 고안되고 의식과 민감성이 높은 수준으로 설계된 범위라고 할 수 있다.

4. 핵심 집단

핵심 집단(core groups)은 문화적 차이에 대한 그들의 태도, 느낌 그리고 신념에 대한 논의를 규칙적으로 하고 그리고 그들이 작업행동에 어떤 영향을 주는지, 문화적인 배경에 차이와 고용자 수로 이루어진다. 집단은 그들 차이에 관해 솔직히 개인적인 이야기를 하기 위한 기회를 준비하고 그리고 초과시간과 그들이 다양화 문제를 가지고 항상 아주 평안하게 한다. Cox는 핵심 집단은 경영 다양화에 대한 관계되는 조직변화를 위해 힘 있게 쓸모 있는 도구 중의 하나이다(Cox 1993, p. 260).[50]

5. 다문화 팀

다문화 팀(multicultural time)은 그들에 대해 완전히 유리하게 취함으로 그들의 효과가 최대한으로 학습된 문화집단의 차이로부터 근로자들로 포함한다. 이들 접근에 대한 보기로서는 Belgium에 있는 Brussels에 British Petroleum's 유럽재무센터이다. 여기에 포함된 프로그램 내용은 다음과 같다.

(1) 문화차이를 의식하는 팀 구성원 조직과 그리고 조직의 여러 국면에 그들이 영향을 주는 방법. (2) 그들의 차이에 대한 더 많은 인식을 걸맞게 구성원들을 돕고 그리고 다른 구성원들과 같이 일할 수 있는 방법. (3) 팀 구성원들 가운데 커뮤니케이션 개선과 그리고 다른 재무중심을 갖는다. (4) 팀을 위한 작업규칙을 창조한다. (5) 팀 비전을 할당하여 개발한다.

6. 다양화를 위한 선배 관리자

많은 조직에는 다양화에 대한 관리는 모든 다양화를 주도하는 선배 관리자의 직위에 대한 책임을 기업이 창조하는 것이 중요하다. 기업의 몰입을 나타내는 이들 직위와 이들 노력이 성실한 것은 확실하다.

7. 기타 접근 방법

다른 접근에서 기업의 채용을 포함하여 사용된다. 가치다양화, 보상, 그리고 봉급 프로그램 다양화 목표성취에 대한 다양화 언어훈련, 스승프로그램, 문화지도 집단, 다양화 명성사회적인 활동 협력을 사용한다.

organizational behavior

제 4 장   국제조직 경쟁이점을 위한 관리다양화

노동력은 관리다양화로 경쟁이점을 효과적으로 개발되는 조직이 더 많이 다양화가 확산되고 증가되기 때문이다(Cox and Blake, 1991[51]; Mandell and Kohler-Gray, 1990[52]). 사회적 책임이익을 부과해서 경영다양화가 잘 되어 있는 회사는 경쟁 이점이 6가지 분야가 있다. 이는 다음과 같다. (1) 비용, (2) 취득자원, (3) 시장, (4) 창조성, (5) 문제해결, (6) 조직유연성(Cox and Blake, 1991)[53] 등이다. 그리고 관리다양화는 비용절약 창조를 잘 할 수 있다. 그들은 작업에 대해 불만족을 느끼기 때문에 더욱 결근을 하거나 혹은 조직을 떠나게 한다. 이는 기업의 대우 때문에 미국에서는 여성과 소수민족은 백인남성보다도 이직비율(turnover rates)이 높고 그리고 보다 높은 계획된 결근을 할 것이다(Cox, 1995; Cox and Blake, 1991).

긍정적인 면으로서, 미국에서는 임신 근로자들은 조직에 대해 보다 큰 조직의 방침에 가정적으로 마음에 드는 판단을 한다(Francesco and Thompson, 1996).[54] 거기에는 원가에 포함되어 있는 계획된 결근(absenteeism)과 이직(turnover), 고용자들에 대한 비용절감으로 전환된다. 균등고용기회법률(equal employment opportunity laws)을 가진 나라에 경영다양화 성공에 대한 실패는 역시 비용이라고 할 수 있다. 보기로서 1993년 미국에 있는 Shoney회사 가족식당 체인은 회사가 아프리카 미국인 차별저항 소송을 제기하여 활동을 제재시키는데 134.5백만 달러를 지불했다.

효과적인 경영다양화 역시 회사 마케팅개선이다. 생산과 서비스는 국내와 글로벌에 다각적으로 증가시키는 것이 효과적이다. 고용에 다양화를 두는 것은 시장에서 거의 유리한 접근으로 관찰 준비를 할 수 있다. 다양한 집단에 고객들은 가치 다양성(value diversity)에 대한 회사상품에 대한 구매를 좋아한다.

창조성과 혁신의 개선은 집단과 조직 내에 팀 다양화를 가지기 위한 잠재적인 결과이다. 창조에 대한 다양화와 그리고 문제 해결에 대한 높은 품질을 자극한다. 이종의 집단(heterogeneous group)은 복잡하고 혁신적인 문제에 대해서 많은 해답에 대한 창조를 생산할 수 있다. 집단이 다르게 관리될 수 있을 때에 결과에 대한 산출은 긍정적이다. 각 구성원들의 배경을 이해하고 그리고 참여에 대한 균등기회가 주어지는 것은 과정에 대한 촉진을 도울 수 있다.

마지막 잠재적인 이점은 조직의 유연성이다. 조직이 개인적인 다양성과 그리고 그들이 다른 관점을 가져오는 것을 환영한다. 이것은 더욱 열려 있고, 그리고 새로운 생각에 대한 적합과 그리고 환경변화가 되는 것이 효과적이다. 경영다양화 효과의 잠재적인 이점은 중요한 것이다. 2001년, Fortune지에서 1000개, 최고 회사의 전문적인 인적자원관리 121개 회사의 조사와 그리고 100개 최고기업은 일을 위해 회사의 경쟁이점에 긍정적인 영향을 다양화가 주도하는 것을 91%가 믿는 것을 발견했다. 기업문화의 다양화개선이 79%라고 말했다. 고용을 개선하는 것은 77%이고, 고객관계개선이 52%이다.

부정적인 결과는 다양화 주도는 만나지 못할 활동에 대해 기대가 증가된다고 생각이 57%이고, 38%은 비용에 관계되고, 30%는 경영다양화에 참모들의 시간 소비를 크게 생각한다(Society for Human Resource Management, 2001). 그런 평가에서는 중요하다. 거기에는 기업성과에 대한 다양화가 실제적인 충격을 미치는데 대한 연구는 대단히 적다. 차별소송(discrimination lawsuits)을 하는 데에 대한 활동프로그램을 찬성하는 미국노동부(U.S. Department of Labor)에 의해 회사가 인정한 비교연구 하나로 인식되었다.

보수에 이긴 회사주식은 소송의 결과로 공공연히 드러난 뒤에 보수가 내려 가야만 하는 이들의 주식은 알려진 후에 올라간다. 경영다양화에 오랫동안 몰입한 4개 가장 큰 조직에 기업성과에 대한 경영다양화 인종과 성(gender)에 대한 다양화 충격에 대한 상세한 자료(in-depth data)를 수집했다(Kochan et al., 2003).[55] 잘 개발된 프로그램의 결과로 보인 것은 약간 긍정적이었거나 혹은 부정적인 기업성과에 영향을 주었다. 이 연구에서 20개보다 더 큰 더 많은 질문한 연구자들은 더욱 잘 알려졌다. 다양화 실행 실태에 대해서 회사의 주목은 높았다. 그들이 암시한 관리자는 다음과 같이 할 수 있었다.

1. 다양화의 기업 경우 수정

　다양화는 좋든 혹은 나쁘든 조직을 위해서는 피할 수 없다. 성공한 회사는 체계적인 접근유지와 경영다양화에 대한 장기간 몰입이 필요하다. 회사는 다양화 기회이익을 취하는 것을 위해 투자자원으로 보지 않은 회사보다 다양화하는 회사가 더욱 좋은 성과를 낼 것이다.

2. 기업 경우의 재조사

　관리의 다양화는 역시 기업성과에는 영향을 주지 못할 것이다. 이것은 노동시장 현실과 사회기대이다. 그러므로 관리자들은 조직문화와 인적자원 실행 그리고 집단과정 개인, 조직, 집단에 대한 긍정적인 결과로서 다양화 만드는 기술과정 구축을 위해 노력할 것이다.

참고문헌 ···

1) Cox, T., Jr. (1993). Cultural Diversity in Organizations: Theory, Research & Practice. San Francisco: Berrett-Koehler.

2) Campbell, T. (2003). "Diversity in Depth," HR Magazine, March, 152.

3) OECD, Organization for Economic Co-Operation and Development, "Frequently Asked Statistical Tables,"(accessed July 20, 2003, available from: http:// www.oecd.org/document/15/0,2340,en 2649 201185 1873295 1 1 1 1,00.html.

4) Janardhan, N. (2003). "Labor-Saudi Arabia: Foreigners Limited as Joblessness Grows," Global Information Network, February 5, 1.

5) Adler, N. J. (2002). "Women Joining Men as Global Leaders in the New Economy." In Gannon, M. J., and Newman, K. L.(eds.) The Blackwell Handbook of Cross-Cultural Management. Oxford: Blackwell.

6) Inglehart, R. and Norris, P. (2003a). "The True Clash of Civilizations," Foreign Policy, March/April, 67-74.

7) Inglehart, R. and Norris, P. (2003b). Rising Tide: Gender Equality and Cultural change around the World. New York: Cambridge University Press.

8) Kochan, T., Bezrukova, K., Ely, R. Jackson, S., Jjshi, A.,Jehn, K., Leonard, J., Levine, D., and Thomas, D. (2003). "The effects of Diversity on Business Performance: Report of the Diversity Research Network," Human Resource Management, 42(1), 3-21.

9) Kochan, T., Bezrukova, K., Ely, R. Jackson, S., Jjshi, A.,Jehn, K., Leonard, J., Levine, D., and Thomas, D. (2003)."Ibid. p.5.

10) Kandola, R. (1995). "Managing Diversity: New Broom or Old Hat? International Review of Industrial and Organizational Psychology, 10, 131-167.

11) Kochan, T., Bezrukova, K., Ely, R. Jackson, S., Jjshi, A.,Jehn, K., Leonard, J., Levine, D., and Thomas, D. (2003). op cit.

12) Mandell, B., and Kohler-Gray, S. (1990). "Management Development that Values Diversity," Personnel, March, 41-47.

13) AACSB International. (2003). Eligibility Standards and Procedures for Business Accreditation, St. Louis, MO: AACSB International.

14) Cox, T., Jr. (1993). Culture Diversity in Organizations: Theory, Research & Practice. San Francisco: Berrett-Koehler.

15) Allard, M. J. (2002). "Theoretical Underpinnings of Diversity," In Harvey, P. C. and Allard, M. J. (eds.) Understanding and Managing Diversity: Readings, Cases, and Exercises. 2d Ed. Upper Saddler River, NJ: Prentice Hall.

16) Mentzer, M. S. (2002). "How Canada Promotes Workplace Diversity." In Harvey, C. P. and Allard, M. J. (eds.) Understanding and Managing Diversity: Reading, Cases, and Exercises. 2d Ed. Upper Saddle River, NJ: Prentice Hall.

17) Mentzer, M. S. (2002). Ibid.

18) Mentzer, M. S. (2002). Ibid.

19) Yoong, L. (2000). "Leveraging Diversity at Royal Bank Financial Group," Canadian HR Reporter, 13(6), 9.

20) Fernandez, J. P.(With M. Barr)(1993). The Diversity Advantage: How American Business can Out-Perform Japan and European Companies in the Global Marketplace. New York: Lexington.

21) Chen, M. (1995). Asian Management Systems: Chinese, Japanese and Korean Styles of Business. New York: Routledge.

22) Drucker, F. (1971). What We can Learn from Japanese Management, Harvard Business Review , March-April, 110-15.

23) Abegglen, J. and Stalk, G., Jr. (1995). Kaisha, The Japanese Corporation. New York: Basic Books.

24) Durlabhji. S. and Marks, N. E.(eds.) (1993). Japanese Business : Cultural Perspective, Alban, NY: SUNY Press.

25) Pascale, R. and Athos, A. (1981). The Art of Japannese Management. New York: Warner Books.

26) Whitehill, A. M. (1991). Japanese Management: Tradition and Transition. New York: Routledge.

27) Jameson, S. (2001). "Liberation Limbo," Asian Business, January, 64.

28) Jameson, S. (2001). "Liberation Limbo," Asian Business, January, 64.

29) Fernandez, J. P. (With M. Barr)(1993). op cit.

30) Steinhoff, P. G. and Tanaka, K. (1994). "Women Managers in Japan." In Adler, N. J. and Izraeli. D. N. (eds.) Competitive Frontiers: Women Managers in a Global Economy. Cambridge: Blackwell Publishers.

31) Liu, D. X. and Boyle, E. H. (2001). "Making the Case: The Women's Convention and Equal Employment Opportunity in Japan," International Journal of Comparative Sociology, 42(4). 389-404.

32) Thornton, E. (1999). "Make Way for Women With Welding Guns," Business Week, April 19, 54.

33) Amaha, E. (1999). "Blazing a Trail," Far Eastern Economic review, July 1. 31.

34) Zielenziger, M. (2002). "Fewer Births, Marriages Threaten Japan's Future," Knight Ridder Tribune Business News, December 30, 1.

35) Fernandez, J. P.(With M. Barr) (1993). The Diversity Advantage: How American Business can Out-Perform Japan and European Companies in the Global Marketplace. New York: Lexington.

36) Fernandez, J. P.(With M. Barr) (1993). Ibid.

37) Garcea, E. A. A. (2002c). "Managing Diversity to Create Marketable Value Added

Form Difference," In Simons, G. F. (ed.) Eurodiversity: A Business Guide to Managing Difference. Amsterdam: Butterworth-Heinemann.

38) Berthoin Antal and Krebsbach-Gnath , C. (1994). "Women in Management in Germany: East, West, and Reunited." In Adler, N. J. and Izraeli, D. N.(eds.) Competitive Frontiers: Women Managers in a Global Economy. Cambridge: Blackwell Publishers, 606-623.

39) Garcea,E. A. A. (2002b). "The Legacy of the Past: National and Regional Differences Continnue to Effect Trade, Cooperation, Politics, and Relationships," In Simons, G. F. (ed.) Eurodiversity: A Business Guide to Managing Differences, Amsterdam: Butterworth-Heinemann.

40) Garcea,E. A. A. (2002b). Ibid.

41) Stuber, M. (2002). "Corporate Best Practice: What Some European Organizations are Doing Well to Manage Culture and Diversity," In Simons, G. F.(ed.) Europdiversity: A Business Guide to Managing Differences. Amsterdam: Butterworth-Heinemann.

42) Simons, G. F. (2002). Europdiversity: A Business Guide to Managing Differences. Amsterdam: Butterworth-Heinemann.

43) Cox, T., Jr. (1993). Cultural and Diversity in Organizations: Theory, Research & Practice. San Francisco: Berrett-Koehler.

44) Steinhoff, P. G., and Tanaka, K. (1994). "Women Mangers in Japan," In Adler, N. J. and Izreali, D. N.(eds.) Competitive Frontiers: Women Manager in a Global Economy. Cambrige: Blackwell Publishers.

45) Kandola, R. (1995)."Managing Diversity : New Broom or Old hat?" International Review of Industrial and Organizational Psychology, 10, 131-167.

46) Digh, P. (1998). "Coming to Terms with Diversity," HRMagazine, November, 117-120.

47) Digh, P. (1998). Ibid.

48) Kramer, R. (1998). "Managing Diversity: Beyond Affirmative Action in Australia," Women in Management Review, 13(4). 133-142.

49) Stuber, M. (2002). "Corporate Best Practice: What Some European Organization are Doing Well to Manage Culture and Diversity. In Simons, G. E.(ed.) Urodiversity: A Business Guide to Managing Difference. Amsterdam: Butterworth-Heinemann.

50) Cox, T., Jr. (1993). Culture Diversity In Organizations: Theory, Research & Practice. San Francisco: Berret-Koehler.

51) 1)Cox, T., Jr. and Blake, S. (1991). "Managing Cultural Diversity; Implications for Organizational Competitiveness," Academy of Management Executive, 5(3), 45-56.

52) Mandell, B. and Kohler-Gray, S.(1990). "Management Development that Values Diversity," Personnel March, 41-47.

53) Cox, T., Jr. and Blake, S. (1991). Ibid.

54) Fracesco, A, M. and Thompson, C. A. (1996). "Pregnant Working Women: An

Unrecognized Diversity Challenge." Presented at the Annual Meeting of the American Psychological Association, Toronto, Canada.

55) Kochan, T., Bezrukova, K., Ely, R., Jacson, S. Joshi, A.,Jehn, K., Leonard, J., Levine, D., and Thomas, D. (2003). "The Effects of Diversity on Business Performance: Report of the Diversity Research Network," Human Resource Management, 42(1), 3-21.

제 6 부 국제조직에 있어 이문화가 리더십에 미치는 국가 간 비교

생각해 볼 문제

리더십에 대한 이해는 관리자에게 대단히 중요하다. 모든 관리자들의 성과는 리더십기능 때문이다(Sayles, 1993).[1] 그리고 문화는 리더나 혹은 관리자에 대한 합법성에 영향을 준다. 문화의 확실한 유형은 특별한 리더십 유형을 받아들인다. 참여에 대한 보기를 들면 다른 어떤 문화에서는 물리치고 또 다른 문화에서는 받아들일 수도 있다.

이문화 상황에서는 관리자들은 문화차이에 대한 부하들의 리더십 유형 강요를 선택하든지 혹은 문화에 대한 리더십 유형을 적합시키거나 할 것이다. 그럼에도 불구하고 국가문화는 리더 자신의 문화차이가 있거나 가능한지 아닌지를 결정한다. 문화차이 조건은 광범위하다. 문화의 상황에 기업 본사가 적당하지 않으나, 토착관리자에게 적당한 상황을 사용하는 것이 더 효과적이다. 관리자들은 그들 자신의 특별한 상황을 보고 결정하는 것보다 조심성있게 문화를 평가하여 결정하는 것이 더 중요하다.

조직변화에 대한 총체적인 고려는 변화하려는 욕구이다. 그리고 환경이나 혹은 전통적인 리더십 스타일이 적당한지에 대한 상황일 것이다. 리더십 스타일은 명백하게 조금 문화에 부조화하더라도 종종 발달된 나라도 있다.

변환적인 리더십의 명백한 차이는 변환적 관리자들은 리더십 질과 기술창조, 유지, 카리스마 권위를 기른다. 조직에 있어서 리더십 역할은 복잡하다. 리더십은 조직구성원들에 대한 복잡한 의미를 가지고 있는 것뿐만 아니라 리더십에 대한 의미는 다양한 이문화 리더십의 의미 때문이다. 리더에는 권력차이(power distance)를 포함하고 있고, 다양한 국가문화와 문화정책이 포함되어 있다.

국제기업 관리자들이 그들의 국가문화차이를 가지는 것처럼 조직문화도 차이가 있는 것을 알아야 한다. 그들이 다른 나라 조직문화를 추정할 수 없는 것은, 그들의 조직문화도 다른 사람이 추정할 수 없는 것과 같다. 결론적으로 그들은 그들의 문화변화를 시키려고 하거나 혹은 변화하려고 하거나, 그들과 같이 조직문화 분석을 위한 활동에 협력하려고 해야만 한다.

그리고 관리자들은 그들에게 영향을 주는 조직문화의 수준이 무엇인가를 이해해야 한다. 이것은 내부관리자가 국가문화에서 조직문화의 기초가정(basic assumptions)을 바꿀 수 있는 가망이 없다고 생각하는데 대한 그들 자신의 의미 있는 차이다. 그럼에도 불구하고, 이것은 그들이 변화할 수 있고 그리고 인공물수준(artifact level)의 문화 관리는 할 수 있다고 생각하는 관리자들 역시 조직문화가 어떻게 영향을 주는가를 알아야 한다. 조직문화는 지지나 혹은 관리를 선도하는 정신의 토대를 만들거나 혹은 침식시키거나 어느 쪽이나 영향을 준다. 관리자들과 가치차이가 있는 문화는 지지될 가망이 없고 그리고 조정평가가 요구된다. 문화가치(cultural values)와 규범유형(norms shape)과 그리고 조직리더십은 서로 상관이 있다.

조직구성원들의 추종(compliance), 가정(assumptions), 가치(values), 행동을 사회적으로 받아들이지 않으면 리더(Leader)의 권위는 유지될 수 없다. 추종자들에 대한 지지와 같이 리더는 조직과 사회활동목표 성취를 위해 필요한 자원을 관리할 수 있다. 리더십(Leadership)의 특별한 유형을 사회적 가치로 지지하고, 리더를 성공적으로 설명하고, 문화가치 시스템을 바꾸고, 이런 과정을 수정하고, 조직효율과 효과를 성취하는 것이다. 보기로서, 공식적인 기업전략, 새로운 생산과 시장 개발, 조직문화관리, 그리고 문화 변화이다. 국가와 조직문화는 리더에 영향을 주고 그리고 리더는 문화에 영향을 미친다. 어떻게 문화가 리더십에 영향을 주는지 그리고 리더와 관리자는 특별한 문화와 그들의 행동을 받아 드릴 수 있는지는 국제조직과 글로벌 경영에 중요한 문제이다.

제 1 장   국제조직에 있어서 이문화 리더십

1. 무엇이 리더십인가?

리더십을 한마디로 정의하는 것이 어려운 이유 중에 하나는 이문화(Cross-Culture)에서는 똑바른 리더십 정의는 어렵다. 이는 모든 문화들이 리더십에 대한 용어(Term Leader)를 가지지 않는다. 리더에 있어서는 일본, 중국, 한국에서는 실제와 다른 영어의 코치(Coach)에 유사하다(Trice and Beyer, 1993).[2] 리더십은 가족의 조직(familial organizations)에 권리역할(authority role)에 대한 성질과 아시아 문화 속에 관계에 생포(captures)되어 있다(Westwood and Chan).[3] 독일에서는 영어 속에 관리라는 용어에 대한 의미와 같은 정확한 말이 없다. 현대 독일 역시 리더에 대한 독일 말을 역시 피한다. Hitler(히틀러)를 연상시키기 때문이다(Trice and Beyer 1993, p. 254).

문화차이에서 용어에 대한 변화는 리더십에 대한 의미가 결여되었다. 그러나 그들이 이해와 권한역할 기대의 다양한 문화차이를 느끼도록 알리는 지시다. 그리고 다른 어려움은 리더는 조직에서 중요한 역할을 하는 것은 문화이기 때문이다. 이것은 다양한 과학적 정의를 가진다(Bass, 1990).[4] 그리고 매일 생활에서 의미는 다양하다. 리더십역할과 책임의 구별은 미국에서 미묘한 차이로 사용된다. 리더에 대한 용어(terms)는 보스(Boss), 경영자, 우두머리 상사(Head honcho), 감독자, 지도자, 관리자, 스승(mentor), 코치(coach), 행정관(executive), 두목(head), 우두머리(chief), 선장(master), 의장(chairperson) 등이다.

미국에서는 호칭하기를 부사장 보좌, 부사장, 관리 부사장, 수석부사장, 그리고 사장 의미를 크게 다룬다. Hofstede(2001)은 권력차이(power distance)의 개념에서 리더십 중 적은 권력을 자신한다. 권력의 차이는 권력차이를 평등하게 받아들이는 조직의 구성원들의 힘을 적게 발휘한다. 물론 현대적인 조직의 중심적인 특징은 리더와 추종자사이의 역할과 책임분리이다. 그럼에도 불구하고 몇몇 문화는 다른 조직보다도 더 많은 권력차이를 강조한다. Katz and Kahn(1987)[5]은 리더십은 영향력증가를 통하여(influential increment over) 그리고 조직의 일상적으로 판에 박힌 일의 지시에 대하여 기계적인 추종이상 (above mechanical compliance)이라고 했다. 이 정의는 리더와 다른 조직의 역할 사이에 구별하는 본질을 붙잡는다. 기계적인 추종을 넘을 수 없고, 리더십과 경영 혹은 관리기능 발생을 대신한다. 창조성, 비전, 그리고 장기간 조직개발, 그 밖에 판에 박힌 운영에 대해서 관리가 나타난다. 그러므로 관리이론을 논하기 전에 우리는 이문화 리더십 영향에 대한 변화가 생긴다.

2. 리더십의 의의

우선 리더십(leadership)에 관한 약간의 정의를 고찰하면 다음과 같다. George R. Terry에 의하면, 리더십이란, 모든 사람들이 집단목표(group objectives)를 위하여 자발적으로 노력하도록(strive willingly) 사람들에게 영향 (influencing)을 주는 활동(activity)이라고 한다(Terry, 1960).[6] 그리고 Dubin에 의하면, 리더십은 권한실행과 의사결정(making of decision)을 수행하는 것이라고 했다. Hemphill에 의하면 리더십은 상호간에 대한 문제(mutual problem)해결을 위하여 집단의 상호작용(group interaction)을 시종일관 지시하는 활동의 창시 (initiation)라고 말했다(Terry, 1960).

Weschler & Massarik((1959)에 의하면 리더십이란 어떤 상황(situation) 속에서 커뮤니케이션의 과정을 통하여 특별한 목표(specialized goal)나 혹은 목표 (goal)를 달성하기 위한 대인간의 영향(interpersonal influence)이라고 말했다 (Irving, Weschler & Massarik, 1959).[7] Koontz, H. & O'Donnell, C.(1938)[8]에 의하면 리더십은 공통된 목표(common goal) 성취(achievement)에 따르도록 사람들에게 영향(influencing)을 주는 것이라고 주장했다. 그리고 리더란 집단수행 (group performance)에 많은 효과적인 변천(the most effective change)을 창조하는 사람이라고 하였다. 즉 리더란 구성원 상호작용(member interaction)을 촉진 (facilitates)하고 창시하는 것이라고 주장했다.

각 학자들의 견해를 따르면, 리더십이란 주어진 상황(given situation) 속에서 목표를 달성하기 위해 노력하는 개인 혹은 집단 활동의 과정이라는 점에서 일치하고 있다는 사실을 알 수 있다. 리더십에 관한 이러한 정의에서 필연적으로 얻어지는 결론은 리더십이란 리더, 추종자(followers) 그리고 상황변수(situational variables)들로 구성되어 있다는 것을 알 수 있다(Fiedler, 1967).[9] 즉 아래와 같은 공식으로 설명할 수 있다.

$$L = f(L, F, S)$$

L: leadership(리더십)　　　　　　l: leader(리더)
f: follower(추종자)　　　　　　s: situation(상황)

그런데 리더의 효과(effectiveness)는 여러 가지로 정의되고 있다. 집단의 효과(group effectiveness)는 집단의 생산과 집단의 사기(group morale) 그리고 회원들에 대한 만족의 입장에서 정의하고 있다. 또한 몇몇 학자들은 어떤 과업성과(task performance)가 기준이 될 수 있다고 말하였다. 여하간 이와 같은 리더십 성과의 변수, 즉 위에서 말한 L. F. S.의 관계만은 부정할 수는 없다.

3. 문화와 리더십

국가문화(National Culture)는 리더십에 영향을 준다. 국가문화의 핵심으로부터 시민들의 권리와 의무에 대한 가치를 깊이 안정시켜 준다. 이들 규약(constitutions), 법률, 같은 가치, 서류를 법전으로 편찬한 것, 윤리규약, 금지(proscribe) 그리고 행동통제 등이다. 문화의 다른 국면처럼, 그들은 옳은 것으로 사회구성원에 의해 보장 받기 위해 아마(perhaps), 오직(only) 등 활동방법을 취한다. 세계관(worldview)으로 이념(ideals)을 찾는 것을 종종 실패하고, 그리고 어렵게 된다. 리더십의 경우에 있어서 만약 리더가 가치의 핵심을 위반하면, 부도덕한 약속(engaging in immoral) 혹은 불법 활동(illegal activities)의 보기로서 그는 부하들로부터 권한을 잃게 되고 그리고 리더의 직위로부터 면직(removal)된다. 리더십의 다양화로부터 그리고 사회적인 법률로 표현한 구조, 도덕, 윤리적인 의무 등이 있다.

리더는 국가문화가치와 조직행동의 실제사이에는 복잡하다. 보기로서 서구 여성문화는 조직리더와 관리자가 되는데 용기를 증가시켰고 그리고 동일 작업에 동일 임금(equal pay for equal work) 받게 하는 관념에 광범위한 지지를 하였다. 그럼에도 불구하고 미국에서는 남녀에 대한 공용평등대우법법률 명령의 보이지 않은 장벽이 실제영향을 미친다. 이것은 문화적인 이념을 가지고 미묘한 충돌을 놓고 그리고 경영의 가장 높은 성취로부터 여성기능을 막는다(Northcraft and Neale, 1994).[10] 미국에 있는 일본회사에서 일본인이 아닌 근로자들의 승진 장벽은 종종 경험하지 않으면 보이지 않은 장벽이다.

4. 정치문화와 리더십

국가의 정치 시스템 가치는 조직리더십에 영향을 준다. 보통 정치구조(political structures)는 평가 이념을 포함한 중심 국가문화가치에 영향을 준다. 그러나 대부분은 평가와 그리고 리더십 유형에 영향을 준다. 영국과 미국 같은 민주주의 정책가치(democratic political values)와 정부시스템을 가진 나라는 작업장에 참여적인 리더십(participative leadership)과 그리고 관리 이론의 인간관계학파(human relations school of management)를 중요한 요소로 택한다(Guille'n 1994).[11] 독제정치정권(autocratic political regimes)을 가진 국가와 그리고 민주주의에 대해 제한된 경험을 한 스페인과 같은 나라는 조직의사결정에 대한 근로자 참여에 대한 기대를 낮게 가지고 그리고 불참관리 철학과, 전형적인 과학적인 관리를 사용한다(Guille'n, 1994).

5. 조직문화와 리더십

리더는 조직문화에 영향을 주고 그리고 종종 창조를 기도하고, 유지하거나, 혹은 조직성장과 개선으로 변화시킨다(Trice and Beyer, 1993).[12] 조직문화관리(managing organizational culture)는 리더의 조직에 대한 중요한 공헌을 광범위하게 받아들인다(Schein, 1985).[13] 그러나 리더십과 조직문화 간의 관계는 반드시 직접적인 것에 대한 현대 연구자들의 초점이다. 리더는 문화를 창조하고, 유지, 그리고 조직문화 변화의 경우뿐만 아니라 같은 시점에 문화장소는 리더와 그들 행동모형을 구속한다. 보기로서 문화를 가진 조직에서 가치는 참여자들에 집중된 의사결정을 좋아하는 리더의 효과는 적다. 가치안정과 변화에 대한 지속적인 기도하는 조직문화는 성과에 대한 악화를 오래 지속되게 한다. 결론적으로 국가, 정치 그리고 조직문화는 다양한 교차사회에 변화를 주고 그리고 다양한 방법에 리더십에 영향을 미친다. 경영을 연구하는 학자들은 리더십 행동에 대한 이들 변수들의 영향에 대해서 경험적인 연구를 지속하고 있다. 그럼에도 불구하고 거기에는 역시 리더십행동(leadership behaviors)에 관계되는 연구가 증가되는 것이 보편적이고, 특별한 문화를 생산하는 것이다. 그리고 이것은 문화 수준 가운데서 상호작용을 정밀히 정하는 것에 대한 어려움이 남아 있다. 몇몇 경우에는 무의식적으로나 혹은 정당하게 측정을 하는 것은 너무 복잡하다. 그들은 리더십에 영향을 준다(Dorfman, 1996).[14]

organizational behavior

제 2 장 리더십이론

1. 미국의 조직이론

미국에서는 2차 세계대전 이후 리더십연구는 사회과학자들에 의하여 3,500개가 넘는 리더십연구가 지지되었다(Bass, 1990).[15] 미국에서 기초를 이룬 리더십이론들은 특색이론(Trait Theory), X 이론과 Y 이론, Ohio State 그리고 Michigan 행동이론, 관리격자 이론(Managerial Grid Theory), 상황이론(Situational Theory), 조건적합이론(Contingency Theory), 방향목표이론(Path Goal Theory) 등이다.

역시 각각의 개념적인 틀은 차이가 있다. 대부분의 목적은 추종자들에 대한 동기부여 창조와 순종(compliance)을 요구나, 참여하는 수준을 이해하는 데 있거나, 혹은 참여는 효과적인 평가인지 아닌지, 특별한 목표를 성취하는데 다른 방법이 있는지 없는지이다. 보기로서 확실한 상황에 있어서 현대이론들은 리더는 부하에게 권한을 이양하는 노력개선이 필요하다.

2. 미국이론 조직이론들의 한계

그들이 사물을 직관적으로 나타내는데도 불구하고 미국이론들은 경영진 단사와 기업하는 사람들이 사용함으로 널리 퍼졌고 미국 내의 수집한 Data를 가지고 연구가 되었음으로 지지에 대한 결론을 얻을 수 없거나 혹은 적다. 결과적으로 현지(field)는 다음의 새로운 유행으로 돌진하였다. 그러나 이론 개발에 대한 실질적인 진보는 매우 느렸다(Yukl 2002, p. 423).[16] 물론 확률이론의 감소로 생기는 이론은 다른 문화에 대한 행동을 설명하는 문화지지가 부족했다.

거기에는 몇 가지 이유가 있다. 첫째, 이것은 대부분이 사회과학이론(social science theory)에 있어서 경험적인 지지를 표현하는 것은 어렵다. 둘째, 이들 이론과 연구는 미국사람에 영향을 주는 가치와 그리고 과거 반세기 동안 미국기업의 전후관계를 위해 시험하는데 설계되었다. 사실에 대해, 근래에는 미국사람기업은 다양한 국내 노동력과 같이 글로벌경제에 대한 욕구를 가져야만 한다. 그러므로 너무 일찍이 자기 것으로 한 미국사람 리더십이론을 세계적으로 적용하였다.

organizational behavior

제 3 장 리더십 정당성에 대한 유형

1. Weber의 리더십이론

1920년에 사망한 독일 사회학자인 Max Weber이론은 사회 연구조사에 지속적인 영향을 미치고 있다. 리더의 정당성을 이해하는데 대한 윤곽을 비교하는 것을 개발하였다. Weber는 다른 중요한 사회이론은 정당한 권리(Legitimate authority)를 확립하기 위해서 요구조건을 이해하는 것을 원했다(Zelditch, 2001).[17] 역사적이고, 이문화조사에서, Weber는 리더 정당성(Leader Legitimacy)에 대한 사회적 기초로서 3가지를 증명하였다. 즉, 전통적(traditional), 이성(rational) 그리고 카리스마 권한(Charismatic Authority) 등이다.

1) 전통적 권리(Traditional Authority)는 오래전 전통의 신성함(sanctity of immemorial traditional)에 대한 믿음을 설립하는데 기초를 두었다. 그리고 그들의 주의에 미치는 신분의 권력 아래 정당성에 기초를 두었다(Weber 1947, p. 328).[18]

2) 이성적 권리(Rational Authority)는 규범적 규칙(normative rules)에 대한 형태의 합법적(legality) 믿음에 기초를 둔다. 그리고 명령하는 규칙 같은 권한 아래 이들이 높여지는 것이 정당하다(Weber 1947, p. 284).[19]

3) 카리스마 권리(Charismatic Authority)는 특성(specific)에 대한 헌신(devotion)에 기초를 두었다. 그리고 특별하게 고상함과(Exceptional sanctity), 영웅적 자질(Heroism)이나 혹은 사람의 개인적인 모범적인 특성(exemplary character)과 규범적인 형태나 혹은 명령을(order revealed) 하거나 혹은 그들이 정한 것 등이다(Weber 1947, p. 284).[20] 이들 권한의 유형들은 문화가 주도한 세상(culture throughout world)에서 존재한다. 그럼에도 종종 하나의 형태는 다른 것보다도 사회에서 더 많이 널리 보급된다.

보기로서 전통적인 권한 형태는 미국의 사회에서 남자 연장자(senior males), 가장(patriarchy)이 조직리더십을 준비하다. 법적인 권한은 관료적인 조직을 지지한다(Weber, 1947). 관료주의(bureaucratic)는 정부관청의 행정구조, 학교, 기업, 그리고 세계에 널리 퍼지는 다른 조직이다. 관료적이라는 부정적인 뜻임에도 불구하고, 보기로서 번문욕례(red tap) 계층을 상세히 하는 불필요 그리고 창조성부족 등이다. 즉 이것은 현대 이성적인 조직 모델이다. 관료주의는 효율적이고 그리고 예측되는 성과, 상규적인 과업(routine tasks) 조직에서 사용할 때 효율적이고 효과적이다(Perrow, 1968). 카리스마 권한(Charismatic

Authority)은 Weber에 따르면 가끔 생긴다. 모든 사회에서 분출할 수 있다. 권한지배유형과 무관하다. 리더의 과정에서 특별히 주는 추종자의 강한 신념(intense conviction of followers)이나 혹은 리더 성격에 대한 재능이다.

카리스마 권한은 사회와 조직에서 근본적으로 변화를 창조한다. 변화결과는 긍정 혹은 부정 어느 한쪽이다. 카리스마 리더십은 국가 개발 리더십유형으로 가장 적합하다. 그러므로 그들의 일차적인 목표는 사회변화를 일으키는 것이다(Kanungo and Mendonca, 1996). 리더십의 다른 형태를 보면, 이것은 고용자들 참여를 격려하고, 사회주장을 찾고 그리고 조직 혹은 사건변화에 대한 점차적인 조정을 돕는다. 리더십유형은 기관과 조직 설립에 적응하는 것이다. 권력구조에 탁월한 유형을 가지는 사회 특성에 대한 가능성이 있다. 거기에 리더십의 정당성에 대한 다양한 근원이 있다. 보기로서 미국과 경제가 발전하는 다른 사회에서는 조직의 리더십은 일반적 실행이 다른 모든 고용자들에 따라 이성적으로 구축된 규범에 따른다.

최종적으로 카리스마리더는 이성(rational)과 전통조직(traditional organizational) 양쪽에 주기적으로 나타난다. 그러나 카리스마리더는 보통 기업에서 창조적으로 극적인 출발확립 형태에서 깨진다. 보기로서, 1979년 Chrysler회사 Lee Iacoca회장은 실패한 기업에 대한 대부보정을 미국정부에 설득하여 파산을 막았다. 놀랄 만한 성공은 과거의 운영과는 급진적인 출발이다. 왜냐하면, 연방정부에서는 개인기업 재정에 광범위하게 개입은 없었다. 더욱이, 정부의 Chrysler 보호는 정상과 같은 파산으로 보통 널리 보급되는 근본주의(fundamental tenets) 전후관계 속에 유일하게 결과가 높은 경쟁경제에서 일어난다.

2. 리더십과 윤리

정당한 리더십은 도덕(moral)이고, 리더는 다른 사회역할을 점하는 것이다. 호감으로 다른 사람에게 그들 자신을 나타낸다. 현대사회에서 물론 리더의 인상관리(impression management)는 종종 현실에서 실제보다 더 긍정적으로 그들 자신을 나타낸다. 리더는 하나의 조직에 대해 도덕과 윤리를 둔다. 만약 그들의 의도와 모순이 없다면 그들의 의도와 활동 사이에는 자신이 있다. 왜냐하면 이것은 공동으로 공정하게 되고, 많은 리더는 정당한 도전이 되는 것을 발견하고 그리고 그들 권한을 지속적으로 세우는 것이 필요하다.

영국의 중요한 장관선정에는 하나의 일로서 그들 역할 속에서 행사하는 힘에 대한 권한(authority to exercise power)은 다르다. 이성적인 권한은 전통적인 권한과 카리스마 권한보다도 윤리적인 의무를 적게 가진다. 그러나 리더십은 이성적 권한에 근거를 두는데도 불구하고 법률과 윤리가 요구된다. 전통적인 권한과 카리스마권한과는 달리 이것은 문화의 생활 방법을 보존하거나, 혹은 사회변화의 의미심장한 불확실성을 창조하는 데 오랜 설립된 전통을 받은 것은 아니다. 이성적인 권한은 효율적인 윤리와 규칙으로서 순화에 효율적인 경영으로부터 정당성을 끌어낸다. 이것은 요구와 규칙을 강요하고 법률을 위반하지 않을 때 도덕적이다.

카리스마 권한에 대한 개념에 관계되는 것은 변혁적인 리더십(transformational leadership)이다(Burns, 1978).[21] 변혁적인 리더십은 카리스마 보다 리더십 유형은 일반적 특히 기업조직과 동시에 더욱 일반적으로 발견된다. 변혁적인 리더 활동은 선생과 같이, 역할 모델(role model) 그리고 조직에 부하들의 열정적 공헌(enthusiastically contribute)아래 창조조건에 영감을 나타 나타내는(inspirational figure) 것이다(Bass, 1985).[22] 다시 말하면, 변혁적 리더는 비일상적인 국면에 초점을 둔다. 조직의 미래를 위한 비전 설립을 포함해서, 장기적인 결과를 가지고 의사 결정을 하고, 조직문화를 창조하고, 솔선, 변화관리(managing change)한다(Kotter, 1990).[23] 높은 권력차이 사회(High Power distance societies), 변혁적인 리더십 사용은 한계에 직면한다. 왜냐하면, 리더와 추종자 기대와 행동은 의미심장한 차이가 있다. 문화에 대한 가정이 리더십의 촉진과 부하들의 역할에 섞이지 않기 때문이다.

3. 국제조직 리더의 성격

리더십 패러다임이 1980년대 이전은 거래적인 리더십이론들이고, 그 이후 현대의 리더십의 유형은 변혁적인 리더십(Bass, 1985).[24]이라고 할 수 있다. 거래적인 리더십이란 리더가 추종자들 자신의 이익에 호소함으로써 부하들을 동기 부여하는 리더십을 말한다(Burns, 1978).[25] 변혁적인 리더십은 추종자들에게 과업성과의 중요성을 인식시키고, 조직과 팀의 이익을 위해 개인의 이익보다 우선하도록 하며, 더욱 상위의 욕구를 활성화시킴으로써 부하들에게 동기 부여하고 변화를 가져오는 리더십이다.

변혁적인 리더십 구성요소들을 카리스마, 개별적 배려, 지적요소이다. 그리고 거래적인 리더십 구성요소들을 상황적 보상과 예외에 대한 관리로(Bass, 1985) 분류하였다. Bass의 두 가지 리더십유형을 측정 변수로 채택하였다.

4. 변혁적 리더십과 거래적 리더십

변혁적 리더십(transformational leadership)이라는 용어는 1973년 J. P. Downton에 의해 1978년에 처음으로 만들어졌는데 그 후 Bernard M. Bass가 발전시킨 것이다. 변혁적인 리더십은 리더와 부하 간의 교환관계를 수반하는 전통적 리더십의 대안으로 거래적 리더십(transactional leadership)이 나왔다.

첫째, 거래적 리더십은 부하는 리더에게 순응하고 이에 대한 대가로 리더는 부하에게 보상을 제공하는 리더와 부하 간의 교환관계에 초점을 두며, 대부분 처벌의 사용을 통해 이루어지므로, 상대적으로 효과성이 낮을 수 있다고 할 수 있다. 이는 정직성이나, 공정성, 책임, 상호 교환 등의 가치가 관련되어 부하들의 개인적 이익에 호소함으로써 부하들의 동기를 부여하여 그들의 노력한 결과로서 얻어진 과업과 성과에 따른 보상을 해주고, 또 부하들의 잘못과 규칙 위반 등을 지켜보고 나서 수정 조치하는 예외관리를 하는 것이다.

예외관리(management by exception)란, 리더들이 부하들이 실패하고 이탈된 행동을 보일 때만 수정활동을 보이거나 개입하는 것을 의미한다(Robert Tannenbaum and Warren H. Schmidt, 1973). 따라서 이들은 부하들의 이탈된 행동이나 부족한 면을 찾기 위한 활동을 주로 하게 된다. 예외관리는 리더들이 부하들의 잘못된 행동에 대해서만 개입을 하기 때문에 상황적 기피강화(contingent aversive reinforcement)를 의미한다.

둘째, 변혁적(transformational leadership)은 리더가 부하에게 과업성과에 대한 중요성을 인식시키고, 조직과 팀의 이익을 개인의 이익보다 우선하게 하며, 보다 고차적인 욕구를 증가시켜 부하들에게 동기를 부여하여, 변화를 가져오게 하는 것이다. 그리고 부하들에게는 비전(vision)을 제시하고, 부하들 자신이 갖는 중요성을 인식하도록 하여, 개인의 목표와 조직의 목표를 일치시켜 자신의 직무를 만족시켜 높은 업무수행을 하도록 동기를 부여한다. 이것은 리더와 부하가 서로를 보다 높은 도덕성과 높은 동기부여 수준으로 끌어 올리는 과정으로서 결국 부하의 도덕적 가치에 호소함으로써 윤리적 쟁점에 대한 인식을 높이며, 조직을 개혁할 활력과 자원을 동원할 것인데, 이런 개혁적 리더들은 공포, 경악, 질타와 같은 비열한 정서가 아니라 자유·정의·평등·평화·인도주의와 같은 이상과 가치에 호소하여 부하들의 자각을 하도록 애쓴다.

결국 이것은 부하의 가치관, 윤리, 행동규범, 그리고 장기적인 목표를 바꾸어 줌으로써 개인을 변화시키는 과정이나, 리더가 부하에게 미래의 비전(vision)을 제시하며, 주도권을 지고 부하를 자극하고 설득시켜 이끌어주어 동참시켜 단결하도록 한다. 그리고 부하들로부터 전적으로 충성과 신뢰를 받은 능력을 가지면서 자기개발과 자기 이미지 관리에도 능통해야 한다. 그리고 변혁과 혁신 그리고 새로운 지도자정신이라는 것이 새로운 리더십의 패러다임이다. 변혁적 리더십의 요인을 보면 <표 6-1>과 같다. <표 6-1>과 같이 변혁적 리더십과 거래적 리더십과의 행동요인에서 볼 수 있듯이 이를 발전시켜 동기부여에 포함한 특성을 보면 다음과 같다.

이상 <표 6-1>과 같이 변혁적 리더십과 거래적 리더십과의 행동요인에서 보았듯이 이를 발전시켜 동기부여에 포함한 특성을 보면 다음과 같다. 첫째, 이상적인 영향력(idealized influence)은 카리스마(charisma)의 작용인데, 이는 부하에게 강한정서와 리더와 동일시를 자극하는 역할에 있다.

둘째, 개별적 배려(individualized consideration)는 부하 한 사람, 한 사람에 대하여 각각으로 코치와 조언자로서 부하들이 자기가 맡은 일을 완전히 익숙해지도록 지지와 격려, 지도하는데 있다. 셋째, 영감적 동기부여(inspirational

표 6-1 변혁적 리더십과 거래적 리더십의 행동요인

유형	요인	내용	측정의 예
변혁적 리더십	카리스마	리더는 바람직한 가치관, 존경심 자신감 등을 부하에게 심어줄 수 있어야 하고 비전을 제시할 수 있어야 한다.	그는 어떤 장해물도 스스로의 능력으로 극복할 수 있다고 나는 신뢰한다.
	개별적 배려	리더는 부하들이 개인적 성장을 이룩할 수 있도록 그들의 욕구를 파악하고 알맞은 임무를 부여해야 한다.	그는 내가 필요한 경우 나를 코치해 준다.
	지적 자극	리더의 부하들이 상황을 분석하는데 있어 기존의 합리적 틀을 뛰어넘어 보다 창의적인 관점을 개발하도록 격려한다.	그는 내가 고민해온 고질적인 문제를 새로운 관점에서 생각해 볼 수 있게 해준다.
거래적 리더십	성과와 연계된 보상 (조건부)	리더는 부하들에게 무엇을 해야 그들이 원하는 보상을 받을 수 있는지를 알려준다.	그는 내가 무엇을 해야 할지와 그 노력의 결과로 어떤 보상을 받을 수 있는지를 확인한다.
	예외에 의한 관리	리더는 부하들이 부여 받은 임무를 수행하도록 하고 적절한 시기에 적절한 비용으로 목표가 달성될 때까지 간섭하지 않는다.	그는 내가 실수를 저질렀을 때만 관여한다.

motivation)는 공유된 매력적인 비전(vision)을 제시하고, 실현하는데 부하들이 의욕을 고무시키는 동기부여를 통해 최선을 다하는데 있다. 넷째, 지적 자극 (intellectual stimulation)은 부하들에게 새로운 관점에서 문제를 보도록 문제에 대한 인식을 높이고, 영향을 미치는 행동이므로 구태의연한 사고방식과 업무 관습에서 벗어나 새로운 업무방식으로 부하들을 동기부여시켜 목표를 달성하는 것이다. 그리고 이상과 같은 4가지 특성을 실천을 위하여, 활력부여의 필요성(need for revitalization)을 인식시키고, 새로운 비전(new vision)을 만들고, 변화를 제도화(institutionalizing change)시키는 3단계 행동과정으로 구분하였다.

이 변혁적 리더십에서 윤리적 가치를 호소하는 것은 곧 윤리를 부각시킨 하나의 윤리적인 리더십(ethical leadership)이라고 할 수 있다. 다시 말하면 이 것은 다른 리더십이론과는 달리, 리더십상황에서 일어나고 있는 윤리적인 현안 문제를 내포하고 있으므로 개인적인 성실(personal integrity)은 리더십 윤리이고, 리더십 효과성을 설명하는데도 도움이 되며, 도덕성을 윤리적 리더십의 필수조건으로 여기고 있다.

끝으로 이상의 변혁적인 리더십과 거래적인 리더십을 요약하면, Bass는 지적인 영역에서 변혁적 리더와 거래적 리더 사이에 있는 체계적 차이를 볼 수 있다고 하였다. 변혁적 리더는 부분적인 문제해결에 만족하지 않으며, 현재의 상태를 받아들이지 않고 이전에 실시했던 방법대로 일을 수행하려고 하지 않는다. 따라서 변혁적 리더는 보다 새로운 방법과 변화를 모색하고 보다 높은 위험에도 불구하고 기회를 최대한 이용하려는 경향이 강하다. 지적 영역에서 변혁적 리더와 거래적 리더의 차이점은 변혁적 리더의 사고는 반응적(reactive)이라기보다는 예방적(proactive)이며 아이디어 창출에 있어 보다 창의적이고 혁신적이며 이데올로기(ideology)에 있어서는 개량이나 보수적인 것보다는 급진적인 성향을 보이는 것이다.

organizational behavior

제 4 장   글로벌 리더의 조직행동 효과

프로젝트 GLOBE(Global Leadership and Organizational Behavior Effective-ness): (글로벌 리더와 조직행동효과)는 다면, 다중방법, 이문화 리더십 차이와 여러 나라 중에 유사성에 관한 연구에 대한 프로젝트이다(Javidan and House, 2002).[26] 프로젝트 GLOBE은 150명 연구자들이 세계 대학에 나누어서 재정서비스조직, 음식서비스조직, 그리고 61개국 텔레콤 회사 등 875개 조직으로부터 중간관리자 15,000명으로부터 자료 수집하였는데 연구의 기초적인 질문은 다음과 같다.

- 리더의 행동, 특성, 그리고 조직운영은 보편적 그리고 효과적인 이문화를 받아들입니까?
- 거기에 리더의 행동, 특성, 그리고 조직운영은 몇몇 문화 속에만 받아들여집니까?

- 사회의 특징을 어떻게 하고, 그리고 조직문화는 리더 행동종류에 영향을 미치고, 그리고 조직운영에 효과적으로 받아들이는가?
- 문화규범에 관련된 리더십과 조직운영에 방해에 영향을 주는 것이 무엇인가?
- 문화에 대한 9개 핵심문화차원에 대한 지속관계가 무엇인가?
- 보편적인 리더행동, 문화특성 국면과 조직운영이 이문화 체계 차이를 위한 이유(accounts)에 대해 주장하는 이론을 말로 설명할 수 있는가?(House, Javidan, Hanges and Dorfman 2002, p. 4.).27) 리더십에 대한 GLOBE(Global Leadership and Organizational Behavior Effectiveness)(국제리더십과 조직행동효과) 프로젝트에서 내린 정의는 영향, 동기에 대한 하나의 개인에 대한 능력과 공헌에 대한 효과와 그리고 그들은 조직구성원이라는 것이 조직의 성공을 위해 다른 사람에게 힘을 주는 것이다.(House et al. 2002, p. 5).28) 24리더십 스타일 출발은 연구자들은 결국 다음과 같은 6글로벌 리더행동차원(Six Global Leader Behavior Dimensions)을 아래와 같이 정의했다. (1) 변환-카리스마 리더(Transformational-Charismatic Reader)는 결정적, 성과지향, 환상적, 부하에게 격려하고, 그리고 조직을 위해 희생을 기꺼이 한다. (2) 팀 지향 스타일(Team-oriented style)의 리더성격은 통합, 외교적, 자비심이 많고 그리고 팀에 대한 협동하는 태도를 가진다. (3) 자기 생산적 리더(Self-Productive Leader)는 자기중심(self-centered)을 의식하고 있는 상태, 투쟁적, 절차적 그리고 체면을 세운(face saver)다. (4) 참여 리더(Participative Leader)는 위임(delegator)과 용기를 의사결정에 참여하는 부하들에게 준다. (5) 인간적 리더 스타일(Humane Style Leader)은 겸손(modesty)과 자비로움 지향(compassionate orientation)의 특징이다. (6) 자율 리더(Autonomous Leader)는 개인주의자(individualistic), 독립적, 자율적 그리고 유일한(unique) 것이다.

GLOBE 프로젝트는 동기, 가치, 신념, 확인 공유 그리고 해석이나 혹은 집합한 구성원들의 일반적인 경험 결과로부터 의미심장한 뜻의 결과와 교차 세대에 전달되는 것이다(House et al. 2002, p. 5). 프로젝트 GLOBE은 9개 문화국면을 사용하였다. 첫 번째, 6개 차원은 Hofstede(1980).29) 정의된 문화의 차원에서 유래하였다. (1) 불확실성 회피, (2) 권력차이, (3) 사회적 집산주의, (4) 집단 내 집산주의, (5) 성의 평등주의(gender egalitarianism), (6) 독단적 차원(assertiveness), (7) 미래지향(Future orientation)은 Kluckhohn과 Strodtbeck의 framework에서 왔고 (8) 성과 지향(performance orientation)은 McClelland의 성취의 욕구개념과 유사하고 (9) 인도적 지향(humane orientation)은 참여에 대한 욕구(need for affiliation)와 비슷하다. 프로젝트 GLOBE에 의해 연구된 9개 문화차원은 다음과 같다.

1. 불확실성 회피(Uncertainty Avoidance)

불확실성 회피는 사회규범, 의식이 불확실성 회피에 대해 조직이나 혹은 사회의 구성원들 정도이다. 그리고 관료적인 운영에 장래결과가 예언할 수 없는 관료적인 운영을 어느 정도 해결한다. 불확실성 회피문화 차원은 그 나라 구성원들 문화가 불확실한 상황이나 혹은 잘 모르는 상황에 직면하게 되면, 절명의 위기를 느끼는 구성원들이 많이 분포되어 있는 조직이나 국가이다(박기동과 박주승).30)

2. 권력차이(Power Distance)

권력차이는 권력을 불공정하게 공유(unequally shared)하는 것을 조직이나 혹은 사회의 구성원이 느끼는 정도이다. 즉 국가 내의 집단이나 조직구성원들이 불공정한 권력 배분을 받아들이는 정도를 권력차이라고 한다. 권력차이가 적은 나라에서는 부하들은 질문에 두려움을 느끼지 않거나 혹은 그들은 상사에게 의존한다.

3. 집산주의 Ⅰ(Collectivism Ⅰ)

집산주의 Ⅰ는 조직과 사회제도 운영을 격려하고 자원과 집산적인 활동에 의 자원의 분배와 집산 보수에 대한 정도에 영향이다. 집산주의는 개인주의와 반대로 집산주의가 강한 나라나 집단은 집단 응집력이 사람들의 생활을 통해 충성을 계속하도록 보호한다.

4. 집산주의 Ⅱ(Collectivism Ⅱ)

집사주의 Ⅱ는 집단 내의 집산주위는 개인적으로 나타내는 긍지, 충성심, 그리고 그들의 조직이나 혹은 가족들에 응집력이 미치는 정도이다.

5. 성 평등주의(Gender Egalitarianism)

평등주의는 성에 대한 역할 차이와 성에 대한 구별(gender discrimination)이 조직이나 사회에 최소화로 적은 정도이다.

6. 독단적(Assertiveness)

독단적은 조직이나 혹은 사회는 독단적(assertive), 대치적(confrontational) 그리고 사회적인 관계에서는 진취적인 것인지에 대한 개인적인 정도이다

7. 미래지향(Future Orientation)

미래지향은 조직과 사회에 미래지향 행동에 대한 계획, 미래를 위한 투자, 그리고 만족 지연과 같은 조직과 사회의 미래약속에 대한 개인적인 정도이다.

8. 성과지향(Performance Orientation)

조직이나 혹은 사회격려와 그리고 성과개선과 뛰어남을 위한 구성원들의 보수영향을 높이는 정도이다.

9. 인도적 지향(Humane Orientation)

인도적 지향은 조직이나 혹은 사회 격려와 공정한, 이타주의(altruistic), 우호적, 걱정, 다른 사람에 대한 친절이 높은 정도이다(House et al. 2002, pp. 5-6)[31]. 각 차원(dimension) 측정에는 항목은 조직에서 무엇을 할 것인가의 응답이 구별되었다. 나란히 질문은 이것은 실제사회에 있는 것과 사회에서 생각되는 것의 응답을 물었다.

참고문헌 ··

1) Sayles, L. (1993). The Working Leader: The Triumph High Performance Over Conventional Management Principles. New York: The Free Press.

2) Trice, H. and Beyer, J. (1993). The Culture of Work Organizations. Upper Saddle River, NJ: Prentice Hall.

3) Westwood, R. and Chan, A. (1992). "Headship and Leadership," In Westwood, R. (ed.) Organizational Behavior: Southeast Asian Perspectives, Hong Kong: Longman

4) Bass, B. (1990). Bass & Stogdill's Handbook of Leadership: Theory, Research, and Managerial Application. 3d ed. New York: Free Press.

5) Katz, D. and Kahn, R. (1978). The Social Psychology of Organizations. 2d Ed. New York: John Wiley. p. 528.

6) Terry, G. R. (1960). Principle of Management, 3 ed., Homewood, Ⅲ: Richard D. Irwen, Inc.,

7) Tannenbaum, R., Wechler, I. R. and Massarik, F. (1959). Leadership and Organization, A Behavior: Science Approach, McGraw-Hill Company.

8) Koontz, H., O'Donnell, C. (1939). Principles of Management, 2nd ed., McGraw-Hill Company.

9) Fiedler, F. E. (1967). A Theory of Leadership Effectiveness, McGraw-Hill Book Company.

10) Northcraft, G. and Neale, M. (1994). Organizational Behavior: A Management Challenge. 2d Ed. Fort Worth, TX: The Dryden Press.

11) Guille'n, M. (1994). Models of Management: Work, Authority, and Organization in a Comparative Perspective. Chicago: University of Chicago Press.

12) Trice, H. and Beyer, J. (1993). The Culture of Woke Organizations. Upper Saddle River, NJ: Prentice Hall.

13) Schein, E. (1985). Organizational Culture and Leadership. San Francisco: Jossey- Bass.

14) Dorfman. P. (1996). "International and Cross-Cultural Leadership." In Punnett. B. and Shenkar, O.(eds.) Handbook for International Management Research. Cambridge, MA: Blackwell Publishers.

15) Bass, B. (1990). Bass & Stogdill's Handbook of Leadership: Theory, Research, and Managerial Application.3d Ed. New York: Free Press.

16) Yukl, G. (2002). Leadership in Organizations. 5th Ed. Upper Saddle River, NJ: Prentice Hall.

17) Zelditch, M. (2001). "Theories of Legitimacy," In Joost, J. T., and Major, B. (eds.) The Psychology of Legitimacy: Emerging Perspectives on Ideology, Justice, and Intergroup Rrlations. New York: Cambridge University Press.

18) Weber, M. (1947). The Theory of Social and Economic Organization. New York: The

Free press.

19) Weber, M. (1947). Ibid.

20) Weber, M. (1947). Ibid.

21) Burns, J. (1978). Leadership. New York: Harper & Row.

22) Bass, B. (1985). Leadership and Performance Beyond Expectations, New York: The Free Press.

23) Kotter, J. (1990). A From Management. New York: The Free Press.

24) Bass, B. M. (1985). Leadership and performance beyond expertations. New York; The Free Press.

25) Burns, J. M. (1978). Leadership. New York; Harper & Row.

26) Javidan, M. and House, R, J. (2002). "Leadership and Cultures Around the World: Findings from GLOBE: An Introduction to the Special Issue," Journal of World Business, 37(1). 1-2.

27) House, R. J., Javidan, M., Hanges, P., and Dorfman, p. (2002). "Understanding Cultures and Implicit Leadership Theories Across the Globe: An Introduction to Project GLOBE," Journal of Word Business, 37(1), 3-19.

28) House, R. J., Javidan, M., Hanges, P., and Dorfman, p. (2002). Ibid. p. 5.

29) Hofstede, G. (1980). Culture's Consequences: International Differences in Work-Related Values . London: Sage.

30) 박가동, 박주승 (2006). 조직행동론. 서울: 박영사. p. 403.

31) House, R. J., Javidan, M., Hanges, P., and Dorfman, p. (2002) op. cit., p. 5-6.

제 7 부 조직변화

생각해 볼 문제

    혁신없는 조직성장은 있을 수 없다. 모든 물질은 분자로 배열되어 있는데 분자는 원자로 배열되어 있다. K. E. Drexler(1986)가 쓴 창조의 엔진(Engines of Creation)에서, 석탄, 다이아몬드, 모래 그리고 컴퓨터칩, 심지어는 암까지도 원자배열로서 만들어졌는데 그것은 배열에 따라서 소중한 것과 싼 것과 건강과 질병 등으로 평가된다.

    원자는 배열된 하나의 방법으로 한 줌의, 공기 그리고 물 등을 만든다. 그리고 다른 배열은 익은 스트로베리를 만든다. 우리는 이원자 배열에 대한 기술에 기초에 있다(Drecxler, 1986).[1] 그러나 우리는 원자를 배열하는 기술은 아직까지는 멀다. 그러나 어떤 부분에는 상당히 접근한 것도 있다. 그러므로 우리는 변화와 혁신을 위해 노력해야 한다. 그러면 우리의 기업에서 누가 이것을 할 것인가에 대한 연구가 필요하다. 리더십과 문화 연구는 탈공업 경제 시대에 동적인 환경을 만나 도전과 변화가 재조명되고 있다(Bennis & Nanus, 1985; Bryman, 1993; Kouzes & Posner, 1987; Lord & Maher, 1991).[2] 동적인 환경은 어떤 조직이든 성장 발전하게 하거나 아니면 쇠퇴되도록 지속적으로 영향을 미쳤다(Vaill, 1989[3]; Bridges, 1988; Peters, 1987[4]; Nadler, Shaw & Walton, 1995[5]). 특히 조직의 환경혼돈은 기업조직 변화를 촉진시켰을 뿐만 아니라 현대에 조직에 있어서 중요한 문제인 창조에 대한 생각 변화를 시키게 되었다. 이와 같은 변화에 연구 없이는 우리들의 조직문제 해결은 불가능하다(Bolman & Deal, 1991; Deming, 1986; Ouchi, 1981; Reich, 1983; Senge, 1990; Wantuck, 1989).[6] 지금 우리나라 기업들도 글로벌 시대의 경쟁이 정면에 나타났다. 이는 시장이 빠르게 변화하고 있다. 2011년 현재 통신시장에서 최고 브랜드였던 노키아는 애플에 밀렸고, 세계최고의 휴대전화회사인 모토로라는 구글에 팔렸다. 특히 휴대폰시장에서 성공한 애플은 최고의 기술력 때문만은 아니다. 동적인 환경변화에 대응하여 그들은 10년 전에 아이팟, 아이패드, 아이폰, 아이튠스, 애플의 온라인 시장 카테고리(category) 경영전략 변화로 경쟁이 없는 시장을 만들고, 장벽을 만들어 경쟁자로부터 보호한 것이라고 David Aaker(U.C. 버클리 하스 경영대학 명예교수)가 지적하였다.

세계최대의 이들 경쟁에 대한 도전이 직면하게 됨에 따라 이를 극복하기 위해 조직들은 여러 가지 변화 방법에 대한 프로그램(예를 들면 TQM 혹은 HPWS(High Performance Work Systems))을 개발하였으나, 역시 적용에는 성공에 대한 높은 기록과 실패율에 대한 높은 기록도 있었다(Belohlav, 1993; Hinton & Schaeffer, 1994; Mallinger, 1993).[7]

실패의 이유는 리더십의 뉴 패러다임을 묵살하고, 전략 변화와 조직문화에 대한 중요성을 과소평가했기 때문이다(Kotter, 1995, 1996; Kotter & Heskett, 1992; Rost, 1991; Schein, 1992; Stewart & Manz, 1995).

현대에서는 관리자들, 경영진단사, 학계에서는 조금 다르게 여러 국면에 조직문화는 유행이 되어, 조직문화 연구는 구조, 전략, 통제 등에 유사한 형태로 요구되어, 창조하고, 변화하고, 유지하는데 연구되었으나 문화와 전략은 부분적으로 겹쳐있어(K. E. Weick, 1985)[8] 정의에 대한 일치를 보지 못하고 있다. 그럼에도 불구하고 연구자들은 조직문화 변화와 변화에 대한 성공이나, 실패에 초점이 집중되었다. 보기를 들면, Ouch and Price, 1978; Wilkins, 1984; Vaill, 1984; Stevenson and Gumprt, 1985; Denison, 1990; Gordon and DiTomaso, 1992[9] 등이다. 조직문화 관리에 대한 문헌들은 다양한 전통 속에서 발전되었으나, 문화 관리에 대한 이론이 있다. 첫째로 문화는 관리될 수 있다는 가정에 대해 의문이 있는 것도 사실이다.

문화는 인간인지의 본질 속에 아주 깊은 곳에 마음을 새겨 두는 것이기 때문에 문화 통제하는 것은 의문이 있다(보기를 들면, Krefting and Frost, 1985; Gagliardi, 1986).[10]

두 번째 집단문화 연구는 관리될 수 있다는 주장이다. 이에 대해서는 두 가지 분류가 있다. 먼저, 조직경영자들이 자진해서 실행하려고 할 때이다. 그리고 그 다음은 조직상의 조건이 확실한 때에 변화될 수 있다. 즉 문화가 관리될 수 있다는 주장은 어떻게 하면 관리통제하기 위해 조직문화를 더 많이 이해하는 것이 좋은 목표가 될 것이다. 결과적으로 조직문화 관리를 관리자들은 갈망하고 있는 것을 인식하고 있다(보기로서, Silverzweig and Allen, 1976; Bate, 1994; Dawson, 1994).[11] 그러나 이상의 모든 결과는 이것을 받아들이는 종업원들에게 달려있다. 그러므로 문화가 관리될 수 없다면 문화연구는 경영학에서 연구할 가치가 없을 것이다.

문화를 관리하는 데는 문화구성요소에 대한 연구가 필요하다. 문화의 구성요소는 심볼, 영웅, 의식, 가치 등을 들 수 있는데, 앞의 3요소는 문화경험이 포함되어 있는 요소이고, 나머지 가치는 기본적인 문화적인 의미로서 문화적인 경험에서 나타나는 그 사람의 느낌 그 자체이다. 즉 가치는 문화의 요소 중 핵이다. 이상과 같은 구별은 조사자들의 개념 중에 나타날 뿐만 아니라 응답자의 마음속에서도 나타난다. 조직론자들은 문화의 변화는 조직이 가치체계가 변하거나 혹은 조직의 리더에 의해 집중된 간섭 방법에서 일어난다고 하였다.

변화효과에 중요한 점은 문화가정(culture assumption)에 대한 조직가치 구성요소들 속에서 발견되었다. 그런데 리더가 문화에 영향을 미친다는 주장에 동의하는 학자들도 많다.

(Schein, 1992[12]); Rokeach, 1973[13]); Rost, 1991; Schein, 1992; Burns, 1978; Heifetz, 1994); 그러나 문화가 리더에게 영향을 주는지는 명확히 연구된 것은 별로 없다. 그러나 많은 문헌들에는 조직변화와 조직문화연구는 한곳에 집중하기 시작했다(Burns, 1978; Heifetz, 1994; Rost, 1991[14]); Burke & Litwin, 1992; Kotter, 1994; Lundberg, 1990; Sashkin & Fulmer, 1985; Schein, 1992; Tichy & Devanna, 1986).[15]

　　선행연구에서는 동적인 환경·리더십유형·의도된 조직변화(노동문화가치변화)·직무만족·조직유효성과 연결에 대한 이들 변수들의 관계를 동시에 고려한 연구가 필요한 것으로 생각하여 선행연구를 하였다. 선행연구서는 동적인 환경, 리더십성격, 의도된 조직변화(의도된 노동문화가치변화), 직무만족, 조직유효성 관계를 밝혀 조직혁신전략 정책상에 시사점을 도출 하는데 큰 공헌을 하였다고 할 수 있다. 구체적으로 첫째, 동적인 환경 적응을 위해 리더십성격이 변한다고 하였고, 둘째, 리더십 성격은 의도된 조직변화(외도된 노동문화가치변화)시킨다. 셋째, 의도된 노동문화가치변화는 직무만족과 조직유효성을 증가시킨다. 넷째, 리더십 성격은 직무성과 조직유효성을 증가시킬 것인지, 다섯째, 종업원 직무만족은 조직유효성을 증가시킨다는 선행연구를 소개하려고 한다.

제 1 장   동적인 환경, 리더십 성격, 직무관련 문화가치

오늘날 동적인 환경변화는 세계시장 속에서 경쟁강화, 생산품의 생명주 기의 가속화, 공급자, 고객, 종업원과 정부 등의 관계가 복잡하게 얽혀 조직이 살아남기 위해 그들의 경영 방법에 대한 변화를 요구하는 것을 발견할 수 있 다. 그들은 조직문화 변화에 대한 환경이 여태까지 더욱 복잡하게 되어 조직 변화는 어려워졌다. 과거는 경험으로 투자한 기업들도 별 큰 부담없이 성공했 던 과업에도 현재에는 큰 부담으로 느끼게 되었다(Barlett, C. A. & Ghoshal, S., 1990).[16]

미국 1970년대 GM, Chrysler, Ford는 미국시장을 지배하였고, 그들은 오 랫동안 그들이 해왔던 방법으로 조직을 계속 운영하였다. 이들 자동차회사들 의 노동문화는 계기감시와 원가에 대한 책임을 강하게 강조하는 조직문화 성 격을 가졌다(Pascale, R. T., 1990).[17] 실제상으로 미국시장에 외국 자동차 유입 은 자동차 3사에 대한 경쟁은 증가되어 품질개선과 고객중심지향으로 조직이 살아 남기 위해 변화를 하였다. 그러나 조직변화는 전통적인 조직문화로 기업 들은 성공했기 때문에 회사조직을 변화하는 데는 수년이 걸렸다(Hooijberg, R. and Petrock, F., 1993).[18] 이와 같이 동적인 환경변화는 의도적으로 조직변화 (노동 가치변화)에 영향을 주었다. 이와 같은 현상은 현대 조직론에서 해결해야 할 창조적인 조직변화인데 이는 생각변화의 기초적인 전환 없이는 불가능하 다(Bolman & Deal, 1991; Deming, 1986; Ouchi, 1981; Reich, 1983; Senge, 1990), Wantuck, 1989).[19]

조직변화의 실패에 대한 원인으로 전통적인 산업리더십 패러다임이 조직 속에 지속되었기 때문이다(Beer et al., 1990; Covin & Kilmann, 1990).[20] 전통원리 에 대한 전략 변화와 조직문화를 과소평가하였기 때문이다(Kotter, 1995, 1996; Kotter & Heskett, 1992; Rost, 1991; Schein, 1992; Stewart & Manz, 1995). 노동문화 가치변화에는 의도된 노동문화가치변화(Planed Change)와는 자연적 변화가 있다.

자연적인 변화는 조직을 경영의 입장에서 인위적으로 조작하거나 변화시키지 않고 알게 모르게 자연적으로 변화되는 것을 말한다. 의도된 변화는 경영관리의 입장에서 환경변화에 대한 효율적인 조직변화를 위해 의도적으로 조직구성원의 행동변화를 시키려는 것이다. 조직변화하는 데는 리더십과 조직문화, 그리고 의도적인 변화(planned change)에 대한 추종자들의 지각을 존중하고, 조직문화의 효력이나 혹은 힘에 대한 리더십 성격의 영향 변화와 종업원은 직무를 만족하고, 구성원의 직무만족이 조직효율을 증가시킨다고 생각한다(Owens, 1991).[21]

조직변화 방법에 대해서는 Chin and Benne(1976)[22]는 계획과 변화에 대한 관리 중에 일반적으로 3가지 전략 지향에 대한 윤곽을 다음과 같이 그렸다. (1) 경험적 – 이성(empirical-retional) (2) 권력 – 강압적(power-coercive) (3) 표준 – 재교육(normative-reeducative) 등이다. 경험적 – 이성의 접근은 새로운 지식에 대해 과학적으로 접근하고 변화에 대해 중요한 것으로 생각한다. 그리고 권력 – 강압적 접근은 사용에 대한 자발적인 의지나 혹은 승낙을 얻기 위해서 협박을 사용하는 것이다. 표준적 재교육 전략은 경험적인 이성과 권력 강압과는 차이가 있다. 변화의 표준적인 재교육 전략과 조직의 상호작용 영향 체계(가치, 믿음, 태도 즉 다른 말로하면 문화)의 규범 상태회복은 조직을 구성하는 사람들의 협력적인 활동에 의해서 신중히 변화될 수 있다. 또한 조직변화는 인간행동 수정이 불가피하다. 이상과 같이 동적인 환경은 조직문화 변화에 영향을 주었을 것으로 생각된다.

1. 동적인 환경과 직무관련 문화가치

글로벌로 인하여 다국적기업의 등장과 함께 경영활동 영역은 다문화 권에도 수용될 수 있는 경영연구가 필요하게 되었다. 최근 기업들은 한 조직 속에 다국적 노동자들과 함께 생활하게 됨에 따라 기업의 활동 영역은 각국 문화적인 특성에 관심이 높아져 경영학이나 조직론에서도 문화전략을 인식하게 되었다. 특히 일본기업의 눈부신 성장으로 세계인의 관심은 일본기업경영 연구에 학자들의 관심이 높아졌고, 그리고 미국의 우량기업들이 성공한 공통된 요인들은 공통된 가치관, 공통된 행동 스타일, 공통된 경영이념 등이 기업을 성공시킨 요인으로 강하게 작용한다. 이와 같은 문제점들은 전반적인 사회적 변화로 대두되었고, 이로 인하여 새로운 전략의 필요성이 증대와 새로운 관리 모형을 만들었다(Peters, T. J. and Waterman, R. H., 1982).[23]

동적인 환경 속에서 환경이 불확실하면 조직은 계획을 수립하고 실행하는데 어려움을 겪게 됨에 따라서 조직합리성을 달성하지 못하게 된다. 따라서 조직들은 적응하고자하며 이를 위해 권한을 하부에 이양하는(P. N. Khandwalla, 1972)[24] 등 구조적으로 불확실성을 감소시키려는 노력을 기울이게 된다.

우리나라 경우에도 기업의 세계화 환경 속에서 유지·성장·발전하기 위해서는 변해야 산다는 공통된 경영 실무진들의 구호와 학자들이 패러다임은 기업 구성원은 물론 국민의식구조와 사고방법이나, 가치관을 바꾸어야 한다고 생각하고 있다. 1960년대 경제개발에 성공한 이유는 대부분의 국민들은 경제가 성장해야 개인이 산다는 선 성장 후 분배라는 가치관이 우리 기업성장의 활력소였다. 따라서 우리경제는 지난 30년간 지속적인 고도성장을 하면서 2000년대를 지향하는 본격적인 국제화 시대를 맞이하게 되었다. 이와 같은 기업의 대·내외적인 환경 변화에서 기업이 지속적인 존속·성장과 경쟁우위를 확보하기 위해서는 기업의 외적인 활동과 내적인 활동을 조화있게 변화시켜 현대 기업환경에 알맞은 활력을 다시 한 번 넣어 주기 위해서 변화시켜야 한다는 경영 패러다임(paradigm)이 나왔다.

급변하는 조직 환경 속에서 조직은 변하지 않으면 유지, 존속될 수 없다. 조직은 의도적으로 변화에 대한 경험을 학습하고, 환경변화에 적응하고, 조직문화를 통해 변화에 영향을 미치거나 혹은 미래에 변화를 일으킨다(Burke & Litwin, 1992; Kotter, 1996; Lewin, 1951; Lippit, Watson, & Westley, 1958; Schein, 1992; Tichy, 1974).[25]

조직변화는 문화가 변화되어야 하고, 문화변화는 가치변화로 이루어진다(Schein, 1992[26]; Rokeach, 1973[27]); Rost, 1991; Schein, 1992; Burns, 1978; Heifetz, 1994). 문화와 가치관계는 문화 표현을 상징, 영웅, 의례의식, 가치로 표현되는

데 상징은 모든 요소들을 커버하고 가치(values)는 가장 중심에 있는 것으로 이것은 문화의 핵이다. G. Hofstede(1997)[28] 본 저서에는 조직변화는 조직문화가 변해야 하고 조직문화 변화는 노동문화가치가 변화되어야 함으로 조직의 변화는 문화의 변화로 이루어진다. 그러므로 조직문화를 어떠한 노력을 통하여 바람직한 조직문화 변화를 시키기 위해 의도적으로 종업원들의 노동문화 가치를 변화시키려는데 대한 연구를 하려고 한다.

2. 동적인 환경과 리더십 성격

동적인 조직 환경에서는 전통적인 리더십 패러다임은 현대 사회, 경제의 깊은 곳까지 빠르게 변화시키는 적절성을 잃었다. 그러나 전문가와 실무자들은 조직 내 산업 리더십 패러다임이 탈공업시대의 사회, 경제, 그리고 기술 환경 변화 속에서 깊이 영향을 미칠 수 없다는 것을 오래전부터 알고 있었다. 조직 속의 산업 리더십 패러다임은 오랫동안 알고 있는 것과 같이 변해야만 한다고 주장하였다. 역시 전통산업에서는 관료주의적 접근이 조직효과를 올리기 위해 기계론적인데 기초를 두었다(Bass, 1985; Bennis, 1969; Buns, 1978; Blake & Mouton, 1964; Covey, 1991; Deming, 1986; Foster, 1986; Heifetz, 1994; Maslow, 1965; McGregor, 1960; Peters & Waterman, 1982; Rost, 1991; Wheatley, 1992).[29] 조직 속의 산업 리더십 패러다임은 오랫동안 알고 있는 것과 같이 변해야만 한다고 주장하였다. 역시 전통산업의 관료주의 경영접근이 조직효과를 올리기 위해서 기계론적인데 기초를 두었기 때문에 권위와 통제에 대한 신뢰가 오늘날 세계시장에서는 중요한 경쟁이점인데도 불과하고 오래가지 않을 수 있다(Burns & Stalker, 1961[30]; Bennis, 1993; Deming, 1986, 1993; Drucker, 1995; Kanter, 1983; Reich, 1983).[31] 더구나 리더 – 중심과 같은 산업리더십 패러다임이 서술된 전통적인 관리 가정에 기초한 것은 탈공업화 시대에는 부적당하고 비효율적으로 평가되고, 부당한 변화로 표시된다고 역설하였다(Burke & Litwin, 1992; Rost, 1991; Wheatley 1992, 1996).[32] 이와 같은 현대 탈공업사회에 민주주의 관리에 대한 방법이 갑작스럽게 나타난 것이 조직의 유기적 모델(organic model organizations)이다. 리더십의 리더중심 관점에서 자율성과 몰입에 초점을 두는 관계는 부적당하고 그리고 아마 쓸모없는 관계에 초점을 둔 것이다(Burns & Stalker, 1961).[33] 아주 최근에 리더십에 공헌한 학자들의 문헌에서 "리더십과정이 복잡하여 리더 - 추종자(leader - follower)의 상호작용과 조직적응의 동적인 고려 없이는 이해할 수 없다"고 주장하고 있다(Heifetz, 1994; Rost, 1991; Schein, 1992).[34] 저자들은 "셀프 - 리더십(self - leadership)"이라는 용어를 리더십 패러다임 속에 넣어야 한다고 말했다(Manz & Sims, 1989).[35] 셀프 - 리더십이란 스스로 자기 자신을 이끌 수 있도록 리더하는 것이라고 하고, 조직의 질은 역할에 대한 동적인 네트워크라고 역설하였다(Ogawa & Bossert, 1995).[36] 그리고 조직이 다시 살아나기 위해 변화에 대한 욕구를 명확하게 하여 몰입하게 하는 것이라 할 수 있다(Tichy & Devanna, 1986).[37] 그리고 리더십 정의를 조직변환에 대한 이해와 목적에 협력하는 것이라고 말하였다. Adams(1984)[38]는 또한 리더십은 조직문화에 대한 창조와 파괴를 하는 것이다(Schein, 1992).[39] 그리고 탁월한 창조에 대한 전략으로 문화를 조화시키는 것이 리더십이라고 하였다(Hickman & Silva, 1984).[40]그리고 리더 - 추종자는 현실로 예정된 것과 변화 목적에 협력하도록 하는 상호 영향력이다(Rost, 1991).[41] 현대 리더십은 의도된 조직변화와 조직문화 변화 속에 탈공업시대가 강조하는 리더 - 추종자는 영향을 받은 것은 의심할 여지가 없다.

전통적인 산업의 가정하에 리더, 추종자, 그리고 변화에 기초를 두고 본 질적인 생각에 대한 그들의 리더십 패러다임 인식에는 의도된 조직변화(planned organizational change)는 환경변화 속에 포함된 예상과 조직효과를 증가시킬 목적으로 조직변화을 지시하는 것이다. 리더는 조직문제 해결에 대한 의도된 변화조정을 활용하고, 경험을 학습하고, 환경변화에 적응하고, 조직문화를 바꾸고 그리고 영향을 미치거나 혹은 미래 변화를 일으킨다(Burke & Litwin, 1992; Kotter, 1996; Lewin, 1951; Lippit, Watson, & Westley, 1958; Schein, 1992; Tichy, 1974).[42]

역사적으로 조직변화는 리더십의 현대 패러다임과 전통적인 사이에 시종 일관 관계되었다(Bennis, 1989; Bennis, Benne, & Chin, 1961; Burke & Litwin, 1992;

Covey, 1991; Fayol, 1949; Kanter & Lawler, 1986; Lewin, 1951; Likert, 1967; Machia-velli, 1962; Mayo, 1933; Senge, 1990; Taylor, 1911; Vroom & Yetton, 1973; Weber, 1924).[43] 조직변화 방법에 대한 설명이 잘못되어 실패한 조직변화 방법이 지속적으로 유지되고, 조직문화 속에 연결 되어 있다(Bennis & Nnnus, 1985; Kotter, 1996; Peters & Waterman, 1982; Quinn, 1996; Schein, 1992).[44]

조직이 거센 환경에 놓였다고 확신할 때, 대부분 조직은 현대 리더십의 새로운 개념과 리더십과 문화의 변화를 넓히려는 욕구가 추구된다(Bennis & Nanus, 1985; Burke & Litwin, 1992; Kotter, 1996; Rost, 1991; Schein, 1992).[45] 리더의 가치는 추종자들에 의해 실행(practices)이 된다(G. Hofstede, 1998).[46]

3. 리더십 성격과 직무관련 문화가치

조직의 의도된 변화는 문화변화와 협력적인 리더십이 연결되어 있다 (Heifetz, 1994; Kotter, 1996; Rost, 1991; Schein, 1992)[47]. 리더십과 조직문화는 개념이 얽혀있다는 인식이 일반적으로 존재하고 있다(Burke, 1986; Burke & Litwin, 1992; Sashkin, 1988; Tichy & Devanna, 1986).[48] 본질적으로 리더십과 변화와 그리고 문화(leadership, change and culture)가 서로 연결된 것이다(Schein, 1992). 계획된 변화는 문화에 대한 고려 없이 이해할 수 없다는 것이다. 그리고 리더십과 문화는 동전의 양면과 같다고 하였다. 산업사회 리더십 패러다임으로 중요한 것으로 리더 스타일을 암시하였다. 그런데 조직문화 변화에는 리더역할 기대에 대한 요구는 피할 수 없기 때문에 현대조직에 중요한 요소라고 할 수 있다(Bass, 1990; Bass & Avolio, 1994; Gibbons, 1992; Riechmann, 1992; Stewart & Manz, 1995).[49] 문화변화는 현대 탈공업화의 리더십 결과로서 비고압적(자발적)인 협력과정과 상호이익이 변화에 적합할 때 발생한다(Bolman & Deal, 1991; Burke & Litwin, 1992; Kotter, 1996; Morgan, 1986; Porter & Parker, 1992; Schein, 1992; Trice & Beyer, 1991)[50] 따라서 이것은 리더 행동으로서 의도된 변화에 대한 상호작용과정과 촉진에 대한 조직문화, 상호 예정된 강화 그리고 문화변화 목적에 대해 심사숙고하는 것으로 생각한다.

조직이 거센 환경에 놓였다고 확신할 때, 대부분 조직은 현대 리더십의 새로운 개념과 리더십과 문화의 변화를 넓히려는 욕구를 추구한다(Bennis & Nanus, 1985; B, urke & Litwin, 1992; Kotter, 1996; Rost, 1991; Schein, 1992[51]; Beer et al., 1990a; Delavigne, 1994; Deming 1982; Dyer & Dyer, 1986; Fisher, 1993; Kanter, 1981; Lawler, 1988; Lawler et al., 1995; Peters & Waterman, 1982; Sashkin, 1984; Vaill, 1982; Walton, 1985).[52] 그러나 조직마다 계획대로 변화된 것은 아니지만, 리더는 변화와 혁신에 영향을 주는 중요한 요소이다(N. King, 1992).[53] 이처럼, 조직문화와 리더십은 중요한 관계가 있으므로 리더는 창조와 문화가치(culture values)에 중심적 역할을 한다. 리더가 창조와 문화가치(culture values)에 중심적 역할을 하기 위해 조직 내의 가치를 주입시키고, 창조한다. 또한 리더는 종업원들을 목표 쪽으로 추격하도록 하여야 한다, 그리고 다른 의도를 갖지 않게 하고, 변화하도록 동기 부여에 용기를 주고, 변화에 대한 의미를 부여한다(D. R. Denison, 1990).[54]

리더는 심리적인 계약을 통해서 고용자들의 가치를 변화시킬 수 있다. (D. M. Rousseau, 1996).[55] 창조적인 문화는 혁신을 지지하고, 현실적인 생각을 혁신 쪽으로 변화시키고, 미래변화를 위한 동기부여시키고, 현재조직 욕구에 대한 균형을 유지한다고 하였다. 이와 같은 것들은 리더십에 요구되는 정당한 과업이다(Delbecq, A. L. & Mills, P. K., 1985).[56] 리더는 외부에 대한 적합유지와 자원을 얻고, 적응을 촉진시키고, 혁신을 하도록 변화시키는 리더십 스타일로 성격 짓게 한다(Quinn, 1988).[57]

리더십 스타일은 조직전략, 시스템, 구조를 통해 지지하고, 혁신을 키운다(Van de Ven, 1986).[58] 혁신을 촉진하기 위한 리더십 스타일은 변혁적 리더십(transformational leadership) 스타일이다(B. M. Bass, 1985).[59]

4. 일에 대한 가치와 조직유효성

우수문화의 특징이 다르므로 환경과 조직문화 사이에 조직유효성은 가장 효율적이고 능률적인 사회단위가 되도록 설정하는 것이다. 조직문화는 구성원의 행동에 영향을 주는 요소로 조직성과에 영향을 미친다. 조직문화는 조직성과에 관련이 되어 있다. 문화가 성과에 관련되어 있다면 조직문화는 관리가 필요할 것이다.

조직문화가 유효성에 미치는 영향에 대한 연구는 많이 이루어졌으나 그것이 확실한 지지를 받지 못하고 있는 것은 대부분의 이들 연구들이 조직유효성간에 존재하는 매개변수의 역할에 대한 고려가 없었기 때문이다. 그러므로 문화와 유효성 사이에 개입되는 변수들을 고려하여 문화와 유효성 관계를 고찰하는 것이 좋다(G. S. Saffold, 1988).[60] 매개변수 항목에는 조직문화는 구성원들에게 조직에서 중요시하는 것을 알려주고 그들의 경험을 이해할 수 있도록 함으로서 조직분위기 형성에 직접적으로 도움을 준다. 그리고 문화는 조직의 공식적인 통제와 범위 밖의 인지적 감성적인 과정을 통제할 수 있으며, 새로운 구성원을 사회화시키고, 조직에 맞지 않은 자를 제거하는 역할을 한다. 구성원들을 효과적으로 사회화시키는 조직은 불확실성을 분리시키기 위해 문화를 사용한다. 회사구성원이 문화적 행동기준이 없다면 조직생활이 불확실해진다(R. Pascale, 1985)[61].

조직문화는 경영층이 가지고 있는 가치와 신념이 기업전략 형성에 영향을 미친다. 그리고 또한 조직문화는 비공식적인 규칙을 제공하여 불확실성을 통제함으로서 기업의 내부적인 힘이 비생산적인 소모를 막아준다. 그리고 거래비용관점에서 보면 조직은 그 형태가 복잡해짐에 따라 공유된 신념과 가치에 크게 의존하여 조직효율은 높아지고 비공식적인 규칙을 제공하여 불확실성을 통제함으로서 기업의 내부적인 힘이 비생산적인데 소모되는 것을 막아준다(R. Pascale, 1985). 이상과 같이 문화가치는 조직유효성과 관계가 있다.

따라서 우수문화의 특징이 다르므로 환경과 조직문화 사이에 조직유효성은 조직이 가장 효율적이고 능률적인 사회단위가 되도록 설정하는 것이다. 조직문화는 구성원의 행동에 영향을 주는 요소로서 조직성과에 영향을 미친다. 조직문화는 조직성과에 관련이 되어 있다. 문화가 성과에 관련되어 있다면 조직문화는 관리가 필요할 것이다. 그러나 산업 간 조직구성원 간에 문화적인 차이가 있고, 기업에 적합성이 있어야 성과가 있다고(Reynolds, P. D., 1986)[62]

주장하였다. Deal, T. E. & Kenney, A. A.(1982)[63] 환경변화에 따라 기존의 문화를 변화시키지 못하면 조직에 큰 타격을 줄 수 있다고 했다.

조직문화는 새로운 전략을 이행하는 데에 조직의 능력과 성과를 높은 수준으로 개선할 수 있는 과정에 대한 적응에 공헌한다고 Deal & Kennedy (1982); Denison(1990); Denison & Mishra(1995); Kotter(1996); Sashkin(1986); Schein(1992); Tunstall(1983); Wiener(1988); Wilkins & Ouchi(1983); Wilms, Hardcaster & Deone(1994)[64] 등은 주장하였다. 그러나, 역시 조직문화에 대한 일반적인 이론에 대해 한계가 있다. 문화는 조직변화과정의 통합된 부분처럼 연구할 것이라는데 많은 동의를 한다고 Denison & Mishra (1995)[65] 말하였다. 그러나, 역시 조직문화에 대한 일반적인 이론에 대해 한계가 있다. 문화는 조직변화과정의 통합된 부분처럼 연구할 것이라는데 많은 동의를 한다고 Denison & Mishra(1995)[66]는 말하였다.

5. 리더십 성격과 조직유효성

경영학자들은 리더가 조직을 변화시키고 활력을 넣어주는 방법에 대해 매우 관심을 가지게 되었다. 특히 1980년대 미국기업들은 일본 등 외국기업들과의 경쟁에 살아남기 위하여 기업에 새로운 변화를 시킬 필요성을 인식하게 되었으며, 그 일환으로서 리더십 측면에서 어떻게 하면 조직을 변화시켜 조직유효성을 증가시킬 것인가에 관심을 갖게 되었다. 최근 리더십이 업무 수행에 있어서 직무만족과 부하들의 조직몰입에 영향관계에 대한 관심은 크게 증가되었으나 리더의 성격이 조직 유효성에 미치는 관계에 관한 연구는 드물다.

조직유효성은 희소하고 귀중한 자원획득을 하기 위해 환경을 개척하는 능력(Seashore and Yuchtman, 1967)[67]과 조직과 환경에 적합성(Georgopolous and Tannenbaum)[68]이라고 정의한다. 즉 조직유효성은 목표달성 정도로서 외부환경의 적응과 조직내부의 안정과 유지능력이다. 변혁적인 리더는 부하들에게 미래의 비전을 제시하고 영감적인 메시지를 통해 부하들의 자신의 직무만족을 하게하고 높은 목표를 달성하려는 동기를 갖도록 한다. 즉 변혁적인 리더십 유형은 부하들의 직무만족, 작업수행, 리더십효과에 영향을 미친다고(Bass & Yammmarino, 1991[69]); Hater & Bass, 1988[70]; Howell & Avolio, 1993[71]; Keller, 1992[72]; O'reilly & Chatman, 1986[73]; Organ, 1988[74]) 하였다.

제 2 장   누가 의도적으로 조직변화를 시킬 것인가?

조직을 변화시키는데 중추적인 역할을 리더가 한다는 것은 누구나 아는 사실이다. 그리고 또한 조직변화에 가장 큰 영향을 주는 것이 조직문화라고 하는 것도 이미 많은 선행연구에서 밝혀졌다. 큰 조직 안에 있는 부서는 복잡한 시스템과 헤아릴 수 없이 상호작용을 하는 하위단위(subordinate units)들이 포함되어 있다. 이들 하위집단 단위는 그들 자신의 조직구조의 지배하에 있다. 이는 복잡한 계층으로 큰 조직을 대표하고, 프로그램 개선과, 과업 배당과 운영을 개선한다. 20년 후에는 아마 많은 조사자들과 연구자들은 성과와 생산성 개선에 조직문화를 접목하는 연구가 있을 것 같이 생각된다. 큰 조직 속에서는 동종의 문화를 공유하는 개인 작업집단을 의미하는 것은 아니다. 정말로 아주 작은 단위도 특유하고 독특한 문화를 가진다. 이것은 큰 조직 상황 내에 각 개인적인 단위성과가 어떻게 잘 이루어져 전체가 조직성과로 연결하는 것을 주장한 것이다. 그러므로 내부 하위문화와 조직발달이 서로 연결되어 있고, 이들이 조직변화에 영향을 준다는 사실을 알아야 한다.

여러 가지 리더십, 문화충돌, 조직설계와 변화관리 개념 등도 앞으로는 개발된 것을 사용할 것이다. 중요한 것은 리더십은 더 많은 일반적인 모델과 변화보다는 관리변화의 개념 모델과 문화 충돌에 초점을 둘 것이라고 Peter Drucker(1992)의 미래에 대한 관리(Managing for the Future)[75]에서 언급하였다. 대부분 전통적인 이론들은 전략과 그리고 기술적인 계획, 시기 등을 강조하였으나, 관리에 대한 현대이론은 혁신, 상상력 그리고 계속적인 개선초점을 두는 것을 언급하였다. 특별히 현대 연구는 작업 단위 속에서 문화차이에 대한 존재, 문화차이의 이해과정과 대부분의 효과적인 기술에 대한 인식은 관리변화 과정 속에서 리더에 의해 사용된다.

리더의 중요한 역할 속에는 관리변화를 통해 전통적인 모델을 최종적으로 분석하고 CEO, 관리자 혹은 부서 단위의 변화에 대한 실패나 혹은 성공에 대해서 책임을 진다. Drucker(1992)는 리더에 대한 하나의 정의는 누구나 추종자를 가지는데, 리더십은 옳은 일을 하는 추종자를 알아내는 것이라고 하였다. 왜냐하면 그들은 리더가 높게 보이기 때문이다, 리더들은 본보기를 두어야 한다. 따라서 Drucker는 리더십 위치가 필요한 것은 리더십의 서열, 특권, 타이틀이나 혹은 돈보다도 책임이라고(Drucker 1992, p. 121) 하였다. 리더는 많은 하위집단과 하위문화에 대한 복잡한 조직구조 속에서 변화이행을 성공시키는데 책임을 지는데 초점을 두는 것이다.

1. 국제조직 행동에서 리더의 조직변화 역할

리더의 역할은 첫째, 하나의 큰 조직에 여러 가지 작업 단위 문화지향 가운데 의미 있는 차이를 찾는 것이다. 이것은 조직에 광범위하게 나타나는 차이를 수집한다. 그들의 의미심장한 차이는 다른 하위집단의 구성원으로 이루어져 있고, 각각 특이한 하위문화 성격을 그들은 소유하고 있을 것이다. 둘째, 리더의 역할은 작업 단위 문화지향 사이에 연합적으로 존재하는 품질, 비용효율 그리고 이들 단위 내 생산성 등 조직 내 여러 가지 장벽들이 놓여있는 것을 해결하는 일이다. 이와 같은 것을 해결하기 위한 지식은 관리자들을 개인적인 작업 단위의 욕구에 기초를 둔 문화변화 조정에 대한 접근을 돕고, 모든 조직성과를 개선하는 것이다.

큰 조직문화 내에 끼워있는 각색의 작업 단위의 하위문화에 관하여 중요한 이론과 실무 간격을 매우는 데 있다. 이것은 작업 단위의 하위문화 지향과 질에 대한 내부 장벽과 원가 효율, 그리고 여러 가지 작업 단위 하위문화 등의 내부 장벽이 놓여있다. 그러므로 선임관리자들은 조직의 여러 부분에 대한 활동을 취할 수 있고, 작업 단위 수준 관리자와 같이 연결되어 있고, 특별한

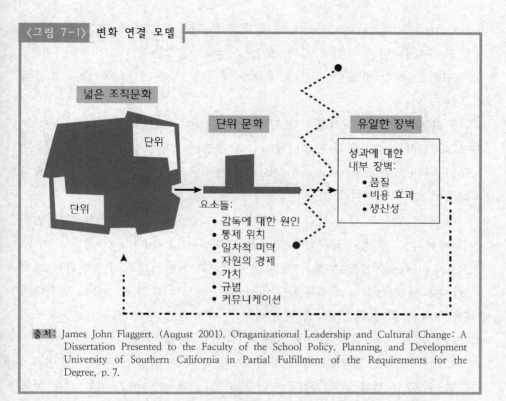

출처: James John Flaggert. (August 2001). Oraganizational Leadership and Cultural Change: A Dissertation Presented to the Faculty of the School Policy. Planning, and Development University of Southern California in Partial Fulfillment of the Requirements for the Degree, p. 7.

수단, 조직 질적 개선에 중요한 활동, 비용효과 등이 연결되어 있다. 이를 그림으로 보면 다음 <그림 7 - 1>과 같다.

지난 20년 동안 조직문화연구자들은 리더에 대한 연구에도 불구하고 개인작업 집단 역시 작은 단위에 특유하고 독특한 동종문화(homogeneous culture)를 소유하고 있다. 이것은 큰 조직 전의 인식에 대한 장애, 장벽 그리고 변화과정에 의한 효과적인 기술에 초점을 두었다. 변화관리의 전통적인 모델은 리더에 대한 비판적인 역할에 탓을 돌렸다. 그럼에도 리더는 최종적인 분석에서 최고 경영자, 관리자 혹은 부서 우두머리는 단위 실패나 혹은 성공을 위해 책임을 진다. Peter Drucker(1992, p. 121)는 리더의 하나의 정의는 누구나 추종자를 가진다라고 했다. 그리고 리더십은 결과까지 항상 측정하고 그리고 추종자가 하는 것이 옳은 것인지를 측정한다. 리더십 책임은 여러 하위집단

(sub-groups)과 하위문화(sub-culture)에 대한 복잡한 구조 속에 변화에 대한 성공적인 수행을 위한 책임을 진다. 오늘날 리더들은 더 많은 고객지원, 비용 - 효율과 효과적인 방법을 위한 조직성과 개선에 무서운 압력을 받고 있음을 강조하고 있다.

문화는 분명히 조직행동과 활동에 영향을 준다. 그러므로 문화는 역시 큰 회사 내 조직 상호작용과 커뮤니케이션을 결정하는데 영향을 주기 때문에 조직문화관리(management of organizational culture)는 조직이 필요로 하는 중요한 리더십에 대한 자격이다.

특히 큰 조직의 선임 리더는 조직변화에 대한 신속한 수단을 취도록 압력을 행사한다. 그럼에도 불구하고 그들은 단위부하(subordinate units)에 대한 기능으로부터 독립적으로 변화는 일어날 수 없다. 일반적으로 조직변화는 위에서 아래로 단일 분화로 변화를 추진하는 것은 적당하지 않은 것으로 인식해야 한다. 정확히 회사 고용자들은 노동력이고, 조직단위 전체 기능 속에서 조직이 함께 철 구조물 처음 볼트로 연결되어 있는 것과 같다.

변화하는 조직 최고위로부터 공식적으로 부과된다. 단위 관리자는 변화가 발생할 수 있기 전에 변화수행에 대한 활동을 취해야만 한다. 이와 같은 이해는 전통적인 조직성과 모델로부터 변화노력이 현재의 성공에 대한 평가이다. 이와 같은 본질 속에서, 선임 리더는 변화 성공을 측정할 수 있는 데도 단위 관리자들이 요구하는 지시에 의해 조직이 이행해야 할 활동을 취하는 것이 필요하다. 선임리더와 단위 관리자 역시, 문화에 대한 문제와 조직 내에 존재하는 충돌(conflicts)을 알아야 하는 것이 필요하다. 많은 조직문제들은 독립된 단위기능으로부터 작은 문제들을 막는 데에 집합 Synergy에 영향을 미칠 것이다.

그들은 지도를 잘할 수 있고, 관리자들은 부하들의 스승(mentor subordinate managers)들이다. 직위의 참모로서 좋은 의사결정에 관여하고, 구조조정하고, 단위를 인식시키고 그리고 구조조정에 대해 바르게 하도록 밖의 활동을 계속적으로 밀어주고, 큰 효과를 위해 고용 적합한 고용자를 선발한다.

하부단위(Subordinate units)는 큰 조직에 있어서 중요한 부분처럼 인식하고 있고, 그들 각각은 매우 차이가 있다. 중요하게 강조되는 것은 거기에는 큰 조직 내의 문화 지향차이(different culture orientations)가 있다. 즉 단위 차이(different unites)는 전체조직 속의 성과에 대한 높은 수준성취를 방해(impede)하는 품질, 비용효과(cost-effectiveness), 그리고 생산성과 같은 특별한 내부 장벽을 구성원들은 가지게 된다.

2. 리더 역할과 조직문화 변화

우리는 스스로 다음과 같은 질문을 할 수 있다. 리더가 작업 단위에서 문화의 힘을 작용하고, 그리고 인간 행동에 문화가 영향을 주는 것을 이해합니까? 관리자들은 작업 단위문화(work units culture)를 진보된 방법으로 활동을 할 수 있다는 것도 충분히 이해하고 있습니까? 이와 같은 질문은 결론적으로 단위문화 활동에 대한 해석처럼, 리더십의 역할을 조사하는 연구가 필요하다.

(1) 조직문화와 작업 단위문화

전체조직 구조설계와 시스템은 넓은 범위를 취할 수 있다. 큰 조직 속에 있는 여러 단위의 하위문화를 잘 이해할 수 있어야 할 것이다. 그리고 조직성과 문제해결을 위한 리더는 그들 내부에 존재하는 내부의 성과 장벽들을 넘기 위한 새로운 도구를 준비해야 하는 것이다. 작업 단위문화와 내부에 성과를 달성하는데 넘어야 할 장벽은 연결되어 있다는 것을 그 자신이 명백히 이해하는 것만으로서는 불충분하다. 거기에는 리더에 의해 자발적으로 이행되어야 하는 것이 있는데 이것을 Schein(1992)[76]은 약간의 중요가정에 대한 조정이라고 불렀다.

중요한 조직문제를 해결하는데 미리 알려주지 못한다는 이것은 단순히 현존하는 작업 단위문화와 성과에 대한 내부 장벽 간에 연합적인 분석 때문이다. 이미 몇 가지 문화 접근은 조직 내에 있다. 완전한 조직처럼 구조설계와 시스템을 광범위하게 할 수 있다. 그러나 이와 같은 설계는 관료적, Project, Matrix, Networked, Virtual 그리고 다른 시스템들을 설계할 수 있다(Luthans 1995, pp. 497-511).[77] 특히 단위구조 선택과 조직 내 노동은 특별한 것이 아직 일어나지 않은 과업성과에 대해서는 일반적으로 분류되고 역할이 할당된다. 그런데 과업에 대한 노동 분할은 조직 내 작업 지휘에는 위기가 있다.

Mintzberg(1994)[78]은 모든 큰 조직에서는 5가지 기초 직분(part)을 가진다. 전략정상(strategic apex), 운영기술자 층(technostructure), 중간관리선(middle management line), 지원참모(support staff) 그리고 큰 운영핵심 등이다. 이들의 각 직분들은 목적 소유와 그리고 보다 큰 지원기능과 정책의 넓은 환경과 그리고 이념 내에서 운영된다.

(2) 역할 변화와 문화변화

Schein(1996)[79]은 조직 내 역할 분할은 하나의 조직 내에 3가지로 구별되는 조직공동체에(organizational communities) 있다는 것을 주장하였다. 1) CEO (Chief Executive Officer's), 2) 기술자(Engineers), 3) 운영자(Operators)라고 하였다. 이 각각의 직분은 조직전체의 사명을 유지하는데 초점을 둔다. 전략상 혹은 CEO의 수준은 재무성과 분석에 흥미를 가지며, 기술자들은 거의 작업 설계에 흥미를 가진다. 운영핵심부와 낮은 관리와 지원팀은 매일 매일 생산과 서비스에 관심을 갖는다.

Kilmann(1986)[80]은 조직 내 문화변화 방법을 다음 3가지로 접근했다. 상위하달(top-down), 참여(participative), 그리고 하위문화(subculture)라고 하였다. 상위하달 접근은 수락 없이 새로운 위임으로 개인적으로 단순히 외부적인 순종으로 지도하는 것이다. 그들은 조직변화 이전에 조직 속에 있었던 것을 알고 있는 것을 제안하고 그리고 변화 뒤에 유사하게 될 것을 제안한다.

참여는 조직변화를 찬성하는 고용자들의 안전을 받아들일 것이다. 결과적으로 제안에 대한 참여 활동을 통하여 고용자들을 변화에 몰입시킬 것을 기대하기 때문이다. 호의적인 참여를 통한 변화방법 접근은 오래 걸리고 그리고 매일 단위 기능에 대한 분열이 될 수도 있다. 이는 역시 리더십 스타일과 그리고 고용자 배치와 같은 것은 참여에 대한 효과에 충격을 줄 수도 있다. 그리고 하위 문화적 접근은 개인적인 단위 결함을 증명할 수 있고, 조정의 표적이 되는 것을 통해 표시되는 것이 포함된다. 하위문화의 장점 중의 하나는 단위 기능을 서술하는 신뢰성을 위한 절차이다.

결론적으로 조직 내 조직문화는 개인과 집단관계에 의해 리더의 변화 노력으로 인하여 변화된다. 변화에는 작업자들의 새로운 규범과 조직의 고통이 나타날 것이다. 긍정적으로 감독자 실행은 하나의 단위문화 내에 고칠 사항들이 나타날 것이다. 그들은 다른 문화에 모순이 없는 것이다. 새로운 방법은 몇몇 다른 단위문화를 지도하는 지도자 노력은 개인적인 작업 단위와 혼돈하는 표면적인 과정에서 불쾌함을 가질 것이다. 그리고 단위 합병을 통한 단위인식을 관리자가 기도할 때 다른 단위 사람들의 가치의 힘은 전체 노력을 잠식하거나 방해할 수 있는 힘이 생기게 된다.

단순히 조직변화는 외관상으로는 변화에 대한 의미 있는 저항을 숨길 수 있다. 그러므로 새로운 선임 관리들은 새로운 성과를 기초로 한 문화 통제 아래 적은 단위 연합을 시키려고 노력한다. 그러나 단위들의 차이는 의미 있는 도전적인 자세라고 할 수 있다. 큰 조직 속에 여러 단위조직 관계들은 위기 시험과 조직 장벽을 발견한다. 이와 같이 조직 개선을 위한 조직 환경을 만드는 것이 관리자들의 노력이다. 그리고 리더 역시 변화 방법을 고심할 때에 큰 조직 내에 여러 하위 조직으로부터 변화에 대한 저항을 경험한다(Saffold, 1988[81]); Schein, 1992; Smith, 1998[82]); Thompson & Luthans, 1990[83])).

(3) 리더에 대한 독립변수와 종속변수

문화차이의 중요한 요소를 확인하는 문화적인 유형(typology)은 <표 7 - 1> 같이 개발되었다. 이들 유형은 문헌의 관점을 기초로 하여 결합된 것으로 한 사람 한 사람의 고용자 면접과 그리고 부서단위에 초점을 두었다.

3가지 문화지향(culture orientations)은 다음과 같은 이성적인 목표지향과 효과 등으로 확인되었다. 이들 유형의 개발 목적은 조직 내에 존재하는 문화 차이를 가리키는 것이다. 이들 목적은 문화지향을 단위 분류로 사용하는데 이것들은 독립변수들이다. 다른 말로 하면, 단위(units)는 유일한 단위 정체성(unique identity)을 주는 지배문화를 고려한 것이다. 그리고 이것은 단위 구성원들에 의해 통제 조직으로 봉사할 것이다.

표 7-1 문화의 유형과 요소(culture types and elements)

문화유형 단위문화 요소	합리적	목표지향	효 과
감독에 대한 원인	권위주의	민주주의	참여
통제에 대한 초점	과정	상황	집단
중요미덕	보수와 처벌	비전과 목표 공유	동정심
자원에 대한 경제	외부적 통제	사명-추진	보존한도
가치	확실성: 권우에 대한 전문가 자문; 충성	과업동기: 결과 지향 "하다"	신뢰: 서로가 도움: "이다"
규범	완전주의	인식	가입
커뮤니케이션	종적	종적과 수평적	갈등 회피

출처: Gilbert, G. R., & Parizgari, A. M. (2000). Organizational effectiveness indicators to support service quality. Management Service Quality, 10(1), pp. 46-51.

표 7-2 내부성과 지표

지 표	기 술
사명에 대한 중요성	조직목표의 명확한 지각을 측정하고, 그리고 고용자들이 조직목표 중요성에 대한 관점의 공도를 측정한다.
노동력에 대한 지원정책	노동력에 대해 조직이 공정하게 대우하는 것을 고용자들이 믿는 정도와 그리고 고용자의 복리후생을 진정으로 걱정하는 것을 측정한다.
조직설계에 대한 사유	조직의 범문용례(관료적 형식주의) 한계정도가 명확한지 그리고 고객서비스 의사결정에 직접적으로 방해하는 다른 관료조직이 명확한지.
작업 조건	조직 환경에 대한 질이 명확하다. 조직은 노동력을 확실히 적당히 촉진에 의해 성과 질을 그리고 공급과 안전 준비와 적당한 건강공간에 의해 노동력 촉진하여 성과 질을 촉진하는지.
봉급과 이윤	다른 곳에서 일하는 근로자들과 비교하여 봉급과 이익이 좋다는 보고서에 대한 정도.
긍정적인 감독실행	감독자가 훈련에 대한 긍정, 코치, 어려움, 팀워크, 성과 수행을 직접적으로 힘을 주는 것이 입증되다.
노동력 충성과 긍지	고용자들의 작업에 대한 충성과 긍지와 조직 쪽에 대한 확인.

출처: Gilbert, G. R., & Parizgari, A. M. (2000). Organizational effectiveness indicators to support service quality. Management Service Quality, 10(1), pp. 46-5.

내부성과 품질은 조사자들에 의한 내부성과 품질, 비용효율과 생산성은 장벽들로 보고 내부적인 지표로 한 독립변수로 <표 7 - 2>과 같이 사용하였다 (Gilbert & Parhizgari 2000).[84] 이들 장벽들은 이미 경험적으로 조사자들에 의해 선행연구 진술에서 나타났다. 노출되고 표면화된 이들 장벽들은 하나의 조직 단위 내에 노출되고 표면화된 것이다. 단위 구성원 가운데 대화가 열린 것은 조직 내 변화에 대한 학습 접근이 창조된다는 의미이다(Schein, 1992).[85] 주어진 이론은 문화와 작업과정 사이에 주어진 관련 저자들의 질문에서 작업 단위 문화지향(합리적, 목표 지향적, 효과)과 그리고 품질, 비용효과, 생산성에 대한 특별한 내부 장벽들 간에 존재하는 의미가 있는 통계적 관련성이 있는 것이 선행연구에서 나타났다.

1900년 이전 조직통제 시스템은 관리자들의 과업에 대한 관계와 사람들의 이상적인 균형 유지에 대한 노력이 발견되었다. 균형을 위한 노력은 공공 부문에서 지금 잘 조사되고 있다. 수년 후에 전체적인 품질관리(TQM), 구조조정(Downsizing) 그리고 작업과정의 리엔지니어링(BPR)과 같은 조직변화 운동의 폭넓은 변화를 나타내었다. 통제 시스템의 목적은 조직리더에 의한 과업성과 욕구가 종업원 힘의 경로이다. 왜냐하면 개인행동은 작업 단위문화를 조건으로 한다. 통제조직과 같은 단위문화 활동과 어떻게 에너지가 생기게 하는지는 중요한 하나의 요소이다. 적당한 작업 단위문화와 기능의 통제 범위는 특히, 조직 성공의 중요한 요소라고 할 수 있다.

20년이 지나면, 문화 관리는 조직 속에서 필수적이고, 중요한 문제로 인식되어 대부분의 조직개선노력의 기초처럼 인식되었다(Deal & Kennedy, 1982[86]); Galpin, 1996[87]; Schein, 1992; Trice & Beyer, 1993[88]). 보기로서 1983년에 Administrative Science Quarterly에서 제일 처음 발행에 문화 문제를 제시하였다. 문제를 해결하기 위한 유사한 노력으로 같은 해 늦게 Organizational Dynamics 편집자에 의해 표지에 문제 제기를 하였다. 1980년 초에 많은 조직 문화연구들은 발표 안내되었다. 이 연구의 많은 중요초점은 조직문화의 성공 요구에 대하여 정의되었고 조직 뒤에서 잡고 있는 성공의 장벽을 연구하는 것은 드물었으며, 관리전략 문헌 내에서 발견된다. 다음 문헌의 관점으로 3가지 부분으로 구분하여 선행연구에서는 이미 연구되었다. 첫째, 조직문화는 의미,

성격, 유형을 조사하였다. 둘째, 효과에 대한 조직 장벽은 재검토되었다. 셋째, 조직문화와 효과 간에는 서로 연결되었다는 것이 조사되었다.

3. 작업 단위 문화평가

작업 단위에 대한 문화지향(cultural orientation)을 평가하는 것이다. 작업 단위는 작업 결과 산출에 대한 개별적인 집단이 일반적으로 상호작용하는 것으로 규정짓는다. 집단은 공통의 작업구역 내에 일반적으로 놓여있고, 함께 회합에 출석하고, 큰 조직 그림 위에 단위 명령을 가지게 되고, 그리고 큰 조직 목표에 지지하는 생산이나 혹은 정보에 대해 다른 종속으로 되어있다. 보통 작업 단위는 상위 감독자에 의해 감독을 받고 있다. 다음과 같은 기초로 측정을 할 수 있다. 개인 작업 단위는 다음과 같은 진술에 대해 강하게 동의하는 것을 표시한다. 실제적으로 작업자 개인의 작업 단위(work unit)에 한한다. 작업자의 작업 단위기능이 어떠한지를 기술하고 기능이 어떤 것이 같지 않은가를 진술을 한다. 개인의 응답이 큰 조직과 당신의 작업집단의 단독 초점이 중복되지 않게 노력한다.

작업 단위 조직문화와 품질, 비용효과, 생산성에 관계가 되는 작업문화 단위를 찾고, 측정하고, 조사하는 것이 첫 번째 도전이다. 작업 단위문화 연구 목적에 대해서는 매일 구성원들의 기초적인 실행과 새로운 구성원들이 작업 단위에 결합되고 반복되어 이들 공유행동처럼 정의된다. 작업 단위문화를 다루는 전망은 조직효과의 여러 수준예측과 성과에 대한 특별한 내부 장벽으로 증명을 포함할 수 있는 독립변수라고 할 수 있다.

문헌의 관점에 따라서 작업문화 단위 지향은 3가지 범주 중의 하나로 결론지을 수 있다. 몇몇 작업 단위문화는 합리적(rational)인 과업단위 문화 목표 지향적(goal-orientated)에 효과적인 성질이다. 그리고 많은 작업 단위들은 이들 3가지 지향에 대한 공헌을 소유하고 있다. 그러므로 보통 지배적인 것처럼 문화지향으로 표면화되는 것이다. 더욱 특별한 것은 다음과 같은 3가지 문화 지향으로 결정되었다.

(1) 합리적인 작업 단위문화(Rational work unit culture)

합리적인 작업 단위문화라는 말은, 고용자들이 예측하고, 특별한 운영에 대한 명령을 따르고, 작업 단위에서 서류에 대해 언급하는 것이다. 이것은 전통적인 작업문화 단위로서 Weber(1946)[89]에 의해 정의한 바와 같이 관료적인 요소가 많이 포함되어 있다고 정의하였다. 그리고 기계론적인 관리 시스템 형태라고(Burns & Stalker, 1961)[90]하였다.

조직의 안전과 일관성은 합리지향적인 요소들이 연합되어 있는 것이 특징이다. 이들 단위 내에는 리더십이 잘 발견되는 것은 계층이 잘 설립되어 있는 것이다. 활동안내에 대한 특별한 과정들은 보상과 처벌은 장소 내에 있는 행동지시에 사용한다. 그리고 그 근원은 욕구에 정당한 것으로 후에 증명된다. 권력은 권위의 방법으로 사용된다.

역시 고용자들은 관리자들과 작업장에 있는 그들의 활동 안내 지도서에 달려있다. 더구나 의존, 충성, 기능적인 숙련은 높게 평가된다. 완전 혹은 훌륭한 일정한 목표이다. 그리고 의사전달은 조직 속에 최고 높은 수준의 위치에서 아래로 지시된다(Ban, 1995).[91]

(2) 목표지향적인 작업 단위문화(Goal-oriented work unit culture)

목표지향적인 작업 단위문화는 다른 집단의 관점에서 리더는 더 민주적인 리더십 스타일로서, 목표지향단위는 집단의 관점으로 의사결정과정을 실행 고려하여야 한다. 목표 지향된 문화지향 사명은 과정적인 것보다는 발생되는 활동을 추진한다. 목표 지향된 문화지향 속의 개인적인 작업자 기능은 강한 일반적인 비전과 존재를 위한 목적을 가진다. 그들은 사명을 가지고 추진하고 그리고 근원은 사명성취에 할당된다. 성공적인 목적을 만나는 중요한 것은 참여에 대한 개인적인 동정심이나, 혹은 다른 사람에 대한 희생이라는 것을 작업자들은 인식한다.

역시 단위에 대한 노력은 과업 성취에 대한 압력(stress)이다. 개인적으로 가지는 이들 일반적인 지향은 이정표를 만나기 위해 인식을 찾는 것과 과업에 대한 완전한 성공을 찾는 것이다. 인정, 상 그리고 보수에 대한 의사전달은 작업 단위의 수직적인 의사전달과 수평적인 의사전달 양쪽 다 같이 한다(Noble, E. 2000).[92]

(3) 효과적인 작업 단위문화(Affective work unit culture)

효과적인 작업 단위문화는 하나의 효과적인 문화지향을 가진 조직 작업 단위 속에 단위구성원들이 활동적으로 작업 단위문화 목적을 결정하는 방법에 참여하는 것이다. 집단 응집력은 중요하고 그리고 어떤 많은 활동은 단위구성원들을 위해 좋게 하기 위해 뭉치는 것이다. 고용자들은 상호 의존한다. 그리고 높은 질적인 관계는 바로 가까이에서 하는 과업성취가 중요하다.

신뢰 수준이 높고 그리고 성공에 대해 서로 돕는 욕구는 가치가 있는 것이다. 집단 관계는 작업단위 속의 개인과 그리고 전체 단위에 대해 중요하다. 의사전달은 집단구성원들의 충돌을 피하고, 구성원들 가운데 화합을 촉진한다. 재미있는 작업장은 습관이다(Stauffer, 1999).[93]

문화지향 차이를 나타내는 문화의 관점은 일반적인 요소로서 이것은 유일하게 하위 집단에 있고, 함께 같이 하는 것이다. 문화차이를 나타내는 요소는 일반적으로 7가지인데 이는 아래와 같이 서술하였다.

1) 명령의 근원(Source of Direction)

Fiedler(1972)[94]의 조건적합 모델의 대부분은 리더지시에 의해 과업이나 혹은 리더십 지향 중의 하나이다. 그러나 그들의 형태는 집단의 조건에 있거나 혹은 하위집단 환경에 있는 것에 대한 조건이다. 즉 구성원들은 얼마나 많은 리더의 속을 알고 있고, 과업구조는 생산성에 초점을 요구한다. 리더십 직위는 권위에 대한 진실한 힘을 요구한다. 조직의 방어는 위에서 밑으로 군대식 모델과 계층적인 설계의 경향이 있다. 명령의 근원을 결정하는 것은 각 하위집단에서 온다고 결정한다. 만약 이것이 숙련으로부터 온다면 문화 해결은 전통적인 지향 쪽으로 기대되는 것으로 추진할 것이다.

2) 통제 위치(Locus of Control)

통제 위치는 통제가 있을 때 조직 속에 일반적인 요소로 결정된다. 이성적인 접근은 조직 속에 따르는 지시의 의미가 명확하다. 과업에 대한 것처럼 조직 속의 동료들이 동료들을 안내한다. French & Raven(1959)[95]은 이것을 힘의 기초라고 하였다.

3) 일차적인 장점(Primary Virtue)

일차적인 장점은 보수와 작업관계가 연결조직에 일반적인 요소이다. 몇몇 조직은 협력에 대한 장점이 인정된다. 그리고 다른 조직 속에서는 결과에 대한 단기지향은 상관되지 않는다. Deal and Kennedy(1982)[96]은 조직문화 행동모델의 여러 가지 유형은 조직 속에 있는 장점에서 기초로 분류하였다. 몇몇 조직은 강인한 개인의 태도가 권위에 대한 강한 국면으로 개인적으로 뭉쳐 있는 것이 발견되었다.

4) 자원의 경제(Economy of Resources)

자원의 경제는 몇몇 문화 지향에 그들이 과업성취에 필요한 자원을 가지는 것처럼 다른 자원을 경쟁을 한다. 이는 마치 부자부모를 가진 어린이처럼 모든 것 중에 최고를 가진다. 기초적으로 필요한 것을 얻는데 애쓰며간다. 조직은 체계적이고 이성적으로 접근하거나, 더욱더 공정한 할당과정을 지시할 수 있다. 이런 자원의 경우에 힘과 역할에 기초로 하여 할당되고 촉진되고, 준비하고, 자원을 보존하고 그리고 화합 속에 작업하고 개인의 과업 성취를 축하한다(Harrison & Stokes, 1992).[97]

5) 가치(Values)

가치는 Schein(1992)이 인공 가치와 기초가정의 구성으로서 조직문화를 설명하였다. 가치는 감응, 공평함, 유연성, 정직 그리고 책임이 포함되어 있다. 가치는 역시 정반대가 포함되어 있다고 Hofstede(1987)는 주장하였다. 문화가치는 개인주의 집산주의 혹은 안전에 대한 욕구라고 하였다. 개인 권리에 대한 가치문화는 문화적인 차이가 있다. 가족과 작업에 대한 권리가 포함되어 있는 것은 문화차이 때문이다. 조직의 의사결정은 조건적합을 유연하게 만나는 동안에 단단한 과거철차를 기준으로 한다.

6) 규범(Norms)

규범은 만약 그들이 서로서로 각기 살아남는다면, 집단 구성원들에 의해 이루어져야만 되는 확실한 활동들이 조직 속에 있다. Schein(1992)은 이것을 내부통합이라고 불렀다. 규범을 따르지 않은 개인들은 집단으로부터 제재(sanctions)를 당한다. 이들 규범들은 조직 속에서 힘있는 통제 조직이다. 몇몇 조직들은 위험을 피하거나 혹은 위험을 취하는 것을 회피한다. 그리고 다른 집단들은 위험을 관리한다.

7) 의사전달(Communications)

몇몇 조직 중에 의사전달은 위에서 아래로 내려간다. 명령은 주어지고, 다를 것을 기다린다. 인식과 자랑에 대한 다른 조직의사전달과 보수는 단위 사이에 수평적, 수직적으로 교차한다(Noble, 2000). 이는 작업 단위 속에서 의사전달에 대한 조사이다. 지향문화 차이를 나타내는 문화의 관점조사는 다음과 같다.

나의 작업단위 속	수의 범위					
	1	2	3	4	5	6
1. 규칙은 명확히 정해져있고 나의 작업 단위에 과업이 완전히 배당되어, 안내에 의해 강조된다.						
2. 다른 사람의 뒤집어 씌우는 것은 중요하지 않다고 말한다.						
3. 나는 나의 작업을 수행하는데 모든 방법을 다 가졌다.						
4. 나는 나의 작업 방법을 이야기한다.						
5. 나는 내가 성취한 일에 대해 적당하다고 인정한다.						
6. 다른 사람들과 같이 좋은 작업관계를 가지는 것이 일을 성취하는데 있어 중요한 얻는 것이라고 생각한다.						
7. 팀 성과는 항상 보상을 한다.						

8. 나의 작업에 있어 위험을 피하는 것이 매우 중요하다.					
9. 나의 작업에 대해 단 몇 가지 규칙만 따르면 된다.					
10. 나와 함께 일하는 사람들 가운데 신뢰는 작업단위 성공에 중요하다.					
11. 나와 함께 일하는 사람들은 항상 내가 하는 것에 대한 요구를 들어준다.					
12. 나는 나의 작업을 할 때 명확하게 지침서가 정의되어 있다.					
13. 나는 나의 결과 측정에 방법이 의한 것이 나는 적당하다.					
14. 앞에서 얻은 것 조직목표지지, 동기부여 지지를 해야만 한다.					
15. 나는 설립된 절차로부터 벗어날 수 있는 권한이 있다.					
16. 나의 작업 단위는 수단에 대해 다른 단위와 경쟁한다.					
17. 나는 내가 필요한 수단에 대해 단순히 묻는 것이 조심스럽다.					
18. 중대한 시점에서 프로젝트를 위한 회의를 중요하다고 생각한다.					
19. 항상 시간 내에 일하기 위해 오는 것이 중요하다.					
20. 나는 실패에 대한 두려움 없이 단위 절차 변화에 추천을 안전하게 할 수 있다.					
21. 따라야만 하는 규칙이 몇 가지 고정되었다.					
22. 나의 작업 단위에 대한 전반적인 생산성은 다른 작업 집단보다 높다.					
23. 다른 작업 단위와 비교를 했을 때, 나의 작업 단위는 효과가 높다.					
24. 책임에 대한 나의 현재 수준을 하나만 택하시오.(CEO, 관리자, 감독자, 팀 리더, 비감독자.)					

이상과 같은 질문으로 하위문화를 측정한다.

organizational behavior

제 3 장 국제조직에 있어서 의도된 조직변화

국제 관리자에 대한 의미있는 시사점은 문화가 조직변화에 영향을 준다는 선행연구와 그리고 국가문화가 차이가 있다는 것과 조직문화도 차이 있는 것을 알아야 한다. 관리자들이 다른 나라 조직문화를 추정할 수 없는 것은 문화 분석에 대한 협력을 하지 않기 때문이다. 이것은 조직문화 변화에 있어서도 마찬가지이다. 관리자들은 그들의 변화에 영향을 주는 조직문화의 수준이 무엇인가를 이해해야 한다. 보기로서, 이것은 내부관리자가 국가문화에서 조직문화의 기초가정(basic assumptions)을 바꿀 수 있는 가망성이 있는지 없는지가 그들 자신의 의미있는 차이다.

그럼에도 불구하고, 조직변화는 관리자들이 변화시킬 수 있다는 자신이 있고 그리고 인공물수준(artifact level)의 문화 관리는 할 수 있다는 생각이 있어야한다. 그리고 관리자들 역시 조직문화가 어떻게 영향을 주는가를 알아야 한다. 보기로서, 조직문화는 지지나 혹은 관리를 선도하는 정신의 토대를 침식시키거나 혹은 구축하는데 영향을 준다. 그리고 관리자들의 가치차이가 있는 문화는 지지될 가망이 없으므로 조정평가가 요구된다.

세계 어느 곳에서나 조직은 빠른 변화를 하고 있다. 큰 규모 변화는 글로벌기업을 포함해서 사회주의 나라 형태 속에서도 사유로 변화가 되어가고 있다. 그리고 근래의 다른 변화 중 하나는 공산주의에 떨어져 나오는 것이 보다 극적인 변화이다. 이것이 조직의 의미심장한 의미를 갖는 것이다. 그리고 E-mail에 대한 유비쿼터스(Ubiquitous)를 포함해서 그리고 Internet, 국제품질표준화(International Quality Standard), 조직네트워크 형태, 그리고 이전의 경쟁자였던 기업조직 간의 협력 수준 증가 등이 변화의 형태이다.

조직변화 변화관리(Management of Change)는 국제 관리자들의 중요한 책임의 부분이라는 것이 널이 알려지고 있다. 그러나 관리시각과 큰 규모의 조직변화는 쉽지 않다. 크게 21세기 조직변화의 어려움이 분명히 나타나고 있으나 큰 변화가 계속되는 현상은 dot-com(Internet상의 주소)이 되고 있다. 극단적인 경우에는 다중 커뮤니케이션의 시작은 불충분한 관리가 원인이 되어 환경 도전에 빠르게 적응하여 변화되는 조직 창조는 무능하였다. 이러한 환경에도 불구하고 dot-com 거품은 조직의 새로운 형태에 대한 일시적인 실패는 아니다. 그럼에도 불구하고 Brick-and Mortar(모줄화된 일) 조직은 Internet 무역 촉진의 맹공격으로부터 조직은 무너지지 않았다(Hamel, 2000; Kanter, 2001).[98]

Internet의 충격적인 결과에도 불구하고 조직이 있다는 것은 세계 어디서나 조직은 변화가 있었기 때문이다. 이것은 국가 범위에서 세계 어느 곳에서나 조직변화에 대한 영향으로 가능했기 때문이다(Kogut, 2000).99) 조직에서는 Internet의 미래충격으로 불확실성이 반영되었다. 경영학 연구는 조직의 현 상태의 관점에서 다른 의미가 있다는 것에 대한 준비를 하였다. 그러나 조직 의 연구자들이 생각하는 동안에 종업원들이 숨막히게 단단한 계층으로부터 권한을 이양하는 유연성 있는 구조로 변화되었다. 계층화됨으로써 조직의 다 른 면에서는 노동자들은 일에 대한 성과를 축소하였다.

다양한 변화가 동시에 일어났기 때문에 이것을 단순히 식별하는 경향과 는 달랐다. 몇 년 뒤에 Internet은 역사적인 변화로 많은 전통적인 조직형태를 대신할 것이고, 그리고 몇 년 뒤 세계 어디서나 존재하는 조직의 대다수 형태 변화는 명확하다. 그리고 오랫동안 존속될 것이다. 이것이 내포하고 있는 것 은 조직형태로 조직이 존재할 수 있는 계획적인 변화가 되든지 혹은 선택을 통해 발전하는 과정 속에서 변화가 되든지 어느 것이든 할 수 있다.

효과적인 관리 변화는 사회와 조직에 대한 조직문화가 미치는 영향을 이 해하는 것이 필요하다. 보기로서 몇몇 문화는 조직은 미래지향 쪽으로 그리고 변화를 쉽게 정당한 것으로 받아들인다. 그들은 변화 쪽으로 사전 행동으로 다른 문화와 조직에 반하는 전통적인 행동 보전과 그리고 활동적으로 변화저 항을 찾는다.

이장의 초점은 조직변화에 대한 문화의 영향과 문화가 변화에 영향을 주 는 문제이다. 그들은 환경 내의 변화의 결과로 조직이 변하는가? 조직이 생명 주기 결과 때문에 조직은 변하는가? 전통적인 계획된 방법으로서 그들이 변 화관리 지시로 변화되는 것인가?

1. 의도된 조직변화는 무엇인가?

계획된 조직변화(planned organizational change)는 효과와 효율(efficiency and effectiveness)을 증가시키기 위해 하나의 조직 구성요소들의 형태를 바꾸 는 것이다. 개인적으로 과거 조직 수준에서 전형적으로 일어나는 변화와 개 인, 집단 혹은 조직 수준에서 전형적으로 일어나는 변화와 일반적인 수준과 조직목표를 다시 만드는 결과로서 변화를 시작하는 것은 반드시 그렇다는 것은 아니다. 조직의 시스템 때문에 하나의 조직이 상호작용에 의해 다양한 요구들로 구성된다. 한 면의 효과적인 변화는 다른 면의 한계이다. 그럼에도 불구하고 조직구조 변화는 집단에 영향을 주고, 개인은 집단에 대해 개인변화에 영향을 주고, 집단은 조직구조 변화에 영향을 준다.

2. 개인변화(individual change)

개인의 변화는 새로운 정보, 훈련, 경험 혹은 구조 배치전환(rearrange-ment) 결과의 차이가 있을 때 일어난다. 일에 대한 문화는 변화 구조에 의한 개인적인 변화가 창초되는 것을 당초문(vignette)으로 설명된다. AT & T도 같은 많은 다른 큰 회사들과 같이 가끔 변화된다. 이는 고용자들에 의해서 불명확하고 지속적으로 변화를 창조하였다. 결과적으로 Jani의 변화된 태도를 취하고, 그리고 그는 그의 작업 속에서 안전이 없음을 느끼었다. 그래서 결과적으로 충성심도 적었다. 첨가해서 Jani과 다른 AT & T 종업원들과 그들의 역할, 직무명세서, 그리고 책임은 조직이 제한된 뒤에 차이가 있었다.

3. 집단변화(group change)

집단변화는 새로운 리더십이 증가되거나 혹은 응집력이 감소되어 팀으로서 변화하는 등 몇 가지 형태가 있다. 집단변화의 한 가지 형태는 합리적 단계가 연속적인 것을 통해서 발달한다. 보기로서 형태, 폭풍, 규범, 성과연기 등이다(Gersick, 1988).[100] 혹은 빠르고 극적인 변화 혹은 중단이다. 하나의 보기로서 계획된 변화는 총체적 품질관리(TQM)와 같은 지속적인 품질 개발이다. TQM 성공적 수단, 팀 속의 집단변화, 책임공유 그리고 책임과 처음 학습 관리 그리고 필요할 때 변화과정을 자신이 유지하는 것이다.

4. 구조변화(structural change)

조직구조 변화는 직위, 부서 혹은 하나의 조직이 다른 중요 단위 배치전환을 숙고한다. 보기로서 다음 수년 동안 중화민국 사람들의 기업들은 다국적 복합기업이 되기 위한 계획을 한다. 이와 같은 성취는 개인기업과 큰 정부소유독점은 선임 관리 몫의 집단 형태이다. 큰 집단은 종종 정부공무원 구성 자에 위해서 먼저 재정적 재산우선권, 주식시장 상장, 그리고 산업과 무역 분야 정부규제이다(Kahn, J., 1995; Tang and Ward, 2003).[101] 하나의 조직경영에 대한 큰 권력이 큰 규모로 증가된다.

선임 중국 관리자들은 변화하는 글로벌 시장에서 더욱 효과적으로 경쟁할 가능성을 줄 것이라는 것을 믿었다. 중국사람들은 이들 구조변화를 시작하는 같은 시간에 서구에 있는 많은 기업들은 구조조정(downsizing)으로 재구축하고 그리고 분산화(decentralization)로 더욱 자유 경쟁화되었다. 적은 조직들의 변화를 지지하는 경영이론은 큰 규모의 결합(large scale conglomerates) 시장의 조건변화에 빠르게 대응할 수 없다는 주장이다. 근래 독일 전화 회사의 경험을 그 이유로 보기를 들었다. 이는 조직변화의 어려움을 들었다.

독일의 제조업의 훌륭한 명성은 고객들의 응답에 의한 기업 실행은 결코 없었다. 이것은 Deutsche Telekom AG의 독일 전화 시장독점이다. 전화 설치하는데 수년 동안 기다려야 되었다. 그리고 그것은 소비자들에게 열등한 서비스를 받아들이는 것을 배웠다(Steinmetz, 1995).[102] 이와 같은 상황변화에 대해 독일정부는 전화회사 개선을 위해서 경쟁을 통한 사영화(privatized)를 하였다. 변화 창조를 위해서, 회사는 사업을 밖에서 임대하였는데 이는 Sony 회사 전신인 Ron Sommer이다.

이는 시스템 장치의 수준을 높이고, Sommer는 노동력 4/1(one-quarter)을 제거하고, 그리고 훈련을 개선하고, 살아남은 고용자들은 더욱더 고객들에게 대한 지향을 집중 기도하였다(Steinmetz, 1995). 이들의 기초적인 변화를 하는데는 쉽지 않아 정부규제(government regulation) 확대를 보태었다. 보기로서 전화선은 땅 속에 있어야 한다. 그런데 고용자들은 정부 근로자들이었다. 그들 각각은 일주일 노동시간이 35 2/1이었다. 그리고 1년에 6주 휴가였다. 그리고 다른 고용조건은 노동자들은 생산성 증가가 어렵게 만들고 그리고 원가통제도 어렵다고 보았다.

그러나 Sommer는 변화창조는 약간 성공을 하였다. 그는 글로벌 커뮤니케이션의 독점 상태에서 Deutsche Telecom으로부터 변형될 수는 없었다. 2002년 7월에 Gerhard Schroder 수상으로부터 압력을 받고 Deutsche Telekom의 주식이 수직으로 떨어지는 두려움에 반대할 수 있는 그의 개선 효과는 거절할 수 밖에 없었다. 같은 시간에 Telecommunication 산업은 세계 어느 곳에서나 과잉비용으로 재무적인 효율의 어려움을 경험했다. 시설과잉과 Cellular 전화변화 그리고 내부의 공격적인 경쟁과 국가 경계에 대한 교차를 경험하였다. 그리하여 Deutsche Telekom회사는 24.6백만 유로의 손실을 보았다.

이는 유럽역사상 가장 큰 손실 기업이었다(Eakin, 2003).[103] 보기로서 다양한 조직수준에서 변화가 생기는 것은 보기에서 나타났다. 다양한 요소들과 변화과정의 영향을 보았다. 그들 역시 변화는 보편적으로 장기간이고, 복잡하고 그리고 그 과정에서 실패하기 쉽다는 것이다.

제 4 장   리더십과 조직문화 변화

리더는 조직문화를 관리할 수 있는가? 그 답은 질문하는 사람에게 달려 있다. Edgar Schein은 많은 조직문화 이론가들이 영향을 미쳤다고 하였다. 조직리더의 중요한 역할은 하나의 조직문화에 대한 유지와 파괴를 창조하고 관리하는 것이라고 리더의 역할을 지적하였다(Schein, 1985).[104]

문화의 파괴(destruction of culture)는 새로운 문화설립을 할 때 조직변화 창조가 필요하다. 조직문화는 이성적으로 관리하기 쉬운 존재라는 관점을 암시하였다. 조직문화에서 리더십 역할에 대한 체계적인 조사는 되지 않았다(Trice and Beyer 1993, p. 255).[105] 조직문화에 대한 많은 모델과 관리에 대한 리더십 역할을 조사한 대신에 일화와 규범을 조사한 것이다. 결론적으로 이것은 조직문화가 효과적으로 관리될 수 있다면, 조직문화는 비이성적 요소들(nonrational elements)에 대한 의미심장한 것이 포함되어 있는지 모른다. 행동은 경험적인 Data에 대한 기초가 없거나, 혹은 특별한 집단을 섬기는데 있기 때문이다.

문화의 고의적인 파괴를 하는 것은 부정적 감정이나 혹은 잘못된 믿음 (erroneous beliefs), 과거, 현재, 미래 조직에 대한 독특한 해석 등이 포함된다. 이들의 결과는 종종 밖으로 나타나 분노와 그리고 충돌을 넘어 개인, 집단 그리고 조직수준에서 충돌을 넘어서 오래간다. 조직문화의 비이성적인 요소는 목표도달에 방해하는 역기능을 할 수 있다. 보기로서 조직혁신 기간 동안 그들은 변화에 대한 장벽을 치게 될 때, 리더는 가끔 말로 표현한다. 그러나 바른 방법인 비이성적인 통제와 조직문화의 다른 국면으로 할 수 없다.

1. 문화요소를 리더는 바꿀 수 있는가?

만약 리더는 조직문화 창조와 조직변화 관리에 중요하지 않다고 하더라도 리더는 다양한 방법으로 조직문화에 영향을 줄 수 있다. 보기로서, 리더는 조직구성원이 선택하는데 대한 사람들의 선택기준을 변경시킬 수 있다. 새로운 신입회원의 교육 수준을 높이는 것을 포함하여 많은 사람들을 선발하거나 혹은 선발기간에 민족성(ethnicity), 나이 그리고 성, 혹은 리더의 친구와 그리고 관계되는 고용 수준을 증가시키거나 혹은 리더 마음에 들지 않으면 적게 선발할 수도 있다. 유사하게, 리더는 조직구성원의 사회화 훈련 프로그램 개선과 새로운 관리철학 소개 그리고 가치를 포함하여 조직구성원의 사회화를 바꿀 수 있다.

보기로서 최근 산업화된 나라들은 새로운 고용과 고용자가 생산과 서비스에 대한 그들의 공헌을 개선하는 연수회를 수반한다. 역시 조직문화에 영향을 받는 관리철학(managerial philosophies)의 변경으로 근로자들 권한 이양을 하는 (empowerment)것이 나타나는 경향이 있는 것으로 보아 조직분권 쪽으로 이동한다. 리더는 하나의 조직문화에서 일에 대한 의미를 변화시킬 수 있다. 거기에는 의례(ceremonies), 의시(rituals), 이야기(stories) 그리고 조직영웅(organiza-
tional heroes)은 새로 주위 사정과 외부환경 변화에 대한 조직적합의 새로운 의
미를 마련한다.

보기로서, IBM의 복장규정 변경이다. 이것은 고용자들의 검정색 three-
piece 회사작업복에 의해 기업효율평판 상징을 구축하였다. 이 이미지(image)
는 IBM사는 글로벌 기업환경 변화에 실패한 것이 명백했을 때, 초기 1990년에
역기능이 되었다. 이것은 메시지를 대신하는 것보다는 차라리 변화하는 것을
힘들게 보고 그리고 무력한 것으로 상징되었다. 이것은 기업문화 변화를 기도
하는데 IBM사의 유연한 요구가 상징되고 그리고 시간을 두고 다루는 그런 고
용자들을 위해서 생각하지 않았던 더 많은 것이 소개되었다.

불순한 관리도구(sophisticated managerial tools) 사용에 의하여, 리더는 조
직의 기초가정을 변화할 수 없었다. 그러므로 대부분의 조직이론가들은 조직
문화의 깊은 수준을 변화시키는 것은 어렵다는 결론이다(Hofstede, 2001[106]);
Deal and Kennedy, 1999[107]); Hofstede, Neuijen, Ohayv and Sanders, 1990[108]). 대부
분이 두드러지게, 전에 기록된 것과 같이 리더의 조직문화에 대한 깊은 변화
에 대한 창조능력에 관해 전에는 낙관적으로 기록했다. 계속적인 조직 학습을
포함해서 최근에 학습에 대한 조직의 능력과 그리고 변화의 기초적인 방법에
관해서 제한적으로 나타났다(Coutu, 2002).[109]

보기로서, 변화의 위험반대(risk-averse)로부터 조직문화를 위험하려고 하
는데까지는 국가문화가 지지되지 않으면 특별히 어렵다. 고용과 승진이 밀접
한 개인관계를 기초로 한 것이기 때문이다. 이것은 업적을 기초로 한 조직변
화가 어렵게 될 것이다. 보기로서 암시한 것처럼 중요한 사회적 가치는 조직
문화의 모양이기 때문이다. 그리고 기초가정이 무의식이기 때문이다. 이것은
조직변화가정을 시작하는 데에 의식하고 있는 그들의 수준이 일으키는 것은
어렵다. 이것은 수단과 기초가정에 대한 도전이 변화과정의 한 부분일 때 수
단의 어려움과 변화의 의미가 유지된다.

리더는 인공물(Artifacts)이나, 혹은 조직문화에 대한 표시를 명백하게 바
꿀 수 있다. 새로운 기업 이미지(images) 개발을 포함한 이들 수준 변화는 의

장 문자(logo), 건물 그리고 옷 규범 등이 포함된다. 즉 관리이사들의 주차장 서비스나 그리고 고객들이 배려하는 승진보상 같은 회사의 신분상징에 대한 것을 배제한다. 국제 관리자는 지역조직문화 조정을 위해 외국관리자를 보호할 수 있거나 혹은 본사의 조직문화 설립에 대한 기도에 의해 변화할 수 있다. 먼저 기록된 일본 자동차회사는 미국에서 쉽게 제조할 수 있게 하는데 대한 그들의 조직문화 이식에 성공했다(Florida and Kenney, 1991).[110] 직접적인 조직문화 변화 대신 하나의 택일하는 접근은 조직구조 변화에 대한 문화 창조이다. 조직 내 직위 배치전환에 대한 보기를 들면, 계층의 수준은 증가 혹은 축소, 조직문화 요소들의 변화이다. 그럼에도 불구하고, 하나의 조직구조 조정에서 종종 변화가 일어난다. 그러나 문화변화 실패나 혹은 개인 작업자의 행동은 실패한다.

결론적으로 관리자는 조직문화를 변화시킬 수 있다. 일반적으로 2차적인 사회화 과정에서 조직문화에 대한 변화를 시킬 수 있다. 그러나 문화변화에 대한 계획, 즉 어떤 변화 유형과 같이 우연히 만날 수도 있다.

2. 조직변화 근원

조직변화에 대한 두 가지 근원은 내부적인 요인과 외부적인 요인이 있다. 이들은 국가문화, 조직문화, 관리철학 그리고 개인적인 역할의 적은 조정(minor adjustment)이나 혹은 보다 많은 변화(major changer)나, 생산 조직구조, 집단성과나 혹은 상호작용 등이 있다.

(1) 내부변화 요소(Internal change factors)

내부변화 요소는 조직의 기술적인 생산 시스템, 정치적 과정과 문화이다(Tichy, 1983).[111] 때때로 이들 요소들은 강한 노력과 변화에 대한 압력으로 행사한다. 그리고 다르게는 조직균형을 유지하고 그리고 조직안정을 유지하는 것은 내부적인 요소이다. 그러나 변화를 창조하기 위한 잠재력을 지속시킨다.

1) 기술적인 생산 시스템(technical production system)

기술적인 생산 시스템에는 변화의 근본적인 정책이 포함된다. 이를 보면 다음과 같다.

- 생산(Production)
  조직단위 간에 협력이 어렵고, 훈련이 부적합하고, 인사 재편성이 높고, 낭비율이 높고 그리고 기계를 주시하는 시간이 떨어지는 문제들이다.
- 새로운 기술(new technologies)
  새로운 기술소개는 조직행동의 형태를 변화시킬 수 있다. 근로자들을 바꾸고 그리고 재훈련이 요구된다. 그리고 새로운 훈련은 조직세력구조를 재조정 할 수 있다. 보기로서, 새로운 기술을 가진 근로자들은 종종 높은 직위를 요구한다.
- 품질(quality)
  생산 품질에 많은 공헌들은 원료, 디자인 그리고 조립을 포함해서 품질을 찾는데 힘든 문제들이 많고, 그리고 조직 어느 곳에서나 가능하게 하려고 한다.

2) 정치적 과정(political process)

조직의 정치적 과정에서 변화의 근원이 되는 요소는 권력 배분으로 다음과 같은 것이 포함되어 있다.

- 새로운 조직 목표(new organizational goal)
  조직자원은 새로운 목표재편성과 조직 어디서나 변화의 일련 연속으로 생산된다. 새로운 목표에 집단의 힘이 증가되는 것을 포함한다.
- 대립(conflict)
  개인 간 그리고 집단 간의 대립은 조직목표나 혹은 변화압력 창조로부터 에너지(energy) 전환 결과나 혹은 어느 쪽이던 대립이 있다.
- 새로운 리더십(new leadership)
  새로운 리더의 일차적 목표는 변화를 창조하는 것이다(Gersick, 1991).[112] 이는 조직이 위기에 직면하거나 혹은 위험한 문제 그리고 새로운 리더는 조직 외부에서 왔을 때이다.

3) 조직문화(organizational culture)

조직상징 시스템(organizational symbolic system), 혹은 문화의 변화의 근본 요소는 다음과 같다.

- 가치(values)

  조직 가치는 문화의 중심요소(a central element in its culture)이다. 이것은 조직 유지 근본이 될 수 있다. 그리고 가치 대립이 있으면, 조직의 목표는 오래 적합할 수 없다.

- 규범(norms)

  규범은 불문(unwritten)이다. 그러나 이는 넓게 이해되고 그리고 조직의 비공식적인 규칙은 강하다. 만약 그들이 조직 목표와 일치되지 않는다면 변화의 근원이 된다.

- 새로운 사회구성원(new member socialization)

  새로운 구성원은 변화의 근원이 된다. 그들은 과거 실행으로부터 그들의 창조로 출발한다. 조직은 약간의 단위에 대한 변함없이 그들의 자신의 변화를 감소할 수 없다. 그들은 하고 싶은 행동으로부터 이탈결과 재구성원들의 불안 때문이다.

(2) 내부변화 변수들의 역할(The role of internal change variable)

몇몇 변화의 대부분 요소들은 그들의 의미심장한 문제들이 나올 때까지 명백하지 않은 변화의 압력을 증가시킨다. 이 증가는 문제들을 자동적으로 수정되는 것으로 믿는 기초로 변화를 회피하거나 혹은 지연시키는 경향이 있다. 이들 결과는 긴박한 조건 아래 종종 변화가 발생한다. 보기로서, 문제 진단은 문제를 바로잡고, 그리고 적시한다. 그러나 해결은 명백하거나 혹은 유용하지는 않다. 역시 문제가 되는 것은 조직이 해결할 수 없거나 혹은 다중변수관계, 관리할 수 없는 복잡한 창조를 조직은 할 수 없다.

(3) 외부적 변화 변수(external change variables)

인구생태학(population ecology) 조직이론(Hannan and Freeman, 1909).[113] 그리고 조금 넓은 제도이론(institutional theory)(Scott, 1995).[114] 그리고 진화이론

(evolutional theory) (Aldrich, 1999)[115]은 외부 그리고 관리 통제 이후에 대부분 변화의 일차적인 원인으로 본다(Burke, 2002).[116] 생물에서 자연적 도태(natural selection in biology)와 유사하다.

인구생태학에서는 조직이 살아남은 모양을 이들은 도태 유형처럼 환경을 본다. 조직은 적응을 할 수 없는 인식으로부터이다. 대신 확실한 실패 형태 대신으로 그들은 새로 나타난 형태를 대신한다. 조직 관리에 대한 관계에서는 조직 환경변화에 대한 기도를 통해서 사전 행동을 대신한다. 그러나 관리는 대부분의 사례에 있어서 새로운 환경에 대한 적응이 어렵다는 것이 발견되었다. 보기로서 이들 생각은 관찰한 것을 보면 다음과 같다(Crroll and Hannan 1995, p. xi).[117] 조직의 생태학적 시각은 1970년대 중반 비판적으로 나타났으나, 단 작은 조직에 적당한 이론으로 생각되었다. 크고 힘 있는 조직인, General Motors 와 IBM과 America 은행은 그들 환경을 통제할 수 있다고 보았다. 그러므로 선택과정부터 면제되었다. 20년대 이후부터는 아주 적었고 그럴듯하게 넘어갔다. 이전의 많은 기업들에 지배적인 것들은 실패를 가져왔거나, 혹은 그렇게 되는 과정이다. 한번 공격할 틈이 없어 보이는 조직으로 떨어졌다.

진화론에서 이끌어낸 환경변화에 대한 더 많은 접근을 할 수 있는 것은 조직으로 보는 약간의 인식차이가 있다. 이들 모델의 행동변화는 조직은 행동변화를 경험하고 그리고 그들 환경에 대한 실행 관리의 인식이 조직이 살아남기 위해 개선하려고 하는 것을 선택된 행동의 지속이라고 강조한다. 경제적 진보에 대한 글로벌과 같이 조직존재에 대한 환경은 더욱 복잡성이 증가될 것이고 그리고 이해하기 어렵다. 그리고 통제는 말할 것도 없이 어렵다. 적응에 대한 관리 수요나 혹은 새로운 환경에 대해 조직의 급진적인 변화는 증가될 것이다.

(4) 변화변수들과 변화

처음 조직변화는 외부 혹은 내부 변수들에 대한 변화무관심에도 불구하고 하나의 중요한 문제는 어떻게 하면 성공적으로 변화할 수 있을 것이다. 하나의 조직 구성원들은 행동하기 전에 그들의 가치(value)를 변화시켜야만 하거나 혹은 만약 행동 변화가 된다면 본래 남아있는 가치로 충분하다(Burke, 2002).[118] 국제조직행동은 가치에 대한 관계와 행동변화는 문화에 대한 가치 차이의 역할 때문이라고 강조하였다. 더욱 중요하게 가치에 대한 역할과 변화에 대한 행동은 가치가 미치는 영향이 강하기 때문에 비판적이다. 만약 직접적인 원인이 되지 않으면 비판적임에도 불구하고 가능하다.

가치와 문화에 대한 여러 가지 행동 관계와 그리고 약간 개인적인 문화가 그들의 가치가 변하지 않고 행동변화를 할 수 있다. 보기로서 고객에게 친절하고 그리고 예의가 바른 것과 같은 그들의 행동에 대해 확실한 가치 표현에 대한 시간이 지난 것을 판매하는 사람은 배운다. 그들이 고객들의 높은 가치가 없다는 것은 개인가치가 지속할 수 있을 동안 그리고 불신에 대한 동기 부여가 된다. 다른 말로 하면, 변화는 행동이 변할 때에 가능하다. 가치변화는 창조하는데 대단히 어렵고 그리고 시간이 지나서 입증되기 때문이다(Burke, 2000).[119]

극단적으로 변화가 생성되는 것은 구조와 행동변화 결과로서 창조되는 것이 확실하다. 그들 변화에 대한 그들의 역할에도 불구하고 내부와 외부변수들이 국가와 조직문화의 관계 속에서 존재한다. 그들은 계속적으로 문화에 영향을 미친다. 그리고 그것에 의해 영향을 받는다. 그리고 조직에 대한 충격을 지시할 수 있다. 그러나 문화에 의해서 조정이 된다.

그런데 중요한 문제는 어떻게 국가문화 변화에 적용할 것인가? 그리고 변화 전략은 특별한 문화에서 사용될 수 있는 지에 대한 연구는 다음 문단에서 국가문화가 조직변화 가정에 영향을 주는 방법을 논의한다.

3. 리더십과 변화관리 저항

리더십에 대한 이해는 관리자에게 중요하다. 만약 그들이 집행이사가 아니라고 할지라도 모든 관리자는 리더기능을 이행해야 한다(Sayler, 1993).[120] 문화는 리더에 합법성(legitimacy)에 영향을 주거나 혹은 관리자와 특별한 리더십 스타일을 받아들이는 유형을 확실히 하는데 영향을 준다. 보기를 들면, 온정주의(paternalism)는 불만을 받아들이거나 혹은 물리치거나 하는 것은 어느 쪽이든 이에 대한 한 쪽은 다른 문화이다. 이문화 상황(cross-cultural situation)에서 관리자들은 다른 문화에 대해 부하들에게 리더십 스타일을 당당하게 선택할 것인가 혹은 그들의 문화에 리더십 스타일을 받아들일 것인가를 선택할 것이다. 그럼에도 불구하고, 국가의 문화는 리더 자신의 문화와 차이가 있다고 생각할 수 있는 지 없는 지는 상관없다.

문화의 차이가 광범위한 조건 아래서, 이것은 문화가 상황이 적당하지 않은 본사에서 보다 토착관리자(indigenous managers)가 사용하는 것이 더욱 효과적이다. 그들 자신이 이들 국면을 결정하는 것이 그들 자신보다는 그들이 특별한 상황을 변화시킬 수 있는 것과 불변(immutable)인가에 대해 문화를 조심스럽게 주장하는 관리자들이 더 중요하다. 결론적인 의미는 조직변화의 전체의 생각이 요구될 때이다. 그리고 일상적인 상황이 카리스마나 혹은 변환 리더십 스타일은 어느 쪽이 가능한가를 평가한다. 첨가해서 이들 리더십 스타일은 명백한 문화를 편애가 발달된 나라에서 유용하다.

문화 변화관리의 조건에 있어서 문화 강도와 하위문화가 더욱 어렵게 만드는 것이다. 조직문화는 창조되고, 변환되고, 유지되는지에 대한 연구인데도 불구하고, 이들 연구들은 조직문화 변화결과와 성공과 실패에 대한 연구가 가끔 중점적으로 연구되었다(Ouchi and Price, 1978[121]; Wilkins, 1984[122]; Vaill, 1984[123]; Stevenson and Gumpert, 1985[124]; Denison, 1990[125]; Gordon and DiTomaso, 1992[126]). 연구에서 변화기도의 결과는 이것을 받아들이는 종업원이다. 종업원들은 무의식적으로 변화를 싫어한다.

그 이유는 긍정적이거나 부정적이든 간에 변화는 스트레스를 자아내기 때문에 안전을 지향하는 무의식적인 발로이다. 이와 같이 변화를 싫어하기 때문에 경영에서 계획적인 변화를 위한 관리가 필요하다. 하위문화 관리에 대한 이해 없이는 조직의 변화정책 수행이 어려울 뿐 아니라 조직문화 관리에도 영향을 준다. 즉 하위문가 조직의 변화를 어렵게 한다. 조직문화 관리는 다양한 전통들 속에서 발전되었으나, 문화 관리라는 표현이 적당한 표현인가 아닌가에 대한 이론이 있다.

문화 관리되기 어렵다는 이론은 다음과 같다. 첫째, 문화는 사람들의 인지 중 매우 핵심 속에 깊이 숨어있기 때문에 문화 통제계획과 조직문화 관리에 대한 의문이 있다(Krefting and Frost, 1985[127]; Gagliardi, 1986[128]). 둘째, 문화는 관리될 수 있다는 주장이다. 이들 주장에는 문화가 관리라는 말 속에는 문화가 변할 수 있다는 의미가 내포되어 있다. 문화 관리를 잘하기 위한 전제조건으로 리더십 방향전환과 조직구조와 같은 환경이 마련되어야 한다(Martin, 1985[129]; Robbin, 1987). 그리고 Robbin(1987)[130]은 문화 관리를 어렵게 하는 조건에는 강한 문화 힘(cultural strength)과 하위문화(subculture)가 있다는 것을 언급하였다. 즉 조직문화 변화는 문화의 힘과 하위문화에 대한 설명 없이는 완전한 관리가 어렵다고 하였다. 문화의 힘은 두 가지로 나타난다. 문화 관리의 성공을 결정하는 힘으로 나타나거나, 아니면 문화 관리의 실패의 힘으로 나타난다.

원론적인 관점에서 조직문화는 a) 관리될 수 있고, b) 조직문화는 관리될 수 없고, c) 조직문화는 확실한 조건 아래 관리될 수 있다. Silverzweig and Allen, 1976; Bate, 1994; Dawson, 1994[131] 등은 문화 관리에는 두 가지 조건을 제시하였다. 첫째 조건은 조직경영자들이 자진해서 실행하려고 할 때이고, 둘째 조건은 조직상의 하위문화의 조건이 확실할 때에 문화는 변화될 수 있다. 이와 같이 문화가 관리될 수 있다는 주장은 관리통제하기 위해 조직문화를 더 많이 이해하는 것이 필요하다. 결과적으로 조직문화 관리는 관리자가 갈망하고 인식할 때에 쉽게 관리된다(Silverzweig and Allen, 1976; Bate, 1994; Dawson, 1994).[132] 그러나 이상 문화 관리를 어렵게 하는 요소는 문화의 힘(strength of culture)과 하위문화(subculture)이다.

(I) 문화 힘

조직변화 노력에 실패한 중요이유 중 하나는 문화 힘에 대한 관계를 무시했기 때문이라고 주장하였다(Deal and Kennedy, 1982[133]; Sathe, 1983[134]; Shall, 1983; Weich, 1985[135]; DiTomaso, 1987[136]). 조직문화 학자들은 여러 방법에서 논의된 것은 강한 문화는 변화가 어렵다고들 한다. 문화의 힘에 대한 의의는 학자들에 따라 상의하다. Schall(1983)[137]은 문화의 힘을 일치(congruence)라 하였고, Sathe(1983)[138]은 문화의 힘을 두께(thickness)라고 하였고 그리고 Weick(1985)[139]은 문화의 힘을 응집력(coherence)라고 하였다. 이와 같이 개인들의 용어 차이는 특별히 문화구성요소에 영향을 미쳤다(Sathe, 1983).[140] 문화가치 두꺼운 것으로 정의에 집중하였고, Schall(1985)[141]은 인공물(artefacts)에 집중하여 결론을 내렸고, Louis(1985)[142]는 기초가정(basic assumption)에 집중하였다.

(2) 하위문화

문화 의미는 많은 학계나, 연구자들의 명확한 해석이 없어 조직의 여러 국면에 문제가 되었다. 단순히 일반 문화의 주어진 조직 속에서 증명할 수 있다는 생각을 하였다. 그런데도 불구하고 조사자들은 조직 속에 존재하는 다문화보다는 기업문화 혹은 조직문화 증명에 더욱 초점을 두었다. 당시 이론가들은 단순가치, 가정, 믿음보다는 문화를 더 많이 포함하는 것에 주목을 끌었다. Pettigrew(1979)[143]은 단일한 것처럼 문화논의를 하는데 대한 저항을 경고했고, Gregory(1983)[144]은 명백한 다문화나 혹은 용어에 대한 모국의 관점에서 기록하였다.

따라서 많은 이론가들은 하위문화 존재에 대해 문화의 관점이라고 불렀다 (Morgan, 1986[145]; Sackmann, 1992[146]). 하위문화 조사자들은 조직 전체문화에 포함시키는데 초점을 두었다(Siehl and Martin, 1984).[147] Siehl and Martin(1984)은 다음과 같이 직교하위문화(orthogonal subculture), 향상하위문화(enhancing subculture), 계산하위문화(counter subculture) 3가지로 분류하였다. 첫째, 직교문화는 지배가치를 받아들이는 조직구성원 집단과 그리고 그들의 개인적인 소유 가치와 믿음을 간직하는 것이다. 보기로서 직교하위문화는 개인적으로 서명하여 동의를 나타내는 직업적 이념과 가치나 혹은 지배적인 조직문화에 조화되는 것은 아니다.

둘째, 향상하위문화이다. 향상하위문화는 지배문화보다도 차이가 있고 강하다. 셋째, 계산문화이다. 향상계산문화는 조직문화지배에 반대되는 가정들이다. 후에 나타나는 것과 같이 관리문화 기도에 대한 성공과 실패에 대한 중요한 결정을 하는데 강한 하위문화는 두 가지로 나타난다. 결론적으로 문화 관리 문헌들은 많고 그리고 다양하다.

(3) 문화 확인

문화 확인에 대한 중요한 발견의 발표 시기는 Sparrow Ltd and Esher Ltd 양사의 변화노력은 구성에 대한 훌륭한 윤곽이었다. 양 회사 변화의 노력을 세부적인 서술을 비밀리에 막는 이유이다. 더구나 이것은 유사점의 수는 변화 발의에 적절하게 기록되었다. 첫째로, 각조직의 변화의 노력은 최고로 존중되었고 그리고 선임 관리자 구성원들도 배치되었다. 둘째, 양 회사의 변화 목적 요구는 현재 단기적인 비용에 초점을 두는데 반해, 고객들의 욕구에 초점을 두는 문화개발(development of a culture)이었다. 변화노력은 변화 속에 참여 한계에서 성격지어 졌다.

선임관리자들이 드러낸 프로그램 목적을 지지하는 것은 조직문화 변화에 참여하는 것이다. 이들 관리자들은 가치와 행동변화를 내포하고 있는 것이 보다 큰 관점이었다. 변화의 노력 수준에 시스템을 바꾸고 구조, 전략 그리고 조직 중에 모든 계층에 다른 물적 인공물을 바꾼다. 선임 관리는 개인행동뿐만 아니라 그들 전체가치에 영향을 미쳤다. 작업현장에 출석한 방법, 새로운 생각방법 훈련, 요구하는 행동과 가치에 대한 목록을 퍼트렸다. 선배관리자에 의한 의사전달은 방문에 의해 의사전달이 지지되었다. 채용변화와 보수 안내, 언어택일, 기술에 대한 변화가 포함된다. 변화노력에 대한 고용자들의 반응은 현재 하위문화의 힘(strength of existing subculture)과 자발적인 변화에 광범위하게 의존되어 있다.

이런 목록 내용 중에 자발적인 변화(willingness to change)는 특별히 참여에 대한 개인적인 의욕(enthusiasm of individuals)이나 혹은 변화지지 방법(implement espoused changes)으로 정의한다(Harris, and Ogbonna). 하위문화 개념은 대조적으로 일찍 논의되었다. 집단의 프로그램 수집, 하위문화 경험 수집하는 것을 볼 수 있었다. 하위문화들은 직업적 정체성(professional identities), 집단기능(functional grouping), 지리적인 장소(geographical locations), 민족성(ethnicity), 윤리(ethnicity), 성(gender), 계층적 직위(hierarchical positions), 클럽 회원(membership of clubs), 이전의 조합구성원(trade union membership), 서비스 범위(length of service), 서비스 용어(terms of service) 그리고 이들의 상호 조합과 다른 요소들에 기초한다.

그럼에도 수리적인 분석에서는 하위문화를 장소(location), 계층의 직위(hierarchical position), 서비스 조건(service conditions)등에 기초한다. 하위문화 분석은 하위문화 힘이 중요한 분야다. 이것은 문화변화 노력에 대한 고용자들의 응답이 중요하기 때문이다. 변화에 대한 자발적인 차원과 문화의 힘 등 2차원을 분류하였다. 조직문화의 변화노력에 대한 고용자들의 자발적인 수락(고용자들 반응)과 하위문화 힘의 2차원을 통해 분류될 수 있다. 문화 변화에 대한 고용자들의 응답을 행렬로서 나타내었다.

organizational behavior

제 5 장 국가문화와 조직변화

문화변화에 대해서는 조그마한 변화의 느낌이 있어도 저항하거나, 외부의 역할을 막으려고 기도하는 것은 그들의 전통적인 행동가치 때문이다. 그리고 문화변화는 다른 문화를 포용하는 것이다. 그리고 이따금 전통가치를 재설립하는 국민들의 의미심장한 기도와 그리고 행동, 위협과 같은 진보적인 관점 등이 포함된다(Hunter, 1996).[148] 그러나, 아직 다른 문화는 변화의 움직이는 방향과 동시에 포용하는 것이 어렵다.

1. 시간 지향(time orientation)

변화에 대한 문화관계를 이해하는 방법 중 하나는 시간의 지향이다. (Trompenaars and Hampton-Trner, 1998).[149] 몇몇 문화들은 과거지향적이다. 이는 전통과 역사를 중요하게 본다. 그리고 과거이론은 고객, 주제 등의 렌즈를 통해 현재를 해석한다. 그리고 다른 문화들은 현재 지향적이므로 순간에 대해 초점을 둔다. 결국 몇몇 문화들은 미래지향적이다. 그리고 계획을 강조하고 미래를 강조한다. 이와 같은 사회는 진보적으로 그들이 중심이 되어 미래지향을 풍부하게 하는 관계가 된다. 그리고 거기에는 인간 활동안내를 통해서 이성적 믿음이 거기에 있다(Nisbet, 1980).[150] 과거 지향적 변화저항은 유동성이나 혹은 새로운 것에 대한 마음이 내키지 않거나, 혹은 나타나던지 한다. 미래지향적인 문화를 가진 욕구는 변화할 수 있고 그리고 변화 확장을 피할 수 없다.

2. 변화저항(resistance to change)

　　변화에 대한 현재와 미래지향적인 사회는 변화에 대한 저항을 경험하였다. 모든 문화에 대한 저항이 확대되는 것은 변화에 대한 불확실한 사회에 대한 속성 때문이다. 그런 변화는 개선을 인도하지 않든지, 지각하는 것에 포함되고 그리고 의도하지 않은 결과를 낳거나(Merton, 1938),[151] 혹은 부정적인 결과를 나타낸다(Sieber, 1981).[152] 발달심리학자(evolutionary psychologists)들은 인간은 변화에 대한 능력한계를 유전구조(genetic structure)에 의해 강요되는 것으로 밝혔다(Nicholson, 1998).[153] 보기로서 발달심리학에 대한 시각은 인간은 우월(superiority)하거나 혹은 계층시스템에 안전을 찾은 것은 비계층조직(non-hierarchical)에 대한 변화에 어려움을 만드는 것이라고(Nicholson 1978, p. 142)[154] 하였다. 조직변화 의미는 관리자들이 계층을 언제나 그리고 사람들이 조직을 은퇴하여 그들은 떠나더라도 설립된 상태는 설립되어 있을 것으로 생각한다(Nicholson 1998, p. 142). 이것은 변화저항의 근본을 이해하는 관리자들을 이해하는 것이 중요하다. 그리고 인간은 생물학적 한계(biological limites)를 예상하고, 줄이고 혹은 그들을 받아들일 수 있다. 변화저항 형태는 전통, 습관, 자원한계, 권력에 대한 위협, 영향력 그리고 모르는 것에 대한 두려움 등은 모든 사회에 확산된 변화의 발견에 대해 저항하는 하나의 형태다.

(1) 전통(tradition)

전통은 습관과 관례(precedent)를 기초로 하여 활동하는 것을 더 좋아하는 것이다. 전통에 집착하여 활동을 하지 않을 수 없는 이유는 종교가 영향을 미치는 것을 포함해서, 그들이 규정하는 것이 충분히 있을 수 있는 규정일 것이다. 대신 환경변화는 시간이 오랫동안 조금씩 변화된다면 전통은 변화의 장애가 되지 않는 그것이다. 그 이유는 변화를 위한 조직은 없기 때문이다. 그럼에도 불구하고 조직외부환경에 대한 변화는 전통적 행동이 가지면 문제를 만들 수 있다. 21세기 초에 전통을 억제하는 조직은 많은 다른 형태의 변화를 위해 창조의 압력이 남아있는 통제는 없다. 그럼에도 때때로 광범위한 변화에 대한 조건조차 문화가 중요한 요소로 집착하고 그리고 전통을 유지한다.

(2) 습관(Habit)

습관은 전통과는 다르다. 왜냐하면 모든 조직은 어디서나 그들의 전통을 뒤집지 않거나 혹은 설립하는 약속을 한다. 그리고 확대 생산된 습관적인 행동을 한다. 조직에서 행하는 많은 것은 습관적인 것이다. 이것은 규칙형태, 시간이 지나서 사건이 안정된 형태 등이 인정되기 위해서, 부주의한 활동, 단순한 분류에 의한 숙달 뒤에도 계속 공부하는 일상적 자극과 인간관계에 대한 열등에 기속되는 것 등이다.

(3) 자원 한계(resource limitation)

변화에 대한 다른 장벽의 하나는 자원의 한계이다. 사회와 조직은 그들 자원 내에서 수준을 가진다. 이는 인간, 재무 그리고 지적자원 등이다. 비교전망, 산업경제 전반에 진보된 조직은 개발된 국가에 있는 조직보다 변화를 지지하는 많은 자원을 가진다. 물론 역사와 개인 조직으로 성공한 나라들의 다양한 자원의 효용성이 있다. 보기로서, 미국 Microsoft는 적은 가족기업이 요구한 회사보다 능력과 재정과 관리변화에 많은 능력을 가진다.

(4) 힘과 영향(Power and influence)

힘과 영향에 대한 위협(threats to power and influence)은 종종 변화의 장벽이 된다. 조직변화는 예상했든지 예상하지 않던 간에 힘과 영향은 구조적인 영향을 미치는 이들을 무심코 발견할 수 있다. 그들의 힘이 감소하거나, 혹은 다른 사람들의 힘을 증가시켜 변화에 참여하는 것을 무심코 발견할 수 있다.

새 기술에 대한 소개는 예로서, 개인용 컴퓨터에는 Computer Programer 쪽으로 힘이 이전될 수 있다. 그리고 주변기술 가진 잘 모르는 나이 많은 경영자들로부터 멀리 힘이 떨어져 힘의 재분배(redistribution power) 유지에 대한 변화를 보태어 방해하는 방법을 탐험하는 선임관리자들의 결과인 것이다.

(5) 미지에 대한 공포(fear of the unknown)

변화 장벽의 다른 하나는 미지에 대한 공포이다. 변화가 명확한 이익이라고 할지라도 그들 미래상황을 알지 못하면 변화 경험에 관여하지 않는다. 보기로서, 많은 책임이 따르는 승진이라도 이것은 긍정적으로 사람들은 승진을 수용한다. 이는 새로 일을 함께하는 사람들과 같이 높은 수준을 성취하는 데는 그들의 능력을 넘어서 승진을 사람들은 받아들인다. 부하들 수도 증가되고, 그리고 더 많은 일을 요구하는데도 이를 바란다. 물론 잠정적으로 해가되는 결과로 변할 수도 있다. 혹은 미지에 대한 공포에 대해 부정적으로 증가하는 결과를 가능케 하는 수도 있다. 변화에 대한 보기로서 구조조정으로 먼 조직 하위단위를 옮기고, 새 책임자영입 그리고 적개심 관리를 한다.

(6) 가치(Values)

Hofstede(2001)의 문화의 차원(dimension of culture)에 있어서 변화저항에 대한 국가수준의 범위 방법을 마련하였다. <표 7-3>은 변화에 강한 저항을 하는 나라 등이다. 높은 권력차이(High power distance) 그리고 낮은 개인주의(low individualism), 그리고 높은 불확실성 회피(high uncertainty avoidance)를 하는 나라는 라틴아메리카, 포르투갈, 그리고 전 유고슬로비아가 포함된다. 변화를 받아들이는 대부분의 나라들은 낮은 권력차이 그리고 높은 개인주의 그리고 낮은 불확실성을 회피하는 나라들로 거의 영국, 미국, 스웨덴, 핀란드, 노르웨이 그리고 네덜란드 등이 포함되어 있다(Harzing and Hofstede 1996, p. 315).[155] 그리고 Harzing and Hofstede(1996)는 변화저항에 대한 점수를 다음과 같이 보았다.

　변화저항에 대한 여러 문화차원의 개요들을 권력차이(power distance)와 불확실성 회피(uncertainty avoidance)는 변화에 대한 저항을 증가시켰다. 반면 개인주의(individualism)는 감소시킨다. 남성다움은 변화와의 관계를 찾지 못했다. 주목하면 한국, 일본, 타이완은 Harzing and Hofstede(1996, p. 315)[156]는 다음과 같이 기록하였다. 가치차원에 대한 그들의 위치를 유도하는 것을 다음과 같다. 이들 세 나라들은 대단히 혁신적이다. 그리고 변화를 확실히 요구한다.

표 7-3　변화저항에 대한 점수 차이

저항수준	〈차원점수〉			
	PD	ID	UA	Country Clusters
4(가장 강함)	high	low	high	most of Latin America, Portugal, Korea, the former Yugoslavia
3(강함)	med	med	high	Japan
	high	high	high	Belgium, France
	high	med	high	Spain, Argentina, Brazil, Greece, Turkey, Arab countries
	high	low	med	Indonesia, Thailand, Taiwan, Iran, Pakistan, Afrixal countries
2(중간)	high	low	low	Philippines, Malaysia, India
	low	med	high	Austria, Israel
	med	high	med	Italy, Gremany, Switzerland, South Africa
1(약함)	med	low	low	Singapore, Hong Kong, Jamaica
0(가장 약함)	low	high	low	Anglo countries, Nordic countries, Netherlands

PD-권력차이;　ID-개인주의;　UA-불확실성 회피

그래서 사람들은 약한 변화저항으로 보는 나라로 생각할 것이다. 이에 대한 반박을 위해서 일부 설명을 소개에서 깊이 발견할 수 있다. 6차원은 장기지향은 경제성장의 설명에서 지속적인 것이 같은 가치가 포함되어 있다.

organizational behavior

제 6 장   문화와 직무가치에 있어서 조직유효성

1. 직무관련 문화가치와 조직유효성

조직유효성은 조직이 가장 효율적이고 능률적인 사회단위가 되도록 설정하는 것이다. 조직문화는 구성원의 행동에 영향을 주는 요소로서 조직성과에 영향을 미친다. 조직문화는 조직성과에 관련이 되어 있다. 문화가 성과에 관련되어 있다면 조직문화는 관리가 필요할 것이다. 조직문화가 유효성에 미치는 영향에 대한 연구는 많이 이루어졌으나 그것이 확실한 지지를 받지 못하고 있는 것은 대부분의 연구들이 조직유효성 간에 존재하는 매개변수의 역할에 대한 고려가 없었기 때문이다. 그러므로 선행연구에서는 문화와 유효성 사이에 개입되는 변수들을 고려하여 문화와 유효성관계를 고찰하였다(G. S. Saffold, 1988).[157]

매개변수 항목에는 조직문화는 구성원들에게 조직에서 중요시하는 것을 알려주고 그들의 경험을 이해할 수 있도록 함으로서 조직분위기 형성에 직접적으로 도움을 준다. 그리고 문화는 조직의 공식적인 통제와 범위 밖의 인지적 감성적인 과정을 통제할 수 있으며, 새로운 구성원을 사회화시키고, 조직에 맞지 않은 자를 제거하는 역할을 한다. 구성원들을 효과적으로 사회화시키는 조직은 불확실성을 분리시키기 위해 문화를 사용한다.

회사구성원이 문화적 행동기준이 없다면 조직생활이 불확실해 진다(R. Pascale, 1985).[158] 조직문화는 경영층이 가지고 있는 가치와 신념이 기업전략형성에 영향을 미친다. 그리고 또한 조직문화는 비공식적인 규칙을 제공하여 불확실성을 통제함으로서 기업의 내부적인 힘이 비생산적인 소모를 막아준다. 거래비용관점에서 보면 조직은 그 형태가 복잡해짐에 따라 공유된 신념과 가치에 크게 의존하여 조직효율은 높아지고 비공식적인 규칙을 제공하여 불확실성을 통제함으로서 기업의 내부적인 힘이 비생산적인데 소모되는 것을 막아준다(R. Pascale, 1985). 이상과 같이 문화가치는 조직유효성과 관계가 있다.

따라서 우수문화의 특징은 다르기 때문에 환경과 조직문화 사이에 조직유효성은 조직을 가장 효율적이고 능률적인 사회단위가 되도록 설정하는 것이다. 조직문화는 구성원의 행동에 영향을 주는 요소로서 조직성과에 영향을 미친다. 조직문화가 조직성과에 관련이 되어 있다는 것은 이미 선행연구에서 증명되었다. 문화가 성과에 관련되어 있다면 조직문화는 관리가 필요할 것이다. 그러나 산업 간 조직구성원 간에 문화적인 차이가 있고, 기업에 적합성이 있어야 성과가 있다(Reynolds, P. D., 1986).[159] Deal & Kenney(1982)[160]는 환경변화에 따라 기존의 문화를 변화시키지 못하면 조직에 큰 타격을 줄 수 있다고 했다.

2. 조직문화와 전략

조직문화는 새로운 전략을 이행하는 데에 조직의 능력과 성과를 높은 수준으로 개선할 수 있고 그리고 이들 과정에 대한 적응을 시키는데 공헌한다(Deal & Kennedy, 1982; Denison, 1990; Denison & Mishra, 1995; Kotter, 1996; Sashkin, 1986; Schein, 1992; Tunstall, 1983; Wiener, 1988; Wilkins & Ouchi, 1983; Wilms, Hardcaster & Deone, 1994).[161] 그러나, 역시 조직문화에 대한 일반적인 이론에 대해 한계가 있다. 문화는 조직변화과정의 통합된 부분처럼 연구할 것이라는데 많은 동의를 하는 것이다(Denison & Mishra, 1995).[162]

제 7 장   조직문화와 변화저항

국가문화 변화저항은 조직 속에서 변화저항과 일치하지는 않다. Harzing and Hofstede의 도식은 사회활동 수준에서 변화에 대한 저항을 설명하였다. 이것은 사회 속에서 책임을 이행하지 않는 여러 가지 산업과 조직의 많은 경험에 대한 다른 유형이나, 혹은 저항이 적은 나라들에 대한 것이다. 다른 말로 하면, 균일하게 사회적으로 나타나는 가치라도 사회 속의 하위 시스템은 종종 가치차이를 가진다. 보기를 들면, 변화사회 내에 높은 저항을 가진 높은 기술기업은 사회에 다른 기업과 같은 수준의 저항을 가지는 것은 같지 않다. 그럼에도 불구하고 이것은 사회에 있는 유사한 기업처럼 변화저항되는 것은 아닐 것이다.

가치초점에 대한 한계를 전에 논의된 것과 같이 내부와 외부의 넓은 배려는 조직변화 창조에 대한 내부와 외부요소들의 상호작용과 관리변화는 가치이해보다 더 많이 포함되어 있다.

1. 변화관리(managing change)

조직변화관리(management organizational change)에 대한 많은 연구들이 있었다(Burke, 2002; Guille'n, 2001; Pettirew and Fenton, 2000).[163] 예로 들면, 조직의 리더십은 변화시작을 할 수 있다고 보는 관점이다(Tichy and Sherman, 1993).[164] 그러나 변화 실패를 하는 하나의 이유는 상위하달(Top-Down)로 보는 관점이다. 변화를 위에서 지시나 혹은 영향으로 변화를 시키려고 하는 것은 근로자를 하위 수준으로 보기 때문이다. 변화요구에 대한 지식을 가진 고객들에 대한 속임수라고 하였다.

그리고 또한 하나의 변화 실패에 대한 이유는 조직의 구성원으로서 존재하는 것에 대해 동의하지 않는다는 것 때문이다. 보기로서 회사는 효율개선을 할 것인가? 혹은 작업 전문화에 대해 구성원 감소를 할 것인가? 혹은 관리는 새 기술과 고용자들 훈련을 위해 투자할 것인가? 등과 같은 조직변화를 리더는 시작할 수 있다. 그러므로 다국적기업 경영에 있어서 변화를 위한 관리인식이 필요하다.

2. 조직개발(organization development)

어떤 국가나 조직은 살아남기 위해서는 환경에 적응하지 않고 살아갈 수 없다. 이는 환경과 상호작용을 못하는 조직이나 국가는 엔트로피(entropy) 현상이 생기기 때문이다(엔트로피 현상은 열역학에서 사용되는 용어로서 쇠를 녹여서 주물을 부어 응고된 것은 쇠의 중앙이 약한 현상을 말하는데 이는 밀폐되어 산소와 접촉이 없기 때문에 연약하다. 조직도 외부와 상호작용 없이 폐쇄되면 조직이 쇠퇴된다는 뜻이다). 네거티브 엔트로피(negative entropy) 작용 없이는 유지, 발전할 수 없다고 조직이론가들은 말하고 있다. 뿐만 아니라 요즘에는 새로운 패러다임(paradigm)을 인식해야만 살 수 있다.

패러다임은 일정 기간 전문가 집단이 공유하는 신념, 가치, 방법 및 기법을 모형화한 것이라고 쿤(kuhn)은 정의하였다.165) 즉 패러다임은 자리 매김이라는 말이다. 지금 우리의 환경은 새로운 패러다임에 직면하고 있다. 그러므로 우리는 조직개발(organizational development)해야 한다. 조직은 성장, 발전할 수 있는 기회는 항상 가지고 있지만 피할 수 없는 위험에 처할 수도 있다. 조직은 변화에 적응하지 못하면 성장, 발전할 수 없다. 조직개발은 환경변화에 조직체의 적응능력을 기르기 위하여 조직전체의 변화와 조직체 구성원의 행동변화를 가져오는 것을 말한다. 좀 더 포괄적으로 말하면 조직체의 효율과 효과를 살리기 위해 행동과학의 지식과 방법을 사용하여 조직구성원의 행동을 지배할 가치관, 신념 그리고 조직문화를 개선하려는 장기적인 변화전략 및 과정이다. 조직변화(개혁)는 첫째, 공식적인 조직변화(경영전략, 구조, 기술)이다. 둘째, 구성원의 행동변화(가치관, 기술과 스타일) 등이 있다.

조직개발(OD)은 계획된 조직변화의 형태 중 하나다. 이는 사회과학 조사에서 사용되는 것이다. 그리고 더욱 합리적인 조직창조에 대한 이론이다(Burke, 1982). OD는 조직효율을 개선하는데 노력이 되고 효율, 건강한 조직창조 그리고 계속적인 변화를 위한 역량을 추구하는 것이다. 최고경영자는 하나의 OD 프로젝트를 보편적으로 시작한다. 그리고 그것을 성공하기 위해서 변화에 참여해야만 한다.

OD를 실행하는 사람들은 종종 여러 집단들을 포함해서 전략을 협력한다. 그러나 변화 부분은 개인적이다. 보기를 들면 조직진단으로서 모든 관련된 집단을 조력하고, OD하나의 조직경험 문제와 그리고 그들 원인 양쪽의 이해를 찾는다. 진단 후 OD 전문가들은 미래조직의 하나의 Vision을 창조하는데 조직구성원들과 같이 일한다.

전형적인 리더십, 팀 기능, 의사결정, 커뮤니케이션 그리고 조직구조와 같은 여러 분야 개선 목표를 포함한다. 만약 변화가 성공된다면 그들 조직 속에 힘의 배분 결과라 할 수 있다. 역시 최고 경영자는 처음 OD에 참여한다. 참여에 대한 변화가 광범위하다면 이것에 대한 이익은 없고 OD의 중재는 다양한 문화들 속에서 성공한 국가 개발을 포함한다. 그리고 특별한 문화에 대해서는 조금 비교된다. 그럼에도 불구하고 몇몇 Data는 가정을 암시했다. 그리고 OD가치는 미국에서는 특별하다. 그리고 불란서와 같은 경제가 좋은 나라에서의 가치와는 다르다.

계획된 조직변화 모델(model planned organizational change)은 Kurt Lewin (1951)[166]의 해동(unfreezing), 이행하고(movement), 재동결(refreezing) 등 3가지 단계과정의 모델이 널리 이용되었다. 여기서 나타난 각색(Version) 속에는 시작의 국면과 그리고 마지막 국면으로서 시작(beginning)과 재생(renewal)에 대한 진단국면(diagnosis phase)을 추가했다.

(1) 제1국면: 진단(Diagnosis)

계획된 조직변화에서 변화가 요구되는 것은 정확한 본질을 이해하는 것이다. 진단하는 동안과 변화에 대한 다른 국면에 대한 두 가지 가능성이 접해진다. 첫째, 의사와 환자와의 관계이다. 이 과정에서 조직은 환자이다. 의사를 위해 정보를 제공한다. OD(organizational development)의 진단사(consultant)나 혹은 다른 전문가들은 병의 형태를 결정하고 후에 병을 치료(cure)한다. 둘째, 변화과정을 통해서 가능한 많은 협력(collaboration)이 포함된다. 그리고 진단은 문제에 대한 확인이 포함되어 있다. 이것은 일차적으로 원인들을 분리시킨다. 그리고 평가를 개발하고 해결효과 문제도 포함한다. 물론 모든 문제를 다 아는 것은 어려운 일이라는 것은 명백하다. 보기로서 고용자들의 불만원인을 발굴하는 것은 극단적으로 어렵다. 그런데 외부진단은 고용자들에 대한 집단조사를 해야 하고 그리고 집단선택을 해야 한다.

문제에 대한 중요한 점은 역사가 다른 것이다. 이것은 종종 다원인 이기 때문이다. 약간의 역사나 문화 속에 문제가 깊이 숨어있기 때문이다. 결국 거기에는 문제에 대한 잠재적인 해결이 많다. 고용자들은 대부분 돈에 대해 불만족한지, 좋은 조건에서 일하는 것이나 혹은 책임이 증가되는 것이 불만족한지? 혹시 성과가 불충분한 근로자를 복직시키면 높은 동기부여가 되는지? 조직문제는 조직목적, 구조, 보수, 시스템, 기술, 개인 간의 관계, 리더십 그리고 환경 등 조직 속에는 전형적인 조직문제가 존재한다. 변화에 대한 압력원인 문제는 몇 가지 모의시험 분야 속에 존재한다. 왜냐하면, 조직은 복잡한 시스템이기 때문이다.

(2) 제2국면: 해동단계(unfreezing stage)

진단단계와 같이 이 국면은 변화에 대한 준비단계이다. 조직문제 설명에 따라 변화발전에 대한 욕구에 대한 인식을 증가시킨다. 목적은 변화에 대한 저항을 극복하고, 계획이행을 공식화하고, 그리고 변화결과를 측정하는 방법을 입증한다. OD의 성공을 위해서는 진단이 이해되어야만 한다. 변화에 포함되어 있는 개인과 집단들은 받아들여야만 한다.

(3) 제3국면: 이행단계(movement stage)

이 국면에 대한 과업은 변화를 위한 방법을 추천하는 것이다. 진단이 옳다는 것을 관리자는 믿어야 한다. 믿는다면 해동은 성공적이다. 그리고 방법은 조직구성원들은 계획에 단순히 따라야 하기 때문에 비교적으로 쉬워야 한다. 많은 사례에서 계획이 개발되는 것 조차도 쉽게 이행되지 않는다(Gold and Miles, 1981).[167] 그리고 영구적이나 혹은 일시적으로 실패한다(Gold, 1999).[168]

(4) 변화대리인(a change agent)

변화대리인은 보통 외부 전문가다. 그러나 종종 고용자가 되기도 한다. 그들은 특별한 Project를 위해서 조직을 진단하는 사람이다. 변화 프로그램은 모든 단계에서 참여하고, 변화대행자는 종종 투쟁을 해결하기 위해 이행국면(movement phase)이다. 그리고 내부와 외부적 계획으로부터 벗어날 때 조직에 안내한다.

(5) 제4국면: 재동결(refreezing phase)

재동결은, 이해국면 속에 변화규정에 대한 효과를 측정한다. 변화는 조직에서 현재 매일 생활의 일부분이다. 재동결 국면은 변화 효과 측정이다. 재동결에서 중요한 질문은 다음과 같다. 진단 국면에 변화성취 목표가 확인되는가? 변화 동결에 불참했는가?

(6) 제5국면: 갱신(renewal)

최종단계에서 조직갱신은 관리과정에 포함되어 있다. 그리고 결정에 대한 재동결 후 다른 구성원들이 약속한다면 이 국면에 포함된다. 그리고 조직은 계획된 변화가 부가적으로 요구된다. 하나의 조직이 성공적으로 변화를 가졌다는 것은 환경이나, 혹은 내부조건이 변화 약속을 한 것이다. 발전위기를 기다리는 대신 중요한 변화를 위해 요구가 생긴다. 하나의 조직은 변화증가를 할 수 있다.

3. 조직변화에 대한 관리저항(managing resistance change)

조직에 변화저항은 문화저항과 유사하다. 먼저 논의한 바와 같이 전통, 습관, 자원한계, 권력이전 영향, 무지에 대한 두려움과 가치 등이 변화에 영향을 준다. 그리고 변화저항은 조직 속에 보통 존재한다. 조직 속 집단이 다른 흥미를 가지기 때문이다. 하나의 집단은 그들 자신들의 이익과 같은 것에 확실한 지각을 할 수 있다. 그리고 집단 어디서나, 그 밖의 다른 집단은 병을 느끼는 것처럼 잠재적으로 조직에 해가 되는 것 같은 활동으로 해석할 수 있다.

변화에 대한 결과로서 Lewin의 이론은 변화지지를 창조하는 것보다 장벽을 옮기(remove barrier)는 것이 변화 대리인을 위해 더 효과적이라는 것을 암시하였다. Kotter and Schleshinger(1979)은 계획된 조직변화에 대한 관리저항을 해결하는 5가지 방법을 설명하였다.

(1) 교육과 커뮤니케이션(Education and Communication)

조직구성원들은 종종 형태와 변화에 대한 이익과 그리고 그들이 저항에 대해 이해를 못하는 데에서 실패한다. 변화 참여에 대한 성질은 커뮤니케이션 설명으로 종종 저항을 감소시키거나 혹은 기대하는 것에 대해 사람들에게 알림으로써 감소시킨다.

(2) 참여와 연류(participation and involvement)

상담, 협력, 그리고 변화의사 결정, 결합이 다른 형태이해, 지지 그리고 변화의 열망을 증가시키는 것이다. 이와 같은 전략은 저항을 감소시키고, 몰입을 증가시키고 그리고 성취할 수 있는 일로 개선한다.

(3) 교섭과 동의(negotiation and agrement)

변화를 지지하는 조직 구성원들과 변화 프로그램을 받아들여서 변화를 성취하는 다양한 국면은 다양한 교섭을 반대하는 사람들과 계획성취를 성사할 수 있는 교섭이다. 거기에는 협력을 위해 용인되는 변화이다.

(4) 조정과 신 회원선출(manipulation and co-optation)

변화 발기인이 변화 반대자들보다 더 많은 힘을 가졌을 때에는 반대에 대한 힘의 장벽은 적다. 공식적인 힘의 사용과 그리고 힘은 다시 승낙을 할 수 있다. 정책적인 변화와 규칙 그리고 필요하면 개인적으로 옮기거나 혹은 장벽을 이동시키거나 그리고 변화에 대한 유인이 필요하다.

(5) 위압(Coercion)

변화에 대한 요구가 절박했을 때나, 조직의 위기가 있을 때, 반대에 대한 관계는 없고 그리고 공식적인 힘과 권위협력한다.

4. 국가와 조직문화 상호작용

변화 프로그램의 성공은 변화 극복의 접근과 같이 대단히 복잡하고 그리고 변화를 기도하는 조직에 행동범위, 변화기술, 국가와 조직문화와 같이 잘 사용된다.

(1) 국가문화

문화차이에 대한 변화전략 선택접근은 가치저항변화(values resist change)에 그들의 변화전략에 꼭 맞는(fitting) 범위를 결정하는 것이다. Harzing and Hofstede(1996)[169]은 변화전략 목적을 Kotter and Schlesinger의 기초 위에 국가집단을 위한 모델을 <표 7 - 4>와 같이 나타냈다. 이를 보면 다음과 같다.

높은 권력차이(high power distance), 낮은 개인주의(low individualism) 그리고 높은 불확실성회피(high uncertainty avoidance)는 권력이나 혹은 위협(power or coercion)을 강조하는 전략변화가 요구된다. 이에 속하는 나라들은 Colombia, Equador, Venezuela 그리고 Mexico 등이다. 낮은 권력차이(low power distance), 높은 개인주의(high individualism) 그리고 낮은 불확실성 회피(low uncertainty avoidance)는 자문, 변화전략 참여(participative change strategies) 등이

표 7-4 국가 집단차이를 위한 변화전략

| 변화전략 | 〈차원점수〉 | | | | |
	PD	ID	MA	UA	Country Clusters
5(권력)	high	low	high	high	Colombia, Equador, Venezuela, Mexico
4(권력, 조작/ 신념)	high	low	med	high	rest of Latin America, Spain, Portugla, Former Yugoslavia, Greece, Turkey, Arab counties, Korea
3(조작/신념)	med	med	high	high	Japan
	high	high	med	high	Belgium, France
	high	low	med	low	Indonesia, Thailand, Taiwan, Iran, Pakistan, African countries
2(조작/신념, 협의)	low	med	med	high	Austria, Israel
	med	high	high	med	Italy, Germany, Switzerland, South Africa
1(협력, 참여)	low	high	high	low	Anglo countries
	low	high	low	low	Nordic countries, Nerherlands

PD-권력차이;   ID-개인주의;   MA-남성다운;   UA-불확실성 회피 (위 단어 해석)

출처: Adapted from Harzing, A. W. and Hofstede, G. (1996). "Planned Change in Organizations: The Influence of National Culture," In Bamberger, P. and Erez, M. (eds.) *Research in the Sociology of Organizations: Cross-Cultural Analysis of Organizations*, Greenwich, CT: JAI Press, P. 327. Copyright ⓒ 1996, wiht permission from Elsevier.

요구된다. 이에 포함된 나라들은 United Kingdom, United States, Australia, Sweden, Denmark, Finland, 그리고 Netherlands 등이다. 아시아 사람들의 조직에서는 권위주위방법으로 이런 곳에서는 아직까지 변화 제안을 이들 권위에 의해 일방적으로 보통 이행된다. 간혹 저항은 권위에 의해 일방적으로 이행된다. 그리고 아시아 관리자들은 변화에 대해 전통적인 설명에 대해 행동을 한다. 이들 문화 속에는 전략기초를 권력, 명예 그리고 신념 등의 기초전략으로 포함한다.

(2) 조직문화

모든 조직은 반드시 그렇지는 않으나 국가문화와 같은 가치를 가진다. 그러나 유사한 것은 확실히 조직문화는 변화를 받아들이는 것이다. 하나의 가설은 매우 기술적이고 그리고 지식지향적인 것은 변화에 기죽지 않으므로 변화저항 국가문화 변수들은 같지 않다. 국가문화는 변화의 역할을 한다는 것을 암시할 수 있다. 그러나 이것이 기업문화를 수정한다. Harzing and Hofstede (1996)은 미국문화 모델에서 변화저항이 대단히 낮다고 하였다. 변화전략에 추론되는 것은 진단과 참여의 혼합이다. 그러나 이들 기술에 대응할 수 없는 조직문화가 미국 산업에 있다. 이들 회사들은 촉진, 설득, 그리고 할 수 있는 위압은 효과적인 변화전략일 수도 있다. 보기로서, 소매대리점, Fast-food 식당과 그리고 관료적으로 조직된 산업 그리고 미국 공교육의 대부분이 변화에 대한 조직문화 저항을 가지고 있는 중요한 증거다. 역시 이것은 촉진이나 혹은 위협으로 학교에 대한 효과적인 변화 전략일 수도 있다. 이에 세부적인 연구를 한 확실한 형태가 있다. 이는 미묘한 차이가 있는 조직문화 분석이다.

보기로서, Kim(1992, p. 217)[170] 한국기업의 민족학 연구를 안내하였다. Poongsan의 문화적인 결론은 극단적인 이분법으로 나눌 수는 없다. 만약 그들이 배타적인 것을 종합한 것이다. 전통과 현재가 대조적인 것이다. Poongsan의 현재와 전통 간의 문화가 공존한다. 최소한 현재를 위해 Poongsan 산업근로자들의 행동유형은 집중되지 않은 기록이었다. 그러나 이원적인 원리, 전통과 현재가 대조적이다. Poongsan의 현재와 전통 간의 균형이 정확한 것 같다. 이것은 근로자와 관리자 각자에 대한 두 가지 문화범위를 평가하는 것이 어렵다. 문제는 문제로부터 균형치아와 그리고 다른 개인으로부터 차이가 있다.

관리자에 대한 개인적인 흥미와 그리고 각 상황선택에 대한 응답을 그들 리더들이 각 시간에 두 가지를 집중하여 선택하는 것이다. 이분, 동요, 투쟁 그리고 문화에 대한 반박이다. 규모가 큰 조직에서 이탈을 발견하였다. 변화를 받아들이는데 영향을 주었다. 국가문화에 대한 완전 일치는 없다는 암시를 나타내었다. 한국 산업의 중요한 암시는 관리자는 변화를 성공시킬 수 있기 위해서는 이들 시각과 이해에 도달해야 한다. 조직문화의 복잡성 그리고 가치는 국가문화에 지배적인 영향을 받는다는 것으로 추정된다.

5. 거시조직변화이론(Macro-organizational change theory)

조직변화의 거시적 수준 유형은 먼저 서술된 조직문화 과정을 이해하기 위해 보다 큰 윤곽을 준비한다. 보기로서 문화는 반작용 쪽으로 의미 있는 역할을 하므로 변화를 관리하고 국가문화에 대한 변화 독립을 창조하는 거시수준과정을 인정하고 넓은 관리활동을 한다. 그러므로 4가지 거시조직변화이론을 서술하였다(Van de Ven and Poole, 1995).[171]

(1) 생명주기 이론(life-cycle theory)

라이프사이클 이론은 생물학, 어린이 발달 그리고 도덕발달과 같은 분야로부터 빌려온 개념이다. 라이프사이클 이론의 중요한 개념은 형태, 논리, 프로그램 혹은 조정, 규약 등 변화과정이 현재 상태에서 미리 모양을 나타내는데 이것은 다음 끝으로 출발하는 데 주어진 초점으로부터 자발적이다(Van de Ven and Poole 1995, p. 515).

형태는 본래 원시적이다. 이는 더욱 개발되고 그리고 라이프사이클 코스(course)가 복잡해진다. 그리고 진보(progression)는 단순히 연속적으로 라이프사이클이 진보된다고 추측되고, 그리고 발달의 각 단계는 필요한 예언자처럼 보인다. 라이프사이클 이론은 조직개발 속에 발생 코드(code)와 유사하게 몰고 가는 것처럼 조직이 달려가는 것으로 본다. 변화관리를 위해 이론에 대한 관계는 관리자들이 인식하고 그리고 적용해가는 개발형태를 가지는 것이다.

(2) 목적원인 이론(teleological theory)

목적원인 이론은 목적(purpose)이나 혹은 목표(goal)는 조직을 움직이도록 안내하는 최종적인 원인이라는 것에 철학적인 신조를 두었다. 이것은 실제적으로 목적이 있고 그리고 적합성을 나타낸다. 즉 자신이나 다른 사람들과 같이 상호작용을 한다. 실체구성은 하나의 마지막 상황이 된다. 이것에 도달하기 위해 활동을 취하고 그리고 진행을 감시한다. 목적원인 이론은 라이프사이클 이론보다 어렵다. 이것은 조직발달단계가 연속적으로 일어나는 규칙적이지 않기 때문이다. 이는 목표성취를 강조하는 것이다. 이 이론은 관리와 그리고 조직행동론에 많은 초점을 두었다. 그리고 그들의 시각은 관리는 사전 행동으로 보았으며 그리고 전략, 계획, 의사결정을 통한 통제를 가하는 것이 중요하다고 하였다.

(3) 변증법 이론(dialectical theory)

이해발달에 대한 다른 접근으로, 조직변화는 변증법 이론이다. 변증법 이론(dialectical theory)에는 안정(stability)과 변화(change)의 속성 간에 힘의 균형이라고 언급된다. 안정과 변화는 반대를 일으키는 안정한 상태를 유지하고 노력하고 적응하는 것이다. 변화는 반대가치, 힘 혹은 정당한 힘을 얻는 것과 신분에 관한 약속을 할 때 변화가 생긴다(Van de Ven and Poole 1995, p. 157). 투쟁 결과 正(thesis)과 反(antithesis) 사이에 合(synthesis)이 있다. 이들 합은 변증법 과정에서 다시 새로운 투쟁(conflict)이 될 수 있다. 그리고 변화는 역사적인 세력(historical force)으로 투쟁이 생긴다. 이들의 세력들은 관리 뒤에 있다. 보기로서, 자본주의 경제 활력이나 혹은 사회주의 이념 등이다. 이와 같은 변증법 이론은 인기 있는 새로운 이론이다. 조직행동에서 중요한 의사결정과 같이 외부변수로 보기 때문이다.

(4) 진화론 이론(evolutionary theory)

진화론은 생물학 이론으로부터 중요한 생각을 빌린 것이다. 그리고 변화는 절차처럼 본다.

즉 변화(variation), 선택(selection) 그리고 유지(retention)의 계속적인 순환에 의한 것이다. 변화는 조직의 기발한 형태를 창조한다. 그러나 맹목적으로 위기로 보거나 혹은 변칙적인 변화를 보는 수도 있어 그들은 정확히 일어난다. 조직의 선택은 자원의 결핍에 대한 경쟁을 통해서 주로 일어난다. 그리고 환경은 하나의 환경 분야를 기초로 최고로 적당한 자원을 자주적으로 선택하는 환경에서 생긴다.

진화에 대한 두 가지 형태는 계속되거나, 혹은 점차적 진화(gradual evolution) 그리고 어김없는 균형(punctuated equilibrium)을 유지하는 것이 있다. 어김없는 균형적인 진화는 단계적인 것이 아니라고 주장하는 것이다. 그러나 그 대신 조직안정이 오랫동안 지속적인 성격이 있거나, 혹은 균형은 짧은 시간 내에 유지하려고 하는 것이다. 단절을 창조하는 것은 기본적인 변화이다(Romanelli and Tushman, 1994).[172] 이것은 다른 단계로부터 관리 변환이 가능하다. 보기로서 조직변화는 계획적으로 어김없이 창조된다.

(5) 거시적 이론에 대한 문화적인 의미(culture implications of macrochange theories)

문화시각으로부터 이들 이론들은 문화적 지향이 다른 사회의 조직분석을 위해 필요하다. 라이프사이클 이론은 전통적인 범위조직으로 태어나서(birth), 성장하고(growth), 그리고 쇠퇴(decline)를 경험하는 과거지향적인 사회변화 과정으로 서술할 수 있다. 보기로서, 가족기업(family businesses)은 종종 그들의 전통적으로 변화하려고 하는 노력이 보인다. 그럼에도 불구하고 그들은 성숙한 과정의 결과처럼 경험한다. 구성원들은 결국 기반은 기업을 떠나고 그리고 그들이 어릴 때, 떠맡은 소유권관리 책임에 변화가 생긴다. 강조하는 균형이론은 진화 단절에 맹렬한 환경결과에서 생기는 현재와 과거지향 사회조직에서 변화경험의 유형으로 설명할 수 있다. 보기로서, 공산주의 나라 형태에서 조직변화를 경험할 수 있다.

대신 소련정부가 운영하는 기업들은 소련사람들이 그들 자신의 이익 발생에 대한 충분히 효과적으로 운영에 대한 기대를 가지고 개인 소유로 급히 뛰어 들었다. 다른 보기로, 글로벌 컴퓨터 산업들이다. 이들은 변혁적인 변화를 주기적으로 경험한다. 그 이유는 새로운 기술과 그리고 Software 혁신적인 개발 때문이다.

(6) 집중 혹은 다양성(convergence or divergence)

세계 어느 곳에서나, 조직변화에 대한 중요한 힘은 국가의 압력과 회사들의 경쟁이다. 그런데 Pyramidal 조직한계는 명령에 대한 쇠사슬, 규칙 그리고 규정 그리고 표준화로 대량생산에 초점을 두는 것이다. 그러므로 국가 경제가 분명히 증가되고 그리고 지리적인 범위는 중요하지 않게 된다(Reich, 1991).[173] 견고한 구조(rigid structure)를 바꾸는 것은 유연성(flexible)이다. 이는 자유로운 기업과 비슷한 것처럼 활동하는 지식근로자들의 일시적인 Teams이다. Net-works나 혹은 Webs와 같은 유연한 형태로 변화를 실패한 조직조차도 이국 생산품질표준화에 변화를 기도하기 위해 압력과 관리기술 진보차이 그리고 기술혁신에 대한 전환 등이다.

다양화를 위한 힘(forces for divergence)에 대해서 국가들의 발달단계는 다르다. 경제를 통해 점차적으로 진화시킨다. 그리고 조직 단계도 따라서 진화시킨다. 문화변용(acculturation) 조차도 다르게 한 문화요소의 변환은 가속화된다. 보기로서 일본의 품질통제 기술은 미국자동차회사에 미완성으로 옮겨졌다(Cole, 1990).[174] 더욱이 문화와 변화의 장벽처럼 지역조건 활동과 관리에 영향을 계속 주고 그리고 조직행동에도 영향을 준다. 국가에 대한 간청이나 지역, 종교, 윤리 그리고 다른 변수들에 대한 문화적인 정체성 구별이 증가되는 것이 입증되고 그리고 의미심장한 방법으로 단편적인 글로벌경제와 유사한 변화 쪽으로 추진하는 것보다 차라리 변화저항을 창조한다. 이들 중에 완전한 것은 글로벌 경제는 무역 독립 결과처럼 결국 보인다.

조직변화는 관리자에게 하나의 중요한 화제 중 하나다. 그들의 작업에 대한 공식화를 요구하는 실질적인 부분이고 계획된 조직변화의 의미이기 때문이다. 모든 관리자들과 근로자들 영향이 국제화와 조직 글로벌에 의해 변화가 증가하였다. 관리의 외부장소(local external)가 중요한 것 대신 변화에 대한 내부압력(internal pressures for change) 즉 관리자들이 지금 변화에 대한 가능성을 가지는 세계의 많은 부분으로부터 변화세력을 잘 통제해야 한다. 조직변화는 개인적인 수준, 집단적 수준 그리고 조직의 수준에서 일어난다. 중요한 변화는 거의 구조(structure)에서 일어난다. 이것은 다른 수준에 영향을 주기 때문이다. 변화의 힘은 내부와 외부에 있다.

내부적인 변수들(internal variables)은 생산기술과정, 정책과정 그리고 조직문화가 포함된다. 외부 힘(external force)은 국민 그리고 사회적 추세(social trends), 정치 - 경제운동, 사회적 운동, 기술, 경쟁, 전문화 그리고 문화접촉 등이다. 국가문화는 조직변화에 영향을 준다. 문화는 변화에 대해 다른 응답을 하기 때문이다. 시간지향문화는 과거나 혹은 현재와 미래를 지향할 수 있다. 변화를 창조하는 저항하는 여러 요소들 중에 전통, 습관, 자원한계, 힘, 영향, 무지에 대한 두려운, 그리고 가치 등이다.

Lewin의 변화관리이론, 조직발달, 거시적 변화론 등은 변화의 활력을 위해서 관리자들에게 유용하다. 이것 역시 변화에 대한 저항을 극복하기 위한 방법을 이해하는데 관리자들에게 중요한 것이다. 교육 그리고 커뮤니케이션, 참여, 그리고 연류, 교섭과 동의 촉진과 협력 그리고 위압사용 등이다. 결국 관리자들은 변화이론들을 인식해야 한다. 보기로서, 조직생태학, 라이프사이클 이론, 변증법이론 그리고 진화이론, 시작에 대한 관리자들 역할과 조직의 변화과정을 통제할 줄 알아야 한다.

organizational behavior

제 8 장   글로벌시대의 변화관리

글로벌시대에 있어서 조직변화에 대한 이해 없이 관리자는 조직운영에 성공할 수 없다. 그러므로 리더십성격과 조직변화 장벽이 성과에 미치는 연구는 글로벌 경제시대에 대한 도전과 변화를 만나 재조명되고 있다(Bennis & Nanus, 1985; Bryman, 1993; Kouzes & Posner, 1987; Lord & Maher, 1991).[175] 동적인 환경은 어떤 조직이든 성장 발전하거나 쇠퇴하도록 지속적으로 영향을 미쳤다(Vaill, 1989[176]); Bridges, 1988; Peters, 1987[177]); Nadler, Shaw, & Walton, 1995[178]). 환경 혼돈은 기업조직 변화를 촉진시켰을 뿐만 아니라 조직에 있어서 창조에 대한 변화를 시킨다. 그러므로 이와 같은 변화 연구 없이는 조직문제 해결은 불가능하다(Bolman & Deal, 1991; Deming, 1986; Ouchi, 1981; Reich, 1983; Senge, 1990; Wantuck, 1989).[179]

지금 우리나라 기업들도 글로벌시대의 경쟁이 정면에 나타났다. 이들 경쟁에 직면하게 됨에 따라 이들 도전을 극복하기 위해 조직들은 여러 가지 변화 방법에 대한 프로그램을 개발하였으나, 적용에 대해 성공한 높은 기록과 실패율은 거의 높게 기록되어 있다(Belohlav, 1993; Hinton & Schaeffer, 1994; Mallinger, 1993).[180]

조직변화 실패의 이유는 리더십의 뉴 패러다임을 묵살하고, 조직변화에 있어 조직문화에 대한 중요성을 과소평가했기 때문이다(Kotter 1995, 1996; Kotter & Heskett, 1992; Rost, 1991; Schein, 1992; Stewart & Manz, 1995). 이와 같은 문화 과소평가가 의도적인 조직변화 전략에 장애요인으로 영향을 미친다.

오늘날에는 학계와 관리자, 경영진단사들은 여러 국면에 조직변화 전략에 조직문화가 유행어처럼 요구되고, 조직구조, 전략, 통제 등에도 유사한 형태로 문화관리가 요구되어, 창조하고, 변화하고. 유지하는데 연구됨으로써 조직문화 변화에 대한 성공이나, 실패에 대한 초점에 대한 연구에 문화관리가 집중되고 있다(Ouch and Price, 1978; Wilkins, 1984; Vaill, 1984; Stevenson and Gumprt, 1985; Denison, 1990; Gordon and DiTomaso, 1992).[181] 이와 같은 연구는 결국 변화 관리에 관한 연구이다.

따라서 글로벌 환경 - 리더십유형 - 조직변화 장벽 - 성과 간의 연결에 대한 선행연구에서는 이들 변수들의 관계가 동시에 입증되었다. 글로벌 환경, 리더십 성격, 조직변화 장벽 관계를 밝혀 조직혁신전략 정책상에 공헌할 수 있을 것이라고 생각할 수 있다. 구체적으로 첫째, 글로벌 환경 적응을 위해 리더십 성격이 변할 것인지. 둘째, 리더십 성격은 의도된 조직변화 장벽에 영향을 줄 수 있는지, 셋째, 조직변화 장벽의 요인들은 어떤 것인지, 넷째, 극복할 방법이 없는지. 다섯째, 조직변화 성과 관계 등에 대한 연구가 필요하다.

1. 글로벌시대 리더성격과 조직변화관리

(1) 글로벌시대 리더성격

글로벌 조직 환경에서는 전통적 리더십 패러다임이 현대 사회, 경제의 깊은 곳까지 빠르게 변화시키는데 적절성을 잃었다. 그러나 전문가와 실무자들은 조직 내 산업 리더십 패러다임은 탈공업시대의 사회, 경제 그리고 기술 환경 변화 속에서 깊이 영향을 미칠 수 없다는 것을 오래전부터 알고 있었다. 조직 속의 산업 리더십 패러다임은 오래전에 알고 있었던 것과 같이 변해야만 한다고 주장하였다.

역시 전통산업에서는 관료주의적 접근으로 조직효과를 올리는데 기계론적인 것에 기초를 두었다(Bass, 1985; Bennis, 1969; Buns, 1978; Blake & Mouton, 1964; Covey, 1991; Deming, 1986; Foster, 1986; Heifetz, 1994; Maslow, 1965; McGregor, 1960; Peters & Waterman, 1982; Rost, 1991; Wheatley, 1992).[182]

권위와 통제는 오늘날 세계시장에서는 중요한 경쟁 이점인데도 오래가지 않는다(Burns & Stalker, 1961[183]; Bennis, 1993; Deming, 1986, 1993; Drucker, 1995; Kanter, 1983; Reich, 1983).[184] 더구나 리더-중심과 같은 산업리더십 패러다임이 서술된 전통적인 관리 가정에 기초한 것은 탈공업화 시대에는 부적당하고 비효율적으로 평가되고, 부당한 변화로 표시된다고 역설하였다(Burke & Litwin, 1992; Rost, 1991; Wheatley 1992, 1996).[185] 이와 같은 현대 탈공업사회에 민주주의 관리에 대한 방법이 갑작스럽게 나타난 것이 조직의 유기적 모델(organic model organizations)이다.

리더중심지향의 관점에서는 자율성과 몰입에 초점을 두는 것은 부적당하고 그리고 아마 쓸모없는 관계에 초점을 둔 것이다(Burns & Stalker, 1961).[186] 아주 최근에 리더십에 공헌한 학자들의 문헌에서 "리더십과정이 복잡하여 리더-추종자(leader-follower)의 상호작용과 조직적응의 동적인 고려 없이는 이해할 수 없다"고 주장하고 있다(Heifetz, 1994; Rost, 1991; Schein, 1992).[187]

많은 저자들은 "셀프-리더십(self-leadership)"이라는 용어를 리더십 패러다임 속에 넣어야 한다고 말했다(Manz & Sims, 1989).[188] 셀프-리더십이란 스스로 자기 자신을 이끌 수 있도록 리드하는 것이라고 하고, 조직의 성질은 역할에 대한 동적인 네트워커라고 역설하였다(Ogawa & Bossert, 1995).[189] 그리고 조직이 다시 살아나기 위해 변화에 대한 욕구를 명확하게 몰입시키는 것이라 할 수 있다(Tichy & Devanna, 1986).[190] 그리고 리더십 정의를 조직변환에 대한 이해와 목적에 협력하는 것이라고 말하였다(Adams, 1984).[191] 그리고 또한 리더

십은 조직문화에 대한 창조와 파괴를 하는 것이라고 하였다(Schein, 1992).[192]

탁월한 창조에 대한 전략으로 문화조화를 시키는 것이 리더십이라고 하였다(Hickman & Silva, 1984).[193] 그리고 리더 - 추종자는 현실로 예정된 것과 변화 목적에 협력하여 상호 리더십영향력이 된다(Rost, 1991).[194] 현대 리더십은 의도된 조직변화와 조직문화 변화 속에 탈공업시대가 강조하는 리더 - 추종자는 서로 영향을 받은 것은 의심할 여지가 없다.

전통적인 산업의 가정하에 리더, 추종자, 그리고 변화에 기초를 두고 본질적인 생각에 대한 그들의 리더십 패러다임 인식에서 의도된 조직변화(planned organizational change)는 환경변화 속에 포함된 예상과 조직효과를 증가시킬 목적으로 조직변환을 지시하는 것이다. 리더는 조직은 문제해결에 대한 의도된 변화조정을 활용하고, 경험을 학습하고, 환경변화에 적응하고, 조직문화를 바꾸고 그리고 영향을 미치거나 혹은 미래 변화를 일으킨다(Burke & Litwin, 1992; Kotter, 1996; Lewin, 1951; Lippit, Watson, & Westley, 1958; Schein, 1992; Tichy, 1974).[195]

역사적으로 조직변화는 리더십의 현재 패러다임과 전통적인 사이에 시종일관 관계되었다(Bennis, 1989; Bennis, Benne, & Chin, 1961; Burke & Litwin, 1992; Covey, 1991; Fayol, 1949; Kanter, & Lawler, 1986; Lewin, 1951; Likert, 1967; Machiavelli, 1962; Mayo, 1933; Senge, 1990; Taylor, 1911; Vroom & Yetton, 1973; Weber, 1924).[196] 조직변화 방법에 대한 설명의 잘못된 실현으로 실패한 조직변화 방법이 지속적으로 유지되고, 조직문화 속에 연결되었기 때문이다(Bennis & Nnnus, 1985; Kotter, 1996; Peters & Waterman, 1982; Quinn, 1996; Schein, 1992).[197]

조직이 거센 환경에 놓였다고 확신할 때, 대부분 조직은 현대 리더십의 새로운 개념과 리더십, 문화의 변화를 넓히려는 욕구를 추구한다(Bennis & Nanus, 1985; B, urke & Litwin, 1992; Kotter, 1996; Rost, 1991; Schein, 1992).[198] 리더의 가치는 추종자들의 실행(practices)이 되기 때문이다(G. Hofstede, 1998).[199] 그렇다면, 조직이 직면하고 있는 글로벌 리더는 조직변화를 시키는데 환경은 강한 영향을 나타낼 것인가?

(2) 조직변화 장벽

조직변화 노력에 실패한 중요 이유 중 하나는 문화 힘에 대한 관계를 무시했기 때문이라고 주장하였다(Deal and Kennedy, 1982[200]; Sathe, 1983[201]; Shall, 1983; Weich, 1985[202]; DiTomaso, 1987[203]). 조직변화는 문화변화 없이는 불가능하다. 글로벌 조직 환경과 같은 급변하는 속에서 조직은 변하지 않으면 유지, 존속될 수 없다. 조직은 의도적으로 변화에 대한 경험을 학습하고, 환경변화에 적응하고, 조직문화를 통해 조직변화에 영향을 미치거나 혹은 미래에 변화를 일으킨다(Burke & Litwin, 1992; Kotter, 1996; Lewin, 1951; Lippit, Watson & Westley, 1958; Schein, 1992; Tichy, 1974).[204]

조직변화 장벽으로서 문화 강도와 하위문화 강도가 더욱 조직변화를 어렵게 하는 장벽이다.

(3) 문화 힘

조직문화 학자들은 여러 방법에서 논의된 것은 강한 문화는 변화가 어렵다고들 한다. 문화 힘의 충격에 대한 힘의 의미가 다르게 사용된다. 보기로서, Schall(1983)[205]은 문화의 힘을 일치(congruence)라고 하였고, Sathe(1983)[206]은 문화의 힘을 조직변화 노력에 실패한 중요 이유 중 하나는 문화 힘에 대한 관계를 무시했기 때문이라고 주장하였다(Deal, and Kennedy, 1982[207]; Sathe, 1983[208]; Shall, 1983; Weich, 1985[209]; DiTomaso, 1987[210]). 그리고 두께(thickness)라고 하였고, 그리고 Weick(1985)[211]은 문화의 힘을 응집력(coherence)라고 하였다. 이와 같이 개인들의 용어 차이는 특별히 문화구성요소에 영향을 미쳤다. Sathes (1983)[212] 문화가치 두께라고 하였고, Schall(1985)[213]은 인공물(artefacts)에 결론을 내렸고, Louis(1985)[214]는 기초가정(basic assumption)에 집중하였다.

(4) 하위문화

문화의 의미는 많이 손상되어 학계나, 연구자들은 명확한 해석이 없어 조직의 여러 국면에 문제가 되었다. 단순히 일반 문화는 주어진 조직 속에서 증명할 수 있다는 생각을 하였다. 그런데도 불구하고 조사자들은 조직 속에 존재하는 다문화보다는 기업문화 혹은 조직문화 증명에 더욱 초점을 두었다. 당시 문화이론가들은 단순가치, 가정, 믿음보다는 문화를 더 많이 포함하는 것에 주목을 끌었다.

Pettigrew(1979)[215]은 단일한 것처럼 문화논의 저항을 하는 것을 경고하였다. Gregory(1983)[216]은 명백한 다문화나 혹은 용어에 대한 모국의 관점에서 기록하였다. 따라서 많은 이론가들은 하위문화 존재에 대해 문화의 관점이라고 불렀다(Morgan, 1986[217]; Sackmann, 1992[218]). 하위문화 조사자들은 조직 전체 문화에 포함시키는데 초점을 두었다(Siehl and Martin, 1984).[219] Siehl and Martin(1984)은 다음과 같이 직교하위문화(orthogonal subculture), 향상하위문화(enhancing subculture), 계산하위문화(counter subculture) 3가지로 분류하였다.

2. 자발적인 변화와 하위문화 힘

조직변화의 노력에도 불구하고 비밀리에 막는 장벽이 있다. 보기로서, 중요한 발견의 발표 시기는 Sparrow Ltd. and Esher Ltd. 양 회사의 변화노력의 구성에 대한 훌륭한 윤곽이었다. 양 회사 변화의 노력을 세부적으로 비밀리에 막는 이유이다. 더구나 이것은 유사점의 수는 변화 발의에 적절하게 기록되었다. 첫째로, 각 조직의 변화의 노력은 존중의 최고였고 그리고 선임 관리자 구성원으로 구성되었다.

둘째, 양 회사의 변화 목적은 현재 단기적인 비용에 초점을 두는데 반해 고객들의 욕구에 초점을 두는 문화개발(development of a culture)이었다. 변화노력은 변화 공식 속에 참여 한계로 성격 지워졌다. 선임관리자들이 드러낸 논의는 양 회사의 경우 프로그램 목적에 지지하는 것이 조직문화 변화였다. 관리자들은 가치와 행동변화를 내포하고 있는 보다 큰 관점이었다. 변화의 노력이 보이는 표현 수준에 시스템을 바꾸고, 구조, 전략 그리고 조직 중에 모든 계층 지점의 다른 물적 인공물을 바꾼다.

기술구성원인 선임 관리는 개인 행동뿐만 아니라 그들 전체 가치에 영향을 미쳤다. 작업현장에 출석한 방법, 새로운 생각방법 훈련, 요구하는 행동과 가치에 대한 목록을 퍼트렸다. 선배관리자에 의해 방문으로 의사전달이 지지되었다. 채용변화와 보수가 안내된다. 그리고 언어택일, 기술에 대한 변화도 포함된다. 변화노력에 대한 고용자들의 반응은 현재 하위문화의 힘(strength of existing subculture)과 자발적인 변화에 광범위하게 의존되어 있다.

이런 목록 내용 중에 자발적인 변화(willingness to change)는 특별히 참여에 대한 개인적인 의욕(enthusiasm of individuals)이나 혹은 변화지지 방법(implement espoused changes)으로 정의한다(Harris, and Ogbonna). 하위문화개념은 대조적으로 일찍 논의되었다. 그리고 집단의 프로그램 수집, 하위문화 경험을 수집하는 것을 볼 수 있었다. 하위문화들은 직업적인 정체성(professional identities), 집단기능(functional grouping), 지리적인 장소(geographical locations), 민족성(ethnicity), 윤리(ethnicity), 성(gender), 계층적 직위(hierarchical positions), clubs 회원(membership of clubs), 이전의 조합구성원(trade union membership), 서비스 범위(length of service), 서비스 용어(terms of service) 그리고 이들의 상호 조합과 다른 요소들에 기초한다.

그럼에도 수리적인 분석에서는 하위문화를 장소(location), 계층의 직위(hierarchical position), 서비스 조건(service conditions) 등에 기초한다. 하위문화 분석은 학문 분야에 중요하다. 중요한 것은 하위문화의 힘이다. 변화에 대한 자발적인 변화차원과 하위문화의 힘에 대한 2차원은 조직문화의 변화노력에 대한 고용자들의 반응을 통해 분류될 수 있다.

표 7-5 문화변화에 대한 고용자들의 응답범주

자 발 적 변 화		하위문화 힘		
		높 고	중 간	낮 음
	높 음	재해석	일반적으로 수락	활동적인 수락
	중 간	선택적 재해석	불일치	선택적 개혁
	낮 음	활동 거절	일반적 거절	개혁

출처: Harris, L. C. and Ogbonna, E. (1998). Employee responses to culture change efforts; Human Resource Management Journal, Vol. 8. no. 2, 84-83.

제 7 부 조직변화

문화변화에 대한 고용자들의 응답을 행렬로서 나타낸 것을 보면 <표 7 -5>와 같다. 문화변화에 대한 고용자들 응답의 범주를 발전시켰다. 이들 범주는 활동적 수락(active acception), 선택적 개혁(selection reinvention), 개혁 (reinvention), 일반적인 수락(general acception), 불일치(dissonance), 일반적인 거절(general rejection), 재해석(reinterpretation) 선택 재해석(selective reinterpretation) 그리고 활동적 거절(active rejection) 등이다.

(1) 활동적 수락(active acceptance)

　　활동적인 수락은 하위문화 힘이 낮을 때나, 자발적인 변화가 높을 때에 일어난다. 우리들은 변화노력에 질문 없이 무엇에 의해서 고용자들이 명백하게 받아들이고, 동의하고, 변화노력에 참여하는 것인지, 조직문화 변화에 종업원이 응답하는 것이 활동 수락이라고 정의한다. 활동 수락은 인지동의 수준 (level of cognitive agreement)의 추론과 행동 평가에 대한 추론을 매개로 하는 동의 표시이다. 조직계층, 각 수준에 최근 변화 지시에 대해 큰 소리로 외치며 지지하는 각 수준의 고용자 수다.

　　그리고 요구되는 행동에 나타나는 것은 자발적인 것이다. 그럼에도 불구하고 이들 고용자들 응답에 적응하는 두 가지 제시를 응답기준으로 분석하였다. 첫째, 활동적 수락은 고용자 수 중에서 일반 관리자들 중에서 더 많았다. 그리고 두 번째, 회사 내의 경력의원들은 더욱 명확하게 응답하였다. 활동 수락 반작용에 대한 이야기는 다음과 같이 나타났다. Esher사의 발의에 대해 완전히 동의 한다. '변화 프로그램 제목'을 만약 이 회사가 정확히 한다면, 국가에서 최고 회사가 된다. 실제적으로 우리 생활을 쉽게 만드는 것은 대부분 쉽다. 출발은 쉬우나 최고가 되는 데는 시간이 걸린다. Esher사의 변화시작은 생각하는 직업에 관한 방법이 완전하게 변화되었다. 구성원들은 전파를 중간 증폭시키는 방법처럼 그들 자신의 생각을 믿을 수 없다. 그들의 직업은 그들 고객행복을 지키는 그 밖에는 아무것도 없다는 것이 최근 고용자들이 나타내는 활동적 수락이다. 대신 이와 같은 반작용은 이상과 같은 자발적인 조직의 구성요소가 된다. 그럼에도 불구하고 이들 응답은 만천하를 의미하는 것은 아니다. 많은 고용자들은 광범위한 인식차를 나타내고, 그리고 행동 후에 논의할 범주들 속에서 차이가 약간 난다.

요란스럽게 최근 변화주도를 지시한 조직계층의 각 수준에 고용자들의 수와 자발적으로 나타내는 행동이 요구하는 자들의 수이다. 그럼에도 불구하고 이들 고용자들 응답 적용에 영향을 주는 것을 제시하는 경향이 있다. 첫번째, 받아들이는 활동은 근로자 수준의 일반 관리 측면 가운데에서 더 많다. 그리고 두 번째로, 회사 내 경력사원 근로자들은 응답이 더욱 명확하다. 활동을 받아들이는 반작용은 다음과 같다.

(2) 선택개혁(selective reinvention)

선택적 개혁은 하위문화의 힘이 높지 않고, 그리고 자발적인 변화는 강하거나 약하지 않을 중간 정도에서 생긴다. 선택의 개혁은 변화에 대한 근로자들의 반작용과 같다고 정의할 수 있는 데 근로자들은 새로 지지되는 문화의 태도 아래 현존 문화와 외관상 선택적인 재생요소들에서 나타난다. 그래서 선택 개혁은 새로 지지되는 문화요소 중 몇몇만을 수락에서 나타난다. 그러나 현존 문화의 다른 요소도 위장되어 있다. 지지와 새로운 것 사이 다른 일관성의 증명을 통해 나타나고, 선택 개혁은 현재 조직 인공의 명칭과 시스템 절차와 같은 현재 조직의 인위적인 명칭을 수반한다.

반작용은 계층의 모든 수준에 걸쳐 기초를 이루고 있는 것이 명백하였다. 반작용과 조직 내의 서비스 범위에 대한 명확한 관계는 나타나지 않았다. 흥미로운 것은 이들 발견은 변화 프로그램을 설계한 본사 선임관리자의 두려움과 기대와는 대조적으로 작업현장 근로자와 창고관리자 선택 개혁에 대한 응답은 다음과 같다.

Esher사의 창시자에 대해 정확히 동의하였는데 그는 지금 견딜 수 없는 것을 생각 좀 해봐라고 말하였다. 그는 항상 Mr Whateverd을 나의 보스라고 불렀다. 그는 그에게 불렀던 것에 대해 그를 좋아하는 자기 밖의 누구라도 정확히 올바르게 대우로 느끼지 않았다.

shopfloor worker (35), Esher Ltd., four years' service의 새로운 시스템의

많은 부분은 단조로운 것을 한다. 최선의 문제는 새로운 훈련 프로그램이다. 이것은 그들이 소유하는 시간 속에 하는 사람들의 기대는 총체적으로 비현실적이다. 그리고 그들의 시간이 지나가는 것은 여유가 없다. 나는 이것에 대해 무시한다. 이에 대해 아무도 나에게 저항하지 않는다(store manager (27), sparrow Ltd., five years' service).

첫 번째 질문은 인류평등주의 문화적 특성이 지지되는 것으로 나타났다. 내가 첫 번째 불렀던 분명한(manifest) 것이다. 그리고 관리자와 참모들에 의해 알고 좌절되는 속에서 이것의 비공식적인 재해석이 선택된다. 문화수용의 몇몇 수준인데도 불구하고, 선택의 재해석은 공식(○○씨)에서 비공식까지(첫째 이름) 바꾸는 내내 기초가 되었고, 그리고 공식(보스)이라는 것은 후퇴되었다.

현존 하위문화 힘의 줄기는 이들 반작용에 대한 해석이 가능하다. 그리고 고용자들은 변화의 욕구를 광범위하게 받아들이는 동안, 확실한 변화는 역시 근본적으로 느끼는 것은 불쾌에 대한 결과라고 하였다. 몇몇 고용자들은 선택 개혁에 대한 작전을 통해 불쾌함을 극복하는 것을 배워야 했다.

(3) 개혁(Reinvention)

반작용은 하위문화의 힘이 약하거나 낮을 때나, 혹은 자발적인 변화의 힘이 낮을 때 나타난다. 개혁은 현재 문화 속에 조직문화 변화에 대한 응답으로 정의된다. 표면상으로 그들은 새로운 문화 지지에 같은 태도를 취하는 것으로 나타난다. 이들 개혁(reinvention)의 응답은 문화적 특성으로 채택하기에 어려운 과거 가치에 대해 위장으로 나타났다. 이와 같이 개혁에 대해 일찍 논의되었던 선택 개혁보다 더 많은 근본적인 반작용이 포함되었다. Sparrow Ltd. and Esher Ltd. 양사의 변화 프로그램에 대한 중요 특징은 고객만족 판매지향적인 철학이 여러 가지 광범위하게 채택할 수 있었다. Sparrow Ltd.은 고객 서비스가 걸림돌처럼 판매 지향의 변화로 그들은 믿은 것이 나타났다. Esher Ltd.은 행동 개혁이 일어났다. 현재 회사는 대부분 거의 중요한 것은 고객 만족이었다.

(4) 일반적 수락(general acceptance)

일반적 수락은 자발적인 변화의 힘이 높을 때 일어나고, 하위문화의 힘은 높거나 낮을 때 어느 쪽도 일어나지 않는다. 일반 수락은 하위문화 힘의 변화가 불안전한 채택처럼 정의할 수 있다. 그래서 일반적 수락은 문화 지지 적용의 요소로 암시되고, 그리고 현재 불완전한 가치와 신념에 대한 요소도 내포하고 있다. 거절보다 개혁은 약간 힘들다. 선택개혁은 거절의 한 요소로서 일반 수락 차이에 반작용한다.

고려될 수 있는 증거는 이들 방법 속에 변화에 대한 모든 계층직위가 몇몇 고용자들의 응답을 암시하는데 기초가 된다. 변화의 필요는 완전 변화는 불필요하거나 환경이나, 혹은 조직조건이 널리 퍼지는 동안 완전 변화된다. 일반적용의 반작용은 새로운 변화에 관한 고용자들이 불완전하게 나타났을 때 가끔 발견된다. 일반 수락의 일반적인 작용은 다음과 같다. 왜 그들이 변했는가. 그리고 거기에 확실히 약간의 변화가 필요하다는 것을 안다. 그러나 Esher사는 모든 것보다 모든 것은 다 나쁘지 않다고 하는 것을 안다. 그러나 모든 것을 다 변한다고 생각하지 않다.

(5) 불일치(dissonance)

변화의 불일치 반응은 자발적인 변화와 현재의 하위문화 힘이 강하지도 약하지도 않을 때 일어난다. 변화에 대한 반응처럼 불일치는 변화 노력으로부터 인식의 불균형 결과의 상태로 정의한다. 이들의 감각 속 불일치는 변화노력 주변의 개인적인 혼돈 수준에서 나타나고 그리고 가끔은 활발하지 않거나 혹은 고려되지 않은 활동에서 반응의 성격이 결정된다. 변화의 반작용은 모든 계층의 수준에서 고용자와 그리고 서비스의 힘에 기초를 둔다. 그럼에도 불구하고 이들 응답에 대한 관계의 중요 발견은 가끔 고용자로부터 나타난 혼돈이나 혹은 변화노력에 의한 이성적인 것에 당황하여 불일치에 대한 반응을 한다. 문제는 옳고 틀린 목표를 맞출 수가 없다.

Esher사가 제시한 것에 대한 무엇이 최선인지를 우리는 알 수 없다. 내가 사용한 시스템이나 아는 일이나 혹은 새로운 방법을 바꾸는 것으로 엉망으로 만드는 것은 아닌가? 이것에 대해 너는 나빠질 것으로 느낄 것이다. 이성적으로 고용자들이 혼동하는 것과 지지하는 가치와 행동 수행을 혼동하는 것이다. 대신 고용자들이나 현존하는 것과 지지문화 양쪽의 이익은 불일치로 나타나 가치에 대한 인식과 그리고 행동적응은 유지된다.

(6) 일반적인 거절(general rejection)

일반적 거절은 자발적 변화가 낮을 때 일어나는 것이지, 현존 하위문화 힘이 높거나 낮을 때 일어나지 않는다. 일반적 거절에 대한 반작용은 일반적인 수락에서는 혼돈되지 않는다. 일반적인 수락은 일반적으로 의미한다. 그러나 하위문화 힘에 의해 금지되어 있다. 일반 거절은 변화를 위한 낮은 의욕을 의미한다. 이는 역시 수락의 증거이다. 결과적으로 일반 거절의 반작용은 변화에 대한 일반 불신에 의해 가끔 성격지어진다. 그래서 변화 발생은 표면상이나 혹은 문화변화 지지에 대해 공통적이다.

(7) 재해석(reinterpretation)

재해석은 하위문화의 힘과 자발적 변화가 높을 때 일어난다. 이들 재해석은 변화에 대한 반작용과 같이 정의될 수 있다. 재해석 중에서 지지되는 조직문화를 번역하는 경향에서 성격지어진다. 수정된 가치와 행동수정에 대한 개발 결과는 현재문화와 문화지지 양쪽을 가지고는 모순이 없다. 그래서 재해석은 행동촉진 방법 속에 개인 문화적 일치의 개발처럼 변화하려는 욕구를 가진 공동체로 볼 수 있다. 그러나 현재 조직문화에 의해 영향이 전해진다.

결론적으로 재해석은 지지 문화에 대한 수정 변화 결과에 대한 반응이다. 그리고 이것은 변화의 우연적인 결과이다. 변화반작용이 넓이 행해지는 것은 종종 재해석 성질 속에 강한 개인적인 하위문화 개발에 이야기들의 경향에 의해서 설명이 가능하다. 재해석 응답에서 고용자들의 동의가 나타난다. 개선되는 고객 서비스의 지지된 생각을 가지고 고용자들의 동의를 표시하는 것이다. 그러나 현재의 하위문화에 대한 믿음을 가지고, 재해석은 공손하게 지지가 지향되어진다.

(8) 선택적 재해석(selective reinterpretation)

선택적 재해석은 하위문화 힘 높을 때나, 자발적인 변화는 높거나, 낮을 때에는 나타난다. 선택적 재해석은 변화에 대한 반작용으로 서술될 수 있다. 변화지지에 대한 거절 요소를 내포하고 있는 다른 문화 공헌 지지선택의 재해석으로 연결된다. 이와 같은 선택적 해석은 극단적인 재해석 응답보다 더 많은 변화에 대해 전통적인 것보다 적게 포함되어 있다.

그럼에도 불구하고 재해석은 가끔 우연히 수정되는 결과이다. 광범위하게 고려되고, 선택적 재해석은 문화의 특별한 요소이다. 선택적 재해석은 현재 문화의 힘이 새로운 문화지지 발전이 방해 받을 때 종종 생긴다. 이것은 특별히 가계 수준에서, 지지된 문화의 확실한 국면으로 행동적인 불복종과 같이 일반적으로 명확하다.

(9) 활동적 거절(active rejection)

활동적 거절은 자발적인 문화변화가 낮고, 현재 하위문화 힘이 높을 때 일어난다. 그러므로 활동거절은 인지적으로 그리고 물리적인 이론적 거절(rejections of rationale)과 변화의 방법으로 변화에 대한 반응처럼 정의된다. 이와 같이 활동적 거절은 변화에 대한 고용자들이 바라는 반응 목록처럼 가끔 나타난다. 이는 조직계층의 모든 수준에 나타나고 활동적 거절은 실체적인 노력을 방해하거나 혹은 변화를 방해하는 것으로 가끔 나타난다.

이와 같은 노력은 맹종, 정책적 가동작전 등인데 전투는 포함되지 않는다. 활동적 거절의 잠재적인 결과로 나타나는 변화 반응은 불만족하고, 의욕이 없고, 투쟁적이나 잠재적인 고용 손실이다. 이는 관리 전망으로부터 활동적 반작용은 변화의 반작용 하려고 하는 목록처럼 보인다. 요약하면 2조직의 완전한 사례는 최근에 조직문화 변화에 대한 고용자들의 반작용에 대한 매트릭스(matrix) 개발하는데 변화노력을 시도되었다.

자발적인 변화의 차원에 기초와 하위문화 힘과 9개 고용자들의 반작용을 정의하고 설명하고, 나타내고, 논의하였다. 이상과 같이 연구자들은 5가지 관계에 대한 암시를 발견하였다.

첫째, 연구의 주요 범위는 조직문화 관리에 대한 공식적인 시도는 예측할 수 없는 5개 범위로 되었고, 그리고 때로는 의도적이지 않았다. 의도적이지 않은 결과는 명확한 활동 거절에 대한 일반적인 수락 범위라고 할 수 있다. 예측할 수 없는 반응의 범위와 조직문화 관리 의식의 결론에 대한 많은 학계 리더들은 최고로 복잡하고 불가능한 것이라고 하였다.

알고 있는 조직문화 관리를 논하는 것은 현 조직이론에 대한 이들 의미 있는 지지의 문헌들은 불가능하다. 그럼에도 불구하고 현존 이론가들은 초보적이거나 혹은 개념적인 정확성과 경험적인 재료 속에서 잠재적인 결과 주변 재료들일 것이다.

둘째, 새로 지지되는 문화의 중요 요소들을 완전히 적용하고, 전반적인 거절 방법에서 고용자들에 대한 반작용에 대한 이유 찾는 것이다. 이에 대한 놀랄 만한 국면에는 두 가지가 있다. 보기로서 개혁에 대한 반작용(reaction of reinvention)은 새 문화 장벽 뒤에 변화되어 유형화된다. 그러므로 고용자들은 많은 것을 받아들일 것을 간청한다.

그리고 그들은 지속적으로 과거문화를 받아들여 단순히 재사용하는 과거문화에 일치시키는 것이다. 고용자들의 개혁반응은 수락과 거절의 중간 범위 사이에 있다. 일반적인 조직문화의 현재 이론 속에는 한계가 있다. 그리고 특별히 조직문화 수락이나 혹은 거절(adoption or rejection)의 어느 한쪽으로 고용자들의 반응을 분류할 수 있는 지는 문화변화에 달려있는 것이다. 전체적 거절과 완전한 수락은 고용자들의 중간 범위가 명백하다. 대신 우리는 변화의 노력에 크게 성공이나 혹은 실패 중 하나의 범위에 놓여있다.

셋째, 제안은 내용핵심과 고용자들의 반응의 깊이가 나타난다. 변화에는 9개 반작용 범위에 대한 발전을 분석할 수 있고 그리고 그 위치를 수적으로 나타낼 수 있고, 문화 깊이에 대한 관계를 볼 수 있고, 반작용은 행동이나 인식에 관계한다. 고용자들의 반작용은 조직문화 변화에 대한 선임관리자들의 기도에 대처하기 위한 개인 고용자들의 전략처럼 해석된다. 더구나 조직고용자들의 반작용은 조직의 거친 응답이 원인으로 분석되었다.

넷째, 문화 힘의 문제가 주축이다. 조직문화는 학문적인 관점에서 다원적인 용어 개념이다. 우리가 하위문화 힘의 실존을 논의하는 것은 변화노력에 대한 고용자들의 반응에 대해 주요 결심을 보는 것이다. 그래서 하위문화 힘은 조직문화 변화 발의에 대한 고용자들의 잠재적인 반응 범위를 시험적으로 예측하는데 대한 준비이다. 한 조직의 최고 경영자의 암시로 고려될 수 있는데서 가끔 단일 개념과 같이 조직문화와 일반적인 논쟁은 변화저항에 불합리하다.

첫째, 하위문화 이해는 관리 수행에 대한 고용자들 반작용을 이해하는 하나의 중요 변수들로 이루어진다. 둘째, 변화에 대한 고용자들의 반작용은 단순히 비합리적인 구조는 아니므로 고용자들의 반응은 과거와 현재관리 수요에 그 사회적인 말들을 눈치로 의미를 보려고 하는 것처럼 볼 수 있다. 실제로 내포하고 있는 것은 조직문화 변화 증강을 위한 잠재력에 대해 관계연구에서 시작되었다.

문화변화 주장 암시에 대한 반응의 범위는 때때로 최고경영자들의 전통적인 문화변화 요구를 높게 가지지 않는다. 그럼에도 불구하고 변화 이득의 구조와 장기적인 프로그램은 하나의 조직문화 속에서 효과적으로 이사들에 의해서 대비한다. 이들 지시적인 변화는 논의와는 달리 단계적으로 안내하고, 그리고 변화의 증가가 양자택일하면 변화 준비는 증가된다. 더구나 이것은 디자이너(designers)와 문화변화 발의 실행자(executors of culture initiatives)에게 중대하게 나타나는 것은 하위문화의 잠재적인 충격에 대한 지각이다.

어떤 조직의 문화변화 기도는 여러 가지 하위문화 존재에 의해서 다르게 일어나는 것이다. 그래서 변화 노력은 조직문화 다양성에 대해 이상적인 평가 기초를 이룬다. 문화변화 프로그램은 개발에 개인적으로 세분화하여 하위문화 변화노력에 맞은 것으로 이행될 것이다. 이들의 조직전반에 변화 성취를 위해서 하위문화 민감도(subcultural sensitivity)는 결정적이다. 그리고 이것은 특별한 하위문화 변화 노력을 필요로 하는 확률이다.

문화통합 개발에 대한 일반적인 목표암시와 강한 조직문화는 불가능한 꿈이거나 혹은 어쨌든 하나의 불가능한 표적이다. 더욱 가능한 목표는 기대이상으로 좋은 원리에 의해 강한 다중하위문화(strong multiple subcultures)의 개발의 연구 지시이다. 그럼에도 불구하고 고용자들의 자발적인 변화(employee willingness to change)에 대한 중요한 문화변화 기도인식 속에 참여자들이 포함된 것이 절대로 중요하다고 하는데 이것은 관리로서 통제할 수 있는 하위문화 차이와 힘 같은 차이에 대한 논쟁에 집중된 유혹이다.

자발적인 문화변화와 고용자들의 반작용의 암시와 자발적인 문화변화의 논쟁은 본질적으로 영향을 주지는 못한다. 관리에 공식화된 변화발의 도구가 자발적인 문화변화와 고용자들의 반작용을 의미하는 연합적인 발견은 고용자들의 자발적인 변화와 긍정적인 산출 기도와 변화노력 쪽으로 종업원들 태도를 지지 논쟁을 고려할 것이다. 문화변화를 위한 지지를 발생하는 방법의 논의는 이들 연구범위 뒤에 있다. 그럼에도 불구하고 공식적인 변화 노력과 국제 시장기술 그리고 변화 프로그램 형태 진단 발생은 자발적인 변화의 수준을 높게 증가되는 것이 가능한 만큼 많이 고용개선에 대한 확률과 같다.

결론적으로 종업원의 반작용은 안정되게 남아 있거나 혹은 시간이 지나면 바뀌는가? 변화에 대한 반작용은 관리 변화 노력에 불완전하게 나타나 논의되는가? 변화에 대한 반작용은 다른 불확실한 요소에 의해 결정되는가? 하는 질문에 있어서, 우리들은 장기적인 가능성과 변화에 대한 고용자들의 반작용에 대한 연구가 필요하다.

organizational behavior

제 9 장   국가문화와 조직개발

환경은 세계화와 정보화 그리고 지식 사회로 변해 가는 패러다임(paradigm)에 적응해야 함에도 불구하고 변화를 시도하지 않는 이유는 무엇인가? 변화에 대해 의무적인 전환이 이루어지지 않은 것은 민족 문화의 영향이 크다. 특히 가장 근원적인 것은 민족 문화의 중심에 뿌리 깊은 공통의 사고의 유형에 있다. 이를 민족의 집합적인 무의식의 축적, 民族原型(Archetype)이다.[220] 민족

원형은 각기 민족성, 또는 문화의 기본적인 것 또는 문화통합 등을 표현하는 것으로서 이는 각 민족의 문화 활동을 근원적으로 지배하는 정신성, 즉 에토스(Ethos, 핵심적인 정신)를 말한다.

베네딕트(Ruth. F. Benedict, 1887-1948)는 개인과 집단의 행동을 지배하는 것은 문화라고 언급하고 문화의 주축을 문화통합(문화패턴)이라고 하였다. 그런데 한 민족이 시대마다 다른 문화를 가지는 것은 각 시대의 문화정신이 달랐기 때문이지 원형이 변화하여 나타난 것은 아니다. 그러나 민족의 이동은 민족의 원형(原型)을 바꿀 수 없다고 주장하였다.

환경변화로 외형적인 문화의 형태는 점진적으로 변화하지만 그 속에 과거의 전통문화로부터 연속되는 부분, 즉 원형을 찾을 수 있다고 보고 있다(원형의 예로서 일본의 민족원형은 집단의식을 대표하는 사무라이 정신, 미국의 청교도인들의 개혁정신에서 출발한 개척정신형의 원형을 가지고 있다). 특히 미국의 역사는 200년이지만 원형은 풍토조건, 생산수단, 사회구조 등과의 관계에서 그 지역에 적합한 새 원형을 형성하고 있다. 이렇게 나타나는 현상이 선착효과라고 하는데 이는 맨 처음 어떤 지역에 정착한 민족의 형성이 그 후 그 지역의 문화에 절대적인 영향이 이미 새 지역(식민지)의 풍토 속에서 자라나게 됨을 뜻하는 것이라고 주장하는 선행연구도 있다.

1. 문화의 특징

문화는 경영방식이나, 상거래 계약의 형식 등에 서로 창조하며, 서로 널리 퍼트리는 활동을 하고 있다고 말할 수 있다. 첫째, 생물학적인 유전의 소산이 아니고, 사회적 소산이라고 할 수도 있다. 둘째, 학습에 의한 소산이다. 즉, 유전이 아니다. 오늘날 우리를 둘러싼 기업조직도 학습된 것이다.

2. 의도된 국가문화 변화

그런데 문화시스템(culture system)이 정치, 경제 system과 다른 점은 문화

system은, 인위적으로 바꾸기가 힘든 존재라는 점이다. 그래도 물질문화처럼 외부적으로 나타나는 것은 다분히 인위적으로 가변적인 것이지만 정신문화와 같은 내재적인 것(동양의 의리, 인정, 의식 등과 서양의 기독교 원제관 등)은 인위적으로 짧은 기간 내에 바꾸기는 어렵다.

그런데 사회라는 구조물(조직)은 문화와 정치, 경제로 나눌 때에 정치, 경제요소는 성격상 혁명이나 정책 변경 등으로 하룻밤 사이에 인위적으로 변경할 수 있을 지도 모르나 문화는 인위적인 혁명으로 불가능하다. 특히 변화에 대한 의식의 전환이 이루어지지 않은 근원적인 것은 그 중심에 뿌리 깊은 공동의 사고 유형이 있는 것이다. 이들 민족의 집합적인 무의식의 축적이 있는데 이것이 민족의 원형(Archetype)이다. 이러한 원형 속에서 민족문화가 형성되고 있다.

그러나 문화의 체계나 정신문화의 체계를 혁명과 같은 것으로 위정자들이 억지로 문화체계를 급격하게 개혁하려는 예는 과거 얼마든지 있다. (독일 히틀러는 인사법 하이 히틀러, 호메인은 여성에게 검은 천을 덮어씌운 것, 모택동은 만수무강)이라는 인사법을 사용하도록 하였다. 프랑스의 좌익정권인 미테랑 정부도 약간의 문화통제를 한 흔적들이 있다. 1983년 초에는 정부가 프랑스어로부터 미국식 표현을 배제하고 영어단어를 100개 가까이 지정하였다.

이는 언론 통제라든가 풍속 통제를 하였으나 문화개입은 원칙적으로 해서는 아니되므로 신중히 해야 할 것이다. 우리나라에서도 얼마 전 국민의 생산성 향상 풍토를 만들려고 노력을 하고 있는 것도 문화 정책이라고 할 수 있다. 일반적으로 독재국가나 개발도상국가에서 정부가 사회, 정치, 경제 system 뿐만 아니라 문화 system에 대하여 여러 가지 리더십을 발휘하고 있고, 만약 그것이 바람직한 방향으로 집약된다면 민중에 대한 플러스 효과는 커진다고 생각할 수 있다. 그렇지만 현대 사회에서는 여러 시민단체, 기업, 노동조합, 학교 군대 등 그 밖의 여러 단체모임 등의 조직체가 인간의 각종 문화에 끼치는 여러 가지 영향을 행사하고 있다.

3. 국가문화 차이

문화의 차이는 민족이나 조직마다 차이가 있다. 문화를 파악하기 위해서는 차이를 보아야 한다. C. Kluckhohn과 H. A. Murray의 문화 분석 기준을 사용하였다.[221] 모든 사람은 어떤 점에서 첫째, 다른 모든 사람과 같다(생물학적으로 부여된 공통 특징). 둘째, 몇몇 다른 사람과 같다(사회, 문화적으로 공통된 특징). 셋째, 다른 어떤 사람과도 같지 않다(개성). 개성이라는 명제와 성격형성의 결정요인이다.

개성이라는 명제와 성격형성의 결정 요인에는 첫째, 체질적, 생리적인 구성적인 결정요인, 둘째, 민족, 사회, 문화, 집단 구성요인, 셋째, 성, 연령, 계층, 계급 직업 집단의 역할, 결정요인, 넷째, 개인적 경험과 같은 상황결정 요인, 다섯째, 이들 결정요인의 상호의존 관계의 계층을 구분하는 것이 유용하다.

이 중에서 우리나라는 한국이라는 특수성에서 분석한다면 그 기준은 몇몇 다른 사람과 같다고 할 수 있어 성격형성 결정요인에서 집단구성원 요인과 역할결정 요인이 한국민족 문화를 분석하는 기준으로 적당하다고 생각한다.

organizational behavior

제10장 국제조직의 혁신

혁신(innovation)에 미국의 미래가 걸렸다고 2011년 1월에 미국 오바마 대통령 연설에서 혁신에 대한 단어를 11번이나 말했다. 미국은 경제위기가 2년이나 지났지만 경제는 더디게 회복되고 경기부양책도 별 효과도 거두지 못하고 있어 산업전반에 경제전반에 혁신이 절박하다고 하여 올해 18억불의 예산을 편성하였다고 하였다.

경영관리자라면 누구나 조직의 환경변화를 느끼지 못한 관리자는 아마도 없을 것이다. 만약 환경변화를 모르는 관리자라면, 조직에 남아 있을 수 없는 사람이라고 이야기할 것이다. Chase-Dunn, Kawano & Brewer(2000)[222]은 1975

년 무역 글로벌(global)과 세계 시스템 통합은 이문화(cross culture)에 대한 질문에서 더 이상 말할 필요가 없을 정도로 조직에 많은 충격을 주었다. 특히 이문화 기업 접촉(cross culture business contact)으로 세계무역에는 3가지 물결이 일어났다.

세계무역의 20세기 마지막 10년과 21세기에는 이문화가 무역에 추가되어 의식의 깊은 곳에서 움직임이 시작되고 세상 사람들이 매일 살아가는 방법에 영향을 준 것은 글로벌 때문이다. 기업 본사는 세계를 통해 다국적 고용훈련에 영향을 주었고, 미국의 CNN 방송국과 같은 조직은 실시간 국제사건들을 방송하기 시작하였다. 그리고 회사입사는 세계적으로 경쟁체제로 변하고 있다.

예를 들면 프랑스나, 영국과 미국 같은 나라 근로자들은 멕시코(Mexico), 스리랑카(Sri Lanka), 모르코(Morocco), 그리고 중국(China) 등의 노동자들에게 노동력을 빼앗기고 있다. 특히 2001년 이전보다 미국 시민이나 유럽시민들은 세계 사건들을 이해하는데 다른 문화를 더 많이 배워야만 했다. 이처럼 조직이 환경변화에 따라 변하지 않으면 살아갈 수 없게 되었기 때문에 조직들의 혁신전략이 기업조직들을 어렵게 만들고 있다. 이와 같은 변화상황에 대처하기 어려운 것은 인간 행동이 문화에 영향을 받기 때문이다. 그러므로 어떤 조직이든 조직문화에 대해 이해하는 기술이 필요하다. 그리고 문화 관리에 대한 기술비결(knowing how culture)은 조직행동에 주는 영향이 크기 때문이다.

조직이 관리자에게 바라는 요구들을 보면 다음과 같다. 모든 문화와 행동에 대한 영향을 이해해야 하고, 다른 국민들도 문화차이에 따라 동기 부여가 되도록 해야 하고, 모든 문화 속에서 리더십 스타일은 어떻게 이해해야 하고, 다른 문화에 다양한 관리를 어떻게 할 것인지, 또한 모든 문화를 같은 방법으로 관리할 것인가 등에 대해 이해할 것을 경영자나 관리자에 요구한다.

결론적으로 조직 속에서 사람들 간의 접촉과 문화차이에 대한 지식을 통해서 사람들은 변화의 이유와 변화방법을 지각할 수 있게 되었다. 관리자들은 다른 문화에 대해 인식과 자기조직 내부가 다른 문화와 서로 연결되어 있는 것을 인식해야 한다. 그리고 사회적으로 의존하고 있어 문화정책, 그리고 경제학들도 사회적으로 상호 의존되어 있다는 사실을 인식해야 한다. Desphande

& Webster(1989)[223]은 조직문화는 사람들의 생활양식과 행동을 안내하는 공유가치(shared values)라고 정의하였다.

　　조직이 환경에 적응해야 한다는 것은, 문화가 조직행동에 영향을 어떻게 미치는가에 대해 깊게 이해하는 것이 필요하다. 조직문화에 대한 문화의 개념을 이해하는 것이 필요하다. 그러나 조직문화의 개념도 학자들 수만큼 많은 정도이다. 그러므로 대표적인 학자들의 정의를 보면 다음과 같다. Francesco와 Gold(2005)[224]는 일반적인 수준에서 문화는 사람들의 집단생활 방법이라고 간단히 설명한다.

　　Hofstede(1997)[225]에 의하면 문화는 정신적인 프로그램이라고 정의하였다. 그러므로 조직문화는 한 조직 중에 다른 구성원과 구별되는 공유가치라고 할 수 있다. 따라서 조직문화 연구자들은 인류학, 심리학, 정치학 그리고 관리에서 오랫동안 문화를 연구하였다. 그러나 근래 조직을 연구하는 학자들은 조직 속에 다른 행동을 하는 다른 국가의 사람으로부터 사람들을 이해하는데 대한 문화라는 개념을 사용하였다.

　　문화는 좁은 의미로 해석하면 예술이라고 할 수 있다. 그 이유는 문화는 복잡하기 때문이다. 실제로 문화 그 자체에 대한 정의는 되었다고 볼 수 있다. Kroeber와 Kluchohn(1952)[226]은 "많은 연구자들이 문화를 정의를 했는데 문화에 대한 정의가 160개보다 더 많다"고 하였다.

　　Tylor(1871)[227]은 일찍이 문화에 대한 정의를 지식, 믿음, 예술, 도덕, 법, 습관 그리고 사회구성원들과 같이 사람들에게서 얻어지는 습관과 같은 복합체라고 정의하였다. 그리고 Ferraro(2002)[228]는 사람들이 사회구성원처럼 행동하고(do) 그리고 구성원으로서 생각(Thinks)하는 모든 것을 문화라고 최근에 간단히 정의하였다. 즉 문화는 특별한 사회 속에서 인간행동 모양에 대한 의미를 사회적으로 구성하여 놓은 것이라고 할 수 있다.

　　이에 따라서 조직 이론자들은 어떤 문화의 중요 변수들이 조직혁신에 영향을 주는 요소인지 그리고 이들 변수들이 조직혁신에 미치는 영향은 어떻게 영향을 미치며, 조직 갈등에는 어떻게 영향을 미치는가를 실증적으로 검토하였다. 이를 토대로 조직혁신에 대한 경영전략을 수립하는데 시사점을 제시하고자 한다. 지금까지 조직문화에 대한 연구는 문헌적인 연구와 실증적인 연구를 부분에 초점을 두어왔다. 이들 연구들은 대개 문화 변수들에 대한 선정이 광범위하므로 대표적인 연구자들이 채택한 변수들을 선행 연구자들이 채택하였다. 이에 대한 조직문화 변수들인 가치와 조직문화화 일치, 리더십과 규모가 조직 갈등에 영향을 주는가에 대한 연구를 조직 연구자들은 연구하였다.

1. 조직혁신의 개념

조직혁신에 대한 선행연구들은 조직문화는 혁신에 영향을 미치는 것으로 나타났다. 현대 학자들은 어떻게 하면 훌륭한 기업이 될 수 있을 것인가에 대해 많은 연구가 있었다.229) 그 중 특히 "훌륭한 회사에 대한 연구"는 여러 학자들에 의해 발전되는데, 이들 연구들을 포괄해, McKinsey가 7-S 모형으로 제시하였다. McKinsey의 7-S뼈대는, 훌륭한 조직은 7가지 독립된 요소가 있는데 이는 구조(structure), 전략(strategy), 참모(staff), 관리스타일(management style), 시스템 과 생산(system and procedures), 공유가치(문화)(shared values) 등을 들었다.

그리고 조직기술(organizational skill)이나, 혹은 힘(strengths)에 대한 현재 희망 등이다. 그리고 이론 뼈대의 핵심은 조직문화 지향을 규정지은 공유가치이다. 기업문화는 공유가치에 의해 비롯된다. 또한, 이들 뼈대의 힘은 성공적인 조직구조뿐만 아니라, 인간내면과 문화에 관해서도 생각해야 한다. Hurley와 Hult(1998)는 어떻게 조직문화가 혁신에 영향을 주는지를 제안하고 연구하였다.230)

첫째, 혁신에 있어서, 문화혁신 측면이 조직혁신에 영향을 주는 관계이다(혁신에 적용되는 수이다. 즉 몇 개의 혁신측면 요소인). 둘째, 문화 혁신측면과 문화의 다른 측면이 어떻게 관계하는지에 관한 측면(의사결정에 사람들의 참여와 힘의 분산과 지지와 협력 그리고 발전)이다. 즉, 집단문화가 혁신형태에 긍정적인 효과에 영향을 준다는 집단문화의 혁신 모델연구에서 나타났다.

조직측면의 두 가지 측면인, 의사결정 참여와 학습과 발전은 문화혁신 측면과 관계가 있었고, 권력공유와 지지와 협력은 문화 혁신에 적게 관계된다. 그리고 선행 연구에서 조직문화와 고용자의 창조와 혁신이 서로 연결되었다고 한다. Amabile(1997)[231]은 조직창조와 혁신에 대한 구성모델을 연구하였는데 이는 조직환경 사이에 종업원의 본질적인 동기와 창조, 혁신의 연결고리를 만들었다. 조직 환경은 개인의 본질적인 수준에 의미있는 영향을 가져 올 수 있다(깊은 흥미를 끌어내고, 일에 몰두하게 하고, 호기심이 있고, 즐겁고, 도전하는 개인적 감각을 끌어낸다). 이들은 창조를 끌어내는 가장 중요한 요소다. 그리고 조직환경에는 3가지 요소가 있는데 이는 혁신을 생각한, 조직문화와 자원과 그리고 관리를 들었다. 특히 이 연구에서는 흥미가 있는 것은 문화적인 구성 요소이다.

혁신유형은 학자들에 의해 많이 분류되어 있으나 대표적인 유형을 보면, Damanpour(1987)과 Perri(1993)[232]는 개념적인 혁신과 운영혁신으로 구분하였다. Damanpour(1987)는 혁신유형을 경영혁신과 기술혁신으로 구분하였다. 경영혁신은 조직경영과정과 조직구조 내에 변화에 관계되는 것이다. 즉 정보에 관계되는 것과 종업원들 가운데, 변화에 관계되는 것으로, 절차, 규칙, 역할과 구조 등이 포함된다. 그리고 이것은 조직 관리에 더 많이 직접적으로 관계된 것이지, 작업 활동에 관계된 것은 아니라고 하였다. 그리고 기술혁신은 생산과 서비스에 대한 것을 바꾸는 것을 의미하는 것이다. 즉 새로운 공구나, 기술이나 혹은 시스템에 대한 사용결과로 발생하는 것이라고 하였다. Perri (1993)는 혁신에 대한 유형을 광범위하게 암시했는데, 이는 생산혁신과 과정 혁신으로 구분하였다.

생산혁신은 서비스나 혹은 상품의 새로운 형태의 소개도 포함한다. 생산혁신은 근본적으로(완전 새로운 서비스나, 혹은 상품), 생산차별(고객의 새로운 집단 확장이나, 현재의 서비스나, 상품의 확장)하는 것이다. 창조와 혁신에 가치를 둔 조직은 위험을 지향하고, 구성원이 된 것을 자랑으로 삼고, 능력을 발휘하려고 하고 그리고 혁신을 끌어낸다. 조직문화는 조직창조에 영향을 주는 개인적인 동기본질효과와 같다. 즉, 혁신의 먹이로 전환된다. 조직자극(문화) 경험적인 시험 모델에서 작업집단 지원과 감독자극과 조직 방해, 그리고 긍정적인 도전에 영향을 주는 것이 창조성이다.

　　Higgins(1995)는 개인과 집단창조는 올바른 과정과 확실한 가능성이 생겨 결합될 시(조직문화)에 혁신의 결과가 있다고 하였다.[233] 창조성은 혁신을 지향하는 첫걸음이다. 조직은 창조를 육성하는 조직문화를 통해 혁신되고 창조된다. 이상과 같이 조직문화는 혁신과정에 중요한 역할을 한다.

　　이 같은 관점에서는, 리더는 능력이 있는 것처럼 보이고, 창조에 대한 힘과 같이 보이고 생산을 위한 조직문화의 변화나 혹은 공유가치의 강화를 설립하여 믿음과 규범을 위해, 조직 내 습관의 강화를 만든다. 이상과 같은 견해가 오랫동안 조직문화 연구를 지배하였다.[234] 이와 같이 현저한 경향은 한 덩어리와 단위와 동종처럼 문화를 다루었다. 이와 같은 것은 걱정을 감소시키고, 불명확성 와 불확실한 예측을 초래하고, 그리고 조화와 예측을 방해하는 데 대한 행동을 통제하는 것 같이 보았다.[235] 이와 같은 개념과 문화통합은 1980년대 Peters와 Waterman(1982)이 "In search of excellence."를 출판해 널리 알려졌다. 즉, 출판에서는 조직가치의 동질성은 초일류기업이 되기 위한 본질로 나타났다. 그리고 많은 저자들은 조직문화 통일을 강조하고, 어떤 부분과 조직수준을 통틀어 통합에 대한 필요성을 강조하였다.

　　Schein(1985)에 의하면 문화는 주어진 집단에 의한 발명과 발견 혹은 외부의 적응에 대한 문제에 대처하는 것을 배우는 것과, 말하는 것 그리고 내부통합과, 일을 잘할 수 있는 방법의 타당성과, 새로운 구성원들의 문제에 관계를 생각하고, 느끼고 그리고 지각하는 것이다.[236] 문화는 사회 상호작용을 통하여 창조된다는 것을 알 수 있고, 그리고 상호작용의 장소가 하나의 조직이다. 조직문화나 조직혁신에 대한 성격을 모은 것과 유사하다.

　　창조에 대한 잠재력은 개인들의 창조성으로부터 나온 혁신 결과로 조직에 대한 공헌을 한다. 창조는 새로운 생각을 하는 것으로서, 혁신에 대한 출발점이다. 그리고 올바른 과정으로 된 창조 결과가 혁신이다. 그러므로 문화의 개념과 혁신의 개념과는 일치하는 부분이 많다. 조직문화는 조직혁신을 위한 가장 중요함으로 학자들은 문화를 조직혁신에 대한 강한요소로 본다. 그러나 학자들은 이들 가운데 리더십과 조직 크기가 있다고 하였다.

리더십은 혁신과 조직문화 그리고 조직크기에 연결되었다. 그리고 혁신이 이들 두 가지 변수들에 대한 효과들에 대한 통제나 혁신의 크기에 대해서는 혹평하였다. Denison(1990)은 강한문화(strong culture)는 고용자들의 행동과 믿음이상으로 힘을 쓰고, 뒤에서 조정하는 보다 큰 잠재력을 가진다.237) 따라서 문화와 혁신과 관련하여 조직문화와 혁신과 조직 갈등에는 상관이 있을 것인지 의문이 있다. 먼저 연구한 학자들의 견해에서는 상관이 있다고 하고 있다.

2. 조직혁신에 대한 영향요소들의 관계

조직문화 연구자들은 여러 가지 분야의 문헌들에서 지적한 바는 세계경제 속에서 경쟁력을 잃고 있는 미국기업들은 1980년 초에 조직문화라는 용어가 새로운 관리표어(catch phrase)로 나타나고 있다. 이들 조직문화연구에는 리더십, 계층, 생산성, 투쟁, 세력, 문화강도, 조직규모, 조직생활의 비공식적 규범, 가치 등에 대한 문헌들이 많이 나타났다. 조직혁신에 영향을 미치는 것으로 제시된 하위변수들 중에서 특히 중요하다고 판단되는 하위변수들은 조직가치, 문화강도, 리더십, 조직규모, 집단갈등을 하위변수로서 선정할 수 있다.

(1) 조직가치와 조직혁신

연구자들은 조직구성원들이 혁신조직에 대한 문화성격 목록(list the characteristics of culture of innovative)을 작성하였다. 이 연구에서 Plowmn이 연구에 사용했던 조직가치 변수차원 16개 비율 표를 선행연구의 결과를 바탕으로 가치차원들로 대별하고자 한다. 이들 문화차원들을 보면 다음 <표 7 - 6>과 같다.

<표 7 - 6>은 25년 넘어 16개 가치차원응답 비율(n=20)의 가치점수 중간은 전체 수에서 가장 가까운 것이다. 따라서 문화가치와 조직혁신에 관련하여 가치의 하위 가설은 Plowmn의 16개의 하위가설을 다음과 같이 도출하였다. 문화가치와 조직혁신은 관계가 있다고 주장하였다.

표 7-6 25년 시기에 대한 가치 비율 중간

가치차원	'75	'77	'79	'81	'83	'85	'87	'89	'91	'93	'95	'97	'99
1. 생각체계	3	3	5	6	7	7	7	8	8	7	7	6	5
2. 개인정보망 형성	2	3	3	5	6	6	7	7	7	7	6	5	4
3. 고객에 대한 품질과 서비스	3	4	5	6	7	7	8	9	8	8	8	7	7
4. 노동력 포섭	3	3	4	5	5	7	7	8	7	6	6	5	5
5. 다양성	3	3	4	5	5	7	7	8	7	7	6	5	5
6. 세부적인 것에 초점	3	3	4	6	6	7	7	8	8	7	7	6	6
7. 권한	2	2	4	5	6	7	7	8	8	7	6	6	5
8. 통합	0	0	5	6	6	6	7	7	7	7	6	6	5
9. 작업안정	4	4	5	5	6	6	6	6	6	7	7	7	7
10. 환경협력 팀워크	3	4	5	6	7	7	7	8	8	7	7	6	6
11. 환경책임	2	2	3	4	4	5	5	6	6	6	6	7	7
12. 혁신	3	3	5	6	7	7	8	8	8	8	7	7	7
13. 계속적인 개선	3	3	4	6	6	7	7	8	8	7	7	6	6
14. 원가 통제	3	3	4	4	5	5	5	6	6	7	7	7	7
15. 고용열망	3	3	4	6	6	7	7	8	7	7	6	5	5
16. 훈련 개발	2	3	4	6	7	7	7	8	7	7	7	6	6

* 각 가치에 대한 점수는 0-10까지이다. 가장 높은 점수는 10점이다.

(2) 문화일치

Romney, Weller 그리고 Batchelder(1986)는 문화일치는 문화지식(culture knowledge)영역에 대한 개인들의 동의 계층에 대한 평가로서 인류학 분야 기술이라고 했다. 즉 문화일치는 동의에 대한 만족을 평가하는 것이다.[238] 이것은 문화 변화근원을 계산하는 것이다. Caulkins와 Hyatt(1999)는 개인적으로는 조직문화에 대한 평등하게 지식을 가질 수 없으므로 여러 조직집단의 모형이 다르다고 했다. 이것은 모든 종업원들의 가치를 모아서 표를 만들어 처리하는 것보다, 문화적 중심이나 혹은 각 조직 내 문화가치를 더 많이 다양하게 평가하는 것이 좋다고 하였다.[239]

문화일치 모델에는 3가지 중요성이 있다. 첫째, 개인 중의 공유정도는 문화일치에 대한 동의 결합에 대한 결과이다. 둘째, 개인적인 질문에 대한 해답을 모은 확률은 개인의 지식지배에 관한 개인에 대한 적성이다. 셋째, 문화일치 분석은 문화에 대한 진실성은 개인적으로는 똑같으므로 거기에는 모든 문제에 대한 답은 문화적으로 바른 답이다. 문화일치 속에 있는 분석 자료는 각 질문에 대한 개인적인 응답에 의해 이루어진다. 문화일치나 혹은 응답자 가운데서 동의하는 정도에 대한 조직 가치다. 즉 이것은 지식이 있는 응답자의 문화가치에 대한 것이다.

개인적인 대답을 집계한 일치에 대한 만족이 문화적으로 바른 정보이다. 전체적으로 보면 문화일치에 대한 평가를 하기 위한 준비를 위해 일치분석 계산은 문화적성(culture competence)으로 이는 각 정보제공자에게 제공되는 계수이다. 결론적으로 문화일치 분석은 지식의 열쇠이거나 혹은 각 질문에 대한 지식의 답들이다. 문화일치 회답은 문화 적성에 대한 개인 응답에 대한 무게를 재는 것인데, 그 무게가 적은 사람보다도 무게가 많은 사람이 문화일치 수준이 높다고 말할 수 있다. 이와 같은 학자들의 문화 개념상으로 평가 분석 절차이다. 조직문화 개념은 조직구성원이 조직기능에 대한 이해를 돕는데 공유가치를 두는 것과 생각과 행동을 안내한다. 즉 조직문화는 이런 현상들을 모은 것을 의미한다. 개인적으로 사회적인 상호작용 모델은 공유(shared)와 문화(culture)가 된다. 따라서 문화일치와 혁신과 관련이 있다고 하였다.

(3) 리더십과 혁신관계

성공적인 문화유지(sustain a successful culture)에 대한 능력은 가질 수 없다. Petigrew(1976)은 조직문화 모습과정을 첫 번째로 관리의 역할로 믿었다.240) 그리고 리더는 구성원의 이상 창조와 조직의 명백한 국면과 구조와 기술뿐만 아니라 심볼, 이데올로기, 언어, 믿음, 의식 그리고 신화 등과 같은 것을 창조한다고 하였다.

훌륭한 리더는 조직에 대한 가치를 명확하게 말한다. 그들의 조직가치는 중역실에 걸어두는 표어보다 더 크다고 하였다. Harvey와 Lucia(1997)은 "114 ways to walk the talk."라는 그의 소책자 제목(booklet titled)에서 "작가는 조직의 자연 법칙이 되기 위해 필요한 144가지 가치를 토대로 암시를 통한 독서

자"라고 말했다.[241] 리더는 종업원에게 핵심교과 과정을 가르치는 것에 대한 보장을 책임지는 것이 필요하다. 리더는 조직문화를 개발하고, 지도하고 그리고 지속시키는 책임을 진다.

Louis주 경영진단회사 심리학회 회장인 Robert Lefton은 보상이 어디로 가는지를 지켜보라는 것을 우리들에게 충고하였다. Boss는 누구에게 감사하다고 말하는지? 성과의 관점에서 누가 좋게 받았는지? 답은 조직의 가치가 무엇인지, 무엇이 중요하게 생각되는 지를 그들은 대답할 것이다.[242] 문화는 명확하고 그리고 암시적인 다양한 구조(mechanisms)를 통하여 학습되고 가르친다.

그들은 추정하기를 리더가 사용하는 의사소통을 사용하는 구조 중에서 약간은 깊이 생각하는 활동을 알고 있고 그리고 다른 무의식적인 것은 반대의 메시지를 보낼 수 있을 것이다. Kanter(1997)는 가치관리는 조직에 힘 있는 도구가 될 수 있으나, 구성원들에게 너무 높은 표준이라서 그들이 취하기에 적당하지 않다면 위험한 도구가 될 수 있다.[243] 그러므로 신중히 취해야 한다고 하였다.

강한가치(strong values)를 가진 조직 구성원에 더 많은 몰입이 될 수 있으나, 구성원의 조직몰입은 리더가 선언한 가치를 실천하는지 어떤지를 조직의 모든 국면에서 지켜본 후에 사람들은 몰입된다. 만약 리더가 선언한 가치(declared values)를 실천하지 않는다면, 이는 불일치되거나 혹은 무관심하게 되어, 하나의 조직은 신경과민이 조직에 발생한다. 이와 같은 신경과민으로 투쟁이 발생이 강하고, 약하여 조직의 순탄한 모양을 창조하지 못한다. 한번 투쟁은 조직의 문화 속에서 깊이 새겨지게 되고, 그리고 그것은 쉽게 변화되지 않는다. 그 이유는 그들이 성공에 대한 조직의 이전의 역사와 연합되기 때문에 최선의 방법으로 일하는 것처럼 한다. 그러므로 조직문화의 모양(shaping of organizational culture)은 리더십에 대한 복잡한 부담이다.

King(1992)은 리더십은 혁신에 영향을 주는 중요한 요소라고 주장한다.[244] 그리고 조직문화와 리더십과의 관계도 중요하다고 말했다. Denison(1990)은 리더는 창조와 문화가치(culture values)에 중심적 역할을 한다고 하였다.[245] 그리고 리더는 조직 내의 가치를 주입시키고, 창조한다. 그리고 또한 리더는 종업원들을 목표 쪽으로 추격하도록 하고, 다른 의도를 갖지 말게 하고 그리고 변화하도록 동기 부여에 용기를 주고, 변화에 대한 의미를 부여한다.

　　Rousseau(1996)은 리더는 심리적인 계약을 통해서 고용자들의 가치를 변화시킬 수 있다고 했다.[246] Delbecq와 Mills(1985)는 창조적인 문화는 혁신을 지지하고, 현실적인 생각을 혁신 쪽으로 변화시키고, 미래변화를 위한 동기부여 시키고, 현재조직 욕구에 대한 균형을 유지한다고 하였다.[247] 이와 같은 것들은 리더십에 요구되는 정당한 과업이다.

　　Quinn(1988)은 "리더는 외부에 대한 적합유지와 자원을 얻고, 적응을 촉진 시키고, 혁신을 하도록 변화시키는 리더십 스타일로 성격 짓게 한다."[248]고 하였다. 그리고 Van de Ven(1986)은 "리더십 스타일은 조직전략, 시스템, 구조를 통해 지지하고, 혁신을 키운다."[249] 라고 하였다. 또한 Bass(1985)는 혁신을 촉진하기 위한 리더십 스타일을 변혁적 리더십(transformational leadership) 스타일이라고 주장했다.[250] 그리고 그들은 미래지향적이고, 개방적이고, 동적이고, 계획적이며, 조직 사명과 비전을 정하여 조직에 대한 몰입을 시킨다.

　　Kouzes와 Posner(1987)는 변혁적인 리더는 카리스마적이고, 개인적인 고려와 영감과 창조에 자극하고 혁신으로 고용자들의 능률을 높이고, 상호 자극한다고 하였다.[251] 혁신과 리더십과 관련하여 다음과 관계가 있다고 하였다.

(4) 규모와 혁신

　　조직규모와 혁신과의 관계에 관해 연구한 학자들의 주장들은 여러 가지 측면으로 볼 수 있다. Castle(2001)과 Kaluzny, Veney 그리고 Gentry(1974)과 Kimberly와 Evanisco(1981)과 Mohr(1969)은 혁신에 영향을 주는 중요한 변수를 조직규모라고 하였다.[252] 그리고 Kimberly와 Evanisco(1981)은 조직규모와 혁신에 대한 기초 연구를 병원에 관한 연구를 하였는데 조직규모는 기술혁신과 관계가 크다고 하였다.[253] Castle(2001)은 요양원에 관한 연구에서 규모가 작은 요양원보다 규모가 큰 요양원이 일찍 혁신을 하였다고 하였다.[254] Gopalakrishnan과 Damanpour(2000)[255]는 상업은행에 관한 연구에서 조직규모는 조직혁신에 긍정적인 관계가 있다고 하였다.

그리고 Kimberly와 Evanisco(1981)[256]는 조직규모와 조직혁신에 있어서 두 가지로 관계를 한다. 첫째, 조직규모가 큰 것이 조직혁신을 촉진시킨다. 둘째, 조직규모가 적은 것은 경영혁신을 촉진한다. 이상과 같이 학자들의 연구 결과를 보면 조직 규모와 혁신과 상관관계가 있다고 볼 수 있다. 조직 규모와 혁신에 관련하여 조직혁신과 관련이 있다고 하였다.

(5) 조직 갈등과 혁신

Martin(1992)은 조직문화를 이해하는 데는 두 가지 다른 점이 있다고 하였다. 통합(integration)(동일한)과 내부문화 이종(intra-cultural heterogeneity)(즉 차이와 분열처럼 둘러싸인)으로 보는 시각이다. 첫째, 문화통합의 관점이다. 이는 조직문화의 통합인식에서 광범위하게 일치되고, 문화에 대한 조직 내에 여러 가지 문화의 표현이 일관성 있게 그리고 분명하게 광범위하게 일치하는 것을 조직 통합문화로 보는 점이다. 이와 같은 관점은, 창조는 사람과의 관계와 가족적인 친밀성 그리고 일치에 대한 것에서 생각할 수 있다. 복종(conformity)은 갈등을 예방하는 것처럼 보이나, 분열을 만들 수 있다.

Reitz(1981)는 갈등이란 개인이나 집단이 함께 일하는데 애로를 겪는 형태로, 정상적인 활동이 파괴되거나 방해를 받는 상태라고 하였다. 그리고 Schermerhorn, Hunt 그리고 Osborn(1978)[257]은 개인적 갈등, 개인 간 갈등, 개인과 집단 갈등, 집단 간 갈등으로 분류하고, 그 중에 집단 간 갈등은 조직의 규모가 커지고 기능이 다양해질수록 집단 간의 관계는 더욱 복잡해지고 집단 간의 갈등 가능성이 더욱 커진다.

조직의 유효성에 직접적인 영향을 미치는 집단 간의 갈등은 그 원인을 다음과 같은 유형으로 분류할 수 있다고 말하였다. 이는 수직적인 갈등, 수평적 갈등, 라인과 스텝 갈등 그리고 역할 갈등이다. 이상 중에서 역할 갈등(role conflict)이란 양립될 수 없는 기대가 동시에 한 직위에 주어질 때 발생하는 갈등으로서 적정 수준의 갈등이 존재하며 순기능적인 역할을 하여 집단의 성과에 긍정적인 영향을 미친다. 그러나 만약 집단 간 갈등이 너무 낮다면 그 집단은 기술 혁신이나 급변하는 환경 변화에 능동적인 대처를 하는데 어려움을 갖게 되고 이런 낮은 수준이 지나치게 되면 그 결과로 발생하는 혼란으로 말미암아 그 집단의 존폐에 위협을 받는다고 하였다. 이상 언급한 바와 같이 혁신은 갈등에 영향을 받는다. 즉 혁신으로 조직 구성원들은 조용한 직무분위기를 흔들 수 있고, 혁신에 저항할 수 있을 것이라고 하였다.

또한 James, Gibon, John, Invancevich, James 그리고 Donnelly Jr.(1978)[258]은 집단 갈등 수준이 이상적일 때 조직에 미치는 영향은 순기능적인 영향을 미치게 되며 이때에는 환경 변화에 적극 대응하고 창조적인 변화를 지향하고 활발히 문제해결을 하고 적극적으로 목표 달성에 힘쓴다고 하였다. 그러나 집단갈등 수준이 낮으면 조직성과에 미치는 영향에는 역기능을 하여 조직은 환경 변화에 둔하고, 무사안일을 바라며 조직은 침체하고 의욕이 상실된다고 하였다. 이에 따라 혁신과 갈등관계에 있어서는 조직 갈등이 혁신에 영향을 준다고 하였다.

3. 조직혁신에 영향을 주는 요소

조직문화가 조직혁신에 관계가 있을 것이라고 선행연구에서 지적하였다. Desphande와 Webster Jr.(1989)은 조직문화(organizational culture)는 조직 구성원들에게 조직기능에 대한 이해를 돕고 그리고 생활양식과 행동을 안내하는 공유가치(shared values)라고 정의하였으며,[259] 또한 Ennz(1988)은 근래 조직문화 지식을 안내하고, 조직에 대한 조직문화의 중요구성으로 가치(value)에 대한 직접적인 역할에 대한 문헌들이 많이 출현되었다고 주장하였다.[260]

문화의 핵이라고 하는 가치는 일반적으로 규범(norms)과 상징(symbols)과 의식(rituals)과 같은 문화적인 요소와 그리고 문화적인 활동으로 정의한다.[261] 그리고 이러한 문화적인 요소와 활동은 조직생존의 본질이며, 단위의 범위로 조직을 유지하고, 정체성(identity)을 구별하기 때문이다.[262]

이와 같은 조직이론에서 구성변수들에 의해 조직문화가 어떻게 혁신에 영향을 줄 것인가를 연구하였다. 특히 개방 시스템(open systems)이론에서 조직기능에 대한 문화적 역할을 설명하는 것은 조직체를 유기체로 생각되기 때문에 환경에 노출되어 있다. 그러므로 조직이 살아남기 위해서는 환경관계에 대한 적합성을 가져야 한다.[263] Katz & Kahn(1987)은 조직은 부분으로서 의존하고, 서로의 관계를 가짐으로서 이루어진다. 그리고 시스템의 한 부분 중에 변화가 일어나면 조직 전체 파문에 영향을 미친다고 주장하였다.[264] 하나의 개방 시스템과 같은 조직은 안전에 대한 관리가 필요하고, 조직내부 구성원들의 요구대한 균형을 유지하고, 외부환경에 적응하는 것이 필요하다. 또한 적절한 조직구조로 발전하기 위해서는 조직시스템의 3가지 사회 심리학적(social-psychological) 요소를 구비하여야 한다고 역설하였는데 이는 다음과 같다. 이는 구성원들의 행동역할을 정하고 그리고 행동에 대한 규범을 규정하고 그리고 규범에 대한 가치(values)를 깊이 새기(embedded)는 것이다.

구성원들은 그들의 역할기능에 의존되어 있기 때문에 사람들은 함께 묶여 있다. 구성원들은 규범(norms)을 정하고 그리고 응집요소에 첨가하는 행동을 찬성하고, 모든 자원들을 통합함으로서 조직목적에 봉사하는 중심 가치를 정한다. 조직규범(organizational norms)은 고용자들에게 명시된 적합한 행동을 만들고, 그리고 가치는 조직 활동과 기능이 요구하는 규범을 판단하는 근거가 되고, 조직가치 기능과 규범은 조직에 머물러 고용되어 묶이고 할당된 각자의 몫을 수행한다.

그러므로 가치와 규범은 구성원들에게 인지도(cognitive maps)를 주며, 이들 인지도는 조직 내에 있는 고용자들의 작업을 촉진시키고, 이들 작업을 조정하고 그리고 조직 활동에 대한 도덕적인 정당성(moral justification)을 부여한다. 조직의 규범과 가치는 구성원들에 대한 힘을 증가시키고, 그들에게 친화의 욕구(affiliation needs)의 충족을 통해, 서로 돕도록 하는데 인식을 주고, 그들의 약속된 행동에 대한 체계를 가진다. 최근 개방 시스템의 접근에 따라 조직문화는 조직 활동에 대한 협력을 하고 그리고 동기에 대한 중요한 자원이 된다. 또 다른 이론들로서는 문화의 다른 기능을 위한 평가들을 한다고 주장하였다.

E. Schein(1985)은 조직문화는 문제해결과 매일매일 조직에서 일어나는 사건들을 해석하기 위해 중요한 봉사를 한다. 그리고 조직문화는 문화수락의

기초형태를 띠며, 집단의 외부적인 적응과 내부통합 같은 문제를 해결하는데, 필요한 발명이나 혹은 발견이나 개발을 한다. 그리고 이들 문화에 나타나는 구성원들의 느낌이나 생각에 있어서, 명확히 새로운 구성원들에게 가르치는 작용을 한다.[265]

D. Ulrich, A. Yeng, M. Von Glinow, S. Nason & T. Jick(1993)은 상황이 불확실하고, 유동적이고, 혁신적일 때 조직문화는 잠재적인 사회통제 시스템 기능을 하며, 이것이 적당한 행동이나, 태도내용이 무엇인가에 관해 구성원사이에 일반적으로 동의하는 내용을 의미한다.[266] 그리고 중심 가치와 스타일은 적절하거나 부적절한 태도와 행동 규범개발에 기초를 이룬다.

또한 문화는 구성원을 돕는 의미를 공유하고, 어떻게 해야 할 것인지에 대한 방법을 논의하고 그리고 신호하고, 평가하고, 자신의 고용관계를 어떻게 할 것인지, 그리고 주주들에 대한 의미를 어떻게 하는지에 대한 조직 감각을 만든다[267]고 주장하였다. 그리고 L. Smircich(1983)은 조직문화는 정체성에 대한 고용감각을 심어주고, 자신보다 더 큰 조직몰입을 발생시키도록 촉진하고, 사회책임 시스템을 향상시키고, 행동을 형성하고, 안내하는 사회 아교(social glue) 같은 기능을 한다.[268] 앞에서와 같이 혁신과정에 있어서, 조직문화 역할에 대한 통찰을 전개하였다. 조직문화는 동기의 원천이며 그리고 조직 활동을 조정하고, 문제해결을 위한 최고 기구로 봉사하고, 함께 고용자가 되어 회사 안내에 대한 책임을 증가시킨다. 조직문화가 조직혁신에 영향을 준다는 연구자들이 지적하는 하위변수서 가치와 문화일치, 리더십 그리고 조직규모 등을 하위변수로 선정하였다.

(1) 혁신과 문화

현대학자들은 앞에서도 언급한 바와 같이 어떻게 하면 훌륭한 기업이 될 수 있을 것인가에 대해 많은 연구가 있었다.[269] 그중 특히 "훌륭한 회사에 대한 연구"는 여러 학자들에 의해 발전되는데, 이들 연구들을 포괄해, McKinsey가 7-S 모형으로 제시하였다. McKinsey의 7-S 뼈대는, 훌륭한 조직은 7가지 독립된 요소가 있는데 이론의 뼈대의 핵심은 조직문화지향을 규정하는 공유가치이다. 기업문화는 공유가치에 의해 비롯된다. 또한, 이들 뼈대는 힘은 성공적인 조직구조뿐만 아니라는 것을 지적하였다.

(2) 혁신에 대한 중요문화 선행변수들

1) 혁신이란 의미

혁신의 정의는 많은 조직문헌연구에서 볼 수 있다. S. P. Osborne(1998)은 혁신의 정의에 대해 몇몇 학자들의 공통된 정의를 보면 두 가지 핵심적인 국면을 볼 수 있다고 말하였다. 첫째, 국면은 새로운 것에 관계하는 것과 둘째, 발명(invention)에 관계가 있는 것이다. 혁신의 정의는 새로운 지식을 사실상 제일 먼저 사용하는 것을 말한다고 하였다. 이와 같이 특별한 조직에 관해서는 약간 새로운 것을 확인하는 것에 더 많이 관계하는 것이다.[270] 즉 혁신은 의사결정 후에 발생하는 것으로 혁신의 정의 관점은 새로운 생각(new idea)을 택하는 것을 말한다. 그리고 F. Damanpour(1987)는 혁신은 의사결정이 새로운 생각으로 받아들여진 후에 혁신이 일어나는 것이다. 또 다른 학자들 정의는 혁신은 새로운 생각이 현실적으로 사용한 후에 약간의 혁신을 고려하는 것이라고 말한다.[271] 그리고 W. R. Scoot(1990)은 혁신은 사용 전 불연속적으로 일어나는 혁신(본질적 혁신)과 점차 조금씩 증가하는 혁신(점진적 혁신) 중의 하나이다.[272]

2) 혁신 유형

조직혁신은 가정(assumption)과 믿음(beliefs)을 깊은 미덕으로 삼고, 조직이 수행하는 것에 일치하도록 촉진하는 행동을 하고, 그리고 원칙에 따라 의사결정 과정을 더욱 빠르게 촉진한다. 조직혁신 유형은 학자들의 많은 분류가 있다. 대표적인 유형을 보면 다음과 같다. Damanpour(1987)과 Perri(1993)은 개념적인 혁신과 운영혁신으로 구분하였다.[273]

Damanpour(1987)는 혁신 유형을 경영혁신과 기술혁신으로 구분하였다. 경영혁신은 조직경영과정과 조직구조 내에 변화에 관계되는 것이다. 즉 정보에 관계되는 것과 그리고 종업원들 가운데 변화에 관계되는 것으로, 절차, 규칙, 역할과 구조 등이 포함된다. 그리고 이것은 조직 관리에 더 많이 직접적으로 관계된 것이지, 작업 활동에 관계된 것은 아니라고 하였다. 그리고 기술혁신은 생산과 서비스를 바꾸는 것을 의미하는 것이다. 즉 새로운 공구나, 기술이나 혹은 시스템에 대한 사용결과로 발생하는 것이라고 하였다.

　Perri(1993)은 혁신에 대한 유형을 광범위하게 암시했는데, 이는 생산혁신과 과정혁신으로 구분하였다. 생산혁신은 서비스나 혹은 상품의 새로운 형태의 소개도 포함한다. 생산혁신은 근본적으로(완전 새로운 서비스나, 혹은 상품), 생산차별(고객의 새로운 집단 확장이나, 현재의 서비스나, 상품의 확장)하는 것이다. 과정적 혁신은, 상품과 서비스생산의 새로운 방법소개도 포함된다. 그리고 과정혁신에는 두 가지 하위 형태가 있다. 첫째, 기술혁신(새로운 기술은 상품이나 혹은 서비스를 위해 받아들이는 것.)이고 둘째, 실행혁신(새로운 방법이 확실한 기술에 대해 채용되는 것이다.)이다. 또한, 혁신을 내부혁신과 외부혁신으로 분류하였는데, 내부혁신(새로운 조직 구조나 혹은 모양을 받아들이는 것이다.)이다. 그리고 외부혁신(조직들 사이에 새로운 것을 받아들이는 것이다.)이다.

　이상의 혁신 정의들의 연구에 사용된 혁신의 정의들을 보면 두 가지 유형들의 혼합에 기초를 보면, 경영혁신과 기술과정혁신과 그리고 기술생산혁신으로 분류하였다. 혁신이라는 의미는 생각, 서비스, 과정, 절차, 구조, 시스템 등을 받아들이거나, 혹은 조직운영에 받아들여지는 새로운 생산이다. 즉 혁신 정의에 대한 새로운 기준은 환경 내의 다른 조직보다 하나의 조직의 과거경험과 관계된다. 그러므로 혁신은 근본적일 수도 있으나, 증액과 완전 전환과 혁신적 전환과 의미있는 수정이나 혹은 하나의 생각에 대한 발명이나 혹은 서비스, 과정, 절차, 구조, 시스템이나 혹은 생산 등이라고 할 수 있다. 더구나, 성원들의 충성심을 촉진시킬 수 있다.

　그러나 이상과 같은 주장의 반론으로 강한 문화는 혁신에 문제가 있다고 주장하였다. C. J. Nemeth(1887)는 강한 문화의 힘을 가진 조직을 유지하는 현상은 기능의 새로운 방법에 대한 도구와 외부의 환경변화에 대한 적응이 어렵고, 그리고 문제에 대한 새로운 해결을 하기 어렵게 한다. 그런데도 많은 조직들은 성공하고, 지속하기 위하여 사회통제를 위해 강한 문화를 사용한다.

이와 같이 창조의 획일성과 충성과 조직몰입을 억제하는 강한 문화를 숭배하는 것 같은 조직의 변화에 대한 응답을 얻기 위해서다.[274] 이는 동기에 대한 명령이 조직에 폭넓게 공유되게 하는 것은 관용의 부족과 새로운 생각을 물리치게 하기 때문이다.

H. M. Trice(1993)은 종업원들은 문화가치에 감정이 놓였을 때, 창조성이 발달하고, 가치가 다르게 소개되면, 변화를 싫어하고, 물리칠 것이다.[275] 더구나, 충성심, 응집력, 일체감은 변화에 대한 부족 결과나, 조직 역량의 새로운 사건이 숨어있을 것이라고 생각한다.

Collins와 Porras(1994) 혁신은 강한 문화를 예측할 수 있는 것은 전부 긍정적인 조직문화 요구와 조직기대에 대한 집착을 강조 것과 사람들은 조직 기대로부터 벗어나, 자유를 느낄 수 있어야 한다. 즉 상자 밖에서 생각하는 방법에서 자유를 느낄 수 있어야 한다고 하였다.[276]

(3) 내부문화의 이종 시각

최근 조직문화 연구가 이론적인 연구나 경험적인 연구에서 이종적이고 부정적이고 그리고 불안정적이고, 무질서와 같은 문화에 대한 생각에 기초한 이론들이 많이 연구되었다.

내부문화이종(inra-culture heterogeneity)은 동시접근과 그리고 복합에 흥미 있는 것 같고, 조직문화를 보고 그리고 거대한 다수와 일관성과 일치의 부족과, 복잡하게 교섭하고, 경쟁예측 되는 것이다.

조직문화는 참조시스템(systems of reference)처럼, 복잡한 사회 현상이고, 그리고 충돌을 안내하고, 복잡한 눈치를 만드는 과정이고, 일에 대한 오해하는 것처럼, 일반적으로 공유되는 것이다.[277] 이종시각은 차별(differentiation)과 분열(fragmentation)인 조직 내 두 가지 종류로 인식된다. 차별은 차별가치와 그리고 하위문화 형태로 조직이 인도하는 실재 존재하는 것을 인식하는 것이다. 그리고 분열은 조직문화가 조직구성원들에게 유지되는 것은 이들 시각이 애매모호하고, 불확실하고, 응집이 부족하고, 복잡하고 그리고 혼란스러운 조직문화이다. 조직문화는 화목(harmonious)과 갈등에 자유(conflict-free)가 있을 수 없다. 보편적인 공유가치(universally shared set of value)는 둘 수 없다.[278] 조직이 혁신으로 연결되어 있을 때 애매모호한 것은 자유를 가져오는 것 같이 보인다.

(4) 문화와 혁신 모델

현대학자들은 어떻게 하면 훌륭한 기업이 될 수 있을 것인가에 대해 많은 연구가 있었다.[279] 그중 특히 "훌륭한 회사에 대한 연구"는 여러 학자들에 의해 발전 되는데, 이들 연구들을 포괄해, 앞에서 제시한 McKinsey가 7-S 모형으로 제시하였다. 이론의 뼈대의 핵심은 조직문화지향을 규정지은 공유가치이다. 기업문화는 공유가치에 의해 비롯된다. 또한, 이들 뼈대는 힘은 성공적인 조직구조뿐만 아니라, 인간내면과 문화에 관해서도 생각해야 한다.

Amabile(1997)은 조직 창조와 혁신에 대한 구성모델을 연구하였는데 이는 조직환경 사이에 종업원의 본질적인 동기와 창조와 혁신의 연결고리를 만들었다.[280] 조직환경은 개인의 본질적인 수준에 의미있는 영향을 가져 올 수 있다(깊은 흥미를 끌어내고, 일에 무치게 하고, 호기심이 있고, 즐겁고, 도전하는 개인적 감각을 끌어낸다). 이들은 창조를 끌어내는 Key이다. 그리고 조직환경에는 3가지 요소가 있는데 이는 혁신을 생각한, 조직문화와 자원과 그리고 관리를 들었다. 특히 이 연구에서는 흥미가 있는 것은 문화적인 구성요소이다.

창조와 혁신에 가치를 둔 조직은 위험을 지향하고 구성원이 된 것을 자랑으로 삼고, 능력을 발휘하려고 하고, 그리고 혁신을 끌어낸다. 조직문화는 조직창조에 영향을 주는 개인적인 동기본질효과와 같다. 즉 혁신의 먹이로 전환된다. 조직자극(문화) 경험적인 시험 모델에서 작업집단 지원과 감독자극과 조직 방해, 그리고 긍정적인 도전에 영향을 주는 것이 창조성이다.

Hurley and Hult(1998)는 어떻게 조직문화가 혁신에 영향을 주는지를 제안하고 연구하였다.[281] 이 연구 모델은 2부문으로 나누었다. 첫째, 혁신에 있어서, 문화혁신 측면이 조직혁신에 영향을 주는 관계이다(혁신에 적용되는 수이다. 즉 몇 개의 혁신측면 요소인지). 둘째, 문화 혁신측면과 문화의 다른 측면이 어떻게 관계하는지에 관한 측면(의사결정에 사람들의 참여와 힘의 분산과 지지와 협력 그리고 발전)이다. 즉, 집단문화가 혁신역양에 긍정적인 효과에 영향을 준다는 집단문화의 혁신 모델연구에서 나타났다. 조직측면의 두 가지 측면인, 의사결정 참여와 학습과 발전은 문화혁신 측면과 관계가 있었고, 권력공유와 지지와 협력은 문화혁신에 적게 관계된다. 그리고 이상 연구에서 조직문화와 고용자의 창조와 혁신이 서로 연결되었다고 한다.

Higgins(1995)는 개인과 집단창조는 올바른 과정과 확실한 가능성이 생겨 결합될 시(조직문화)에 혁신의 결과가 있다고 하였다.[282] 창조성은 혁신을 지향하는 첫걸음이다. 조직은 창조를 육성하는 조직문화를 통해 혁신되고 창조된다. 이상과 같이 조직문화는 혁신과정에 중요한 역할을 한다.

J. Martin(1992)은 조직문화를 이해하는 데는 두 가지 다른 점이 있다고 하였다. 통합(integration)(동일한)과 내부문화이종(intra-cultural heterogeneity)(즉 차이와 분열처럼 둘러 사인)으로 보는 시각이다. 첫째, 문화통합의 관점이다. 이는 조직문화의 통합인식에서 광범위하게 일치되고, 문화에 대한 조직 내에 여러 가지 문화의 표현이 일관성 있게 그리고 분명하게 광범위하게 일치하는 것을 조직문화로 보는 점이다. 이와 같은 관점은, 창조는 사람과의 관계와 가족적인 친밀성 그리고 일치에 대한 것만 생각할 수 있다. 복종(conformity)은 갈등을 예방하는 것처럼 보이나, 분열을 만들 수 있다.

이 같은 관점에서는, 리더는 능력이 있는 것처럼 보이고, 창조에 대한 힘과 같이 보이고 생산을 위한 조직문화의 변화나 혹은 공유가치의 강화를 설립하여 믿음과 규범을 위해, 조직 내 습관의 강화를 만든다. 이상과 같은 견해가 오랫동안 조직문화 연구를 지배하였다.[283] 즉 현저한 경향은 한 덩어리와 단위와 동종처럼 문화를 다루었다. 이와 같은 것은 걱정을 감소시키고, 불명확성과 불확실한 예측을 초래하고, 그리고 조화와 예측을 방해하는 데 대한 행동을 통제하는 것 같이 보았다.[284] 이와 같은 개념과 문화통합은 1980년대 Peters와 Waterman(1982)은 "In search of excellence"를 출판해 널리 알려졌다. 즉, 출판에서는 조직가치의 동질성은 초일류기업이 되기 위한 본질로 나타났다. 그리고 많은 저자들은 조직문화 통일을 강조하고, 어떤 부분과 조직 수준을 통틀어 통합에 대한 필요성을 강조하였다. D. R. Denison(1990)은 강한 문화(strong culture)는 고용자들의 행동과 믿음 이상으로 힘을 쓰고, 뒤에서 조정하는 것보다 큰 잠재력을 가진다.[285]

(5) 조직 가치와 혁신

조직 가치와 혁신을 연구자들은 조직구성원들이 혁신조직에 대한 문화성격 목록(list the characteristics of culture of innovative)을 작성하였다. Schein (1994)은 혁신조직에 대한 기초적인 문화가설을 열거한 최초의 학자이다.[286] 그 내용을 보면 다음과 같다.

첫째, 환경은 통제되고, 변화되고, 관리된다. 둘째, 특이한 인간행동은 사전에 문제 해결쪽으로 지향하고, 일을 개선한다. 셋째, 전통을 깨트리고, 그것이 모험적이라면 새로운 일이라도 노력한다. 넷째, 시간에 대한 시각은 가까운 미래이다. 다섯째, 고용자들은 개선이 용이하다. 여섯째, 새로운 생각들을 환영한다. 일곱째, 고용자들은 그들의 생각을 신뢰한다. 여덟째, 의사결정에 참여하는 방법은 대부분 참여하게 된다.

Wallach(1983)는 혁신문화 성격을 아래와 같이 정의하였다. 첫째, 위험에 처해있다. 둘째, 결과 지향적이다. 셋째, 창조 지향적이다. 넷째, 압력이 있다. 다섯째, 도전적이다. 여섯째, 기업열(enterprising)이 있다고 하였다.[287] 그리고, Hauser(1998)는 혁신문화 성격은 자유, 자취, 모험 등과 같은 혁신가치와 유사한 것으로 암시하였다.[288] 그리고 O'Reilly와 Tushman(1997)은 창조(creativity)와 실행과정(implementation processes)에 자극할 수 있는 규범(norms)에 대한 수를 조사했는데 이는 <표 7 - 7>과 같다.[289]

규범에 대한 첫째는 창조에 자극하는 두 가지 요소에 관계된다. 이는 모험을 하는데 대한 지지와 그리고, 잘못에 대한 관용이다. 규범은 모험을 가지는 것과 변화의 요소들에 대한 표창하는 것과 혁신에 대한 인식에 대한 지원과 관리에 의한 긍정적인 태도로 변화되고, 그리고 고용자들의 보상으로 변하기를 바란다. 이처럼 규범은 잘못에 대한 관용의 요소와 관계되는 구성요소이다. 규범의 다른 면에서는 규범은 혁신도구에 대한 과정에 관계된다.

둘째, 실행촉진 규범 두 가지 요소에 관계된다. 이는 집단기능 집단 효과

표 7-7 혁신과 변화를 촉진하는 규범

창조를 촉진하는 규범	실행을 촉진하는 규범
모험과 변화에 대한 지지.	집단기능 효과
– 보상과 혁신에 대한 인식 – 관리의 긍정적 태도와 변화를 위한 역할 모델 – 사람들은 도전에 대한 상을 예견한다	– 팀워크 강조 – 사람들은 일반적 목표 공유 – 정보는 개방과 공유
실패에 대한 관용(tolerance)	활동 속도
– 실패를 작업에 대한 보통부분처럼 받아들임 – 사람들은 변화에 대한 자유를 줌 – 불안보다 안전을 우선하여 실행하는 것을 거부	– 의사결정은 빨리함 – 유연성과 적응성이 강조됨 – 충분한 자율 책임 보상함

실행에 대한 속도다. 효과적인 집단기능은 하나의 팀워크에 대한 강조와 일반적인 목표공유와 그리고 정보를 공개적으로 공유한다. 다음은 실행에 대한 속도이다. 의사결정을 빨리하는 것과 유연성 강조와 적합성 그리고 수단을 보장하는데 충분한 자율권을 보장한다. 이것은 규범으로 모험을 창조하는 데 중요하고, 잘못에 대한 관용과 팀워크와 활동을 빠르게 하는데 중요하게 한다. 그러므로 이와 같은 요소들은 혁신지향 문화를 구성하는 개념으로 명확한 것이다.

(6) 조직문화와 조직혁신

Kitchell(1995)는 조직문화를 행동이 규칙적이고, 그리고 사내가치공유와 환경적응, 혁신수용 등과 같은 것으로 정의하였다.[290] 즉, 유연성이 있고, 미래지향적인 문화는 혁신과 모험을 하고 그리고 의사전달이 혁신에 관계가 있다는 결론을 내렸다. 이와 같은 결과는 조직문화와 혁신은 강하게 연결되었다는 것을 암시하였다.

Russell(1990)은 혁신 통합 모델을 개발하였는데, 조직구조와 환경 불명확성과 혁신에 관계된 규범을 연구하였다. 이중 규범들은 혁신에 관계되는 8차원의 행동들을 발달시켰다. 이는 자극과 창조적인 행동혁신과 조직 내 적용되고 있는 외부 혁신조사와 혁신이 중요한 활동처럼 인식과 출처에 대한 무관심과, 모험을 조절하기 위한 지원과, 감정준비에 대한 지원 그리고 혁신을 위한

몰입을 기르는 것이다라고 주장하였다.[291]

Dellana와 Hauser(2000)는 조직문화의 다른 형태를 평가하였는데 이는 집단(group)과 특별위원회 기구(adhocracy)와 이성적(rational)인 것과, 계급제도(hierarchical) 등으로 분류하였다.[292] 집단문화에 대한 조직성격(응집성이고, 참여적이고, 팀워크적 이고, 가족적인 감각, 충성심과, 내부적인 응집, 전통)은 등이다. 그리고 특별 위원회 기구(adhocracy)에 대한 조직성격은(계층, 창조, 적합성, 동적, 유연성, 모험, 혁신지향, 성장 새로운 자원)등에 의해 성격지어진다. 이성적인 조직문화 성격(목표성취, 환경변화, 경쟁, 목표지향, 생산, 경쟁) 등에 의해 성격지어진다.

계층문화 성격(명령적 성격, 규칙, 규정, 일치, 효율, 명확한 예측) 등에 이해 성격지어진 문화이다. 결론적으로 집단문화와 특별 위원회 기구 문화형태를 가진 조직들은 기업가적이고, 창조적, 역동적, 적응적, 응집성이 있고, 참여성, 팀워크, 가족적 감각, 유연성, 모험, 기업가정신, 몰입과 사기 등이 특징이다.

(7) 조직문화 일치 모델

A. K. Romney, S. C.Weller과 W. H. Batchelder(1986)는 문화일치는 문화지식(culture knowledge)영역에 대한 개인들의 동의 총계에 대한 평가로서 인류학 분야 기술이라고 했다. 즉 문화일치는 동의에 대한 만족을 평가하는 것이다.[293] 이것은 문화 변화근원을 계산하는 것이다. D. Caulkins & Hyatt(1999)는 개인적으로는 조직문화에 대해 평등하게 지식을 가질 수 없으므로 여러 조직집단의 모형이 다르다. 이것은 모든 종업원들의 가치를 모아서 표를 만들어 처리하는 것보다, 문화적 중심이나 혹은 각 조직 내 문화가치를 더 많이 다양하게 평가하는 것이 더 좋다고 하였다.[294]

문화일치 모델에는 3가지 중요성이 있다. 첫째, 개인 중의 공유정도는 문화 일치에 대한 동의의 결합에 대한 결과이다. 둘째, 개인적인 질문에 대한 회답을 모은 확률은 개인의 지식지배에 관한 개인에 대한 적성이다. 셋째, 문화 일치 분석은 문화에 대한 진실성이 개인적으로는 똑같으므로 거기에는 모든 문제에 대한 답은 문화적으로 바른 답이다. 문화일치 속에 있는 분석 자료는 각 질문에 대한 개인적인 응답에 의해 이루어진다. 문화일치나 혹은 응답자가 운데서 동의하는 정도에 대한 조직 가치다. 즉 이것은 지식이 있는 응답자의 문화가치에 대한 것이다.

개인적인 대답을 집계한 일치에 대한 만족의 바른 정보이다. 전체적으로 보면 문화일치에 대한 평가를 하기 위한 준비를 위해 일치분석 계산은 문화적 성(culture competence)으로 이는 각 정보제공자에게 제공되는 계수이다. 결론 적으로 문화일치 분석은 지식의 열쇠이거나 혹은 각 질문에 대한 지식의 답들 이다. 일치 회답은 문화 적성에 대한 개인 응답에 대한 무게를 재는 것인데, 그 무게가 적은 사람보다도 무게가 많은 사람이 문화일치 수준이 높다고 말할 수 있다. 그리고 이것은 학자들의 문화 개념상으로 평가분석 절차이다.

조직문화 개념은 조직구성원이 조직기능에 대한 이해를 돕는데 공유가치 를 두는 것과 생각과 행동을 안내한다, 즉 조직문화는 이런 현상들을 모은 것을 의미한다. 개인적으로 사회적인 상호작용 모델은 공유(shared)와 문화(culture) 가 된다.

Schein(1985)에 의하면 문화는 주어진 집단에 의한 발명과, 발견 혹은 외 부의 적응에 대한 문제에 대처하는 것을 배우는 것과, 말하는 것 그리고 내부 통합과, 일을 잘 할 수 있는 방법의 타당성과, 새로운 구성원들의 문제에 관계 를 생각하고, 느끼고 그리고 지각하는 것이다.[295] 문화는 사회 상호작용을 통 하여 창조된다는 것을 알 수 있고, 그리고 상호작용의 장소가 하나의 조직이 다. 조직문화나 조직혁신에 대한 성격을 집계한 것과 유사하다.

창조에 대한 잠재력은 개인들의 창조성으로부터 나온 혁신 결과다. 이것 은 조직에 대한 하나의 공헌이다. 창조는 새로운 생각을 하는 것으로서, 혁신 에 대한 출발점이다. 그리고 올바른 과정으로 된 창조 결과가 혁신이다. 그러므 로 문화의 개념과 혁신의 개념과는 일치하는 부분이 많다. 조직문화는 조직혁 신을 위한 가장 중요한 요소이다. 그러므로 학자들은 문화를 조직혁신에 대한 강한요소로 본다. 학자들은 이들 가운데 리더십과 조직 크기가 있다고 하였다. 리더십은 혁신과 조직문화 그리고 조직크기에 연결되었다. 그리고 혁신은 이 들 두 가지 변수들에 대한 효과적인 통제나 혁신의 크기에 대해서는 혹평하였다.

(8) 리 더 십

N. King(1992)은 리더십은 혁신에 영향을 주는 중요한 요소라고 주장한다.[296] 그리고 조직문화와 리더십과의 관계도 중요하다고 말했다. D. R. Denison(1990)은 리더는 창조와 문화가치(culture values)에 중심적 역할을 한다고 하였다.[297] 그리고 리더는 조직 내의 가치를 주입시키고, 창조한다. 그리고 또한, 리더는 종업원들을 목표 쪽으로 추격하도록 하고, 다른 의도를 갖지 말게 하고, 그리고 변화하도록 동기 부여에 용기를 주고, 변화에 대한 의미를 부여한다.

D. M. Rousseau(1996)은 리더는 심리적인 계약을 통해서 고용자들의 가치를 변화시킬 수 있다.[298] Delbecq, A. L., & Mills, P. K.(1985)은 창조적인 문화는 혁신을 지지하고, 현실적인 생각을 혁신 쪽으로 변화시키고, 미래변화를 위한 동기부여시키고, 현재조직 욕구에 대한 균형을 유지한다고 하였다.[299] 이와 같은 것들은 리더십에 요구되는 정당한 과업이다.

Quinn(1988)은 "리더는 외부에 대한 적합유지와 자원 얻고, 적응을 촉진시키고, 혁신을 하도록 변화시키는 리더십 스타일로 성격 짓게 한다."[300] 고 하였다. 그리고 Van de Ven(1986)은 "리더십 스타일은 조직전략, 시스템, 구조를 통해 지지하고, 혁신을 키운다."[301]라고 하였다. 또한 B. M. Bass(1985)는 혁신을 촉진하기 위한 리더십 스타일을 변혁적 리더십(transformational leadership) 스타일이라고 주장했다.[302] 그리고 그들은 미래지향적이고, 개방적이고, 동적이고, 계획적이며, 조직 사명과 비전을 정하여 조직에 대한 몰입을 시킨다. J. M Kouzes & B. Z. Posner(1987)는 변혁적인 리더는 카리스마적이고, 개인적인 고려와 영감과 창조에 자극하고 혁신으로 고용자들의 능률을 높이고, 상호 자극하게 한다.[303]

(9) 조직 규모와 혁신

조직 규모와 혁신과의 관계에 관해 연구한 학자들의 주장들은 여러 가지 측면으로 볼 수 있다. Castle(2001)과 Kaluzny, Veney & Gentry(1974)과 Kimberly

& Evanisco(1981)과 Mohr(1969)은 혁신에 영향을 주는 중요한 변수를 조직규모라고 하였다.[304] 그리고 Kimberly와 Evanisco(1981)은 조직 규모와 혁신에 대한 기초 연구를 병원에 관한 연구를 하였는데 조직규모는 기술혁신에 관계가 크다고 하였다.[305]

Castle(2001)은 요양원에 관한 연구에서 규모가 작은 요양원보다 규모가 큰 요양원이 일찍 혁신을 하였다고 하였다.[306] Gopalakrishnan과 Damanpour (2000)는 상업은행에 관한 연구에서 조직규모는 조직혁신에 긍정적인 관계가 있다고 하였다.

그리고 Kimberly 와 Evanisco(1981)는 조직규모와 조직혁신에 있어서 두 가지로 관계를 한다. 첫째, 조직규모가 큰 것이 조직혁신을 촉진시킨다. 둘째, 조직규모가 큰 것은 경영혁신을 촉진한다. 이상과 같이 학자들의 연구결과를 보면 조직 규모와 혁신과는 상관관계가 있다고 볼 수 있다. 조직문화와 조직혁신 사이의 관계에 대해 앞의 많은 연구에서 관계가 있다는 연구 결과가 있었다. 그러므로 본 연구에서는 조직문화는 조직혁신과 관련되어 있다는 결론을 내렸다. 더구나 조직문화에 대한 특수한 두 가지 차원으로 질문한 것들은 다음과 같다.

1. 문화일치(조직가치를 정하는데 고용자들의 동의정도)가 조직혁신과 관련되어 있습니까?
2. 조직가치는 조직혁신과 관련되어 있습니까?
3. 문화일치에 대한 상호작용과 조직가치는 조직혁신과 관련되어 있습니까? 다음 3 가지 질문은 조직혁신과 두 가지 문화차원과 조직규모와 리더십이 관련되어 있습니까?

제11장 국가문화 클러스터

한 덩어리 사회(Clustering Societies)는 유사성과 문화사회 차이에 대한 조사하는 방법으로 정한 것이다. GLOBE(Global Leadership and Organizational Behavior Effectiveness)(글로벌 리더십과 조직행동 효과)는 61개 국가에 10개 클러스터(Clusters)의 표본으로 조사하였다(Gupta Hanges and Dorfman, 2002).[307] 한 덩어리 국가들은 <표 7 - 8>과 같다.

1. 4개 문화 클러스터 발견

이 장에서는 4개 국가 클러스터로 프로젝트 GLOBE에서 확인되었다. 즉 이는 Southern Asia, Anglo, Arabic 그리고 Latin European 클러스터 등이다. 프로젝트 GLOBE의 조사자료 해석에 대해서는, 각 국가에 대한 인구통계, 경제, 역사, 종교 등으로 각 크러스트에 대한 재료를 준비하였다. 그럼에도 불구하고 거기에 초점을 둔 것은 문화가치와 리더십 유형은 문화운영(culture practices) 그리고 그들 나라의 가치(values of their countries) 그리고 리더행동을 택일의 효과를 보고한 중간 관리자들이 표본으로 모은 자료를 기초로 하였다.

(1) 남부 아시아 클러스터(The Southern Asia Cluster)

남부 Asia 클러스터 국가들은 India, Indonesia, Philippines, Malaysia, Thailand, 그리고 Iran 등 이다. 이들 나라들은 사회운영(social practices), 집단 집산주의(Group Collectivism), 권력차이(Power Distance) 그리고 인도적 지향(Humane Orientation) 등의 비율이 높다. 성 평등주의(Gender egalitarianism)는 다른 문화차원의 중간범위로서 낮다. <표 7 - 8>은 프로젝트 GLOBE 사회 클러스터를 분류하였다. 문화는 집단지향, 인간지향, 남성지배 그리고 계층 높은 것

표 7-8 프로젝트 GLOBE 사회 클러스터 분류

Anglo Cultures
England
Australia
South Africa(White Sample)
Canada
New Zealand
Ireland
USA

Latin Europe
Israel
Italy
Portugal
Spain
France
Switzerland(French Speaking)

Nordic Europe
Finland
Sweden
Denmark

Germanic Europe
Austria
Switzerland
The Netherlands
Germany(Former East)
Germany(Former West)

Eastren Europe
Hungary
Russia
Kazakhstan
Albania
Poland
Greece
Slovenia
Georgia

Latin America
Costa Rica
Venezuela
Ecuador
Mexico
El Salvador
Colombia
Guatemala
Bolivia
Brazil
Argentina

Sub-Sahara Africa
Namibia
Zambia
Zimbabwe
South Africa(Black Sample)
Nigeria

Arab Cultures
Qatar
Morocco
Turkey
Egypt
Kuwait

Southern Asia
India
Indonesia
Philippines
Malaysia
Thailand
Iran

Confucian Asia
Taiwan
Singapore
Hong Kong
South Korea
China
Japan

출처: Gupta, V., Hanges, P. J., and Dorfman, P. (2002). "Cultural Clusters: Methodology and Findings," *Journal of world Business*, 37(1), P. 13. ⓒ 2002 with permission from Elsevier.

으로 구별된다(Gupta et al. 2002, p. 20).[308] 사회가치(social values)에서, 이들 클러스터는 성과지향, 미래지향, 집단 집산주의, 그리고 인간지향 등이 높은 비율이다. 그런데 권력차이는 대단히 낮은 점수다. 사회운영 비교에서는 이들 나라 전부는 가치이다. 이들 클러스터를 관리자들은 더 많은 성과와 미래지향에 더 많은 주장을 한다. 그들 사회구조는 보다 높은 수준을 바란다. 그러나 남성지배와 권력차별이 낮은 수준이다. 리더십에 관해서는 변환-카리스마(Trans-formational-Charismatic) 그리고 팀 지향 리더십(Team-Oriented Leadership)은 남부 아시아에 현저한 성취를 위한 효과적인 모델이 높은 편이다. 거의 효과적인 리더들의 수단은 몽상적이고, 영감이고, 확고하고, 성과지향이고 그리고 인간희생을 만드는 것을 기꺼이한다.

리더는 팀 구추를 하고, 협력하고(collaborative) 그리고 외교관계하는 것은 역시 가치가 높다. 인간과 참여적 리더십은 이들 클러스터는 효과적으로 간주한다. 자율적 리더십(Autonomous Leadership)은 평균 점수고 그리고 자기보호 리더(self-protective leaders)는 가장 낮은 점수로 어느 곳에서나 암시되었거나 혹은 리더는 자기주의(self-centered)는 아니다. 의식상태(status conscious), 체면을 세우는 것(face-saver), 절차(procedural)는 긍정적이 아니거나 혹은 효과적인 데는 부정적이다(Gupta et al. 2002, p. 24).[309] 이들 리더십 편애는 이들 클러스터는 높은 권력차이와 팀(team)과 조직의 가족중심 유지하는데 원료처럼 활동을 리더에 기대한다.

(2) 앵글로 클러스터(The Anglo Cluster)

앵글로 클러스터는 Australia, Canada, England, Ireland, New Zealand, South Africa(백색) 그리고 Unite States 등이다. 이는 9개 문화사회 운영(cultural societal practices)은 모든 차원(dimensions)은 중간 범위에 있고, 문화차이 점수는 높게 기대되고 성 평등은 낮은 점수를 제외한다. 이들 클러스터는 사회가치에서는 성과지향, 인도적 지향, 가족집산주의(집주의 II.), 미래지향적이다. 그리고 관리자들은 권력차이에 대한 점수는 낮고 모든 다른 차원의 점수들은 중간을 주었다. 리더십 점수는 카리스마, 팀 지향 그리고 참여를 위한 유형이다.

인도적인 리더십(humane Leadership)은 관계성 점수가 높고 그리고 자율 (autonomous)과 자신 보호(self-protective leadership) 관계는 비교적 낮다. GLOBE 연구자들은 아래와 같이 관찰하였다. 이들 결과에 대한 중요한 결과와 문화 조사결과 일치는 확실한 효과에 대한 의미로서 참여적인 리더십을 찾아내었다. 이들 클러스터 나라들의 문화지향은 비교적 개인주의이다. 그리고 모두는 민주적, 사람들은 그들의 자유에 대해 크게 강조하고 그리고 그렇게 할 수 있다고 말한다. 그러므로 이것을 인식하는 리더에게는 대단히 중요한 것이고, 의사결정과정에서 모든 관계되는 부분이 포함되고 책임 의양 그리고 위에서 강하게 리더하는 노력은 없다(Ashanasy, Tevor-Roberts and Earnshaw 2002, p. 370).[310]

(3) 아랍 클러스터(The Arabic Cluster)

아랍 클러스터는 Egypt, Morocco, Turkey, Kurkey, Kuwait 그리고 Qarar 등이 포함된다. 이들 클러스터에 대한 사회적 운영은 내부집단과 가족집산주의 그리고 권력차이는 높은 비율을 가리키고 미래지향은 낮고 그리고 성은 평등주의다(Kabasakal and Bodur, 2002).[311] 불확실성 회피(uncertainty avoidance), 단체 집산주의(institutional collectivism), 인도지향, 성과지향 그리고 독단적인 것은 중간정도이다. 이들 클러스터 사회가치는 미래지향, 성과지향, 인도지향, 그리고 불확실성 회피 등이 높은 비율을 가진다. 낮은 비율은 권력차이, 독단적(assertiveness) 그리고 성 평등은 낮은 비율이다.

리더십 점수는 팀 지향 그리고 카리스마는 팀 지향과 카리스마는 참여에 의해 따르고 그리고 리더십 효과에 가볍게 영향을 주는 이해하는 것은 인도적인 스타일이다. 자신 보호와 단독적 스타일은 낮은 점수를 받고, 그리고 관리자들은 효율적인 리더십에 대한 가벼운 부정적인 영향을 주는 것으로 보고되었다.

(4) 라틴 유럽 클러스터(The Latin European Cluster)

라틴 유럽 클러스터의 나라들은 Spain, Portugal, Italy, French Swizer-land, France 그리고 Israel 등이 포함된다. 이 클러스터사회운영에 대한 점수는 권력차이가 높고 그리고 집단과 가족 집산주의가 비교적 높다. 성 평등은 가장 낮은 점수고, 미래지향적인 점수는 가장 낮다. 다른 차원 즉 인도적 지향, 불확실성 회피, 그리고 독단적인 것은 중간 점수이다. 사회적인 가치에 대해서는 이들 클러스터는 성과 지향, 집단 집산주의, 미래지향 점수는 높고 그리고 인도적 지향은 권력차이에 대한 대단히 낮다. 이들 점수들은 61개 나라에 평균과 유사하다. 리더십, 팀 지향 그리고 참여 리더십 공헌은 효과적인 비율이다. 낮은 행동점수는 인도적 리더십, 자율과 자기보호 리더십에 의해 따른다.

2. GLOBE 프로젝트는 무엇하는 것인가?

글로벌 경영자를 위한 프로젝트 GLOBE의 중요한 의미 중 하나는 각 문화변화와 각 문화 변화에 대한 리더십 편애 때문이다. 리더십 접근을 가리키는 것은 문화가치와 리더 행동 차이에 기초를 두는 특별한 국제담당에 대한 글로벌 관리자 선택정보라고 할 것이다. 이것은 역시 국제 관리자들은 시사하는 바는 특정한 나라의 리더십 스타일을 오히려 좋아하는 것에 대응 방법으로 다른 문화와 상호작용하는 것이다. 보기로서 아랍사람 클러스터(Arabic cluster)의 관리자들의 영향은 외국 사람들은 그들의 능력을 나타낼 수 있고, 그리고 그들 적성(competencies)과 같은 시간에 아랍사람 클러스터에 기업유지를 위하여 신뢰구축을 위해 시간할당이 준비된다(Kabasakal and Bodur 2002, p. 52).

앵글로 클러스터에서는 이것은 개인주의를 아는 관리자들을 위해 중요한 것이 현재의 운영이다. 그러나 거기에는 더 많은 집산주의가 요구[312]된다. 유사하게 성의 불평등은 규범이다. 거기에는 능력주의사회 접근(meritocratic approach)에 대한 일치는 성 평등을 촉진하는 요구가 있다(Ashkanasy et al., 2002).

프로젝트 GLOBE서 중요한 것의 다른 점은 이문화(Across culture)이다. 거기에는 강하고 그리고 보편적으로 카리스마-변환 리더십(charismatic-trans-formational leadership)이 보편적으로 확실하다(Den Hartog et al., 1999).[313] 이것은 중요한 문화차이에도 불구하고 대부분의 주민은 유사한 이해(similar under-standings)를 하고 그리고 리더에 대한 기대는 중간수준의 관리자의 인식에 어쨌든 이해되는 것이다. 문화차이에도 불구하고 대조적인 발견은 리더십의 특별한 유형에 대해 보편적으로 좋아하는 것이 있다. 이것은 대부분의 관리자들은 어렵다. 이것은 조직의 높은 순위가 포함되어 있기 때문이다. 카리스마-변환 리더의 자질을 되거나 나타내는 것이다.

3. 국가문화 클러스터에 대한 집중 혹은 다양화

(1) 집중력(Forces for convergence)

사회, 경제, 기술적인 힘이 세계적으로 유사한 조직문화를 생산하는 경향은 수십 년 동안 나타났다. 대부분 강한 힘은 산업화였다. 기술혁신에 따라 사업화에는 관료주의경영을 동반하였다(Francesco and Gold, 2005).[314]

관료주의는 성과에 대한 표준을 강조하기 위해서 조직문화 성격구별을 창조했으나 이것 역시 몇 가지 역기능이 포함된다. 그럼에도 불구하고, 변화조건에 순응하는 것이 무능함과 유연성이 없는 계층이 포함되었다. 그러나 몇몇 이론들은 관료주의 계층구조에 대해서 논의된 것은 역기능이므로 관료주의에 대한 이익은 열등한 평가가 아니다(Jaques, 1990).[315]

집중에 대한 공헌의 다른 요소들은 문화 관리(managing culture)에 대한 조직전략이다. Hoecklin(1995)[316]은 문화차이를 관리할 수 있는 다음과 같은 4가지 다국적기업을 관리할 수 있는 방법을 확인하였다. (1) 강한 기업문화를 국제적으로 구축한다. (2) 일반적으로 기술 개발이나 혹은 전문적으로 문화를 세계화한다. (3) 강한 재정을 의지하거나 혹은 시스템 계획 그리고 (4) 각 기업문화를 단독으로 놓아두는 것이다. 이상 4가지 전략에 대하여 첫 번째는 정책과 문화를 격려하는 규칙으로 만든 것 같다. 세 번째는 강한 재정이나 혹은 시스템 계획은 만약 이것이 조직의 기술 생산 뒤에 이 시스템이 확장되면 역시 문화에 영향을 줄 수 있다. 이들 개요 중에서는 다국적기업 성장과 같이 조직 그들 자신은 조직문화 쪽으로 압력을 가할 것이다.

(2) 다양성에 대한 힘(forces for divergence)

분산 힘 중 하나는 경쟁도구처럼 조직문화를 사용한다. 많은 기업들은 혁신, 경쟁이나 혹은 그들 경쟁자로부터 구별하는 고객들과 같이 관계하여 단 하나의 문화를 창조하기를 기도한다(Guille'n, 2001).[317] 2번째 힘의 분산 창조는 국가문화이다. 특별한 일을 하기 위해 나타나는 문화적인 표현방법으로 이들 자신이 의견을 발표한다(Guille'n, 2001). 작업환경에 인간평등주의 창조를 기도하는 이스라엘 Kibbutz의 집산주의 문화이다(Bar-Hayim and Berman, 1991).[318] 다른 보기는 서구문화와 다른 경험 적용으로서 집단지향을 위한 일본 문화를 언급한다(Ouchi, 1981). 최종 보기로서, 다른 문화에는 퍼뜨리지 않고 스웨덴의 자동차 산업에서 인도주의 작업 디자인의 경험이다(Ellegard et al., 1992).[319]

경영자들은 그들 자신과 다른 국가문화에서 조직문화의 기초가정을 바꿀 수 없을 것 같다는 것을 인식하면 그들은 인공물 수준(artifact level)의 변화와 관리는 할 수 있는 것으로 가능하다. 관리자는 역시 조직문화가 그들에게 영향을 줄 수 있는 방법을 알아야만 한다. 예를 들면 조직문화는 관리를 지지하거나 혹은 관리 진취적인 토대를 침식(undermining)하든지 관리에 영향을 줄 수 있다. 관리자들로 부터 다른 가치에 대한 문화는 지지와 적합한 조정을 하지 않은 것이다.

조직문화는 조직의 행동 모습의 중요한 요소이다. 문화는 조직기능을 결정하는데 역할하고 그리고 산업화와 같은 과정에서 이 문화를 보전적인 과정 중에 하나의 관점으로 본다.

다른 하나의 관점으로서, 조직문화는 국가문화와 밀접한 관계에 관해서는 하나 밖에 없는 것은 아니다. 조직 주위에는 이것에 대한 영향으로부터 문화환경에 대한 행동과 가치를 막지 않기 때문이다.

조직문화는 하나의 조직 속에 몇 개가 수준과 기초가정이 다르게 나타나 관찰할 수 있는 인공물(observable artifacts)이 존재한다. 이것들은 조직을 위한 기능적이거나 혹은 역기능 어느 것이나 할 수 있는 문화구성의 특성이다.

조직문화를 이해하기 위한, 접근 중 하나는 Trompenaars and Hampton-Turner's 가족, Eiffel Tower, 유도미사일(Guided missile), 그리고 Incubator 문화와 같은 유형이다. 조직문화에 대한 확실한 형태는 다른 국가문화에 비해 더욱 월등하게 개발하는 것을 암시한다.

역시 거기에는 문화는 관리하기 쉽고, 조직리더는 입사에 영향을 줄 수 있고, 그리고 새로운 구성원들 사회화와 사회적인 해석(interpret stories) 그리고 조직의식의 중요성 정도에 대해서는 확장에 동의할 수는 없다. 거기에는 문화창조(culture creation)와 유지가 중요한 요소가 있다.

리더는 기초되는 가정 재구성(reframe underlying assumptions)에 대한 시도를 위해 조직문화를 바꿀 수 있다. 조직문화에 대한 전망이 비슷하게 되거나 혹은 닮지 않은 것은 국가문화의 발전에 달려있다.

더욱 동종국가문화(homogeneous) 쪽으로 움직이는 기업관찰자들은 같지 않은 경향이 있다. 유사한 조직문화 결과일 것이다. 이것은 조직 내에 활동 조정을 위해서 조직문화를 이해하는 관리자들을 위해 중요하다. 관리자들은 역시 조직문화가 그들의 행동에 어떻게 영향을 주는 지를 알아야 할 것이다.

참고문헌 ··

1) Drexler, K. E. (1986). Engines of Creation; Anchol Books a Division of Random House, INC. New York.

2) Bennis, W. G., & Nanus, B. (1985). Leaderships: The strategies of taking charge. New York: Harper & Row Bryman, A. (1993). Charismatic leadership in business organizations: Some neglected issues. Leadership Quarterly, 4(3/4), 289-304.
Kouzes, J. M., & Posner, B. Z. (1987). The leadership challenge: How to get extraordinary things done in organizations. San Francisco: Jossey-Bass.
Lord, R. G. Maher K. J. (1991). Leadership and information processing: Linking perception and performance. Boston: Unwin Hyman.

3) V.

4) Bridges, W. (1988). Surviving corporate transition. Mill Valley, CA: Doubleday. Peters, T. (1987). Thriving on chaos. New York: Harper & Row.

5) Nadler, D. A. (1995). Discontinuous change: leading organizational transformation. San Francisco: Jossey-Bass.

6) Bolman, L. G, & Deal (1991). Reframing organizations. San Francisco: Jossey-Bass. Morgan, G. (1986). Images of organization. Newbury Park, CA: Sage. O'Toole, J. (1985). Vanguard management: Redesigning the corporate future. New York: Doubleday. Porter, B. L., & Parker, W. S. Jr. (1992). Culture change. Human Resource Management, 31(1&2), pp. 45-67. Trice, H. M., & Beyer, J. M. (1991). Culture leadership in organizations. Organization Science, 2(2), pp. 149-169.

7) Belohlav, J. A. (1993). Quality, strategy, and competitiveness. California Management Review, 35, pp. 55-67. Hinton, T., & Schaeffer, W. (1994). Customer-focused quality. Englewood Cliffs, NJ: Prentice-Hall. Mallinger, M. (1993). Ambush along the TQM trail. Journal of Organizational Change Management, 6(4), pp. 30-42.
Beer, M., Eisenstat, R. A. & Spector, B. (1990). The critical path to corporate renewal. Boston: Harvard Business School Press.
Covin, T. J., & Kilmann, R. H. (1990). Participant perceptions of positive and negative influences on large-scale change. Group and Organization Studies, 15(2), pp. 223-248.

8) K. E. Weick (1985). "The significance of corporate culture". In P. J. Frost et al. (eds.). Organizational Culture; pp. 381-389. Beverly Hills, CA; Sage.

9) Ouch, W. G. and Price, R. (1978). Hierarchies, Clans and theory Z; a new perspective on organizational development. Organizational Dynamics, Vol.3, no. 2, 42-54.; Wilkins, A. L. (1984). The creation of company culture; the role of stories in human resource systems. Human Resource Management, Vol. 23, pp. 41-60.; Vaill, P. (1984). The purposing of high-performing systems. in Leadership and Organizational Culture. T. Sergiovanni and J. Corbally (eds.) Urbana; University of LIIinois Press.; Stevenson, H. and Gumpert, D. (1985). The part of entrepreneurship. Harvard Business Review. Vol.

63, no. 2, pp. 85-94.; Denison, D. R. (1990). Corporate Culture and Organizational Effectiveness. Wiley; New York.; Gordon, G. G. and DiTomaso, N. (1992) Predicting corporate performance from organizational culture. Journal of Management Studies, Vol. 29, no. 6, pp. 783-798.

10) Krefting, L. A. and Frost, P. I. (1985). Untangling webs, surfing waves, and wild-catting; a multiple-metaphor perspective on managing culture in organization culture. Frost, P. J. et al. (eds). Beverly Hill; Sage.; Gagliardi, P. (1986). The creation and change of organizational cultures; a conceptual framework.; Organization Studies, Vol. 7, no. 2, pp. 117-134.

11) Silverzweig, S. and Allen, R. F. (1976). Changing the corporate culture. Sloan Management Review, Vol.17, no. 3, pp. 33-49.; Bate, P. (1994). Strategies for Culture Change, Oxford; Butterworth-Heinemann.; Dawson, P. (1994). Organizational Change; A Processual Approach, London; Chapman.

12) S-

13) Rokeach, M. (1973). The nature of human values. New York: Free Press.

14) B- H. R.-

15) Lundberg, C. C. (1985). On the feasibility of cultural intervention in organizations. In P. J. Frost, L. F. Moore, M. R. Louis, C. C. Lundberg, & Martin(Eds.), Organizational culture(pp. 169-186). Beverly Hills, CA: Sage.
Sashkin, M., & Fulmer, R. M. (1985). Management organizational excellence culture. Performance culture. Paper presented at the Annual Meeting of the Academy of Management. Sand Diego, CA.

16) C. A. Barlett, & S. Ghoshal, (1990). Matrix management; Not a structure, a frame of mind. Harvard Business School Review, 68, pp. 138-145.

17) R. T. Pascale, (1990). Managing on the edge; How the smartest companies use con-flict to stay ahead. New York; Simon & Schuster.

18) R. Hooijberk, and F. Petrock, (1993). On Cultural Change; Using the Competing Values Framework to Help Leaders Execute a Transformational Strategy. Human Resource Management, Spring Vol. 32. Number 1. pp. 29-50.

19) Ouchi, W. G. (1981). Theory Z: How American business can meet Japanese challenge. Reading, MA: Addison-Wesley.
Senge, P. M. (1990). The Fifth discipline: The art and practice of the learning organization. New York: Doubleday/Currency.
Wantuck, K. A. (1989). Just in time for America. Ann Arbor, MI: Edwards Brother.

20) Kotter, J. P. (1995 March-April). Learning change. Boston: Why transformation efforts fail. Harvard Business Review, pp. 59-67.
Kotter, J. P., & Heskett, J. L. (1992). Corporate culture and performance. New York: Free Press.

21) Owens, R. G. (1991). Organizational behavior in education. Englewood Cliffs, NJ:

Prentice-Hall.

22) C-B-

23) T. J. Peters and R. H. Waterman, Jr. (1982). In Search of Excellence.; New York; Harper & Row, 1982.

24) P. N. Khandwalla (1972). Environment and it Impact on the Organization; International Studies of Management & Organization,. 2(3). pp. 297-312.

25) Burke, W. W., & Litwin, G. H. (1992). A causal model of organizational performance and change. Journal of Management, 18, pp. 523-545.
Kotter, J. P. (1966). Leading change. Boston: Harvard Business School Press.
Lewin, K. (1951). Field theory in social science. New York: Harper & Row.
Lippit, R., Watson, J., & Westley, B. (1958). The dynamics of planned change. New York: Harcourt , Brace and World.
Tichy, N. (1974). Agents of planned change: Congruence of values, cognitions and actions. Administrative Science Quarterly, 19, pp. 163-182.

26) S-

27) Rokeach, M. (1973). The nature of human values. New York: Free Press.

28) Geert Hofstede, (1997). Culture and Organizations; Software of the Mind; New York; McGraw-Hill.

29) Blake, R. R. Mouton, J. S.., Barnes, L. B., & Greiner, L. E. (1964). Breakthrough in organization development. Harvard Business Review, 42, 133-155.

30) Burns, T., & Stalker, G. (1961). The management of innovation. London: Tavistock.

31) Bennis, W. G. (1993). Beyond bureaucracy. San Francisco: Jossey-Bass.
Drucker, P. F. (1996). Forward: Not enough generals were killed. In The leader of the future(pp. xi-xv).(1996). San Francisco: Jossey-Bass, pp. xi-xv.
Kanter, R. M. (1983). The change masters. New York: Simon & Schuster.
Reich, R. B. (1983). The next American frontier. New York: Penquin Books.

32) B. R. W-

33) Burns, T., & Stalker, G. (1961). The management of innovation. London: Tavistock.

34) Schein, E. H.(1992). Organizational culture and leadership (2nd ed.). San Francisco: Jossey-Bass.

35) Manz, C. C., & Sims, H. P. (1989). Super-leadership. New York: Prentice-Hall.

36) Orawa, R. T., & Bossert, S. T. (1995). Leadership as an organizational quality. Educational Administrative Quarterly, 31(2), pp. 224-243.

37) Tichy, N. M,, & Devanna, M. A. (1986). The transformational leader. New York: John Wiley.

38) Adams, J. D. (1984). Transforming work. Alexandria, VA: Miles River Press.

39) Schein, E. H. (1992).

40) Hickman, C. R., & Silva, M. A. (1984). Creating excellence: Managing corporate cul-

ture, strategy, and change in the new age. New York: New American Library.

41) Rost, J. C. (1991).

42) Burke, W. W., & Litwin, G. H. (1992). A causal model of organizational performance and change. Journal of Management, 18, pp. 523-545.
Kotter, J. P. (1966). Leading change. Boston: Harvard Business School Press.
Lewin, K. (1951). Field theory in social science. New York: Harper & Row.
Lippit, R., Watson, J., & Westley, B. (1958). The dynamics of planned change. New York : Harcourt, Brace and World.
Tichy, N. (1974). Agents of planned change: Congruence of values, cognitions and actions. Administrative Science Quarterly, 19, pp. 163-182.

43) Bennis, W. G., Benne, K. D., & Chin, R. (1961). The planning of change (ist ed.) New York: Holt, Rinehart & Winston.
Fayol, H. (1949). General and industrial management(c. Stoors, Trans.) London : Sir Isaac Pitman & Sons.

44) B & N , Kotter.

45) B. B. K. R. S.

46) Hofstede, G. (1998). Attitudes, Values and Organizational Culture; Disentangling the concepts Organization Studies, 19,3; AB/INFORM Complete. p. 483.

47) H. .K. R. S-

48) Burke, W. W. (1986). Leadership as empowering others. In Srivasta & Associates (Eds.), Executive power: How executives influence people in organizations (pp. 51-77). San Francisco: Jossey-Bass.
Sashkin, M. (1988). The visionary leader. In J. A. Conger & R. N. Kanungo (Eds.), Charismatic leadership: The elusive factor in organizational effectiveness. San Francisco: Jossey-Bass.

49) Bass, B. M., & Avolio, B. J. (1994). Improving organizational effectiveness through transformational leadership. Thousand Oaks, CA: Sage.
Giddons, P. T. (1992). Impacts of organizational evolution on leadership roles and behaviors. Human Relations, 45(1), pp. 1-18.
Riechimann, D.(1992). High-involvement, high-performance teams in higher education. In K. E. Clark, M. B.Clark, & D. P. Camphell(Eds.) Impact of leadership (pp. 257-267). Greensboro, NC: Center fdr Creative Leadership.
Stewart, G. L., & Manz, C. C. (995). Leadership for self-managing work teams: A typology and integrative model. Human Relations, 48(7), pp. 747-770.

50) Bolman, L. G, & Deal(1991). Reframing organizations. San Francisco: Jossey-Bass.
Morgan, G. (1986). Images of organization. Newbury Park, CA: Sage.
O'Toole, J. (1985). Vanguard management: Redesigning the corporate future. New York: Doubleday.
Porter, B. L., & Parker, W. S. Jr. (1992). Culture change. Human Resource

Management, 31(1&2), pp. 45-67.

Trice, H. M., & Beyer, J. M. (1991). Culture leadership in organizations. Organization Science, 2(2), pp. 149-169.

51) B. B. K. R. S.

52) Delavigne, K. T. (1994). Deming's profound changes: When will the sleeping giant awaken.? Englewood Cliffs, NJ: Prentice-Hall.

Deming, W. E. (1982). Quality, productivity and competitive advantage. Cambridge, MA: MIT Center for Advanced Engineering Study.

Dyer, W. G., & Dyer, W. G., Jr. (1986, February). Organization development: System change or culture change? Personnel, pp. 14-22.

Fisher, K. (1993). Leading self-directed work teams. New York: McGraw-hill.

Kanter, R. M. (1981).Power, leadership, and participatory management. Theory Into Practice, 20, pp. 219-224.

Lawler, E. E. (1988). Choosing an involvement strategy. Academy of Management Executive, 2, pp. 197-204.

Sashkin, M. (1984, Spring). Participative management is an ethical imperative. Organizational Dynamics, pp. 5-21.

Vill, P. B. (1982, Autumn). The purposing of high- performing systems. Organizational Dynamics, pp. 23-39.

Walton, R. E. (1985, March-April). From control to commitment in the workplace. Harvard Business Review, pp. 76-84.

53) King, N. (1992). Modeling the innovation process: An empirical comparison of approaches. Journal of Occupational and Organizational Psychology, 65(2), 89-101. & Osbobrne, P. S. (1998). ofcit. & Hofstede, G. (1995). Culture and organizations. New York: McGraw-Hill.

54) Denison, D. R. (1990). Corporate culture and organizational effectiveness. New York: John Willey and Sons.

55) Rousseau, D. M. (1996). Changing the deal while keeping the people. Academy of Management Executive, 10(1), 50-61.

56) Delbecq, A. L., & Mills, P. K. (1985). Managerial practices that enhance innovation. Organizational Dynamics, 14, 24-34.

57) Quinn, R. E. (1988). Beyond rational management: Mastering the paradoxes competing demands of high performance. San Francisco: Jossey-Bass.

58) Van de ven, A. H. (1986). Central problems in the management of innovation. Management Science, 32, 509-607.

59) Bass, B. M., (1985). Leadership and performance beyond expectations. New York: Free Press. & Howell, J. M., & Higgins, C. A. (1990). Champions of technological innovation. Administrative Science Quarterly, 35(2), 317-341.

60) G. S. Saffold (1988). Culture Traits, Strenth, and Organizational Performance; Moving

beyond Strong Culture. Academy of Management Review, pp. 546-558.

61) R. Psscale (1985). The Paradox of Corporate Culture; Reconciling Ourselves to Socialization, California Management Review. Vol. 27. No.2, Winter. 1985. pp. 26-41.

62) Reynolds, P. D. (1986). Organizational Culture As Related to Industry, Position and Performance.; Journal of Management Studies, Vol. 23. pp. 333-344.

63) Deal, T.E. , & Kennedy, A. A. (1982). Corporate Culture: The rites and rituals of corporate life, Reading , MA; Addison Wesley.

64) Deal, T. E., & Kennedy, A. A. (1982). Corporate cultures: The rites and rituals of corporate life. Reading, MA; Addison Wesley.

Denison, D. R. (1990). Corporate culture and organizational effectiveness. New York : John Wiley & Sons.

Denison, D. R., Mishra, A. K. (1995). Toward a theory of organizational culture and effectiveness. Organization Science, 6(2), pp. 204-223.

Sashkin, M. (1986). The visionary leaders. Training and Development Journal, 40(5), pp. 58-61.

Tunstall, W. (1938). Culture transition at AT&T. Sloan Management Review, 24(1), 15-26.

Wiener, Y. (1988). Forms of value systems: A focus on organizational effectiveness and cultural change and maintenance. Academy of Management Review, 13(4). pp. 543-545.

Wilkins, A. L., & Ouchi, W. G. (1983). Efficient cultures : Exploring the relationship between culture and organization performance. Administrative Science Quarterly, 28, pp. 468-481.

Wilms, W. W., Hardcastle, A. J., and Deone, M. Z. (1994 Fall). Cultural transformation at NUMMI. Sloan Management Review, pp. 99-113.

65) Den- Mis-

66) Den- Mis-

67) Seashore, S. E. and Yuchtman, E. (1967). Factorial analysis of organizational performance.; Administrative Science Quarterly, pp. 321-329.

68) Georgopolous, B. S. and Tannenbaum, (1957). A study of Organizational Effectiveness.; American Sociological Review, Oct. p. 540.

69) Bass, B. M. and Yammarino, F. J. (1991). Congruence of self and others' leadership ratings of naval officer for understanding successful performance. Applied Psychology; An International Review, 40, pp. 437-454.

70) Hater, J. J. and Bass, B. M. (1988). Superiors' evaluations and subordinates' perception of transformational and transactional leadership.; Journal of Applied Psychology. 73(4). pp. 695-701.

71) Howell, J. M. and Avolio, B. J. (1993). Transformational leadership, transactional leadership, locus of control, and support for innovation; Key predictor of con-

solidated-business-unit performance. Journal of Applied Psychology, 78(6), pp. 891-902.

72) Keller, R. T. (1992). Transformational leadership and the performance of research and development project groups.; Journal of Management, 18, 489-501.

73) O'reilly, C. A. and Chatman, J. (1986). Organizational commitment and psychological attachment; The effects of compliance, identification, and internalization on pro-social behavior.; Journal of Applied Psychology, 71, 492-499.

74) Organ, D. W. (1988). Organizational citizenship behavior.; The good soldier syndrome. Lexington, MA: Lexington Books.

75) Drucker, P. F. (1992). Managing for the future. New York; Truman Talley Books.

76) Shein, E. H. (1992). Organizational culture and leadership. San Francisco, CA; Jossey-Bass.

77) Luthans, F. (1955). Organizational behavior. New York; McGraw-Hill. pp. 497-511.

78) Mintzberg, H. (1994). The fall and rise of strategic planning. Harvard Business Review, 72(1). p. 109.

79) Schein, E. H. (1996). Three cultures of management; the key to organizational learning. Sloan Management Review, 38.

80) Kilmann, R. M. (1986). Five steps for closing culture gaps. In R. Kilmann, M. Saxton, and R. Serpa(Eds.), Gaining Control of Corporate Culture(pp. 350-369). San Francisco; Jossey Bass.

81) Saffold, G. S. (1988). Culture traits, strength and organizational performance; Moving beyond "strong" culture. Academy of Management Review, 13, pp. 546-558.

82) Smith, M. (1998). Measuring organizational effectiveness. Management Accounting(British), 76(3), p. 34.

83) Thompson, K. R. & Luthans, E. (1990). Organizational culture; A behaviourial perspective. In B. Scheinder (Ed.), Organizational Climate and Culture. San Francisco, CA. Jossey Bass. pp. 319-345.

84) Gilbert, G. R., & Parizgari, A. M. (2000). Organizational effectiveness indicators to support service quality. Management Service Quality, 10(1), pp. 46-51.

85) Schein, E. H. (1992). Organizational culture and leadership. San Francisco, CA; Jossey- Bass.

86) Deal, T. E., & Kennedy, A. A. (1982). Corporate cultures; The rites and rituals of corporate life. Reading, MA; Addision-Wesley.

87) Galpin, T. (1996). Connecting culture to organizational change. Human Resources Magazine., 41. pp. 84-90.

88) Trice, H. M., & Beyer, J. M. (1993). The cultures of work organizations. Englewood Cliffs, NJ; Prentce-Hall.

89) Weber, M. (1946). The theory of social and economic organization. Translated by A. M. Henderson and Talcott Parsons. Edited with an introduction by Talcott Parsons.

Glencoe, IL; Free Press.

90) Burns, T., & Stalker, G. M. (1961). The management of innovation. London; Social Science Paperbacks. pp. 119-125.

91) Bun, C. (1995). How do public manager management? Bureaucratic constraints, organizational culture, and the potential for reform. San Francisco; Jossey- Bass.

92) Noble, E. (2000). Quality assurance; The measure of quality culture in a managed care setting. Total Quality Management, 11(2), p. 199.

93) Stauffer, D. (1999). Let the good times roll; Building a fun culture. Harvard Management Update, 4(10), p. 4.

94) Fiedler, F. (1972). The effects of leadership training and experience; A contingency model interpretation. Administrative Science Quarterly, p. 455.

95) French, J. P., & Raven, B. (1959). The basis of social power. In D. Cartwright (Ed.), Studies in social power. Ann Arbor; Institute for Social Research.

96) Deal, T. E., & Kennedy, A. A. (1982). Corporate cultures; The rites and rituals of corporate life. Reading, MA; Addison-Wesley.

97) Harrison, R., & Stokers, H. (1992). Diagnosing organizational culture. San Francisco; Lossey- Bass.

98) Hamel, G. (2000). Leading the Revolution. Boston. MA: Harvard Business School Press. - and Kanter, R. M. (2001). Evolve! Succeeding in the Digital Culture of Tomorrow: Boston, MA : Harvard Business School Press.

99) Kogut, B. (2003). The Global Internet Economy. Cambridge, MA: the MIT Press.

100) Gersick, C. J. G. (1988). "Time and Transition in Work Time: Toward a New Model of Group Development." Academy of Management Journal, 31, 9-41.

101) Kahn, J. (1995). "Chines Corporation Bulk Up to Take On the World: Business Giants Believe Their Great Size Is the Key to Competing," Wall Street Journal, July 5. A6. -. and Tang, J. and Ward, A. The Changing Face of Chines Management. New York: Routledge.

102) Steinmetz, G. (1995). "Customer-Service Era Is Reaching Germany Late, Hunting Business," Wall Street Journal, June 1,1 & A8.

103) Eakin, H. (2003). "Deutsche Telekom Posts Biggest Loss in Europe's History," New York Times, March 11, W1.

104) Schein, E. (1985). Organizational Culture and Leadership. San Francisco: Jossey- Bass.

105) Trice, H. and Beyer, J. (1993). The Cultures of Work Organizations. Upper Saddle River, NJ: Prentice Hall.

106) Hofstede, G. (2001). Culture's Consequences: Comparring Vauess, Behaviors, Institutions, and Organizational Across Nations. 2d Ed. Thousand O만, CA: Sage.

107) Deal, T. E. and Kennedy, A. A. (1999). The New Corporate Cultures: Revitalizing the

Workplace after Downsizing, Megers, and Reengineering. Cambridge, MA: Perseus.

108) Hofstede, G., Neuijen, B., Ohayv, D., and Snaders, G.(1990). "Measuring Organizational Cultures: A Qualitative and Qualitative Study Across Twenty Cases," Administrative Science Quarterly, 35.

109) Coutu, D. L. (2002). "The Anxiety of Learning" Harvard Business Review, March, 2-8.

110) Florida, R. and Kenney, M. (1991). "Transplanted Organizations: The Transfer of Japanese Industrial Organization to the U. S.," American Sociological Review, 56: 381-398.

111) Tichy, N. (1983). Management Strategic Change. Technical, Political and Culture Dynamics . New York: Wiley. - and Sherman, S. (1993). Control Your Own Destiny ro Someone Else Will: How Jack Welch is Making General Electric the World's Most Competitive Company. New York: Doubleday.

112) Gersick, C. J. G. (1991). "Revolutionary Change Theory: A Multilevel Exploration of the Punctuated Equilibrium Paradigm," Academy of Management Review, 16, 10-36.

113) Hannan, M. T. and Freeman. J. (1989). Organizational Ecology. Cambridge MA: Harvard University Press.

114) Scott. R. (1995). Institutions and Organizations. Newbury Park, CA: Sage.

115) Aldrich, H. E. (1999). Organization Evolving. Thousand Oaks, CA: Sage.

116) Burke, W. W. (2002). Organization Change: Theory and Practice. Thousand Oaks. CA: Sage.

117) Carroll, G. R. and Hannan M. T. (eds) (1995).Organizational in Industry: Strategy, Structure and Selection, New York: Oxford University Press.

118) Burke, W. W. (2002). Ibid.

119) Burke W. W. (2000). Ibid.

120) Sayles, L. (1993). The Working Leader: The Triumph of High Performance Over Conventional Management Principles. New York: The Free Press.

121) Ouchi, W. G. and Price, R. (1978). Hierachies, clans and theory Z; a new perspective on organizational development. Organizational Dynamics, Vol. 7, no. 2, 25-44.

122) Wilkins, A. L. (1984). The creation of company cultures; The role of stories in human resource systems. Human Resource Management. Vol. 23, 41-60.

123) Vaill, P. (1984). The purposing of high-performing systems, in Leadership and Organizational Culture. T. Sergiovanni and J. Corballv(eds). Urbana; University of Illinois Press.

124) Stevenson, H. and Gumpert, D. (1985). The heart of entrepreneurship. Harvard Business Review. Vol. 63. no. 2, 85-94.

125) Denison, D. R. (1990). Corporate Culture and Organizational Effectiveness. Wiley; New York.

126) Gordon, G. G. and DiTomaso, N. (1992). Predicting corporate performance from organizational culture. Journal of Management Studies, Vol. 29, no. 6, 783-798.

127) Krefting, L. A. and Frost, P. J. 1985. Untangling webs, surfing waves, and wild-catting; a multiple-metaphor perspective on managing culture. in Organization Culture. P. J. Frost et al (eds). Beverly Hills; Sage.

128) Gagliardi, P. The creation and change of organizational cultures; a conceptual framework. Organization Studies. Vol. 7, no. 2, 117-134.

129) Martin, J. (1985). Can organizational culture be managed? in Organizational Culture. P. J. Frost, L. F. Moore, M. R. Louis, C. C. Lundburg and Martin (eds). London; Sage.

130) Robbins, S. P. (1987). Organization Theory; Structure, Design and Application, Hemel Hempstead; Prentice-Hall.

131) Silverzweig, S. and Allen, R. F. (1976). Changing the corporate culture. Sloan Management Review, Vol. 17, no. 3, pp. 33-49.; Bate, P. (1994). Strategies for Culture Change, Oxford; Butterworth-Heinemann.; Dawson, P. (1994). Organizational Change; A Processual Approach, London; Chapman.

132) Silverzweig, S. and Allen, R. F. (1976). Changing the corporate culture. Sloan Management Review, Vol.17, no. 3, pp. 33-49.; Bate, P. (1994). Strategies for Culture Change, Oxford; Butterworth-Heinemann.; Dawson, P. (1994). Organizational Change; A Processual Approach, London; Chapman.

133) Deal, T. E. and Kennedy, A. A. (1982). Corporate Culture; The Rites and Rituals of Corporate Life, Reading; Addison-Wensley.

134) Sathe, V. (1983). Implications of corporate culture; a manager's guide to action; Organizational Dynamics, Autumn, 5-23.

135) Weick, K. (1985). Sources of order in under organized systems; themes in recent organizational theory. in Organizational Theory and Inquiry; The Paradigm Revolution. Y. S. Lincoln (eds). Bervery Hill; Sage.

136) DiTomaso, N. (1987). Symbolic media and social solidarity; the foundations of corporate culture. Research in the Sociology of Organizations, Vol. 5, 105-135.

137) Schall, M. (1983). A communication-rules approach to organizational culture. AdministrativeScience Quarterly, Vol. 28, 557-581.

138) Sathe, V. (1983). Implications of corporate culture; a manager's guide to action. Organizational Dynamics, Autumn, 5-23.

139) Wilkins, A. L. (1984). The creation of company cultures; the role of stories in human resource systems. Human Resource Management, Vol. 23, 41-60.

140) Sathe, V. (1983). Implications of corporate culture; a manager's guide to action. Organizational Dynamics, Autumn, 5-23.

141) Schall, M. (1983). A communication-rules approach to organizational culture. Administrative Science Quarterly. Vol. 28, 557-581.

142) Louis, M. R. (1985). An investigator's guide to workplace culture in Organizational Culture. P. J. Frost, L. F. Moore, M. R. Louis, C. C. Lundburg and J. Martin (eds). London; Sage.

143) Pettigrew, A. M. (1979). On studying organizational culture. Administrative Science Quarterly, Vol.24, 570-581.

144) Gregory, K. (1983). Native view paradigms; multiple culture and culture conflicts in organizational culture. Journal of Management Studies. Vol.29, no. 786-798.

145) Morgan, G. (1986). Images of Organization, London; Sage.

146) Sackmann, S. A. (1992). Culture and subculture; an analysis of organizational knowledge. Administrative Science Quarterly, 34, March, 140-161.

147) Sieh, C. and Martin, J. (1984). The role of symbolic management; how can managers effectively transmit organizational culture?in Leaders and Managers; international Perspectives on Managerial Behavior and Leadership. J. C. Hunt, D. Hosking, C. Schriesheim and R. Stewart(eds). New York; Pergamon.

148) Hunter, M. (1996). "Europe's Reborn Right." New York Times Magazine, April 21, 38-43.

149) Trompenaars, F. and Hampden Turner, C. (1998). Riding the Waves of Culture: Understanding Cultural Diversity in Global Business. 2d Ed. New York: McGraw Hill.

150) Nisbet, R. (1980). History of the Idea of Progress. New York: Basic Books.

151) Merton, R. K. (1938). "The unanticipated Consequences of Purposive Social Action," American Sociological Review, 1. 894-904.

152) Sieber, S. D. (1981). Fatal Remedies: The Ironies of Social Intervention. New York: Plenum.

153) Nicholson, R. K. (1998). "How Hardwired is Human Behavior?" Harvard Business Review, July- August, 135-147.

154) Nicholson, R. K. (1998). Ibid.

155) Harzing, A. and Hofstede, G. (1996). "Planned Change in Organizations: The Influence of National Culture." In Bamberger , P. and Erez, M.(eds.) Research in The Sociology of Organizations: Cross-Culture Analysis of Organizations, Greenwich, CT: JAI Press.

156) Harzing, A. and Hofstede, G. (1996). Ibid. p. 315.

157) G. S. Saffold (1988). Culture Traits, Strenth, and Organizational Performance; Moving beyond Strong Culture. Academy of Management Review, pp. 546-558.

158) R. Psscale, (1985). The Paradox of Corporate Culture; Reconciling Ourselves to Socialization, California Management Review. Vol. 27. No. 2, Winter. 1985. pp. 26-41.

159) Reynolds, P. D. (1986). Organizational Culture As Related to Industry, Position and Performance.; Journal of Management Studies, Vol. 23. pp. 333-344.

160) Deal, T.E. , & Kennedy, A. A. (1982). Corporate Culture: The rites and rituals of corporate life, Reading , MA; Addison Wesley.

161) Deal, T. E., & Kennedy, A. A. (1982). Corporate cultures: The rites and rituals of corporate life. Reading, MA; Addison Wesley.

Denison, D. R. (1990). Corporate culture and organizational effectiveness. New York: John Wiley & Sons.

Denison. D. R., Mishra, A. K. (1995). Toward a theory of organizational culture and effectiveness. Organization Science, 6(2), pp. 204-223.

Sashkin, M. (1986). The visionary leaders. Training and Development Journal, 40(5), pp. 58-61.

Tunstall, W. (1938). Culture transition at AT&T. Sloan Management Review, 24(1), 15-26.

Wiener, Y. (1988). Forms of value systems: A focus on organizational effectiveness and cultural change and maintenance. Academy of Management Review, 13(4). pp. 543-545.

Wilkins, A. L., & Ouchi, W. G. (1983). Efficient cultures: Exploring the relationship between culture and organization performance. Administrative Science Quarterly, 28, pp. 468-481.

Wilms, W. W., Hardcastle, A. J., and Deone, M: Z. (1994 Fall). Cultural transformation at NUMMI. Sloan Management Review, pp. 99-113.

162) Den- Mis-

163) Burke, W. W. (2002). Organization Change: Theory and Practice. Thousand Oaks, CA: Sage. - and Guille'n, M. F. (2002). The Limits of Convergence: Globalization, and Organizational Change in Argentina, South Korea, and Spain. Princeton, NJ: Princeton University Press. - and Pettigrew, A. and Fenton, E. (2000). The Innovating Organization, Thousand O만, CA: Sage.

164) Tichy, N. (1983). Managing Strategic Change: Technical, Political and Culture Dynamics. New York: Wiley. - and Sherman, S. (1993). Control Your Own Destiny or Someone Else Will: How Jack Welch is Making General Electric the World's Most Competitive Company. New York: Doubleday

Burke, W. W. (1982). Organization Development: Principles and Practices. Boston: Little, Brown.

165) T. Kuhn; The Structure of Scientific Revolution, Chicago, University of Chicago Press, 1982, pp. 18.

166) Lewin, K. (1985). Field Theory in Social Science. New York: Harper and Row.

167) Gold, B. A. and Miles, M. B. (1981). Whose School Is It, Anyway? New York: Praeger.

168) Gild, B. A. (1999). "Punctuated Legitimacy: A Theory of Educational Change." Teacher College Record. 101(2), 192-219.

169) Harzing, A. and Hofstede, G. (1996). "Planned Change in Organizations: The Influence of National Culture." In Bamberger, P. and Erez, M.(eds.) Research in The Sociology

of Organizations: Cross-Culture Analysis of Organizationas Greenwich, CT: JAI Press.

170) Kim, C. (1992). The Culture of Korean Industry: An Ethnography of Poongsan Corporation. Tucson, AZ: University of Arizona Press.

171) Van de Ven, A. and Poole, M. (1995). "Explaining Development and Change in Organizations," Academy of Management Review, 20, 510-540.

172) Romanelli, E. and Tushman, M. (1994). "Organizational Transformation as Punctuated Equilibrium: An Empirical Test," Academy of Management Journal, 37, 1141-1166.

173) Reich, R. (1991). The Work of Nations: Preparing Ourselves for 21st-Century Capitalism. New York: Knopf.

174) Cole, R. (1990). "U. S. Quality Improvement in the Auto Industry: Close But No Cigar," California Management Review, 32(4), 71-85.

175) Bennis, W. G., & Nanus, B. (1985). Leaderships:: The strategies of taking charge. New York: Harper & Row
Bryman, A. (1993). Charismatic leadership in business organizations: Some neglected issues. Leadership Quarterly, 4(3/4), 289-304.
Kouzes, J. M., & Posner, B. Z.(1987). The leadership challenge: How to get extraordinary things done in organizations. San Francisco: Jossey-Bass.
Lord, R. G. Maher K. J. (1991). Leadership and information processing: Linking perception and performance. Boston: Unwin Hyman.

176) V.

177) Bridges, W. (1988). Surviving corporate transition. Mill Valley, CA: Doubleday.
Peters, T. (1987). Thriving on chaos. New York: Harper & Row.

178) Nadler, D. A. (1995). Discontinuous change: leading organizational transformation. San Francisco: Jossey-Bass.

179) Bolman, L. G, & Deal (1991). Reframing organizations. San Francisco: Jossey-Bass.
Morgan, G. (1986). Images of organization. Newbury Park, CA: Sage.
O'Toole, J. (1985). Vanguard management: Redesigning the corporate future. New York : Doubleday.
Porter, B. L., & Parker, W. S. Jr. (1992). Culture change. Human Resource Management, 31(1&2),pp.45-67.
Trice, H. M., & Beyer, J. M. (1991). Culture leadership in organizations. Organization Science, 2(2), pp. 149-169.

180) Belohlav, J. A. (1993). Quality, strategy, and competitiveness. California Management Review, 35, pp. 55-67.
Hinton, T., & Schaeffer, W. (1994). Customer-focused quality. Englewood Cliffs, NJ: Prentice-Hall.
Mallinger, M. (1993). Ambush along the TQM trail. Journal of Organizational Change Management, 6(4), pp. 30-42.
Beer, M., Eisenstat, R. A. & Spector, B. (1990). The critical path to corporate

renewal. Boston: Harvard Business School Press.

Covin, T. J., & Kilmann, R. H. (1990). Participant perceptions of positive and negative influences on large-scale change. Group and Organization Studies, 15(2), pp. 223-248.

181) Ouch, W. G. and Price, R. (1978). Hierarchies, Clans and theory Z; a new perspective on organizational development. Organizational Dynamics, Vol.3, no. 2, 42-54.; Wilkins, A. L. (1984). The creation of company culture; the role of stories in human resource systems. Human Resource Management, Vol. 23, pp.41-60.; Vaill, P. (1984). The purposing of high-performing systems. in Leadership and Organizational Culture . T. Sergiovanni and J. Corbally (eds.) Urbana; University of LIIinois Press. ; Stevenson, H. and Gumpert, D. (1985). The part of entrepreneurship. Harvard Business Review. Vol. 63, no. 2, pp. 85-94.; Denison, D. R. (1990). Corporate Culture and Organizational Effectiveness. Wiley; New York.; Gordon, G. G. and DiTomaso, N. (1992) Predicting corporate performance from organizational culture. Journal of Management Studies, Vol. 29, no. 6, pp. 783-798.

182) Blake, R. R. Mouton, J. S., Barnes, L. B., & Greiner, L. E. (1964). Breakthrough in organization development. Harvard Business Review, 42, 133-155.

183) Burns, T., & Stalker, G. (1961). The management of innovation. London: Tavistock.

184) Bennis, W. G. (1993). Beyond bureaucracy. San Francisc: Jossey-Bass.

Drucker, P. F. (1996). Forward: Not enough generals were killed. In The leader of the future(pp. xi-xv). (1996). San Francisco: Jossey-Bass, pp. xi-xv.

Kanter, R. M. (1983). The change masters. New York: Simon & Schuster.

Reich, R. B. (1983). The next American frontier. New York: Penquin Books.

185) B. R. W-

186) Burns, T., & Stalker, G. (1961). The management of innovation. London: Tavistock.

187) Schein, E. H. (1992). Organizational culture and leadership (2nd ed.). San Francisco: Jossey-Bass.

188) Manz, C. C., & Sims, H. P. (1989).Super-leadership. New York: Prentice-Hall.

189) Orawa, R. T., & Bossert, S. T. (1995). Leadership as an organizational quality. Educational Administrative Quarterly, 31(2), pp. 224-243.

190) Tichy, N. M,, & Devanna, M. A. (1986). The transformational leader. New York: John Wiley.

191) Adams, J. D. (1984). Transforming work. Alexandria, VA: Miles River Press.

192) Schein, E. H. (1992)

193) Hickman, C. R., & Silva, M. A. (1984). Creating excellence: Managing corporate culture, strategy , and change in the new age. New York: New American Library.

194) Rost, J. C. (1991).

195) Burke, W. W., & Litwin, G. H. (1992). A causal model of organizational performance and change. Journal of Management, 18, pp. 523-545.

Kotter, J. P. (1966). Leading change. Boston: Harvard Business School Press.

Lewin, K. (1951). Field theory in social science. New York: Harper & Row.

Lippit, R., Watson, J., & Westley, B. (1958). The dynamics of planned change. New York: Harcourt , Brace and World.

Tichy, N. (1974). Agents of planned change: Congruence of values, cognitions and actions. Administrative Science Quarterly, 19, pp. 163-182.

196) Bennis, W. G., Benne, K. D., & Chin, R. (1961). The planning of change (ist ed.) New York: Holt, Rinehart & Winston.

Fayol, H. (1949). General and industrial management(c. Stoors, Trans.) London: Sir Isaac Pitman & Sons.

197) B & N , Kotter.

198) B. B. K. R. S.

199) Hofstede, G. (1998).　Attitudes, Values and Organizational Culture; Disentangling the concepts Organization Studies, 19,3; AB/INFORM Complete. p.483

200) Deal, T. E. and Kennedy, A. A. (1982). Corporate Culture; The Rites and Rituals of Corporate Life, Reading; Addison-Wensley.

201) Sathe, V. (1983). Implications of corporate culture; a manager's guide to action; Organizational Dynamics, Autumn, 5-23.

202) Weick, K. (1985). Sources of order in under organized systems; themes in recent organizational theory. in Organizational Theory and Inquiry; The Paradigm Revolution. Y. S. Lincoln (eds). Bervery Hill; Sage.

203) DiTomaso, N. (1987). Symbolic media and social solidarity; the foundations of corporate culture. Research in the Sociology of Organizations, Vol.5, 105-135.

204) Burke, W. W., & Litwin, G. H. (1992). A causal model of organizational performance and change. Journal of Management, 18, pp. 523-545.

Kotter, J. P. (1966). Leading change. Boston: Harvard Business School Press.

Lewin, K. (1951). Field theory in social science. New York: Harper & Row.

Lippit, R., Watson, J., & Westley, B. (1958). The dynamics of planned change. New York: Harcourt , Brace and World.

Tichy, N. (1974). Agents of planned change: Congruence of values, cognitions and actions. Administrative Science Quarterly, 19, pp. 163-182.

205) Schall, M. (1983). A communication-rules approach to organizational culture. AdministrativeScience Quarterly, Vol. 28, 557-581.

206) Sathe, V. (1983). Implications of corporate culture; a manager's guide to action. Organizational Dynamics, Autumn, 5-23.

207) Deal, T. E. and Kennedy, A. A. (1982). Corporate Culture; The Rites and Rituals of Corporate Life, Reading; Addison-Wensley.

208) Sathe, V. (1983). Implications of corporate culture; a manager's guide to action ; Organizational Dynamics, Autumn, 5-23.

209) Weick, K. (1985). Sources of order in under organized systems; themes in recent organizational theory. in Organizational Theory and Inquiry; The Paradigm Revolution. Y. S. Lincoln (eds). Bervery Hill; Sage.

210) DiTomaso, N. (1987). Symbolic media and social solidarity; the foundations of corporate culture. Research in the Sociology of Organizations, Vol.5, 105-135.

211) Wilkins, A. L. (1984). The creation of company cultures; the role of stories in human resource systems. Human Resource Management, Vol. 23, 41-60.

212) Sathe, V. (1983). Implications of corporate culture; a manager's guide to action. Organizational Dynamics, Autumn, 5-23.

213) Schall, M.(1983). A communication-rules approach to organizational culture. Administrative Science Quarterly. Vol. 28, 557-581.

214) Louis, M. R. (1985). An investigator's guide to workplace culture in Organizational Culture. P. J. Frost, L. F. Moore, M. R. Louis, C. C. Lundburg and J. Martin (eds). London; Sage.

215) Pettigrew, A. M. (1979). On studying organizational culture. Administrative Science Quarterly, Vol.24, 570-581.

216) Gregory, K. (1983). Native view paradigms; multiple culture and culture conflicts in organizational culture. Journal of Management Studies. Vol.29, no. 786-798.

217) Morgan, G. (1986). Images of Organization, London; Sage.

218) Sackmann, S. A. (1992). Culture and subculture; an analysis of organizational knowledge. Administrative Science Quarterly, 34, March, 140-161.

219) Siehl, C. and Martin, J. (1984). The role of symbolic management; how can managers effectively transmit organizational culture?in Leaders and Managers; international Perspectives on Managerial Behavior and Leadership. J. C. Hunt, D. Hosking, C. Schriesheim and R. Stewart(eds). New York; Pergamon.

220) 김용운, 원형의 유혹, 한길사, 1994. pp. 5

221) C. Kluckhohn and H. A. Murray, Personality Formation; The Determinants. New York. Alfred A. Knopf, 1956, pp. 53.

222) Chase-Dunn, C., Kawano, Y., & Brewer, B. D. (2000). "Globalization Since 1795: Waves of Integration in the World-System." American Sociological Review. 65, 77-95.

223) Desphande, R., & Webster, F. Jr. (1989). Organizational culture and marketing: Defining the research agenda. Journal of Marketing, 53 (January), 3-15.

224) A. M., Francesco and B. A. Gold, (2005). International Organizational Behavior, Pearson Prentice Hall. p. 18.

225) F. Hofstede, (1997). Culture and Organizations, New York: McGraw-Hall. p.6.

226) Kroeber, A. L. and Kluckhohn, F. (1952). "Culture: A Critical Review of Concepts and Definitions." Peabody Museum Paper, 47(1) Cambridge, MA: Blachwell.

227) Tylor, E. (1871). Origins of Culture. New York: Harper & Row.

228) Ferraro, G. P. (2002). The Culture Dimension of International Business. 4th Ed. Upper Saddle River, NJ: Prentice Hall.

229) Peters, T. J., & Waterman, Jr., R. H. (1982). In search of excellence: Lessons from Americas best-run companies. New York, NY: Warner Books.

230) Hurley, R. F., & Hult, T. M., (1998). Innovation, market orientation, and organizational learning: An integration and empirical examination. Journal of Market,62(3),42-54.

231) Amabile, T. M., (1997). Motivating creativity in organizations: On doing what you love and loving what you do. California Management Review. 40(1), 39-58.

232) Damanpour, F. (1987). The adoption of technological, administrative, and ancillary innovations: Impact of organizational factors. Journal of Management ,13(4). pp. 675-688. & Perri (1993). Innovation by nonprofit organizations: Policy and research issues. nonprofit Management and Leadership. 3(4). 1-18.

233) Higgins, J. M., (1995). Innovation: The core competence. Planning Review 23(6), 33-36.

234) Martin, J., & Meyerson, D. (1988). Organizational culture and the denial, channelling, and acknowledgement of ambiguity. in R. P. Boland, & H. Thomas (Eds.). Managing ambiguity and change, PP. 93-125. Beverly Hills, CA: Sage.

235) Martin, J. (1992). Cultures in organizations: Three perspectives. New York, NY: Oxford University Press.

236) Schein, E. H., (1085). Organizational culture and leadership. San Francisco, CA: Jossey Bass Publishers. & Schein, E. H., (1085). Organizational culture and leadership. San Francisco, CA: Jossey Bass Publishers.

237) Denison, D. R., (1990). Corporate culture and organizational effectiveness. New York: John Wiley and Sons. &. Pervaiz, K. A., (1998). Culture and climate for innovation. European Journal of innovation Management, 911),30-47.

238) Romney, A. K., Weller, S. C., & Batchelder, W. H. (1986). Cultures as consensus: A theory of cultural and informant accuracy. American Anthropologist, 88, 313-338.

239) Caukings, D., & Hyatt, S. (1999). Using consensus analysis to measure cultural diversity in organizations and social movements. Field Methods, 11(1), 5-25.

240) Petigrew, A. M. (1976). The creation of organizational cultures. Paper to the joint EIASM-DASK Management Center Research Seminar, Copenhagen. (May 18).

241) Harvey, E. & Lucia, A. (1997). 144 ways to walk the talk. Plano Texas: Performance.

242) Schein, E. H. (1985) ofcit.

243) Kanter, R. M. (1997). On the frontiers of management. Cambridge, MA: Harvard Business School Press.

244) King, N. (1992). Modeling the innovation process: An empirical comparison of approaches. Journal of Occupational and Organizational Psychology, 65(2), 89-101. & Osbobrne, P. S. (1998). ofcit. & Hofstede, G. (1995). Culture and organizations. New

York: McGraw-Hill.

245) Denison, D. R. (1990). Corporate culture and organizational effectiveness. New York: John Willey and Sons.

246) Rousseau, D. M., (1996). Changing the deal while keeping the people. Academy of Management Executive, 10(1), 50-61.

247) Delbecq, A. L., & Mills, P. K.(1985). Managerial practices that enhance innovation. Organizational Dynamics, 14, 24-34.

248) Quinn, R. E., (1988). Beyond rational management: Mastering the paradoxes competing demands of high performance. San Francisco: Jossey-Bass.

249) Van de ven, A. H., (1986). Central problems in the management of innovation. Management Science, 32, 509-607.

250) Bass, B. M., (1985). Leadership and performance beyond expectations. New York: Free Press. & Howell, J. M., & Higgins, C. A. (1990). Champions of technological innovation. Administrative Science Quarterly, 35(2), 317-341.

251) Kouzes, J. M., & Posner, B. Z. (1987). The leadership challenge. San Francisco, CA: Hossey-Bass.

252) Kaluzny, A., Venney, J. & Gentry, J. (1974). Innovation of health service: A comparative study of hospitals and health departments. Health and Society, 15,22-33. & Academy of Management Journal. 24(4), 689-713. Mohr, L. (1969). Determinants of innovation in organizations. American Political Science Review. 63, 111-126. & Kimberly, J. R., & Evanisko, M. J. (1981). Organizational innovation: The influence of individual, organizational, and contextual factors on hospital adoption of technological and administrative innovations, Academy of Management Journal. 24(4), 689-713. Kmberly, J. R. & Evanisko, M. J. (1981). Organizational innovation: The influence of individual, organizational, and contextual factors on hospital adoption of technological and administrative innovations Academy of Management Journal. 24(4), 689-713.

253) Kmberly, J. R. & Evanisko, M. J. (1981). Organizational innovation: The influence of individual, organizational, and contextual factors on hospital adoption of technological and administrative innovations Academy of Management Journal. 24(4), 689-713.

254) Castle, N. G. (2001). Innovation in nursing homes: Which facilities are the early adopters? Gerontologist, 4(2), 161-173.

255) Gopalakrishnan, S. & Damanpour, F. (2000). The impact of organizational context on innovation: Adoption in Commercial Banks. IEEE. Transactions on Engineering Management. 47(1). 14-25.

256) Martin, J. (1992). Cultures in organizations: Three perspectives. New York, NY: Oxford University Press.

Kimberly, J. R. & Evanisko, M. J. (1981). Organizational innovation: The influence of individual, organizational and contextual factors on hospital adoption of technological and administrative innovations Academy of Management Journal. 24(4), pp.689-713.

257) J. R. Schermerhor, J. G. Hunt & R. N. Osborn (1978). Managing Organizational Behavior, 2nd ed,: New York: John Wiley and Sons, Inc. pp. 581-520.

258) James, L. Gibon, J. John, M. Invancevich, and James, H. Donnelly, Jr.(1978). Organizational: Behavior, Structure, Processes. Dallsa, TX: Business Publications. p. 308.

259) Desphande, R., & Webster, F. Jr. (1989). Organizational culture and marketing: Defining the research agenda. Journal of Marketing, 53 (January), 3-15.

260) Enz, C. (1988). The role of value congruity in intraorganizational power. Administrative Science Quarterly, 33, 284-304.

261) Enz, C. (1988). The role of value congruity in intraorganizational power. Administrative Science Quarterly, 33, 284-304. & Katz, D., & Kahn, R. (1987). The social psychology of organizations (2nd ed.). New York: John Wiley & Son.

262) Selznick, P. (1957). Leadership in administration. New York: Harper & Row.

263) Morgan. G., (1996). Images of organization. London, New Delhi: Sage Publications.

264) Katz, D., & Kahn, R. (1987). The social psychology of organizations (2nd ed.). New York: John Wiley & Son.

265) Schein, E., (1985). Organizational culture and Leadership. San Francisco, CA: Jossey Bass Publisher.

266) O'Reilly, A. A., (1989). Corporation, culture, and commitment: Motivation and social control in organization. California Management Review,31, 9-25.

267) Ulrich, D., Yeung, A., Von Glinow, M., Nason, S., & Jick, T. (1993). Learning organization, culture change, and competitiveness: How managers can build learning capability. International Consortium fdr Executive Development Research Project. Ann Arbor, MI: University of Michigan, Michigan Business School.

268) Smircich, L. (1983). Concepts of culture and organizational effectiveness. Administrative Science Quarterly, 28, 339-358.

269) Peters, T. J., & Waterman, Jr., R. H. (1982). In search of excellence: Lessons from Americas best-run companies. New York, NY: Warner Books.

270) Osborne, S. P. (1998). Naming the beast: Defining and classifying service innovations in social policy, Human Relations, 51(9), 1133-1155.

271) Damanpour, F. (1987). The adoption of technological, administrative, and ancillary innovations : Impact of organizational factors. Journal of Management, 13(4), 675-688.

272) Scoot, W. R. (1990). Innovation in medical care organizations: A synthetic review. Medical Care Research and Review, 47(2). 165-193.

273) Damanpour, F. (1987). op, cit., 13(4), 675-688. & Perri (1993). Innovation by nonprofit organizations: Policy and research issues. nonprofit Management and Leadership. 3(4). 1-18.

274) Nemeth, C. J. (1997). Managing innovation: When less is more. California Management

Review, 40(1), 59-74.

275) Trice, H. M. (1993). Occupational subcultures in the workplace. Ithaca, NY: New York: ILR Press.

276) Collins, J. C., & Porras, E. F., (1994). Built to last. New York: Harper Collins.

277) Bate, P. (1994). Strategies for cultural change. Oxford Butterworth-Heinemann Ltd. & Batteau, A. W. (2001). Negations and ambiguities in the cultures of organization. American Anthropologist, 102(4), 726-740.

278) Meyerson, D. (1991). Acknowledging and uncovering ambiguities in culture. In P. Frost, L. Moore, M. M. Loois C. Lundberg, & J. Martin (Eds). Reframing organizational culture. (pp. 254-270). Newbury Park, CA: Sage.

279) Peters, T. J., & Waterman, Jr., R. H.(1982). In search of excellence: Lessons from Americas best-run companies. New York, NY: Warner Books.

280) Amabile, T. M., (1997). Motivating creativity in organizations: On doing what you love and loving what you do. California Management Review.40(1),39-58.

281) Hurley, R. F., & Hult, T. M., (1998). Innovation, market orientation, and organizational learning: An integration and empirical examination. Journal of Market, 62(3), 42-54.

282) Higgins, J. M., (1995). Innovation: The core competence. Planning Review 23(6), 33-36.

283) Martin, J., & Meyerson, D. (1988). Organizational culture and the denial, channelling, and acknowledgement of ambiguity. in R. P. Boland, & H. Thomas (Eds.). Managing ambiguity and change, PP. 93-125. Beverly Hills, CA: Sage.

284) Martin, J. (1992). Cultures in organizations: Three perspectives. New York, NY: Oxford University Press.

285) Denison, D. R., (1990). Corporate culture and organizational effectiveness. New York: John Wiley and Sons. &. Pervaiz, K. A., (1998). Culture and climate for innovation. European Journal of innovation Management, 911),30-47.

286) Schein, E. H. (1994). Innovative culture and organizations. In T. J. Allen, & M. S. Scott(Eds.), Information technology and the corporation of 1990s: Research studies(p. 532). New York: Oxford University Press.

287) Wallach, E. J. (1983). Individuals and organizations: The culture mach. Training and Development Journal, February. 29-36.

288) Hauser, M. (1998). Organizational culture and innovativeness of firms: An integrative view. International Journal of Technology Management, 16(1), 239-255.

289) O'Reilly, A. A., & Tushman, M. L. (1997) Using culture for strategic advantage: pro-moting innovation through social control. In M. L. Tushman, & P. Anderson (Eds), Managing strategic innovation and change: A collection of readings (pp. 200-216). New York: Oxford University Press.

290) Kitchell, S. (1995). Corporate culture, environmental adaptation, and innovation adop-

tion: A qualitative/quantitative approach. Journal of the Academy of Marketing Science, 23(3), 195-206.

291) Russell,R. D. (1990). Innovation in organizations: Toward an integrated model. Review of Business. 12(2), 19-47.

292) Dellana, S. A., & Hausel, R. D. (2000). Corporate culture's impact on a strategic approach to quality. Mid-American Journal of Business, 15(1), 9-20.

293) Romney, A. K., Weller, S. C., & Batchelder, W. H. (1986). Cultures as consensus: A theory of cultural and informant accuracy. American Anthropologist, 88, 313-338.

294) Caukings, D., & Hyatt, S. (1999). Using consensus analysis to measure cultural diversity in organizations and social movements. Field Methods, 11(1), 5-25.

295) Schein, E. H., (1085). Organizational culture and leadership. San Francisco, CA: Jossey Bass Publishers. & Schein, E. H., (1085). Organizational culture and leadership. San Francisco, CA: Jossey Bass Publishers.

296) King, N. (1992). Modeling the innovation process: An empirical comparison of approaches. Journal of Occupational and Organizational Psychology, 65(2), 89-101. & Osbobrne, P. S. (1998). ofcit. & Hofstede, G. (1995). Culture and organizations. New York: McGraw-Hill.

297) Denison, D. R. (1990). Corporate culture and organizational effectiveness. New York: John Willey and Sons.

298) Rousseau, D. M., (1996). Changing the deal while keeping the people. Academy of Management Executive, 10(1), 50-61.

299) Delbecq, A. L., & Mills, P. K.(1985). Managerial practices that enhance innovation. Organizational Dynamics, 14, 24-34.

300) Quinn, R. E. (1988). Beyond rational management: Mastering the paradoxes competing demands of high performance. San Francisco: Jossey-Bass.

301) Van de ven, A. H. (1986). Central problems in the management of innovation. Management Science, 32, 509-607.

302) Bass, B. M. (1985). Leadership and performance beyond expectations. New York: Free Press. & Howell, J. M., & Higgins, C. A. (1990). Champions of technological innovation. Administrative Science Quarterly, 35(2), 317-341.

303) Kouzes, J. M., & Posner, B. Z. (1987). The leadership challenge. San Francisco, CA: Hossey-Bass.

304) Kaluzny, A., Venney, J. & Gentry, J. (1974). Innovation of health service: A comparative study of hospitals and health departments. Health and Society, 15,22-33. & Academy of Management Journal. 24(4), 689-713. Mohr, L. (1969). Determinants of innovation in organizations. American Political Science Review. 63, 111-126. & Kimberly, J. R., & Evanisko, M. J. (1981). Organizational innovation: The influence of individual, organizational, and contextual factors on hospital adoption of technological

and administrative innovations, Academy of Management Journal. 24(4), 689-713.

305) Kmberly, J. R. & Evanisko, M. J. (1981). Organizational innovation: The influence of individual, organizational, and contextual factors on hospital adoption of technological and administrative innovations Academy of Management Journal.24(4), 689-713.

306) Castle, N. G. (2001). Innovation in nursing homes: Which facilities are the early adopters? Gerontologist, 4(2), 161-173.

307) Gupta, V., Hangges, P. J. and Dorfman, P. (2002). "Cultural Clusters: Methodology and Findings," Journal of World Business, 37(1). 11-15.

308) Gupta, V., Hangges, P. J. and Dorfman, P. (2002). Ibid. p. 20.

309) Gupta, V., Hangges, P. J. and Dorfman, P. (2002). Ibid. p. 24.

310) Ashkanasy, N. M., Tevor-Roberts, E., and Earnshaw, L. (2002). "The Anglo Cluster: Legacy of the British Empire,"Journal of World Business, 37(1), 28-39.

311) Kabasakal, H. and Bodur, M. (200). "Arabic Cluster: A Bridge Between East and West," Journal of World Business, 37(1), 40-54.

312) Ashkanasy, N. M., Tevor-Roberts, E., and Earnshaw, L. (2002). "The Anglo Cluster: Legacy of the British Empire," Journal of World Business, 37(1), 28-39.

313) Den Hartog, D. N., House, R. J. Hanges, P. J. Ruizquintanilla, S. A. Dorman, P. W. (1999). "Culture Specific and Cross Culturally Generalizable Implicit Leadership Theories: Are Attributes of Charismatic/Transformational Leadership Universally Endorsed?" Leadership Quarterly, 10(2), 219-256.

314) Francesco, A. R. and Gold, B. A. (2005). International Organizational Behavior (2d Ed): Upper Saddle River, New Jersey: Prentice Hall.

315) Jaques, E. (1990). "In Praise of Hierarchy," Harvard Business Review. January-February.

316) Hoecklin, L. (1995). Managing Cultural Difference: Strategies for Competitive Advantage. Reading, MA: Addison-Wesley.

317) Guille'n, M. F. (2001). The Limits df Convergence: Globalization and Organizational Change in Princeton University Press.

318) Bar-Hayim, A. and Berman, G. (1991). "Ideology, Solidarity, and Work Value: The Case of the Histadrut Enterprises," Human Relations, 44(4), 357-370.

319) Ellegard, K., Jonsson, D., Enstrom, T., Johansson, M., Medbo, L.,Johansson, B. (1992). "Reflective Production in the Final Assembly of Motor Vehicles: An Emerging Swedish Challenge," International of Operations & Production Management . 12(7/8). 117-133.

사항색인

인명색인

박주승(Park, Joo-seoung)

창원대학교 졸업
Fairleigh Dickinson University MBA 수료
Nova Southeastern University 경영학 박사학위(HRM) 취득
경남대학교 경상대학 강의전담교수 역임
(사) 21세기산업연구소 책임연구위원 역임
경남대학교 경상대학 시간강사
창원대학교 대학원 시간강사
(주) 경남산업컨설팅 경영컨설팅 전문위원

국제조직행동론

초판인쇄	2013년 8월 25일
초판발행	2013년 8월 30일
지은이	박주승
펴낸이	안종만
편 집	우석진·이재홍
기획/마케팅	김중용
표지디자인	최은정
제 작	우인도·고철민
펴낸곳	(주) 박영사
	서울특별시 종로구 평동 13-31번지
	등록 1959. 3. 11. 제300-1959-1호(倫)
전 화	02)733-6771
f a x	02)736-4818
e-mail	pys@pybook.co.kr
homepage	www.pybook.co.kr
ISBN	978-89-6454-212-5 93320

정 가   29,000원